宁鸣而死，不默而生

黄现璠自述

黄现璠
口述

甘文杰
甘文豪
甘金山
记录整理

GUANGXI NORMAL UNIVERSITY PRESS
广西师范大学出版社
·桂林·

黄现璠自述
HUANG XIANFAN ZISHU

责任编辑：罗财勇
助理编辑：潘海宁
装帧设计：林　林[广大迅风艺术]
责任技编：李春林

图书在版编目（CIP）数据

黄现璠自述 / 黄现璠口述；甘金山，甘文杰，甘文豪记录整理．—桂林：广西师范大学出版社，2018.10
ISBN 978-7-5495-0038-3

Ⅰ．①黄… Ⅱ．①黄… ②甘… ③甘… ④甘… Ⅲ．①黄现璠－自传 ②民族学－文集 Ⅳ．①K825.81 ②C95-53

中国版本图书馆 CIP 数据核字（2018）第 208747 号

广西师范大学出版社出版发行
（广西桂林市五里店路 9 号　邮政编码：541004
网址：http://www.bbtpress.com）
出版人：张艺兵
全国新华书店经销
广西广大印务有限责任公司印刷
（桂林市临桂区秧塘工业园西城大道北侧广西师范大学出版社集团有限公司创意产业园内　邮政编码：541100）
开本：787 mm × 1 092 mm　1/16
印张：28.75　　字数：520 千字
2018 年 10 月第 1 版　　2018 年 10 月第 1 次印刷
定价：128.00 元

黄现璠教授

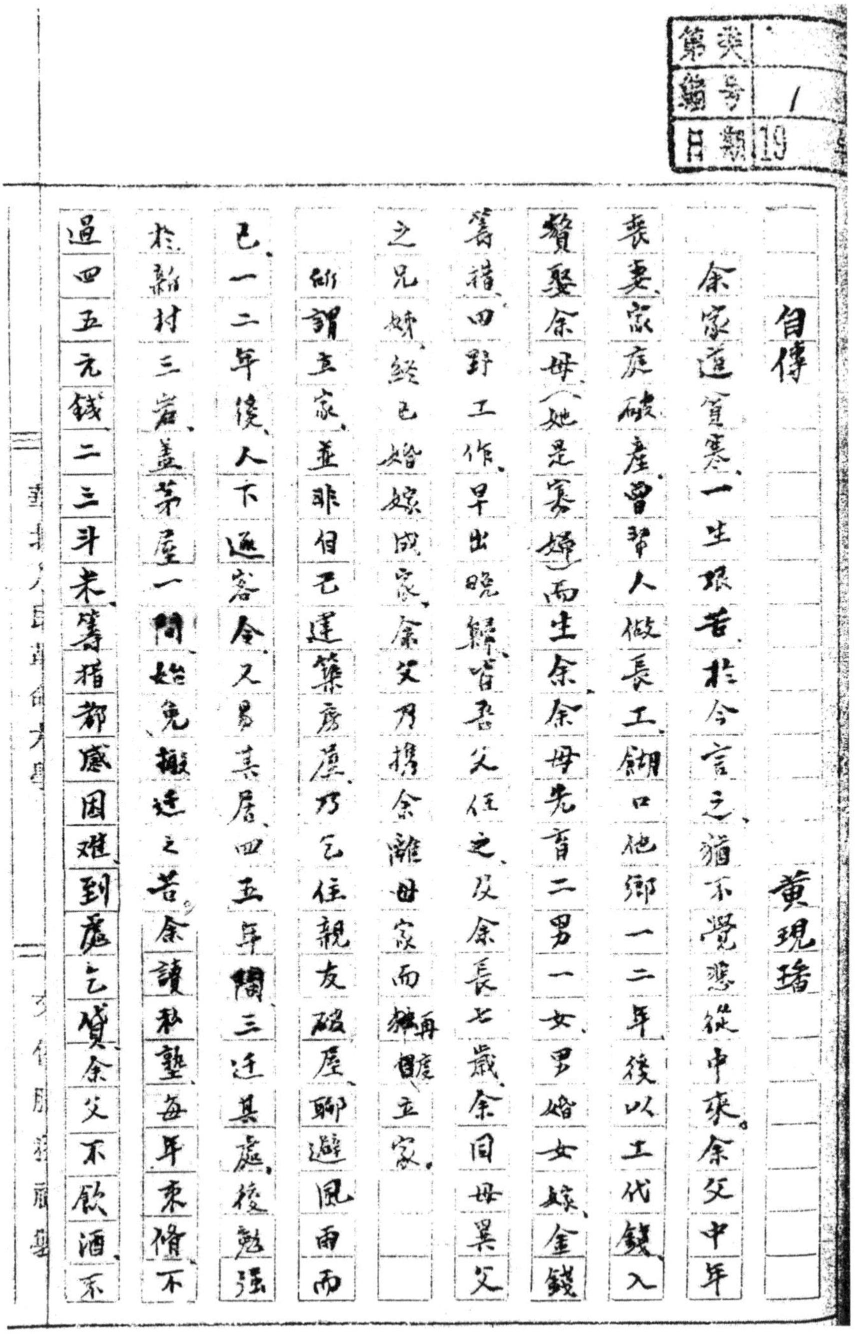

自傳　　黃現璠

余家道貧寒，一生艰苦，於今言之，猶不覺悲從中來。余父中年喪妻，家庭破產，曾帮人做長工，糊口他鄉一二年，後以工代錢入贅娶余母（她是寡婦）而生余。余母先有二男一女，男婚女嫁，金錢籌措，田野工作，早出晚歸，皆吾父任之。及余長七歲，余同母異父之兄姊，終已婚嫁成家，余父乃携余離母家而再建廬，立家。

所謂立家，並非自己建築房屋，乃是住親友破屋，聊避風雨而已。一二年後，人下逐客令，又易其居，四五年間三迁其處，後勉強於新村三岩，盖茅屋一間，始免搬迁之苦。余讀私塾，每年束脩不過四五元錢，二三斗米，籌措都感困难，到處乞貸。余父不飲酒，不

黄现璠《自传》稿

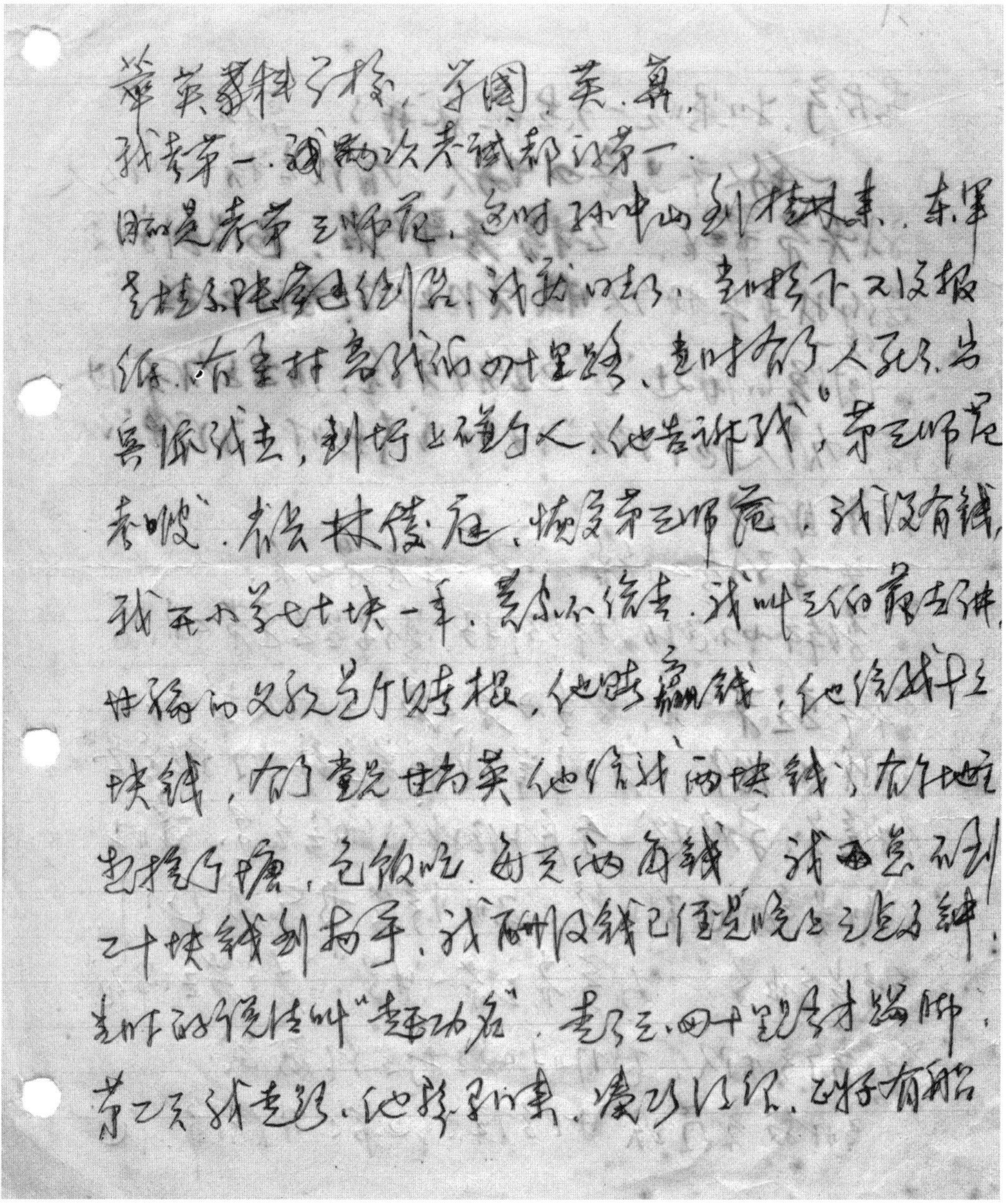

黄现璠口述记录者甘金山手迹

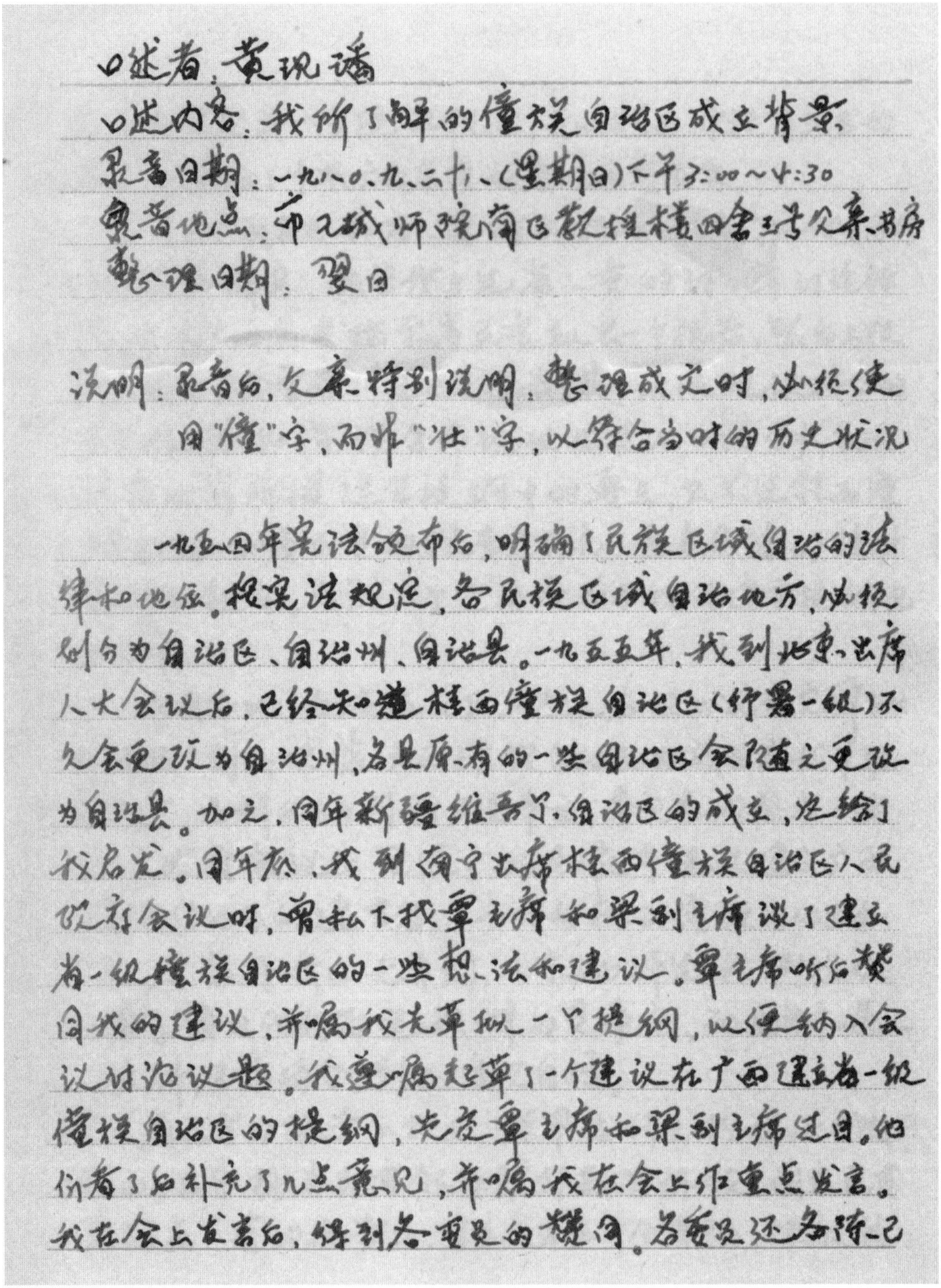
口述者：黄现璠

口述内容：我所了解的僮族自治区成立背景

录音日期：一九八〇、九、二十八、(星期日)下午3:00～4:30

录音地点：市王城师院南区教授楼四舍三号父亲书房

整理日期：翌日

说明：录音后，父亲特别说明，整理成文时，必须使用"僮"字，而非"壮"字，以符合当时的历史状况

一九五四年宪法颁布后，明确了民族区域自治的法律地位。根据宪法规定，各民族区域自治地方，必须划分为自治区、自治州、自治县。一九五五年，我到北京出席人大会议后，已经知道桂西僮族自治区(行署一级)不久会更改为自治州，各县原有的一些自治区会随之更改为自治县。加之，同年新疆维吾尔自治区的成立，也给了我启发。同年底，我到南宁出席桂西僮族自治区人民政府会议时，曾私下找韦主席和梁副主席谈了建立省一级僮族自治区的一些想法和建议。韦主席听后赞同我的建议，并嘱我先草拟一个提纲，以便纳入会议讨论议题。我遵嘱起草了一个建议在广西建立省一级僮族自治区的提纲，先交韦主席和梁副主席过目。他们看了后补充了几点意见，并嘱我在会上作重点发言。我在会上发言后，得到各委员的赞同。各委员还各待己

黄现璠口述录音者甘文杰整理手迹

代序一

当代历史学和民族学的趋势之一，便是收集“口述历史”资料。毋庸置疑，黄现璠先生是中国现代“口述史料”收集领域的先知先觉者和高掌远跖者，诚可谓“先贤别具一只眼，壮士不凝滞于学；遥目乾坤独倚栏，要踏前人未涉路”。黄现璠先生这种“为学贵自辟”以及治学讲求别开蹊径争当先锋的学问实践，犹如人生双面镜，反射出梦想和奇异的双重色彩，照出镜子对面人物自我努力成就的正大光明正面形象以及镜子背面人物暗淡的生命投影表象。

《黄现璠自述》（以下简称《自述》）的叙事就像梦一样，是借助于人们耳熟能详的已知概念和世人对壮族文化中一知半解的虚幻模糊认识而架构起来的。这些概念和说梦认知，附在作者所见所闻的事实上，通过作者有条不紊地娓娓道来以及使出浑身解数的释梦稽疑，最终实现了作者试图让隐藏在文明深处的历史真实得以通俗化的梦想。

《自述》透现出作者的诸多热爱。对故土风物、民族文化、宗教语言，作者一直怀有浓厚的恋山恋水情愫和强烈的人文关怀。作者出生在神山下，成长在左江边，故在《自述》开篇作者便对家乡风光赞不绝口。黄现璠先生生前曾为左江畔举世闻名的岩画撰过一篇长联，咏史怀古，盛赞故土物华天宝人杰地灵，创自古以来壮族文人书写长联之始，不失为壮族风物的千古绝唱，现录如下：

五百米左江岩画，独缀半壁河山，惹起多少游兴。泛舟水上�觑，悬崖亿丈绘丹青，神来之笔色未蚀；壮锦粲焕，鹰鹞峰回，彩禽戢翼，乾坤气象飞动。倚筇登高近瞥，片段朱描丰富图，浓淡涂抹总相宜；勇士雀跃，白猴嬉闹，鹊笑鸠舞，大地生机盎盎。方圆盈鸣：青蛙叫春，鹧鸪吵夏，噪鹛啭秋，鸬鹚啼冬，喧喧四季；相配着浪拥棹声，傣歌仙籁，天琴老调，铜鼓叮咚，恰奏出自然乐韵，壮家八音和。憩坐浮想联翩，骶味果食晨曦，霞餐那温，霭吞牧童，奥岵吸翠；又添些落阳唤渔，余晖袭岭，雾锁炮台，风洗连城，凑齐了婉妙奇观，谁能争胜概。触景怀涌逸致，谩忆叠峦晴雷，塘藻托星，孤帆倒影，虹射瀑布；更佐附万顷波光，明仕田园，溶洞钟乳，三月三节，边陲丽姿伴咏雩，无处不菁华。暮归木洲望苍穹，翘首与黄昏约会，顾盼烟岚随陪衬，岜莱闲话夕照妍。共君唱一首：风物还是崇左美！

数千年桂西古迹，敷陈骆越文明，留下几许玄谜。尊诚轻敲叩问，米洛甲凌空捉刀？抑或布洛陀挥毫？都老鹤立，蚂蚂昂首，咽尼旁置，写意祭祀图腾。持杖踞矶遥思，郭外遗徽遍邑野，扶绥恐龙依稀辨；敢造贝丘，螺壳蚌斧，双肩锤铲，尽皆远昔化石。纵横散落：原始巨齿，绳纹陶罐，熠熠玉戈，鼎器碑铭，煦润彦哲；再增以呈屯穴葬，全茗摹刻，太平城垣，板麦塔雕，翕集得先贤智慧，勿道南荒蛮。凭册稽考前事，典记露顶跣足，棉帛勒额，译吁宋帅，桀骏猛将；兼而有中越王绩，少卿豪杰，巾帼阿侬，延陵国昌，贵寓辞英雄精神，虎啸震六合。土俗字载祖世，素闻麽经赐教，伏羲兄妹，花婆圣母，牛皇诞拜，汇琢饰陆驮蛇郎，巫觋鸡卜，驱鬼解邦，刘三女太，信仰传说流峒寨，装点成史诗。堤畔漫步香梦旅，枝摇鸟语沐心醉，徜徉芳丛作莺吟，莫辜负毓秀钟灵。娱酒弹两曲：碧嶂满窗故乡好！①

左江岩画现已成为世界文化遗产，填补了中国岩画类世界遗产名录的空白。笔者以为将壮学宗师黄现璠生前撰写的这600字长联刻入石碑立于扶绥左江岩画旁供游人欣赏，实为相得益彰。

紧接其后，《自述》以情深意长的口述语言，向读者敞开心扉，畅谈了其青少年时代求学时品尝到的酸甜苦辣以及追梦历程。当中的“追月夜读”一节所散发出的励志精神，引人沉思，催人奋进。笔者深信，黄现璠先生少时“追月夜读”的传奇经历，百年后定会与古贤“凿壁偷光”“囊萤照雪”“映月读书”一样，成为世上刻励于学勤奋求知的传世典故。

《自述》透现出作者生前的诸多梦想。作者生前梦想从一贫如洗微不足道的人生苦境中见到光明；梦想为甘家佷人英雄血统光宗耀祖；梦想以学问出人头地；梦想自我

---

① 作者原注：“那温”系壮语，意指弯月形梯田；“岜莱”系壮语，意指花山；“咽”“尼”皆壮语，意均指铜鼓；“刘三女太”即刘三姐。

修炼的文人精神能够传世不朽。《自述》呈现出的作者万般努力的形象、生而逢时的机遇以及发人深省的言传，告诉人们：作者的这些梦想，最终都化为现实，而不是虚幻梦呓。而作者将梦想变成现实的方法，《自述》中没有好为人师的表述吐露，只能靠读者在精读《自述》的过程中细细品味心领神会。

《自述》中有作者的诸多礼赞。作者以感情充沛的语气，对妻子、老师、学生、同窗、同乡、同事等，均给予了发自肺腑的评功摆好，体现出作者向来对人嘉言善行的处世态度。相对而言，作者历来对事对学问万分较真而非要辨明是非、绳愆纠谬的治学之道，同样在《自述》中有一些反映。

《自述》中有作者的诸多关注。作者关注国家兴亡、民族盛衰、教育沉浮以及社会时事、学术之道……所有这些关注皆体现出作者拥有的深厚忧患意识和人文关怀。无须对《自述》做深入细致的探讨便能发现，作者终生追求民族平等、人人平等的理想，始终若一贯彻在作者生命史上的人生实践活动中，躬身笃行。即便作者在追求实现这种理想的过程中碰得头破血流以及为此蒙冤受屈二十余年，依然义无反顾，勇往直前。可见镜子背面人物暗淡的生命投影只是外见表面现象，反衬出镜子背面倒影的整体人物形象高大。无须对《自述》的内容做全面介绍，仅从《自述》所列章节标题中便可知道作者口述的梗概。从中可以发现，作者追求真理的执着，远胜于众多同道中人。在其中“民族确认与民族成分识别”“宁鸣而死”的两节，作者主张的“无民族识别论”“无奴隶社会论”，勇敢突破主流思维和乡曲学术观，树立了大破大立的新思维多元观，由此成就了作者逝后被公认为八桂学派、无奴学派创始人的牢固地位。

《自述》中作者通过对所参与和领导的数次广西少数民族调查的口述，全面言及了壮族支系及其自称他称的含义。作者有关这方面的表述意图，不是让读者去发现和认识一个“新世界”，而是期望读者通过阅读《自述》去跨越民族认识中存在的混浊和偏见，回归中华各族人民历来和平相处平等相待的道德本原。

读罢《自述》的最后一节，会使人们联想到作者晚年长期身处的艰难学术环境，由此使得作者从中发出“宁鸣而死”的呐喊，勇气尤为可嘉，特立独行的精神尤为可赞，实与作者晚年倡导“史界改革”新风气的智勇相映生辉。古贤称“立德”“立功”“立言”是谓“三不朽”，黄现璠先生在“立德”（师德、史德、学德、正德、贤德、积德等方面创制垂法，博施济众）、“立功”（启蒙壮族意识、振兴壮族文化、开创壮族史学和壮学等方面功济于壮族）、“立言”（著书立说，言得其要，理足可传）的“三立”上均有重大建树，可谓壮族史上第一位完人。可以毫不夸张地说，壮族历史上迄今为止，能把学问在事业上表现出来的只有黄现璠一人，故有识者曾评价黄现璠先生是“壮族历史文化火种的传播者，堪称壮族的普罗米修斯”，诚为深中肯綮。

《自述》中作者不仅着重讲述了自我生命不息奋斗不止的人生史，而且还着意传达一种情感——爱我中华；留意传达一种精神——宁鸣而死，不默而生。而作者拥有的这种精神世界，正是很多学人匮乏或逐步远离的精神世界。一部历史人物自传或自述的重要价值，不在于作者的地位多高、名声多大以及人生经历多么传奇，而在于阅读后有助于读者的精神升华。而精神的提升，关键在于对人生意义的价值观认同。《自述》只是作者的人生表述化为文字记录的历史记载表象，重要的是读者通过细读《自述》从而穿越历史表象进入思想深处去与作者做一次历史对话、心灵沟通和精神交流，进而感悟“现璠人生”“现璠思想”“现璠史学”“现璠人格”，从中获得精神升华和精神动力，由此明智地做出富有生命终极意义和价值的人生道路选择，而这正是《自述》开宗明义点明“人生启示”的深旨要义指向。笔者正是通过对《自述》原始全稿的读不舍手，始有了一点先睹为快的认识及读后感悟，略记于此。

是为序。

陈吉生

2017 年 7 月 16 日撰于桂林陆院新区

（陈吉生，曾任桂林陆军学院教授，文职正军级，现已退休。）

代序二

著名历史学家和民族学家黄现璠先生是我十分敬仰的一位学术前辈。最初关注到黄现璠先生，是因为我在日本访学期间，对日本学术界纵贯20世纪的东京文献学派产生兴趣。在阅读有关资料时发现，该学派有迹可循的近百名成员中，黄现璠先生以其中国留学研究生的独特身份，占有一席之地。东京文献学派从20世纪初形成发展到现在已逾六代，黄现璠先生居于该学派第二代，属于该学派早期的重要一员。黄现璠先生师从著名东洋史专家和田清、加藤繁，在日学习和研究两年(1935—1937)，其间广泛接触日本的人文学者，得到白鸟库吉等许多大家的点拨和鼓励，学业精进，成绩优异；加之他在出国之前已得到陈垣、王桐龄、钱玄同、邓之诚等多位名学者的指导，已撰写了五部史学著作，并均已出版，所以归国后，他能迅速在学术上站稳脚跟，开疆拓土，研究著述不断面世，成为著名学者。

对于黄现璠先生这样一位现代学术史上的重要人物，我们从史学史角度考察，自然感到应当给予充分重视，纳入研究视野。近代以来，在科举制度废除之后，大量士子走出国门，去了解世界，掌握西方的先进科学技术，也学习他们的人文社会科学。留学热潮持续到20世纪30年代，基本形成赴美赴日两大主要去向。然而，赴美与赴日的留学呈现不同的特点。就赴日而言，除了学习实业，学习政法的居多，这些人归国后多从政，在学术上取得成就的学者包括史学家则不算太多，这与留学欧美的学人归国后出现胡适、陈寅恪、傅斯年、蒋廷黻等大家名家稍有不同。黄现璠先生则是赴日留学归国后学术成就较为突出的大家，因而具有典型意义。正是带着这样的初衷，我建议自己的博士生韩杰同学围绕黄现璠先生的史学展开学习和研究。

通过文献搜集、整理，韩杰同学初步梳理出黄现璠先生史学研究的突出成就：在古代史方面，他从殷商、秦汉，直到宋元等都有精深研究；在近代史方面，则从太平天国运动开始关注，下限延及新民主主义革命时期。似此几乎对中国历史每一阶段都有专门论著的学者并不多见。他的民族学和民族史的研究更是纵贯古今，可以说他是把狭义的民族史研究与现代民族学研究相打通，开辟了“壮学”这个新领域。在上述研究中，黄现璠先生涉及的领域相当广泛，大到政治、经济、思想、文化，小至饮酒礼俗、饮茶风俗、吸烟风俗、坐跪习俗以及服饰、语言、婚俗等诸多领域，均有创新研究和建树。黄现璠先生在历史学上影响最大的可能是提出“我国民族历史没有奴隶社会”的论断，是无奴学派的创始人；而他在史学理论、治史方法等方面的别出心裁，如“三重证据法”“史眼向下”的主张等，也堪称史学史上弥足珍贵的创新。

如果说总结梳理史学家的成就是史学史学科的一般任务，那么考察一位史学家何以取得如此丰富的成果，无疑是把研究引向深入的一个不可或缺的环节。而要做到这一点，首先必须了解史学家的生平，从中看到他的成长背景和学术发展轨迹。大凡早期的学术训练、与师友的学术交往以及读书之范围、治学之周折，乃至人生遭际、政治倾向等，无不影响其治学路径的选择和学术成果的形成。因缘际会，我们得知《黄现璠自述》即将出版，这于我们犹如及时雨，为我们研究黄现璠先生的学术人生提供翔实的资料。因此当黄现璠先生的哲嗣甘文杰先生邀我为此书作序时，我即感先睹为快，也就欣然从命。

这部自述达50余万字，分七个部分，向读者展现了黄现璠先生不平凡的人生际遇和治学经历。虽粗读一部分，仍是感触颇深。正如甘文杰先生在后记中写道：“《黄现璠自述》流淌出的记忆碎片文字，组合演绎出一部完整的人生悲喜剧。”黄现璠先生娓娓道来的是他视学术如生命、孜孜以求、宠辱不惊的一生。他的自述有人生的沉浮与抗争，有荣辱，有成败，但无不反映出他直面人生，勇于担当，严谨治学，勤于思考，有民族责任感，有学者使命感。他对故土的深情，对学术的挚爱，对真理的追求，都深深地感染着我，让我确有高山仰止之感！

最后，想就关于黄现璠先生的研究谈一点想法。纵观整个研究状况，学界对他的学术关注和研究还远远不够。按照有关研究文章的总结，黄现璠先生作为20世纪中国学术事业奠基人之一，他是中国民俗学的开路先锋，是田野调查的拓荒者，是口述历史资料搜集先驱，是中国现代民族学奠基人之一，是“三重证据法”以及八桂学派和无奴学说的创始人，值得深入研究之处颇多，然而，据笔者目前所见，系统研究黄现璠先生学术的文章并不多。

仅就历史学而言，有必要在历史学、民族史等领域再设立一系列选题，举凡其治学方法、学术思想、历史观等方面都还有进一步研究的空间。具体说，如黄现璠先生对口述资料的重视、“史眼向下”思想的提出以及对梁启超所论中国旧史学“四弊二病”的补充等，详究这些问题，都利于准确把握他史学思想的内涵，应该细化研究；再如他与陈垣、钱玄同、邓之诚等人的学术渊源，他与东京文献学派的治学理念的异同等，都可以再做考辨。当然，仅就他的无奴学说而言，亦远未研究透彻。

要使有关研究更加具体细致，离不开史料的发掘。据知，黄现璠先生的许多论文、著作至今尚未出版，如讲稿《中国通史》《魏晋南北朝隋唐五代史》《中国文化史》《中国历史名著选读》《中国历史文选》，书稿《秦代通史》《魏晋南北朝通史》《隋唐五代史》《我国人民起居衣食生活之演变》《中国生活学——食衣住行通史》《日本汉化史稿》《旧民主主义革命史稿》（又名《中国近代史》）、《新民主主义革命史》《古书解读基础知识》等，以及那些书信和大量札记，都应该尽快整理，并唤起在学术上具有远见卓识的出版机构尽快纳入出版计划，早日付梓。

总之，我们阅读《黄现璠自述》，借以了解和研究黄现璠先生的学问人生，是为了发扬他的治学精神，光大他的学术思想，让他的学术成就能更充分地经世致用，服务于学术，服务于社会，服务于人民。

姜胜利

2017 年 9 月 19 日于南开大学

（姜胜利，现任南开大学历史学院教授、博士生导师，曾任《南开学报》主编等职。）

目录

第一部分

第二部分

第三部分

第四部分

第五部分

第六部分

第七部分

第一部分

一、故乡

我于清光绪二十五年农历十月十一日(1899 年 11 月 13 日)出生在广西新宁州熙良团渠思村(今广西扶绥县渠旧镇三合村渠思屯——本书整理者)的一户壮族农民家庭。我一生研究历史学、民族学,偏爱于历史文化和民族风俗的调查和著述,尤对口述历史资料的收集情有独钟,故而从今开始(1972 年),我将对我的子女们断断续续口述我一生的历史,意在给子女及后学留下一些人生启示,同时以此纠正历次政治运动中一些报纸杂志对我的人生经历和学术活动肆行窜改和诬蔑的错误,亦以此避免日后别有用心的极左分子和“文革”余孽对我的生平或学术小史加以恣意歪曲或窜改。

图 1　家乡扶绥县风光

首先,让我对故乡的风土民情和历史文化特色作一些简略介绍。

我的故乡在晚清时期叫新宁州,今称扶绥县,地处广西西南部,是一个山川秀丽的壮族世居地,历史文化源远流长,风土民情独具一格,资源风物丰富多样,家乡同胞勇敢勤劳。境内南部和北部是高山土岭,峰丛谷地;中部是低丘台地,间有孤峰。桂岭多佳胜地,位于其间的新宁州同样不会例外,而且别具一格。州内名山开朗,岚气发泄,一扫桂西地区司空见惯的瘴疠气象，使得重峦叠嶂的景观尽收眼底，尤以州内南部四季常青的名峰“蕾烟泰”和“蕾浦茶”①美不胜收，两山皆植被荫蔽，四季常青。而我的出生地渠思村，更有一番妙不可言的奇观异景。村旁环绕一条山脉，迤逦数公里，旧志记为“神山”，村上长辈们习惯叫为“龙山”，盖因峰似龙头和山腹山尾围绕渠思村弯曲横卧似龙得名，亦称“龙头山”。在渠思村与凤凰村（凤凰村现称凤凰屯，与渠思屯、渠陇屯组成渠旧镇三合村——本书整理者）之间又有凤凰山，形似凤凰飞腾。渠思村就处在这龙凤遥相呼应和龙凤呈祥的天机格局之中。如此卧龙藏凤的奇异地理景象，一直被乡人视为养育长命百岁人的风水宝地。我们渠思村历史上每年几乎都会出现逾百岁的长寿老人，或许正是村民这种信仰的心理暗示和当地风物造就的结果。而在村中老人的口中，长期念念祈盼的则是村中的“龙凤交配娃”早早降临出世，日后能出人头地，光宗耀祖。在他们的千呼万唤中，我这个“蒙华盖”（我在娘胎中只有七个月便出生了，属早产儿。出娘胎时被胎衣包裹着，当地壮语叫“蒙华盖”，意即穿着华贵的衣服出生，暗喻这种婴儿日后长大会荣华富贵）就这样出世了。长大成人后我外出读书学有所成，在外混得小有薄名，村中长老们便迷信地认为这是“神山”显灵，视为文曲星下凡或神山子降世，昵称我为“仙岽勒”（壮语“仙岽勒”的汉语意即“神山儿”）；村上巫师则认为

图 2　出生地扶绥县龙山下的渠思屯

① “蕾烟泰”是当地壮话称谓，扶绥壮话中“蕾”指峰，“烟”指野狸，“泰”指死。相传山中曾有许多野狸死亡，故得名“蕾烟泰”。今汉文写为“葫芦山”，位于扶绥县境内南部，为十万大山余脉四方岭的主峰，海拔834.5米，属扶绥县境内最高峰。“蕾浦茶”是当地壮话称谓，扶绥壮话中“蕾”指山峰，“浦”指坡。因山岭坡生长有野生名贵的美丽金花茶树而得名。今汉文写为“啼乌山”，位于境内南部，为十万大山余脉四方岭的次峰，海拔816米，属扶绥县境内第二高峰。

这是渠思村龙凤聚气滋养出的一条“文龙”，昵称我为“龙凤勒”。对此，我常一笑付之，不以为然。这种附会之说，无非是族中长老期望村上多出一些能光宗耀祖的神童或龙凤胎，他们似乎忘记了我一贫如洗的生父以及当年我们父子俩被迫在三岩搭建茅房栖身，而我只能追月夜读的困境和苦学经历，可谓“终窭我贫，莫知我艰”。

新宁州内不仅有众多名山，还有名岭、名洞、名岩、名石、名城、名江、各河、名池、名塘、名滩、名洲、名湾、名沙。境内二龙戏珠岭、凤凰岭、龙蟠洞、仙降洞、龙岩、金银岩、金鸡岩、狮子岩、天仙岩、青龙石、集石、凤凰石城、黄巢石城、青水河、定渌江、禄旺江、汪庄河、文字水、响水、那咘水、渌龙池、鉴塘、安定塘、鱼影滩、石龙洲、长沙洲、玉洲、龙湾洲、龙头湾、玉带沙、金带沙等好景好色，都曾留下我从事民族学田野调查时的足迹。历史上新宁州内山中的虎啸之声一直不绝于耳，直到解放后始逐渐绝迹。因而在渠思村旁的龙山和离村不远的凤凰山，还留下过我青少年时代与村中猎人一道进山捕虎的足迹，至今忆起依然心有余悸。而闻名遐迩的左江碧水倚城而过，左江新宁河段，在明代旅行家徐霞客的笔下被描述为“至其一派玲珑通透，别出一番鲜巧，足夺二山（三峡、武夷）之席矣”。而江畔的花山岩壁画绘于战国至东汉时期，融壮族巫文化、铜鼓文化、山歌文化、山水文化于一体，体现出壮乡文化的核心，成为壮族人民的重要文化遗产。提起旧称新宁州的八景：画山夕照、狮岩晚钩、笔嶂晴雷、元洞朝霞、玉带沙明、西藻浮星、鸡岩帆影、凤岭烟岚，总会唤起我青少年时代在家乡读书教书时的难忘回忆，那是我一生读万卷书始于手中和行万里路始于脚下的人生奋斗初期，至今想起依然记忆犹新，“风光还是新宁美”“风物还是扶绥好”的感慨油然而生，以至于有了我在晚年所作的一首小诗中表达的乡思情结和恋山恋水情愫：

昔年结伴穷游山，新宁风光万象开。
仙问书生何离去？朝求道别暮归来。

人类是从山上走下来的，登山意味着人们对返璞归真生活的憧憬，意味着人们对昔日生活在原始时期的山林洞中祖先召唤的心灵感应。登山是一个向上爬的过程，每一步每一个足迹都刻印着人生自我向上勇敢奋进的历程。登山过程中的汗流浃背，暗喻着人类生命热血沸腾，拥抱祖先、亲近自然的身心付出，它所象征的深刻人生哲理不言而喻。这就是我在家乡成长的少年时代喜于登山观景，以及中年后生活在山水甲天下的桂林，40余年来一直习惯散步于山水之间思考问题的缘由，亦为老夫70岁后依然在夏季时常畅游桂林漓江，以及80岁还在王城独秀峰下每天风雨无阻地晨练太极拳的山水情怀所在。①

新宁州拥有的如此奇山异水，自然令人心向往之，旧石器时代便有人类在这里居住。1973年，我的学生、自治区博物馆研究员黄增庆参与扶绥考古时，曾在扶绥发掘出一把大石铲，确认为古人类遗物，表明扶绥有可能是左江流域古壮民创造大石铲文化的发源地之一。②

据村上长老们的代代口口相传，我的出生地渠思村，早在秦汉前的西原蛮统治时期，已经成为黄峒部落民的一个聚落点。旧时村上曾有一首壮话民歌流传唱道：

板板翁翁抬家裸，世台传麻翁告翁。世界米裸频样时，祖宗黄公就当世，候来百姓都依崇。吩咐瓮贵麻仙岽，自己带民阔那农；克剖镰答垦格带，利那栏岭夷顺麻；劳碌频恩乃丰功，假鸡夷坛拜祖宗。

汉语意为：村村个个大家知，世代传来个告个。世界不知怎样时，我祖黄公就治世，许多百姓都依从。吩咐瓮贵来仙山，带领属民开田林；锄斧镰刀各自带，畲田房屋建起来；辛劳成就了丰功，杀鸡供坛拜祖宗。

歌词说的是黄峒部落先祖黄公在远古时期派一位名叫“瓮贵”的人带领一支黄峒部落人来到渠思村开荒种地，建立聚落点。渠思村是汉文名，本地壮话旧时叫“仙岽”，汉语意为“仙山”，即旧志所记的“神山”。无论这种民歌传唱的真实性如何，仅从旧时

① 本书整理者按：从黄现璠日记中可知，他学太极拳主要按照《杨式太极拳》图解一招一式自学练就。从1971年开始晨练，每天坚持不懈，天晴到离住处不远的叠彩山或伏波山或独秀峰晨练，逢雨则在家中客厅内晨练。每次晨练约30分钟，十年下来，他的太极拳已能打出动作松柔缓慢、行动速度均匀、招式虚实分明、周身圆活连贯、换位逢转必沉的杨式太极拳特点。

② 本书整理者按：黄增庆是黄现璠的学生，广西武鸣县壮族人，长期担任广西壮族自治区博物馆研究员，系广西第一位考古研究员。1973年他参与扶绥考古时，曾在扶绥发掘出一把大石铲，由此揭开了扶绥壮族“大石铲”发掘的序幕。1978年，考古队又在扶绥县的中东、九和等地出土了一些石铲，最大的石铲70厘米×40厘米，最小的只有3厘米×2厘米，全都有把柄，两边有对称的小耳。全县发现10多处，均被视为新石器时代古骆越先民使用的生产工具。一般认为，大石铲是广西新石器时代晚期原始文化中一种极具地方特色的文化遗产，起源于有肩石斧，是骆越先民为适应原始农业发展的需要而发明制作的一种生产工具。这种大石铲，较为宽大和扁薄，正面光平，棱角对称，打磨光洁，背面粗糙，制作规整，具有很高的工艺水平，体现出骆越先民高超的工艺和审美观。因其形体硕大，造型奇特，实与石器时代的各类石器有着明显不同，故名之为“大石铲”。又因其集中分布于广西南部地区，故学界又习惯称之为“桂南大石铲”。

本地的诸多壮语地名上看，可知渠思村历史悠久。据旧志记载，我家乡渠旧乡的“渠旧圩”，最早建圩在元大德四年（1300），距今已有670多年；而渠旧乡的“渠思村”，建于明天顺五年（1461），距今已有510多年。“渠旧”“渠思”都是汉文名，“渠”在扶绥壮语中意指“水塘”；“旧”指“臼”；“思”指“水质清澈”。“渠旧”的壮语意即“石臼型水塘”，因渠旧圩建在一处形似石臼的水塘旁边，故名；“渠思”的壮语意即“清澈的水塘”，因渠思村建在一处水质清澈的水塘旁边，故名。

我出生时的渠思村，不过百户人家，除了极少数外来入赘的壮族人外，大多数村民都是世居于此的当地壮族人。当中除了蒙馆和私塾先生以及上学的塾生会讲官话外，绝大多数村民都不会讲也听不懂官话（西南官话），日常生活中都是讲壮话的。晚清时期的新宁州，99%以上都是本地土生土长的壮族人，世代务农。州城内和团局所在地，当时虽有少量明清时期移居于此的外族人，但他们大多经商，买卖对象大多是本地壮族人，必须学会讲壮话方能经营下去，因而只能入乡随俗，其语言和生活习俗大多已壮化，可算是壮化后的外族人。50年代，我多次回家乡扶绥县从事民族学的田野调查，所知情况依然如故，不过是外族人口多了一些而已。县内各区的外族人大多仍居住在圩街上，其他各村99%都是壮族人。县内120多个行政村的村民大多是讲壮话的，风俗习惯一直保持着典型传统的古壮民习俗。①

新宁州在上古时期属古骆越人（壮族先民）聚居地，唐代之前一直为西原蛮地。西原为唐代对今广西左右江地方的统称，其中现在左江一带的宁明、龙州、崇左、扶绥等地旧时为黄峒地，现在右江的天等、靖西等地旧时为侬峒地。西原蛮包括黄峒蛮，为壮族先民。汉文古籍说：“西原蛮，居广容之南，邕桂之西。有宁氏者，相承为豪；又有黄氏，居黄橙洞……天宝初，黄氏强，与韦氏、周氏、侬氏相唇齿……据十余州。”“羁縻州洞，隶邕州左右江者为多。旧有四道，侬氏谓安平、武勒、忠浪、七源四州，皆侬姓。又有四道，黄氏谓安德、归乐、露城、田州，皆黄姓。”可见当时的壮人，即古壮人已有宁氏、黄氏、韦氏、周氏、侬氏等大姓，汉文古籍习惯上将这些大姓聚族而居的区域，以“洞”或“峒”命名，分别称作“黄峒”“侬峒”等，从中反映了这些氏族部落与其姓氏的密切关系。

黄峒蛮因黄氏首领居住于黄橙峒而得名，而汉字壮姓的黄姓是唐代广西地区大姓之一，我的黄姓，便起源于黄峒族人，这与汉族的黄姓没有历史渊源和血统关系。壮族

---

① 本书整理者按：按照黄现璠生前曾担任编纂顾问的1989年版《扶绥县志》所记：扶绥县1982年人口普查时，本县总人口348529人，其中少数民族287014人，占总人口的82.35%。人数较多的是壮汉瑶三个民族，壮族为286291人，占总人口的82.14%；汉族为61515人，占17.65%；瑶族为513人，占0.15%。

的黄姓，源于古代壮族黄峒先民崇拜的图腾。一般认为，凡图腾的产生地，必有相应的文物和地名。左江流域一带的黄姓古村，旧时有许多千年扁桃树，由于古植物扁桃树的果实黄色美丽，生命长寿，从而成为壮族黄峒先民崇拜的图腾。唐代之前长期统治左江流域的壮族先民黄峒部落人，便以扁桃树为本族的图腾，故借汉字“黄”取为族姓。这是壮族姓名文化中以原始的图腾崇拜为“姓”的代表例之一，实与汉族的黄姓起源完全不同。

壮族与其他民族一样，古代曾经历过原始的氏族社会，故而其姓名文化由原始的图腾崇拜发展而来自然不足为怪。再如“龙”字，在壮话中意指“蛇”，壮族“龙”姓，源于对古代山林随处可见的山蛇崇拜，还有人说源于对古代大河蛟龙（鳄鱼）崇拜。这与汉人津津乐道为“龙的传人”之龙信仰，没有丝毫关联。壮话“麻”，意指“狗”，壮族的“麻”姓，源于对狗图腾的敬仰。狗在古代壮族部落中有较高的地位，一方面可能与西南各族传说中的神犬盘瓠有关，二方面又与古代山林壮族先民生活中危机四伏从而离不开守家护畜的看家狗息息相关。汉字“陆”在壮话中意指“鸟”，壮族“陆”姓，源于对古代山林随处可见的各种美丽的鸟的崇拜。由此从侧面了证明了壮族是一个十分古老的民族，并且表明汉字壮姓与汉姓两者的来龙去脉有所区别。并非来源于壮话和古壮字的壮族壮姓，虽然借用了汉字，但与汉姓起源及其演变没有直接关联，从而具备一定的土姓特点，称之为“汉字壮姓”以与汉姓加以区别，我自认为科学严谨。正是由于壮族人中的汉字壮姓与汉名中皆借用汉字，这就为过去一些壮族上层人士用之攀附汉姓名臣贤士以显家世尊贵提供了便宜条件，以致壮族历史上一些名门望族为避免遭受歧视而在追溯家世来历时产生了杜撰家世史和宗族谱的现象的产生。

壮族有许多别具一格的民族特点和传统道德风尚，例如语言独具一格，民风习俗独树一帜，民居建筑自成一格，服饰艺术自成一家，姓名文化与众不同。壮族人民热情好客、团结互助、不爱经商、勤劳勇敢、能歌善唱，好打抱不平、妇女劳动观念极强、家乡观念十分浓厚。由于壮族人历史上习惯安居一处，少量迁移只限于说壮话或土话的地区，很少向外省转迁，由此形成了壮族人迷恋故土，不愿在外谋生的浓厚家乡观念。我们扶绥壮族人同样具有这些特点。我虽然早年走出家乡的“壮族世界”，在外求学十一年，但家乡观念依然根深蒂固，以至于在外求学结束后，毅然返回壮乡广西，在广西各大学执教 40 余年，终生生活在壮乡，职是之故。

二、生于干栏

旧志载:“新州开自隆庆六年,休养生息,今二百七十有八年矣。风化之日醇,人文之日盛,物产之日丰,视邕州县无或逊者。”由于壮族人向来迷恋故土,加之我家乡新宁州土地资源丰富,气候适宜农作物生长,因此,我的家族连续八代都居住在渠思村,在神山旁过着面朝黄土背朝天的务农生活。因我的家族到我生父甘新昌这一代,已经十分贫困,没有必要撰述族谱。我们渠思村的贫穷人对于长辈和村史之事,大多由祖辈代代口口相传下来。我出生时的渠思村,只有黄甘二姓,黄姓村民是原住民,甘姓村民是后来迁入本村的外来壮族人。

图3 渠思屯故居

我出生时的新宁州渠思村,由于地处龙山脚下,属丘陵地区,当时村上民居多为干栏,只有极少数地主富农住平房。我在壮族干栏中出生又在干栏中生活长大。我的生母是寡妇,家中并不富裕。生母家的干栏为两层结构,上层住人,下层圈养牲畜,还堆放一些农具和杂物。上层三间,中间是厅堂,两旁是居室。厅堂分前厅和后厅,前厅用于接待来访亲友,后厅为生活区。室内生活以火塘为中心,每日三餐都在火塘边进行。厅堂两旁的居室内各开一扇小窗,光线较暗。居住层前面有晒排,供洗涤晾晒用。楼板和外墙均用木板合成,房顶盖茅草。我就是在这种普通的壮家干栏住居中度过了我的童年。

在我家乡新宁州的古壮话中,“姓”含栏义,同姓意味着同栏,而同栏又意味着一同住在房屋中的同族人或同祖先。本地壮话“栏”不仅有“姓”义,还意指“房子”。汉文古籍中将壮族先民的干栏音译为“干阑”“干栏”“高栏”“阁栏”“葛栏”“麻栏”等,实为对壮侗语族各语支以及同一语支各方言的音译不同。壮族的干栏,属壮族传统住宅建筑形式之一。汉文古籍记载的“依树积木,以居其上,名曰干栏”,“人栖其上,牛、羊、犬、豕、畜其下”,便指壮族先民的民居干栏。壮族古代的干栏住居,延续至今,依然在当今广西、云南、广东的壮族山村中随处可见。

壮族先民为何习惯居住干栏,盖自有其历史缘由,这是为了避免高温潮湿的瘴气和蛇虫猛兽频繁出没之害,亦即汉文古籍之谓:壮族先民“俗多构木为巢,以避瘴气”;“上古之世,人民少而禽兽众,人民不胜鸟兽虫蛇,有圣人作,构木为巢,以避群害,而民悦之”。由此推断,壮族干栏住宅的前身,完全有可能是巢居。

汉文古籍记载的“南越巢居,北朔穴居,避寒暑也”,句中的“巢居”“穴居”在新宁州的壮话“栏岭”中都有反映。前说渠思村流传下来的民歌中“利那栏岭夷顺麻”所言的“栏岭”,为壮语倒装,按照汉语结构的顺序为“岭栏”。古语多倒装,不独汉语为然,只不过壮语倒装的习俗自先秦以来部分保存至今,这与汉语倒装现已大多消失的现象有所不同,由此表明壮族及其壮语的起源历史悠久。这种壮语倒装的语言现象,在新宁州壮话中表现较为突出,例如普通话说“黄牛肉”“他的父亲”“我的蚊帐”,在我们新宁州壮话中则说为“肉黄牛”“父亲他”“蚊帐我”。倘若用汉语解释一些倒装的壮话,必须先将倒装的壮话改为汉语结构的顺序,即将“父亲他”改为“他父亲”,将“栏岭”改为“岭栏”,方能解释得通。否则,仅从汉语或汉字面上难释其义。

壮族除了以原始的图腾崇拜为姓,尚有一些以居地为姓者,例如谭,汉语意指“谈”,壮语则意指“水塘”,壮族谭姓,有可能源于历史上居住在水边的族群。我原姓甘,后改姓黄。汉语的“甘”意指“甜”,而在壮话中意指“岩洞”,壮族甘姓,有可能源于历史上居住在岩洞的族群。壮族的同甘姓者,意味着同栏,即同一祖先。这表明同甘姓者皆有可能起源于历史上居住于洞穴的族群。壮族先民甘姓者,有可能就是洞穴人。这些住在同一洞穴的穴居人的共姓在壮话中就称为“甘”,为同栏人,义即“同姓同族人”。表明我们壮族甘姓一族源远流长,古代属洞民或穴居人。《易·系辞下》:“上古穴居而野处。”壮族先民甘姓一族即为其例,这与中原的山顶洞人的穴居生活并无实质区别，只是古代壮族甘姓的山顶洞人头骨尚未发现而我只是从语言上加以推测而已。当然，我的这种推测并非空穴来风，桂西壮乡山区极少数壮族农民在历史上就有长期穴居的传统。1952 年 8 月，我到与扶绥县仅隔一县的大新县实地调查和进行民族成分识别工作时，就曾拜访过当地的当代穴居人。他们是住在县境东北面第三区（昌明）天水乡内腊村的十一户壮族农民，祖辈几代都长期住在山上岩洞内，同样以干栏建筑形式搭起木架屋，上面住人，下面放养猪牛。1950 年 10 月，在地方政府官员的动员下，这十一户同姓同族人始搬下山到内腊村居住。我曾问其族老黄立生（时年 82 岁），为何长期居住岩洞而不愿下山，他回答说："这是祖辈留下的传统，我一族八代都住在岩洞，历经数百年。岩洞冬暖夏凉，风雨不侵，防兽避害，天赐人居。我们以猎为生，种田而活，人丁兴旺，子孙繁衍，乐在其中。"我们不能因此说壮族的祖先喜欢居住岩洞，否则他们数千年前也不会走出岩洞以自己的聪明才智去建木为巢从而创造干栏建筑艺术。但是，居住岩洞，确是壮族先祖因自然地理环境所迫曾经有过的原始生活，这已为汉文古籍和今之考古史料所证。不独壮族为然，汉族和其他民族同样也有过穴居生活。因此，大新县第三区（昌明）天水乡内腊村的十一户壮族农民近代以来的穴居生活，也算是壮族先民居住习俗的一种遗风，不能以其思维原始或现代文明标准去评头论足，作是非判断。

后来壮族先民逐渐从洞穴中走出来，居住于山林中的树屋，即从穴居生活走向巢居生活。汉语"岭"一般指山、山脉、山坡、山道、山脊。壮语"岭栏"，即指建于山坡上或山岭上的居室，原始形态当属"构木为巢，以避瘴气"的树屋。而近现代壮族聚居地依然普遍可见的壮族干栏，仍保有一些古壮人巢居的遗风，即坡上建房，栽柱架屋。而且，如今在广西山区生活的壮民，一些干栏仍建在大山岭坡上，这与广西重山复岭的地理条件关系密切。历史上作为广西土著人的壮族，一直保留和传承着本民族传统的干栏住居形式，同样与其生存的自然环境密切相关。

从广西现代发掘的大量考古史料来看，壮族住居史似乎呈现出这样一种变迁的历程：原始时期的壮族先民，最初以山岭中的洞穴作为居室，后从洞穴走出来在山林中构木为巢。先有在一棵大树上构巢的"独木橧巢"，然后有在相邻的多棵树上架屋的"多木橧巢"，接着是在山岭上或山脚下栽柱架屋于坡上的干栏住屋，《魏书·獠传》记载壮族先民僚人的巢屋时，便有"獠者，盖南蛮之别称……依树积木，以居其上，名曰'干兰'"之语。这意味着广西土著壮族人在原始时期大都是穴居洞民或山林巢人，后来逐步从洞穴和高山上走下来进入干栏生活而成为"那"人——岭南最早进行水稻人工栽培的壮族农耕先民，他们逐步创造了历史悠久的“那”文化。由此表明我家乡的壮话“姓”含栏义的原始本义是指生活在同一洞穴或同一巢室的具有同一血缘族群的同栏人的共同称谓，即甘姓先民同姓甘，黄峒先民同姓黄，此即汉文古籍记载壮族先民传统上为“举洞纯一姓”之谓。这里的“举洞纯一姓”之“洞”，非指“山洞、石洞”，而是指“峒”。唐代著名诗人李贺曾作诗一首，题名《黄家洞》，诗曰：

雀步蹙沙声促促，四尺角弓青石镞。
黑幡三点铜鼓鸣，高作猿啼摇箭箙。
彩巾缠踍幅半斜，溪头簇队映葛花。
山潭晚雾吟白鼍，竹蛇飞蠹射金沙。
闲驱竹马缓归家，官军自杀容州槎。①

黄家洞，即指唐代以黄乾曜、黄少卿父子为首的西原军活动的中心区域。当时的西原地理范围，即以我家乡新宁州（今扶绥县）为中心，同时包括周边一些地区。诗中的“洞”，非“洞”的本义“岩洞、山洞”，而是指“峒”。唐代以来的汉文史籍中记载壮族先民的“洞民”，实与“峒民”同义。“峒”字在汉语词典中虽然第一义指山洞、石洞，但在唐代后的汉文古籍中并非指涉山洞、石洞，而是与“峒”同义，通常内含三义：一是泛称，即旧时对南方少数民族的泛称，如同汉文古籍所记的“豁峒”“溪峒”，或旧时对我国西南地区一些少数民族聚居地的统称，亦指这一聚居地区的人，如同汉文古籍所记的“蛮峒”。二是地理概念，“峒”既指群山环绕的山谷平原，又指山谷间的平地，两者有范围或面积大小不同之别。诗中“黄家洞”，显然与汉文古籍所记的“蛮峒”同义，既是对黄姓或黄家少数民族聚居地的统称，又指聚居于这一地区的黄姓或黄家族人。三是基层组织名称。唐宋时期，朝廷在少数民族地区实行羁縻政策，设羁縻土州，一些土州下设峒、寨一类的基层组织，“峒”即为其中的基层组织名称。例如在我家乡，明初因黄姓壮族土官争夺地盘，导致当时的武黎县分为武黎、华阳、沙水、吴从四峒（后合并置新宁

① 李贺撰《黄家洞》一诗的白话译文：黄家洞人的脚步如雀跃般轻快，急迫地踏在黄沙上发出促促声。（身挎）饰有兽角的硬弓四尺长，箭头由青石磨制而成。黑旗三挥后，铜鼓擂得震天响。黄家洞人集合后发出震耳欲聋的喊杀声，还一同拍打着身挎的箭袋。将士小腿上皆斜缠着各色彩巾，成队傲立在溪头，映衬着正在开放的葛花。夜雾笼罩的山潭中，伴随着令人丧胆的白鼍（鳄鱼的一种，俗称“鼍龙”“猪婆龙”）吼声，暗处袭来竹蛇飞蠹射金沙（这两句意指黄家洞军作战勇猛无敌，且神速无匹）。（黄家洞人克敌制胜后）悠闲地骑着竹马（当地一种马名）缓缓回家了，（败退）官军竟然在容州残害辖境内土著人（报复和冒功请赏）。

州）。我的黄姓先祖，就曾做过武黎峒的峒长（相当于县长）。明嘉靖年间，忠州、江州、思明州土司为了争夺四峒，穷兵黩武，年年侵劫，兵连祸结，峒民涂炭。为了平息战乱，拯救处于水深火热中的峒民，我的黄姓先祖武黎峒峒长黄纲献舆图印信，自愿归顺南宁府，武黎、华阳、沙水、吴从四峒遂开始归流，改编为四都。

从壮族传统住居史看，壮族传统住居的干栏式建筑，不仅在汉文古籍中随处可见，在现代亦能普遍见于壮族地区的山村中。从壮族姓名文化上看，古代壮族先民的生活发展史，实与人类生活的普遍发展史大同小异。人类是从山洞中走出来或从山林中走下平原开始文明生活的，壮族同样没有例外。随着时代的发展和生活的变化，壮族世居地逐步从举洞纯一姓演变为举峒纯二姓→举寨纯二姓→举村纯二姓，以至于发展到今天的举村多姓混居生活方式。无论壮族地区的这种一村多姓混居生活方式如何变化，不同姓名的村民大多都讲壮话，极少数外族人移居壮族乡村，都是入乡随俗会讲壮话而成为壮化后的壮族人。否则，必会受到村民排挤而很难分到好田好地，连生存都成问题，更别说发迹。历史上，一个地方将外来人同化的能力比人们想象的要强得多，久远的唐宋时期自不待言，即便在晚清时期，出生于广西壮族乡村而非出生在州府县城上和圩上的壮族人，绝大多数都是土生土长的壮族人，而凡是从外地迁入壮乡的少量外族人，几乎在生活习俗等方面都已壮化而同样成为壮族人。

历史上，生活在平房或干栏中的一些壮族上层官人、名人和知识人伪造家谱和冒籍外族的现象屡见不鲜，例如在壮族的大姓黄、韦、侬、莫、岑等姓中，大多为历代部落首领和土官世家。由于这些大姓部落上层人较早接受汉文化的影响，为免遭他们赖以生存的外族统治社会对所谓“南夷”“蛮峒”“顽撞”的歧视，历史上在韦、莫、岑等大姓部族所修的一些族谱、家谱或其他传记中，一些存在攀附外地迁来的汉族功臣名将而将自己的祖先冒籍为中原显门显族后人的现象，即为其例。这不是数典忘祖一语就能概而贬斥了事的，追根溯源，大多数仍是由于历史上封建专制统治阶级历来实施民族压迫和歧视政策，从而导致一些壮族上层人为了子孙前途而无奈为之的结果。

三、家世

秦汉时期，虽然广西左江壮族地区属象郡所辖，但是，由于左江地区地处偏僻，又多高山峻岭，秦汉两代封建专制统治者尚未能进行直接有效的统治。至两晋南北朝时期，中原地区战争频繁，根本没有力量顾及管理偏远的广西少数民族地区，以至于居住在左江地区的壮族先民在唐代以前，大多不受汉官统治，处于部落完全自治状态，长期保持着氏族部落制的社会生活。到唐太宗时，封建统治者在桂西地区先后设立羁縻州。这些羁縻州名义上虽隶属于唐王朝，但统治实权仍操于壮族部落首领之手。他们虽名为都督刺史，但实等于部落酋长，仍为一方大权独揽的土皇帝。从社会生产力等经济方面和氏族部落世袭制等政治结构上看，实行了羁縻制度的桂西左江地区，依然处于氏族部落制社会阶段。唐宋元明清统治阶级在桂西左江地区先后实施的羁縻制度和土司制度，实质上是一种对少数民族实行的以夷制夷的统治制度，无疑属一种民族压迫政策的产物。以致唐代以来的历代封建专制王朝与羁縻政权或土司政权之间，以及少数民族广大人民与封建王朝和地方羁縻政权之间产生的矛盾对立层出叠见，而且日益变本加厉，导致左江地区壮族人民反抗阶级和民族压迫的大小起义斗争此起彼伏，层出不穷，历代不绝：唐代有西原"黄峒蛮变"①，宋代有申峒之叛，元代则上思壮族叛蛮黄胜许滋扰华阳，明则思忠土酋垂涎四峒。明代隆庆之前，岁岁构兵，几如晋楚之争。及至改峒，地方稍定，不数年，黄贤相复煽四都之民，狡焉思启。清初桂藩息喘邕南，战争迭出，义民繁兴。清咸丰元年（1851），又在我家乡新宁州有吴凌云、吴亚忠父子举起义旗，创建了清代史上唯一的壮族地方政权"延凌国"。这些事实都是我在撰著壮族历史上第一部史书《广西僮族②简史》时深入调查和研究后加以充分论证的。由此从一侧面反映出左江各族人民具有反抗封建暴政统治的优良革命传统，我的先祖亦不例外。

许多学者在回忆自己的家世或家族时，大多对家学渊源津津乐道，自豪不已，而我没有家学渊源可以喋喋不休，自先祖以来只有一部家族反抗压迫史可以引以为荣。我原姓甘，名锦英，我的祖父名叫甘怀忠，大伯名叫甘新勇，两人都曾有过一段"壮士"（壮族勇士）的光荣历史。祖父甘怀忠曾是名响新宁州熙良团一带的打虎英雄，曾与延凌国国王吴凌云认契，即结拜兄弟，而且身为延凌国太子吴亚忠的卫队十长，他曾救过吴亚忠的命。而大伯甘新勇曾救过后来成为抗法民族英雄的刘永福的命，被刘永福认契

① 本书整理者按："黄峒蛮变"亦称"西原之叛"，指唐代西原州黄峒地壮人黄乾曜、黄少卿、黄昌沔、黄少度、黄昌瓘等相继领导的西原壮族人民起义，这次起义坚持斗争长达近百年。这在黄现璠与其学生黄增庆研究员、张一民教授合著的《壮族通史》一书中有详细叙述。

② 本书编者按：僮族，即壮族，中国人口最多的少数民族。自称"布壮""布侬""布土""布越""布曼""布傣""布沙"等。"布"，意为人。旧称"僮人""俍人""土人"。由古代百越一支发展而来。秦汉后泛称"西瓯""骆越""乌浒""俚""僚"。宋史称"僮"。新中国成立后成为"僮族"。1965 年将"僮"字改为"壮"。见《辞海》，上海辞书出版社，2010 年版，第 2531 页。

为哥。

据我的生父甘新昌回忆说，我们甘家一脉为壮族土司俍兵后代，先祖作为俍兵头领曾跟随田州巾帼英雄瓦氏夫人誓师出征，前往江浙沿海抗倭，立有战功。文献记载“狼兵素勇，为贼所惮”，“狼兵鸷悍，天下称最”，绝非言过其实。我在抗日战争期间曾写过一篇题名为《明代剿倭之广西女将》的文章，论述明代田州瓦氏夫人率兵抗倭的英雄事迹，以激励国人坚持抗战必胜的信心，亦是出于对明代抗倭巾帼英雄瓦氏夫人的敬仰和对先祖的怀念。后来我又发表了《壮族女将瓦氏领兵抗倭》长篇论文，属中国民族史上第一篇系统研究瓦氏夫人的学术论文，因而对于壮族俍兵，我还是略知一二的。所谓“俍兵”，汉文史籍又记为“狼兵”，史学界一般认为是专指广西壮族土司地区的士兵，这是误识。文献记载俍兵制度肇始于明代，属明代军制的重要组成环节。俍兵初制虽无可考，但由宋代土司的亲兵制演变而来，当无疑义。表明俍兵在宋元明三代原来都是土官的亲兵或卫士，后扩大为土司府的亲兵队或卫队。唐开元年间在今桂西地区置田州，辖都救（在今广西平果）、横山（在今广西田东）、武隆（在今广西田阳、百色）、惠佳（在今广西百色）、如赖（在今广西田林县）五县，治所在都救县。据我在解放后多次到田东、田阳、百色、田林等地进行社会历史的田野调查可知，当地老人代代口口相传的土司卫士或俍兵形象几乎众口一词，都说俍兵身躯高大，胸脯横阔，相貌堂堂，丰姿英俊，威风凛凛，武艺高强，能以一敌十。俍兵有等级之分，从低到高的序列是俍丁→俍目→俍头→俍首→俍将→俍帅。俍兵与当时在壮族地区存在的土兵、土勇、隘卒、堡卒、耕兵、抚兵、戍兵在军制、等级、待遇上有所不同，位于壮族土司地区并存诸兵的最高等级，在土官眼中属最值得信赖的保家护府的卫士，军事地位相当于古斯巴达城邦国家初期的王家卫队——即由斯巴达300名贵族骑兵组成的多利亚禁卫军。虽然壮族俍兵的社会地位没有古斯巴达禁卫军的贵族身份那样高，但与中国历代王朝的御林军具有一些同质性。

史书一般将外调征战和明代俍兵统帅瓦氏夫人率领的壮族抗倭将士统称为“狼兵”，所谓“用狼兵必选狼将，否则扰民”，“江西调至狼兵，所在辄肆荼毒，奸污妇女、劫掠财物、毁坏屋宇，良民横罹锋刃者不可胜数”。这种将“俍兵”写为“狼兵”，视俍兵如“辄肆荼毒”或残暴如狼的认识，当属官书对少数民族加以歧视和污蔑的常习和成见，同时亦是将外出征战的抗倭将士中并存的狼兵、土兵、土勇等混为一谈混淆是非的惯用手法，不足为信。事实上，土司的嫡系俍兵，军纪极为严明，违纪处罚十分严厉，绝不敢在征战地扰民劫掠。而且，瓦氏夫人出征抗倭时所带的俍兵，不足两千人，其他为土兵、土勇。而史籍记载瓦氏"以妇人将兵，颇有纪律，秋毫无犯"，应该说是瓦氏统领的俍兵实情。

我的先祖曾是俍兵，任过俍头，这是我在少年时代时生父对此引以为荣而津津乐道之事。据生父甘新昌回忆说，我们甘家的云曾祖父甘武胜在明末参加了田州一带反抗土官的起义斗争，失败后被土官派兵追杀，被迫拖儿带女逃避流落到了新宁州，投靠甘姓远亲而定居在渠思村。从云曾祖父甘武胜→仍曾祖父甘德贵→来曾祖父甘伟民→玄曾祖父甘树生→曾祖父甘旺孙→祖父甘怀忠→生父甘新昌至我甘锦英这一代，在渠思村定居已有八代。我出生时，祖父甘怀忠早已随吴凌云战死于延凌国国都陇罗圩（今扶绥县东罗镇）；大伯甘新勇随吴凌云父子反清失败后，潜回渠思村隐居，于 1882 年春病逝。因此，我出生后未能见到祖父和大伯的容貌，只是听过生父的描述。他说祖父身材魁梧，体格健壮，精通武术，力大无比，能举四百多斤石担，有万夫莫敌之威风；又说大伯甘新勇身长八尺（今约 185 厘米），豹头大眼，燕颔虎须，气宇轩昂。再看我的生父甘新昌，八尺长短身材，骨健筋强，远远高于壮族人的平均身高，从中便可窥见俍兵后人的魁梧身材非同一般，只是我的母亲身矮瘦小，加之祖父中年得生父，生父中年得我，以致我成年后身高只有 172 厘米。

据生父回忆说，祖父甘怀忠胆大心雄，为人仗义，好打抱不平。有一年冬天，村旁神山中的老虎因饥饿难忍，晚上乘着夜幕进村偷袭了村边黄家的水牛，搞得村民惊恐不安。祖父当时年轻气盛，艺高胆大，便叫上村中的一帮年轻人进山捕虎，为民除害。祖父带领这帮人进山先设陷阱，再装地弩，以树作架，吊悬铁钩，钩肉饵虎，若虎来扑肉，触及机关，即被钩悬于空中，不料此两法一直未果。村上一帮人便天天进山搜虎，终于有一天在神山腹中的卧龙洞发现了老虎，祖父眼明手快地举起猎枪便朝老虎一枪放去，不料只打中老虎的左耳。被激怒的老虎跳出洞外扑将过来，身手敏捷的祖父迅速躲在了身旁的一棵大树后，四下一望，同来的一帮年轻人吓得不知所措，忘了放枪，拔腿逃去，丢下祖父一人只身面对老虎。祖父见状毫无畏惧，急中生智，操起身旁的一根大树枝在大腿上一折两半，两手各持一长大木棒，左手持棒向老虎口中送去，趁老虎咬住木棒时，右手猛一用力，将木棒狠狠打在虎头上，一连快速五六棒，顿时将老虎打蒙，祖父乘势一跃跳上虎背，左手按住虎头，右手拔出身上猎刀，朝着虎喉便是一阵猛刺，老虎就这样一命呜呼。随后祖父扛起体重百余公斤的死虎回家，村人见状欣喜若狂，齐称祖父为"打虎英雄”。这不是生父虚构的《水浒传》中武松打虎的文学类故事，而是现实生活中真实发生的祖父为民除害的事迹，亦是我少年时在家乡蒙馆受启蒙教育时蒙馆老师逢生必讲的“打虎英雄甘怀忠”的真实故事。那年头在家乡蒙馆受启蒙教育的学生都是小小年纪，谁都没有看过《水浒传》，自然不知有武松打虎，但村民人人皆知打虎英雄甘怀忠。故我曾作俚诗一首，自赞祖父曰：

打虎英雄甘怀忠，久在新宁州外住。
目炯双瞳眉八分，一脸英气似韩寿。
肌肉满身如铁牛，臂力赛过巨猩猴。
洞人后裔俍子孙，为人仗义护村门。
祖传壮拳最通神，持枪进山探虎洞。
孤身赤胆战猛兽，数刀便取大虫魂。
布袍血染飑猩红，肩扛死虎回村中。
乡民齐称真壮士，英名声誉满渠旧。

祖父甘怀忠在1851年秋加入了新宁州人吴凌云领导的天地会组织全胜堂，成为吴凌云的契兄弟，后随吴凌云、吴亚忠父子领导的天地会反清起义军转战于桂西各地。因祖父武艺高强，身怀绝技，又是远近闻名的打虎英雄，被吴凌云选为其子吴亚忠的卫士，初任卫队十长。清咸丰三年（1853）十月，吴凌云、吴亚忠率部攻打新宁州熙良团的陇朴村（今渠旧镇弄卜村），祖父随吴亚忠参加了战斗。战斗中，祖父用强壮的身躯为吴亚忠挡下致命一箭，救了吴亚忠一命。战斗胜利后，祖父因功升为卫队百长。随后长期率部转战在吴凌云的首义地新宁州砥柱团渠芦村（今扶绥县渠黎镇大陵村渠芦屯）以及附近熙良团的渠思村、陇朴村一带。清咸丰十一年正月初八（1861年2月17日），吴凌云在新宁州陇罗圩创建地方政权“延陵国”而自称“延陵王”时，铸延陵王玉玺，蓄发易服，封官拜爵，祖父因长期坚守义军陇朴根据地有功，被封为延陵军千长，领导指挥千人队伍。清同治元年（1862）十二月底，在陇罗保卫战中，祖父率部护卫延陵国王吴凌云向义军陇民根据地突围，突围出去后又中途遇伏，遭敌炮轰，吴凌云身受重伤，祖父守在吴凌云身旁，寸步不离。结果再受炮击，祖父当场被炸死，吴凌云亦因伤重被卫士抬走后不久牺牲。

大伯甘新勇是在清咸丰三年（1853）十月义军的陇朴围歼战胜利后与渠思村甘黄二姓壮族青年20余人一道赶往陇朴村参加义军的，并因功从义兵升为十长→百长→千长。他长期随吴凌云、吴亚忠父子转战桂西地区。吴凌云死后，大伯甘新勇随吴亚忠从延陵国都陇罗突围后，继随吴亚忠转战在镇安府（今德保、靖西、那坡等县）和越南北部一带，持续反清八年之久。清同治五年（1866）三月，吴亚忠偕刘永福等人率兵进攻归顺州安德圩（今靖西市安德乡——本书整理者），大伯甘新勇亦随吴亚忠参加了这次攻坚战。在攻打安德圩时，胆力过人的刘永福身先士卒，冲锋在前，不料被清兵数十人团团围住。吴亚忠见状即刻命大伯甘新勇上前支援，大伯只身一人奋不顾身地冲上前去与刘永福背靠背，与清兵展开肉搏战，两人全歼近身的清兵，解除了刘永福被围之困。事后刘永福视大伯甘新勇为救命恩人，主动要求认契，以年龄大小自认为弟，认大伯为哥。倘若没有大伯甘新勇此战舍生忘死的解围之救，或许也就没有了后来名震中外的抗法英雄刘永福的辉煌战绩。清同治八年九月（1869年10月），吴亚忠战死于越南那宥，大伯甘新勇逃出重围，潜回家乡渠思村隐居，于1882年春病逝。

我讲述的这些有关祖父甘怀忠、大伯甘新勇的光荣事迹，都是大伯潜回家乡隐居后对其弟即我的生父甘新昌以及对其子甘锦雄的口述回忆。生父甘新昌对我们甘家“锦”字辈后人也乐此不疲地反复讲述，无非是希望我辈壮族后人不要忘记浴血奋战的英雄先烈们的英勇事迹。尽管到了生父甘新昌这一代已是家道中落，但他生前对我念叨最多的几句话是“我们是洞人子孙、俍将后裔、武士后代、英雄后人，不能辱没祖宗”，显然是想以此激励我自强不息。正因如此，我早年读私塾时，生父为我取汉文学名“甘锦英”，深意了然。“锦”在汉文中本意指精致丝织品，引申比喻色彩鲜艳华美，这与我出生时的“蒙华盖”（壮语意指穿着华贵的衣服出生）意思吻合；而“英”指“英雄”，生父显然是想提醒我时刻牢记自己是英雄后代，期望我能穷且益坚，日后争当英雄，我生平中遇事不平则鸣的英雄情结或许便缘于生父的这种起名心理暗示。

生父所说的“武士”，是指从我的云曾祖父到祖父，都是习武之人。由于清末壮族地区的乡村习武之人大多参加天地会从事反清斗争，许多年轻人英勇就义，命不长寿，而生父中年得我，爱我如命，加之我自幼性向学，早年读过几年私塾的生父也想改变一下家族命运，便支持我习文，走文士之路。于是，甘家从我开始，便走上了与“武士”截然相反的“文士”人生道路。后来，我的六个子女名字中都取有一个“文”字，便是期望子女日后能走上“文”的道路，以实现先父生前之愿。

四、姓名文化

我有两套姓名，一为壮名，一为汉名。壮族的姓名文化与汉族的姓氏文化有所不同。壮族历史表明，先秦时期的壮族先民没有汉字姓氏，只有壮话的举洞纯一姓和土名。一些学者认为先秦时期的壮族先民没有姓，属有名无姓的民族，这是误识。在壮族先民举洞纯一姓之远古时期的甘、黄等姓，是后世借用汉字标音的壮话叫法，换言之，当时的举洞纯一姓壮话叫“甘”或叫“黄”是壮姓，而非汉姓。远古时期不可能借用汉字的“甘”“黄”等字来标示壮话的发音，而且当时也无古壮字。秦汉时期汉文化及其文字传入壮族地区后，少部分壮族上层人借用汉字始有了姓名。古代部分壮族上层人依原始崇拜和居住地等因素而借用汉字表示的姓氏，例如黄、侬、韦、甘等，完全与汉姓黄、侬、韦、甘没有任何氏族、宗族的血统关联，不过是借用汉字表示姓而已。壮族历来有聚族而居的习俗，古代壮族的大姓莫氏、黄氏、侬氏、韦氏、覃氏、罗氏、岑氏、蒙氏、闭氏、甘氏等，包括壮族先民俚僚大姓冼氏、宁氏、李氏等，都是在原来氏族制基础上演变而成的，并长期聚族而居，此即汉文古籍记载的举洞纯一姓者。这些莫氏、黄氏、侬氏等中的“氏”，是汉文史籍的记载。在汉族的姓氏文化历史中，秦汉之前，姓和氏不同，姓为氏之本，氏自姓出。在夏商周三代，氏是姓的支系，用以区别子孙之所由出。史书谓：“三代之前，姓氏分而为二，男子称氏，妇人称姓。氏所以别贵贱，贵者有氏，贱者有名无氏。”由此表明：汉文史籍记载的所谓莫氏、黄氏、侬氏等，为汉文对这些壮族古代大姓贵族的尊称或敬称，属以汉套壮的典型范例，壮族历史上并无氏，只有名。在壮族的姓名文化历史中，姓非名之本，名非自姓出，壮族人名通常有壮名和汉名两种，壮名无姓，汉名有姓。由此在壮族地区逐步形成了一种与众不同的姓名形式，即壮族男性拥有了两套名称：一为沿用古来壮人有名无姓的壮语土俗名称（壮名），作为同族同乡之间人际交往的称谓，文字表述时用土俗字（即古壮字）或汉字，壮话义与汉字义完全不同；二是借用汉字取的汉名，古代主要作为学名和对外人际交往上的称谓，解放后又增加了人口统计和户籍登记的用途。壮族男性的两套名称通常使用到老死，至今依然如此。而旧时的壮族女性大多无姓无汉名，只有土名，即壮名。

由于古壮字（又称方块壮字、土俗字）产生于唐代，时期较晚，加之词汇不多，因此，秦汉之后，壮族男性的两套名称用文字表示时，大多借用汉字。对于土名而言，借用汉字标示而用壮话发音时，倘若壮话发音和汉字发音一致，套用汉字即可；倘若壮话发音和汉字发音不一致，一般借用与壮话发音相近的汉字来代替。不管是套用还是借用，壮话发音的汉字义与汉字的本义不同。壮族人取壮名时，一般都尽可能避免与亲戚邻里同名。正因如此，壮族人的壮名，许多都难以找到音译的汉字。我在50年代多次应覃应机主席之邀列席他主持的“壮文工作会议”，加之多次到桂西各县壮族聚居地进行实地调查，对壮语北部方言和南部方言还是略知一二的。由于壮语南北方言的不同，壮话土名约定俗成的称谓各有差异。在壮族地区，自古以来不论男女老少或姓名互不相同者之间的交往，皆以有名无姓的壮话土名约定称谓，互相称呼，而不同地区的约定俗成土名称谓又有区别。壮族人际交往的称谓，随着年龄的增长和人际关系的复杂而不断变化，但不管怎样，每一个壮族人的土名都要区分男女，按汉文书写语序记载时，一般是第一个字表示性别，第二个字表示土名。扶绥县壮语方言属壮语南部方言的邕南次方言之一，在晚清时期的新宁州，一般表示男性的壮话叫“瓮”，表示女性的叫“媪”，皆为俗称，而雅称不分男女均用“阿”。例如我的乳名壮话叫“瓮美”，“瓮”表示我是男性，“美”即我的乳名或壮名，“瓮美”一般为非直系亲属中的长辈所叫；而雅称叫“阿美”，一般为直系亲属中的长辈所叫。壮族人的乳名大多既是小名，又是土名，亦系壮名，通常沿用至老。

我原姓甘，后改姓黄，我的汉名，即学名，原为锦英，后改为现璠。我和扶绥的同乡男性，大多拥有两套名称。在扶绥县之外，一般人称我的学名（汉名）加上姓，即“黄现璠”，或称“黄老师”“黄教授”“黄团长”“黄馆长”“黄委员”，渠思村以外的人大多无人知晓我的土名“瓮美”或“阿美”，自然不会以土名称呼我。而在扶绥家乡，我的直系亲属长辈通常叫我土名（即乳名、小名、壮名）“阿美”，绝不会违俗叫我的学名“锦英”“现璠”。我的子女和晚辈则按亲属和辈分分别叫我为“奥”（爸）、“打”（爹）或爹、“爸”“叔公”“叔伯”“叔爷”，绝不会违礼直呼我的壮名“瓮美”或汉名“锦英”“现璠”。我的土名虽然用文字表示时用汉字，但土名的壮话义与汉字义截然不同，例如“阿”在壮话中指“亲爱的”“尊敬的”等亲昵义，“美”在我家乡的壮话中指“最后一个”，而非汉字“美”之本义或引申义。我的壮名不入户籍，只有汉名入户籍。汉族人的小孩，一些亦取有乳名或小名，但汉族小孩所取的乳名或小名，名字中皆无性别区别，这与壮族人的乳名或小名明显有别。

所谓古来壮人有名无姓，一般指民国之前的壮族妇女。历史上壮族妇女的家庭地位和社会地位十分低下，这不仅表现在历史上壮族男逸女劳这种普遍的社会现象上，还表现在民国之前的壮族妇女大都没有姓，也没有汉名，只有土名。举例而言，被壮族人尊称为“娅王”的宋代巾帼英雄阿侬，是北宋广南西路邕州左江道羁縻武勒州知州侬当道的姐姐，后嫁给羁縻广源州首领侬存福为妻，成为宋代侬峒起义领袖侬智高的生母。古之武勒州，今属扶绥县一部。这样一位地位显赫、政绩卓著的壮族女杰就没有姓，没有汉名，只有土名“媢侬”。古壮字“媢”的壮话发音近似汉语的“芒”“莽”等字发音，而非“福”音。晚辈族人雅称或敬称她为“阿侬”，以“阿侬”之土名（壮名）传世。明代壮族抗倭英雄瓦氏夫人同样如此。瓦氏虽然出生于岑家或岑门，但她既不姓岑，亦不姓瓦；瓦氏既不是瓦氏夫人的土名，又不是她的汉名，而是官书对身为贵夫人瓦氏的壮名“瓦娣”或“瓦氏”的尊称。

我家乡新宁州的壮族妇女绝大部分在民国之前，都没有姓，没有汉名，只有壮名（即土名、乳名、小名）。清光绪三十四年（1908）在今属扶绥县的永康州创办女子小学堂，进学堂的女子都有姓和学名（汉名），但这些入学女子大多数是州城的官商绅士之女，多为外族人。民国后出现了极少数读书的壮族妇女需要学名，这些人才有了姓和汉名。到了1949年解放后需要登簿入户口，始有了姓。例如我的奶奶和母亲一辈的妇女都没有姓，没有汉名，只有壮名。我原姓甘，我的同父异母的姐姐出自甘家，她并没有取姓甘或顺理成章地冠以甘姓，一生自始至终只有壮名，供亲属和同村人俗称或雅称。按照壮族传统生活习俗，历史上的壮族人很少外迁，习惯终身安居一处，习惯互称土名，至今依然如故，特别是壮族妇女，旧时的地位比男人低，长期无姓。民国时期除了极少数外出读书妇女需要学名用姓外，我几乎未见壮族妇女有姓者。我家乡后辈女性有姓者，绝大多数都是在解放后外出读书或登记户口始取姓用姓。当今壮族地区平时生活中的人际交往皆用壮话，习惯互称土名，在乡下村民之间叫姓者难得一闻，似乎只有乡村干部和机关单位工作人员，在“同志”之前加上姓以互作礼称较为普遍。

五、启蒙教育

我们甘家到了祖父甘怀忠一代，还有点田产，属村上富农，但因管理不善，加之生父甘新昌少年时得了两次大病，被迫出卖田地治病，以致贫穷。生父被迫入赘，不料中年又丧妻，家庭破产，只身外出到别人家中做长工，糊口他乡两年。后以工代钱，再度入赘到本村甘孝中的寡妇家，夫妻婚后生了我，取乳名“瓮美”。我在娘胎中只有七个月便出生了，属早产儿。我出娘胎时被完整的胎衣裹着一起离开母体，这在当地壮话叫“蒙华盖”，意指穿着华贵的衣服出生。村上迷信的老人认为“蒙华盖儿”长大后会荣华富贵，后来村人对我的学费多有资助，迷信此点为其中原因之一。

入赘是我们壮族传统的普遍习俗，一般分两种：一为入赘不改名换姓，没有财产继承权；二为入赘改名换姓，拥有财产继承权。旧时凡是入赘者，或多或少都会受到女方家的歧视。我七岁那年，由于生父实在忍受不了我的生母的百般打骂，带我离开生母家。生父原来住的旧屋已完全倒毁，无家可归，我们父子俩只能借住在亲友家的破屋，聊避风雨而已。一两年后，屋主下逐客令，又易其居，四五年间，数易其居。后来我与生父在新村①三岩盖了一间茅草屋，始免搬迁之苦。生父不饮酒，不赌博，终年勤劳，节衣省食，仍一贫如洗，不得一饱。祖宗田产，本来不少，因贫出卖，生父立家后借债赎回，辛勤耕作，农作物收获一直很好，还了一部分债务。不料，人尽辛苦，世事难料，难免天灾来临年成不就之时，农作物颗粒无收，只得又借债度日。按当时借债通例，十元钱年利四元，一年未还，利上加利，以致本利日重，债台高筑。无奈之下，生父被迫卖田还债，但已难还清，由此使得我的上学费用筹集越来越感困难，只能借债上学，一直到十二岁难以为继时，被迫辍学半年余。

我九岁入本村蒙馆学习，开始接受启蒙教育。蒙馆馆长吴亚光先生原居砥柱团渠芦村，自称与延陵王吴凌云一家沾亲带故，后举家迁来渠思村开设蒙馆。他以身为土著人自傲，常以“土人文魁”自居，这在当时的壮族文人中十分难能可贵。我自小对外声称自己是扶南县土人，实受吴老师的影响至大至深。

吴老师眉清目朗，举止文雅，说话不紧不慢，身着朴素整洁，一副典型的乡贤学究先生模样。他教语文、珠算两门课，教书极为认真和严格。我入蒙馆前，先由生父甘新昌写一张关书（入学志愿书）给吴亚光馆长，内容主要是写明每年束脩（即学费）多少，分几次交付。束脩包括现金和谷米，一般初次先付两元钱和一斗米即可入学。当然，由于我们渠思村在当地不是富裕村，村上蒙馆或私塾皆兼有义学与私馆合二为一的特点，前者带有对村上贫寒子弟给予免费上学的性质，后者为收费教育。吴老师一般视塾生的家庭贫富情况而定收费标准，因此口碑甚好。我第一年入学每年束脩定为五元钱和三斗米，后两年每年定为四元钱和两斗米，学费都是生父向亲戚乞借的。农历正月十五开

---

① 本书整理者按：新村现为渠思屯的一部分，三岩即由三座小石山连成一片的一座山，位于渠思屯旁。新村是黄现璠少年时代放牛时常常三余读书的场所，三岩则是他当时追月夜读、囊萤夜读、燃荻读书的地方。

学，至腊月中旬放假为一年。我第一年入学时先交了两元钱和一斗米，便开始入学。入学前，生父甘新昌为我取了学名“锦英”，故我原来的姓名叫“甘锦英”。

蒙馆设在吴老师家，他的家为壮族村庄常见的两层干栏住宅。上学第一天，我穿了一件干净的衣服，跟随在生父身后，腼腆地走进了吴老师的私塾。只见教室设在吴家二楼正堂，有十多平方米，呈长方形，内置十多张大小相等的桌椅；厅堂里面置一横木高桌，相当于祭坛。祭坛上放着一个用于插香插烛的陶罐，陶罐后面供奉着“大成至圣先师孔子”神位木牌，木牌两旁挂有吴老师亲笔书写的正楷对联一副：听祖辈遗训，习古贤传经。生父和吴老师寒暄之后，从口袋里拿出用红纸包着的两根红烛，点燃后放入祭坛陶罐内，令我在祭坛前三叩首（磕头三次），再向吴老师作揖一次，师生关系就算由此确立了。随后，生父向吴老师告辞回家，吴老师给我指定一个座位，我便与陆续来到的其他塾生一道开始了第一天的上学听课。

我记得第一年的同馆生有十多名年龄差异不大的同学，都是本村人，第二、三年同学多了一些，来了一些邻村就学的塾生。我在蒙馆三年的学习中，同馆生全是男生，没有女生。虽然入学的塾生有先有后，年龄有大有小，像我一样年龄的大者已有八九岁，小者仅五六岁，学习层次参差不齐，但吴老师能够因材施教，会给每个塾生安排合适的进度。因此，对各塾生而言，一般都处于吴老师单独授课的状态，学习效果较好。

入学后首先就是识字、练字，这是最基本的课程。识字从吴老师教认单字开始。因塾生各人的接受能力不同，最初都是每天周而复始地反复识字。当各人都能认到数百字后，吴老师始教《三字经》。因学的都是汉字汉文，吴老师皆用官话讲授。对于第一年的初入塾生，吴老师的教学方式是将我们新塾生逐一叫到他跟前，吴老师读一句“人之初，性本善”，塾生跟读一句；教完一个段落，吴老师反复领读几遍，再让塾生回到自己的座位上诵读，读熟后再到吴老师讲桌前背诵。我们当时背书，都用跟随吴老师读书习得的传统读书调，即唱书。所谓唱书，是以独特的唱腔和有节律的声调将书文唱出来，而非像时下学生一样念出声来。唱书是在吟诵书文的基础上衍变发展而来，被视为曲艺的一种。而我学的唱书较为简单一些，谈不上曲艺，只是照着书文以七字为一句，四句为一段，运用有节律的声调唱出来即可，调子大同小异。唱书比吟书好听，既能激发人的学习热情，又能练嗓子。我后来在大学中长期教书讲课时能够声音洪亮，即得益于年轻时代养成的看书时喜欢吟书和唱书而非默读的良好习惯。

那年头的汉语没有拼音，字音都是跟着吴老师的官话念的。为了提高塾生的官话水平，吴老师要求课堂上以及平时师生的交流只能讲官话，不容许讲土话（壮话），这是不成文的馆规。

我每天早晨天不亮便要起床去蒙馆上学。到吴家蒙馆后，向吴老师背诵昨天所教课文。背诵过关后，回家吃早餐。早餐后再去蒙馆复读学过的内容，下午亦如是循环，晚上在家自习。每当我们学完一段，背得滚瓜烂熟，没有错漏，吴老师再教新的段落。复读完后吴老师开始授新课。他先教我们《三字经》《百家姓》《千字文》，然后教《四言杂字》《幼学琼林》，循序渐进。教材一律为线装书，大多由木刻版印制而成。

在蒙馆的最初学习阶段中，识字与练字同步进行。练字同样是一个循次而进的过程，先是吴老师手把手教我们写直横勾点等笔画以及执笔姿势和运笔转折轻重方法，然后叫我们自己练习。我们练字时，吴老师逐个巡视辅导，对笔画、笔顺、间架结构等习字要领和握笔、运笔、坐式、距离等习字姿势，均加以指点。练完字后呈送吴老师审阅，他用打圈的办法评定优劣。练熟后接着描红，即吴老师先用红笔写成正楷字的作业本，然后让我们在作业本红底字上用毛笔填黑。吴老师严格要求我们习字必须依序进行，不可躐等，不可争遽，每个字的笔画不可颠来倒去。他一旦发现有塾生练字时横竖撇捺没有按笔画顺序写，轻则斥之，重则打手心。习字到了一定阶段就开始临帖，我们主要临摹新宁州举人陆台枢的小楷。新宁州距南宁府不远，开化较早，因而明清两代应试科考中举者不计其数，其中不少壮族人名见经传，计有陆台枢、熊方受、杨靖、玉星烛、陆金佩、马建三、农贤托等人，皆为明清两代的壮族举人或进士，尤以陆台枢名高一时，旧志记他事迹谓："以一身两朝，不足为异；以一人而发两解，实为罕有。以之后之熊氏，父子翰林而皆官观察，求之广西，俱为难得。乃出于永康，虽边隅荒僻，立州未久，而文风已发达如此。因世无知，特为表出，以见吾邑之科名，陆公实为明末清初之独一无二也。"而且陆台枢的小楷书法圆润、娟秀、挺拔、整齐，字法端劲，撇捺和谐，偏旁自见，字体匀称，不相映带，分有主客，趣向严整，观之形如串串珍珠项链，神采飞扬，历来为乡绅文士交口称赞。我接触过的本村塾师吴亚光、甘品全以及其他村的塾师黄天益、黄云灿等人，都对陆台枢的小楷赞不绝口。据我所知，当时新宁州砥柱团、熙良团一带和永康州（清代永康州辖境相当于今扶绥县西北部地区）的塾生临帖，皆以陆台枢的小楷为范本。我们每天早晨各人要写小楷字 200 多个，下午要写 200 个，晚上还要自己在家练习小楷，第二天交塾师审阅，如交不出作业，吴老师必定会用戒尺打手心。因家中贫穷，没有油灯，我的作业大都在下午完成。

今天的学人大多将鞭笞体罚和死记硬背视为旧时私塾的两大弊端，这难免有以偏概全之嫌。

鞭笞体罚主要针对不认真学习和不按时完成作业的学生。《三字经》有言："教不严，师之惰。"开宗明义把"严"字放在教育的首要地位，而严师出高徒则是私塾教育的古训。因而塾师授业解惑认真严厉，实为当时地方教育的常态。严的程度，因人而异。吴老师对学生就属一位很严的塾师。他的严反映在两方面，一是教学上认真严肃，从不敷衍了事；授业讲课深入浅出，举一反三，循循善诱；批改塾生作业，更是一丝不苟，要求严格。二是塾规严厉，凡塾生听课、写字不认真，上课交头接耳，不按时完成作业，背不出课文，都要挨打。吴老师打学生的工具是一把戒尺，即用他家前后栽种的竹子自制的一条篾片，长约一尺半，宽约一寸。塾生违规轻者会被打背（背不全课文或背不出书），重者会被打手心（不认真写字或写作业），最重者会匍于凳上打屁股（不按时完成作业）。当时村上几乎所有塾生家长都是双手赞成塾师鞭笞惩戒违反塾规的塾生的。无论家庭贫富，村上家长几乎从未对塾师的这种惩戒反感而去找他理论，反而是见到自家塾生挨打总是说："不好好读书，活该挨打。"见到塾师则说："吴老师，谢谢您，打我儿打得好。不听话，不学习，就打他。"值得我引以为自豪的是在吴老师的蒙馆读书三年，我一直蹈矩循规，故而从未挨过吴老师一次重打。

死记硬背不是所有塾师向塾生灌输的唯一学习方法，例如吴老师就主张好记性不如烂笔头，这似乎成了他教诲我们塾生的口头禅。我虽无过目不忘之功，但自幼养成了喜欢读与写并用以强化记忆的良好学习习惯，久而久之，便练就了一篇短文拿在手中过目一遍、读一遍、再抄写两遍就能牢牢记住的功夫。多读勤抄课本和课外读物，不仅有益于牢记文章内容，还有助于理解文章内涵，此谓读书百遍，其义自见；抄书十遍，其言自记，实为读书得间的不二法门。我少时读过的这些启蒙书，至老依然能够倒背如流，这无疑得益于吴先生的教学有方，受惠于他传授的多读勤抄与死记硬背相结合的记忆方法。

我在蒙馆学习时，科举已取消。因此，塾师专门针对科举应试的授业内容大多取消，取而代之的是教写契约和记账等实用知识。在我们乡下的私塾，学珠算是塾生必修课之一。在吴老师的蒙馆学习三年期间，我除了背书作文名列前茅外，练就的珠算功夫亦非同一般，不仅能将《日用算法》《算学启蒙》背得滚瓜烂熟，将斤求两、两求斤的斤两歌以及三盘清、七盘清的口诀倒背如流，实算中的三个指头配合亦能得心应手，留头乘、破头乘和掉尾乘都能运用自如，运算速度和正确度一直都名列塾生第一，这或许是家贫而对于生计不得不精打细算使之然也。

吴老师在讲课之余，还喜欢给我们塾生讲一些同族人的英雄传奇故事。由于他与延陵王吴凌云是同村人，又沾亲带故，常常津津乐道的便是晚清吴凌云、吴亚忠父子奋起反清起义的革命逸事以及渠思村“打虎英雄甘怀忠”的传奇故事。每次吴老师讲完“打虎英雄甘怀忠”的故事后，都不忘告诉同学们一句“甘怀忠是甘锦英的祖父”，大家要向“打虎英雄甘怀忠”学习，听后总是令我自豪不已，且催我励志奋发上进。

我在蒙馆学习时，一年当中，只有农历的三月初三歌节、四月初八麦熟节、八月十五中秋节各放一天假，春节放一个月假。春节放假前一天，全体塾生在吴老师率领下，按惯例师生一道跪在塾室的孔夫子神位牌前，随着吴老师大声朗诵：“弟子称师之善教，曰如坐春风之中；学业感师之造成，曰仰沾时雨之化。”然后，师生全体三叩首，算是结束了一年学习的修学仪式。离开塾室前，塾生逐一向吴老师作揖，算是道别。新学年开始后，由于新生和旧生入学时间不同，也就没有了这种统一的修学仪式。

六、追月夜读

我在蒙馆读了三年，十二岁时因家中生活困难，难以再供学费，只得辍学居家。唯家中田地极少，农活不多，乃去兄家帮工半年，看牛耕田、农忙杂活，样样精通。后经人介绍，我与生父双双到村上塾师甘品全家打工，生父为其耕田，我为其放牛。在塾师甘品全家做工期间，常能忙里偷闲地偷听塾师授业，偷学知识。同时，还能经常向塾生借来课本夜读，清晨再还给所借之人；或借来塾生旧课本夜读昼诵。此前在蒙馆学习《三字经》时，句中“头悬梁，锥刺股”内含的“悬梁刺股”典故，给我印象极深，激励起了我勤奋学习、发愤图强的心志。借他人课本来读只有一夜时间，第二天必须归还，而家贫灯烛难办，我只能追月夜读，看书背诵。光斜则握卷升屋，困极坠地则更登；光降则持卷升坡，爬着道道山坡追着月光苦读苦学，乏极则卧睡于野坡。古有凿壁偷光、囊萤映雪、映月读书等勤奋苦学的典故，今有我追月夜读的事例。所谓“追月夜读”，就是在自住茅屋顶上和屋后山坡上借着月光和追着月光看书背诵。为此我曾作俚诗一首忆曰：

夏夜明月悬空照，洒下银光亮村中。

家贫无灯阅经籍，追月夜读勤背诵。

往日的这种苦读情景，让我记忆深刻，至今忆起，依然觉得月亮还是故乡的圆、月光还是故乡的亮。没有月光的日子，我时而囊萤夜读，时而燃荻读书，平日白天则三余读书。如此勤借勤读昼夜苦诵自学半年有余，终于有了回报。一天，我赶牛回塾师家，看见经常借给我课本的塾生黄明华由于背不出书而不能回家，哭丧着脸坐在塾师家中正在挨骂。我见状怜悯之情油然而生，在牛舍拴好牛后便进入塾室向甘品全求情，自告奋勇地请求他容许我代黄明华背书，以能让其回家。塾师甘品全听后先是批评了我一通，说："一个人的学习怎么能由他人代替，你背得出并不等于瓮光（黄明华的土名）背出书。"黄明华听后为我打圆场道："只要这个放牛仔今天背出了书，我明天就背出来给老师听。"塾师听后便同意了，同时强调倘若我背不出来就要代为受过，挨打屁股，我点头同意，并对塾师甘品全说："请老师指定教过的《论语》中任何一篇章，我都能背诵。"塾师当场挑选了《论语·子张篇》让我背诵，我很快就能全篇无误背诵出来，他听后甚感惊讶，问我如何习得。我便将借塾生课本追月夜读、囊萤夜读、燃荻夜读以及平日偷听授业和三余读书已经半年有余的情由如实相告，甘老师听后喜形于色，脱口而出："吾生有幸，在这穷乡僻壤能够遇到江泌再世、车胤重生、刘绮复活。孺子可教，瓮美（我的土名）今后就在我这里读书吧，我不收学费。"就这样，我在甘品全家开始了免费半天上课，半天放牛的生活。从此之后，我读书益自刻励，甘老师见我学如不及，犹恐失之，而且学业突飞猛进，大喜过望，不断对我大加勉励。我在塾师甘品全家免费学习半工半读三年多，收获甚丰。

晚清新宁州的私塾一般分蒙馆和经馆两类，前者以启蒙教育为主，后者以讲"四书五经"为主。同时，新宁州的私塾又有义塾（义学）、族塾、家塾、私馆等数种形式。义塾，又称义学、村塾，属公益性，经费由地方关心教育担任学东的人士负责募集，聘请塾师，教授贫寒子弟；族塾属于宗族内部办学，往往设在大圩（大乡大村）的宗祠内，招收本族子弟就读，开支大部分由本族宗祠或公堂负担；家塾又称坐馆，是富家大户聘请名师宿儒在家专门教授自己的子女；私馆是塾师自行设馆招生，有教无类，不拘族属和贫富，招收的塾生一般只限于男性，塾师通常都是一塾一师。袁枚先生笔下的《随园诗话》记载清代当地农村私塾的景象："漆黑茅柴屋半间，猪窝牛圈浴锅连。牧童八九纵横坐，天地玄黄喊一年。"这种乡村私塾景象或许在他的家乡具有普遍性，但在我家乡新宁州，我所见过的乡村塾馆大多没有"漆黑茅柴屋半间"和"猪窝牛圈浴锅连"的景象。而"牧童八九纵横坐，天地玄黄喊一年"，则是晚清各地私塾普遍可见的实况。

甘品全开办的私塾为经馆，属私馆一类，同时兼有义塾的特点，即针对品学兼优的塾生给予半免或全免学费，这点与吴亚光老师开办的蒙馆类同。我在甘品全老师开办的私塾中，属学费全免的学生。我和生父都为他工作，中饭和晚饭由他供给，他还付给生父工钱，我在他家可以用煤油灯看书至深夜，然后再返回自盖茅草房睡觉。如此一来，家里的境况逐渐好了起来，原来的债务逐步还清。家里保有一块田，所种稻谷收成足够我和生父一年的口粮。可说在我青少年的学习和生活时期，惠我最深、影响最大者，莫过于塾师甘品全。

甘品全老师最初讲解"四书五经"，每讲完一篇新课文后，他就要求我们逐一回讲，即复述他讲过的内容。当我们能够理解"四书五经"中的句子字词含义后，他接着教我们对对子，为学诗作准备。甘老师常给一些像我一样学习进度较快的塾生出对联，塾师出上联，要求我们对出下联，这是为下一步作诗打下对仗句的基础。同时，甘老师还讲《古今贤文》《古文观止》，教我们造句联句，为作文打基础。甘老师在教学过程中特别注重讲授如何缀字、缀句；讲解《唐诗三百首》等诗词时，着重讲虚实、平仄对字，以让我们理解弄清词性词义是为文作诗的基础。过了此关后，甘老师就教我们练习作短文。他以前人简明易懂的文章作范文，教我们习得文章的结构和表情达意的方法。随后布置作文作业，先写婚、丧、贺、请帖、祭文和契约一类的应用文，然后再教写短篇，作文题目初为"说鸡""说牛"之类，后为以"四书五经"为内容的命题作文。他要求塾生用小楷字工工整整地写作文，对塾生的作文阅读认真，批改十分仔细。他通常是将我们塾生逐个叫到讲台前，进行面批，指出其错误之处，详解错误的原因。他修改塾生作文时，习惯运用画线断句，对佳句则在句上画连圈点，明确标示肯定之处。他对于塾生的作文，几乎篇篇都有眉批、总批。如此诲人不倦认真负责的教学方法，使我受益良多，每写一篇作文都有收获，经甘老师批改后都有进步。最后一年，我写的作文，常被甘老师当范文念。除此之外，甘老师还要求我们塾生临帖习字，小楷临乡人陆台枢的，寸楷临赵孟頫的《福神观碑帖》，行书临米南宫。由于我家贫困，没有更多的钱买纸，亦无一支好毛笔，练字有限，故而毛笔字长进有限。

塾师甘品全在讲授"四书五经"时，善于将儒学经典与道德品质教育结合起来授课，经常向我们塾生灌输儒家思想，强调"儒者，明体达用，讲求实学，不沾沾于辞章训诂，而独以风俗人心为己任”。并时常告诫我们说：“读书为学，首当立志。”我后来立志治史学，醉心史学的实证主义和经世致用说，无疑源自甘老师的教诲和儒家实学的潜移默化影响。

七、改名换姓

1914 年，新宁州改名扶南县，县境内的乡村已经普遍建立学校，有初级小学校和高级小学校两类。1915 年，在塾师甘品全的劝导下，生父借债送我到离村不远的渠旧圩振兴初级小学读书，接受新式教育。该校只收男生，不收女生，学生按优、次、稚分为甲、乙、丙三个班，我被分在甲班，学习经、史、文、算四门课程，该校因经费拮据只办了一年便停办了。1916 年春，我在同父异母的长兄甘国英家帮工时，村中富农黄克昌中年无子，只有三个女儿，依俗可以招郎入赘。塾师甘品全便向自己的姐夫黄克昌建议招我入赘，黄克昌同意后托甘老师向我的生父甘新昌征求意见，一而再，再而三，但生父一直不同意。继而甘老师直接来问我是否愿意入赘，并告知，黄克昌答应，假若我同意入赘，入赘后可以出钱供我上学读书。当时在我们壮族乡村，入赘是一种习俗，贫困家男性普遍为之。壮人男子入赘，壮话叫“亨然”。我们家乡渠思村的入赘分两种：一为入赘不改名换姓，没有财产继承权；二为入赘改名换姓，拥有财产继承权，夫妻所生儿女必须从女方的姓。我当时亦未多想，一门心思只想上学读书，便去恳求生父同意，当时父子俩的一番对话，至今依然记忆犹新。

生父说：“美儿，我两次入赘，再穷都未改姓，不要财产继承权，不怕遭受歧视，只为不断甘家香火。我第二次入赘后，你母亲原有三儿一女，当时尚小，我视为己出，全家只有我一个劳动力，种田砍柴等农活全由我一人承担，其子女婚嫁费用全由我一人筹集。待其子女长大婚嫁成家后，你母亲便把我们父子俩赶出了家门，当时你只有七岁。我们是甘家血脉，英雄之后，黄家要求你上门后必须改姓，这岂不断了甘家之种，我不同意。”

我对生父说：“阿爸，甘家还有长兄甘国英和堂兄甘锦雄为种，少我一个有什么关系。我不入赘，不能上学，乃终身为农夫。入赘能上学读书，日后学有所成，再想方设法接续甘家血脉，又有何妨。倘若入赘后黄家不送我读书，我再转回甘家，抑又有何妨。”

生父听后说：“你和他们不同，你是甘家英雄之后的希望。你说的这些道理我都明白，看看再说吧。”

生父早年读过几年私塾，识文断字，深明事理，唯我此次上门必须改姓，他心里一时很难接受。后来经过我与生父的多次谈话和半年多的一再恳求，生父始同意，但他向黄家提出了一个条件，即我入赘后与妻子倘若生了两个儿子，第二个儿子必须姓甘，以继甘家香火。后来我与黄克昌之女育有一子一女，皆姓黄，一直由我出钱供其上学读书。1939 年我在广西大学任教后，因早与黄家之女协议离婚，经友人介绍，我与广西大学附小教师刘丽华相识。同年，为尊重刘丽华女士，我再度登报发表离婚声明后，便与刘丽华结婚，重组家庭。婚后我们夫妻情投意合，琴瑟和弦，同甘共苦，厮守至今，共同养育有三子六女，三个儿子甘金山、甘文豪、甘文杰皆随我的生父甘新昌姓甘，以继甘家血脉；六个女儿黄小玲、黄文斐、黄文高、黄冬萍、黄文魁、黄文彬则随我姓黄，这就是我家儿女不同姓的缘由。

说到我的生母，我的印象十分模糊。我七岁时，因生父不堪母家的歧视，被迫带我离开了母家。村上亲戚家的老人后来告诉我，生父甘新昌带着一头小猪作为聘礼入赘后，经常受到母家歧视。生父含辛茹苦地在母家帮生母养大了她的儿女后，我七岁那年冬季的一天，生母担心自己死后生父赖在母家不走，侵占房产田地，便将一头小猪装进笼里，让生父和我带着小猪离开母家，自谋生路。我与生父无家可归，只能借住亲友家。我的生父是一个十分善良的人，从不对我讲他在母家遭受虐待的往事，只是从小教育我要与人为善，行善积德。生母没有汉名，只有壮名，村人叫她阿兰，我一直叫她阿妈。我 11 岁时，生母病逝，由我的生父出钱出力负责安葬。后来我同母异父的后代，即甘孝中（生母前夫）的二儿子甘振邦之子甘雨，读初中和技校时一直由我出钱供给其读书费用，实为谨遵生父生前“不念旧怨、以德报怨”的教诲。

1916 年 8 月，黄克昌与生父达成协议后，我便入赘黄家。入赘前一天晚上，生父大哭了一场，我亦陪着生父流泪一晚。第二天走进黄家，遵俗改姓黄，按黄家“现”字辈排名，将我的乳名“美”改为汉字义“璠”（璠的汉字古义即指美玉），我原来的汉名或学名“甘锦英”从此变成了“黄现璠”。入赘黄家后，虽然我住进了平房，看书有了煤油灯，有了写作业的一张书桌，有了练字的纸张和作业本，但这些都是以入赘必然伴随的卖苦力又无报酬的屈辱生活换来的。黄家无子，以往依靠雇长工干农活，我入赘黄家后便成为干农活的长工，但因入赘前有约在先，黄克昌无奈之下，只得于 1917 年春出钱送我到离村 45 里外的砥柱团振式高级小学校读书。该校入学生必须住宿，只有放假才能回家。

该校教学课程有国文、算学、理科、图画、历史、地理和农业等。学校每天上午上课，下午诵读，晚间温习。我对历史初有兴趣，便始于此时。记得教我们历史的老师，名叫黄云灿，原是砥柱团（今渠黎镇）当地一位有名的塾师，他讲授历史课时不照本宣科，口若悬河，善于将历史典故贯穿于历史事件与历史人物中，娓娓道来，极为生动，受到学生普遍好评。教我们国文的老师，名叫黄伟光，是一位晚清秀才，他讲课能够深入浅出。两位老师给我留下了较深的印象，后来我在北京一边读书一边在中学讲授国文、历史多年，我的教学法即得益于黄云灿、黄伟光俩老师的影响。

振式高小办学较差，每年上课最多不过七八个月，经常放假让学生回家。每遇假期，我回家帮黄克昌家做工特别卖力，犁田挑水、上山砍柴、赶牛拉车，凡农夫所做之事，皆能胜任。黄克昌原来只答应供我读高小一年，后见我学习努力，工作肯干，为他省了不少钱，名利双收，亦取消前意，供我读完了高小。我在振式高小读了三年半，便毕业了。最后一学期公布学业总成绩时，我在全班四十余名同学当中，名列第二，生父为此高兴不已。

我是吸着壮乡大自然最清新的空气、喝着玉米粥和吃着红薯长大成人的，血液中流淌着先祖无所畏惧的基因，呼吸中带有乡村泥土的气息，秉承着“俍人精神”，由此造就了我一生一不怕贫穷、二不怕歧视、三不怕挫折的“三不怕”个性，加上天生直言无隐的禀性，使我后来人生中品尝到无数酸甜苦辣。对我而言，青少年时代的生活就像一杯苦咖啡，品尝着生父借债供读的苦涩时亦能闻到知识书墨的香醇。贫寒的物质生活没有带给我生活的力量和激情，我只能从苦学中去汲取精神力量来不断地给自己的生活注入希望和活力。少年时代每当夜幕降临之后，我夜坐茅草屋顶或山野坡上仰望天空，期盼的只是月亮快快升起，让我能追月夜读，神交古人，从而于励志的教诲中不断汲取精神力量，培育生活激情。在我看来，学习就是痛苦与思考铺就的生命步履，痛苦越多思考越多。在思考中，家乡美丽的自然山川带给了我许多人生的感悟，陶冶着我的人生情操，影响着我崇尚真善美的人格形成。如果说，我在少年时代追月夜读、囊萤夜读、燃荻读书、三余读书只是我人生漫长岁月中的一段刻骨铭心记忆，那么，接下来我将继续讲述的十五年国内外求学生活，则是我从学习求知中去寻求和储蓄精神力量的重要经历。

第二部分

一、三师四年

1921年春我于振式高小毕业。毕业后原想在渠思村开办一个小学,校名都想好了,叫"双昌小学",取生父甘新昌和养父黄克昌之姓名的两尾字,以报父恩,同时寓有小学开办后生源不断、财源广进的双双兴旺昌盛的吉祥意。不料办学之一腔热情热意,被黄家惜财如命的短见扼杀于摇篮中。因为办双昌小学,每年办学费用需要70元,黄家不出钱,我叫三叔爷甘怀义和二伯甘新雄(二叔公甘怀勇之子)一道去黄家说情,希望黄家能慷慨解囊予以支持,但未能说动,我只有暂作罢论。

同年夏我去桂林,进入萃英学校学习国文、数学、英语,目的是补习,以便将来投考省立第三师范学校。在萃英学校学习的半年中,两次考试,我的各门考试成绩均名列全校第一。在桂林的萃英学校学习期间,我还听了当时在桂林筹备北伐活动的孙中山先生发表的两次演讲,孙中山先生的演讲口才给我留下了深刻的印象,我开始对于三民主义的初步了解和信仰,便始于这一时期。1922年春,生父来信,说渠旧初级小学想请我回去当教师,我便回去任教了。当时乡下没有报纸,我无法了解南宁省立第三师范学校招考的具体日期,又无路费常去南宁打听。记得是同年早春的一天,住在离渠思村约四十里外的一位老教师病逝,学校派我去吊唁送殡。送殡后我顺便到离该村不远的渠黎圩拜会同学,恰遇圩上同学黄仁善。他告诉我第三师范学校马上就要开考了,叫我速赴南宁报名投考。我听后急忙赶回家中筹集费用,准备赴考报名。因当时初级小学教师工资极低,仅够每月生活开支,难剩余钱,幸而嗜赌的堂兄甘振芳(我的生母与她的前夫甘孝中所生的三儿子,与我同母异父)这天赢了不少钱,他给了我10多元钱;堂兄甘尚雄、甘尚英各给我两元钱。正巧邻村有位名叫黄贵生的地主想请人挖个鱼塘,包饭吃,每天支付两角工钱,生父甘新昌闻知速赶去报名,得预支十天工钱两元,全给了我。到当天半夜三点时,我总共筹集到20多元钱,连夜上路,走了40多里已到天明,正好有船到南宁,我便坐船到了南宁。

抵达南宁的当天便赶去三师报名，总算赶上了最后一天的报名日。不久，三师入学招生开考，我轻松地通过了考试。考完试后我走路两天返回渠思村，后又走路两天去南宁看考榜，行至半途时又遇见告诉我考试消息的同学黄仁善，他刚看完榜回来，遇见我高兴地叫道："恭喜你，考上啦，名列前茅！"我听后非常高兴，加快步伐向南宁赶去，抵达三师看榜时，发现自己的名字排在总榜第十一位，排在正榜第三位，这意味着我的考试总成绩为第十一名，正科考试成绩名列第三，当时的高兴心情难以言表。

南宁的广西省立第三师范学校，一般简称为"南宁三师"或"三师"。该校由晚清的南宁道师范学堂演变而来，为当时广西三所培养师资力量的学校之一，坐落在南宁北帝庙附近（今南宁五中校址），校舍大多新建，洋溢出一派新气象。当时的三师主要面向桂西、桂南的南宁、百色、龙州、天保四个区的 20 多个县招生。每年仅招生一个班，名额为四五十人。录取学生除免交学费外，还供给膳食、书费等，以鼓励学生安心学习，为此吸引了全省的许多学生纷纷前往报考，每年报考生少则 2000 人，多则 5000 人。我在当年 2000 名考生中只录取 40 名的激烈竞争情况下，以各县正科考试成绩名列第三和扶南县考生第一名的优异成绩被三师录取。我当场抄下榜单，走了两天路返回家乡报喜，村人一时传为美谈，生父甚感脸上有光，对我大加赞许一番。

1922 年 9 月，我进入三师学习。在三师读书，要维持学业，学生每年需自备杂费三四十元。读至第二年，麻烦又来了，养父黄克昌以建房需人做工为由，表示不但不能再出钱供我读书，且勒令我辍学回家帮工，否则就由我出钱雇长工。我听后死活不肯，声明宁可脱离黄家也要续学，便与生父甘新昌商量对策。生父支持我的想法，表示愿到邻村砍松木做柴运到南宁贩卖挣钱，也要供我读书。随后生父以木贩供给粥饭为条件，到邻村去砍松木做柴，准备运到南宁贩卖，与木贩平分利得。不料中途木贩不履行供粥饭条件，生父仅砍得一船柴而终止。此一船柴后来运出去贩卖，生父只分得二元五角。人心之难测，世事之不可料，盖可睹矣。自生父砍柴之事失败后，我读书费用，遂感莫大困难。计本县到南宁二百余里，有水路汽船可通，船费仅三元，唯我每次赴校，只能向亲戚筹得三四元钱，用于学杂费，无钱坐船，只有步行。记得有一次，生父替我挑行李，天热汗流，父子相依，跋涉长途，从渠思村出发走了百余里抵达扶南龙头圩（今扶绥龙头乡），无钱住宿旅店，只得在圩上贩猪肉的摊板上睡了一夜，第二天又行百余里，抵达南宁时，生父的脚板已被磨出了血泡。望着生父离去的背影，我只能站在校门前含泪默送。至今思之，亲恩似海，不觉泪下。生父为了我能上学读书，备尝艰苦，长年过着借债还债的生活，正可谓“冷在风里，穷在债里”。生父终身希望，都寄托于我。不幸我大学毕业甫一学期，他用我挣得之钱只四十余元，遽尔病逝。苦哉我父！痛哉我心！他死不瞑目，我亦抱憾终身。今日每念及生父悲苦一生以及对我之深恩厚爱，犹不知涕泗之何从。所以我自读书以至教书，对于学问孜孜不倦，实感动于生父之艰苦与恩爱之心情也。

村上老人眼中只有神山，村上巫师心中只有龙凤山，村上兴旺，村民健康，乡人出人头地，自然易于附会神子和龙凤儿之说，似乎“莫知我艰”，忽视了我终窭且贫、追月夜读的少年经历和苦读实情。史载汉代“诸儒生多窭人子，远客饥寒，喜妄说狂言，不避忌讳”，甚合我性，故平生聊以汉儒生自比。

我入三师的同年，正是“壬戌学制”颁布实施之时。“壬戌学制”指 1922 年 11 月 1 日中华民国北洋政府以大总统令颁布的《学校系统改革案》中规定的学制系统，亦称“新学制”和“六三三学制”。所谓“新学制”是相对于由清末递嬗而来的 1902 年的“壬寅学制”、1903 年的“癸卯学制”、1912 年的“壬子学制”和 1913 年的“癸丑学制”而言。因“壬戌学制”的指导思想为“适应社会进化之需要，发挥平民教育之精神，谋个性之发展，注意国民经济力，注意生活教育，使教育易于普及，多留地方伸缩余地”，由此标志着中国现代教育制度的确立，焕然一新的“平民主义教育”脱颖而出，故谓“新学制”。所谓“六三三学制”，源于美国教育制度中的“六三三制”，六者，指初等教育六年，其中又分初级小学四年、高级小学二年；中等教育六年，其中又分初、高两级，各为三年；高等教育三至六年，其中大学四至六年，专门学校三年以上，师范学校修业年限为六年。简言之，小学六年，初中三年，高中三年，是谓“六三三学制”。广西开始实施教育部颁布的新学制是在 1924 年秋，新学制为小学初小四年，高小二年；中学初中三年，高中三年；师范学校六年（前期和后期各三年）。因我是在广西开始实施新学制之前的 1922 年考入三师，故与新学制无缘，仍以 1913 年“癸丑学制”规定师范学校本科四年为准（癸丑学制规定：师范学校第一学部本科修业四年，第二学部修业一年，预科修业一年）。当时的三师附有小学，分有师范生班和小学生班，共有学生二百余，其办学经费由省库支给。

1922 年“壬戌学制”颁布后，接着进行课程改革，《新学制课程标准纲要》的颁布和在各省的逐步实施是 1923 年之后的事。加之由于缺乏师资、教材、设备，新学制课程在一些省的学校一时难以实施，因而我就读的三师，仍以“癸丑学制”规定的学科为主。三师第一学部本科主要修业课程有修身、教育、国文、习字、数学、物理、化学、历史、地理、博物、体操和外国语等，后来还逐步增设了法制、经济、图画、心理学、哲学和社会学等选修课程。1919年起，中华民国教育部将师范学校课程进行改革，废止了读经课，国文改为国语，修身改为公民，注重教育学科，注重体育。倘若按1923年全国教育联合会新学制课程标准起草委员会公布的《新学制课程标准纲要》规定，新学制课程的国语包括语言、读文、作文、写字，但我就读三师的国文与习字分为两课程，以《共和国教科书新国文》为教材。修身原应该为公民课程所取代，但当时的广西教育界负责人思想陈腐，加之缺乏讲授公民课程的师资，故我所在的三师仍教授修身课程，只不过老师在讲修身课时加入了一些国家观念、公民意识、公民道德、公民义务等方面的《公民须知》内容，而主授道德要旨内容仍以儒家经典古籍为重，以诠释儒家学说的仁义礼智信为要，以讲解《公民须知》的民国之组织和立法、行政、司法大要以及公民的自爱、自治、自尊、自觉等为辅。

我在三师学习第一年各门合起来的总成绩名列全班第六，第二年名列第四。头两年都是李体干、李伟昌、李素田三人轮流分占第一、第二、第三名。第三年我名列第一，李素田名列第二，李体干名列第三，李伟昌名列第四。第四年李素田名列第一，我名列第二，李伟昌名列第三，李体干名列第四。四年来，全班学习总成绩的前四名，几乎全部由我们四位同学包揽。学习成绩好，自然受到班上同学的尊重和老师的厚爱。因此，第一年是李体干当班长，第二年是李伟昌当班长，第三年是我当班长，第四年是李素田当班长。第三年因我的学习总成绩不仅名列全班第一，还名列当年全校第一，第二名是邻班的吴鱼群，因而在当年（1925年），我和吴鱼群还被校学生会推选为三师学生会正、副会长，校方特别让出一间房屋给我俩作会长室专用。我只当了三师学生会会长一年，同年底我辞去会长一职，专注于准备大学的考试。第四年（1926年）初，学生会改选，我的扶南县同乡同学吴有良（后改名吴西，开国少将）等人被推选为三师学生会新领导。可以这样说，我在三师读书的四年中，三师学生会的领导大多由我们扶南县学生担当：1924年的三师学生会会长是李伟昌，1925年我任会长，1926年由吴有良担任会长，均为扶南县壮人，亦都是三师学生中的学习成绩名列前茅者。

二、缘起司马迁

三师大部分教员都是大学毕业生，师资力量较强，办学较好，老师的教材为官定教科书。三师的课程对我而言,是远远不够学的,求知若渴的欲望促使我在课余时间开始阅读大量课外读物,尤为心仪汉代学术经典,喜阅经籍史书,初知汉学前言往事,对汉代学术思想的演变有所心得。

概而言之,汉初至景帝时期为黄老之说盛行一时,盖缘于汉灭秦大乱之后的汉初,人口锐减、生产低微、百废待兴,国家为恢复元气,乃行自由经济政策。而黄老之说主张放任自由,正合此种社会经济环境,所以为世所重,盛行一时。而汉至武帝时,国家经过六十余年的休养生息,社会经济已呈繁荣之态,帝王集权亦已树立,学术思想逐步趋于统一自在情理之中。盖诸家学说皆与帝王集权冲突,如墨家主平等,道家主放任等,皆不利于帝王集权。儒家与民言服从,与君言仁政,正合帝王专制之治。加之儒家学说范围极广,言训诂注疏校勘典章制,甚至阴阳五行等,皆可附从,故得信仰者甚众。为此,政治上为削弱威胁西汉中央集权的地方势力,思想上为确立正统而消除各家学说,汉武帝乃行董仲舒之议,罢黜百家,表彰六经,儒学遂取得独尊地位。于是,五经博士弟子以及儒生得到重用,行夏时即于此时开始。儒学博士参与实际政治,已非文景时具官待闲。先圣儒祖孔子是“信而好古,述而不作”,其门徒亦抱是古非今之态度,汉儒变而改制,直欲改秦制,而法周道。顾其所谓改制,系托古行己意,与周制不同。当时儒家之政治哲学是大一统、尊王及绝对王权三大理论。所谓大一统,依董仲舒解释为“一统乎天子”,即帝王集权之义。而帝王集权的内涵,一为须抑制诸侯,即诸侯不得专封;诸侯不得专地;诸侯不得专讨。实则周代诸侯,专封、专地、专讨,比比皆是。二为须抑制大夫,即大夫不得世袭;大夫不得专执;大夫不得专废置君。然观周代大夫,正与此相反。所谓尊王之说,为汉儒尊崇天子的积极表示,亦与周代天下宗周不同。周代天子与诸侯,不过国与国之关系,天子特为名分上之共主。而汉儒依托春秋,特立王者无外之最高原则,其实春秋是“王者有外”。所谓绝对王权之说,即天子只对天负责,不对民负责。此无异于 17 世纪英王查理一世时盛行之王权神授说。所谓王权神授,即帝王对于国家人民具有绝对权力。此类学说,与周末“天听自我民听,天视自我民视”之思想完全背道而驰。总之,汉儒之政治哲学,即三大理论:大一统、尊王与绝对王权,完全为汉帝而立。汉儒拥护帝王集权,别出心裁,古之未有。汉代儒者,在思想上,既口含天意,随便造谣;在政治上,亦欲打倒一切,唯我独尊。汉武帝黜百家,亦禁私学,杂行霸道与王道,两者虽有激烈和平之异,但目的皆为思想统一和帝王集权。为功为罪,互为伯仲。世人不察,每誉汉而毁秦,谬矣。

当然，我对汉代学术的这种认识并非在三师喜读汉代儒家经典古籍时的一时之功，而是由此之后对汉代儒家之说反复深研的读书心得和学习札记逐步累积的成果，亦为我后来在大学讲授《中国通史》时常向学生灌输的汉代儒学概略。

先秦时期，凡经皆史，没有后世的所谓“五经皆史”“六经皆史”之说。汉立五经博士，汉武帝行董仲舒之议罢黜百家而表彰六经使儒学取得独尊地位后，儒家经典始成为正统之经，以往道家的《道德经》和墨家的《墨经》等，已在罢黜之列，汉代官学自然不会视其为经。如此一来，汉代官学事实上认为六经只是经而非史，经与史有异的思维开始萌生，继而经学与史学逐步分离。而要修得儒家的内圣外王之道，正所谓：“不知经，内圣之学不明；不读史，外王之道不具，二者不可偏废也。”这就是我在三师从喜读汉代儒经进而发展到好读汉代史籍的读书心路演变过程，亦为思考汉代学术思想演变自然而然引发的思维变化使之然也。当然，当时我读书时这种心路转变指导思想，并非只是醉心自我修炼内圣外王修齐治平之道，而是着重旨在探求事物的当然，进而追究事物的所以然，以明事物的演进次序和社会治乱盛衰的因果关系。由此我对《史记》产生了浓厚的兴趣，将其放在我的床头，成为每夜临睡前必看的读物。《史记》“罔罗天下放失旧闻，王迹所兴，原始察终，见盛观衰，论考之行事，略推三代，录秦汉，上记轩辕，下至于兹”，不仅展示出司马迁“究天人之际，通古今之变，成一家之言”的卓尔不群学识和方法论，而且贯穿着司马迁“多闻阙疑，慎言其余”的严谨治史态度，以致其著能“善序事理，辩而不华，质而不俚，其文直，其事核，不虚美，不隐恶”，数千年来广为世人赞不绝口且广为学者不断注释和引用，鲁迅先生誉之为“史家之绝唱，无韵之《离骚》”，绝非言过其实。

回顾在三师学习的经历，我立志一生献身于学问，潜心史学，实缘起于司马迁及其《太史公记》的双重影响。司马迁于《史记》中将“黄老”一词并称，并于书中对神秘化的阴阳五行学说采取了讥评的态度，体现出他继承其父司马谈的黄老之学，坚持朴素唯物主义观点。正是黄老学说以及司马迁的朴素唯物主义历史观，潜移默化地引导我后来走上了笃信历史唯物主义的治史道路。司马迁讲“究天人之际”，意在探究人类与自然相互关系的规律，确立了中国史学追求真理的明道传统。司马迁追求“通古今之变”，旨在通晓从古到今的变化及其解明社会变迁的内在逻辑与因果关系，确立了中国史学探索历史规律的传统。“多闻阙疑，慎言其余”虽然语出儒祖孔子的《论语·为政》，但在治史上首先为司马迁运用。司马迁“多闻阙疑”的治史方法论，确立了中国史学追求实证的传统。这三大传统的确立，使得中国史学早在两千余年前便成为一门科学。换言之，史学作为一门科学，在中国学术领域里能取得独立地位，司马迁及其《史记》功不可没。虽然司马迁之前已有先秦史学，已有中国史学之父左丘明所著的《左传》，《左传》不仅发展了《春秋》的编年体，而且为后世应用写作的发展提供了借鉴，但就中国古代史学延续下来的传统而言，我向来认为中国史学传统始于司马迁史学。

史学实证的首要特点，即为讲求实事求是和言必有据，不以孤证立言立据立信。清代史学家钱大昕谓“通儒之学，必自实事求是始”，这是基于“六经皆史”的内圣外王道统认识。仅就独立于经学之外的史学而言，套用前贤之语，我以为“通史之学，当自实事求是始”。正是司马迁及其《史记》讲求实事求是的严谨治学方法、态度和科学真理观，引领我义无反顾地走入了史学世界。我后来确立的治学“无权威、无顶峰、无禁区”的“三无”原则的核心实质，便以学问贵疑为特征。读书产生知识，知识产生思考，思考产生疑问。学会处处设疑便能养成贵疑精神。以这种精神治学，方能成就一家之言。前贤有言：“疑而后问，问而后知，知之真则信。故疑者，进道之萌芽也。”“没有疑问就等于没有学问。”反思我的这种问学贵在怀疑的思想源泉，追根溯源，盖可以在司马迁及其《史记》中找到原初思维和来龙去脉。

三、声援韦拔群

三师是一个具有反帝反封建反专制传统的学校，在当时南宁的各个学校中实领风气之先，这或许是中华民国成立之后三师的民主风气相对浓厚、新旧教育观念并存以及学生的公民观念和意识逐步滋生所致。五四运动后，当时的青年学生，面对百花齐放的新思潮，大多数都抱着热烈欢迎的态度，思想进步的青年们大胆地议论着，如饥似渴地吸收着百家竞起、异说争鸣的新思想。正是名目繁多的新思潮层出不穷，令人眼花缭乱，易于造成青年学生们的无所适从，以致大都缺乏足够的经验、决断和智慧将某一派学说当作自己唯一的信仰，即便是对某一派思想有所偏爱，然而总是渴望尽可能地对各家学说兼收并蓄，试图从形形色色的新思潮中提取自己认为最实际最理想的精髓来绘制改造社会的新蓝图。我在三师虽然一心只读圣贤书，但受学校各种新思潮的风气之染和《公民须知》教育之熏以及同学正义之气的影响，以至于两耳时闻窗外事，思想上趋向赞同新文化运动思潮和三民主义，亦亲身参加和领导过一些学生校外爱国主义活动。

1923年10月5日，国会举行大选。曹锟为了获选大总统职位，行贿收买议员，绝大多数议员受贿，曹锟利用贿选手段取得中华民国总统职位，全国舆论哗然，民怨沸腾，引起各方不满，舆论时称受贿议员为“猪仔”。当时南方军政府的大元帅孙中山，下令讨伐曹锟和通缉选曹的议员。一些省的学生激于义愤，群起殴打猪仔议员。消息传到三师，师生群情激愤，摩拳擦掌。不久，广西出席国会参加贿选的受贿议员雷颖川、唐仁阶等三人回到南宁下榻于仓西门大街邕南旅馆的消息传出，三师学生会组织本校学生前往邕南旅馆严惩猪仔议员。我的邻班同学吴鱼群，思想趋向进步，在学校比较活跃，邀我一道参加三师学生会组织的拳打猪仔校外活动。我原来就信奉“君子尚勇以行义”的儒家学说，加之壮人天生好打抱不平的性格使然，早在1922年上半年考入三师前我任教于渠旧初级小学时，就曾在村上组织过青年抗租队，领导渠思村青年与地方外族恶霸势力抗争，于双方你死我活的激烈拼打中差点被恶少乱刀砍伤。对于吴鱼群的此次相邀，我深感义不容辞，当场应允。在三师学生会的领导下，我们三师学生五六十人当天浩浩荡荡地经镇北桥，过沙街，进入仓西门大街，于上午10点左右到达邕南旅馆，同时赶来的还有南宁模范高等小学等校的一些学生，共百余人。我们在旅馆门前，振臂高呼：“打倒卖国贼曹锟！”“打倒猪仔议员！”“反对贿赂选举！”随后，三师学生赵秉寿带头进入旅馆，冲到猪仔议员的住房前，呼叫他们出来向大家请罪。猪仔议员紧闭房门，不敢出来。赵秉寿等人破门而入，将猪仔议员从房中拉出旅馆外，一些学生上去拳打脚踢，猪仔议员被迫求饶，当场向学生认罪。抗议的各校学生出了一股怒气，便收队返回。

当时的三师校长杜剑青得知此事后，曾找过一些参加此次校外活动的平时学业成绩优良的学生去谈话，其中包括我和吴鱼群。他对我们未多加责训，只是嘱咐应以学业为重。后来杜剑青校长因贪污学生膳费问题，受到学生会发动同学罢课抵制，被迫离职。因师范学生膳食问题引起学潮在当时可说是一种普遍现象，起因大多为师范学生每月5—6元的膳费。仅以三师为例，所有师范生都是公费，每月膳费标准为5—6元。少数同学在校不好好读书，只是混饭吃，经常旷课请假，但一到开饭时间他们就来了，这引起了杜剑青校长的极端不满，也滋生了他的贪欲。于是，他命令膳房停止了这些经常上课请假或不上课的学生伙食，将省下的膳费中饱私囊。学生会调查发现后以伙食甚差为由开始发动全校学生罢课，杜校长只得离职。后来取代杜剑青的三师校长刘君著，思想较为进步。他在三师办了一个业余剧团，并从广东请来一些文艺青年当教员，编演话剧进行反封建宣传。

1925年2月至4月，上海、青岛的日本纱厂工人先后组织数万工人举行大规模罢工斗争。5月14日，上海日本纱厂工人为了抗议日本资方无理开除工人再度罢工，日本资本家开枪打死工人顾正红（共产党员），打伤10多名工人，从而激起上海工人、学生和市民的强烈愤怒。5月30日上午，上海学生2000余人在租界内散发传单，发表演说，抗议日本纱厂资本家镇压工人大罢工、打死工人顾正红，同时呼吁收回租界，被英国巡捕逮捕100余人。下午万余群众聚集在英租界南京路老闸巡捕房门前，强烈要求释放被捕学生，高呼"打倒帝国主义"等口号。英国巡捕竟开枪射击，当场打死13人，重伤数十人，逮捕150余人，造成震惊中外的五卅惨案，激起了全国人民的愤怒，反帝浪潮迅速兴起，示威抗议游行遍及全国各地。广西的学生亦给予了积极声援。当时我刚当选为三师学生会会长不久，便与吴鱼群积极联络南宁学联，联系各校学生一道上街举行游行示威活动。在三师学生会的积极号召下，6月5日这天，三师全体学生走上街头，与邕宁县立中学、南宁省立第一中学、南宁模范高等小学等校的学生一道举行了声势浩大的游行示威活动。当时的三师、邕宁县立中学和广西省立第一中学都有音乐队，各校音乐队走在各校游行队伍前头，边走边吹边打锣敲鼓，军乐一路响彻，声震四方，甚是威武雄壮，引来无数市民驻足观看，一些市民还纷纷加入到游行队伍中，与我们学生一道边走边高呼"打倒帝国主义""坚决抵制日货""收回租界"等口号。当天我与吴鱼群走在三师游行队伍的最前头，身后的李伟昌和李素田扛着横幅标语，上书"声援上海人民斗争"。我们一路带头高喊口号，我的声音都喊沙哑了。学生会骨干吴茜、吴裕琴、吴有良边走边将发生五卅惨案的传单一路散发，市民亦热心争拿阅读。不久，我和吴鱼群又带领三师学生会骨干走上街头演讲，高呼"对英、日经济绝交"等口号，号召市民"抵制英货""抵制日货"。

我对广西农民运动领袖韦拔群领导的东兰农民运动的声援活动，始于1926年。1924年广州出现了国共合作的新形势，广西掀起了以韦拔群为首领导的东兰农民运动。1926年5月发生了镇压东兰农民运动的东兰惨案。随后，韦拔群发出"请看军阀官僚劣绅土豪烧杀东兰农民之惨状"的《快邮代电》，呼吁各界声讨反动军阀的烧杀罪行。三师学生会闻讯后，组织学生走上南宁街头游行示威，声讨国民党右派当局摧残东兰农运的罪行。我亦积极参加了三师声援韦拔群和东兰农运的上街游行活动，记得当时上街游行喊的口号是"罢免黄守先"，"严惩残杀东兰农民的刽子手龚寿仪"，"打倒黄华表”。黄华表时任南宁《民国日报》总编，因他拒绝刊登韦拔群发的《快邮代电》等，故在打倒之列。游行队伍所经之地，街上群众纷纷加入，达数百人之众，声势颇为浩大。

我对韦拔群的关注，始于 1924 年。同年 2 月，南宁《民国日报》刊登省政府对东兰农民运动领袖韦拔群下达的通缉令时，我即开始收集一些关于韦拔群的正反两方面报道资料。韦拔群从事的农运正义事业，在当时的广西学生和农民当中，赞同者大有人在，支持同情者遍及桂西，特别是进步学生和青年，深受影响而走上革命道路者更是难计其数。我的三师校友、扶绥县壮族同乡莫国史（张报）、吴有良（吴西）、谢翱（谢鹤筹）等人，最初都是由从事学生爱国运动而最终走上革命道路的。他们三人皆为解放后与我长年交往的友人，半个世纪后的 1978 年 12 月，开国将军吴西应邀到广西出席自治区成立 20 周年庆祝大会顺道到桂林我家做客时谈及韦拔群的往事，他还对我说道："我当时热衷参加学生运动，即是受到同胞韦拔群革命思想的深深影响以及他领导下的东兰农民运动的极大鼓舞。当时针对韦拔群遭通缉一事，学生们大都十分气愤，三师学生会原准备联络南宁学联和在校东兰学生上街抗议，后遭校方干预而未能成事。"三师校友、东兰壮族人黄润生和陈鼓涛等，后来都成为韦拔群的得力助手。三师教师叶一茅，在 1927 年四一二反革命政变后，投奔韦拔群，成为韦拔群的政治顾问兼东兰第三届农民运动讲习所教务长。这一切说明，三师学生普遍对韦拔群领导的东兰农民运动颇为关心和支持。我当时收集的有关韦拔群的正反两方面报道资料，对我后来撰著《韦拔群评传》上、中、下三卷初稿帮助甚大。

四、相识叶一茅

由于三师办学着眼国势民风，讲求实效，以培养小学和初中教员为宗旨，重视养成教育以适应社会的需要，故老师讲课除讲解课程外，尤为注重让学生领会教学的方法，而且让学生经常演述所学，以练习语言和习得教书经验。同时，三师还要求学生除掌握课堂讲授内容外，还自行修炼学养，精研技艺，这就是我在三师学习期间得以在课余阅读大量课外书籍并得到老师鼓励的原因之一。教师对教育课程的讲授尤为注意对教学方法的指导，以使学生将来在工作中能灵活运用各种教学方法，这使我受益匪浅。我于三师毕业后考入北京师范大学，在学九年，其中有三年是一边读书一边在北京一些中学当教师，讲授国文、历史，堪称胜任，实得益于三师教师授业法的专门指导。

在三师读至第三年，新学期伊始，我们学生可以任选科目，每周 3—4 学时。一般选修课采取教师口讲和学生笔记的方法，教师随时观察指正学生的错漏，以使学生笔记逐渐加详加速，从而强化学生的笔记和文字敏捷能力。这种教学法对学生的升学考试和未来就业助益甚大，我后来投考北师大和日本东京帝国大学，皆能名列前茅，即受惠于三师这种教学法的专业训练。读至第四年，我的主修课程大多学完。第四年除了选修课外，开始进入教学实习阶段，我在三师附小实习，最初以旁听老师上课为主，以习得教学方法为要；下半学期开始代附小一些老师讲课，锻炼讲课能力。由于我当时的意向是毕业后继续升学，而非就业当教师，故主要精力放在多学知识方面。第四年学期选修课较多，在选修课中，接触较多的老师是讲授哲学的叶一茅，原因是他讲课很有条理，逻辑性强。

在三师的四年学习中，给我留下较深印象的校长和教师，似乎只有刘君著校长和叶一茅老师两位，盖缘于刘君著校长曾鼓励我投考北师大；而我与叶一茅老师在解放后有一些联系，而且在 1957 年我与他同命运，皆被错划为右派分子。现将叶师的一些传奇经历以及我与他的一些交往讲述一下：

叶一茅，原名叶毓茂，又名叶非英、叶景，广东省东莞县道滘永庆人。1923 年考入蔡元培等主办的北京世界语专门学校，1926 年初在广州农民运动讲习所与彭湃交往密切，随后来到三师任教，同时兼任省府主办的《革命之花》周刊编辑。共产党员罗少彦时任该刊主编，中共梧州地下党创始人之一的谭寿林时任该刊编辑，都是叶师的同事。一次，广西国家主义代表人物黄华表来三师讲演，竭力鼓吹国家主义。叶师听后十分反感，便在课堂上对我们学生大加抨击国家主义，借机宣传他的无政府主义。他在学校经常将一些宣传无政府主义的小册子散发给学生，宣扬无政府主义。我当时只是随便翻阅一下，没有研究的兴趣。时任国民党广西省主席的黄绍竑解放后对我回忆说："我身边的人都说叶一茅是广西的无政府主义代表人物之一，看他在《革命之花》上发表的那些文章，即可知他的观点与共产党人大同小异。听说当时的无政府主义信徒与马列主义者争吵不休，但在我们看来，两者是一路人，都要推翻政府。所以，四一二反革命政变后，省府要缉拿叶一茅。听部下说当时他从下水道逃出南宁，投奔韦拔群去了，以致 1927 年底省府颁布的赏格悬缉韦拔群等人的训令名单中还有他。"叶师投奔韦拔群后，担任韦拔群开办的东兰第三届农民运动讲习所教务长，成为韦拔群的密友之一，可说中国现代农民运动先驱彭湃、韦拔群都曾是叶师的密友。1927 年 12 月广西省政府悬赏通缉韦拔群、陈守和、陈伯民、叶一茅等 23 人，韦拔群的赏格为五千元，叶一茅为三千元，其赏格高于凤山农民运动领袖廖源芳和奉议农民运动领袖黄治峰，由此表明省府中的右翼反动势力对他充当韦拔群的政治顾问一事恨之入骨。叶师后随韦拔群参加百色起义，百色起义失败后，他被捕入狱。随后越狱潜逃至香港，任职于《大同日报》。1930 年至 1947 年，叶师在福建泉州办学、办报、搞学运、搞农运，从事平民教育达十七年之久。这一时期叶师结识了文坛名家巴金，两人成为挚友。巴金对叶师终身未婚而毕生事教以及忘我工作又坎坷动荡的一生十分同情和钦佩。

1949 年后，叶师历任广州新民中学、第十四中学教师，广州越秀区第一届人大代表。1951 年 9 月，我率领中央民族访问团广西分团部分成员到东兰等县慰问和调查时，从曾任东兰第二届农讲所教员的三师校友黄润生处得知叶师在广州新民中学任教。1955 年 5 月下旬，我应邀到原任过教的广州中山大学历史系作学术报告，报告完后的第二天，即在我的学生、中山大学张寿祺教授的陪同下去广州第十四中学看望了叶一茅老师，主要是想了解一些他与韦拔群接触时的所见所闻和对东兰农运的认识，为我撰写的《韦拔群评传》初稿收集亲历亲闻亲见者的口述资料。翌年寒假期间，叶师应我之邀，重游桂林，住我家三天，师生俩无话不谈。他谈到受启蒙老师蔡元培教育思想的影响，谈到与彭湃的交往，谈到克鲁泡特金的《互助论》，更多谈到韦拔群兄弟大公无私的奉献精神对自己人格形成产生的深远影响。他对韦拔群评价甚高：

> 我们常在一起议论东兰农运，探讨社会问题。韦拔群是俄国革命导师列宁的忠实信徒，我是俄国思想家克鲁泡特金的私淑弟子，双方观点既有相同之处，又有分歧。他在农讲所内和武篆的田南道办事处办公室以及东兰县农民协会的办公室中，皆张贴着列宁的画像，所以当时有人把韦拔群称作“东兰的列宁”。韦拔群委我任农讲所教务长，全权负责教学事宜。大家讨论教学课程安排时，他充分尊重他人意见，善于集思广益，发扬民主作风，从不独断专行，十分信赖同志，很少干涉别人负责的工作。同时，生活上勤俭朴实，严于律己；工作上吃苦耐劳，作风民主，平易近人；为人处事和善平等，心胸宽阔，以身作则，身先士卒，因而教员和学员们大都对他心服口服。他的领袖人格，对我一生影响甚大。1930 年至 1947 年我在福建泉州办学、办报、搞学运、搞农运十七年，开展平民教育，以巴黎公社为蓝图，组织平民公社，支助贫民入学，进行乡村建设实践时事必躬亲，苦干敬业，皆得益于韦拔

群人格潜移默化的影响。

叶师还对韦拔群的组织能力和军事思想高度赞赏：

我认为，韦拔群是中国现代革命史上最卓越的游击战术家之一。举例而言：农讲所开办两个多月后，黄明远营来犯，进攻凤山，目指东兰，韦拔群指挥农讲所学员和东兰、凤山两县农军迎敌。我原以为他指挥下的装备低劣的东凤农军，是一支不堪装备精良的正规军攻击的乌合之众，担心韦拔群等人率兵迎敌过于冒险，以卵击石，劝他不要盲动。韦拔群听后满脸不以为然的样子，胸有成竹地说了一句："跟我到凤山去开开眼，看看我们壮族人如何作战打仗。"我即随韦拔群到了凤山。看到韦拔群调兵遣将，对游击战法运用起来十分得心应手，顿时精神为之一振；继而又见农军战士打起仗来军纪十分严明，军令如山，游击有方，昼夜伏击，神出鬼没，我是眼界大开。最后农讲所学员和农军一道，仅用长矛、石头、土枪、土雷和少量机造枪，居然把气势汹汹来犯的黄明远一营正规军打得龟缩在凤山县城内，不敢出来，令我不得不佩服韦拔群的军事胆略和壮族农军的善战勇敢。

1957年，叶师被错划为右派分子，以历史反革命论处，送劳动教养。由于营养不良，叶师身体极度虚弱，加上带病劳动，逝于田间，年仅五十五岁。后来其右派冤案得到平反昭雪。这些事都是近年广州的朋友来信告诉我的。

第三部分

一、九年寒窗

我在第三师范读书至第四年(1926年),幸闻当时广西教育界名士甘浩泽,委托其弟甘洪泽联系在京工作的白鹏飞先生,请他出面在北京的著名大学中联系办理专为广西开班培养人才的事宜,每年由广西经过严格考试向北京输送30名学生。随后,白鹏飞联系了北京师范大学,该校接受了广西省政府的请求。不久,我就在三师看到了省教育厅下发的《国立北京师范大学招生简章》,得知中等学校毕业生和师范学校毕业生均有资格报考北师大预科。而且,刘君著校长告知我们学生,本省有考送北师大30名学生的名额。我认为这是升学的绝好机会,便开始准备考试,备考异常积极。

图4　当年就读的北师大文学院

当时的入学考试和录取标准完全按照《国立北京师范大学招生简章》中的严格要求,参加应试者在考试前必须检查身体,合格者方能参加考试。报名时需交报名费两元,无论是否录取,概不退还。同时呈交毕业文凭或转学证书以及一张四寸半身照片。

由于北师大是中国第一所师范大学，入学考试极严，考试科目较多，计有国文、历史、地理、数学、物理、化学、生物、英文等十二科，一天考三科，共考四天。而且考试内容较广较深，例如国文考题内容有二：一为作文，基本要求为词句通顺，思理清晰，无讹字；二为标点国文，即以新式标点符号对古文加以断句，同时说明难点之处。历史、地理考题内容包含中外历史、地理。英文考题内容有三：一为文法，二为翻译，三为作文。

第一天考国文、历史、地理三科，我的国文和历史考了满分，地理的考试成绩亦相当好，这是刘君著校长事后告诉我的。开考顺利的好心情使得我异常兴奋，无法入眠。我白天应考，夜赶功课，整整三夜不睡，只是极为困倦时偶打一会儿盹。三天九科考下来，自感满意。第三天考完试我睡了几个小时后又急忙起床，与同学蒋勤一道，晚上赶去当时在三师教生物的张沛然老师家里，请求指点。张老师热心地告诉了我们生物科有可能出现的重点考试范围。第四天参加生物、数学、物理三科考试，成绩一般，物理考得较差，影响了我的考试总成绩排名。尽管如此，放榜之日，在本省所有参加投考北师大的数百名考生中，我的考试成绩名列第七，亦为扶南县考生的第一名。当时三师参加这次北师大入学考试的考生有二十余人，一共考取了八人，刘校长闻知十分高兴，向我们表示了祝贺。我在三师考生中名列第二，第一名是周庆涛。他于北师大毕业后留学法国，并留在法国成为一所大学的外国语教授。

我们考完笔试，又应考口试和心理测试，我均合格，幸获录取。不过问题有二：一是公家不供给旅费，如何能去北京上学？二是到校后学杂费不知从何而出，如何筹措？为此，第二天我写好呈文，邀三师考取的同学以及其他校考取者相互联络共同签名，呈请省府供给旅费膳费，各人都签名同意。1926 年 5 月底，黄绍竑遵照广东革命政府的命令，宣布解除其广西民政长职务，并撤销广西民政公署。6 月 1 日，广西省新政府正式成立，以黄绍竑为广西省务会议主席，在省务会议下设民政、财政、教育、建设四个厅，另设一个秘书处。黄绍竑兼任财政厅厅长，粟威任民政厅厅长，甘浩泽任教育厅厅长，盘珠祁任建设厅厅长，朱朝森任秘书处秘书长。我与周庆涛两人拿着各位同学签名的呈文去找刘君著校长，请他将呈文上报省教育厅。由于当时的黄绍竑、甘浩泽、盘珠祁等省府要员都十分热心创办教育事业，所以仅隔数日，我起草的呈文经三师校长、教育厅层层上报后，最终在省府政务会议上得以顺利通过。教育厅随后下文批复同意支给我们这批考取生每人 80 元赴京旅费，每人每月定期支给膳费七元，以让同学们生活无忧，安心学习。第一个问题得以解决。

我无学杂费，到北京上学后如何维持学习？考试完后仅隔数日，我启程回家，告知生父甘新昌和养父黄克昌这一喜讯。不料被黄家人泼了一盆冷水，黄克昌听后无动于衷，冷冷地表示黄家不会再出钱供我继续读书；其女亦大拖后腿，以离婚要挟，声称我再外出读书便与我离婚，而且表示黄克昌家已有后代，她不会为我们甘家延续后代再生育。而我为甘家传宗接代的观念较深，黄家既然一再不讲信用，背弃我入赘前的双方协定，其女又如此无情无义，加之生父渴望我能为甘家传宗接代的心愿强烈，我不能违背生父意愿，遂生出成全其女离婚心愿和另谋出路的念头。生父甘新昌得知我考上大学的喜讯后，对我说："我拼了这条老命也要送你进京城读书。"于是，生父借钱买了一头猪，杀掉请来村上甘家亲朋好友到家做客。席间，我向甘家亲戚们汇报了在校的学习和考试情况后，遂请求资助，众人慷慨解囊，每人各资助二至五元不等，共筹得三百余元，第二个问题亦告解决。

1926 年夏，我负笈进京，总算逃离了黄家苦海。进京前，为避免影响黄克昌之女的未来生活，我与之协商解除了两人的婚姻关系。从渠思村出发时，全村乡亲男女老少都会集在村口送我，他们认为我是村上有史以来第一个到京城上学的"仙岽勒"，这意味着村边的神山开始显灵了，"文龙"的展翅远飞象征着日后村上定能好运连连，喜事接踵而至，从而破例为我放十二响地炮，当作隆重的欢送礼仪。当时村上放地炮一般只是在庙里为村上长老做生日以及欢送来访达官贵人时举行，为我放十二响地炮算是村上有史以来对一个普通年轻村民最隆重的送行仪式了。由于当时从渠思到南宁的路途中，不时有一些强盗出没，抢劫商人，村上族老担心我身揣三百余元巨资遭人抢劫，甚不吉利，特意派了十二个年轻人，各人身背猎枪，腰挂短刀，全副武装，护送我到南宁。抵达南宁后，同班同学吴茜、李伟昌来送我上船。我们三师的考取生一行先从南宁坐船经梧州到香港，然后从香港乘坐太古船到天津大沽口，接着从天津坐火车进入北京。

在北师大注册入学时，校方规定：凡学生入校后不得更名。说实话，我脱离黄家苦海后，曾两次想改名换姓，即将"黄现璠"改回原来的"甘锦英"，第一次便是在入北师大注册时。当时注册课的负责人因我在三师的毕业证书上用名为"黄现璠"，不同意更改，注册入学后就更不可能更名，以致未能如愿。第二次是 1937 年底从日本留学归国时，我想借找工作之际更改回原名，与村中甘姓亲戚和族老商量，他们劝告我说："阿美，不要改了，你的毕业文凭用名全都是'黄现璠'，假若改回'甘锦英'，日后找工作会带来许多麻烦，一些事情亦不易说清。况且，你只是姓黄，又不是黄家人或黄家后代。"

我听后觉得亲戚和族老们言之有理，只能作罢。我为何会有更改回原名“甘锦英”的念头，追溯思想根源，一方面是想抹掉入赘黄家的那段屈辱经历，二方面是因为长期学习历史从而加强了我自己根深蒂固的宗姓宗族观念，我一直认为甘姓峒人历史悠久，甘家佷人英雄血统令人自豪，必须代代传承。

按规定，当时在北师大注册入学，必须先填一份入学愿书，呈交正副保证人担保的保证书各一份。为我担保的正保证人为广西省政府教育厅，副保证人为生父甘新昌。注册时交纳保证金二十元和第一学年讲义费八元，始能进入国立北京师范大学预科学习。倘若中途退学，除保证金概不退还外，校方还要追缴学费。

1923年北京高等师范学校更名为北京师范大学后的最初几年，北师大对学生只免除学费，而膳、宿、书籍、讲义、运动、采集、旅行参观、制服等学杂费必须由学生自理，学生宿舍每学期交十元宿费。对于家境贫寒而学习优良者，校方审定后发给一定的奖学金。1929年后，北师大学生的学费、膳费、宿费、讲义费、制服费已全免，制服一年发两套。

自1926年我进入北师大读书后，校名变更多次。1923年，北京师范大学校成立，从此中国教育史上出现了第一所师范大学。1927年，北京师范大学改称京师大学师范部；1928年，改称北平大学第一师范学院；1929年，改称北平师范大学；1931年，北平师范大学与北平女子师范大学合并，定名为国立北平师范大学，下设教育学院、文学院、理学院及研究院；1949年，北平师范大学恢复原名为北京师范大学。

30年代初的北师大校址有三处：一处在北京厂甸五城学堂西（今北京和平门外南新华街路西），五城学堂为北师大附属中学和小学，学堂西边从南向北依次为一座丁字楼、一座图书馆、两座办公楼和两座宿舍楼，皆为北师大建筑。三层丁字楼是30年代初落成的新学生宿舍楼，专供女学生用。这处校址是教育学院、理学院所在地，内有物理、化学、数学、生物、体育、音乐、教育等系。另一处在石驸马大街（现北京西城区新文化街）的原北京女子师范大学旧址，为文学院所在地，内有国文、历史、地理、外文等系，这些系的学生大多住校。我在文学院的学生宿舍住了数年，到1935年底赴日本留学始离开。还有一处在广安门（即彰仪门）内，时称北师大三院，北师大在此租有商品陈列所旧址作为研究院院址或研究所所址。

北师大规定：预科第一学年为普通科，第二学年分为文、理两科。我于预科第一学年结束后，第二学年选择了文科。预科两年结束后的1928年夏，北师大原史地系划分为历史系和地理系两系，我考入历史系本科学习。当时北师大本科分初级和高级两部，修业年限各两年，学满两年完成初级大学部学业后，可获毕业证书；学满四年完成初、高两部学业后，可获教育学士或文学学士等相应学位。1932 年我在历史系本科毕业前，提交了《东北之历史考察》毕业论文，获得历史学士学位。随后我将毕业论文投稿《进展月刊》，得以发表。

我在北师大学习期间，除初带来一点钱外，预科两年，生父只寄来 240 元，即告断绝。本科四年，我在私立中学兼课，每月得八元薪水，以维持零用。

我考入北师大的同年，三师同窗好友吴裕琴亦考入私立上海大夏大学。第二年即 1927 年，在我的多次通信鼓动下，三师的扶南县同乡同班同学李伟昌，亦考入北师大。1929 年，李伟昌与广西籍学生雷震、李焕绂、黄光京等人一道考入北师大历史系本科，他们皆成为我的同门学友，日后相交几十年。我先与三师同学李素田、雷固云等人住在北师大的同一栋学生宿舍，李伟昌考入北师大后，亦与我同住。我俩买了一盏煤油灯，夜晚都在煤油灯下看书，两人相处甚为融洽。我们三师的同学在北京大多没有亲戚朋友，暑假寒假、逢年过节大多不回家，到了大年三十晚上，每人出五角钱聚餐，穷开心一下。当时北师大有校工，负责打扫教室和宿舍卫生，帮学生洗衣打开水。每到过年，按惯例必须给校工打赏一点钱，拖欠的洗衣费一定要结清，一年最多三四元钱。有一年到年底我已身无分文，同宿舍的李伟昌等同学亦无多余钱借给我，我只好向一位名叫李佳丽的北京女同学借了四元钱，用于支付一年洗衣费和打赏钱。后来我将钱还给这位女同学，她不肯收。50 年代初我到北京开会，专门找到这位李佳丽女同学，还了她五元人民币，她收下了，还夸我讲信用。还有一年冬天，北师大校方没有买煤供应学生，同学们冷得彻夜难眠，我和李伟昌只有穿上棉衣挤在一起睡，艰难地度过了那年冬天。由于学习忙，我曾在半年里一次也未给生父甘新昌写信，急得他跑到李伟昌哥哥的家里说："半年都未接到美儿的来信，不知他在北京到底是死是活，麻烦您写信给李伟昌叫美儿来信告知近况。"李伟昌接信转告我后，我便速写信告诉了生父近况。我记得有一年，原在广西省立第一中学读书的韦作杰因带头闹学潮被学校开除，他是我的扶南县壮族同乡，跑来北京找我，希望能留在北京继续读书。我照顾他在北京吃住生活一段时间，后又通过关系介绍他进入北平求实中学读书，入学前他改名韦必克。后来他到延安参加革命，解放后担任过广西医学院院长、桂西壮族自治区人民政府委员会委员等要职，又与我一道共事，结为无话不谈的知己。

1932年，原广西省主席黄绍竑相继被任命为国民党中央政府内务部部长兼代交通部部长，1933年春出任北平军分会参谋团参谋长。自从黄绍竑来到北平任职后，他的胞兄黄剑鸣亦随其来到北平，在参谋团任高级参谋。因黄剑鸣曾担任过广西省立第三师范军训大队大队长，我们在三师读书时便与他认识，一直称他为黄老师。1933年6月的一天，我和李伟昌一道去中南海西侧胡同府右街南口右侧大楼的参谋团办公处拜访黄剑鸣，他十分热情地接待了我们。黄绍竑、黄剑鸣两兄弟向来尊重文化人和知识分子，而且好交朋友。当时我已在北师大研究所当研究生，而李伟昌即将大学毕业。1933年夏，国民党中央派黄绍竑宣慰内蒙古，黄剑鸣亦准备随之而去。临行前，黄剑鸣派人来到北师大叫李伟昌和我前去参谋团。我们抵达后，黄剑鸣热情地请我们落座，寒暄几句他便将话题转入正题，他关心地先问李伟昌："北师大毕业后你打算做什么?"李伟昌直截了当地回答说："我没想好做什么，请黄老师把我推荐给黄绍竑先生，无论做什么都可以。"他听后回答道："这事好办。"接着又问我今后的打算，我回答说："我想去海外留学，到时留学经费如果遇到困难，想请黄老师通过黄绍竑先生出面疏通广西省政府，期望获得留学公费。"黄剑鸣听后回答说："到时再说，这不难办。"这次会面后仅隔数日，李伟昌便接到黄剑鸣口信，通知他到参谋团报到。李伟昌办完毕业手续，随黄剑鸣而去，担任黄绍竑的秘书。1936年底，黄绍竑被调任湖北省主席，李伟昌亦随去在湖北省府担任要职。

1932年9月，北师大奉教育部整理之令，在校务会议上通过校务整理委员会议决案，将国立北平师范大学研究院改为国立北平师范大学研究所，虽然名字变更了，经费缩减了，但性质、规模未变。研究所章程规定：本大学毕业生成绩优异者，可酌免入学考试之全部或一部。因我本科毕业时总分的平均分数超过了80分，且主修课和必修课的平均分数超过了90分，属于优良生。加之我毕业前已发表了数篇学术论文，毕业后一个月，我与同学刘镛合编的《中国通史纲要》(1932年9月初版)上卷，由北平文化学社出版，于是我便毛遂自荐，将拙著赠送北师大校方，呈请在研究所当研究生和纂辑员，结果如愿以偿，得以全部免除考试，直接升入研究所当研究生。同年12月又被李蒸校长聘任为研究所纂辑员。记得当时我曾为此事去找研究所主任导师黎锦熙时，他对我说："你不要继续读研究生了，我希望你能来研究所当研究员，只是苦于经费不足，薪金无法开支，如果你去找李校长能争取到60元，我就聘你当研究员。"考虑到当时北师大研究所的研究员大多是由大学教授或讲师兼任，职业不稳定，收入亦不稳定，北师大有钱就聘，无钱就解聘，而且聘后常因经费困难而不能每月按时发给薪金，而当研究生一方面可以继续深造，另一方面还可以申请补助金；当纂辑员则是一份收入稳定的工作。我便又去找北师大校长兼研究所所长李蒸，将黎锦熙教授的意见和我的想法如实告知，李蒸校长认为我的想法较为务实，答应予以考虑。后来校务会开会讨论，同意了我的请求。

图5　在北师大读书期间的学术成果《中国通史纲要》（2013年重印本）

北师大研究所对研究生免纳学费和宿费，入学时只需交保证金20元和每年讲义费8元。纂辑员与研究所导师、助教一样，由校长聘任，每月可领30—80元薪俸。按研究所纂辑章程规定：纂辑员不能兼任其他机关有薪职务，如遇特殊情况而必须兼任本校授课时，每月不得超过六小时。超过六小时或不能按时工作者，将被酌情减薪和强行规定工作时间。我每月领70元薪俸，生活上已基本有保证，故不用再到其他学校兼教挣钱维生，可以一心专事于纂辑和研究工作。因同年北师大奉教育部之令，当年停止招生，研究所亦不例外。当然，这一纸令只限于研究所不对外和不公开招收研究生，而非对内。我于本科毕业后的1932年9月作为免试研究生进入研究所，便是内招的结果。同年进入研究所当研究生的本校本科生都是免试内招，历史系只有我一人，地理系有一人，国文系有一人，教育系有一人，人数很少。1933年，研究所始恢复招生。

北师大研究所发源于1930年，原为国立北平大学女子师范学院研究所。1931年7月，国立北平师范大学与国立北平女子师范大学合并定名国立北平师范大学后，该研究所扩大为北师大研究院，内设教育科学门和历史科学门，两学门内分若干由研究员组成的编纂组和由研究生组成的研究课题组。当时的研究院院长由校长徐炳昶兼任,黎锦熙任副院长兼历史科学门导师,李建勋任教育科学门主任导师,钱玄同任历史科学门主任导师。1932 年 9 月北师大研究院更名为研究所,虽然以教育为鹄的,教育研究与教材纂辑的道通为一,已取消两学门之设,但原内分的若干组,形式上依然存在,这是延续原研究院依然在读的研究生所属研究课题不同组章程的必然结果。我在北师大研究所当研究生三年,研究课题组属历史学组。当时研究所所长由李蒸校长兼任,没有副所长,李蒸校长聘文学院院长黎锦熙、国文系主任教授钱玄同、教育系主任教授李建勋三人为研究所主任导师。而研究生所属的历史学组导师是陈垣、陆懋德。两位导师都给我们研究生亲自讲课,悉心认真指导。除此之外,黎锦熙导师还负责研究所的教育研究事宜;钱玄同、李建勋两导师综理研究所的教材纂辑事宜。纂辑处原设国语、国文、历史、地理四组,1932 年合并为国语国文教材组、历史地理教材组两组,名义上是由钱玄同、李建勋两导师综理,实际上两导师有分工,李建勋管国语国文教材组,钱玄同管历史地理教材组。1933 年又增设自然组。我在研究所时,属历史地理教材组纂辑员之一,故在学习和工作两方面直接受主任导师钱玄同指导。当研究生后,除听陈垣、陆懋德、钱玄同、黎锦熙、李建勋等导师讲课外,我的研究生论文主要接受导师陈垣指导。

当时研究生上课是在北京广安门(即彰仪门)内,北师大在此租有商品陈列所旧址作为研究院院址,规模颇大,北师大教育研究工作亦在院内开展。研究院的办公室、研究室、图书馆、教室均设在大楼西中间;楼底的东南角 17 间为原教育科学门办公室和导师休息室专用,二楼南部东半和东部 37 间为教育科学门图书馆;南部西半之一部分,约八间,为原教育科学门的教室。原历史科学门的研究室和教室分设在大楼西北部上下两层;陈列室设在西南角圆楼内,只有一间。1934 年 10 月,北师大成立教育研究会,李蒸校长兼任会长,黎锦熙教授任教育研究会导师,李蒸校长委任研究所研究生王兰荫为干事,委任我为助理干事,一道从事教育研究。

这是当时由北师大校方发起成立的正规研究会,实与校内各院各系和各党派团体陆续成立的形形色色研究会或学会和学社性质有别。当时的教育研究会即使用二楼南部西半的一间房作办公室。为了查阅图书和资料方便,纂辑处则设在位于北京石驸马大街北师大文学院办公楼内,将文学院的原索引工作处改为纂辑处,稍加扩大而已。研究生上课不多,每周只有一节课,故我大部分时间都在从事纂辑和学术研究工作,终日忙忙碌碌。我在该所研究三年,编著成《唐代社会概略》《宋代太学生救国运动》两书,由商务印书馆出版,得稿费四百余元,随后得以携款去日本留学。

图6　在北师大读书期间的学术成果《唐代社会概略》(初版)

图7　在北师大读书期间的学术成果《宋代太学生救国运动》(初版)

我在北师大预科第一学年进入普通科,第二学年选择了文科。两年预科的学时和课程要求不是很多,公共必修科目有国文、教育、英语、数学、伦理学、音乐、图画和体操等。当时北师大采取学分制,以每个学生每周上课一学时及需要自修时间1—2小时,历时半年者为一学分。预科生在校期间共学多少学分我已不记得,但我记得本科生在校期间共学150学分。学分够了便可毕业,否则,则须补修学分。那年头对于期末考试,师大学生没有人去追求满分,一般公共必修科目都在70分左右,专业科目的优秀学生一般都在80分以上,没有学生为了考分而学习。预科两年中,我因需要向家里要钱,必须考出好成绩,拿出好考分,生父方能在家乡帮我借到学杂费,故我还是较为注重考分。由此养成了本科学习期间对专业科目期末考试一直较为重视考分的习惯,目的是想以此获得奖学金。尽管如此,我的专业科目考试只有两次获得100分,其他大多没有超过95分。师范生入学是习得知识和教学技能,而不是为了考高分。否则,只是浪费学习时间和精力。像我这样的学生,当时已被同学讥讽为“书呆子”,何况更优者。当时京城流行一句顺口溜谓:“北大老,师大穷,清华、燕京可通融。”说的是京城女子的择偶标准。北师大供吃供住,还免学费,吸引寒门子弟,故学生家境大多贫寒,确是事实。而一些女子嫌贫爱富,无可非议。正因北师大寒门学生多,故而同学们学习都异常刻苦。由此养成“书呆子”风气,北师大又被北大、清华等高校学生讥讽为“研究院”。一些学者则因此赞誉北师大具有英国牛津大学风格。我以为从教学形式上看,北师大并无牛津大学名副其实的导师制,但从大学宗旨上看,北师大对学生的品德修养教育,以强调人性教育、完善人格为宗旨,注重实现和促进学生个人身心与知识增长的同步和谐发展为目标,实与牛津大学不相伯仲。北师大在"三育"并重的教育方针指导下,始终重视培养学生的自学能力和从事创造性研究工作的能力,培养出来的学生,大多数具有"温良恭俭让"的良好道德品质,富有人格独立和人品骨气的特质,不故步自封,不随波逐流,不看风使舵,不趋炎附势。这不是我身为北师大老校友的自吹自擂,而是时贤众口一词的客观看法。正因北师大师生具有自由民主精神,不媚党国,不屈党义,爱闹学潮,始有国民党中央组织委员会在 1932 年 12 月向国民党四届三中全会提交的《改革高等教育案》中提出"国立北平师范大学应即停办"的议案。但这一议案因北师大师生的强烈反对,游行抗议,最终宣告破产。

我来自广西穷乡僻壤的山村,在大学预科阶段只想打好国文和历史基础,潜心学习,不问窗外事。当时少数热心校内外政治活动和党派活动的同学,常在宿舍和自习室动员同学们外出参加政治活动和校外活动,凡不去者,就被讥骂为"冷血动物",而对我则讥骂为"南蛮子""化外之地的冷血动物",我听后当场义正词严地反驳道:"近代的广西已非化外之地,我是壮人,不是南蛮人,壮人的历史文化如同汉人的历史文化一样悠久灿烂,只是你们这些不学无术的党派二流子夜郎自大又孤陋寡闻而已。"随后一笑,不为所动,我行我素依然如故。我的南方佷人与生俱来天不怕地不怕的性格,高年级的北方大汉同学同样奈何不了我。当时在北师大,专职和兼职教授大多数对于校内党派活动都比较反感,原因在于这些教授大多有过留日、留欧、留美的经历,受西方大学理念影响较深。但他们对学生正当的社会活动或发起的正义学潮,则鼓励支持。事实上,我曾担任过三师学生会会长,有一定的学生活动组织能力。进入北师大后还担任过一段时间的历史系学生会骨干,热心于校内外的教育和学生社会活动,只是对校内外的政治和党派或党团活动不涉及不参与,继续践行着我在三师无党无团无派的宗旨。

当时北师大的学生大多数来自各省各地农村,家境贫穷者占大多数。因此,同学们学习都十分勤奋刻苦,我自然不例外,每天凌晨五点起床读书,然后上课、自修、自学,本科学习期间则是每天上课、兼教、自修、自学,直至夜晚 12 点。我一直深信勤能补拙,钝学累功。预科、本科学习六年时间我几乎每天只睡五个小时,从未得过一场大病。而且,我在北师大九年学习期间,未回过一次老家,寒暑假一直都在校自修、自学或在校外兼教。1932年9月我大学本科毕业刚过一学期，接到家乡人来信告知，生父甘新昌因过度劳累患肝硬化而无钱医治病逝。生父临终前留有遗嘱告我云：“美儿在京努力读书，日后学有所成，为甘家争光，切勿花钱回来为我送葬。”我只能遵照生父临终遗嘱，没有回家乡为生父送葬。事实上，1932年9月我与同学刘镛合编的《中国通史纲要》由北平文化学社出版了上册（上册、中册由我编著，下册由刘镛编著），我得稿费300余元，当时我将稿费全部寄回了家乡，给了生父。生父则按我的心愿，拿出一部分钱，雇人在新村三岩旁修了一条山路，以利村民出行方便，做了一件利人的公益善举，颇得乡民称赞。这条山路时隔近半个世纪后直到1980年我返回家乡探亲时，村民们还在天天使用，念念不忘“新昌路”长年造福村民的实惠。只叹我的家乡扶绥县在1980年还是全国有名的贫困县，更为生父生前不愿再为不治之症花钱治病止痛而在临终时还为我留下了30元而椎心泣血，几近哀毁瘠立。生父省下的这30元后来成了他的土葬费，我只能在学校时常仰望天空，以风木之思为生父的在天之灵祈祷守护，赋诗《悼念生父》哭祭：

噩讯飞来摧心溃，天涯断肠人洒泪。
悲惊鹤唳载情去，遥祭神山父归地。

二、神交顾炎武

我在北师大学习从1926至1935年，共九年，北师大对我的培育以及在校任教诸名师对我的谆谆教诲，让我受益无穷，各方面的收获甚大。我在北师大预科第一学年进入普通科，第二学年选择了文科。两年预科的学时和课程要求不是很多，自习时间亦不长，故我能有较多课外时间自修自学。早年读书期间，我便立志研究史学，故在北师大的预科学习期间，课外自学时间大多是在图书馆借读经、史部典籍。因受当时学术世风影响，我的阅读兴趣重点在清学经典，尤对清学开山始祖顾炎武所著《日知录》《天下郡国利病书》《亭林文集》《音学五书》等情有独钟，盖源于顾炎武及其著作所开创的清代朴学和经世致用实学，充分体现出顾炎武主张治经复汉而以复古求解放的学术思想，实与我在三师四年一直心仪的汉代学术有一脉相通之处。

汉代为经学最昌盛的时期，朝野内外诵读经书蔚然成风。所谓“经”，简言之，即为官方指定的儒家经典。所谓经学，原是泛指先秦各家学说要义的学问，汉代独尊儒术后成为特指研究儒家经典的学问。如果说儒学是中国文化的主脉，那么，经学则可谓中国古代学术的主体。秦王不仁，焚书坑儒，致使大量先秦典籍消失，“六经”除《易经》外，其他都未能幸免于难。西汉文帝与景帝治世的文景盛世时期，朝廷开始展开了大量的献书和古籍收集工作，部分年长的秦朝博士和其他儒生，或以口述方式默诵已遭焚毁的经典，或把秦代时冒险隐藏的典籍重新拿出，使之流传于世。秦代没有五经博士，只设有博士官。汉代后立五经博士，其所用经，本为隶书——隶书乃汉代通行文字，故儒生所习经文统称为今文或今文经。汉武帝时行董仲舒策，罢黜百家，表彰六经，儒学遂取得独尊地位，春秋时期开始形成的百家争鸣的诸子百家思想和学说受到抑压，束缚了中国古人的思维，而帝王极权专制由此得到了强化。

西汉官方指定的儒家典籍《诗》《书》《礼》《乐》《春秋》《易》，成为当时士人必读经典，因《乐》已无书，故汉代儒生们以传习、解释五经(《诗》《书》《礼》《春秋》《易》)为主业，五经博士由此而来。每一经都置若干博士，博士下还有弟子。博士与弟子传习经书，分成若干“师说”，由此形成若干群言流派，各以家法教授，由此经学始兴，今文经学遂流行于世，逐步在西汉儒学中处于主导地位。然而，今文经学发展到西汉末年出现衰势，取而代之是古文经学的盛行。这一是由于今文经学日趋烦琐，二是因董仲舒对于公羊学中灾异、符瑞、天人感应的阐发从而造成今文经学的谶纬泛滥。加之西汉统治者的迷信与提倡，使得今文经学部分走向神学化。三是因所谓“师法”“家法”的束缚造成其发展受到抑制。打破今文经学对儒学的垄断而使古文经学兴盛于世的功臣，首推东汉古文经学宗师刘歆。刘歆在经学史上的第一个贡献是发现了一批散在民间或藏在墙壁的古书，即今文家所谓刘歆所造之书，系用汉以前古籀之字书写，故称古文或古文经。由于刘歆的大力倡导和宣扬，不仅使得这批古文经书广为社会和士人熟知，遂转相传习不辍，以至于古文经典《周礼》《左传》《毛诗》等能够传流至今，成为经学的重要文献，而且对当时在全国兴起的大规模古文经学宣传运动起到巨大的推动作用，从而使得古文经学处于东汉儒学的主导地位，在汉代今古文的长期纷争中取得了最后的胜利。

今古文之争，可分形式与内容两方面。形式之争，除文字不同、篇数有异外，尚有排列之别，今文家以《诗》《书》《礼》《乐》《春秋》《易》为顺序，系以内容深浅排列。古文家以《易》《书》《诗》《礼》《乐》《春秋》为顺序，系以成立先后排列。观点不同，主张自异，内容之争由此而生，思想认识差异伴随而来。概言之，今文家崇奉孔子，尊为素王，无非以孔子为正统，为汉制法，献媚时主。因今文家尊孔子是为汉制法的素王，故以六经为其所作，将其视为孔子政治思想所托，认为当中含有许多微言大义。而其微言大义中之义理，有深有浅，施教先浅后深，即先诗书而后春秋，所以今文家视孔子为哲学家、教育家。孔子虽言尧舜，称先王，然非真有尧舜、真有先王，系托古改制，宜呼其为政治家。而古文家崇奉周公，以孔子为“述而不作、信而好古”的先师，只是古籍经典的整理保存者，否认六经为孔子所作，将六经看作是上古文化典章制度与圣君贤相政治格言的记录，以六经为古代史料，主张先有《易》，而后有《春秋》，从而视孔子为史学家而非哲学家、教育家。刘歆“以为左丘明好恶与圣人同，亲见夫子，而穀梁、公羊，在七十子后，传闻之与亲见之，其详略不同”，视左丘明与孔子两人学术身份相当，即为古文家代表认识之表征。这就可以理解，中国史学之父左丘明所著《左传》，为何成为刘歆的最爱。刘歆将“春秋三传”中的《左传》的价值，立于《公羊传》《穀梁传》之上，将《左传》《毛诗》《逸礼》《古文尚书》等立于学官，由此造成今古文家的观点之异，进而形成了其治学方法的不同。今文经学注重弘扬六经的孔子微言大义，意在传播其政治哲学与历史哲学；古文经学则注重对经文本义的理解和典章制度的阐明，意在建立历史科学与语言学。东汉古文经学宗师刘歆以文字和历史解经的新方法，即为其代表。刘歆等古文家重视训诂，不仅凭此以读经，且据古文的字体笔意以解经，他们对古籍系统的整理方法，使校勘、辨伪、考据等学问开始逐步产生，可说为经学和史学都作出了重要贡献。章太炎先生评曰：“孔子以后的最大人物是刘歆。”而我认为“左丘明、司马迁之后最重要的历史学家首推刘歆”。刘歆在其父刘向编纂《别录》的基础上进一步加工，编成了一部综合性的图书分类目录《七略》，成为中国第一部图书分类目录，不仅对当时的学术发展有极大的推动作用，而且对后世目录学的发展亦有深远的影响。

西汉后期王莽改制的主谋，即为刘歆。王莽采纳以刘歆为代表的古文家之策，托古改制，仿《周礼》制度推行新政，屡次改变币制，更改官制与官名，以王田制为名恢复井田制，将盐、铁、酒、山林川泽收归国有，耕地重新分配，又废止奴役制度，建立五均赊贷、六筦政策，以公权力平衡物价，防止商人盘剥，增加国库收入。并将刑罚、礼仪、田宅车服等仪式，恢复到西周时期的周礼模式。这一切变制，相传亦作于刘歆。《周礼》一书，东汉林孝存称为“末世渎乱不验之书”，郑康成尊为“周公致太平之迹”，何休名以“六国阴谋之书”。刘歆为人，哀帝时师丹斥之曰：“……改乱旧章，非毁先王所立。”王莽地皇三年，公孙禄又斥曰：“颠倒五经。”所谓“颠倒五经”，即斥之叛经叛道。叛经叛道，无异于推翻现存制度，予以根本改革，以求达到太平盛世。

王莽的改革，虽因权势不足，蓄谋无成，然实彰良法美。社会改革，主张不同，乃古今文家的内容之争，亦即最重要之争，区区文字篇数以及六经次第，乃其小焉者。

清学宗师顾炎武开创的清代朴学和经世致用实学，既有前承东汉经学之迹，又有启近代史学之功。综观顾炎武的思想及著作，他所主张的“治经复汉”，其中的“复汉”，显然涵盖了崇尚汉代经学的意趣。作为清代学术主流的朴学，显然是东汉古文经学的翻版，这已是不刊之论。朴学一名，初见于《汉书·儒林传》：“宽有俊材，初见武帝，语经学。上曰：‘吾始以《尚书》为朴学，弗好，及闻宽说，可观。’乃从宽问一篇。”朴学原指古代质朴之学，即孔子之后至董仲舒之前的原初儒学，汉代人称为朴学，后来泛指以古文经学派为代表的儒家经学。东汉古文经学的朴学特点形成，盖源于古文经皆用汉以前古籀之字写成，故古文家解经前首先必须解古文，以致通释经文语义的训诂脱颖而出。加之古文家还发展了由先秦延续而来的随文释义训诂，体系化的训诂学呼之欲出，由此形成了与今文经学主倡微言大义不同的东汉古文经学的朴学特点。而以黄宗羲、顾炎武等人为代表的清代朴学兴盛一时，显然是在主张“治经复汉”的指导思想下以克服宋明理学好发空论言之无物空疏玄谈的弊病为宗旨的基础上破土而出的结果。

清代朴学以汉儒古文经说为宗，主张“无征不信”，从语言文字训诂入手，着重从事审订文献、辨别真伪、注疏文字、校勘谬误、诠释典章制度以及考证地理沿革等，侧重资料的收集和证据的罗列，鲜有理论的阐述及发挥，而且文风朴实简洁，因而被称作朴学或考据学。顾炎武因此被视为清代考据学始祖和乾嘉学派代表人物，故梁启超说：“论清学开山之祖，舍亭林没有第二人。”而乾嘉学派的特点，即从音韵、小学入手，通过音韵、文字来判断和了解古书的内容和含义，将语言文字学当作治经治史的途径。顾炎武在《亭林文集》中倡导“读九经自考文始，考文自知音始”的治学方法，由此身体力行地撰写出考辨精深的《日知录》《音学五书》等学术名著。如果说内含音论、诗本音、易音、唐韵正、古音表五篇的《音学五书》是顾炎武朴学的集中反映，那么，《日知录》《亭林文集》等，则为顾炎武经世致用学的集中体现。

我认为，汉代学术思想，第一期黄老盛行，利于地主；第二期儒学独尊，利于帝王；第三期儒学今古文纷争，利于佃农。西汉时期以今文家横行一世，尝观号称博学多能又以民众领导自诩的今文家，只会空谈改革社会，而帝王减租，只为惠富而非济贫，益使贫富阶级之矛盾尖锐突出。小康未就，遑论大同。尝思今文家之立论，全着眼于上层阶级，非为下层民众着想。汉儒政治之三大哲学观,孔子为受命素王观,名田制观,以及辕固生与汤、武受命观,圣人先目观,亦莫不然,用意既如此,改革固无成。成,亦如减租,非下层阶级之利。西汉末年,土地兼并之风愈演愈烈,大批农民失去土地沦为佃农或田客,社会矛盾空前激化。因此,西汉末年古文家乃乘时之弊,采用突进及革命方式,彻底改革社会,救民于水火,遂发生王莽变革。而顾炎武推崇东汉,是因为东汉经生的节义;他考辨古音古事,是为了明道救世。而其明道救世主张,可谓受东汉经生影响之果。刘歆为政举措,促使王莽改制;而顾炎武探索“国家治乱之源,生民根本之计”,似有异曲同工之妙。顾炎武在《天下郡国利病书》一书中,十分关注土地兼并和赋税繁重不均等方面社会积弊,指出了“有田连阡陌,而户米不满斗石者;有贫无立锥,而户米至数十石者”以及“世久积弊,举数十屯而兼并于豪右,比比皆是”的现象,并在《军制论》《形势论》《田功论》《钱法论》中为清朝出谋划策,表达了要求进行社会改革的思想愿望,即“今天下之大患,莫大乎贫”,而“有道之世”,“必以厚生为本”,从而提倡利国富民学说。他还强调“君子之为学,以明道也,以救世也”,这与原始儒学倡导的“学以致用”思想有着一脉相承之处,而顾炎武对此加以了发扬光大。当然,对于顾炎武的学说,我并没有全盘吸收,他反复强调华夷之防重于君臣之论的大民族狭隘排外主张,显然存在时代局限性,我在思想上对此一直加以否定和抵制。

通过北师大预科两年期间我对顾炎武的学术经典的精读和自学,逐步有了上述一些心得认识。这为接下来我在本科和研究所学习期间相继师从萧一山习明清史,从钱玄同习经学史和音韵学,从陈垣习校勘、目录、史源学,均打下了一定的基础,以至于在一些学术问题上能与老师们进行探讨。

三、高才硕学王桐龄

我在北师大九年学习期间,听过不少老师的课,大致记得有林砺儒先生讲授的《教育概论》,此为公共必修课;邱椿先生讲授的教育心理学;李建勋先生讲授的教育统计、学务调查;常道直先生讲授的教育哲学;高步瀛先生讲授的国故概要、选学举要;吴承仕先生讲授的三礼名物;钱玄同先生讲授的经学史略、音韵沿革、说文研究、清代思想史研究;白眉初先生讲授的地理学;朱希祖先生讲授的史学概论,此为历史系公共必修课;王桐龄先生讲授的中国史、东洋史;张星烺先生讲授的宋辽金元史;萧一山先生讲授的秦汉史；邓之诚先生讲授的中国通史；陈垣先生讲授的史学名著评论、史学名著选读、史源学实习、清代学者治学法；陆懋德先生讲授的中国史学史、考古学；陶希圣先生讲授的中国社会史；黎锦熙先生讲授的国语文法、汉语拼音法；张我军先生讲授的日语。因北师大实行学分制，学生修满学分即可毕业，故可自行选课，无须所属系主任批准。历史系学生除了必修课外，可任选国文系、教育系、地理系、外文系等课程修得学分。所选课程亦不分历史系大一历史，国文系大一国文，教育系大一教育，外语系大一英语、日语、德语……完全可以凭自己的兴趣选修课程。大一生根据自己的进度，亦可选大二生的课程，体现出北师大自由包容的教育学风，但大多数学生习惯按部就班，循序渐进。听课之余，我亦与一些老师建立了师生之谊，参加工作后我们师生之间亦长期互有通信和交往，甚至还有后来一道共事者，他们是林砺儒、钱玄同、王桐龄、萧一山、邓之诚、陈垣、陶希圣等先生。于此先谈王桐龄先生。

1928 年 9 月，我在北师大学完两年预科后，考入该校历史系本科学习。当时的历史系主任是王桐龄教授。王桐龄，字峄山，早年留学日本，回国后长期任教于北京师范大学。峄山师在北师大授中国史、东洋史、中国民族史等课，我是热心的听课生之一，而且时常登门向他请教学问，由此与他建立了师生之谊。峄山师学识渊博，腹笥充盈，他的教育、学问、生活、师德可以用四个字加以概括，即“严勤俭谦”。峄山师是清末秀才，教育方式较为严厉，对学生要求极严。峄山师讲课颇有旧派风范，备课重视准备讲义，毫不敷衍。上课前，他通常事先就在课堂外等候了，穿着布衣长衫，右手执藜杖，左手拿讲义，上课钟声一响，便精神饱满地走进教室里，站在讲台上，颇有古儒长者风采。他先向同学问候一声，学生们乱七八糟地起立致敬又复坐下后，他便在点名簿上逐一点名打钩，遇到没来上课的同学，他就在名字旁边打一问号，随后坐下，翻开讲义开始讲课，先讲历史学的概念及其研究的对象与范围，继而讲历史研究和教育的意义，再讲中国从古到今的历史，对历朝历代史事如数家珍，娓娓道来、井井有条、言之有据、全面周密、具有逻辑性。讲课中还不时穿插一些历史典故，偶以诗词来解释一些历史事件，辅以手势，细腻动人，具有形象性，学生听得津津有味，课堂上绝无交头接耳的嘈杂声音。认真听课又善做笔录的学生一学期听课下来，不能说对中国史已了如指掌，但至少可以说对其梗概已了然于胸。

峄山师讲课虽有旧派学究之风，但他在日本留学多年，深受日本学者新思维和新学术之染，其史学思想颇为进化。他对学生要求严，主要体现在作业方面，这点与文如师极为相似。两师皆要求学生写作业必须用楷体端端正正地写好呈交,否则,不看作业不打分。峄山师做学问之勤,在北师大历史系广为人知,有口皆碑。

女子財產承繼權實行後的宗法社會和婦女道德

黃現璠

(一)緒論

無論古今中外，一切社會變更改革的制度不管是政治的，或經濟的；和平的，或激烈的，要都是時代的產兒，因受環境壓迫太深，才會產生出來；即所謂窮則變，變則通。變之原動力，約分爲二：(1)自動的，(2)他動的。自己受壓迫，自己努力，起而謀解放，是爲前者；反之，自己不能謀解放，國家或社會代爲之，是爲後者。我國女子，向來無財產承繼權，受經濟上之壓迫，積數千年之久，已形成了今日迫切嚴重之問題，尤其是在此不平等潮流之下，不管是自動的，或他動的，終免不了一變，更不容依舊存留之餘地，這是吾人所敢斷言的。

(二)女子財產承繼權的確定和實行

我國法律，古代已不可考，至唐始臻具備，惟自唐以來，皆規定嫡庶男子，始可享有財產承繼權，女子則無之，觀於清律卑幼私擅用財產條例第二條規定：「戶絕財產，果無同宗應繼之人，所有親女承受；無女，聽地方官詳明上司，酌撥充公」。女子要遇着戶絕和同時無同宗應繼之人的機會，始有承繼財產之權。可是這種機會，恐怕曠世也不能得到，依然是白紙黑字的空話，女子受不到實惠。清律既如此，以前就可想而知。追及辛亥政體改革以後，國號共和，名義上，男女雖是平等；實際上，仍如前代無異，民國三年大理院上字第六六九號判例：「義男女婿，爲所後之親所歡喜悅者，猶許酌分財產。則依當然類推之解釋，親女既爲親所喜悅，應酌分財產，毫無疑義。」由此以觀，爲親所喜悅之女子，始酌分給財產，假如不爲親所喜悅，自然無希望了，女子財產承繼權，真正是談何容易！

現在，負領導國民革命廢除一切不平等的中國國民黨

一

女子財產承繼權實行後的宗法社會和婦女道德

图 8　在北师大读书期间发表的学术论文(1929 年)

他每天凌晨五点起床,开始读书或写作,几十年如一日,长期坚持不懈,加之记忆力极好,所以学问极深。记得本科二年时,有一次我到他家请教学问,并将刚由《三民半月刊》发表的我的学术论文《女子财产承继权实行后的宗法社会和妇女道德》送他审阅,请提意见。看完后他对我说:“黄生身为大学二年生,便能发表学术论文,将来在学问上必能有所成就,还望再接再厉。”表扬之后,他便马上开始审阅我的论文。阅后指出了文中一引文字误,并叫我到书房第三个书架最上格取出第六本《礼记》,翻到《内则》篇,细阅正文。我遵嘱到书房取书一阅,果然如峄山师所言,引文确有字误,但非我笔误,而是印刷错误。我向来以为自己记忆力强,不料峄山师高我一筹,佩服之情油然而生。看见峄山师身为教授,五十岁依然早起晨读,如此用功,我辈岂能不努力。所以我在北师大九年学习期间,每天只睡五个小时,苦读苦学苦思苦作,实受汉代儒生之丈夫为志穷当益坚的古风影响以及峄山师老当益壮言传身教的勤学律己精神感召。峄山

师之俭，同样在北师大历史系广为师生熟知。走进他在西城察院胡同的四合院家中，峄山师生活的俭朴一目了然，只见屋子中间一张用木板搭起的床，床上铺着用印着白花的粗蓝布做的厚厚垫褥，床头旁放一张长方形桌子，南墙窗下放有一个小写字台，靠东墙放着一对沙发。家居简朴，俭而不陋，文士之气洋溢其间。卧室旁边为书房，汗牛充栋。峄山师平时习惯身着布衣长衫，师母是普通平民百姓的穿着打扮，日常饭菜从不讲究。学生到其家，峄山师总是拿出窝窝头热情招待，从未俭不中礼，名曰让学生受到黜奢崇俭、俭以养德的人生教育。师母做的玉米窝窝头，带有河北风味的特点，玉米色如黄金，味道可口，特别是对我这种在南方农村吃粗粮长大的穷学生而言，师母招待的一餐窝窝头算是改善伙食口味的佳肴。

我在北师大九年学习期间都未回过老家，寒暑假和逢年过节都在北师大度过，每到春节就会到老师的家中拜年，名曰拜年，实为蹭饭。记得有一年春节到峄山师家拜年，顺便在他家蹭饭，他照例拿出一碗窝窝头，还添了几个菜，我总算在他家吃到了肉。回去后我对同学们说，今天在峄山师家不仅吃了“黄金糕”，还吃到了“天鹅肉”。“黄金糕”是历史系师生对峄山师家色如黄金的窝窝头的美称；“天鹅肉”是对其家餐桌上难得一见的鸡鸭肉美称。由此可见峄山师生活的俭朴。由于受到峄山师克勤于学、克俭于家的耳濡目染，加之我本为窭人之子，自奉菲薄，居不重席，室不崇坛，布衣蔬食，以戒奢崇俭为生活原则，以至于我成为大学教授后，依然一如既往习惯身着布衣布裤布鞋，从而被学生们称为“布衣教授”。追根溯源，实属峄山师当年克俭克勤的言行潜移默化影响的结果。

1928 年，峄山师的《中国史》讲义第一、二篇由北平文化学社再版时，他送我两册，嘱我写一篇读书心得。师命难违，我只能精读后遵嘱行事，草拟一篇读后感，谈了几点，大致记得：

1.《中国史》中对历史学的分类，科学严谨，体现出老师的历史进化观念，学生深表赞同，亦深受教益。

2.师说：“历史者，爱国心之源泉，国民教育之基础也。”“是故史学发达，则国民爱国心日强，史学衰微，则国民爱国心日弱。”同时告诫学生：“诸君研究历史，担任我国将来普通学校教育责任。愿注重我国国粹、考求立国之根本，国祚之绵延，历代先民之盛业，文化之由来，外交之关系。知我国为文明古国，而思有以光大之，知我国为现在极贫弱之国，而思有以补救之，养成一般中小学校学生之国民志操以为救国之本，中国之兴，庶指日可待乎。”这种将历史教育与国民爱国心密切联系起来的新史学观，较之旧史家“只知有朝廷而不知有国家”的旧史观，进步了许多，让学生受教良多，获益匪浅。但是，《中国史》中所言：“历史者，研究人类之进化，社会之发达，与凡百事物变迁代替之现象也。”“历史者，爱国心之源泉……”诸如此类的“历史者”，实指历史学，用词有不明确之点，望老师三思。

3.《中国史》作为大学教材之用，其功用可以概括为两点：一能使学生了解现在的人类世界是怎样走向进化文明的；二能使学生自己探索文化上应当研究的问题。换言之，即使学生养成进化的观念和独立精神，将来成为有为的青年和有爱国心的好国民。《中国史》作为师范大学用教科书的重要价值，全在于这两点。

峄山师读了我呈交的读后感后，批语大意谓：“黄生作为大学一年生，能有如此读书见解，想必平时看书不少，且能用心思考，为师甚感欣慰，还望继续努力。”

本科二年级开始，我一边在北师大读书，一边在北平私立平民中学（简称“平中”）和私立文治中学兼教中国史，同时开始编著《中国通史纲要》上中两册，下册邀同窗刘镛负责编著，1932年至1934年，《中国通史纲要》上中下三册由北平文化学社全部出版。尽管我在大学本科期间编著的《中国通史纲要》上中两册，得到邓文如（即邓之诚）教授的诸多指导和帮助，体例上参照文如师的《中国通史讲义》，以章节体和记事本末体相结合的形式，但同时接受了峄山师的《中国史》配以大量附表的形式，以使《中国通史纲要》繁简相驭、内容充实。而在从上古至清朝的中国史的时代划分上，我与峄山师大同小异，即划分为四个大时代：上古、中古、近古、近世。但在上古史中，峄山师的《中国史》分为传说时代、唐虞时代、春秋战国时代，而我的《中国通史纲要》的上古史，则分为石器时代、三代（夏商周）、春秋战国，由此显出两书相异之处。峄山师认为：“神权政治时代，多在有史以前。其时代之传说，史家名为神话。神话者，国民思想之反映。神话自身之为物虽非历史，而其中实含有历史性质。故欲研究一国有史以前之事迹，则其国之神话尚焉。”故他在上古史中首列“传说时代”。而我认为，有史以前，虽无文字记载，信史不多，但现有考古发掘史料已经证明，有文字记载的历史之前的石器时代，并非完全是“传说时代”。由当时出土的新石器时代考古遗物，可以推定出一些原始人生活、社会和文化的史事，故我认为以石器时代取代传说时代，或许更为妥当。而在三代的认识上，我与峄山师、文如师的观点一致，认为三代史事不仅有籍可依，还有考古史料可据，基本可信，并不同意当时由非历史学专业学者构成的古史辨派的一些史观。

1928年，峄山师撰著的《中国民族史》由北平文化学社出版，他送我一册，又嘱我读完后写一篇心得，算是作业。我细读后直言不讳地写了一些心得，大致记得几点：

1.《中国民族史》认为："中国者，合六大族组织而成。中国历史，实六大族相竞争相融合的历史也。"这种将中国视为一个多民族国家的认识符合客观事实，我深表赞同。但是，民国之后流行的所谓汉满蒙回藏五族平等以及《中国民族史》中所列的汉满蒙回藏苗六大族，只是汉族人的看法和主张，并不符合中国历史实际情况，我们广西的壮瑶就是历史悠久的古老民族，具有独立的语言、风俗和文化。不能说官府于政治上不承认和汉族一些学者不提及，历史上这些民族就不存在。土俗字（今又称方块壮字、古壮字）形成于唐代，以"獞"（即今壮族）作为民族的称谓始于宋代，可见"壮族"是一个既拥有自己的语言又拥有自己文字的历史悠久的民族。虽然历史上由于封建统治者的民族压迫政策造成土俗字没有得到推广和普及，但不能因此说壮族没有自己的文字，更不能说瑶族没有自己的文字就不能构成民族。苗族只有古苗文的传说，并无古苗文存世，可说苗族同样没有自己民族的古文字，可在老师此前的《中国民族之研究》和《中国民族史》中却是这样认识的："现在中国人有一句口头话，叫作'五族平等'。所说的那五族，便是汉、满、蒙、回、藏族，比作一家人看，汉族是大哥，那满族、蒙古族、回族、藏族便是兄弟，这是现在人的观察；若照历史上观察，我们中国的民族，除去汉、满、蒙、回、藏以外，还有一个老大哥，便是苗族。"我借用老师的话，若照历史上观察和客观事实而言，我们中国的民族，除去汉、满、蒙、回、藏、苗以外，还有壮、瑶等众多民族，大家都是兄弟。

2.《中国民族史》没有对民族和划分民族的标准作任何明确的定义以及给出一个科学的划分标准，只有老师的主观判定，令人难以信服。

3.《中国民族史》认为："中国各族群经过了几千年的相互交流与融合，实际上都已经成为血缘混合的群体。"这种认识并无科学依据，"血缘混合体"的说法只是老师的主观认识和一家之言，我对此持怀疑态度。

4.《中国民族史》对"历史上中国六大民族之关系"的分析论述，宗旨在于强调汉族是主体民族，是中国民族的代表。继而详述历史上汉民族之特性及其同化能力，实与梁任公先生的民族史观异曲同工，并无新意和突破。

5.老师认为"苗族……不开化之民族"，"群蛮为苗族直系血统，闽与瓯越、南越三支为苗族旁支血统"这一认识不符历史事实，将"闽与瓯越、南越三支"划为"苗族旁支血统”存在问题和误识,有时间我会撰文对此加以论证。

6.《中国民族史》以汉族同化其他民族为民族史分期的标准,实不足为取。而且本书主要叙述汉族,建议老师改名为《中国汉民族史》,或许更为贴切。

当然,我的这几点心得,不仅来自自己细续《中国民族史》的认识,而是受到平时听文如师对民族认识所特有的独到见解启发。文如师常对我们学生说,当今世界竞争激烈,空标大同主义之名,而其实民族思想,乃愈趋于狭窄之境域。正是受到文如师的民族史观启发,我读《中国民族史》时始有了上述心得。那年头,北师大的一些教授习惯将自己的研究成果先给自己喜欢的学生阅读和请提意见,学生阅后提出一些意见或写读后感,实是习以为常之事。倘若学生阅后只会一味阿谀奉承,谈不出真知灼见,只能表明学生没有认真细阅老师的作品而在敷衍了事,反而会遭到老师的反感。民国时期的大学里,教授和学生“敢于犯上”,实为一种常态。那年头的大学生对老师的学术观点提出质疑以及指出其误识所在,似乎是司空见惯的事,实与当下的大学生对老师缺乏正常学术批评的风气不可同日而语。举例而言,1942 年的民国时期,我在国立桂林师范学院任史学教授,后来在该院毕业的学生黄增庆,认我为师。作为我的学生,黄增庆经常与我讨论学术问题,师生当面为一个学术问题持有的不同意见而争得面红耳赤,亦是常有之事。晚年我们师生两人都已老矣,双方还为共同编著《壮族通史》时存在的一些分歧而争得不可开交,甚至互拍桌子对骂。而争论过后心无芥蒂,师生的亲密关系一如既往。北师大老师以身作则,教育出我这样的学生,我便会教育出一些像我一样敢肆狂瞽、直言尽意、无有所讳的学生,这似乎不足为奇。

我记得当时将读后感交与峄山师后,他在上面批了几句话,大意谓:“黄生不用再来听我的课,在我这里已经毕业。但还是欢迎黄生时常来我家蹭饭,好饭好菜没有,窝窝头总会备着。期待黄生今后写出自己民族的历史。”1950 年,我被广西大学选送到地处北京西郊的华北人民革命大学政治研究院进修学习,课余时间进城去看望峄山师,峄山师还关心地问道:“你们壮族的历史写出来了吗?写好后让我看看,我很想了解一下。”我只能回答说:“正在搜集资料,写好后一定请老师审读。”只可惜我写的《广西壮族简史》于 1957 年出版后,峄山师此前已驾鹤西去,未能一阅,诚为憾事。

进北师大第二年,我开始选修日语,一直坚持学习,后又听张我军先生讲授的日语课,水平突飞猛进。本科第三年下学期,我将东京高等师范学校教授有高岩的两篇日语史学论文《元代之农民生活》《元代之奴隶生活》翻译成中文后,曾将译文拿给峄山师审阅，他细阅后认为翻译得很好，未作改动。本科第四年上学期，我便将两篇译文投稿到《社会杂志》，得到连载。1934 年初，我又将这两篇译文合为一书，在我与学生共同创办的蓓蕾学社出版。1935 年夏，我在北师大研究所学满三年毕业后，峄山师正在日本进行学术考察。同年秋，我到日本留学，投考东京帝国大学大学院，当时曾得到峄山师的诸多指导，他还热心地将自己当年留学东京帝国大学文学部时的老师池内宏教授介绍给我认识。至今忆起当年我与峄山师在东京期间亲密相处的一段日子，令我回味无穷，难以忘怀。这些事我将在后面补述。

四、经世大家萧一山

我开始听一山师在北师大讲授秦汉史课程，记得是在刚入北师大时。萧一山早年毕业于北京大学政治系，由于他曾受教于李大钊先生，因而他早年的通史观，明显带有历史唯物主义的痕迹，例如他在送我的《清代通史》中说："近世'唯物史观'之学说兴起，谓经济之趋势，当求诸历史；历史之变迁，亦根据于经济；二者有相互之关系，而历史之因革，尤以经济为转枢。此盖社会主义之大旨，而以目前的实际的问题，为中心者也。"一山师的这种历史唯物主义史观，实与我早年自学时认识的历史唯物观同符合契。1923 年，一山师的《清代通史》上卷二册出版时，他在北大尚未毕业。李大钊、梁启超、朱希祖及日本学者今西龙，皆为此书作序，赞誉有加。1925 年，一山师于北大毕业后，经梁启超推荐，到清华大学任高等部教员。1926 年，他辞去清华大学教职，应北师大史地系主任白眉初之聘，来北师大任教，讲授秦汉史课程，我是热心的听课生之一。

一山师讲课颇有新派风格，实与王桐龄、陈垣、邓之诚诸先生讲课的老派风格有所不同。他身材高大，平时穿着笔挺的蓝色中山装，以示自己是孙中山先生的忠实信徒；冬天外加一件蓝色的呢子大衣，高挺的鼻梁上架着一副镶黑边的眼镜，气宇轩昂；常常是右手拿着讲义，精神抖擞地走进教室，先问候一声"同学们好"，当学生起立回答"老师好"而落座后，他便在点名簿上逐一点名打钩，遇到没来上课的同学，他同样打钩，采取宽松放任原则。随后开讲，一口徐州口音，声如洪钟，抑扬顿挫，语言情真意切，平易流畅，真挚感人，具有感染性，常使学生沉醉其中。

记得当时在峄山师、一山师的引荐下，我得以两次拜会梁启超先生，向其请教学问以及采访得到一些口述史料。梁启超先生博古通今的学识令我钦佩，学以致用的批判精神更是令我感服。然而他的民族同化史观,令我难以苟同。一山师的民族史观,实有其师梁启超先生的影响之迹。

一山师的学术观,大致可分两点:一为民族革命史论,一为经世学。前者主要反映在其一生耕耘的《清代通史》和《清代史》中,后者则体现在其筹建"经世学社"和创办《经世》半月刊、《经世日报》的实践和学术论说中。一山师凡出版新著,都会送我一册,精读后对我总有启发和受教益之处。对于一山师的民族革命史论,我是部分赞同,部分否定。一山师的民族革命史观与他的民族史观,实有自相矛盾之处。

从一山师的中国通史论中可知其历史观烙有唯物史观之印,而从其近代的民族革命史主张上看,他显然不属于唯物主义历史学家之列。他认为近代革命性质纯属民族革命,而非阶级革命。此说尚有商榷之处,我以为近代革命实为民族革命和阶级革命兼而有之,应对具体情况作具体分析,不能一概而论,但对阶级斗争中采用的专制暴力手段深有恶感。由此表明我对阶级革命与阶级斗争政治内涵的认识有所区别,这点又显示出我与一山师的史观差异。

至于一山师的经世学,从他发表在《经世》半月刊的文章《经世释义》中可知,完全继承清学宗师顾炎武的经世致用学,其文谓"中国学术的本源,和儒家学说的真谛,只是'经世'两个字,引而申之,可谓'经世致用'之学……但是二年来,传久而谬,一变训诂,再变词艺,而儒名存实亡矣……我们要'负经世之志','谈经世之务'"。这与顾炎武倡导的"务本原之学"有一脉相通之处。仅就竭力提倡"经世学"而言,说"清代有顾炎武,民国有萧一山",绝非言过其实。一山师时常教导我们历史系的学生说:"历史系就是政治系,从事政治而不熟悉历史的人,永远难以成功。"无论这话正确与否,至少一山师是以身作则,躬身实践,不失为言行一致的学人楷模,从中亦可窥见一山师的政治历史学或民族政治学之史观一貌。他不仅负经世之志、谈经世之务,还践行经世之业,创建经世学社,创办《经世》半月刊、《经世日报》,又躬身参政议事,连任数届国民参政会参政员。1941 年,一山师与陈寅恪先生同时当选为教育部"部聘史学教授",最初仅此两人,后又增补柳诒徵。民国时期的清史研究,前有萧一山之师孟森先生,继有萧一山,两人被公认为民国清史研究两大权威,似乎已是盖棺定论。

1937 年初,一山师创办《经世》半月刊时,我正在日本留学,他来信约我积极投稿,支持他的经世大业。我亦有响应,不顾学业之忙,于同年夏从日本寄了一篇题名《中国发装考略》的论文供他选用。他将论文发表在同年《经世半月刊》第一卷第十二期,并寄给我高额稿酬，以支持我在日本的留学生活。同年底我回国，进入广西大学执教。工作稳定后，在一山师经世精神的感召下，我亦积极投身到抗日洪流中，以《国防周报》编撰委员之名，在该报自辟抗日专栏，以笔代枪，匡正时惑，提出中国抗战必将胜利的历史论断，发出中华民族团结一致必将战胜日寇的学术呐喊。一山师在报上读到我的抗日系列文章后，曾给我来信大加赞赏。1945 年抗战胜利后，他从相互通信中得知我编成 50 万余言的《中国史讲义》一册，来信索要，作为他主编的《经世学社》丛书之一出版。当时由于一些特殊原因，我婉言谢绝，一山师亦回信表示理解，无一句责难之语，为师风范卓然而显。

一山师在太平天国史方面的研究亦有大成就，与简又文、郭廷以并称为太平天国史研究三杰。

凭实而论，一山师对我的帮助和影响，不在学问上，而在工作生活上以及经世精神上。1928 年，一山师在北平创办文史政治学院，任院长。他有志于教育制度的改革，期望办成一所从小学至中学直到大学各级学制齐备的一贯制新型学校，培养文史经哲文科学生，排除自然科学的课程，造就人文科学高级人才。他聘我到该学院教了一学期的中国史。不久，该学院因经费困难停办。1929 年，一山师又创办北平私立文治中学，自任董事长，聘郁士元先生为校长，聘我为教员，每星期上四节课，支付八元薪金，不仅改善了我本科读书时学杂费拮据的困窘现状，而且让我在文治中学讲授国文和历史期间相继结识了在该校读书的中学生李石锋、刘盛亚、张天授等人。我们师生四人后来共同创立蓓蕾学社，出版书籍和进步刊物。当时蓓蕾学社的办公处，即设在文治中学内，系一山师提供给我们专用的一间房屋。

五、通儒达士邓之诚

邓之诚，字文如，早年专任北京大学史学系教授，后来兼任北平师范大学、燕京大学、辅仁大学史学教授。我从本科一年级开始听文如师讲授的中国通史课程，这是北师大文学院历史系学生的必修课。北师大名师的讲课风格各有不同，大体可归纳为旧派和新派两类。峄山师和文如师都属旧派风格，但又有所差异。峄山师既是晚清秀才，又是留学生，讲课虽有前清遗老之遗风，墨守成规，但语言上不失新潮幽默之处。而文如师讲课时的穿着和语言则属典型的旧派风格，他喜欢身着一件蓝布长袍，外罩黑马褂，冬天头戴顶上打着红结形似红疙瘩的瓜皮小帽，脚穿一双北京聚茂斋出产的老头乐呢面布底棉鞋。他根据讲课进度要求，时而空手而来，不带只文片纸，气宇轩昂地走进教室；时而右手执藜杖，左手拿着笔记本，神情淡定地迈进教室；时而双手捧着一叠书健步如飞地进入教室，目不斜视，往讲台上一站，魁梧身躯犹如玉树临风，一派传统硕学之凛然气象。他将藜杖放在讲桌旁，将笔记本或一摞书放在讲桌中间，摘下头上帽子放在讲桌左上角，然后弯腰深深地向同学们先鞠一躬，脑门碰到桌面，抬头后开口说"同学们，我来给你们讲课"，一声西南官话，回响在教室里。我们学生看他的眼光完全就是"古风名士"大驾光临，敬畏之情油然而生。

名士讲课往往散发着一种飘逸不群的神仙风味，自有别于常人之处。文如师读书过目不忘，少有神童之称，至老不衰，而且博闻强识，学养精深，一部中国通史仿佛全装在他的脑海中，年代、史实、人名、地名全都记得滚瓜烂熟。他讲课时不用讲稿，很少翻书，所带笔记本只是讲课提纲，作为讲课循序渐进的提示。他讲课口若悬河，出口成章，侃侃而谈，条理清晰；对中国历史事件，能原原本本地娓娓道来，解其消息盈虚，释其因果得失，叙事说理剖析透彻。他随讲随写，每遇到必须写出史事出处时，偶尔翻一下书，便拿粉笔在黑板上用行书体大段大段地写出，快而准确，极少有错。同学们只是聚精会神地听讲和一丝不苟地做笔记，哪还有东张西望或窃窃私语的空闲时间，这就是古风名士文如师讲课与众不同的魅力所在。何以能做到这点，关键是文如师对讲课极为重视，绝不敷衍塞责。他上课前不会客、不理事，一人在教授休息室静坐半小时至一小时，以为接下来马上就要滔滔不绝地讲课养精蓄锐。上课钟声一响，他准时进入教室，从不迟到。讲完课后，文如师照例向学生鞠一躬，然后戴帽，继而严肃地走出教室。讲课时的此种繁文缛节，在文如师那里从不会省略，体现出其崇尚礼仪并严于律己的师德。

文如师当时是燕大教授，同时兼任北师大讲师，故对学生上课来否，如同萧一山、陶希圣、陈垣诸先生一样，要求不是很严，但他们都有一个特点，就是批阅学生期末考试卷打分严谨，从不马虎。尽管如此，一般都以宽待学生为原则，不是太不像样的学生总会及格。我在选修文如师的中国通史结束后得了满分 100 分，当时在历史系一时传为美谈。后来汇曾师又在他讲授的中国社会史的科目考试中给我打了满分 100 分。据我所知，历史系同届生中只有我一个人在四年本科学习中得过两个满分。

名士讲课，还有一个特点，即毫不避讳、畅所欲言，文如师亦无例外。他在北师大讲课时，有时一开讲便"骂人"几句，有时上课结束时亦不忘"骂人"一下，颇有先贤章太炎的遗风。当然,文士“骂人”不带脏字,不失文雅。文如师常“骂”胡适、傅斯年等新派学者。一次上课时,文如师走进教室行礼毕后开始讲课,他张口就说:“同学们,京城有位姓胡名适的人,又在胡言乱语了,同学们千万不能听他胡说八道。”还有一次上课结束时,他又开骂了,说:“同学们,你们知道京城这两个人吗!一个姓胡名适,一个姓傅名斯年。”随后拿粉笔在黑板上写道:“胡是(适)胡言乱语,傅则附(傅)会胡拉混扯。”接着放下粉笔又说:“这些俭腹高谈之徒,只会胡作非为。”同学们听后随声附和以笑答之者有之,缄默不语者有之,我基本上同意师说,原因是不仅文如师如此,援庵师对胡、傅俩先生的史学研究向来亦不以为然。后来我通过与文如师的频繁接触,深入了解,始知他对胡适、傅斯年的不满事出有因。就学术而言,身为旧派的文如师不喜欢白话文,对于我们学生的作文,凡有“的”字出来,他都会不厌其烦地一一批改为“之”字。本科第四年上学期我编成《中国通史纲要》上册书稿时请他最后审读、校正和作序,数十万言的大著文稿经他一字不苟地详校后,居然无一个“的”字,可见文如师对文言文情有独钟。由此自然会对民国白话文运动的首倡者胡适先生心存芥蒂。就学风而言,他对胡适、傅斯年长期以来把持北大、中央研究院的学阀式作风向来不满。我们师生私下谈话时,他不时流露出这方面的责难之语,认为这些新派人物在大学或学术园地强立门户,自设藩篱,对中国学术的健康发展有害无益。自20年代初文如师便开始在北京大学史学系任教授,一直受到新派学者胡适等人的排挤和为难或许也是引起他不满的原因之一。然而,50年代初期,国内开展批判胡适思想运动,北大成为批判运动的中心,许多风派学者对胡适展开了猛烈的“文攻”批判,胡适当年的一些门人弟子同样急不可耐地跳出来加入大批判行列,以划清政治界限。反而当年大“骂”胡适的文如师默不作声,不置一词,不发一言。他不以个人不满诉诸社会公众批判,不将过去个人之“私骂”与“公骂”同流合污,其修身洁行操守,实非当时学界一些见风使舵或忘恩负义之流可以比拟。

文如师讲课作风旧派以及对一些新派学者的不满,并非意味着他思想保守。文如师之曾祖,乃清道光年间闽浙总督邓廷桢,故其家学渊源深厚。他于云南两级师范学堂毕业后,担任《滇报》社编辑,主笔政论数年。武昌起义后,仍兼报社工作,撰写政论性文章,欢呼辛亥革命胜利。袁世凯窃国后,乃自滇出川鄂,积极参与护国战争,相继谒见了孙中山、黄兴以及护国军统帅蔡锷,同时拜谒了倒袁督军唐继尧、陆荣廷、陈宧等人,后与陈宧同寓北京20多年,始终过从甚密。这一时期,他又得交章太炎、杨庶堪、李仲公、叶恭绰等名士，诗文酬应，鱼雁时通。章太炎先生曾撰《与邓之诚论史书》一文，表明了两位硕学往来论学的事实。可见文如师之思想进步，自不待言，只不过他讲课重古风，为文崇桐城而已。

文如师的文章具有典型桐城派古文的特点，即力求清真雅正，文章结构严谨，叙事层次清晰，语言简明达意，文辞雅洁畅达，句调抑扬顿挫，论说扼要明快，杂以说理，辅以考证，论点鲜明，逻辑性强。细读文如师为我在学生时代撰著的两部史学著作《中国通史纲要》和《宋代太学生救国运动》所写之序文，便可对文如师的桐城派古文风格一目了然。正因如此，文如师又与钱玄同先生的学术见解存在一些泾渭分明之处，原因在于：五四运动时，钱先生在《新青年》上致陈独秀的一封信中曾提出“选学妖孽，桐城谬种”的口号，成为批判桐城和文选两派的锐利武器，指明了文学革命的对象。崇尚桐城派古文的文如师自然对此不以为然，但他在北师大历史系教历史，而非在北师大国文系授文选，又不是北师大的专任教授，似乎与钱先生没有个人恩怨和利害冲突，因而在公开场合从未批评过钱先生，只是偶尔听文如师私下对我们学生说过一些不满话而已。

文如师教学有两个特点，实与峄山师有类同之处：一是对学生要求严格，凡听他的中国通史课，他都要求学生一定要用毛笔做笔记，几乎没有学生能达到这一要求，我亦不能例外。因而我们只能在课堂上先用铅笔做记录，课后再用毛笔誊清交给他批阅。如此一来，我们不仅学了历史，誊写一遍加深了记忆，还练习了毛笔字，三方面受益。文如师对学生交来的作业，批改极为认真，几乎是一字一语一句一段都会仔细审读，发现错字错句皆会一一纠正，眉批亦言简意赅，发人深思。二是他热情欢迎学生登门请教，而且对后生提携奖掖无微不至。文如师平时不苟言笑，总是神情严肃，但待学生向来和蔼可亲。我因上午上课，下午教书，只有晚上有时间登门求教。当时文如师住在北京西城锦什坊街孟端胡同后撒袋胡同一号，距离同在西城的石驸马大街，即我的住所——北师大文学院学生宿舍不是很远。初恐打扰文如师的研究和备课时间，不料文如师每次皆欣然接见，以茶招待，而且犹如父执之待儿辈，耳提面命，因材施教，常使我受到醍醐灌顶顿开茅塞之益。

文如师最服膺清学宗师顾炎武，他的书斋墙上挂有顾炎武的画像，尤喜收集顾炎武著作的不同版本，属京城的清代古籍善本著名收藏家之一。他习以《日知录》《亭林文集》教诲学子，勉励学生云：“士而不先言耻，则为无本之人；非好古而多闻，则为空虚之学。以无本之人而讲空虚之学，吾见其日是从事于圣人而去之弥远也。”文如师讲课与燕谈之际，屡屡以《日知录》为例，好谈顾氏经世致用说。我因早年熟读顾炎武之著，对其学说略知一二。文如师见我能将顾氏学说的经典名段整段整段地倒背如流，且能有自己独立的见解，不仅大加赞赏，还喜与我讨论顾氏学说。有时文如师谈兴盎然而我听得痴迷以致师生两人都忘了时间，直到师母提醒，我方在月上中天时依依不舍地告辞回去，行走在回家路上虽已是凉露霏霏沾衣裳，而我则有师恩情意温温暖身心之感。

我不仅于学业上深受文如师恩，交友上亦受文如师之助。文如师当时在北大、燕大任教的学生劳干、傅振伦、谭其骧、朱士嘉、王钟翰等人，皆是在文如师家由他介绍给我相识的，以至于结为学友，其中谭其骧与我交往五十余年。晚年我每次接到谭其骧、朱士嘉、王钟翰等人的来信，看见题头一句“黄老大哥”礼称，便会让我回想起当年在文如师家受教的那段美好时光以及学友们相互称兄道弟的深情厚谊。今年（1981 年——本书整理者）5 月，我赴京出席中国民族关系史研究学术座谈会，会后接着出席在香山别墅召开的中国历史辞典编写会，这两个会期间我与参加会议的同门学友谭其骧、王钟翰共同忆起当年的同门老师文如先生，异口同声怀念不已，爱贤念旧之情，溢于言外。

不仅如此，每逢放假或过年过节，文如师得知我不回家，时常叫我至其家，面示治学方法，例如如何查古籍，如何收集资料，如何去伪存真，还热情地向我传授教学方法，每次必留共餐，好茶好酒好菜好饭招待；而师母总是笑脸相迎，热情招呼喝吧吃吧。每至春回大地春色满园之时，文如师喜邀学生同游公园，游山玩水，师生吟诗作对、摄影留念乃常有之事，我亦常在被邀之列。学生毕业时，文如师常设宴庆祝，摄影题词。我于 1932 年于北师大历史系本科毕业，文如师得知便专门招至他家，共餐庆祝。1935 年 9 月，我赴日本留学前，专门到文如师家辞别，他亦招待共餐，勉励一番。至此结识文如师，已有九年，1935 年底辞别文如师后，很长一段时间未能再见师面，只是鱼雁时通，向文如师汇报近况。抗战胜利后，我曾给文如师去信一封，报告劫后逢生的平安近况，文如师回信一封，亦将他于 1941 年冬被日寇抓捕入狱扣押半年余的受害一事告知，记得信末他附诗一首：

两餐小米夹生饭，一枕黑甜半饿乡。
此境人生不易致，生于忧患尔休忘。

表达了其在狱中饱受苛虐的遭遇。

我们师生两人在北京再次见面，是在 1949 年解放之后。我每次去北京学习、开会和出席全国人大一届历次会议时，必去拜见文如师，记得当时他住在北京大学东门外的海淀区成府蒋家胡同路北二号，进门穿过屏门可以看到其居住的宽敞三间北房，其中书房兼做会客室和教室用，书房中间有张大案桌，学生围着桌子听他讲课。晚年的文如师短发苍白，上唇留一髭花白短须，双目依然炯炯有神，仍令人感到威严。1952 年秋北京大专院系调整，文如师担任调整后的北京大学历史系教授，校方特准他不用到校授课，在家担任北大明清史研究生的导师，由此遭到北大一些学者的嫉恨。一次我到北京开会，会毕去看望文如师，然后他请我到胡同外的餐馆吃饭。席间，他说想辞去北大教职，我好言劝他不要辞职。后来文如师没有辞职，一直在北京大学任职，直到 1960 年遽归道山。

1956 年我到北京出席第一届全国人大三次会议。会后去拜访文如师时，曾将此前撰著的一篇文稿《我国古史分期应该重新估定》呈他审阅和提意见。该论文主要针对当时以郭沫若先生为代表的一些马列史家断言“中国历史存在奴隶社会”的主张提出了自己的异见，我主张“中国历史没有奴隶社会”“我国古史分期应该重新估定”“历史教科书不宜以五种社会生产方式作为标准”。同年秋他专门来信针对该文谈了审阅意见，大意说：“我向来反对学生参与这种不讲学理的争论，但考虑到在当今历史教科书中存在的问题，黄生确有驳斥的必要。”以示他对我的支持态度。同时，他还在信中为我列出了一些能够扩大论据的古籍书目，嘱我加以查阅补充，以让该文论理和结论更具说服力。

“文革”结束后，当时在内蒙古大学任教的文如师之子邓瑞，常感压抑，诸事不顺，来信请我帮忙，希望能调来桂林市我所在的广西师范学院工作。后来通过组织联系，未果。不久，邓瑞调到南京大学任教。他经常给我来信，讨论学术，我亦带他一道撰写学术文章，他负责收集史料，我提笔撰文，两人合著成《汉族的形成》一书，由广西师院油印公表。近年我与他又合作发表了《内蒙古自秦汉以来就是中国的领土》一文。1981 年，我在桂林主持召开中国百越民族史研究会第二届年会暨学术讨论会，邓瑞当时已任南京大学教授，我邀他来桂参加，他应邀前来。一天，会议结束后，邓瑞陪我返回王城师院教授楼，路过王城“三元及第”内城门时，因下雨城门内积水，邓瑞背着我蹚过积水，返回家中。倘若文如师在天有灵，看到自己的儿子与自己的学生这种私淑之谊，想必会开口一笑，给予赞赏鼓励。

文如师每出一部著作，都送我一册。如果说他的《中华二千年史》反映出其作为历史学大家的史实钩稽能力，那么他的《骨董琐记》则体现出其蚀精剖微的考证水平。他认为“正史为体例所限，往往不详，且成于后人，自不能尽得当时真相，野史佳者多足以补史网，然正史据官书，其出入微，野史据所闻，其出入大，故取材野史，务须审慎，否则必至以伪存真，甚者以真为伪”。对此，我极为赞同。他常告诫我，撰文著述“以材料供人者，世变而长存；以思想供人者，时移而改易”。我一直谨记师训，亦以为文如师的著作之所以具有长久价值，全在于其材料丰富及考证精细。本科时，我编纂《中国通史纲要》上中册时，即遵循文如师的教诲，注力在历史沿革及事实纲领等方面，以求“省约易习”之效。至于考证，只是着重于同一史料异同之取舍以及学者观点异同等方面，而且列于注解。可疑之处，则列于备考，以免有损正文叙述之制度沿革、社会进化及其因果关系一目了然之弊。而史料取引，直录旧籍，以正史为主，野史和近人著作辅之，皆注明史料出处，一方面使读者能得求史贵真之意，二方面使读者知史料出处从而能进一步阅读原作。我编纂《中国通史纲要》上中册的起因，缘于本科期间我在北师大一边读书一边在京城的中学担任中国史教员，三载于兹，窃觉史事浩瀚，头绪纷繁，且无提纲挈领之参考书，教学上颇感困难，故不揣简陋，开始编纂《中国通史纲要》。该书虽属纲要，但取材力求丰富，所涉方面，务求广博，既可作大学自修用书，又可作高中历史教科书之参考用书。当时的中学历史教科书，或略于史事，偏重文化，或略于文化而偏重史事，我力矫斯弊，务求史事和文化两方面平衡，以免畸轻畸重。我编纂本书时，承文如师介绍史料，编成后又蒙他详加校订，高情厚谊，感佩莫名。

文如师熟悉典章、掌故、官制，而且对历史地理、清史、文字学等都有精深造诣，堪称通儒达士。他认为考证系“研读专史者，固优为之”，故其考证的精深造诣主要体现在其著《骨董琐记》，而非《中华二千年史》。文如师还写有《滇语》文稿一部，专记清末民初云南当地少数民族的风土民情，他给我看过部分文稿，可惜一直未见公开出版。解放后，我的主要精力放在广西少数民族社会历史调查和壮族历史研究等方面，文如师得知后亦来信大加鼓励。师之教益，感铭斯切，我曾赋拙诗一首赞师曰：

> 三尺讲台话春秋，门墙桃李三千数。
> 硕德高风谁传世，通儒达士邓文如。

六、“士大夫”陶希圣

陶希圣先生与文如师同样，并不是北师大的专职老师，只是兼职讲课。当时北京的教授在多所大学兼课，实为常态，司空见惯。1931年秋，即我读本科第三年的下学期，陶先生来北师大开始兼任讲师，讲授中国社会史。他后来在为我所撰的《唐代社会概略》一书中作序说：“民国二十年，我在师范大学史学系讲中国社会史，这时，常和我讨论的一人就是本书编者黄现璠先生。”序文中所言符合客观事实。1934年，陶希圣创办《食货》半月刊，曾邀我积极投稿，共同研究中国社会经济问题，因我当时学业和著述较忙，未能响应。我留学日本期间，曾寄有一论文稿《北宋亡后北方的义军》给陶先生，他增补了一些材料后以师生两人名义联合署名发表在1936年2月第五期的《食货》半月刊上，陶先生在文章开头“编者的话”中写道：“黄现璠先生是在师大研究院受陈援庵先生指导的苦读苦作的研究生。他写有《唐代社会概略》及《宋代太学生救国运动》两书，不久将在商务印书馆出版。这篇原稿已寄《文化建设》月刊，我又增补一些材料，在本刊发表，当作民族运动中的一点安慰。”此说亦符合事实。事实上，《文化建设》月刊为中国文化建设协会创办的机关刊物，1934年由陶希圣、樊仲云受命创刊于上海。我在同年还寄有两稿给陶先生，分别为《南宋末年河北山东义军》《元代被压迫阶级之汉南人》，均由他相继采用刊载在同年《文化建设》月刊第五、六期上。而且陶先生给我寄来了出人意料的高额稿酬，以支持我在日本的留学生活。

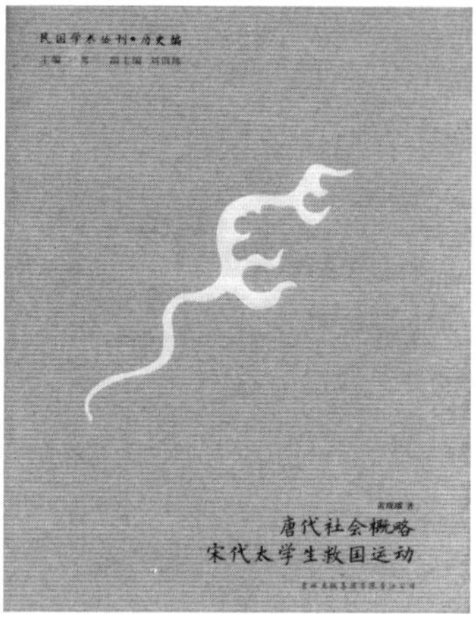

图9　在北师大读书期间的学术成果《唐代社会概略》《宋代太学生救国运动》(2009年重印本)

陶先生在20年代末的中国社会史论战中，曾是风云一时的人物。对于这场论战中提出的“中国社会是什么社会”及其“社会性质和社会分析”的问题，一些历史学门外汉颇为热衷于议论，由此形成了各派，相互论战，阵地主要在上海，而京城的大学历史教授，大多不以为然，几近无人参与。陶先生自1931年从上海来到北京任教于北大和相继兼教北师大、中大、清大、燕大后，他很快明白，京城大学生虽然热议这些问题，但大多是在赶时髦，热衷分宗派，闹意气，争高下，相互争吵不休，而非真正在探求真理。而京城大学历史教授对社会史论战的态度，按陶先生自己所言：京城文学和史学名家不愿出口甚至不愿入耳的问题，就是“中国社会是什么社会”。这就可以理解50年代文如师给我的来信中依然将这些问题或这类争论视为“不讲学理”的历史渊源。

事实上，陶先生于1931年秋从上海来到北京任教，最初便是由北师大历史系学生会发出的邀请电报，可见陶先生当时的一些主张流行于世，受到一些大学生的欢迎。同年他到北大任教后，第一个兼课的大学就是北师大。陶先生早年毕业于北大法科，后在上海大学、上海法政大学、复旦大学等校兼教时主要讲授法学通论、亲属法和中国文化史，他任中央大学教授时主要讲授中国政治思想史和中国法律思想史。1931年他到北大任教后，最初只是在北大法学院政治学系讲授中国政治思想史，他最早开中国社会史这门课是在北师大历史系，以后始在北大法学院政治学系增设这门课，这是陶先生亲口对我所言。我记得第一次到他在西城学院胡同的住所去拜会他时，坐下不久他就问我：黄先生是不是历史系的学生会成员，我回答说过去当过两年学生会骨干，现在已是普通会员，他便将北师大历史系学生会发电报邀请他到北师大任历史系教授一事告知。后来听时任北师大历史系主任的陆懋德教授说，确有此事。北师大历史系学生会便是受系主任陆懋德的委托向陶先生发出邀请电报的。为何陆懋德不亲自发函或电报向陶先生发出邀请，而由北师大历史系学生会发出邀请电报？究其原因，这就涉及京城学者与学生对中国社会史论战的态度和看法的相异。据我所知，从1930年冬开始，北京大学文学院史学系学生会发动了要求学校罢免系主任朱希祖教授和改革课程设置的罢课学潮，提出聘请陈翰笙、陶希圣担任教授以及开设唯物史观研究、中国社会史、中国文化史、西洋文化史、考古学等课程。这次学潮，校方与学生一直僵持到1931年6月，最后由北大教务会议出面调停，校方答应了学生的部分要求，即聘陶希圣等人为北大教授，但不是安排他在北京大学文学院史学系任教，而是安排在法学院政治学系任教授。其原因是当时陶先生不是时任北大文学院院长胡适一派的人，加之陶先生原是北大法科（即法学院）的德日法专业毕业生，故安排他回法学院任教。

1931年夏季后，北大发生了较大变化：一是原学校评议会改为校务会，前者以往大都支持北大学生的爱国运动，而后者由蒋梦麟校长、胡适等人把持，大多阻挠和迫害学生的进步活动。二是蒋梦麟校长从1931年夏季后对理学院的教授全部重新聘任，对文学院、法学院中部分系主任进行了调整，例如不再聘任朱希祖为史学系主任，1931年9月改聘陈受颐到北大史学系任教授并兼任系主任。三是实施北大教授专任制度，即对北大教授在其他大学兼课加以了一定的限制。我虽不是北大学生，但我听课的老师大多在北大或是专任教授，或是兼任教授，时有一些北大的同师同门是我的学兄学弟。加之朱希祖教授亦是我师，师生关系不错，故我对当时北大情况略知一二。陶先生正是在这种历史背景下进入北大任教的，他兼教于北师大亦有类同之处。虽然 1931 年的北师大历史系学生会没有发动学潮，但要求改革之声还是不绝于耳，吾师陆懋德教授正是在 1931 年被新聘为北师大历史系主任。他曾在 1926 年任教于清华学校大学部时筹办历史系，并任第一任系主任，锐意进取。

陆懋德先生于 1927 年夏从清华来到北师大任专职史学教授，1931 年升任北师大历史系主任后，即增加了一些新课程，带给了历史系一些新气象。他身为正统学院派历史教授，虽对当时的中国社会史论战及其参与者并无成见，但不屑言及相关的社会史论战问题以免有损大学历史学教授的声誉，则是实情。正因这方面的原因，他自然不便出头向陶先生发出邀请，只能委托北师大历史系学生会向陶先生发出邀请。而陶先生应北师大之邀来历史系任讲师，讲授中国社会史，确实给北师大历史系学生带来一股新风气，具体表现之一就是部分同学开始热衷于议论和研究社会经济史新课题，以至于一些同学后来成为陶先生的门生和学术研究的同道中人，1931 年进入北师大历史系本科学习而晚我三届的学弟鞠清远先生，便是其中代表人物之一。1935 年上学期他与陶先生合著的《唐代经济史》，即是师生两人共同研究社会经济史的成果。1935 年 9 月鞠清远先生于北师大本科毕业后，进入陶先生同年在北京大学法学院设立的经济史研究室工作，共同参与唐代经济史料编纂。当时进入这一研究室工作的还有陶先生任教北大、燕大等校的学生连士升、武仙卿、沈巨尘等人，都是我在陶先生住处经常见面并经陶先生介绍相识的学友。1935 年 8 月我于北师大研究所毕业后，陶先生曾邀我一道加入北大经济史研究室工作，因我赴日本留学已定，加之研究方向无意于社会经济史，故予以了婉言谢绝。

离开北师大后，无论是留日期间，还是留日归国后，我与陶先生鱼雁时通。1941 年 5 月，我与陶先生一道受邀担任《国防周报》编撰委员，他在《国防周报》读到我在该报开辟的“汉族对外抗战史”专栏中发表的一系列抗日文章，曾来信大加赞誉。尽管后来他相继担任《中央日报》总主笔、蒋介石侍从秘书、国民党中央宣传部副部长，成为国民党权威理论家，但书生本色依然如故。他给我来信中抬头必称“黄先生”，信中语气谦和，用词用语朴实，没有盛气凌人之态，体现出一些中国传统“士”与“大夫”结合而成的知识分子与官僚的混合体——“士大夫”特色。虽然民国时期已无古之“士”“大夫”和“士大夫”，而且陶先生一直抨击中国古代的“士大夫阶级”，而有关中国古之士大夫是否属于一个阶级也是我与他当年讨论学术问题时存在分歧的争论点之一，但在我的心目中，陶先生实属民国时期的士大夫——一种高官厚禄与有声望、有地位的知识分子结为一体的士大夫。这种“士大夫”在我这里属中性词，既无褒义，又无贬义，实与陶先生当时抨击的“官僚士大夫”泾渭分明。

凭实而论，陶先生笔下对“士大夫阶级”的认识，存在着前后矛盾之处。他在1926年主编的《独立评论》上曾撰一篇短文认为：

士大夫阶级与农民乃是中国社会构成的主要成分。所谓士大夫阶级是一种身份，而不是阶级，农民亦未尝构成一个阶级，因此中国社会不是封建社会，而是残存着封建势力的商业资本主义社会。近百年来，在列强帝国主义的侵略之下，工业革命未能完成，而农业工业转趋衰落。这就是中国社会的形态，亦即为中国革命的起因。

他的这一见解引起了1928年发端的中国社会性质论战，同时遭到当时上海左翼文化界、左派学者和右倾学者的多方面尖锐批评。1929年他将这篇短文增补大量内容成为论文后收入同年结集出版的《中国社会之史的分析》一书，又成为1931年发端的中国社会史论战的导火索。他在书中认为：

中国社会是什么社会呢？从最下层的农户起到最上层的军阀止，是一个宗法封建社会的构造，其庞大的身份阶级不是封建领主，而是以政治力量执行土地所有权并保障其身份的信仰的士大夫阶级。中国资本主义受这个势力的桎梏，所以不能自动地发展。自帝国主义的经济势力侵入以后，上层社会除兼地主与资本家的残余士大夫阶级而外，新生了以帝国主义资本为中心的资产阶级。在都市，资产阶级与无产阶级的对立，已有见端。

峄山师对当时的社会史论战曾有过一段精辟概括，大意谓：“这些所谓社会史研究者，缺乏基本的史学素养，完全无视史料的严肃性，革命口号喊得震耳欲聋，而其理论空泛甚是触目惊心。他们只能算是革命宣传家,不能说是真正的史学者。”我当时曾就陶先生之文前后语无定论的“士大夫身份”或“士大夫阶级”与他展开过一些讨论,记得我曾对他说:先生运用唯物史观研究中国社会史问题,实有筚路蓝缕之功,学生深表佩服和赞同。然而先生所言的阶级,使用的是马克思主义政治经济学的概念,它是指生产关系中处于不同地位的社会大集团,而非中国古代用于等级划分的阶级概念。中国古之所谓:“上下大小,贵贱亲疏,皆有等威,阶级衰杀。”“臣闻有国有家者,必明嫡庶之端,异尊卑之礼,使高下有差,阶级逾邈。”这些古之阶级概念实与社会学中作为身份等级划分的阶层概念同符合契,但与马克思主义的阶级概念不能相提并论。先生将马克思主义的阶级概念,套用于中国古代作为身份等级阶层的“士大夫”,是否妥当,是否符合中国古代社会实情,值得商榷。近代外来的“阶级”术语属马克思主义的政治经济学范畴,一般指以人们在一定的生产关系中由于所处的地位不同和对生产资料关系的不同而划分成的社会集团,而“阶层”是社会学概念,通常指同一阶级中因财产状况、社会地位的不同或谋生方式不同而区分的社会群体。具体而言,阶层是以同一阶级中个人所拥有的财富、地位、权力与声望的高低而划分的社会群体。阶层和阶层之间不一定彼此敌对,但在马克思主义的学说中,阶级与阶级之间是对抗性的矛盾。就历史事实而论,在中国和在西方的古代社会中出现的阶级概念,通常是指社会上存在的身份等级,实同于阶层。它与近代马克思主义学说中的“阶级”概念存在实质区别。因此,我认为将马克思主义学说中的“阶级”套用于中国古代作为身份等级阶层的“士大夫”,将“士大夫”视为“士大夫阶级”,并与马克思主义学说中具有对抗性“阶级”特质的农民阶级同日而语,实有欠深思熟虑。再举一例,先生在文章中时常用“官僚士大夫”一词,这种提法还可一商。倘若按照先生自己的理解,将“士大夫”看作是一种阶级,那么将“官僚士大夫”视为官僚阶级或许可以自圆其说。但问题在于“士大夫”不是阶级的代名词,而是一个复合名词。从中国古汉语的词义上看,“官僚”的古义指官员、官吏;“士大夫”指官吏或较有声望、地位的知识分子,或指知识分子与官僚的混合体。“官僚”与其他词组合后始成为官僚作风、官僚习气、官僚主义等贬义词。因此,将“官僚”与“士大夫”组合为词组“官僚士大夫”,难免有语言学上的词义重叠之误。所谓“官僚士大夫”,词义上指官员官吏、官吏知识分子,这样的词语重叠不仅在语言学上不能成立,而且在作为社会史研究理论上的概念同样不能成立。即便将“官僚士大夫”理解为“具有官僚作风或官僚习气的士大夫”,同样在术语上具有词义重叠之嫌,还望先生三思。陶先生听后沉默不语，既未表示赞同，也未表示反对。

中国社会性质论战和中国社会史论战的主要问题，都是理论问题，讨论双方不仅没有史学专业素养，而且理论之空泛、概念之混乱和错误百出，随处可见，完全经不起推敲。理论由基本的概念架构，概念本身存在问题，理论自然难以阐明清晰，更何况论争中双方的语无定论、概念模糊、定义不明的现象层出不穷，俯拾皆是，明显存在运用西方理论肆意强释中国古代社会问题的弊端。陶先生的反对派之说，同样存在这方面的问题，难以令人信服，这就是京城大学的历史专业学者对这些讨论或论争不屑一顾嗤之以鼻的原因之一。

1941 年我在《扫荡报》上发表了一篇论文，文中言及“士大夫”时，我曾点名并简短地批驳了陶先生的“士大夫阶级”主张，陶先生从报上阅到后曾来信建议我针对这一问题展开全面论述，我认为这不是一个高深的学术问题，没有打算在学术上再进一步深入研究，因而就此作罢。

事实上，陶先生自 1931 年夏从上海来到京城大学任教后，他已意识到京城大学的学院派学者与大学生对待中国社会性质论战和中国社会史论战截然相反的两种态度。在一般大学生眼中，陶先生是论战主帅和具有破旧立新精神的历史学者；但在当时的学院派的大多数史学教授眼中，他只是一个风云一时的学者，还算不上一个历史学者，因而北大只是将他安排在法学院政治系任教，而非在文学院的历史系。稍后陶先生兼任燕京大学社会学系和清华大学政治系讲师，皆非在历史系兼教，唯有在北师大史学系兼任讲师，这是北师大历史系学生会和系主任陆懋德认同的结果。陶先生作为从社会史论战中走出来又任职于京城北大的教授，显然认识到了他与京城学院派存在的一些鸿沟。为此，他明智地作了改变，反映在如下三个方面：

一是反映在北师大的中国社会史课程教学上。课堂上陶先生对我们学生不再讲授理论上的问题，不再宣扬自己的观点，对于社会史论战更是绝口不提，而是着重讲授社会经济史内容。陶先生口才极好，这是他在京城任教期间能利用寒暑假应邀奔赴全国各地为教育机构大做演讲的本钱。陶先生讲课亦别具特色，他讲课不用手势，没有任何舞台道白式的腔调，没有激情，声音不大，而且不抑扬顿挫，但叙述条理分明，阐释井井有条，分析深刻鞭辟入里，善于旁征博引，需用史料时或出口便有，或翻讲义信手拈来，语言生动又有层次，同学们听他的课，如逢甘露，受益良多。同学们看他的眼光，先是显示出对风云人物的好奇，后则是佩服之情溢于言表。再加上北师大历史系学生会此前的电报邀请以及陶先生莅临北师大历史系开课后的学生会宣传，以至于教室内挤满了听他课的学生，一些新派讲师亦来听课。最初每周陶先生在北师大约讲两节课，后来只讲一节课。北师大学生与其说是在听他讲课，倒不如说是在听他讲演。实话实说，我一直认为，陶先生的口才比他的文章好，他的讲课和讲演具有引人入胜之处，极具煽动性，学生和青年易于受其感染。他的文章和论著的逻辑性和说服力相对其口才要显逊色些。

二是反映在他不再参与社会史论战。他在北大、北师大任教后发表的一些论文，只是针对过去社会性质中的一些问题进行解释和答辩，不再参与争论。

三是反映在他于 1934 年创办了《食货》半月刊。用他自己的话说，创办此刊物的主旨是矫正那种公式主义的流弊。他认为，一个社会的发展有历史法则可寻。历史的方法必须从史料里再产生，这点千真万确，毋庸置疑。假设先搭一个架子，然后把一些史料拼进去，这是公式主义，是错误的。显而易见，他要在治学方法上明确与当时的左派教条主义学者划清界限。为此，他创办《食货》半月刊，鼓励学生青年们搜集经济社会史料，并从史料中寻找历史法则。由此而言，陶先生当时对马克思主义史学似乎深信不疑，坚信社会的发展有历史法则可寻，而且志在找出中国社会发展的历史法则，一方面承袭了他早年自言“接近唯物史观而不堕入唯物史观的公式主义圈套”的思想，二方面在具体研究方法上反思过去的研究缺陷，开始重视史料，不再过多言及空泛理论。当时就有学者指出：“中国今日用新的科学方法——唯物史观，来研究中国社会史，成绩最大的，就算陶希圣了。”这是在陶先生于 1934 年创办《食货》半月刊后出现的时人评价。由此表明《食货》半月刊的问世及其当时取得的重要成果和造成的重大影响，标志着“陶希圣社会经济史学说”的真正成立，对后学和后世的学术产生的重大影响自不待言，先生不失为中国现代社会经济史研究的一代大家。我在日本东京帝国大学研究院留学时的导师加藤繁博士，当时已被日本东洋史学界公认为“日本现代研究中国经济史的最高权威”，他对《食货》半月刊及其主编陶希圣评价较高，曾说“陶君实为中国现代社会经济史研究第一人”。为何有如此高的评价？盖缘于加藤繁博士的一些论文被中国学者翻译后刊登在《食货》半月刊上，例如第一卷第二期陶先生的学生傅安华翻译的加藤繁撰《唐代绢帛之货币的用途》，第五卷第一期王兴瑞翻译的加藤繁撰《清代村镇的定期市》，第五卷第二、三期萧正谊翻译的加藤繁论文《中国社会史概述》（一）、（二），第五卷第九期周乾濚翻译的加藤繁撰《宋金贸易论》。由此表明吾师加藤繁博士对陶希圣先生及其主编的《食货》半月刊有所了解。加之《食货》半月刊上还刊有一些中国学者翻译的美、英、日等国学者的论文，以至于该刊在海外有一定声誉自在情理之中。

陶先生率马以骥不但表现在善与学生和青年相处，还不拘学林前后辈师生俗体，博洽虚心，热心与我们学生讨论学术问题，而且他在奖掖后学上以身作则，积极鼓励和带动学生与他一道做学问，例如他与我合撰论文，与学生连士升合撰论文，与学生鞠清远合著《唐代经济史》，与学生沈巨尘合著《明清政治制度》。而在《食货》半月刊存续的数年期间，几乎每期都有陶先生的学生发表论文。促使学生参与学术讨论，共同搜集史料，探索出较为系统的社会经济史研究方法论，以寻求中国社会发展的历史法则，可说是陶先生创办《食货》以奖掖学生的用意之一。只可惜我当时因学业繁重和研究方向不在社会经济史上，未能抽出时间撰写更多论文投稿《食货》半月刊，以支持陶先生的学术大业。陶先生在北京大学法学院设立经济史研究室，参与研究工作的人员，全是他的学生。这些方面均体现出陶先生奖掖后生为人师表的风范，堪称表率。这些是我对陶先生在京城任教期间的所见所闻和一些认识。至于他后来弃教从政，相继跟随汪精卫、蒋介石而效忠国民党政权后的所作所为，自有历史评价。作为他的学生，我只讲述他在京城任教期间的教学、学问和师生相处的亲历亲闻，无意评说他在中国现代政坛上的历史功过。

1935年秋，我赴日本留学前，曾到陶先生的新居西城区二龙坑住宅向他辞行。自此一别，师生两人未再见过面。解放前我与陶先生虽然鱼雁时通，无非是学生时常向老师问候以及老师的礼节性回信，双方很少谈及政治和深入讨论学术，几无当年在陶先生家师生两人时常讨论学术的意趣。至今回想起来，我在历史研究中加深了对马克思唯物史观的接受和认同，或多或少来自当年陶先生口才了得循循善诱的一些影响。但在中国社会性质、社会历史分期以及封建社会等学术史观上，我与陶先生既有相同的见解，又有不同的认识，我并非完全赞同师说。

七、疑古导师钱玄同

民国时期抗战前的大学，学术风气相对而言较为宽松自由，具体表现形式之一是讲师和教授们讲课自由，即在讲台上他们拥有自由传播自己学术观点的权利，针对不同观点的学者可以进行学术批评和抨击，而非人身攻击。这点校方通常不会干涉，校方只是对教授在讲台上自由地表达自己政治见解的权利加以适当限制，以避免讲台成为老师个人宣扬政治主张的道具之弊。大学是知识传授和学术研究的高等教育园地，大学讲台不是教员灌输党义的洗脑阵地，在当时似乎已成为大学师生的共识。当时的北师大如同北大，学术自由风气弥漫校园，教师之间，师生之间，学生之间，不论年龄大小和地位高低，人人平等，相互尊重。因实行学分制，学生选修课程和学分不受教师和系主任干涉，当时的大学生大多不怕教师，这缘于学生不满老师可以不选他的课，不修他教的课程学分，老师对学生亦无可奈何。老师以公报私、以势压人的状况难得一闻，盖因没有滋养这种风气的社会土壤。课堂上，一些学生直言不讳地指出老师讲课错误之处的现象时有发生，老师确认为错误后便会坦然认错。先意承旨、唯唯诺诺的大学生在当时的大学校园亦难得一见，反而是独立自主、充满个性的大学生充满校园。教师与学生相处亲如朋友，有时师生一起学习新材料，一起讨论学术问题，以增进对所学知识的了解，相互产生一些争论亦是常有之事，教师很少将自己的学术观点强加给学生。虽然大学是学生、教师、学者、书生、知识分子会集的教育之地，自然难免一些文人相轻、门户之见的陋习，但大体上开诚布公多于阴谋诡计，光明正大多于鬼蜮伎俩，做人和做学问的风气比较好，至少在政治上绝无老师讲话需要提防学生告密从而谨言慎行的现象，学生亦如是。在学问上学生批评老师亦绝无被开除的担心。教师十分信任学生，宽待学生，特别在穷苦学生较多的北师大。还有一些教师因生病请学生代课以及期考不阅卷一律按点名册定分数的现象发生，吾师钱玄同教授即为其中的典型代表。

钱玄同，号疑古，早年赴日本早稻田大学习师范，后与鲁迅、黄侃等人在东京师从章太炎学习音韵、训诂及《说文解字》，成为章门大弟子之一，留日期间还经章太炎等人介绍，加入同盟会。回国后他相继任北京高等师范附中教员，高等师范、北京师范大学国文系教授和北京大学教授。他在北京师范大学担任专任教授二十余年，长期担任国文系主任，讲授课程以音韵学为主，除此之外还有经学史略、说文研究、周至唐及清代思想概要、先秦古书真伪略说等课程。钱先生对中国现代五四新文化运动、语文改革运动作出的重要贡献以及他在音韵学上具有的深厚造诣，自不待言，轮不到我辈学生妄加评论。于此我只想讲述一下在北师大受他七年之教的一些师生往事。

1928 年我读本科一年时，最初选修国文系的课程，即有钱先生讲授的经学史略课程。究其原因，最初实为慕名而去。钱先生名声在外，表现在三方面，一是他早年作为五四新文化运动的闯将之一，在提倡白话文、统一国音、古史辨伪以及改革文字、改革教育、改革戏剧等改革旧文化的战线上，一直都是身先士卒冲锋陷阵的勇士和声名赫赫的战将，立有彪炳史册的战功，早已声誉在外，令人敬仰。二是他的讲课口才极好，誉满校园。就我个人的看法，在北师大专任教授中，钱先生讲课口才最好。三是他上课，不管学生来否，一律在点名簿上打钩，而且他期末考试从不阅卷，一律在点名簿上按学生名字排名先后从 60、61、62……这样的顺序计算分数。他的这种自由放任的独特作风，广为学生所知。故我在本科第一年选修他授业的课程时，为了争取高分，到注册课报名选修其课程的过程中我便十分留意自己的排名顺序，人少时不报名，人多时始报名。如此一来，我的名字排在点名簿上的顺序总在 20—30 位之间，因而期末考试的分数必在 80 分以上。虽然表面上看我的举动有点算是投机取巧，但就实际学习成绩而言，借用钱先生对我的评语：黄兄期末考试门门可得 90 分以上，我反而实得分数总在 90 分以下。本科一年选修钱先生讲授的经学史略课，记得期末考试我只得了 87 分，原因是我在点名簿上的排名顺序为第 27 位，第 1 位 60 分起点加上第 27 位，便是 87 分。然而，就我在三师四年和北师大预科两年对经学的学习、自修以及听钱先生讲课后习得的知识，自认为期末考试我可得分数应在 90 分以上。第二年我选修钱先生讲授的音韵沿革课，第三年选修钱先生讲授的说文研究课，同样存在这方面的现象，只是我深知钱先生的特有作风，作为学生自然不便与老师计较。

钱先生身材不高，戴近视眼镜，夏天习惯身穿竹布长衫，脚穿黑色圆口鞋。他的讲课风格与众不同。上课前，他与峄山师同样，总是提前在课堂外等候，钟声一响，便大踏步地走进教室，立于讲坛，低头用铅笔在点名簿上从上到下一竖到底，表示点名簿上的学生全部到课，根本不看今天台下学生实际来了多少，然后开讲。钱先生讲课不带只文片纸，不用讲义，开讲后言若悬河泻水，声如洪钟灌耳，平时他喜与人聊天的“话匣子”作风在课堂上发挥得淋漓尽致。如果说钱先生过去在东京与友人聊天时习惯在座席上“爬来爬去”指手画脚，那么在讲台上他则习惯“上蹿下跳”，生龙活虎般显得极有生气和精神。他讲授经学史略课时，黑板上不写一个字，全凭脑中记忆和胸中文墨将经学略史娓娓道来；讲到动情兴奋时，在讲台跳上跳下，边走边讲，有声有色，手舞足蹈，谈笑风生，神采飞扬，成为表演，散发着一种卓荦不羁的斗士风采；他讲授音韵沿革课时，言类悬河，说话庄谐杂出，用自造新典故说转弯话，或开小玩笑，或穿插事例，比喻新颖，俏皮幽默，生动有趣，让学生听得入迷；他讲授说文研究课时，用粉笔将所讲之字的甲骨、钟鼎、大小篆、隶书等字体一一写在黑板上，然后逐一道出这些字体的形成及其演变，本本源源讲得一清二楚，所言个个都有具体内容，绝不空疏。钱先生具备的这种能针对不同课程而运用不同讲课方式的功夫，实已到出神入化的境界，令人佩服得五体投地。我们学生听他讲课，不仅从中学到了知识，得到了高级的讲课艺术享受，同时还受到了良好的师范教学训练。后来我在广西各大学教学40余年，讲课受到学生好评，小有薄名，实受益于钱先生的言传身教。

我曾对钱先生的经学史略讲课做过详细的课堂笔记，后附有其讲课神态描叙，一方面意在为以后自己的讲课作参考，二方面亦有弘扬钱先生授课内容和讲课风采之心，意欲找机会出版面世。我在北师大教师宿舍向他请教学问时曾将这一课堂笔记给他看过，无非是想暗示他，学生此前对经学已有自修研究，先生讲授的经学史略要义已经全装在我的脑海里。他看后说，记得很详细，并推荐我读康有为的《新学伪经考》和崔适的《史记探源》等书。只可惜这一课堂笔记在抗战期间因逃难不慎丢失，当中还包括峄山、文如、援庵诸师的讲课笔记，至今忆起依然痛心拔脑懊悔不已。

民国时期的大学一般没有统编教材，这意味着没有统一考试，期末考试题和时间都是由老师各自随意决定。每到期末考试时，钱先生腋下夹着一个黑皮包走进教室，从皮包中拿出考卷发给我们学生，考题是他定的。待大家考完交上考卷后，他放入皮包中夹起就走。回到教授休息室或教师宿舍后，拿出考卷，按照点名簿的学生名册开始打分，依学生名册顺序从60、61、62……的分数往下打。他打完分数后便送到注册课交差了事。我记得他在本科第二年讲授音韵沿革课时，同学中有一位得了100分，一时传为美谈，大家都说他运气好，排在了点名簿上第40位，而第41位就倒霉了，从头计分，只得60分。据我所见，本科第一年听钱先生讲授经学史略课的期末考试学生未超过40人，而听钱先生讲授音韵沿革、说文研究等课的学生相对较多。

钱先生做人谦虚、虚怀若谷，从不以“老子天下第一”自居，全无一丝顺我者昌、逆我者亡的学阀学霸做派。他对学生热情诚恳、有问必答、有求必应，师风极好。尽管钱先生讲完课后喜欢找朋友聊天，不喜欢请朋友到自己家中，却经常让学生到他在北师大的教师宿舍听课，一般都是晚饭后。他经常在离我们学生宿舍不远的北师大文学院的教师宿舍留宿，这为学生晚饭后到他的教师宿舍听课和请教学问带来了极大的方便。钱先生白天上课是公开课，晚饭后叫一些热心学习的学生到教师宿舍听课则是免费私课，我是常去听他讲私课的学生之一。听私课既能够听到钱先生学问的精华，又能欣赏到他绘声绘色的健谈艺术。有时他讲到兴致盎然时会忘了时间,直到“月出皎兮”的时候,看见我们学生犯困哈欠连连,方结束讲课。我从本科一年生时经常去他的教师宿舍听他讲课和向他请教学问,逐步建立了师生之谊,从此之后,在钱先生的教导下学习七年,师生友谊日益深厚。

对待学生民主平等在钱先生身上表现得最为突出,仅以我亲身经历的一件小事足见一斑。记得本科第一年认识钱先生不久,一天白天听完课时我与他约好,晚上到他教师宿舍去请教学问。不料,晚上去时钱先生因临时有事不在宿舍,他便在门上贴一小字条,大意告曰:“黄先生,我有事临时外出,明晚再来。弟钱玄同。”我一看便条心就凉了半截,钱先生比我大十余岁,而且是我的老师,怎么抬头称我为“先生”,而落款自称“弟”,这不是明摆着不认我这个学生,拒我于门墙之外。当时心想有可能是上次与钱先生谈论经学时,或许我说话有点随意和狂妄自大,引起了钱先生的不满和反感,故他写此便条暗讥之。第二天晚上我怀着忐忑不安的心情仍去教师宿舍拜访钱先生,见面后他和蔼相待,开口便说:“黄先生,昨晚失约,对不起。”我当时认为他叫我“先生”是一种待人接物的习惯礼称,便未在意。后来从国文系的前辈同学处得知,钱先生与学生相处最初都称学生为“先生”,熟悉后始与学生称兄道弟,改称学生为“兄”。后来我与他多次接触熟悉后,他改称我为“黄兄”,我始心怀释然。1935 年我到日本留学,写信向他汇报我在东京学习和生活的情况,他回信时抬头称我为“黄兄”,落款仍自称“弟”。

北师大读书期间钱先生偶尔带我下馆子吃饭,路上或饭馆中见到他的熟人朋友,他向人介绍我时总是说,这是我的北师大的同事黄现璠先生,从不说这是我的学生。1932 年春,钱先生之师章太炎先生北来游学,在钱先生的操办下,章氏应北师大研究院历史科学系及文学院国文系和历史系合请,在北师大作学术演讲,讲题为《清代学术之系统》。章氏一口浙江余杭话,我们在场听讲的学生估计没有多少人能听懂具体内容,学友柴德赓是浙江人,对章氏的这次讲演曾作了记录,记录稿后经钱先生修改,发表在 1934 年的《师大月刊》第十期上,读后我始了解了章氏这些演讲的大概内容。我想去拜会章太炎先生,请钱先生引荐,他答应后便带我到章太炎先生所住饭店,向章先生介绍道:“这是我的同事黄现璠先生,有些经学问题不明想向老夫子请教。”同样不说这是我的学生。通过经常接触,我逐渐了解到:钱先生从来不对人说哪位是他的学生。这并不意味着他没有学生,亦不意味着他认为谁都不配当自己的学生,而是他极为反感自立师门,这从他为学友方国瑜标点的《新学伪经考》所作长篇序文《重印新学伪经考序》中可窥一貌，序文言：“总而言之，我们今后解经，应该以‘实事求是’为鹄的，而绝对破除‘师说’、‘家法’这些分门别户、是丹非素、出主入奴的陋见。”破除“师说”“家法”等门户之见，强调解经应该重视“实事求是”，堪谓钱先生治学能够破旧立新的思维根源。钱先生亦以身作则破除“师说”“家法”，正如周作人先生在《琐忆钱玄同》一文中指出，章太炎先生曾封钱先生为翼王，因为钱先生造过章太炎师的反，即他反对古文和汉字。众所周知，晚清著名新古文家有王闿运、王先谦、俞樾、叶德辉等人，章太炎作为俞樾的门人，亦属新古文家之列。钱先生早年在日本曾是章太炎的入室弟子，后来他又拜新今文家崔适为师，自称“乃始专宗今文”。事实上，崔适初为俞樾的弟子，与章太炎同门，后受新今文家宗师康有为《新学伪经考》的影响，转崇新今文家的经学。由此表明钱先生古今文的经学造诣都相当深厚，而其新今文观亦深受康崔二氏的深刻影响，这从他撰《重印新学伪经考序》，即后来改名为《重论经今古文问题》的文章中可见一斑。钱先生认为：东汉古文经学宗师刘歆伪造古文经是为王莽服务，这种东汉今文家的说法为民国新今文家康有为、崔适等人完全吸收和继承。由此显而易见，钱先生之说源于康、崔两氏的经学观。就我当时的认识，从史料出发，实事求是而论，东汉古文经学家研习的《周礼》《左传》《古文尚书》《毛诗》《逸礼》早已存在于先秦时期，刘歆整理秘府藏书时，不过是作了一些补残缺和纠异同以正乖谬的诸版本校辑工作，而非伪造了诸经。

当时在北师大的教师宿舍，我曾与钱先生有过一些讨论。所谓我与北师大老师的讨论，包括与峄山、一山、文如、援庵以及陶、钱等诸师的学术讨论，无非就是这些老师谈到某一个学术问题而向我提问有何自己的见解时，让我谈一下自己的观点，就此双方辩论一下，而非与老师争论对错，一争高下。就经学而言，我原来就是古文经学的信仰者，特别是听了国文系教授吴承仕讲授的三礼名物课后，更加坚定了这种信仰，赞同古文经学家刘歆、俞樾、章太炎、吴承仕等人的古文经学观点。作为新今文家的钱先生认为：《左传》为刘歆伪造，故他称其为《伪左传》，他当然对我的观点不以为然，但他能包容学生有不同的学术观点，绝不加以嘲讽和轻视。而他认为学生讲得对的，则加以鼓励。就史学而言，有一次，我对钱先生谈到他推荐的崔适著《史记探源》的读后感时，直言不讳地说出了自己的观点：崔氏在《左传》辨伪问题上，所列证据难免有将今文经学家的门户之见强加给司马迁之嫌。他主观地将《左传》和《公羊》视为势不两立，已存门户之见；进而将司马迁和刘歆混为一谈，则属荒唐成见。概而言之，崔适著《史记探源》一书，立论胆子很大，论证却脆弱不堪，结论自然难以令人信服。贵疑出学问，疑古没有错，但对“古”都存“疑”，且无更多严谨的逻辑论证以及科学的考古史料作为疑古的旁证，这就难免走向极端，很难自圆其说，缺乏说服力，令人难以信服。钱先生并没有因为我对他的老师崔适著作加以批评而斥之狂妄。

就事实而论，钱先生反对古文和主张废除汉字，他撰写过《汉字革命》一文，提出“废除汉文”，认为：“欲废孔学，不得不先废汉文；欲驱除一般人之幼稚的野蛮的顽固思想，尤不可不先废汉文。”时人瞿秋白声援道：“汉字真正是世界上最龌龊最恶劣最混蛋的中世纪的茅坑。”鲁迅亦说：“汉字不灭，中国必亡！”以致钱先生成为当时“汉字革命”的一代战将。对新古文和新今文两派经学而言，钱先生无疑是背离新古文今文经学师门的不孝逆徒。自古以来，“忠孝难两全”，这不仅仅针对国事家事而言，学术事亦不能例外。钱先生对章太炎、崔适两师执弟子礼恭敬有加，无可非议，他虽然没有尽传承“师说”之孝，但对于治学实事求是以及追求真理的学术之道则忠心耿耿，尽了一位坚持真理的学者之忠，充分表现他治学“虽尊其师然尤爱真理”的科学态度。他反对古文经学，但吸收了古文经学的考证方法；他汲取了今文经学的怀疑精神，但摈弃了今文经学的一些陈腐思想。换言之，钱先生反对古文经学“六经皆史”的主张，他针对章太炎抨击清代今经学家刘逢禄之说，发出“终不敢苟同太炎师之说”的见解，背离了新古文家章太炎的新古文师说，但继承了其客观的治经态度，即不将经学典籍当作圣经看而只当古书看。他接受了新今文家康有为、崔适的疑古思想，又挣脱了这些新今文家托古改制的政治思想束缚。钱先生曾大力支持顾颉刚古史辨的疑古辨伪学说，不断与之通信和撰文加以大力支持和声援，给予其学术指导和诸多启发。他读史敢言无尧舜，主张离经叛道，强调“考古务求其真，致用务求其适”，甚至改名而自号“疑古玄同”或发文署名“疑古”和“疑古玄同”，自言：“我是汉字底叛徒，那么，不等到拼音字通行，先把名字加长一下子（或者玄同算作名，疑古算作号，疑古玄同算是名号并称也使得）。疑古玄同是全写了的正式名字，平常书写，自可从简，或简称玄同，或单称疑古，有时也许要掉弄笔头，疑古改写音同的夷罟、逸枯、易古……我觉得姓这样东西，我一些也用它不着，我要像扔掉破鞋那样扔掉它！和尚没有姓，满洲有姓而不用……”以致他最终成为当时的“疑古”导师及其古史辨学术的精神领袖之一。但是，与此同时，他又指出了顾颉刚先生将“禹”视为“虫”的疑古辨伪矫枉过正的误识。正因钱先生拥有破除“师说”“家法”的勇气和学识，拥有了忠于实事求是这一学术之道的精神，始有了他的大破大立，既建立了超越章、康、崔等新古文今文学说而独具一格的新生“疑古玄同学说”，又创立了完全有别于师说而自辟新径的“钱氏废除汉字说”，还树立了推群独步的改革旧文化的“钱玄同学说”。依当时的学术舆论而言，钱先生这些学说产生的影响是巨大的。用时至今日的学术眼光看，无论后学是否完全赞同钱先生当时的一些学说观点，但其学说推陈出新的历史价值不容否定，正如师友郭沫若先生所评价的那样：“钱先生有关古史研究方面的一些见解与鄙见不期而同，但都是先我而发的。”

正是受到钱先生这种不囿于宗派门户学术思想潜移默化的影响，我在大学时代初步确立了“拒入门户自辟学径”的自我学术原则。这或许是今天一些学人谈到王门峄山、萧门一山、陶门希圣、钱门玄同、陈门援庵的入室弟子时皆无我“黄现璠”薄名的缘由。这种认识符合事实，正合我意。事实上我只是这些老师的学生，而不是传承师说和师门学说的登堂入室弟子，既没有“师门御林”的经历，又无“门下走狗”的自命。由这点而言，我又何尝不是背离师门的不孝逆徒。在北师大诸老师的师说中，我继承不足，扬弃有余，没有传承。相对而言，自辟新径和自立一家之言远远多于对师说的发扬光大。在北师大九年读书期间，以人为师，我学到了北师大教师们的一些道德风范、刻苦精神和治学方法；以书为师，我习得了“实证求真批判求实”的治学之道，从而领悟“兴趣是学问的最好老师，唯有兴趣能引导人在学问世界永无止境地摸爬滚打纵横驰骋”的问学要义，有了这些求学收获，深感足矣。

钱先生不仅当年是提倡科学与民主、反对愚昧与专制，提倡新道德、反对旧道德，提倡新文学、反对旧文学的新文化运动中的揭幕人之一，成为与陈独秀、胡适并驾齐驱的新文化运动“三杰”之一，同时他在反对旧教育、提倡新教育的现代教育运动中还是一位革故鼎新的猛士。他认为：“教育是教人研求真理的，不是教人做古人奴隶的。教育是教人高尚人格的，不是教人干禄的。教育是改良社会的，不是迎合社会的。中国数千年的教育和上面所讲的三句话，没有一句不相反背。”此言可谓字字珠玑，句句经典，一语破的，一针见血，发人深思，不失为一代教育大家钱先生精辟教育思想的经典语录，历久弥新，一直在教育事业中闪烁着先师哲理的智慧之光，而且光芒四射，照亮着我辈学生的前进方向，从而树立起以教育作为教人研求真理的事业宗旨。

钱先生不仅是五四新文化运动中的一员勇帅以及新文学革命运动中的一位勇将，在治学上还是勇于自我批评的一位勇士。他有关音韵学的论文较多，但专著似乎只有《文字学音篇》一本讲义。这是中国高等院校汉语音韵学科的最早一部教材。然而，钱先生对其相当不满意，曾说它百孔千疮。1921 年重印《文字学音篇》时，钱先生又在《再版序》中作“自我批评”，列出了书中的六大不足。1929 年我选修钱先生讲授的音韵沿革课程前，曾精读过他的《文字学音篇》。后来就此书不理解之处向他请教时，他又向我具体说明了《文字学音篇》存在的一些不足和个别错误。这种勇于作自我批评的严谨治学态度，在当时京城学界名流中实属凤毛麟角，十分难能可贵，实让我辈学生受教受益至大至深。

大学本科四年期间，我选修了钱先生的三门课程，从大学本科一年生与他建立师生之谊后，四年来一直在他的言传身教下受惠受益。1932 年 9 月我作为本校内招的少数免试研究生之一，进入北师大研究所深造史学，又是在研究所负责国文、史学的主任导师钱先生的直接指导下从事研究和纂辑工作。由于我本科毕业时的学士论文《东北之历史考察》是接受陈垣教授指导，因此，我进入研究所后确定的论文题目是“元代佃户之生活”，仍然接受研究所导师陈垣的指导，钱先生并不是我的学术研究的直接导师，但我仍听他在研究所开设的清代思想史研究课，而且我作为带薪的纂辑员之一，在研究所内的教材纂辑处工作近三年，一直受主任导师钱先生的直接指导，可谓朝夕相处。

1932 年夏，北师大因经费压缩而对研究院进行改革时，在许多方面都进行了调整，北师大研究所的教材纂辑处，即由北师大原研究院的索引工作处改革而来。因此，其工作重点之一，便是搜集整理并编纂各科教材。而纂辑工作的主旨是运用科学方法，依教科的需要，搜集整理并编纂教材，以供本所研究及教学上采取和参考之用。当时的纂辑工作就中等学校教科亟待改良者，分设国语国文教材组和历史地理教材组两组，名义上是由钱先生、李建勋两位导师综理，实际上两位导师有分工，李建勋负责国语国文教材组，钱先生负责历史地理教材组，我被分在历史地理教材组工作，直接受钱先生指导。历史地理教材组内又分若干课题或项目，大致有古史教材的辨订、东北西北民族之特殊情况（方壮猷负责）、本国通史教材之根本整理、正史的索引（刘均仁、方壮猷负责，赵荣春助理）、本国教育史料之搜集、本国自然地理之根本整理（刘均仁负责）、外国史地教科书译名之统一（张鸿翔负责）。因研究所于 1932 年夏拟定的历史地理教材组中本国通史教材之根本整理项目没有找到研究员、特约研究员、纂辑员负责，故在我的申请和黎锦熙、钱先生的共同推荐下，我于 1932 年 12 月中旬被李蒸校长正式聘为纂辑员，这就是在钱玄同、黎锦熙于 1932 年 11 月合撰完成并发表在同年《师大月刊》创刊号上的《师大研究院历史科学门一年之经过及今后〈教材纂辑工作〉之计划》一文中所列 1932 年 9 月研究所纂辑员名录上没有我的名字的缘由。前已述之，本来黎锦熙教授意欲聘我当研究员，正是为了填补本国通史教材之根本整理项目中没有研究员的空白，而我谢绝当研究员而心甘情愿地当纂辑员，正是想脚踏实地做一份具体工作而又能得到稳定收入。黎锦熙教授见我可以填补这一项目原来无人的空白，自然高兴有加。

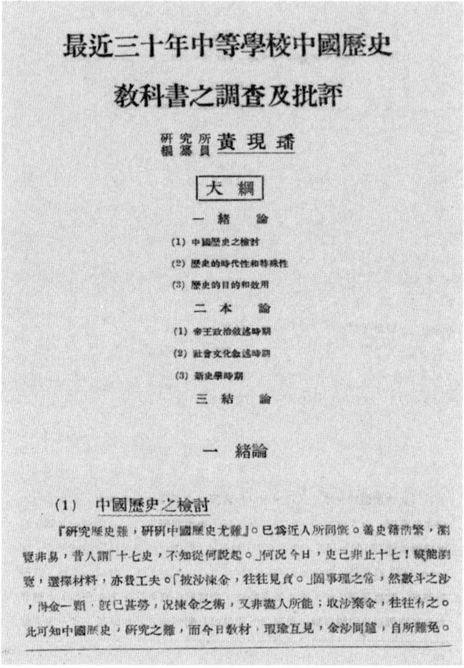

最近三十年中等學校中國歷史教科書之調查及批評

研究所編纂員 黃現璠

大綱

一 緒論

(1) 中國歷史之檢討

(2) 歷史的時代性和特殊性

(3) 歷史的目的和效用

二 本論

(1) 帝王政治敘述時期

(2) 社會文化敘述時期

(3) 新史學時期

三 結論

一 緒論

(1) 中國歷史之檢討

『研究歷史難，研究中國歷史尤難』。已爲近人所同慨。蓋史籍浩繁，瀏覽非易，昔人謂「十七史，不知從何說起。」何況今日，史已非止十七！縱能瀏覽，選擇材料，亦費工夫。「披沙揀金，往往見寶。」固事理之常，然數斗之沙，得金一顆，既已甚勞，況揀金之術，又非盡人所能；取沙棄金，往往有之。此可知中國歷史，研究之難，而今日教材，瑕瑜互見，金沙同爐，自所難免。

图10　在北师大读书期间发表的论文(1934年)

我当纂辑员后，主要负责本国通史教材之根本整理，专门从事中学历史参考书的调查整理。1933年春，研究所纂辑员改称“编纂员”，我在1933年4月的《师大月刊》第五期上发表《最近三十年中等学校中国历史教科书之调查及批评》一文时的作者任职，便是研究所编纂员。记得当时同在研究所一道兼任纂辑员或编纂员的还有刘盼遂(研究员)、孙楷第(研究员)、赵荫棠(研究员)、刘汝霖(研究员)、白涤洲(特约研究员)、王重民(特约研究员)、何士骥(编辑)、吴三立(编辑)、方国瑜、宫廷璋、方壮猷(研究员)、刘均仁(研究员)、张鸿翔(北大研究院研究生)，前十人负责国语国文教材组相关项目。作为纂辑员，无论年龄大小、先辈后辈抑或是地位高低，大家相处都十分融洽，相互视为学友。1932年作为研究生而被聘为纂辑员的，只有我和张鸿翔两人，而北师大研究所，只有我一人。

按照当时北师大研究所的教材纂辑处规定，纂辑员概不能兼任其他机构的有薪职务，如因特殊原因不得已而兼任学校教课，每月以六小时为限，超过六小时者，或因其他兼职不能按时工作者，主任导师与所长协商将对之处理，或酌减薪俸，或特定其工作时间。而且，纂辑员对于本校定期刊物，应优先随时供给材料和文稿。为此，我在研究所学习和工作之余的潜心研究成果，大多优先供给本校定期刊物《师大月刊》选用。

我在研究所当纂辑员后，负责本国通史教材之根本整理的纂辑工作中，整理出《最近三十年中等学校中国历史教科书之调查及批评》长篇论文，文中运用美国新史学创始人鲁滨逊的进化史学观，对我国旧史学及其中等学校中国历史教科书自 1902 年创办中学开始发行以来直到 1932 为止的 30 年中出版的众多历史教科书逐一展开了点评，文中开头说：

> 研究历史难，研究中国历史尤难，已为今人所同慨。盖史籍浩繁，浏览非易，昔人谓“十七史，不知从何说起”。何况今日，史已非止十七！纵能浏览，选择材料，亦费工夫。“披沙拣金，往往见宝”，固事理之常，然数斗之沙，得金一颗，既已甚劳，况拣金之术，又非尽人所能，取沙弃金，往往有之。此可知中国历史研究之难。而今日教材，瑕瑜互见，金沙同炉，在所难免。梁任公先生谓我国旧史家，对于历史之见解，有四大毛病：1.知有朝廷，而不知有国家。2.知有个人，而不知有社会。3.知有陈迹，而不知有今务。4.知有事实，而不知有理想。我再加他一病：知有政治，而不知有经济。至其著述，亦有两大毛病：1.不长于材料之整理与选择。2.多因袭而少创作。此种狭隘的见解、守旧的陈述，实为我国史学停滞不前之最大原因。

文中的“他”是指旧史学，而非指梁任公。我于文中对一些编辑优良的教科书予以了充分肯定，对一些外人所著而广为流行于国内的教科书提出了警言，特别指出了日本学者桑原骘藏著、金为译述的中等学堂教科书《东洋史要》四卷合订一册本存在的缺点。盖因该书在中国的中译本问世后，一版再版，甚为流行，影响广泛。而我认为，当时编辑中等学校中国历史教科书的指导思想最大错误者之一，便是采用日本人著述为蓝本而改用作教科书，或直接用之为教科书。盖本国历史，原有其特别的目的和效用，教科书正是实现这种目的的工具之一。外人著述，无论如何，必难达到这种目的。文中指出:“此书虽名《东洋史要》,然实以中国为主,遇其他各国与中国发生关系时,始略为叙及。至其记载,要言不烦,略上古而详近代,且于国际关系,备详原委,颇尽详略得宜、钩元提要之能事。然上古史,尚插以神话,文化材料,多付阙如;且重要史事,亦多遗漏,实非完善之作。不过在当时教科书中,称为善本,名贤同声推重,学生相竞拜读,几至人手一册,可知国人历史知识,在日人之下,由来已久。呜呼!亡国非一道,救国亦多端,吾国史学家,其知猛醒焉未?”我将该论文呈钱先生审阅,他读后对我说:“黄先生调查广泛,整理完善,点评中肯,叙述扼要,观点鲜明,我拿去下期《师大月刊》刊用。”钱先生在北师大是有名望的老资历教授,当时又兼《师大月刊》编辑委员之一,自然一言九鼎。同年4月,该论文便在《师大月刊》第五期揭刊。

由于对当时一些教科书不满,与此同时,在研究所学习和工作之余,我又挤出时间,在我原来自撰的《高中外国史》讲义基础上编成两册同名教科书,1933年8月由北平立达书局出版。在研究所学习和工作三年期间,我在学术方面的个人研究成果甚丰,完成了五本学术著作,至1936年10月为止全部出版。同时,还发表了一些论文,这一切都与钱先生的关怀和鼓励密切相关。

我在北师大师从钱先生前后七年,受教受益良多,无以为报,只能以此口头讲述来纪念钱先生。至于当时官方和学人对钱先生的评价,1939年1月,钱先生驾鹤西去后国民政府于同年7月颁布的褒扬令实已盖棺定论,褒扬令记:

> 国立北平师范大学教授钱玄同,品行高洁,学识湛深。抗战军兴,适以宿疾不良于行,未即离平。历时既久,环境益艰,仍能潜修国学,永保情操。卒因蛰居抑郁,切齿仇雠,病体日颓,赍志长逝。溯其生平致力教育事业,历二十余载。所为文学,见贡一时,不仅贻惠士林;实亦有功……应予明令褒扬,以彰幽潜,而昭激劝。

当时的进步刊物《文献》曾刊登过一篇《悼钱玄同先生》的文章,文中说五四时期文化运动中钱玄同的“斗争精神的表现几在任何一位同时代的斗士之上”,钱玄同“在中国学术思想史上是现代转变期的代表人物”,“平津沦陷以后,北方文化界处于暴日的铁蹄之下,居境非常悲惨;但钱先生保持着高洁的节操,虽和钱稻孙有叔侄之亲,和周作人等有友好之谊,仍然不受包围,不被污辱,这种难能可贵的民族精神的表现,也是使得我们感动兴奋的。壮年以斗士领导青年,中年以学者努力学术,晚年以义士保持名节,钱先生总算是对得起自己、对得起国家民族的一位完人了”。

八、一代夫子陈垣

我给陈垣先生写信，抬头称他为“援庵夫子”。何谓“夫子”，古义多重，我取“饱学之士”兼“老师”的文人与教育家双重之义，实与世人所称孔夫子之“夫子”词义同符合契。而援庵夫子给我回信或签名送书题字，都亲切地称我为“现璠仁弟”。前贤将当时学友同辈之间习以为常相互“称兄道弟”的礼称搬将过来，直接用之于我等晚辈后生，对我而言，只有“援庵夫子”、林砺儒先生和郭沫若先生等人。

陈垣，字援庵，早年学医，后自学历史学，无师承。他曾任国立北京大学、北平师范大学、辅仁大学的教授和研究院导师。同时兼任过北洋政府教育部副部长、辅仁大学校长、北京师范大学校长、京师图书馆馆长、故宫博物院图书馆馆长、中国科学院历史研究所第二所所长等职，曾当选为国会议员、中央研究院院士，第一、二、三届全国人大常委会常务委员。

援庵夫子于1929年夏被聘为北师大历史系主任，教我们史学三年，开设史学名著评论、史学名著选读、史源学实习等课。后又在北师大研究院或研究所任历史学组名誉导师，开设清代学者治学法等课，每周讲一两节课，同时指导我等研究生的研究论文工作。民国时期的大学一般不养闲人，校长都须兼课，更别说教务长、院长、系主任。况且，当时的大学没有统编教材，教授可以根据自己的学术爱好和专长选择教材。没有统编教材就必然要求教授学有专长，而教授一般都以自己的学术专长去编定自己的讲义，以讲义当作教材，或开设新课程。假若一位教授以他人之书当作教材，在大学混饭吃，不但会受同行鄙视，学生亦会弃而不听，一定行而不远。因此，教授所撰讲义，相当于自己的学术研究成果，多年积累后，一般都会用于出版。援庵夫子在北师大相继开设的史学名著评论、史学名著选读、史源学实习等课，都是前所未见的新课程，创新性自不待言。

1929年夏，即我本科第二年，开始听援庵夫子在北师大新开设的史学名著评论课，这是北师大历史系必修课。记得同听这门课的同学有我们广西籍学生李伟昌、雷震、李焕绂、黄光京、李寿田，还有方国瑜、陈述、柴德赓、王兰荫、张鸿翔、刘镛等外省籍学友。方国瑜当时是国文系学生，常来听援庵夫子的课。李伟昌、雷震、李焕绂、黄光京、陈述、柴德赓、王兰荫等人都是于1929年考入北师大历史系本科，比我晚一届，故在后来我们相交几十年的通信中，方国瑜、陈述、柴德赓等学友来信时抬头都称我为“黄大哥”，职是之故。在他们这一届同学中，据我所知，在援庵夫子讲授的史学名著评论课业内，学习名列前茅者有李伟昌、雷震、李焕绂、柴德赓、王兰荫、陈述等人和我，而柴德赓、王兰荫时常被援庵夫子指定为主持学习和讨论的负责人，因此历史系的同学们不论前辈和后辈，都敬称他们为学长，我亦不例外。

我晚年到北京出席全国政协会议和学术会议时，常与陈述教授见面，他亦两次来桂林看我，相互留影纪念。双方见面时，自然会提起共同的老师援庵夫子，怀念不已。这些同学师从援庵夫子习史，后来都有很大成就，成名成家，不辱师名，可佩可赞。

援庵夫子讲课，自有独到之处。在北师大，我听过课的老师通常都在上课铃声响后进入教室，唯有援庵夫子有时是在上课铃声响前先进入教室等待学生的，由此表明他对讲课的重视。援庵夫子上课时习惯穿长袍，外套一件黑马褂，进入教室后精神饱满地站在讲台上，脸上引人注目的两撇浓浓的八字胡，显露出让人敬畏的威严气势。学生陆续进入教室，师生相互礼节性问好后，他坐下来，从怀里掏出一副老花黑边眼镜戴上。他只在看书和上课时戴眼镜，平时不戴。然后开始讲课，援庵夫子讲课常带一沓卡片，作为提纲，然后甲乙丙丁井井有条地叙述，举一反三，循循善诱，弦外有音，留有余地，富有启发性。遇到需要引证处，别人或许照本宣科，而无论那段引文如何长，援庵夫子往往都是背诵出来，而且一定讲明出处，其记忆力非同凡响，晚年依然如故。陈述兄因长期在北京工作，与援庵夫子经常接触，了解更多情况，他曾告诉我，援庵夫子90岁时，还能将骆宾王的《讨武后檄》倒背如流，可见援庵夫子天资聪颖而少有“神童”的盛誉名不虚传。

援庵夫子讲课时，凡他认为史料记载上有错误的地方，都向学生一一指出。

一般人读史书，只能用眼睛，而援庵夫子是用“显微镜”读的。因此，一些清代史学名著，例如援庵夫子常提到的钱大昕著《二十四史考异》、王鸣盛著《十七史商榷》、赵翼著《二十四史札记》，亦被他发现不少错误。援庵夫子认为钱著最精，王著次之，赵著最差，错误最多，故而他在史源学实习课中曾以赵翼著《二十四史札记》为底本，以训练我们学生考证其错误之处的能力。援庵夫子通常在课堂上不公开批评同时代的其他学者，但私底下对我们这些师生关系较好的学生却是直言不讳，指出一些学者的史著错误之处。他对梁启超先生的史论史著就有不满之处，认为梁启超先生自恃才气，史论义理过多，缺乏对史事的考证，其史著难免错误不少。关于著述，援庵夫子说过许多广为学生熟知的名言，留给我印象深刻的是“著述提笔三行无错方为善果”，“收藏脱稿之书，如贮藏酒，愈久其味愈好”。

听援庵夫子讲课，重点是耳听手记，专心谛听，勤于笔记，方能有所收获。我曾对援庵夫子的讲课内容作过详细课堂笔记，并呈送给他看，他阅后表示了肯定。过去一些学生将记下的课堂笔记，经多年增补后以师生之名合作出版，同样会被学人当作学术成果，这是旧大学里的一种传统。我当时喜于课堂上详记老师授课笔记，实有这方面的初衷，只可惜这些课堂笔记在抗战期间因逃难不慎丢失，未能将老师们的精彩讲课内容和学术成果弘扬于世，至今想起依然甚感懊悔无及。1962 年我在广西师范学院开设中国史部名著选读新课程，虽然我选讲的史部名著与援庵夫子当年选讲的史学名著不同，但我开设这门新课，实受益于援庵夫子当年讲授史学名著选读课的启发和教益。

本科第三年，我选修援庵夫子讲授的史学名著选读课；本科第四年，我选修他讲授的史源学实习课。援庵夫子讲授这门课时，以顾炎武《日知录》为底本，从卷八开始，每周选讲一篇。听课生听讲前必须先抄原文，自行断句标点，然后将文中人名、官职和所引与史料逐一核实，考证有无错误，晦者释之，误处正之。查原文所引出处，一些在正史中可以找到，一些则无；而一些人名、年代、籍贯、生平、著述，无论是在正史还是野史中，都难以寻觅，只能遍查史籍，大海捞针。查毕，继而将逐条史源考证笔记缀拾为文，呈送援庵夫子批改。继而援庵夫子主持学生讨论，逐一指出学生考证文稿存在的一些错误之处和不足之处。这就是援庵夫子讲授的史源学实习，以训练我们学生探本寻源和考证史事的能力，实让学生受益无穷。

援庵夫子批改学生的作业，向来一丝不苟，看到学生写得好的作文，他就会写上一些评价中肯的眉批，如“足征独到”“措辞扼要”等，最后给文章作一评语，如“探本溯源，尤为精细”之类，然后在作文开头画圆圈，优者以画三个圆圈表示，良者画两个圆圈加一个三角，及格画两个圆圈或一个圆圈。寡见所及，未见援庵夫子给学生的作业打过不及格的。由于我曾熟读顾炎武《日知录》，记得在援庵夫子讲授的史源学实习课中的作业，曾得到过他画的三个圆圈，评语是：“熟知《日知录》，探骊得珠，考证无误，心得独到。”

援庵夫子除上课认真，批改学生作业仔细外，还热心地指导我们学生读书。当时北师大图书馆二楼开设有一间很大的阅览室，配有大量的线装书，开架阅览。援庵夫子时常叮嘱我去阅览室多读史学典籍，以积累丰富知识，日后做到撰文时能厚积薄发。他还具体教诲我读书的方法，什么书要精读，什么书可以略读；精读之书还可以先读通一部分，然后顺藤摸瓜，逐步扩大深度和广度。我谨遵师嘱，平时除了上课和少量兼课外，空余时间大都在北师大图书馆看书，特别是大学假期，几乎天天都在图书馆度过。我在研究所当研究生时依然一如既往，看书和查阅资料成了每日的工作。一次因在资料室看书着迷，管理员下班时未听到他的叫声，结果被他反锁在资料室里面，只得在资料室里睡了一夜。这种情况在我后来的大学教学生涯中，仍时有发生。吾师陶希圣先生当时对我的评语是："黄现璠先生是在师大研究院受陈援庵先生指导的苦读苦作的研究生。"实为深中肯綮。就我而言，所谓"苦读"，少有追月夜读的读书体验，在北师大则有废寝忘食读书九年的寒窗经历；所谓"苦作"，焚膏继晷夙夜不懈地勤于笔记和写作是也。苦读苦作可以说是我在北师大学习九年的真实写照。

援庵夫子不仅是一位一流学者和教育家，还是一位宅心仁厚的长者，对待我们学生十分和蔼可亲。他从不严厉批评学生，发现问题总是循循善诱，耐心开导。师生问对时，他从不以高人一等的态度凌驾于学生之上，而是平等相待。他经常谦虚地说："我讲课是陪读，陪你们学生共同学习知识，一道探讨学问。"课堂上他习惯提问，以启发学生的独立思考和学习能动性。援庵夫子撰写的学术论著，第一个读者必然是他的学生。他写好文章后，总喜欢先拿给自己的学生看，请学生提意见。援庵夫子的学术属清代朴学一路，但并不只是对清代朴学的传承，而是推陈出新。他专长于元史、宗教史，尤对目录学、校勘学、版本学、避讳学、考证学、史源学造诣精深，而且在这方面的一些研究成果取得了前无古人的大成就。由于他在学术上的专而精，我们这些学生哪有水平对其学术论著评头论足，最多只能谈谈读后感，提出一些不理解的问题，委婉地指出其论著或许存在说明不清的地方，然后当作自发的作业，呈交援庵夫子过目。记得援庵夫子当时发表《耶律楚材之生卒年》《雍乾间奉天主教之宗室》这两篇论文时曾给我看过，征求意见。我即谈了一些对于文中不理解的问题，意在向援庵夫子请教，并写了一篇读后感呈交他。他发表这两篇论文时，或许认为我未理解的问题是他说明不清楚，故特别加强了解释。由此表明援庵夫子的谦虚自省意识和精神十分可贵，这便是学生对他充满敬佩之心的缘由之一。而且，作为学生，我们阅读援庵夫子未发表的论文，实为一次学习的好机会，既可仔细揣摩文义，学习老师撰文的方法，同时又需要查阅大量的文献典籍，反复校勘史料以发现问题，实为一次史源学实习，自然受益匪浅。

援庵夫子同样欢迎他的学生到自宅书斋拜访。在我与他相识的六年中，他曾三易住所，原住在西城翊教寺街5号，后移至西城中部的西四南大街丰盛胡同5号，1932年又移至地安门内大街米粮库胡同5号，彼时与住在4号的胡适做了多年邻居。援庵夫子与胡适、陈寅恪是密友，经常定期会餐聊天，已为学界众所周知。援庵夫子的书斋，自号"励耘书屋"，更是名响京城学界，内中收藏图书之丰，实非一般藏书家可比。尽管他身居大学要职，但励耘书屋的访客大多是他的学生和学者，难得一见达官贵人，我与李伟昌、雷震、李焕绂、陈述、柴德赓、张鸿翔、盛代儒、王兰荫、翁独健、刘镛等学生，当时都是援庵夫子励耘书屋的常客。

清末民初经学衰而史学复振，特别是1931年九一八事变后，史学关系国家与民族之兴最为切要。援庵夫子对此深有认识，此时他开始以顾炎武《日知录》为底本对我们讲授史源学实习，一方面是让我们学生加强史源学、考据学训练，另一方面是让学生从中领会顾炎武经世致用的精义，向学生灌输爱国思想。我在1932年本科毕业前提交的论文《东北之历史考察》，是在援庵夫子指导下完成的。我于文中列举了众多史料，以解明东北历史，匡正日本学者对东北三省历史的曲解。援庵夫子阅后提出了一些修改意见，我按照师嘱经过数次修改，再呈援庵夫子，他给我打了92分，我由此顺利地拿到了学士学位。随后，援庵夫子又将该论文推荐给影响较大且面向国内以及日本、朝鲜发行的《进展月刊》，该刊即在1932年11月第一卷第八期上予以了揭载。稍后我在北师大研究所当研究生期间发表的学术论文《宋代太学生之政治活动》以及在此文基础上增补史料而成的专著《宋代太学生之救国运动》，均是受到我历来崇尚的顾炎武"经世致用学说"深刻影响的结果，亦得到援庵夫子的好评。后来我在日本留学期间相继向国内刊物投稿发表的《北宋亡后北方的义军》《南宋末年河北山东义军》《元代被压迫阶级之汉南人》等论文，均有揭示民族运动意义的经世致用意趣。

图11　在北师大本科毕业时获得历史学士学位时留影

1932年9月，我于北师大历史系本科毕业后，进入北师大研究所当研究生。当时按研究所章程规定，研究生研究期限为一年至三年，即一年至三年内，修满16—20学分，并提交毕业论文，呈论文审查委员会审核，经本所委员会认可和考试及格后，发给毕业证书，俟教育部学位规程颁布后，补发硕士学位。这些章程规定与我后来在日本东京帝国大学大学院（即研究院）的规定有所不同。研究生入所后，必须提出论文题目，我提交的论文题目是“元代佃户之生活”，导师是元史专家援庵夫子，他当时兼任北师大研究所历史学组导师。除此之外，历史学组还有陆懋德导师，当时陆懋德兼任历史系主任，工作较忙，在研究所授课相对少些。

我在研究所选修了援庵夫子开设的清代学者治学法课，通常是每周一课，他的讲课方法别具一格，他将撰写得工工整整的文稿当作讲义，上课时将讲义一页页放入幻灯里，讲完一页换一页。讲解中所体现出的援庵夫子的精深学识和独到见解，实有一些超越清代学者的卓识之处。援庵夫子讲课语速适中，十分注意与学生的思维协调合拍，语言精练朴实，吐字清晰，措辞恰当，绝不用晦涩之语，虽然用词平淡无奇，但往往寓意深刻，常使我辈学生感佩道：“听他一席话，顿开生茅塞；朝闻夫子言，夕归令我思。”当时，我还选修了研究所主任导师钱玄同开设的清代思想史研究，陆懋德导师开设的考古学，黎锦熙主任导师开设的汉语拼音法，李建勋主任导师开设的学务调查，高步瀛导师开设的选学举要等课，各师讲课皆有特色。

当时同为历史学组的研究生还有王兰荫，专攻宋代纸币；丁迪豪、袁允中，专攻上古史；赵泉澄，专攻满洲史。他们都早我一届。相对而言，因我与王兰荫同在黎锦熙兼任导师的北师大教育研究会工作，他任干事，我任助理干事，故两人关系密切。在研究所，我还结识了所属其他组的研究生孙海波、周国亭、何竹淇等人，他们都比我大一届。1962年我在撰著《侬智高》文稿时，曾得到时任中山大学教授的何竹淇先生鼎力相助，帮我查找了一些重要史料，只可惜他于1967年去世，同窗之谊，铭诸肺腑。

当时北师大研究所的研究生，大部分是北师大本科毕业生，大都是贫家寒门子弟，而且大多是一边在中学任职教课，一边在研究所从事研究。加之当时北师大研究所尚无教育部明确规定的硕士学位授予资格，故能专心研究者以及能持之以恒者不多，每年毕业者屈指可数。我每天除了纂辑工作以及听课外，就是在文学院内的公开研究室查阅史料和看书。在撰写研究生论文《元代佃户之生活》的过程中，在援庵夫子的指导下，我读了许多相关书籍。由于该论文引用《元史》《元典章》等正史资料较多，因此，此前援庵夫子撰写并由其励耘书屋刻印的《元典章校补》和《元典章校补释例》对我帮助较大。

1935年9月，我在研究所学满三年，呈交了研究生毕业论文《元代佃户之生活》，经论文审查委员会审核和研究所委员会审核后认定合格，加之修满了应修学分，我拿到了研究生毕业证书。当时北师大研究所尚无历史学硕士学位授予资格，我未能获得学位，便决心到日本留学，以获取学位。1936年，我在日本留学期间，援庵夫子将我的研究生论文《元代佃户之生活》推荐给《师大月刊》，并得以在同年该刊第三十期上发表。

1935年9月，我赴日本留学前，专门到地安门内大街米粮库胡同的援庵夫子住所向他辞别，他亦勉励一番。至此师从援庵夫子，已有六年。辞别援庵夫子后，很长一段时间未能再见师面，只是鱼雁时通，向他汇报近况。

我自1929年师从援庵夫子习史后，直到1935年，前后六年。援庵夫子的谆谆教诲使我受益无穷。而且，他对我的生活亦很关心。本科期间，他曾介绍我到他兼任校长的私立北平平民中学校兼课讲授历史三年，可说为解决我的学杂费困难助了一臂之力。

1937年七七事变后，我放弃攻读博士学位，由日本返国回到广西。当时因对广西省教育厅给我安排的工作过于草率甚感不满，我向援庵夫子去信求助，不久他就来信予以应允。后因广西大学校长白鹏飞的盛情聘请，我便写信将实情告诉了援庵夫子，谢绝他的一片深情厚谊。

抗战胜利后，我曾给援庵夫子去信一封，报告劫后重生的平安近况。不久，援庵夫子回信一封，告知了我于信中问及的学友柴德赓、张鸿翔等人的近况，同时寄来了他的专著《南宋初河北新道教考》，我拜读后曾去函致谢，并谈了一些读后感。

我们师生两人在北京再次见面，是在1949年解放后。1950年，我被广西大学保送到华北人民革命大学进修，住在北京西苑。学习之余，我就去拜访峄山、文如、援庵诸师。当时援庵夫子住在西城区兴华胡同13号，为一座典型的老北京的四合院，离他任校长的辅仁大学不远。师生见面，每次都交谈甚欢。我看见援庵夫子住房宽敞，就对他说："老夫子，你的住居有招待客人的房间吗？如果有，今后我的子女来北京公干或旅游就住您这里了。"他听后毫不犹豫地回答道："欢迎啊，我这里有供亲朋好友来住的客房。"

1958年我被错划为右派分子之后，为避免影响他人，我便断绝了与过去的师友和学友的所有联系，亦断绝了与援庵夫子的联系。1980年，北师大援庵夫子的长年秘书刘乃和教授寄赠给我两册《陈垣校长诞生百年纪念文集》，看到援庵夫子的学生写的一些回忆文章,追忆往昔,深感师恩似海。我以为,援庵夫子一生从教70余年,春风化雨、呕心沥血、诲人不倦、桃李满门,实可入20世纪中国大教育家之列。

回顾我的学术生涯,其治学渊源,远受汉儒生为学性情之熏,近受顾亭林、钱竹汀经世致用学和朴学之染,当世受陈援庵、钱中季实学之益,旁受梁任公、鲁滨逊新史学之惠,以至于得窥史学门径,登堂入室迈进学问厅奥。北师大苦读苦作寒窗九年,终悟"教无常师,道在则是"的学理,心领神会"为学贵自辟"的精义,自拓蹊道,以开拓创新性研究为我平生治学之志;以"学术自由"为终身信念;以"不学千人之诺诺"而作"一夫之谔谔"为问学宗旨;以学海"无权威、无顶峰、无禁区"为座右铭;以"走自己的路而不管他人说什么"为自勉;以"不耻下问""一谦四益"为一生治学态度。而所有的这一切领悟、体得和实践,归根结底,皆得益于北师大诸师的言传身教以及自己寒窗九年自强不息的苦读苦学苦思苦作。

以上说了我在北师大读书时诸师以身作则、弘文励教、砥节砺行的诸多往事,实无意附骥攀鸿,旨在阐扬光大诸师道山学海、授教解惑、舌耕育人所创下的业峻鸿绩。

九、蓓蕾学社

当时北师大几乎没有完全脱产的行政干部,院长、系主任、注册课主任、附中附小主任等都要上课,不需要上课的工友寥寥无几。学校和教师对学生基本上不管,各科目的教学都采用自学辅导主义,教师十分注重启发式的教学方法,重视预习,重视学生的讲课训练,反对注入式的教育方法,而学生学习完全依靠自觉。北师大的学生,多为贫寒子弟,要想完成学业,必须在外兼职。因此,同学们大多是一边上学读书,一边在外兼职,其中尤以在外兼教课者为多,一可弥补生活费来源,二可投身到中等教育的社会实践,强化讲课训练,以便为将来谋到一份好职业奠定基础。例如比我晚一年考入北师大历史系的广西籍同门学友雷震,当时便在京师公立第一中学兼教历史数年;李伟昌便是由王桐龄师介绍到北京私立志成中学男生部兼教历史数年。当时北师大校方和教师对学生在外兼教从不干涉,一些教师则支持鼓励,原因在于当时北平高校教师在外兼教的现象甚为普遍,自然会对师范学生在外兼课产生推波助澜的影响。以至于当时北平私立中学的兼任教师,大多数是师范大学学生或毕业生,尤以我就读的北平师范大学学生为甚，时人称为“师大派”。与此同时，当时还有一些大学教授在外办学，例如前北京师范大学校长邓萃英与北师大教授王桐龄、李泰棻等人创办的北平私立平民中学；时任教育部副部长的陈垣师与北京高等师范学校（北师大前身）校长陈宝泉等人创办的北平私立平民中学；北师大教授萧一山相继创办的北平文史政治学院、北平私立文治中学等。

北京作为文化古都，一直都是中国文教的中心，即便在民国时期的 1928—1937 年间，由于各派系混战局面逐渐结束，全国初步统一，人心开始思治，文化教育日益受到重视，一批办校较有特色的中学如雨后春笋般地在北平破土而出，加之各大学开办的各类暑假类或季节性补习班、讲习班多如牛毛，这就为北师大学生在外兼课提供了大量机会。本科四年中，我相继在北师大附中、援庵夫子兼任校长的北平私立平民中学和一山师创办的北平文史政治学院和北平私立文治中学兼过课，讲授历史、国文。

当时北平的公办与民办教育都较发达，公立中学一般面向平民，以北师大附中最有名，师资最强。我在北师大附中兼教只是偶尔代课，讲授历史，而非正式被聘用的教师。当时北师大的本科四年生，都必须在北师大附中或附小进行教育实习，我是在北师大附中完成的教育实习。私立学校一般面向家庭富裕的子弟，但也有一些例外，例如援庵夫子、陈宝泉等人于 1921 年共同创办的北平私立平民中学，坐落在西城西廊下胡同，离白塔寺不远，主要面向平民招生，免收学杂费，还给家贫清寒在校生适当的生活补助。经援庵夫子介绍，我在该校初中部教了三年的本国史，每周上三节课，得薪金八元。

我在一山师创办的北平私立文史政治学院教了一个学期。北平私立文史政治学院是在时任国民政府军事委员会委员的张荫梧先生（1929 年任北平警备司令，1930 年任北平市市长）的资助下由一山师创办于 1928 年 9 月，一山师任院长，翌年因经费困难停办。1931 年 6 月恢复后改称文治学院，1933—1934 年间又停办一年。相对而言，我在援庵夫子时任校长的北平私立平民中学和一山师创办的北平私立文治中学授课时期长些，前后三年。文治中学由萧一山先生创办于 1929 年，他任董事长，故又称“一山中学”，招生对象主要面向家庭富裕的子弟。一山师聘郁士元先生为校长，郁士元先生时任北大教授，兼教于北师大，系一山师的江苏老乡兼挚友，颇得信任。

我当时在外兼课，以不影响学业为要，每月能得 20 元薪俸，维持生活足矣。我在文治中学高中部讲授过国文、历史两门课，相继结识了在该校读书的高中生李石锋、刘盛亚、张天授等人。当时的北师大师生，不仅热心在大学外兼教，还热心在大学内外办学社、学会、研究会等社团，例如北师大师友张我军先生创办的新野社，发行《新野月刊》，发行处即设在他在京城的住所西城察院胡同四十七号；学友王森然创办《摸索》期刊，皆颇有成就。受其影响，我一直想办一个学社，只是苦于财力困乏，恰好李石锋先生是四川富商之子，家境殷实，我便与他商量，两人一拍即合，便于1932年春创办了蓓蕾学社，宗旨是以出版进步书籍和创办进步刊物为媒介来达到弘扬新文化、新文艺、新史学、新教育的"四新"目的。"蓓蕾"之名由我所取，意指含苞欲放的花朵。蓓蕾学社只有我与李石锋、刘盛亚、张天授四名兼职人员，办公室设在文治中学内，由一山师提供给我们专用的一间房屋，每月只付少许房租。我任社长，主要负责文史类出版物的题材选稿；李石锋任总经理，既主持学社的全面日常事务，又负责财务管理。蓓蕾学社创立不久，又相继创办了文艺旬刊《菡萏》《蓓蕾》，这两刊重点放在新文艺创作和评论上，旨在为京城广大文学爱好者和具有新思想的青年提供一个发表作品的机会。旬刊主要面向北平和周边地区发行，李石锋任主编，刘盛亚任主笔，张天授任编辑。我记得《蓓蕾》文艺旬刊内辟有文学新论、外国文艺、文艺研究、文化研究、民间奇葩、课教园地、诗词歌赋、艺苑春秋、广告等栏目。李石锋、刘盛亚、张天授三位先生有理想、有干劲、才华横溢，创作了不少优良的杂文、散文、诗歌等文学作品。由于李石锋、刘盛亚、张天授办刊有方，不时向京城一些文化名人约稿，文艺旬刊《蓓蕾》办得较有成效，每旬印制出的刊物基本能售完，加之广告收入，使得旬刊基本能维持收支平衡。

当时在出版书籍方面，有繁杂的出版法规和严苛的新闻检查，蓓蕾学社作为当时通过了审批的北平正规出版社之一，前后出版书籍数十种，内容涉及数学教材、文艺小说、史学、外语文法、翻译作品等方面。蓓蕾学社在弘扬新文化、新文艺、新史学、新教育的同时，不忘国恨，大声为抗日救亡鼓与呼。在国家与民族危难时刻，抗日救亡同样成为学社的强音。1934年初，蓓蕾学社出版了我的史学译作《元代农民之生活——附奴隶考》，原书作者是日本高师教授有高岩。该书由有高岩教授原来分别刊登在《桑原博士还历纪念东洋史论丛》中的论文《元代农民之生活》以及刊登在《小川博士还历纪念史学地理学论丛》中的论文《元代奴隶考》组合而成。这两篇日语论文我于1932年已经译出，译出后曾请学友、时任北师大日语讲师的张我军先生详细订正，继而连载在同年4月和5月的《社会杂志》第四卷第一、二期上。接着我又将刊载的译文托学友苗迪青先生携带至日本，请原著者有高岩教授校阅，得到满意答复后，我便于1934年将两译文合为一书，由蓓蕾学社出版。出版时，特请时任北师大校长李蒸先生题书名。

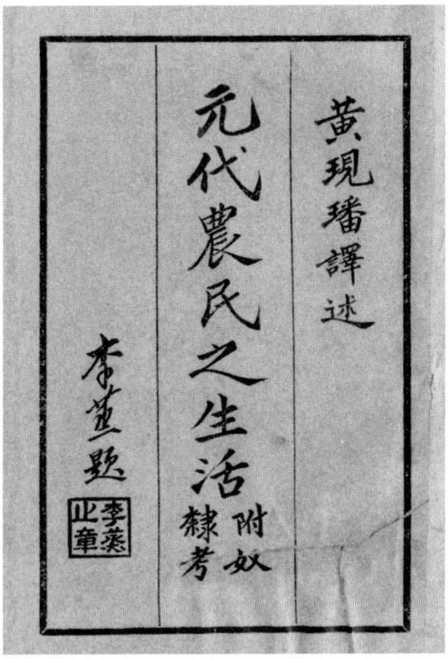

图 12　在北师大读书期间的学术成果《元代农民之生活》(1934 年初版)

同时，我在书中撰写了《译者序》短文一篇，特别说明：

> 本书材料翔实，考据精密，能使读者，了然当时汉族农民奴隶，受异族压迫之痛苦，及生活之恶劣；而觉居于次殖民地地位之中国今日，尤其是东北四省同胞，在暴日势力统治之下，为异族中之异族，饮辱受困，横被压迫，更不堪闻问矣……愿吾同胞，怵异族之残凶，悲亡国之将至，卧薪尝胆，共挽危亡。

我写《译者序》这篇短文的笔意显而易见，概而言之就是弘扬史学“经世致用”的目的，于史学译述中提示国人：1931 年九一八事变后，东北四省同胞正遭受日寇侵略者豺虎肆虐，从而唤醒同胞的救亡意识，以此满足蓓蕾学社以出版书籍为媒介来达到弘扬新史学和呼吁抗日救亡的目的。本书发行量虽然不大，但出版后反响良好，不久就销售一空，如今早已成为绝版。说到本书，顺便略讲一下两个人，一是北师大校长李蒸先生，二是学友张我军先生。

李蒸先生于 1932 年 7 月上任北师大校长，同时兼研究所所长。事实上，李蒸先生早年毕业于北京高师，早在1930年春，国民政府派李煌瀛（即李石曾）先生出任师大校长，李蒸先生时为代理校长。由于李煌瀛始终没有到任，实际由李蒸先生主持北师大全面工作，因而他对母校的各方面情况自然十分了解熟悉，对母校感情很深。寡见寡闻所及，李蒸先生虽是国民党员，但属“李煌瀛派”人物，而非“陈立夫CC派”“朱家骅派”“蔡元培派”人物。而且，为了北师大的生存和发展，李蒸校长一直竭尽全力地与以陈立夫、朱家骅为首的教育部斗智斗勇。1932年8月，时任教育部长的朱家骅下令北师大停止招生，揭开了陈立夫、朱家骅之流否定师范教育蓄谋已久的官方序幕。为此，李蒸校长领导北师大师生与其展开了针锋相对的斗争。在同年底召开的国民党四届三中全会上，虽然在陈立夫的主导下，中央组织委员会抛出了“停办师范大学”的提案，但经李蒸校长以及全校师生和校友的多方奔走呼吁，向社会各界晓以利弊，据理力争，终使该案未能通过。北师大最终得以保存下来，李蒸校长功不可没。同时在此之后的北师大整顿过程中，李蒸校长在领导学校组织机构的调整，各院系的建制规范化，开办师资专修科、三年制师范班和各种培训补习班，增加科研设备和图书，加强教材纂辑等方面都建功卓著，广受师生好评。

李校长给我留下的最大印象就是平易近人，思想开明。前说1932年9月，北师大奉教育部整理之令，在校务会议上通过校务整理委员会议决案，将“国立北平师范大学研究院”改为“国立北平师范大学研究所”。按照研究所章程规定：本大学毕业生成绩优异者，可酌免入学考试之全部或一部。而我正是1932年9月于北师大历史系本科毕业。正好当时我与同窗刘镛合著的《中国通史纲要》上册刚出版，我便写了一个申请报告，要求到研究所当研究生和纂辑员。当纂辑员是为了能拿薪酬，以维持生活和安心从事研究。我将申请报告先呈系主任陆懋德教授审阅，他在报告上写了推荐语后转呈给文学院院长黎锦熙教授审阅，黎教授亦在报告上写了推荐语，然后我将《中国通史纲要》上册、钱玄同师和李建勋师各写的一封推荐信以及从注册课主任康绍言那里申请到的一份成绩单等材料一并上呈送给刚上任不久的李蒸校长。不久，李蒸校长派人叫我到校长办公室，他和颜悦色地接待了我，说了一些鼓励话，大意是：

研究所正准备加强教材纂辑工作，以黄生的在校学习成绩而言，到研究所当纂辑员没有问题，但教育部已令师大今年停止招生，这主要针对预科和本科生而言，即便研究生被限招，今年研究所是否可以内招少数本校学习成绩优秀的毕业生，这些事皆尚未明确，我需与各院长、系主任协商，将会在校评议会上作出决定。

后来我听校评议会委员黎锦熙、钱玄同两师说，校评议会决定当年不公开和不对外招收研究生，只是内招数名本校本科成绩优异毕业生免试进入研究所当研究生。最终结果是我的申请报告中的两个愿望均如愿以偿。

当时北师大师生除了一些学社、学会、研究会等学术文艺社团活动外，还有一些政治党团活动，多带有秘密性。尽管李蒸校长上任不久，在整顿阶段中设置了训育委员会，组织成立学生生活指导委员会，加强了对学生思想行为的指导，限制和打击了进步的学生运动，这或许是李蒸校长为了北师大的生存而与政府当局妥协的结果。就我了解的情况而言，虽然不能说李蒸校长是政治进步人士，但他基本上对学生运动采取自由主义的态度，对学生运动基本不干预，对学术文艺社团活动一般予以支持，对思想进步的左倾学生从未加以迫害。

相比之下，师友张我军先生当时的思想就较为进步。他来自台湾，精通日语，早在1927年在北师大国文系读书时，就在西城察院胡同47号的住所开办了日语补习班，时有声誉。1928年我在钱玄同师的教师宿舍认识他后，结为学友。1930年，张我军先生从国文系本科毕业后被聘为北师大日语教师，我常去听他讲日语课，师友之谊日深。

张我军先生不仅精通日语，而且文学创作上颇有造诣。他曾在北师大创办新野社，1930年发行《新野月刊》。他送我创刊号一册，记得开篇便是他的评论文章《从革命文学论到无产阶级文学》，文章主张无产阶级文学是真正的革命文学。这种主张无疑反映出张我军先生的思想进步性。这种思想开明和进步性虽为风气宽松的北师大所容，李蒸校长不会因此解聘张我军先生的教职，但显然为当时的国民党反共势力难容，自然难以维持。这就是我未见到张我军先生再送我《新野月刊》第二期的原因之一。向他索要之时，他告知已被政府当局勒令停刊。相比之下，我们蓓蕾四友创办的《蓓蕾》旬刊，因以弘扬新文化、新文艺、新史学、新教育的“四新”为目的，同时赋以抗日救亡的现实意义和使命，故生命力相对长些。事实上，在蓓蕾学社内，从政治态度而言，我与李石锋、刘盛亚、张天授三位学生当时的思想都是较为进步的，这从他们与我平时的谈话中以及他们当时相继发表在《蓓蕾》旬刊上的杂文、文艺评论、诗歌等文学作品中可见一斑。所以我们蓓蕾四友后来都成了民国时期的左派进步学者。当中尤以李石锋先生思想激进，最为左倾。抗战时期他加入共产党后，曾担任过四川省自贡市中共市委机关

《正确日报》的社长。后来他作为左翼报刊编辑，经常往返于桂林、重庆、成都等地，时与茅盾、巴金、郭沫若、老舍、臧克家、聂绀弩、范长江等人一道参加进步文艺活动，尤与老舍、聂绀弩交往密切。他每次到桂林，都抽时间来看我，尊师重道的修养一如既往。从思想上而言，我虽不能说激进左倾，但崇尚新史学的进化论，不甘落后于人，因而我们师生四人志同道合，有着许多共同语言，相处甚欢。只可惜 1935 年，李石锋先生考入北平国民学院文学系就读，同时被聘为北平著名《益世报》的副刊编辑，加之同年9 月我赴日本留学，刘盛亚先生亦赴德国留学，蓓蕾学社被迫停办。1978 年改革开放后，李石锋先生曾来信告诉我说，在 1957 年的“反右运动”中，他与刘盛亚、张天授先生与我经历了同样命运，皆被错划为“右派分子”，“文革”中再吃二遍苦。

我在北师大读书期间，还于 1932 年 10 月与北师大历史系同学柴德赓、丁迪豪，燕京大学历史系研究生谭其骧、朱士嘉，清华大学历史系学生吴晗，北京大学历史系毕业生谢兴尧等人一道发起成立北平史学会。同年 12 月，我进北师大研究所当纂辑员和研究生后，又与同所研究生丁迪豪、袁允中等人一道在北师大研究所发起成立历史科学研究会，以弘扬历史唯物主义为宗旨。当然，我们当时宣扬的马克思历史唯物主义实与当时以郭沫若先生为代表的一批左翼文化人士宣教的马克思历史唯物主义明显存在历史科学与政治经济学的区别。事实上，早在 1929 年北师大本科二年时我发表的《女子财产承继权实行后的宗法社会和妇女道德》这篇论文中，便对马克思学说加以了引用，当时已对马克思主义经济学略知一二。后来发表的一些论文中偶有提及，特别是解放后发表的论文，多有引用。我对马克思主义唯物史观的认识，如同对鲁滨逊新史学的认识一样，皆视其为具有进化思想的历史科学，并在论文中对其学说加以引用，绝非视其为宗教教义或政治教条而认为不可冒犯或评判。这就是当时丁迪豪学友找我商议共同发起成立历史科学研究会时我欣然应允的认识思维所在。只是该研究会成立后，由于我的研究生学业和纂辑工作刚刚开始，诸事繁忙，没有投入更多精力参与该会活动，该会及其主办的学术刊物主要还是由学友丁迪豪、袁允中等人主持和编辑、撰文、约稿。

我在京城学习生活九年，各方面经历的事情和所见所闻甚多，口述中无意一一细说，计划今后抽时间专门以“京城求学九年旧忆”为话题再予以详述。

第四部分

一、东京下宿屋

1932年"一·二八"事变后，当时的青年学生迫切感到"师夷长技以制夷"的必要。为了抗日救亡，深入了解日本似乎成为当时中国大多数学子的共同愿望。加之当时银圆汇兑日元比率急速升高，以致在事变后又一度出现了留日热的回潮，负笈东渡留学者络绎不绝，这从当时国内的新闻报道中可窥一斑，1934年11月的《申报》曾报道说：

> 中华民国负笈东渡留学之学生数目，自九一八事变以来，原已渐见锐减。唯去年秋季，陆续东渡者，则颇不乏人。至今春以来，其人数忽倍增。尤以九十月间，中国与东北地区之留日学生一举而增加千人，实为近年来之新纪录，将来尚有激增之势。但究其东渡留学之理由，盖前因九一八事变之关系一时未便东渡，而近顷则中日感情已渐趋和缓之故。唯最大之理由，实为汇兑之关系。二三年前，日币100元须以中国国币200—300元方能兑换，最近则可以70—80元兑日币100元，其差甚远。故在上海攻读，反不如东渡留学为合算，盖较之二三年前，消费力减少三倍之故。

这些原因只是促使我在1935年夏于北师大研究所研究生毕业后决定前往日本留学的近因，而远因则是受到留学前辈老师们的影响。北师大专任教授王桐龄、李建勋、高步瀛、朱希祖、林砺儒、钱玄同等吾师都曾留学日本，常道直、张星烺、邱椿、陆懋德等吾师都曾留学欧美。北师大师生的留学风气向来浓厚，受其影响，我在本科期间便有了留学欧美或日本的冲动，这就是我在本科一年级除了修英语外还选修日语的缘由，也就有了我在本科第四年发表日文译作的结果，这些都是我为了今后能留学日本所做的事前准备。

30年代的大学教席，除少数特例外，当时没有国外留学资历的教师很难获得教授聘书。由于受到美国“新史学派”创始人鲁滨逊的新史学观强烈影响，本来我是想到美国留学，投身“新史学派”门下，但因留学资金不足，又早闻日本西学盛，无奈之下，在北师大就读九年期间我只对英语和日语有着长期学习的条件局限下，只能选择东渡日本，留学东瀛，初衷还是想到日本获取博士学位，以便回国后能在大学谋到一个好职位，改善自己的生活和地位。除此之外，我还想出国增长见识，探索日本明治维新后如何迅速成长为一个近代化强国的原因以及日本学者的治史方法。

当时的民国政府针对本国留日学生的政策，当然不会顾及日元对银圆的汇兑关系。自 1931 年九一八事变后，民国政府开始逐步变相地取缔中国公派赴日本留学生，对于自费留日学生，则制定两项严格措施加以限制：一是对出国留学生，只限于大学本科毕业以上学历者，否则，不发给出国护照；二是对欲自费赴日留学者，必须先预交三千元保证金，待人到日本入学后，再由政府将保证金陆续汇到日本充当学费。若不按此规定而擅自赴日留学者，民国政府派驻日本的机构对其一切事项概不予以协助。当时自费留日学生绝大多数都没有三千元保证金这笔费用，只得另谋出路。幸而当时日本政府对留日学生采取宽松政策，未加限制，只是禁止赴日就业和劳动者。因此，只要在日本政府驻华公使馆中申请一份身份证明书，证明自己是学生身份，赴日目的是留学，便可在日本各埠登岸。未交保证金的中国自费留日学生进入日本后，民国政府驻日公使馆、监督处、经理员当然概不过问，任其自生自灭。如此一来，只有专办中日文化教育亲善事业的日方机构日华学会协助介绍留学生的住宿和入学诸事宜，似乎代替了本来应由民国政府派外机构行使的职责。由此可见，民国政府对本国自费留日学生的严格限制政策没有日方的配合，形同一纸空文。

日本财团法人日华学会创立于大正七年（1918），学会维持和援助资金主要来源于日本国库补助和企业、私人捐款，属具有半官方半民间性质的教育团体。学会创立不久，首任会长、原文部大臣小松原英太郎便在帝国饭店宴请了当时中国驻日公使章宗祥，公使馆员庄景阿、严智崇、郭左淇以及留学生监督处总监江庸和监督处经理员金之铮、熊元襄等人，向其说明日华学会创立的宗旨是为促进中日文化教育事业的发展，以此来达到完善中国来日留学生的日语教育及其帮助升学的目的。为此，日华学会成立以来，相继开设了第一中华学舍（男生专用）、第二中华学舍（男生专用）、白山女子寄宿舍（1935 年改称“白山学寮”）、翠松寮（夫妇留学生专用）、大和町女子寄宿舍、中野学寮（女生专用）、馆山销夏团（供留学生休假和旅游用），皆属寄宿舍和学生寮性质，专供中国来日留学生居住，住宿费比外租下宿屋便宜一些。除此之外，日华学会还掌握着东京各名牌大学附近的下宿屋具体住房情况，可以向留学生提供下宿屋空房的信息和中介，不收中介费。日华学会开设的寄宿舍和学生寮，主要供该学会开办的东亚高等预备学校入学的留学生居住。东亚高等预备学校后改名为“东亚学校”，以授日语为主，分正科、高等科两专业，属中国留学生升入大学和大学院前补习日语的专门学校。1934年秋和1935年秋来日的北师大留学生，当中少部分就曾在日华学会开办的东亚学校学习。同时，日华学会为来日的中国留学生提供入读大学和大学院以及参观和考察等方面的协助，并开办有日华学报部，以收集中国在日留学生的受教育信息。这些信息包括中国在日留学生的逐年人数、留学生入读日本各大学和大学院的人员名单等方面详细资料，并加以整理和统计。日华学会日常还请一些中日双方文化教育界名人和教授举办各种讲习会。凭实而论，不管日华学会半官方和经营日语学校的商业性质如何，至少就它在协助东京的中国自费留日学生入学、入居等方面而言，确实做了一些力所能及的助益实事，我抵达东京后马上受到助益，即说明了这一点。

我办好出国护照和在日本政府驻华公使馆申请到一份学生身份证明书后，便于1935年9月5日早上，与北师大邓梅羹、卢光彬等赴日留学生一行八人，由北平东站乘日本客运车，前往天津塘沽，然后由塘沽码头乘日本商船抵达日本神户。海上坐船一路上风平浪静，同船来日留学生有三十余人，其中包括北大、北师大、清华、朝阳各校学生，大多住在三等客舱，票价20元。临近神户港前需办理入国填表手续，即由船上事务员交给乘客一张印刷表格，上列有姓名、年龄、籍贯、履历、来日本的目的、所至日本何地、逗留期间、抵日本后有无接待人或接待处、所带行李物品。乘客将表格填好后交给事务员。事务员收齐后交给事务长，由事务长统一交给船上的日方水上巡警。接着，巡警在船上饭厅或大厅叫来乘客一一讯问，回答必须与所填内容吻合。办完这些例行手续和通过讯问后，我们这一船的中国来日留学生皆得以顺利登岸。抵达神户港后我们在当地廉价旅馆住了一夜，第二天早晨由神户乘富士号快速列车前往东京。当时我们坐的是三等车厢，票价五日元。当日下午抵达东京站，时已有早一年来日留学的北师大校友蒋益明、左秀芝，以及我的扶南县同乡、同为北师大校友的莫国万等人在东京快车停车站新桥等候迎接我们，随后将我们送往位于神田区西神田一丁目的日华学会，招待暂住于日华学会。隔数日，师大留日同学会又在离日华学会不远的南洲庵中华料理馆设宴招待我们。不久，我便由日华学会介绍入住东京小石川区白山御殿第一〇九番地一处租赁房，通信地址是东京小石川区白山御殿町一〇九番地滕田方。邓梅羹先生亦被介绍入住东京小石川区原町一一七番地，与蒋伯熙夫妇同住在一栋下宿屋，离我的住地不远。

当时留日学生大多入住租赁房，通信地址大多与我类同，例如1936年春与我同时考入日本东京帝国大学文学部大学院的北师大历史系本科毕业生黄毓甲、冯肇元、冯健文等人。他们都比我早来日半年或一年。黄毓甲的通信地址是“东京中野区宫园通二丁目三番地6号井野方”；冯肇元的通信地址是“东京本乡区蓬莱町第三初音馆”；冯健文的通信地址是“东京涉谷区千駄ヶ谷町四丁目六一九番地坪川方”。当时日本的东京有东京府与东京市之别，东京市属东京府所辖。上言地址中的东京皆指东京市，通信地址一般省略“市”字不写。1943年随着日本政府实施“东京都制”，东京府和东京市同时被废止，始设置东京都。

当时留日的北师大学生在东京的住宿，大致分两类：一为学校附属学生宿舍，日语汉字写作“寄宿舍、学生寮”，冯肇元先生所住的初音馆即为此类，与他同住初音馆的北师大留学生还有赵德粟、张敬亭等人，皆比我早来日本半年或一年。二为租赁房，日语汉字写作“下宿屋”。日语的“下宿”，古有三义：一指日本封建时代各地大领主，即各藩大名按参觐交代制度惯例前往江户代替幕府将军执行政务，从而组成队列向江户移动时所带随行人员的下榻所；二指下级的住宿屋；三指江户时代靠近衙门和代官所的诉讼人休息所。昭和时代后的“下宿屋”，一般泛指靠近学校的租赁房。租住这类房屋时，租赁双方当事人必须签订书面合同，合同内写明房屋的面积、租赁双方的姓名、租赁期限、用途、月租金和每月伙食费数额及交付时间、房屋修缮责任以及违约责任等，通常不能转租。事实上，日语的“下宿屋”广义上包括寄宿舍、学生寮，这是因为当时的所谓寄宿舍、学生寮，大部分由私人所有和经营管理，学校所有和经营管理的学生宿舍相对较少，例如上言日华学会开设的寄宿舍和学生寮，皆为私人所有，日华学会租借后负责经营管理。而且，入租学生寮同样必须支付房租，只是相比于私人所有的下宿屋便宜些。

日本的这类学生下宿屋大多是供给早、午、晚三餐或早、晚两餐伙食的寄宿舍、学生寮，日语通称“賄いつき下宿屋”。据我所见所闻，由于当时东京的神田区、本乡区、小石川区属传统的文化区、大学区、书店区，故而全日本到东京读大学的学生和海外留学生大多集中住在这三区内。三区内有下宿屋近千所，其中规模最大最有名的下宿屋是位于本乡区的本乡馆,离我就读的东京帝国大学正门只有200米,系一栋三层木结构建筑物,入住学生绝大多数是东京出身的日本人,还有个别来自东京之外的东帝大教师入住其内。我的东帝大晚辈日本学友曾在此住过,我经常去他们那里参加一些有关学术问题的讨论会,故对本乡馆略知一二。

图13　留日时常去的本乡馆(存续时间1905—2011年——本书整理者)

本乡馆是"賄いつき下宿屋",即供给早、午、晚三餐伙食的学生寮。日本学生寮的伙食一般在学生中评价都不太好,但因本乡馆入住者大多为东京富裕家庭的学生,或许是每月支付的伙食费高,因此每天伙食常有猪肉或鳗鱼,受到入住学生好评。一般租借给外国留学生的学生寮,同样大多都是"賄いつき下宿屋",例如北师大学友冯肇元、赵德粟、张敬亭等人所住的初音馆,亦为我常去之处,它比本乡馆小得多,只有十几间房,全是留学生,伙食相对差些。而我租住的"白山御殿町一〇九番地滕田"下宿屋,不是"賄いつき下宿屋",而是屋主滕田私人所有的租赁房,日语称为"アパート",系借用英语"apart"的外来词,"apart"为英语"apartment"的缩略词。日本的"アパート"并非都是靠近学校的下宿屋,其中不少是供非东京地区的日本普通劳动阶层租用的租赁房,并非靠近学校。

日本人一般将"apart"当作"apartment"的略称,即将作为出租房的"アパート"当作公寓的略称或别称,这是对英语"apartment"一词的理解之误。英语"apartment"一词意指公寓,属集合式住宅之一,通常指一种生活设施齐备而只占建筑一部分的居住形态,一般分为住宅公寓、服务式公寓两类,可由户主自行购买和所有者出租。而且,公寓一般都是钢筋混凝土结构,基本上是三层以上的高楼大厦。然而,日本的“アパート”,绝大多数都是二层木结构,少数为铁骨架结构,几乎没有钢筋混凝土结构。而且全部属于租赁房性质,没有用于商业性,这与“apartment”一词意指服务式公寓截然不同。即便当时已经出现的“同润会アパート”,虽为钢筋骨架结构,已有五层,属高级租赁房,但仍不能算是“apartment”,原因是租用者没有转租权,所有者亦不出售,只是出租。以我当时的住所所在地小石川区名高一时的“大塚女子アパートメントハウス”为例,即可见一斑。

所谓同润会,诞生于1923年9月的关东大地震发生之后。因日本的横滨和东京一带地区发大地震,造成密集于这一带地区的大量传统木造住宅的毁坏。灾后的日本内务部重建灾区时,考虑到传统木造住宅的易燃性和易毁性,决定为灾民重建一些能抗灾的牢固钢筋骨架结构的租赁房。1924年,内务部从来自国内外援助的抗灾义捐金中调用1000万円,成立财团法人同润会,专门负责建造新型钢筋骨架结构的“アパート”,故称“同润会アパート”。同润会当时在东京建了十几栋这样的新型租赁房,其中以坐落在小石川区大塚的“大塚女子アパートメントハウス”最负盛名。它的名称为日语“大塚女子”与外来英语“apartment”(日文“アパートメント”)和英语“house”(日文“ハウス”)等词组合而成,名号虽称“大塚女子公寓大厦”,不过就是当时的高级租赁楼,专门租赁给女性用。当时作为日本政府重建灾区的标志性工程,该楼房建设重金打造,颇为豪华,日本著名建筑师野田俊彦参与设计,全楼钢筋骨架结构,地上五层,地下一层,共六层,总户数为158户。楼房建筑物内附设有杂货店、食品店、水果店、咖啡馆,而且设有公用缝纫机房、钢琴房、收音机房、乒乓球房,房内设备专供住户免费使用。租住户每月租金9円50钱至16円不等。从当时日本的物价看,相对于我租住的租赁房每月租金只需3円30钱而言,实为租金高额的“豪华アパート”。据说该楼房1930年初夏竣工前开始对外募集预约租户时,很快便预约一空。同年6月开始入住,158户预约成功的租房女性陆续搬入,无一空房,以致成为当时日本职业妇女最为羡慕和憧憬的住宅。当时我就读的东帝大文学部的事务所事务长铃木芳子,就曾在“大塚女子公寓大厦”住过两年,她对我谈及该大厦情况时,自豪之情溢于言表。

我租住的滕田租赁房,所有者为滕田直人,系一位当地的富人。他的自宅在租赁房后面，属一栋带有庭院的二层传统和式民居，日语汉字写作“町屋”或“民家”。我的通信地址“东京小石川区白山御殿町一〇九番地滕田方”中的“方”，系日本当时房屋所有者公用通信地址的通称。租住人，日语称为下宿人，其来信放入一楼玄关旁设有各户名的一个小木制方格信箱内，例如师友学友寄给我的来信，写上“东京小石川区白山御殿町一〇九番地滕田方黄现璠様”即可，我每天出入玄关时便可看到写有我姓名的无盖方格信箱内有无来信。滕田先生的租赁房为木结构，墙面为日语所称的日本壁，亦称土壁、涂壁、左官壁，即以竹条制成小方格的一块块竹板面，再在板面涂上混有强化粘连剂和防水剂的高濑产黏土，或涂上混有濑户内海产海沙的丰中产石膏土。竹板面中间和四周配以扎实坚硬的木框，形成一块块泥竹板墙面后，继而在房屋木结构上拼接成整面墙，再在整面墙体内外涂上一层特制黏土，以覆盖一块块泥竹板墙面拼接的露出面，从而形成一栋完整的木结构泥竹板墙面房。这种房屋的优点是保暖，缺点是不防火、不防震、不隔音，稍有一点响动隔壁就能听见，因而较为适合于单身学生和单身青年居住。

滕田先生的下宿屋共有两层，一楼住五户，二楼住五户；每户两间房，每间房呈正方形，面积各为四畳半，十多平方米。四畳半是指铺在和室房间内的叠席（日文汉字写作“畳”）张数。一张叠席的长宽尺寸标准在日本各地区不同，传统上有京间、中京间、江户间之别。我租住的房内铺设的叠席，为江户间标准，宽长为 88 厘米×176 厘米。换算成平方面积，一畳约为 1.54 平方米，四畳半就是四张半叠席，约为 6.93 平方米。

日本传统的民宿，一般不以平方计算房间面积，而讲畳数，这在全世界绝无仅有。在我租住的下宿屋中，公用厨房、公用洗浴和厕所各另设一间，均在一楼。公用厨房内设公用煤气灶，日语称为“ガス焜炉”，为自动化设备，投入日币一钱铜币一枚，自动起火，燃烧约五分钟，可以烧开一壶水。假若煮面条，只需投入一钱铜币两枚让火燃烧 10 分钟即可，颇为方便，而且价廉。

“アパート”和学生寮之类的下宿屋与以天数为单位计算房租并提供被褥的供人暂住的旅人宿（即旅馆）不同，前者皆以月为单位计算房租，管水，管电，但不供给被褥，由租者自备。“アパート”不提供伙食，这与学生寮不同。寄宿舍和学生寮之类的下宿屋，附属学校者，学校派有专人监督管理，对学生起居饮食照应相对周到；附属私人者，房主亦雇有专人打扫卫生或做饭者，制定有一些严格的规章制度，例如不准长期留宿外来非租者，不准带非亲属不明女性入住等，入住者必须严格遵守，一旦违反或累次违规，房主有权解除租赁合同，勒令租者限期搬出。相对而言，租住私人“アパート”一类的下宿屋，管理相对松些。甚至在东京还有极少数下宿屋，不用主妇或不用下女打扫卫生或做饭，专用年轻女子，以引诱学生为业，自然难免会出现少数经不起女色诱惑而懦弱怠惰、荒疏学业、自甘堕落的留学生，其中以富裕家的纨绔子弟为多。寡见寡闻所及，从北师大来日的留学生，大多能卑己自牧，抱节守志，克己用功，自强不息，几无问柳评花而自甘堕落者。

二、和室

在滕田下宿屋的十户租客中，除我一人是中国留学生外，其他五户是日本其他地区到东京来读书的学生，另有四户是日本外地来东京工作的职员。我在此住了两年余，一直租住一楼最右边一户，内有两间房，包括门内一小块换鞋地，共约有15平方米。里房用作卧室，外房为读书、会客用。室内家具布置属典型的传统和室，独具特色。由于我自身研究历史，当时就读于日本东京帝国大学研究院时的老师之一原田淑人教授，系日本近代东洋民俗学之父。受他影响，我留日期间不但开始了收集大量东洋民俗学史料的工作，同时亦特别注意观察日本人住居中随处可见又耳目一新的一些民俗事象，亦对和室及其内部独具一格的壁龛（即凹间）、拉门、拉窗、壁柜、叠席、坐垫以及日本人坐俗的历史来龙去脉有一定探索和深入研究，回国后亦发表过一些有关日本人坐俗的学术论文，还在大学开授过日本汉化史新课程。为此，现将我在日留学期间日常生活中观察到的一些民俗事象及其深入研究结果简略叙述一下。

日本传统和室样式如同和坐习俗一样，大致可分为真、行、草三类样式，一般以壁龛的形状及其床柱形态为区分标准。壁龛的形状不易描述，而从壁龛旁的木立柱（即日语的床柱）形态看则易于区分。壁龛旁的木立柱为四方形，属真式和室；木立柱为圆木形，属行式和室；木立柱为未经过任何脱皮加工的自然圆木形，属草式和室。一般日本民居的和室，大多为真式和室，我租住的下宿屋和室，亦属真式和室。

和室具有简单明了的空间，营造出室内的空寂气象；透过拉窗照射出来的光，洒落在干净明亮的叠席表面，酝酿出清爽怡人的幽玄气氛；一天工作学习身心疲惫不堪返回到和室屋内后，脱鞋走在柔软的叠席上，体感天然物的气息，然后自在地躺在叠席上，有利于卸下一天的身心疲劳。叠席所用蔺草散发出的自然清香扑面而来，使人身临闲寂环境，心旷神怡，心灵受到抚慰，顿生宁静和谐之感。日本小说家永井荷风的名作《四畳半襖下张》，又将日本和风住居的和室中物哀描绘得淋漓尽致。日本人自古独有的以空寂、幽玄、闲寂、物哀等范畴为中核的美学意识，可说在和室中都有着不同程度的反映。如果说家是人心灵的归宿，那么，和室就是日本人心灵的归宿。不仅如此，和室还有着冬暖夏凉的特性。

和室内的壁龛，又称凹间，日语写作“床の間”，系在房间的一个角落做一个内凹的小空间，以挂轴、生花或盆景布置于其中，成为室内装饰空间，别具情趣。壁龛由床柱、床框构成；立柱在日语汉字中写作“床”，俗称床柱（とこばしら），大多为四方形角柱，即真式，下面高出叠席的横梁为床框（とこがまち）。因和室全体的协调性由床柱决定，床柱可以说是造就和室和谐美的精神支柱以及成就和室真、行、草三样式的关键标准，因此对其木质、木纹、选材、加工十分慎重，较高的壁龛一般会用日本扁柏制成床柱。

从日本的住居建筑样式演变史上看，和室的壁龛有可能受到佛教禅宗佛龛的影响。龛用于佛教中原来指掘凿岩崖为空以安置佛像之所，即供龛。随后出现了将石、木或其他材料做成橱子形小阁供奉佛像的佛龛，供佛之小室亦称佛龛。这类佛龛一般都随佛教建筑物同时进行。通常认为，和室的壁龛是随着日本室町时代书院造住居样式的盛行而兴起的。书院造是在寝殿造、武家造住居样式基础上发展而来，原称为武家造，后来由于书院造的发展和普及，后者的住居建筑样式取代了前者。两者的共同点是在一栋房子的若干个房间里都设有一个主间，即主室、会客室；不同之处是书院造将武家造的待客室发展成了一种以会客室为中心的住居建筑样式，形成了独具一格的书院造住居建筑样式。书院造的主间，中文叫作客厅或会客室，日语汉字写作“座敷”（ざしき）。座敷原指铺设有畳席的房间，后演变成了客厅。换言之，座敷成了书院造的主室。随着近代日本洋室的出现，与之区别的日语和室应时而生，从而取代了座敷，造成座敷之义又变，分化成了表座敷和奥座敷，用以区别和室中的外房和里房。表座敷指会客的外房，奥座敷指家族的卧房，两者亦即我租住的下宿屋和室中的外房、里房。与此同时，书院造又对房屋隔离有限的寝殿造住居样式进行了改善，将一栋房子隔立成了若干功能各异的房间。

武家造的主室原来是武士之间来住相互宴请的酒席室或待客室，不讲究装饰和礼仪。书院造吸收了武家造的主室布局，但对之予以了改善，使之具有了实用性、装饰性和礼仪性三位一体的功能。换言之，主室由武家造向书院造的转化，意味着武士私人空间向贵族公人空间的转化。在书院造住居建筑样式中，一般将主室分为上段和下段两

图 14　日本传统书院造和室客厅的构造及其名称

部分，上段高出下段，以示等级高低之别。从日本古代绘画中，例如《一遍圣绘》中可见，镰仓时代武家造的主室，已设有“書院、押し板、棚、納戸構”等。日语的“書院”指书房，它不同于中国独立卧室和客厅之外的独间书房，只是进门右手靠窗下设有的一个低台，相当于低窗台，供人坐于叠席上并在约二叠宽的窗台看书而已，实为看书台。由于低台较宽，紧靠窗户（亦称“書院窓”），延长部分形成押し板的采光空间，又称“付書院”。付書院左边的铺有一块长方木板，日语称为“押し板”，由此长方木板上形成一个长方形凹空间，凹空间正面墙绘有障壁画，下面设一个木台，台上放有香炉、花瓶、烛台，作拜祭之用。所谓棚，即指陈列架。到了室町时代，作为武家造的变化样式的主殿造住居建筑样式出现时，其主室的布局依然如故，没有多大变化。室町时代后期，随着书院造住居建筑样式的出现，武家造、主殿造的主室布局开始发生了变化，主室的書院、押し板被融为一体，从而形成了书院造主室的床の間，即壁龛。而在日本室町时代，无论是前期的北山文化还是后期的东山文化，都深受佛教禅宗文化的影响。就建筑而言，京都室町幕府第三代将军足利义满在北山建造的鹿苑寺金阁，简称“金阁寺”，一般被公认为北山文化最具代表性的建筑，它便是将寝殿造与禅宗佛殿融合的产物。京都室町幕府第八代将军足利义政在东山殿建造的持佛堂，后称慈照寺银阁，简称“银阁寺”，又被公认为东山文化最具代表性的建筑和庭园，它是在禅宗佛殿基础上增加书院造要素的产物。同时，慈照寺内的东求堂同仁斋（建于 1486 年），面积四畳半，既被视为日本最古的茶室或书斋，又被看作是日本书院造的最初住居建筑样式。随后书院造住居建筑样式形成的“座敷、床の間、付書院、棚、角柱、襖、障子、雨戸、縁側、玄関”等方面的住居特点，在今天的和风住宅中随处可见，只不过和风住宅中的普通民居或下宿屋省略了其中一些诸如付書院、棚之类的要素而已。而且，室町时代四畳半书房的出现，又被视为日本草庵风茶室的源流。所谓“草庵风茶室”，即指面积在四畳半以下的茶室。为此，日本的茶室传统上以四畳半为标准，面积大于四畳半称为“广间茶室”，小于四畳半称为“小间茶室”。日语汉字“茶室”为江户时代前期出现的称谓，最初语出《南浦文集》。作者南浦文之系江户时代初期中国禅宗南宗临济、沩仰、曹洞、云门、法眼等五大流派之一的临济宗僧徒，而临济宗的开祖即为中国唐代禅宗高僧临济义玄，俗姓邢，今山东菏泽人。日本临济宗的开祖为荣西，他是平安时代末期至镰仓时代初期的禅宗高僧，曾到中国宋朝研习禅宗和茶艺，后返回日本开创日本临济宗，同时以“将中国禅宗饮茶风俗带入日本茶道的高僧”名高一时。一般认为，南浦文之病逝的1620年之前，日本没有出现“茶室”一词，过去通常将饮茶之所称为“数寄屋”“数奇屋”“小座敷”“茶湯座敷”，即在一间大房里用屏风围隔成一块小间，作饮茶间之用，故又被称为“囲い”，即围室。

日本人的饮茶风俗，最早可以追溯到平安时代。到了镰仓时代，以禅宗寺院为中心的饮茶风俗开始盛行。随着室町时代连歌流行于世，当时在以连歌联欢会为中心的会所中的主室后面设置被称为“小座敷”“茶湯座敷”等之类的饮茶所，似乎已成惯例。日语“数寄”或“数奇”的原意指喜欢、热衷、嗜好等，室町时代成为连歌的代名词。在接下来的安土桃山时代，由于日本人的饮茶风俗广泛普及，“数寄”又成了茶的代名词，当时的茶室便叫“数寄屋”“数奇屋”。江户时代初期随着日语“茶室”一词的出现及其使用逐渐普及，“数寄屋”成为茶室的别称。由于室町时代带有“座敷、床の間、付書院、棚”的饮茶所大多附属在书院造住居建筑物内，加之所用茶具和装饰物大多为唐物，即中国唐朝人习用物品，故通常称为“书院茶”。这种书院茶文化深受中国文化和禅宗的影响，自不待言。安土桃山时代，由于饮茶风俗的广泛普及以及日本风茶具的逐步使用，从书院茶文化分化出来的具有平民色彩的草庵风茶文化脱颖而出，草庵风茶室随之崭露头角。它是书院造样式的简朴化样式，以木材、竹、土壁为基本建材。当时“茶室”一词尚未出现，草庵风茶室叫作“草庵风数寄屋”。江户时代后，在草庵风数寄屋基础上又逐步形成了田舍风的“数寄屋造り”样式，即民居住宅样式。由于这一样式只是对书院造样式的用料和装饰的简化，因而在日本住居建筑史上并未将其列入单独样式，而是统一归入系统化的书院造住居建筑样式，一般被称为“数寄屋風書院”。日本和风住宅便是由“数寄屋造り”样式或“数寄屋風書院”样式演变而来。因此，室町时代建成的慈照寺东求堂同仁斋，无论是日本最古老的茶室还是最古的书斋，都可看作是书院造住居建筑样式的最初形态，亦可看作是草庵风茶室与和风住宅的源流。在日本建筑史上，“和风住宅”与“和风建筑”是两个不同的历史范畴，前者起源于江户时代，后者起源于明治时代的 1868 年明治维新之后，故又被称为近代和风建筑，它已完全突破以往庶民建房时的规定，具有了建筑平等化的特征。

图 15　日本传统草庵风茶室（京都市东山区高台寺内的“遗芳庵”）

如果说数寄屋风书院作为住宅样式比草庵风数寄屋更加追求实用，室内布局更为规范化，那么，随之兴起的和风住宅，则比数寄屋风书院住宅样式更加日本化。无论如何变化，都万变不离其宗。在中国宋代，佛教已经盛行，宋朝人开始流行将禅的理念引入建筑。这类建筑模式对日本当时的佛教寺院建筑样式显然产生过一定影响，以至于日本最初出现的书院造及其由此演变而来的和风住宅带有了禅风气象似乎不足为奇。日本禅僧们在茶道里注入的寂灭无为的生活哲理和闲寂美学，一般以草庵风数寄屋或茶室的简朴、真性、淡雅与之相呼应。而和风住宅中最具代表性的和室，其独有的更加精简的空间配置，舍弃书院造相对华丽的装饰物，追求朴素典雅的视觉感受，重视舒适温馨生活环境的风格，何尝不是“禅”义在日本建筑中的泛化反映，由此成就了日本人崇尚的和室美学。所以我说日本和室的壁龛有可能源于佛教禅宗佛殿内的佛龛，绝非捕风捉影，实有其历史渊源可以追溯。

我留学日本时的租赁房，包括“アパート”和下宿屋，都属和风住宅。当时这类和风住宅的和室内表座敷，即主室或会客室的面积大多为四畳半，而壁龛一些设在表座敷（外室），一些设在奥座敷（内室）。当时的日本人一般在壁龛内布置有挂轴、生花或盆景，作为空间装饰，早已改变了过去作为拜祭空间的形态。我是一个留学生，一心只顾读史书，当然没有这样的兴趣雅致，只能将壁龛当作放杂物和书籍的空间，加以利用。

三、襖与障子

我租住的下宿屋和室的外房与里房之间，即表座敷与奥座敷之间，设有一道不透光的木格子贴纸横拉门，日语称“襖”。房内固定衣柜的横拉门，亦称“襖”。概言之，襖是一种木格贴纸拉门和隔扇，用来隔间，拉门一般不安锁。襖下方通常绘有花纹或图案，倘若看腻了或弄脏了或用久泛黄，可以随时卸下，房主可以请职人重新贴其他花纹的外层纸或更换，从而使整个房间显得焕然一新。

日本襖诞生于日本平安时代初期，当时的中国唐朝和朝鲜半岛使用的汉字均无“襖”一词，表明作为隔扇或遮屏物用途的襖，属日本人的专用称谓。尽管襖属日本人的独创隔扇，然而，日本的襖最初作为宫廷内室的隔扇，追根溯源，实与中国古代宫廷帘、宫廷幔、宫廷屏风关系密切。

一般认为，推拉门窗起源于中国，后由中国经朝鲜半岛传至日本。凭实而论，虽然日本历史上襖的出现比日本的唐纸障子约早一百年，但中国古代障子文化进入日本宫廷和贵族私宅，有可能在日本襖出现之前。“障子”一词为中国古汉语，日语中所用汉字“障子”（しょうじ）与中国古汉语写法完全一模一样，只是发音不同和词义有别而已，故日本古代的障子属借用汉语的外来词，这已成为不刊之论。中国古代障子大多是室内用挂帘、屏风，例如唐代诗人杜甫《题李尊师松树障子歌》中有“障子松林静杳冥，凭轩忽若无丹青”之句，诗中的障子便是指上面题有文字或画有图画的整幅绸布，既可用作装饰帘，又可当作遮隔帘。唐代诗人王维《题友人云母障子》“君家云母障，时向野庭开”句中的“云母”，俗称千层纸；“云母障”，即是云母障子，系用美丽的云母石材制成的屏风。杜甫、王维生活的时代,早于日本平安时代。

中国古代屏风是放在室内用来挡风或隔断视线的用具,一般有单扇屏风和多扇相连屏风之别,多扇又有立式屏风、折叠式屏风之分。单扇立式屏风属屏风的最早形态,中国先秦时期就已有之。《礼记》载:"天子当屏而立。"东汉郑玄注:"屏,屏风。"《礼记》又记:"天子负斧依,南乡而立。"郑玄注:"斧依,为斧文屏风于户牖之间。"《说文》云:"牖,穿壁以木为交窗也。"段注:"交窗者,以木横直为之,即今之窗也。在墙曰牖,在屋曰窗。"中国古代最初的屏风是以木为框,上裱绛帛,画了斧钺,用于宫殿内隔断视线或挡风的实用和装饰家具,属天子名位和权力的象征。日本最早的宫廷衝立,便是这类单扇立式屏风。据传在日本飞鸟时代,当时由中国传入日本宫廷的单扇立式屏风,日本人不叫屏风,而是叫作"衝立"。一般认为日本最古的屏风于686年由朝鲜半岛的新罗王室献上;而现在存世的日本最古老屏风,公认是奈良东大寺大佛殿正仓院保存的国宝《鸟毛立女屏风》,它系描绘中国唐代女性的六扇屏风,约在日本奈良时代的8世纪制成,作为日本第45代天皇圣武天皇的遗爱宝物广为人知。由此可见,日语所称的"屏風"是指多扇屏风,日语所称的"衝立",是指单扇插立式或夹立式屏风。日本衝立又与障子有别,在平安时代女作家清少纳言的随笔散文集《枕草子》中所描绘的"荒海障子",当时名高一时,属天皇卧室清凉殿中的装饰隔具。虽然名曰障子,实为衝立,即单扇夹立式屏风,只不过它是两个不相连和不能折叠的单扇夹立式屏风,高约三米,以木为框,木框内夹带唐锦外缘边的木板,在木板两面裱布,布面绘画,为墨画,内容基于中国古籍《山海经》描述的长股国与长臂国海洋神话故事。据日本古籍《古今著闻集》载,早在平安时代中期日本第66代天皇一条天皇在位时,荒海障子已经存在,是置于内宫清凉殿东边广厢廊下的北角,用于挡风或隔断视线的装饰用具。一些日本学者将荒海障子视为襖或襖障子,这是将襖与衝立、障子混为一谈。这与一些日本学者将"昆明池障子"视为"衝立障子"的概念不分误识如出一辙。

昆明池障子置于"清凉殿"东边的弘廂,所立之处距荒海障子只有两尺。昆明池障子宽三米,高两米,木框座和木框涂黑漆,镶上金铜物,座上面木框内夹带唐锦外缘边的木板,在木板两面裱布,布面绘画,正面绘画内容取自中国《汉书》描述的当时汉武帝训练水军时建筑的人工湖昆明池的部分景色,故称"昆明池障子";背面描绘嵯峨野小鹰狩图,主题反映住在大井川一带嗜好狩鹰的藤原季绳,由著名大和绘画师土佐光清所画。这从平安时代后期的《伴大纳言绘词》绘卷和镰仓时代的《古今著闻集》中可窥一貌。由此可以断言,昆明池障子与荒海障子同样,都属衝立,即类似于中国古代的单扇立式屏风,用于内宫天皇寝殿或卧室,作为隔断视线或挡风的实用和装饰家具。虽然衝立同样可起到隔扇的作用,但它与专门用作隔扇的襖和障子有所不同。而且,日本衝立的原初形态是木板,后来始有木板布画;进而有用名贵的屋久杉制成的天然杉木板衝立,以表现木纹饰的天然美。然后有将美石或钟乳石加工成板状的衝立;继而又有类似于中国插屏的衝立,即于下有座的框中或在下座上插入木板画、雕刻画或大理石、彩绘瓷版等,纯粹作为装饰摆设。而日本襖绝无此类装饰物,障子中只有副障子属于此类装饰物。副障子与中国的挂屏的效用无异,纯粹作为装饰摆设。通俗地说,副障子就是现在的悬挂在墙上的壁画,只是各国壁画用材、用料、形制和画面内容不同而已。所以在一般的和风住宅中不摆设衝立,只有襖和障子,我租住的下宿屋亦不例外。

在平安时代作为高等贵族住宅样式的寝殿造标准布局中,一般分为寝殿(正殿)、渡殿、钓殿。在寝殿中,用于殿内隔断视线或挡风的实用和装饰活动式家具通常有几帐(帘帐)、衝立、屏风等,皆属简易性隔物。衝立的最初形态便是外缘包有软锦的扇式木板隔具,后来在隔扇上部做成窗棂,即窗格(窗里面的横的或竖的格),以满足采光和通风。最初在窗格中并不糊纸,后来产生了和纸,始用和纸糊上,形成透明的明障子。而将扇式衝立木板两面贴上绢,同样在外缘包有软锦,从而形成了襖的最初形态。继而将衝立木板改良成木格骨架,两面贴上绢并在外缘装饰软锦,以减轻木板隔扇的重量,方便安装和卸掉,由此作隔扇用的襖正式崭露头角。日本现存最古的这类襖,一般认为是建于1197年的高野山金刚峯寺不动堂内的襖,现在只剩襖骨架。

襖是略称,全称叫"襖障子"。日语"襖"的平假名为"ふすま",普遍认为它源自日语"衾"的平假名"ふすま"。襖障子最早作为隔屏物使用,一般认为始于日本寝殿造宫廷内寝宫和贵族府邸内的寝室。中文的寝宫在日语中称为寝所,寝所在日语中又称为"衾所",平假名记为"ふすまどころ"。日语"衾"译为中文时广义上指寝室用品,包括被褥、被套、隔帘、隔扇等;狭义指平安时代常用的睡觉时盖在身上的长方形布盖,系日本传统寝室用品之一。日本人后来开始使用被子(日语称为"掛け布団"),亦被称为"衾"。日语的"ふとん",即被褥,一般认为从"ふすま"(衾)演化而来。不管怎样,"襖"的语源出自"衾"(两者的日语平假名皆为"ふすま"),已无疑义。加之最早的襖障子形似长方形布盖的衾,最初用于卧室,故而日本古代的襖障子,又有衾障子别称。

日语的"襖"含有服装配合和绢布贴入二义,本身具有装饰和实用的双重性。襖障

图16　日本传统和室构造及其名称：右边为上下隔开壁柜襖（横拉门），中间为隔间襖（横拉隔扇），左边为明障子，地铺畳

子的最初形态是在衝立木板两面贴有绢布的隔扇，随后演变成了在木格架的两面贴上绘有装饰性图案的不透光绢布隔扇和拉门，减轻了重量，方便适应季节变化的更换。襖障子可以看作一面用来分割房间的实用和装饰性活动墙体，属一种实用又兼有装饰性的家具。它一般由下部绘有图案和中部带有凹拉手的双拉门或单开门与不带拉手的隔扇一道组成，不透光。当需要将房间连通时，可以随时从上下槽中取下襖障子。我在日本留学时，有时因来家玩的同学较多，我便将所租房内的襖障子取下放靠在墙边，以便里、外房间通亮以及同学相互谈话交流方便。

随着带有中国纹饰和图案的纹唐纸流入日本，奈良时代后期，京都纸业模仿中国纹唐纸并掺有云母粉的厚实唐纸应运而生。平安时代初期的日本皇室文化，可以说深受中国唐王朝文化的影响。日本桓武天皇模仿中国唐王所举行的郊天祭祀等一系列举动，通常被视为是当时日本文化全盘走向唐化的标志。平安时代中期，随着日本唐纸的量产化，以唐纸取代襖障子所用绢布的唐纸障子应时而生。由于襖障子和唐纸障子皆不透光，平安时代后期，一种在木制格架中的木格眼覆盖薄薄半透明日本纸（和纸）的门窗开始出现，日语称为“明障子”，主要起到透光作用，以增加室内明亮度，用作隔扇和门窗。

我租住的租赁房的窗，皆用明障子。这种明障子既可用作隔间的隔扇，又可用作门窗，具有采光或遮阳、挡风、增强夜间照明效果，还有冬暖夏凉以节约能源的功效。其中木格眼所用的覆盖和纸种类多种多样，可以依四季变化换新。透过和纸射进的阳光会依太阳移动的方向而变化多端。特别是面向院子的明障子，在移动阳光的照射下会投射出院中花叶、小鸟、蝴蝶等植物昆虫的影子，呈现出如同手影表演的画面，十分有趣。

日本的明障子源于平安时代后期广泛使用的格子户。当时用黑漆涂色的插槽式格子户在日本古画卷《源氏物语绘卷》《年中行事绘卷》中随处可见，它主要起到采光、通风的隔扇作用。就功能而言，一般认为格子户或格子遣户是明障子的前身。日语"格子"在日本古文书中写为"隔子"；日文"格子戸"译为中文即指格子门。格子门源于中国，唐末宋初已经出现。它又称格扇或槅扇，俗称长窗，系一种中国传统建筑中在殿阁和民居房屋安装的带格眼供采光的连式宽木门，中间划分有花心、绦环板、裙板。格子门于唐代末年经朝鲜半岛传入日本，后来越南、琉球等东亚地区的传统建筑中使用的格子门，似乎皆受到中国唐式或宋式格子门的影响。格子门一般分横拉式和推开式两种，中国的格子门在宋代或之前大多为横拉格子门，后来推开式格子门普及。而日本将格子门称为"格子戸"（日语平假名为"こうしど"），日语的"戸"（ど）不是指义为木窗的日语"蔀"（しとみ），而是语源于中国的门（かど）或扉（開き戸）。日本"格子戸"出现后迄今为止皆为横拉式，未见推开式，故源于"格子戸"的覆盖物因用料不同而出现的日本各类绢障子、布障子、纸障子、板障子、杉障子、高腰障子、玻璃障子、化纤障子，皆为横拉式，没有推开式。明障子有和纸障子、玻璃障子、化纤障子之别；纸障子又有唐纸障子与和纸障子之异；襖障子还有板障子、布障子、绢障子、唐纸障子之分，全在于覆面用料的不同。日本障子所用木格子骨架一般采用无结疤松木，经过烘干制成，不易变形和开裂，而且外表光滑，手感好，木质的几何线条呈现出特有的美感。

随着时代的推移，日本的这类室内隔物的称谓逐渐发生了变化，古今日语皆出现了略称形式，即由于不透光的襖障子、唐纸障子与透光的明障子的差别出现，古称的襖障子、唐纸障子被日本人简称为"襖""唐纸"，省略了"障子"；而随着明障子的逐步普及和广泛使用，它又被日本人简称为"障子"，省略了"明"。随着各类障子的普及，最初作为室内隔扇总称的"襖"，逐渐被已成为固定专用名词的"唐纸障子"取代，后者继而又被"障子"取而代之，最终障子成为和室中的拉窗、拉门和隔扇的总称。

上说中国唐代的障子，相当于日语所称的"衝立"，而非日语所称的"障子"。日语的"障"，译为中文指遮间、隔间；"子"用于住宅通常作为小物品、道具等的接尾词。障子即指隔扇和门窗,作为隔扇相当于在房屋里边起间隔作用的一扇一扇的带槽活动式透光墙。事实上,在我留学日本的昭和时代,一般和风住宅的和室内隔扇和内门只用襖或明障子,襖诞生之初从未用作窗和外门。室内与室外之间的外门和外窗,大多用木板门或明障子。当然,一般日本人习惯将两者统称为“障子”,而在专业术语中,两者依然有别。而且襖与障子的制作方法不同,功能有异。在日本,木板门窗和明障子一般由建筑装饰工人制作,被视为一种建材,可以批量生产,而襖则由专门装裱师制作裱装,十分讲求其纸质和裱装技术,以达吸音、断热、调湿效果,同时酝酿出和风气氛。因此,襖皆为手工制作,不能批量生产,通常被视为传统家具之一,而非建材。

我租住的和室里外两屋,进门右边各开有一窗,窗户均分两层,内层为透光的明障子,外层为不透光的铁皮包板的板障子,用作防雨。里外两屋各设有一个固定壁柜,日语称为“押入れ”,亦称“押込み”,意为衣橱、收纳橱,作收纳衣服裤袜之用,早晨起床后所用被褥、枕头一般都放入其中,以腾出室内活动空间。和室的这种固定壁柜,一般是三面柜板固定,正面横拉式门用襖。

四、叠席

日本和室一般没有椅子,通常都睡在或坐在畳上。日语的“畳”,中文一般译为叠席、榻榻米,榻榻米是日语假名“たたみ”的音译,日文汉字写为“畳”。昭和时代的日本叠席较为厚实,标准厚度为5.5厘米。我租住的下宿屋和室内铺的叠席,即为5.5厘米厚。比它更厚的还有专用的柔道畳。一些学者将日语的“畳”译为中文的草垫子或草席,这有失严谨准确,原因在于中国古籍记载的古代莞席、缫席、次席、蒲席、熊席、簟席、萑席、苇席、篾席、丰席、底席、荀席、蒯席等一类草席、竹席、皮席或凉席、温席、暖席,在材质、形制、花饰、边饰、用途等方面皆与日本当今的畳有所不同,两者厚度亦有差异。日本学者据此认为,畳为日本人所独有,世界其他国家未见有之。这种认识大体上没有错,但细考日语汉字“筵”“畳”“茵”“薼”等词的语源以及“畳”的原初形制与功能,似乎又与中国古代“席”及其宫廷礼俗有一定关联。

日本在1868年明治维新之前的古代文化,包括精神文化、物质文化、制度文化,大多深受中国古代文化或唐宋佛教文化的影响,民俗文化亦在受染之列,只不过日本古人吸收中国文化后加以了模仿和改革,而改革部分成为日本独有的精神、物质、制度文化的内涵而已。这从作为物质文化内容的日本古代筵、茵、薼、畳等坐卧铺垫中亦可窥一貌。

日语汉字“畳”，源于中国古汉字“畳”，中国汉字“畳”，古同“疊”“曡”，今简体均写为“叠”，有累积、折叠等义。

《仓颉篇》释曰：“疊，重也，积也。”日语汉字的“畳”即同此义，广义上指铺垫物，狭义上特指当今日本和室的叠席。日语汉字“畳”的古义一般作为室内可以折叠的铺垫用座席、坐垫和卧席等薄畳的总称；今义一般指安装于和室内又随时可以更换的多层厚畳的叠席。

中国古人席地而坐，坐必于席及床，即古人将席铺在地上或床上而坐已成习俗。先秦时代，大多为席地而坐，并无椅坐凳坐。《说文》释曰：“席，藉也。礼天子诸侯席有黼绣纯饰。”按：“席即筵也。方幅如巾，故从巾。”《礼记·祭统》云：“设之曰筵，坐之曰席。”《周礼·司几筵》记：“设莞筵纷纯，加缫，席画纯。”疏：“初在地者一重，谓之筵。重在上者，即谓之席。”《诗经·小雅·宾之初筵》的“筵”，郑注：“筵，席也。”可见筵与席，实为一物二名。孔疏：“设席之法，先设者皆曰筵，后加者为席，假令一席在地，或亦云席，所云筵席，唯据铺之先后为名。”由此可知筵、席之异，仅在于铺之先后而产生的异名。《周礼·春官》：“大朝觐、大飨射，凡封国、命诸侯，王位设黼依，依前南乡，设莞筵分纯，加缫席画纯，加次席黼纯，左右玉几。”句中之“纯”，即指席的装饰缘边，“莞筵纷纯”意指在莞席的缘边缀有白绣；“缫席画纯”意指在缫席的缘边画以五色云气；“次席黼纯”意指在竹席的缘边缀有黑白相间的花纹。

关于中国古代坐俗和日本人坐俗，我曾有专门研究，概而言之，中国古代之席，是供坐卧铺垫的用具。而席坐有坐、卧之别，坐又有独坐与众坐之分；独坐之席，即单席，为尊者所设。《仪礼·乡饮酒礼》：“众宾之席皆不属焉。”句中不属就是不连，表明众宾之席皆属单席。筵方幅如巾，即为单席，以重席为贵。《周礼·春官》：“司几筵掌五几五席之名物，辩其位，与其位。”句中“司几筵”是专职掌管设几敷席的官吏，负责按不同场合、不同身份、不同地位的礼仪规定设几敷席；句中“五席”指当时用莞、缫、次、蒲、熊等五种不同材质编制成的席。《诗·小雅·斯干》：“下莞上簟，乃安斯寝。”笺云：“莞，小蒲之席也。竹苇曰簟。寝既成，乃铺席与群臣安燕为欢以落之。”疏云：“正义曰：‘宣王命人下铺莞蒲，上施簟席，乃与群臣安燕为欢乐于此寝室之中……《释草》云：莞，苻蓠。某氏曰：《本草》云：白蒲一名苻蓠，楚谓之莞蒲。’郭璞曰：‘今西方人呼蒲为莞蒲。今江东谓之苻蓠，西方亦名蒲，用为席。’言小蒲者，以莞、蒲一草之名，而司几筵有莞筵、蒲筵，则有大小，为席精粗，故得为两种席也。知莞用小蒲者，以《司几筵》设席，皆粗者在下，美者在上。”莞，俗名水葱、席子草，草丛生水中，茎圆，江南以为席，形似小蒲而实非也。故莞席用莞草茎编成,并不是用蒲草之小者假茎编成。用初生之柔弱蒲草编成之席称“蒻席”。《说文》:“蒻,蒲子可以为平席。”《淮南子》:“匡床蒻席,非不宁也。”蒻席是用初生之柔弱蒲草(蒻草)编成的细软草席。蒲,亦称香蒲,它与莞属不同种类的水草。《说文》:“蒲,水草也。可以作席。”《周礼·大宗伯》:“男执蒲璧。”注云:“蒲为席,

图17　明治时代的畳职人制作畳的场景

所以安人。”莞茎通常比香蒲假茎粗,故一般用莞茎编成的莞席比用香蒲假茎编成的蒲席的席茎粗,在茵席中莞席作为粗席置于下,相对细软的蒲席置于其上。司几筵中莞筵、蒲筵的区别,实已充分说明了莞席与蒲席的差异及其用途不同。而疏云:“竹苇曰簟者,以常铺在上,宜用坚物,故知竹簟也。”句中所言之“簟”,即指簟席,竹苇当属竹和苇两物,可知簟席实分两种,一为竹席,一为苇席;“竹簟”是用簟竹编制成的竹席,苇席是用芦苇编制成的苇席。后世又将以初生芦苇编成之席叫作“葭席”,以初成芦苇编成之席叫作“芦席”,以长成芦苇编成之席叫作“苇席”。所谓“下莞上簟”之“簟”,非指用簟竹编制成的竹席,而是指用芦苇编制成的簟席,因其质料坚实而又细软,故常铺在上。《礼记》:“君以簟席,大夫以蒲席。”西汉《盐铁论》:“古者,无杠樠之寝,床移之案……士不斤成,大夫苇莞而已。”《盐铁论·散不足》:“庶人即草蓐索经,单蔺籧篨而已。”表明大夫的用席为苇席或莞席,庶人用草蓐,即草席、草垫子。这些均说明了君子、大夫、庶人所用簟席、蒲席、苇席、莞席、草席的等级差异。

莞席用料粗糙,在重席之中,铺在最下,大多为筵。故中文古汉字之“筵”义,实与日文汉字“筵”义同符合契。日文汉字“筵”的语源来自中文古汉字之“筵”,已无疑义。

而日本古代之“筵”,最初即是用稻草编制而成的草席或草垫子等一类的敷物(铺垫用座席或坐垫)。日文汉字的“敷”与中文古汉字的“敷”,两字义完全相同。虽然日本古筵的产生年代已经难以考证,但一般认为它在日本奈良时代以前的时代已经存在,属日本最古老的粗糙席。日本古筵早期最初形制一般推定为正方形,无装饰缘边,属皇宫和贵族住居内铺设于地上或木板上的座席,属单席,功能上相当于中国古代的筵,用料上类同于中国古代的草垫子。中国古筵与日本古筵不同之处表现在:前者用莞草而后者用稻草,材质不同;前者有镶饰边而后者没有;前者已有筵礼仪的规范而后者还没有出现,由此表现出宫廷文化和礼仪兴起的前后不同。换言之,中国汉代的庶民用着草蓐之类的草席、草垫子时,日本皇族和贵族同样用着类同的草垫子、草席。日本皇室的这种用席状况直到平安时代始有所改变。

随着时代的推移,日本古筵在不同时期逐步派生出了畳、茵、莝三种叠席、坐垫、卧席。通常认为,日本畳的原形产生于奈良时代。畳的最初形态是在筵的基础上加上了镶饰边,材质上用稻草重叠编制而成,比筵稍厚些;形制上比筵稍大些,但没有当今日本畳的基本尺寸3尺×6尺(约1米×2米)这么大的规格,亦无5.5厘米的厚度。平安时代之后的畳,开始发生变化,即在尺寸和厚度上逐步加大和加厚。畳出现后的最初用途与筵同样,铺设在皇宫和贵族住居内木板房间的木板上,当作座席或坐垫。由于畳缀有缘边,比筵厚,相当美观和柔软,成为皇族和贵族的日常用座席或坐垫。随后又发展成了皇族和贵族的卧床,即卧席(古无今之木架床,古卧床,即卧席,由席铺于地面或板面上而成,通常比座席尺寸大),日语称为“寝床”或“寝台”,即在室内中央木板上铺上厚层的畳,当作卧床,人睡于畳上。当时畳的用途、尺寸实与中国古人用于单人卧席的草席完全类同,只是厚度比中国的草席厚,但尚未达到今日畳的5.5厘米厚度。从平安时代中期根据律令实施细则编纂的三代格式之一的《延喜式》法令中可知,当时贵族等级不同所用之畳,亦有大小和缘边装饰色的严格规定。在中国周代王朝的礼乐制度中,对于席的使用有严格规定。日本古代位阶制度是吸收中国古代政治制度文化的产物,它是在完全吸收中国古代王土王民思想的日本律令制基础上制定而出的官位等级制。尽管日本古代的位阶制度对中国古代官位等级制的序列、品级、名称等方面有所改变,但严格的等级限制没有丝毫改变,对贵族等级不同所用之畳的严格规定,亦为其中表现之一。

再看中国古代众坐之席,即连席,通常地上敷连席为长方形横席,形制类同当今木架单人床上所用草席或竹席,只是古今尺寸不同而异。而对席亦有单席对单席、单席对连席的礼法之异。连席通常是一席限坐四人,四人同坐,尊卑有序。中国古代单人卧席亦与连席大小形制类似，只是尺寸不同。由这点而言，源于日本古筵的畳，实与中国古代单席、连席、卧席变化有着相似之处和相同功用，只是材质不同和兴起年代不同而已。因此，我说日本古畳的原初形制、功能，实与中国古代席及其宫廷礼俗有一定关联，绝非空穴来风，无凭无据。当然，日本古时之畳作为皇族和贵族卧席用的草畳，属其地位的象征，实与中国古来平民住居当作卧席的草席在用法上大同小异，而当今日本的畳已与当今中国的草垫子或草席在用途上有所差异，前者通常用作木板上的铺垫物，既可当座席，又可当卧席，后者一般当作木架板床上的铺垫用席。这就是我认为将日本的畳译为中文的草垫子或草席有失严谨准确的原因和根据。

随着畳的出现，作为母体的筵开始退居为次要敷物，成为平安时代寝殿造住居建筑样式的皇宫和贵族住居内通道以及天皇和贵族通路的常用铺垫物。

早期的畳没有畳的表层，即畳表。一般认为进入镰仓时代后，始出现了在重叠稻草上加入灯芯草或茳芏、水葱等席草从而制成的畳表。到了室町时代，随着书院造住居建筑样式的兴起以及畳的进一步增厚，从古绘画卷和古籍中可以窥见，当时的畳似乎已经改变了用途，不再作为木板房间的单人或众人座席或坐垫，而是铺满在整个房间，成为整个房间的整体铺垫物，皇宫用畳开始走向城市民间。

在接下来的安土桃山、江户时代，随着茶道和正座的盛行以及普及于民间，随之兴建的茶室和数寄屋风书院样式住居的大量出现，由此对畳的需求量大增，制作畳的专门职人大量涌现。为此，江户幕府设置了专门负责管理宫殿改装和修缮用畳的官员，日语称为“畳奉行”。江户时代后期，随着数寄屋风书院样式住居开始逐步普及到了乡村，城市民间住宅用畳开始走向乡村农舍。随后和风住宅的出现，使得畳开始逐步普及，成为日本和室的必用品之一。

我租住的下宿屋，在我入住不久，房东曾派人来换过一次畳，仅换了外房的两张坏畳。本来日本畳职人换畳属技术秘密，一般不容许外人在场，包括房东。但在我的请求下，畳职人看我是一个外国留学生，又对日本和室建筑装饰艺术和民俗文化兴趣浓厚，始同意我在内室观看。从中可以看到，当时的畳已达 5.5 厘米厚，分两层，表层在日语中称为“畳表”，一般用灯芯草科属的灯芯草或莎草科属的茳芏、水葱等编制而成。灯芯草，俗称席草，中文古称“蔺”，日语汉字习惯写为“藺草”，实与中国古人所用茎圆的俗名水葱、席子草的莞类同。畳表厚度标准为 0.5 厘米。在畳表四周边缀有 2—3 厘米宽的缘边，日语称为“畳縁”，材质一般使用美观的绢锦。过去对“畳縁”的用色、用材根据身份等级不同有所制限，贵族所用之色之材，平民不能使用。后来随着“畳”使用的平民化，这种制限已被取消。“畳縁”的用色与室内襖的缘边用色讲求协调搭配，共同演绎出和室内色调和谐的装饰艺术性。

畳表下为畳床，日语亦称为“藁床”。“藁”在日语中指稻草，畳床就是将清洗干燥后的稻草叠放再压制成5厘米厚的板状然后缝制为牢固结实的厚草垫。将畳表与畳床缝在一起，便形成了一张完整的畳，标准厚度为5.5厘米。

日本畳的尺寸与房间大小关系密切，用“畳比例”和用“柱比例”的方法不同形成了畳的不同尺寸标准。由于历史上日本的政治文化中心长期在关西地区的京都，即中国学者习惯称的西京（相对于后来成为日本政治文化中心的关东地区的东京而言），畳的兴起亦在京都。故按照安土桃山时代的大名丰臣秀吉推行的“太阁检地”标准，1間=6尺3寸（约191厘米）；1間四方=1步；30步=1亩；10亩=1反；10反=1町。日语所称的“間”（间），在日本的“尺貫法”中指长度单位。“尺貫法”属东亚传统计量体系之一，两者皆出自中国古代的度量衡体系。日本出现度量衡的文字记载时期，正是中国唐代文化传入日本的时期。日本的度量衡单位、检定制度、检定时间、器具的标准以及律法格式，皆是全盘照搬中国《唐律疏议》中的度量衡体系。唐代的一尺，相同于昭和时代日本的一尺。因此，当时以京都为中心的关西地区，以间为标准出现了规定畳尺寸的京间、本间、关西间三种，皆按照1间=6尺3寸的标准，一张畳的长度就是6尺3寸，以此为比例确定畳的宽度为3尺1寸5分，一张畳的长宽比例或尺寸便是6尺3寸×3尺1寸5分（191厘米×95.5厘米）。这种畳的尺寸标准一般通行于日本关西以及近几、中国（指日本本州岛西部的山阳道、山阴道地区）、四国、九州等地区。江户时代后，随着日本的政治文化中心逐步移至关东地区的江户，即今日本首都东京，原来用于衡量土地长度的“太阁检地”的检地竿——即用竹竿制成的量地竿（日语称为“間竿”）从原来的6尺3寸变成了6尺1寸，明治时代再变为6尺。由此形成了江户间、关东间、田舍间、五八间的畳尺寸标准，以长6尺为标准，用“柱比例”而非“畳比例”来确定的一张畳的长宽尺寸，为5尺8寸×2尺9寸（176厘米×88厘米）。这种畳的尺寸标准一般通行于日本关东、东北部分地区以及北海道、三重县一带地区。而与关西间和关东间不同的是中京间、三六间。后两者虽以6尺为长度标准，但不用“柱比例”，而是用“畳比例”，一张畳的长宽尺寸为6尺×3尺（182厘米×91厘米），一般通行于日本爱知县、岐阜县等中京地区以及福岛县、山形县、岩手县等部分东北地区和冲绳岛、奄美大岛。除此之外，尚有一些其他尺寸标准。

我租住的下宿屋和室内铺设的畳尺寸，属江户间标准，里房、外房均为四畳半配置，畳表用材为灯芯草,“畳縁”缀有2厘米宽的深绿绵缘边。我在东京帝国大学研究院学习时的导师和田清的研究室,同样用畳,其尺寸同属江户间标准,其畳表、“畳縁”用材用色亦与我租住的房间用畳大同小异。

五、垫席

上说日本古筵在不同时期逐步派生出了畳、茵、蓙三种叠席、坐垫、卧席。《孔子家语》云:“从车百乘,积粟万钟,累茵而坐,列鼎而食。”《辞源》释:“茵,重席也,加于褥上,犹今之毯子。”中文汉字“茵”,在日语汉字中同样写作“茵”,毋庸置疑,后者出自前者,两者只是词义不同。古汉语“茵”意指重席,日语汉字“茵”则是坐卧铺垫的古代雅称,出现于平安时代。平安时代中期的《源氏物语》记为“茵”;平安后期的《满佐须计装束抄》对“茵”描述详细,记载当时的日本茵长宽各3尺,正方形,在布袋中装入柔软的丝织物,四周缀有4—5寸的华丽唐绫或织物缘边,表面使用东京锦,故又称“东京茵”。这里的“东京”不是指日本首都东京,而是指中国河南开封。开封简称汴,古称大梁、汴州、东都或东京、汴梁、汴京等,历史上曾是十朝古都。当时的东京锦就是由中国北宋王朝首都汴梁(即东京)输入日本首都京都的唐宋时期织锦。从其所用唐绫缀边和用唐宋织锦饰面以及形制、材质上看,日本茵有可能是从中国唐宋时期的贵族和佛教高僧的椅垫或坐垫演变而来,这从唐宋时期的绘画和古籍记载中可窥一貌,只是相比较于当时中国贵族所用绣花华丽的高档坐垫而言,日本皇族和贵族所用茵较为朴素,类似于中国唐宋时期庶民所用的茵。

日本茵铺于畳之上的中央位置,最初为宫廷皇族和贵族用品。从日本古画卷和古籍上可以推定,平安时代中期当畳成为皇族和贵族的卧席后,茵作为座席或坐垫开始出现,筵此时已沦为平安时代寝殿造住居建筑样式的皇宫和贵族住居内通道以及天皇和贵族通路的常用铺垫物。从形制上看,茵与筵和最初的畳规格相同,功能上亦与中国传统单席类同,不同的只是室礼。中国古代茵席似乎只以茵席的多寡或层数为标准来体现等级差别,而不以茵席的质地和缀边色为标准,而日本古代由于没有中国如此丰富多样的筵或席或坐垫,因而日本古人吸收中国室礼文化后只能对此略作改变。从日本古籍和画卷中可见,平安和镰仓时代的日本贵族铺于畳上所用之茵,通常以茵的缘边色和装饰材料为标准来体现等级差别,一般五品以上的贵族所用茵为黄绢缘边,六品以上的贵族所用茵为绀布缘边。

《礼记》:“君以簟席,大夫以蒲席。”《毛诗正义》疏云:“下莞上簟,虽是与群臣燕乐之席,其室内寝卧衽席亦当然也。《士丧礼》者,士礼也,云‘下莞上簟,衽如初’,则平常皆莞簟也。其寝卧之席,自天子以下,宜莞簟同。”如果说中国古代的宫廷室礼以设席的多寡见等级、铺席的种类示尊卑,那么,可以说日本古代的宫廷室礼则以铺席缀缘样式显尊卑。

当然,日本古代同样存在着类似于中国古代茵席的重席,日语不叫“茵”,而是称为“积畳”,译成中文为“积叠”,即在畳上放畳,成为重席,这与中国古茵的重席形式完全一样,只是没有等级规定,这从日本古代画卷和文学作品的描述中随处可见。这种古来的习俗在当今日本的一些农村和偏远地区仍可见到,作为对来客或访客的一种礼仪,即当来客或访客进家时,将畳上放畳作为重席供客人入座,表现为一种待客之俗。我在日本留学时,曾与日本学友一道赴富士山旅游,路途中经过农村宿泊时,当地农民就是铺上这种重席招待我们客人的,只是昭和时代的日本农村已不用畳作为座席或坐垫,而是用茣蓙。昭和时代用茣蓙招待来访客人,在日本全国各地普遍可见。由此表明日本的重席,即积畳古来有之,作为室礼虽无中国古茵的等级制,但作为招待客人的一种礼仪,同样受到中国“古人待客总以重席为敬”的传统室礼影响。

日本学者在言及当时流行于世的寝殿造住居样式等建筑史时,一般将茵看作褥,视为当今日本和室常见的坐垫的一种。日语称这种坐垫为“座布团”,中文译为拜毯或大方毯,属一种放在畳上供人正坐、盘腿坐等坐跪之用的坐垫。座布团通常是在布袋中放入棉花缝制而成,为方形。这种坐垫同样是中国古代人生活中以及佛教徒禅坐或拜佛时的常用坐垫或跪垫之一。日本座布团出现于平安之后的镰仓时代,大多为日本贵族和高僧的用品,视为权力和地位的象征,故在历史上,曾有一段时期以日语敬语称之为“御座布团”。后来用灯芯草或稻草编织成円形或涡卷状的日本円座以及江户时代中期在布袋中装入棉花的大众化座布团,都是由茵派生而来,成为冷天坐于畳时满足暖和屁股需要的暖坐铺垫。由此可以看到日本座席或单席从古到今的一个演变过程,表现为筵→畳→茵→御座布团→円座→座布团的循序渐进,而最初的筵、畳、茵,显然受到中国古代不同时期的筵或席的影响。

随着畳从正方形向长方形以及由座席向卧席而最终发展成室内整体铺垫叠席的形制和功能转变,发挥取代替补作用的蓙应时而生。

日语汉字的“蓙”如同中国古汉字的“蓆”,意指用草编制成的草席或席子。“蓙”

为日语“莫蓙”的简称，日文平假名写为“ござ”，语出“御座布团”中的“御座”（ござ）两字，而“御座”意指贵人之席。由此表明莫蓙诞生之初即属贵族用品，而且晚于茵。蓙的形制和材质均与畳的畳表类同，一般用灯芯草科属的灯芯草或莎草科属的茳芏、水葱等编制而成，大小尺寸相当中国当今木制单人床上所铺用的草席或席子。日本学者通常认为，蓙属日本古代最具代表性的筵，但根据我的研究，日本古蓙与古筵存在一定差别。就普遍情况而言，先有蓙，后有畳的畳表。蓙诞生之初原用于皇族和贵族以畳当卧席的铺垫表面，作为夏天凉草席，以达凉爽功效，实为一种卧席或床席，即中国人俗称的草席或席子，并非座席或坐垫类的筵，两者形制和材质均不同。当畳铺满在整个房间而作为整体铺垫叠席用后，蓙始成为皇族和贵族夏天用的座席或坐垫或卧席。在房间整体的畳上再铺上蓙，日语称为“上敷”，相当于卧席或床席。上敷与日语所称的“寝莫蓙”不同。“寝莫蓙”译为中文就是寝席、卧席、睡席、床席子。日本古无木床，以畳或木板为床。上敷铺于畳上，而寝莫蓙铺于木板上。作为座席或坐垫用的蓙，则铺于贵人之席的上面。由此而言，蓙同样类似于中国古代作为重席的茵。这种作为重席的蓙在日本古代是否存在等级差别，暂不可考。

后来在木地板房中所用的寝莫蓙基础上，又发展出了草地毯，日语称为“い草カーペット”，即用灯芯草制成的草地毯或睡席，一般用于木地板房间，而非用于铺畳的房间。这种草地毯与中国古代的草垫在形制、材质、功用上皆不同。进而在这种草地毯表面上加入羊毛或驼毛制成了更为经久耐用的草毛毡，用途多样。而在蓙编入花等图饰，日语称为“花莫蓙”。日本古蓙与日本古茵的不同不仅表现在形制、材质方面的差异，而且用途有别，日本古茵一般只作冬天用的座席或坐垫，未见用于卧席或床席。

日本皇族和贵族所用之畳在民间普及后，宫廷所用之蓙随之普及于民间。而日本一般武士、平民或农民尚无力用畳当作卧席或卧床时，通常只是在卧室的木板上铺上一层厚积的谷壳和稻草，然后将被称为猫陀、寝莫蓙、寝五部区、肉部区等形制的筵或蓙铺在稻草上，再铺一层布，从而成为卧床，睡于其上。这是日本中世时代寒冷地区常见的平民睡卧习俗，而在东海道以西的暖和地区，一般都是在卧室木板上将寝莫蓙铺开当作睡铺和睡席，早上起床后将寝莫蓙折起收入柜中。可见日本古蓙在宫廷用作座席或坐垫，而在民间用途广泛，既可用作座席或坐垫，又可用作卧席或卧床，而且可以折叠，因此一些地方又叫作“押し捲り”，即卷席。这种卷席直到江户时代后期一直都是日本下层武士的常用品。

可以这样说，江户时代当畳尚未广泛用于乡村农舍之前，日本农舍居室的坐卧铺垫物，大多用筵和蓙等类的草席。江户后期当畳开始广泛用于乡村农舍后，由于全国稻草使用量的大幅增加，畳的主要用料稻草逐渐匮乏，日本农村的筵用料被菰秆取而代之，这就是筵又被称为菰的缘起。日语汉字“菰”与中文汉字“菰”同义，指一种多年水生高秆的禾草类植物。秆基嫩茎经真菌寄生后粗大肥嫩，称为茭瓜，属美味蔬菜；而其颖果称菰米，可做饭食用。菰在中国古代属食用品之一，日本同样。菰秆高大直立，高达1—2米，秆径约有1厘米，比稻草粗得多，可以编制成筵，当作座席或坐垫。在日本到底是用菰秆编制的筵早于用稻草编制的筵，还是前者晚于后者，这已难考证，原因在于这类草席物很难保存下来。只是从古画卷和古籍中看，先有宫廷内用用稻草编制成的筵，而后有民间用菰秆编制的筵。

筵的编制在日本历史上长期以来都是农民现金收入的传统手工活之一。平安时代以来发生“百姓一揆”时，即以农主或农民为主力的百姓要求藩国和幕府减免过重的年贡或赋税而进行暴动时，还将减低筵的税率当作一项诉求提出来，甚至打出用稻草编制成的暴动义旗，日语叫作“筵旗”，作为农民向上抗议朝廷和官府对筵榨取的苛捐杂税的标志。幸运的是我在日本留学兼及旅游和考察民俗时，曾在农舍家中亲眼见过和坐过这种用菰秆编制成的筵，长宽各1尺多，正方形，厚约两寸，用土布包边，相当牢固结实。当地农家当作干农活的坐垫，功能类似于中国现代的矮脚木板凳，但坐上去比坐木板凳舒服。

在日本古来的筵、畳、茵、蓙、座布团等垫席中，茵和座布团属暖席，其他皆属凉席，似乎日本古来只有夏席、冬席两类。相比较于中国古代用五种不同材质编制成的莞、缫、次、蒲、熊等五席而言，除垫在下层用作筵席的莞之外，其他四种席分别使用在春、夏、秋、冬四季，分别属春席、夏席、秋席、冬席，体现出凉、温、暖的席子特点。再加上簟席、萑席、苇席、篾席、丰席、底席、荀席、蒯席等各种垫席的丰富多彩，从而形成了独具一格的坐俗和茵席文化。中国这种历史悠久的垫席文化，当为吸收中国古席文化的日本望尘莫及。

在我租住的下宿屋和室中，房东不会为租客准备这些垫席，需要租客自己购买。当时日本平民住居所用垫席，普遍已是座布团、敷布团一类。座布团一般是将棉花放入布袋中缝制而成，功能上相当于中国人常用的软坐垫。敷布团分为“敷き布団”和“掛け布団”两种，前者为睡觉时用的垫褥，即垫被，铺于畳上；后者为睡觉时用的被褥，即盖被，盖于身上，与中国的被褥大同小异。座布团、敷布团皆为冬天用品，夏天一般都是坐卧在畳上，睡觉时用一床薄毛毯盖在身上即可。起床后一般将枕头、敷布团或薄毛毯收起放入壁柜中，从而营造室内宽敞、干净的空间。作为留学生在国外读书生活，大家都以一切从简为原则，我未见中国留学生的租赁屋内在夏天的畳上加用草席或草地毯当作座席或坐垫或卧席的，职是之故。

我是一名学者，长期研究历史、民族、民俗，对在异国他乡留学生活中常用的生活物品及其蕴含的历史民俗事象发生兴趣并由此产生追根溯源或弄清来龙去脉的研究情结，似乎顺理成章。故在我的口述中，无意多说无足轻重无关紧要的生活琐事，喜谈与学术相关的老师和民俗史事，自在情理之中。同时表明即便在日本东帝大文学部大学院求学之余，日常留学生活中我亦未虚度时光，通过仔细观察和深入研究，亦获得了一些学习和生活体验中的知识习得和收获。

纵观我的一生，生活就是学习和研究，因而我的口述，意欲呈现出一部与众不同的学者口述特色。以上所谈，当然并非我在日本留学近两年的一朝一夕认识，而是回国后时常回顾当年留学东帝大那段难忘时光时引发的持续不断地深入探索日本历史民俗文化及其他与中国古代文化关联的结果，亦为我在留日回国后撰著的《日本汉化史稿》中言及的部分内容，于此“照本宣科”口述一下，录音后吾儿整理成文时，望务必参照原稿核实校对修正。

六、北师大留学生

我到日本留学前已经确定了自己的留学目标，就是竭尽全力考入日本最古老的最高学府东京帝国大学（口述中均简称“东帝大”），即现在的东京大学，我希望能在该大学大学院（即研究院）继续深造，拿到博士学位。

1935 年 4 月，此前来到东京的北师大留日学生已经在东京成立国立北平师范大学留日同学会，简称“北师大留日同学会”，由蒋益明、左秀芝、李昆源三人任干事。该会以联络感情，相互帮助，砥砺学行为宗旨。按该会规定，凡来日本留学的北师大学生，自动成为该会会员，无须交纳入会费，故我于 1935 年初秋抵达日本东京后便自动成为该会会员。1935 年春，北师大留日学生蒋益明、解树椿、杨鸿烈、赵玉润四人一道考入东京帝国大学文学部大学院，蒋、解、杨三君研究史学，赵君研究文学。就北师大而言，他们都是我的晚届校友；而就东帝大而言，他们都是我的前届校友。我到东京住下不久，马上去走访当时正在日本东京考察教育的北师大贤师王桐龄教授以及北师大校友蒋益明、解树椿、莫国万等人，了解东帝大文学部大学院的考试情况以及北师大在日留学生的人名和住址，方便联络交往，互通信息，互帮互助。

言至此，我认为有必要补充说明一下峄山师（即王桐龄）与日本教育的一些历史渊源。峄山师早年在京师大学堂师范馆（北京师范大学的前身）学习，清光绪二十九年（1903）因成绩优秀被公派日本留学，1904年就读于日本第一高等学校。坐落在东京的一高，原名第一高等中学校，明治二十七年（1894）改名为“第一高等学校”，简称“一高”，属日本最早的国立高等中学校。当时在日本教育界，作为精英的代名词，有“一中、一高、帝大”之谓。换言之，凡是毕业于“一中、一高、帝大”的学生，都被视为社会精英。“一中”是指东京府立第一中学校，该校学生毕业后大多进入一高，即国立第一高等学校。可以这样说，日本明治末期至昭和初期的政界、经济界、学术界、教育界、文艺界精英，绝大多数都毕业于一高，例如曾任日本首相的加藤高明、若槻礼次郎、广田弘毅、近卫文麿、平沼骐一郎、芦田均、鸠山一郎、岸信介、福田赳夫；文学界的精英坪内逍遥、夏目漱石、芥川龙之介、菊池寛、三木清、川端康成等，都是一高毕业生。一高改名后，事实上变相成为东京帝国大学的预科，所以一高学生毕业后大多进入东京帝国大学。当时日本的“帝大”有东京帝国大学、京都帝国大学、东北帝国大学、九州帝国大学、北海道帝国大学、京城帝国大学、大阪帝国大学等。所谓“一中、一高、帝大”中的“帝大”，是指日本国立最古老的东京帝国大学。京都帝国大学的预科是国立第三高等学校，与一高无涉。

当时一高设大学预科第一部、第二部、第三部，第一部分为法学、政治学、文学三科，第二部分工学、理学、农学、药学四科，第三部只有医学一科，三部学制均为三年。峄山师就读于第一部文学科，1907年他毕业后进入东京帝国大学文科大学（原称文学部）史学科，攻读东洋史。留学期间的1911年，峄山师被中国地学会任命为驻日外交员。1912年8月他毕业后奉北京政府教育部总长范源濂电召回国，任教育部参事；同年11月任教于北京高等师范学校（北京师范大学前身），1921年任高师史地部教务主任。1923年北京高等师范学校改名为北京师范大学后，峄山师一直在本校史地系和后来的史学系任教授。峄山师在日本留学近10年，能讲一口流利的日语。因此，在北师大任教期间，他多次被教育部或北师大派去日本考察教育。1919年五四运动开始后，峄山师又被教育部派往日本东京帝国大学大学院留学，名为留学，实为游学，不久回国，写有《日本观察谈》《东游杂感》等文章，1928 年结集为《日本视察记》一书，由北京文化学社出版，峄山师曾送我一册。书中介绍了日本一高和东帝大教育及其中国留学生生活的现状、在日生活朝鲜人概况、日本人生活现状、日本风土人情、风景名胜，颇为翔实，是我赴日前了解当时日本的最佳入门书和指南书，可说爱不释手，以至于我赴日后仍将其书随身带往日本，供我随时阅读。随后还请峄山师在其书内页题字，峄山师欣然题写："留学勿忘故土，与黄君共勉。"

1934 年 9 月，峄山师又到日本考察教育。1935 年 5 月，北平师范大学分两批派出由学生组成的教育参观团，随后这些学生大多留在东京留学。同年秋与我一道来日的北平师范大学讲师兼朝阳大学教授邓梅羹，来日不久又与峄山师以及一些在日留学生和研究员组成参观团，由峄山师担任团长，邓梅羹担任副团长，团员有王公平、杨鸿烈、蒋益明、瞿启模、何斯瑾、万家淑、于寄梦、傅钟乔、李良民等人，其中蒋益明、瞿启模、何斯瑾、万家淑、于寄梦都是北平师范大学毕业生。杨鸿烈、蒋益明、瞿启模三人当时是东京帝国大学文学部大学院学生，何斯瑾、万家淑则为早稻田大学大学院学生。参观团相继参观和考察了东京女子高等师范学校、东京市立第一中学校等八所学校，对当时的日本教育制度体系、日本全国学校数及学生数，学生毕业概况，学校职员的官位、等级、薪俸、免职、休假以及男校与女校的授课差异等方面有了全面了解。1936 年春与我同时考入东京帝国大学文学部大学院的学友邓梅羹，在同年秋将此次考察情况以《日本教育考察记》为题由华光女子中学出版部出版后，他送我一册，使我对峄山师领导的这次参观团的考察成果有所了解。

峄山师于 1934 年 9 月抵日后，最初住在东京神田区西神田一丁目三番地二号的日华学会，后移住东京本乡区向冈弥生町一番地"弥生アパート"。明治十七年(1884)，日本考古学家在向冈弥生町首次发现了一批古老土器，从而命名为"弥生土器"，日本年代中的弥生时代(前 3 世纪—3 世纪)即由此而来。当时的弥生町是东京著名的文化町，离东帝大很近。峄山师在这里居住期间，除考察教育事宜外，有空就到东帝大图书馆查阅资料。当时在东京考察教育的峄山师凡遇到北师大学生便说，我住在向冈弥生町一番地"弥生アパート"，有事找我，从不说我住在"弥生公寓"，一方面表现出峄山师认为"アパート"是英文"apartment"译语的理解正确；二方面反映出当时已是北师大资深教授的峄山师在国外生活依然保持着他一贯生活俭朴的优良传统；三方面体现出峄山师为人处事向来坦诚相待的高尚品格，实非当时一些中国留学生明明住在“アパート”而偏偏习惯对人说住在公寓的好面子作风可以望其项背。

鉴于峄山师与东帝大的历史渊源，当时他又以北师大教授的名义在东京考察日本教育，加之据蒋益明说，他们四人于1935年春参加东帝大文学部大学院入学考试时，曾得到峄山师的热心指导和诸多帮助，受益良多。为此，北师大赴日留学的应考生相继都去峄山师的租住地拜访他，他不辞劳苦，皆予以热情接待，指导我们必读的应试日语史学书，嘱咐考试注意事项。另外，1934年的东帝大文学部部长兼大学院研究科科长宇野哲人教授，曾留学中国；而当时任教于东帝大文学部的一些教授和副教授，是峄山师当年就读东帝大的老师和同学，峄山师竭力向文学部推荐北师大应考生，使我们后来在应考时顺利通过了考试。

蒋益明、向凤鸣、王慎楼（女）、解树椿等北师大校友，均在1928年进入北师大历史系预科学习，虽然比我晚两届，平时不熟，但上课时偶尔能见上一面，算是脸熟的校友。这四人在1934年夏于北师大历史系本科毕业后相继来日留学。蒋益明君任师大留日同学会干事，对北师大来日留学生的情况比较了解，故他与峄山师的联系较为频繁，在峄山师的住处常可见到他。蒋君向我介绍说，当时在东京留学的北师大校友有杨鸿烈、梁子青、许兴凯、张舒义、谢冰莹（女）、张陈聊（即张新虞）、陈伯欧、向凤鸣、王慎楼（女）、解树椿、蒋益明、瞿启模、何斯瑾、万家淑、于寄梦、左秀芝、王敏员、李昆源、莫国万、赵玉润、丁桂英、刘瑞徵、朱洁、赵德粟、邵敬勋、雷达霈、李续纲、韩映波、贾德芬、王庆祓、冯肇元、蒋基傅、韦葆初、苏蔚霞（女）、陈庭荪、宋雯芬、黄震、黄毓甲、于立枕（女）、冯健文、张八峰、成保文、杨碧涛、徐铮等人，大多是自费留学生，其中一部分已考入大学院，一部分仍在日华学会创立的东亚学校学习日语。当然这只是蒋君所知道的部分北师大留日校友名单，还有一些未知者。据峄山师说，当时由北师大公派到东京留学的公派留学生，似乎只有王信忠一人。他是北师大历史系毕业生，系峄山师的得意门生，我在峄山师的北京家中常见到他，1934年9月他被北师大公派到日本留学，与峄山师一道来日。除此之外，1936年春与我一同考上东帝大文学部大学院的邓梅羹、卢光彬、梁容若、陶继安等北师大校友，都是自费留学生。只是我考取大学院后经向广西省政府申请贷学金，获得批准，算是广西省政府附加条件的公费留学生，始脱离了自费留学生难以避免的一些困境，能够专心致力于学习和研究。

无论是公费还是自费，据我耳闻目睹，当时的北师大留学生在东京学习大多十分刻苦，日后都学有所成，例如杨鸿烈君，留日前先后任过北师大讲师、河南大学教授，留日后就读于东京帝国大学，学成归国后任中央大学教授。许兴凯君，当时留学于东京帝国大学，学成归国后曾任西北大学教授。谢冰莹君原名谢鸣岗，1931 年九一八事变前赴日留学，1930 年曾与留学生叶以群等人发起成立了左联东京分盟，后因坚拒出迎伪满洲国皇帝溥仪访日，遭到日本特高科逮捕，被遣送回国。1935 年她更名后第二次赴日留学，就读于早稻田大学研究院。学成归国后成为北平女师大教授。邵敬勋、黄毓甲二君当时留学于东京帝国大学，学成归国后曾任西北农学院教授。梁容若君当时留学于东京帝国大学，学成归国后成为国内著名学者。

当时北师大一些留日学生在东京颇为活跃，例如解树椿、冯肇元、陈伯欧、莫国万等人。东京的中国留学生在 1935 年相继组织过一些学术文艺团体，大多具有左倾思想，较为活跃的有左联东京支盟、社会科学研究会、世界编译社、社会科学座谈会、东京文化座谈会、新兴自然科学者同盟等，皆成立于 1935 年，1936 年继而有中国留日戏剧协会等先后成立。当中一些由北师大留日学生参与或发起成立，例如社会科学研究会，属学术研究团体，便是由北师大留日学生解树椿与早稻田大学本科留学生程明升、王阑西和早稻田大学大学院留学生雷任民、杨章武等人共同发起成立于 1935 年。解树椿，又名解彭年，1934 年夏于北师大历史系本科毕业后，同年秋与峄山师一道乘船来日本东京留学，1935 年春他考入东京帝国大学文学部大学院，从事史学研究。研究之余，他积极参与东京左冀文化活动，组织读书会，发起成立社会科学研究会，以此扩大东京左联文化的影响。

据我所知，在当时的东京学术文艺团体中，以左联东京支盟成立较早。1930 年由中国共产党领导创建的中国左翼作家联盟（简称“左联”）成立不久，在日本东京的留学生叶以群、谢冰莹等人发起成立了左联东京分盟。1931 年九一八事变后，中国在日留学生纷纷回国，左联东京分盟随之解散。1933 年，林焕平先生接受刚上任不久的左联书记周扬嘱托，与陈一言和魏晋夫妇等人来到日本，联络尚在日本的左联成员孟式钧，于同年底与相继来日的林为梁、欧阳凡海、陈斐琴等人共同重建了左联东京支盟，由林焕平、林为梁、陈一言三人组成的干事会负责支盟日常工作，林焕平任干事会书记，与上海的周扬单线联系。左联东京支盟还创办了机关刊物《东流》杂志，作为宣传左翼文艺的阵地。林焕平先生于解放后与我一道长期在广西师院共事，相交甚密，1958 年他又与我一道在师院同被错划为“右派分子”。因此，我所知道的当时在日的一些左翼学术文艺团体，都是解放后林焕平先生对我所谈。事实上，当时北师大留日学生解树椿等人发起成立的社会科学研究会，最初属东京左翼文化活动的秘密团体之一，后来为了使其宣传活动公开化，解树椿又与早稻田大学留学生雷任民、熊唯知，以及其他大学的留学生王孔昭、柯仲平等人一道发起成立世界编译社，加入者有五六十名留学生，当时在日的著名学者郭沫若先生亦被邀请任该社名誉社员。相继被邀加入社会科学研究会和世界编译社的北师大留学生有我和冯肇元（即冯基民）等人。稍后，冯肇元又与熊唯知等人发起成立社会科学座谈会。与此同时，左联东京支盟干事林为梁、陈一言又联络明治大学留学生魏猛克等人发起成立东京文化座谈会；早稻田大学留学生程明升、王阑西、赵冬日等人发起成立新兴自然科学者同盟。1936 年，解树椿等人又发起成立了社会主义青年同盟，作为左翼文化团体秘密核心领导组织。在此基础上，同年秋，东京各大学的左翼学生推举学生会代表，共同成立了中华留日学生联合会，简称“学联”，将中国留学生在东京的左翼文化运动推向了一个高潮。1936 年春，北师大留学生陈北欧又与早稻田大学留学生林林（原名林印山）、颜一烟，日本大学留学生杜宣、吴天以及任白戈、李月轩等人发起成立中国留日戏剧协会。

我当时虽然加入了东京一些学术文化团体，思想左倾，但很少参加这些团体举办的活动，主要还是以学业为重，专心致力于研究。

七、贷学金

1935 年 9 月我抵达东京安顿后，马上去拜访峄山师，经他介绍，同年 10 月上旬我成为东帝大文学部大学院东洋史学研究科和田清教授的研究生。入学后，我将此前撰写的《唐代之贱民阶级》《宋代太学生之政治活动》等论文和译著《元代农民之生活》赠予和田清、加藤繁等教授，并告知两位教授：这两篇论文经过资料补充，已交稿给商务印书馆，预定明年春、秋相继以《唐代社会概略》《宋代太学生之救国运动》为书名出版。两位教授阅读了我的两篇论文后，一致建议我应该适当补充一些资料，以充实书稿内容。特别是和田清教授，还热心向我推荐了他尊崇的江户中期儒学家伊藤东涯撰著的《制度通》和他的私淑弟子宫崎君撰写的《宋代之太学生生活》等一些日人相关论著，嘱我阅读参考。师意不言而喻，师命不可违，于是经过阅读相关日籍，发现日籍所引资料皆出自中国典籍。再通过研究撰述，我很快完成了一小节，用作《宋代太学生之救国运动》书稿的附录，又写了一小段后记，说明增加附录的来龙去脉和附列了参考日籍论著的相关资料出处，寄到上海商务印书馆，恳望该馆编辑采用为盼。该馆于翌年10月出版《宋代太学生之救国运动》一书后寄给我时，特附信一封，告知我采用了与正文主题相关的附录部分，亦告后记无关主题予以取消。由于后记附列的日籍论著参考资料被取消，为此，我特意将此信给和田清导师过目，以免误解。和田清导师看完信后，只简单说了数语："小事一件，我会向宫崎君解释，黄君不必在意。黄君有意于中日学术的交流和传播，应该受到鼓励和尊敬。"后来我去拜访译著《元代农民之生活》一书的日本作者有高岩教授，他亦持相同认识，认为我对日籍的引用、翻译，促进了中日的学术交流和传播。于此简述这些，无非是想表明，和田清导师对我入学后的学习和研究十分关心，且热心帮助，确有北师大峄山、援庵等师助人为乐的风范。与此同时，通过峄山师和北师大校友的一些介绍，我了解到一些东帝大大学院入学考试情况。据峄山师当时的调查和介绍，1934年春季的东帝大大学院入学考试，以理学、工学两部大学院最难，一般都是在该大学本科毕业的中国留学生直接参加应试，合格录取者极少，可谓百里挑一。经济学部大学院最严，应试科目共考十门，考题较深，中国留学生当年参加应试受验者十余人，无一及第。法学部大学院考八门，中国留学生参加应试受验者十余人，有两人及第。农学部大学院考六门，试题相对容易些，故合格录取者较多；文学部大学院与农学部大同小异，只是应考科目内容不同。医学部大学院只准中国留学生当专攻生，不准当研究生或大学院生，入学考试相当难。尽管当时的文学部大学院入学考试受验科目没有法学部多，但对应试者的毕业大学严加限制，以我于1936年参加的当年春季考试为例，从中可见一斑。当时文学部规定，参加文学部大学院的中国留学生应试者，仅限于六所中国大学，即北京大学、北京师范大学、清华大学、中央大学、中山大学、暨南大学的毕业生。中国其他大学毕业者，皆无资格参加文学部大学院的报名应试，而法学部、农学部则无此限制。据1935年春季参加考试的蒋益明介绍说，他们当年报名考试时的规定亦相同，说明这是文学部多年来的严格规定。这不能说是东帝大对中国大学的歧视，只是各学部招生宽严不同而已。

从峄山师当时的调查情况中可知，东帝大校方历来对中国北方三所著名大学毕业的中国留学生优待，其中对北大毕业的中国留学生最为优待，其次是对北师大，再次是对清华。而对中国南方的大学，早年只承认中央大学，近年来增加了中山大学、暨南大学。这种情况在东帝大文学部表现最为突出，这或许是北大历史最悠久和北师大次之的原因造成,加上这两校与东帝大的关系密切和交流频繁之故。据我个人的观察,当时的东帝大文学部似乎对北师大毕业的中国留学生最优待,北大次之,清华再次之。以1936年春季考试为例,北师大毕业的中国留学生参加应试者12人,除张某一人外,其余11人全部考试及格被录取,在六所大学的应试录取者中名列第一。原因是一方面我们北师大校友大多是平民弟子,学习异常刻苦勤奋,二方面是有峄山师的指导。

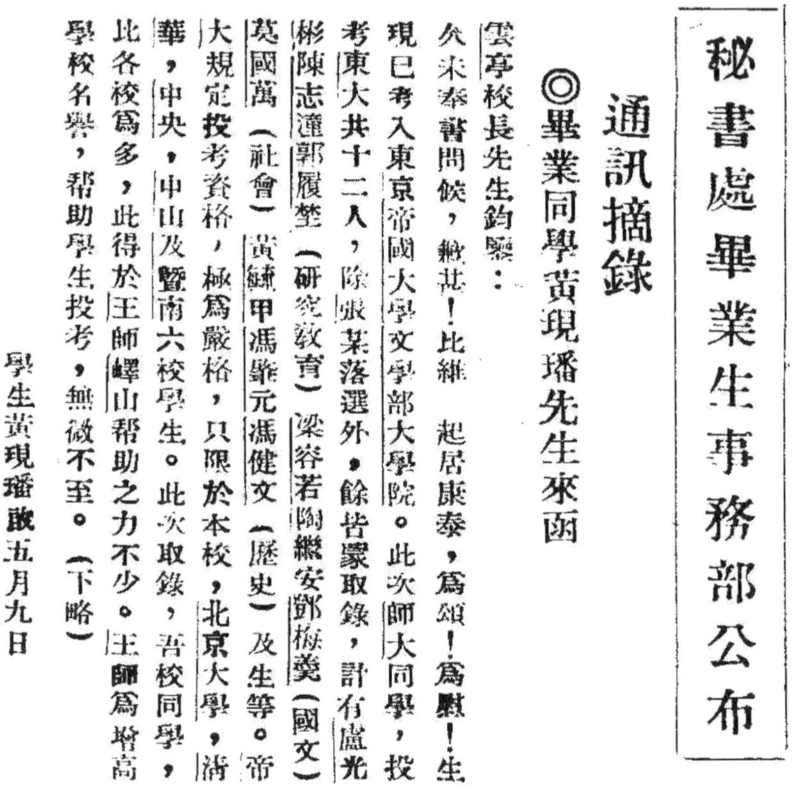

秘書處畢業生事務部公布

通訊摘錄

◎畢業同學黃現璠先生來函

雲亭校長先生鈞鑒：

久未奉書問候，歉甚！比維　起居康泰，爲頌！爲慰！生現已考入東京帝國大學文學部大學院。此次師大同學，投考東大共十二人，除張某落選外，餘皆蒙取錄，計有盧光彬陳志潼郭履塈（研究教育）梁容若陶繼安鄧梅羹（國文）莫國萬（社會）黃敏甲馮肇元馮健文（歷史）及生等。帝大規定投考資格，極爲嚴格，只限於本校，北京大學，清華，中央，中山及暨南六校學生。此次取錄，吾校同學，比各校爲多，此得於王師嶧山帮助之力不少。王師爲增高學校名譽，帮助學生投考，無微不至。（下略）

學生黃現璠敬　五月九日

图18　1936年5月9日从东京写给北师大校长李蒸的信

1936年1月我从文学部拿到招生简章后,每天都在租房中看书,准备考试,2月到文学部报名考试,交纳检定料(考试报名费)20日元。报名后不久参加文学部大学院入学考试。放榜时,考试合格录取名单贴在文学部外边的揭示版上,我与北师大教育系学生卢光彬、陈志潼、郭履埜,国文系师生邓梅羹、梁容若、陶继安,社会学系莫国万,历史系学生黄敏甲、冯肇元、冯健文等人榜上有名,幸获录取;录取考生中的邓梅羹曾任北师大国文系讲师,只有我一人毕业于北师大研究所,其他均为北师大本科生。随后,同年

5月9日，我将此次北师大留学生考取东帝大文学部大学院的喜讯和大致情况写了一封信给北师大校长李烝，作了汇报，同信中附有我在东京的通信地址，以方便北师大校友联系。李烝校长将我的信拿到《国立北平师范大学校务汇报》上揭载，让全体校友知晓。继而我开始办理入学手续，交付学费，即日语所称的研究料，一学年75日元。以当时1银圆可兑换1.78日元的比率换算，一学年学费约为中国银圆42元。我在1922年至1935进入师范学校读书的13年期间，从未交过一次学费。此次在异国他乡第一次一下拿出中国大洋42元兑换75日元给日本学校交了学费，心中的不快自不待言。尽管留日前我曾将两部书稿《唐代社会概略》《宋代太学生救国运动》卖给商务印书馆，得稿费四百余元，全部带来东京。但东京物价高于北平，每月生活费最低需要20日元，约相当于中国的12银圆，而我在北京北师大九年的学习中，每月生活费只需8元。如此一来，我交了学费后心中的不安感随之而生。为长远计，我开始想方设法谋求公费，便找峄山师商量。峄山师虽多番努力，但终未能如愿。无奈之下，我只能另谋出路，于是想到了广西省政府鼓励留学的贷学金。4月我办好入学手续后马上去照相和交付办证费，在文学部办理了大学院学生证，又让文学部开了一份东帝大文学部大学院学生身份证明书。随后写了公费申请书、履历书，连同我的大学院学生身份证明书一道直接寄给了时任广西省政府主席的黄旭初，同时寄了一份给我的北师大校友、扶南县同乡李伟昌，希望他能转交黄剑鸣或直接说动黄绍竑出面与广西省主席黄旭初沟通。李伟昌于1933年夏于北师大历史系毕业后，一直在黄绍竑手下工作，为其亲信部属之一。信发出后，我依然忐忑不安，原因在于1932年夏我于北师大历史系本科毕业不久，曾接到广西省教育厅发来的一封电报，记得电文大意说我在大学已经毕业，广西正缺教师，催我速回广西，到省立一高担任历史教师。我因仍想继续深造，便回复了一封电报给广西省教育厅，告知我已经进入北师大研究所继续学习，不能回去云云。为此，此次向广西省政府申请贷学金，担心省教育厅得知后从中作梗。我在焦急等待中，终于5月下旬相继接到李伟昌来信和广西省政府公函。李伟昌来信中告知黄旭初主席已回电报告知黄绍竑，我的贷学金申请已批复，嘱我安心等待省政府公函。省政府的来函告知我签署一份贷学金协议书寄回，便可每月得到公费资助。所谓贷学金，是指附加条件的公费资助，即由广西省政府出钱公费资助我留学，条件是学成归国后必须返回广西为广西教育服务，同时参加工作后逐月需按一定比例归还贷款，这就是贷学金协议书的主要条款。当然，这种附加条件全凭对被资助者的人品信任以及被资助者的自觉遵守，并不需要个人资产作抵押，只需有经济担保人。我的经济担保人便是黄剑鸣、李伟昌两人。1937年七七事变发生后我返回广西，翌年夏进入广西大学任教。随后我去找曾兼任广西大学校长和当时仍任广西省主席的黄旭初，一方面当面表示感谢，二方面向他提交还款计划表。黄旭初主席看完后当场将还款计划表撕毁，并对我说："省政府已经取消1938年公派留日学生计划，省下了一笔钱。我已将你的贷学金在去年省政府预算内的公派费剩余额中作了抵充，不用还了。黄剑鸣的兄弟就是我的兄弟，你只需安心在广西大学任教，努力为广西培育人才，就算是对我这做大哥的最好报答。"因此，名义上我虽是广西省政府贷学金资助的留学生，但最终结果是自己的贷学金未还一文钱，大学院两年学费、近一年半的生活费以及回国路费全由广西省政府代为支付了，自以为算是广西省政府公费（而非公派）留学生，当非虚语。

黄旭初主席说完话后，又当场将手上戴的一枚金戒指脱下来送给我，表示这是兄弟初次相识相交的见面礼，请我务必收下，我没有拒绝，予以了接受，并当场说了一些感谢话。黄旭初对于知识分子向来尊重，为人处事宅心仁厚，故能持续主政广西十八年，令晚辈感佩不已。这就是我留学归国后，特别是在广西临解放前的1948—1949年经常出席省主席黄旭初主持召开的社会贤达人士会议时每次见到他我都叫他"恩公"的缘由。解放初期，黄剑鸣寓居香港，他有一个儿子仍在广西农学院读书，还差半年毕业。他的儿子因生活拮据，跑来找我，我便每个月给他15元，持续供他的儿子到大学毕业。黄剑鸣的胞弟黄绍竑后来曾与我一道当选全国人大广西省代表，常在一起开会，共商国是，无话不谈，甚为投机。可当年长期跟随黄绍竑先生共事的李伟昌，亦备尝苦难。晚年我在撰著《侬智高》书稿时，还得到李伟昌兄的鼎力相助，不辞辛劳地帮我审校和润色文稿，同门同乡助人为乐的深情厚谊，没齿难忘。

言归正题。1936年6月，广西省政府开始每月按时将贷学金寄到东京的中国驻日本大使馆留日学生监督处，我到监督处领取，每月可得50日元。东京每月基本生活费有25日元足矣，余下留作学费、衣服费、书籍费、交通费及旅费。每月到监督处领钱的广西籍贷学金留学生，似乎只有我与裴曼娜（女）等数人，其他一些是广西省的公派公费留日学生。1937年1月，不知何故，省政府的贷学金当月没有寄来，监督处又不预支，害得我每天只能用一角日元购买三餐坯麦包充饥，吃了一个月的坯麦包。每天边吃边骂省政府一些酒囊饭袋的办事员办事无能和粗心大意，亦对中国自费来日留学生的死活不管不顾的监督处国民党办事员毫无人性的所作所为心生愤慨。

中国驻日本大使馆原称公使馆,1935 年中日两国协议,将双方的公使馆升格为大使馆,首任驻日大使为蒋作宾,1936 年由许世英任全权大使。当时的大使馆内设有留日学生监督处,时任处长为陈洽溥;监督处有经理员若干名,北师大校友梁子青,即梁绳筠,当时便是河北省经理员,回国后曾任天津市政府秘书长。我不记得广西省经理员的全名,只是叫他李君。当时监督处的经理员、办事员都是国民党员,故中国驻日大使馆监督处与中国国民党驻东京支部联系密切。我的北师大校友、扶南县同乡莫国万,当时有可能已是国民党员,这从他与我的谈话中可以感知。回国后,他的一些任职已经清楚表明他是国民党员。留日时据他告诉我,当时留日学生监督处处长陈洽溥与中国国民党驻东京支部常务执委陈固亭联合筹组中华留日同学会总会,以陈固亭主办的《留东学报》造声势。不料,左翼留学生林焕平、解树椿、林为梁、冯肇元、裴曼娜、任白戈、王阑西、魏猛克、陈北欧、林林、杜宣等人得知后,为争得主动权,于 1936 年秋号召东京各大学推举学生会代表,共同成立了中华留日学生联合会,并向许世英大使申请登记,获得批准登记。不久,东京右翼留学生为对抗左翼留学生控制的中华留日学生联合会,在陈洽溥、陈固亭等人的支持下,于 1937 年 2 月成立中华留日同学会总会。在成立大学上,一些左翼留学生进入会场抗议,双方先是唇枪舌剑,后来相互拳头相加,大打出手,被日本报纸以《东京上演另一幕"西安事变"》为新闻标题加以了报道。最后两会干事出面和谈,终于握手言和,平息了争论。北师大校友梁子青、莫国万皆为中华留日同学会总会的发起会员之一。在莫国万的劝说下,我被邀入该总会,成为会员之一,亦是中华留日学生联合会和中华留日同学会总会两栖会员之一。反正不用交入会费,而且参加活动与否全在于个人自由,对我而言入会无任何损失,还可从一些会员中了解一些信息和留学动态,何乐不为。

八、大学院生

东京帝国大学文学部在 1877 年大学成立时便已诞生,属东帝大最早设立的法学部、理学部、文学部、医学部等四个学部之一,历史悠久。当时日本各大学的研究院隶属于各学部,一般通称大学院,文学部亦不例外。虽本科和研究科同属学部,但本科生与大学院生在学生证上的身份写法不同,前者记为学部生,后者则有大学院研究生和大学院生两类。当时的东京帝国大学文学部设有十多个学科,大学院下亦设近十个研究科,我在东洋史学研究科学习，导师是和田清教授。

图 19　东帝大文学部大学院所在地——本乡校部内的法文 1 号馆

和田清教授早年先后毕业于东京一高和东帝大文科大学史学科东洋史学专修科，与峄山师是校友，当时他们两人的老师皆为日本东洋史学泰斗白鸟库吉、市村瓒次郎以及日本西洋史学奠基人箕元八作。所不同的是和田师比峄山师晚几届。和田师于1915 年本科毕业后又考入大学院继续深造，而峄山师于 1912 年夏本科毕业后返国，未再入大学院。和田师于大学毕业不久，便在东京帝国大学文学部相继任讲师、副教授、教授，逐步成为日本近代研究满蒙史的第一人（即最高权威）。可以这样说，自 20 年代白鸟库吉、市村瓒次郎相继从东京帝国大学文学部退休后，东洋史学科的权威地位即由其弟子池内宏、加藤繁、和田清三教授继承。和田师早年曾到过欧美和中国游学，在中国游学期间，他的足迹遍及北京、上海、南京、武汉、长沙、广州等地，先后拜谒过当时中国史学界名家柯劭忞、陈垣、王国维、梁启超、罗振玉以及学界名流康有为、吴昌硕等人，受教良多，得益匪浅，尤对吾师陈垣先生的史学造诣钦佩莫名，评价甚高，他曾对我说："中国近代史学奠基人有两位，一位是王国维先生，一位是陈垣先生，王国维先生已经驾鹤西归，如今只有陈垣先生在独撑史坛。"和田师得知我曾随陈垣习史六年，其间在北师大研究所研究史学三年，并已出版了四本史学著作，故对我青眼相待，一直礼遇有加。

我赴日留学前，北师大业师陈垣、邓之诚一再叮嘱我到日本后选攻满蒙史，尽可能多收集一些满蒙史资料，以便今后中国学人齐心协力将世界汉学中心从西京(指日本关西地区古城京都)搬回中国来。事实上，业师陈垣、邓之诚、陶希圣、萧一山等教授对当时世界汉学中心被视为法国巴黎和日本西京同时又被国际汉学界认可的现象是心怀不平的，特别是对日本学者费尽心思不惜重金大量收集和占有满蒙史资料，以致对这一学术研究领域遥遥领先的状况更是痛心疾首，邓之诚师一再谆谆告诫我辈门生要发奋努力，甚至发出“读书必须把汉学从日本西京搬回中国北京来”的号召。这便是我在北师大苦读九年毕业后放弃研究所的工作而在陈垣、钱玄同、邓之诚、陶希圣、张我军等师友异口同声劝说下赴日留学的原因之一。师友们或许认为我在大学本科毕业后曾发表过一篇题名为《东北之历史考察》的论文，适合研究满蒙史。今天顺便言及这些，我是深感有负于业师们当年的殷切期望和自我肩负的留学使命。当然，这存在着一些无可奈何的客观原因：我赴日留学后，一切事与愿违，东帝大的导师认为我不懂满文、蒙文，不适合研究满蒙史。当初期望留日后收集满蒙史资料的心愿自然化为泡影。无奈之下，我便选择了和田清教授指导的“东亚民族史”研究课题。尽管如此，我考入东帝大后受到当时在日本考察教育的北师大业师王桐龄教授的指点，依然选择将“东亚民族史”的具体研究课题定向为“中国东北民族史”，可说原来研究初衷的实质未变，不过是将原准备研究满蒙史的志向改为中国东北民族史考察的研究趣向，以满足东洋史学的具体研究课题要求。

当时的东京帝国大学文学部大学院，性质上类似于中国大学的研究院或研究所，两者的不同之处主要表现在：30年代中国的大学虽有学位授予法，但一直未能有效实施。1935年，当时的中国教育部曾仿效英美体制颁布了学位授予法，将学位分为学士、硕士和博士三级。寡闻所及，我未听说当时中国的大学授予过博士学位，包括北大、北师大、清华三校在内。而在同时期的东帝大文学部大学院，没有设置修士学位，即没有英美体制的硕士学位。寡闻寡见所及，20年代至30年代，没有一个曾在东帝大文学部大学院学习过的日本学生获得过修士学位，更何况外国留学生。原因在于：1945年之前的东帝大文学部大学院一直未设置修士学位，只设有博士学位。凡有人声称这一时期留学东帝大文学部大学院时获得过修士学位或出示修士学位证书，均为虚誉欺人或伪造的修士学位证书。

以我曾经历的30年代北师大研究所和东帝大文学部大学院为例，从中可以看出两者的一些差异。北师大研究所只有研究生，最长研究期限为三年；东帝大文学部大学院有研究生、大学院生两类，尚未考入大学院的在籍学生称大学院研究生，考取了大学院的学生称大学院生。研究生最长在籍年限为两年，大学院生最长学习年限为五年。我先是大学院研究生，后经考试合格成为大学院生，故我在大学院的入学在籍从 1935 年算起。成为大学院生后，我在大学院最长学习年限可达五年。北师大研究所有具体教学授课科目，带有学分，研究生可以一边修学分一边写论文，修满学分和提交论文后，经审查合格后发给修业证书，待教育部今后批准北师大研究所学位授予资格后，补发硕士学位证书。而东帝大文学部大学院没有授业课程，不设学分，大学院研究生和大学院生均不用上课去修得学分，研究生在两年内没有资格提交学位论文，且在两年内必须考入大学院，否则，只能自动转学或退学；大学院生在导师指导下自己独立从事研究，满两年后可以开始提交论文，凡五年之内提交论文经审查合格后发给文学博士学位证书。这是成文规定，实际情况并非如此。别说外国留学人，事实上日本人获得文学博士学位亦相当困难，我在文学部听过课的教授池内宏、和田清、加藤繁、原田淑人、辻善之助、中村孝也等人，大多是在大学院学习期间的 2—3 年内提交了论文，然后离开大学院外出谋职，参加工作，工作 10 多年后，甚至 20 多年后方能拿到文学博士学位。例如我的导师和田清，1919 年于东帝大文学部大学院学习结束后，到 1939 年方被授予文学博士；原田淑人 1910 年于东帝大文学部大学院学习结束后，到 1939 年方被授予文学博士，均在他们担任东帝大教授之后，而且满足了担任大学教授一年以上这一不成文的标准。就日本人而言，当时在日本帝国大学的大学院学生，学习结束后谋到一份大学教职不是难事，而要获得文学博士学位，似乎要等相当长的一段时期，这与欧美体制恰好相反。这或许能够解释为何晚清留日之风吹起直到 1945 年二战结束前，我未听说过任何一位中国大陆留学生取得过日本文学博士学位，是排外之风作祟抑或是授予名额有限，具体原因我就不想在这里深谈了。

当时的一位大学院外国留学生在大学院最长只能学习五年，即便五年学习期满提交了学位论文，在文学部亦无一纸修业证书，其他学部针对外国留学生在大学院学习期满后是否颁给一纸修业证书，我就不知道了。据我后来了解到，1943 年，日本文部省对外国留学生的规定加以变更，开始对在大学院学习两年以上且按期提交研究报告和学习优良的外国留学生学习期满后颁给一纸大学院研究证明书，这是对在日本大学院学习的外国留学人五年学习期满后没有学位证书且极难获得文科类博士学位证书的现实状况而采取的一项补救方法，亦为当时伪满洲国公派的众多留日学生对此种状况极为不满而不断申诉的结果。

大学院研究生和大学院生均没有听课去修得学分的限制，可以不必随班上课。大学院研究生和大学院生虽有导师，但导师只是按规定给学部本科生上课，没有给大学院研究生和大学院生专门开课的规定，这点与北师大研究所不同，北师大研究所专门设置有研究生课程和学分。文学部大学院研究生和大学院生想去听导师在本科的授课就去听，不想听可以不去；需要导师指导时就去请教，不需要时可以不去。虽然每学期的期末需要大学院生提交一份研究报告，但全在于个人自觉，提交或不提交导师不会追要，学部亦不会加以问责而开除学籍。大学院生虽有两年后至五年内可以提交学位论文之规定，但提交或不提交全在于个人自由，导师和学部不会催问和干涉。总而言之就是大学院生相当自由，大学院学习相当宽松，研究或不研究全在于个人。我入学后几乎每天都到东帝大，要么在大学图书馆看书，要么到教授讲座听课，要么参加和田清研究室或加藤繁研究室的讲习会。

由于来日前我曾在北师大兼修过六年日语，还翻译过日本史学家的学术著作，因此，阅读日文已无问题，但书写日语学术文章仍感吃力，特别是口语和听力不佳。入学后的最初阶段，只是多与日本学生交谈，多到教授讲座听课，半年下来已经能够基本听懂一节课的大部分内容，特别是导师和田清担任的东洋史学第一讲座和加藤繁担任的东洋史学第二讲座的授课内容。当时文学部东洋史学第一讲座教授有池内宏、和田清，东洋史学第二讲座教授有加藤繁和松田寿男讲师，他们皆为白鸟、市村两氏的学生，继承着明治四十三年（1910）由白鸟库吉和市村瓒次郎共同创立的文学部东洋史学科（时称“东洋史学专修学科”）以来的学术传统。白鸟、市村两氏治东洋史的方法不同，白鸟教授早年在东帝大师从重野安绎习汉学，又随西方兰克学派嫡传弟子里斯习西洋史，深受西洋史学之染，他曾任日本东宫侍讲，负责大正天皇之子即后来成为昭和天皇的裕仁的西洋史教育，算是“皇师”。他的东洋史学，以西方兰克学派的实证史学研究法为主，辅以中国传统文献考证法。而市村教授早年毕业于东帝大文学部汉学科，一生致力日本汉学研究，即便是明治维新后西风东浸以致西洋学风靡列岛的时代，他依然为了重建汉学而竭尽全力。明治时代后期，市村教授曾任皇宫侍讲，为明治天皇的皇女允子内亲王和有聪子内亲王讲授汉学，算是“王师”。大正和昭和时代，以龟太郎、林泰辅、市村瓒次郎等人为代表的汉学派历史学家虽然不是日本史学界主流，但他们属日本传统学术儒学和汉学的继承者。相对而言，以重野安绎、白鸟库吉、津田左右吉等人为代表的历史学家，形成了以疑古或抹杀为特征的史学界主流派，占据着日本史学界的主导地位。尽管如此，大正时代十五年间的东帝大文学部东洋史学科的讲座，一直由白鸟库吉和市村瓒次郎两人共同主持。最早的东洋史学第一讲座教授有市村瓒次郎、箭内亘、藤田丰八。藤田丰八曾与中国学者罗振玉一道在上海筹办东文学社，该社学生王国维后来留学日本，即听从藤田丰八教习的劝导以及得到罗振玉的资助。东洋史学第二讲座教授有白鸟库吉以及讲师加藤繁。池内宏时任朝鲜史讲座副教授，后来朝鲜史讲座并入东洋史学第一讲座。而被峄山师称为业师的箕作元八，在明治后期至大正前期，一直担任文学部西洋史学第一讲座教授，至大正八年(1919)病逝。

大正时代和昭和前期的日本东洋史学名家箭内亘、今西龙、松井等、池内宏、羽田亨、清水泰次、桥本增吉、加藤繁、重松俊章、石田干之助、和田清等人，皆为白鸟、市村两教授的学生。这一时期日本东洋史学名家津田左右吉，亦受白鸟教授的影响和指导而转研东洋史学。1925 年 3 月，市村教授于东帝大文学部退休，随后白鸟教授于 1925 年 8 月亦退休，文学部的东洋史学讲座由他们的学生池内宏、加藤繁、和田清三教授主持。从此之后，文学部东洋史学科从白鸟、市村体制转向池内宏、加藤繁、和田清体制。尽管体制有变，但白鸟和市村共同创立的东洋史学科的学术传统一直未变。这种学术传统就是对史学方法和理论的特别关心，树立严密阅读史料的实证研究态度以及对于研究对象不设置任何限定或禁忌，即不设置任何学术禁区。我在东帝大文学部大学院东洋史学研究科学习近一年半，受到这种传统的熏陶，主要习得的便是东洋史学研究法、西洋科学实证法和批判史学精神。

我在东帝大文学部大学院东洋史学研究科学习期间，在导师和田清教授的要求下，还必须去听与东洋史学相关的一些东洋学讲座，诸如宇野哲人教授担任的中国哲学中国文学第三讲座；原田淑人教授开设的考古学课。除此之外，出于对日本历史和文化的关心，我还去听过辻善之助教授担当的国史学第一讲座和中村孝也副教授开设的国史课。

宇野哲人教授于晚清时期曾到中国留学，后赴德国继续深造，归国后长期任教于东帝大文学部，以西洋哲学方法讲授中国哲学和文学。1935 年 9 月我抵日前，他是文学部部长，同年 9 月后卸任，由池内宏教授接任部长。宇野教授精通汉语、德语，能说一口流利的中文，对中国留学生特别和蔼，是一位中国文化的忠实信仰者。他在讲座上讲授《论语》《大学》《中庸》时声情并茂激情四射神采飞扬的教学生动情态，展现出的是孔圣人的一位日本信徒迷恋儒学的风采，故而他被近代日本学者视为儒学家和日本近代东洋学开拓者之一，确属实至名归。我去听过善之助、中村孝也开设的日本历史课，主要还是出于对日本历史上吸收中国文化的关心。听课后收获颇多，最大收获就是辻善、中村两教授的讲课直接促成了我回国后动笔撰成《日本汉化史稿》（后改名《日本吸收中国文化史稿》）书稿，从中得益于听其讲课所做的不少笔记。原田淑人教授早年研究东洋史和文献学，在中国风俗史和服饰史方面有着开拓性的研究成果，后因眼疾造成文献阅读困难，转而从事东洋考古学研究，成为东帝大文学部最早开设的考古学讲义第一任讲师。直到我在东帝大学习期间的1935年至1937年，原田先生虽然已是教授，但东帝大文学部一直未开设考古学讲座，故他还不是专任讲座教授。50年代初期，从我与原田师的通信交往中始知，我归国后的1938年春，东帝大文学部始设考古学讲座，原田师成为该讲座的第一任教授，后曾担任帝国学士院会员（院士）、日本考古学会会长。

由于原田师精通汉籍文献，他善于将考古学的研究成果与汉籍文献研究成果紧密结合慎重考证的双重证据法在其考古学讲义中得到充分反映，普遍得到听课学生的良好反响。当时他的考古学讲义作为文献史学的辅助学，一直是东帝大文学部东洋史学的重要组成部分之一。原田师对待中国留学生态度温和，平易近人，乐于助人，亦有和田清、加藤繁诸师的风范。他当时还兼任东京帝室博物馆的研究员，后又兼任该馆鉴定官和历史课课长。在我留日的30年代，他曾为当时滞日的中国著名学者郭沫若先生查阅馆藏甲骨文提供了许多帮助，成为郭沫若当时在日的亲密学友之一。正是由于原田师的引荐，我得以两次到离东京不远的千叶县市川市须和田的郭沫若寓所拜访郭先生，请教中国古代史问题，颇受教益。

九、东洋史学

所谓东洋史，主要指中国史，朝鲜史只是附属。当时日本的史学一般分为东洋史、日本史（日本学者称之为国史）、西洋史。明治维新后，明治政府颁布《修史敕语》，吸收西洋学制，将历史教学引入学校教育。当时以日本史籍《六国史》为正史范本开始编纂学校历史教材，用于学校的日本史教育。而学校的外国史教育，大多以《万国史》和《十八史略》为教材。《万国史》是以西方《旧约圣书》的历史认识为基而展开的西洋史叙述，日本人以此作为学校的西洋史教材。《十八史略》为中国元代进士曾先之撰，是按朝代和时间顺序，以中国帝王为中心叙述上古至南宋末年史事的史书。《十八史略》从室町时代(亦称足利时代)传入日本,在宫廷、幕府中被正式讲读。到了汉学兴盛的德川幕府时期,《十八史略》被各藩官学采用为教科书,沿用至明治中期。随后,日本东洋史学创始人那珂通世,运用西洋编年史体裁以汉文编成中国通史(四卷,汉文版),目的是为了取代《十八史略》而成为日本中学的中国史教科书,结果如愿以偿。该书吸收的西洋近代实证史学的理念以及运用汉学传统的精细考证法,可说奠定了稍后开始兴盛的东洋史学研究法的基础。

1877年东京帝国大学文学部伴随着大学成立开设有汉文学科,后改为汉学科,中国史学一直被纳入汉文学科或汉学科。白鸟库吉在中学时代受教于那珂通世,后进入东帝大文学部汉文学科,师从重野安绎,习汉学专攻中国史。大学期间,白鸟亦受到德国考据学的兰克学派嫡传弟子、时任东帝大教习的犹太裔德国历史学家路德维格·里斯的西洋史教育和深刻影响,特别是兰克学派对于史料批判的实证研究态度,对白鸟影响至深至大。因此,仅就作为东洋史学科学术传统的史学方法而言,白鸟更多吸收了那珂通世和里斯的西洋近代实证史学方法。加之白鸟曾到柏林大学研究汉学多年,后又到匈牙利布达佩斯研究乌拉尔·阿勒泰语系诸民族的语言和历史,同时研习各种古代民族语言和欧洲语言,这为他日后能得心应手地运用语言文字考据法治东洋史创造了条件。在史料考证过程中通过运用语言文字比较研究方法来解明史事是白鸟先生推陈出新的日本东洋史研究方法之一,而将语言文字学引入历史研究是白鸟对日本近代东洋史学领域作出的重大贡献之一。

一般认为,日本近代实证主义史学先驱为重野安绎、久米邦武、星野恒、林泰辅、那珂通世、坪井九马三、吉田东伍等人。重野安绎是日本近代最早提倡实证主义的日本历史学家,曾任日本史学会第一任会长,他通过运用中国清代考据学的实证方法对《太平记》等史料的批判来否定児岛高德的存在和楠木正成的逸话,由此获得“抹杀博士”异名。市村瓒次郎比白鸟库吉长一岁,但于1887年毕业于东帝大文科大学汉文学科,比白鸟晚一年。1887年东京帝国大学文科大学(1919年4月根据帝国大学令,东京帝国大学文科大学改回原称的文学部)汉文学科设立了史学科,最初只讲授西洋史。1889年东帝大设立国史科,开始讲授日本史。同时将原来的汉文学科改为汉学科。1890年,东京帝国大学文科大学开始模仿欧美学制,设立讲座制度,汉学科中的汉学和支那语学设立了三个讲座。1905年,东帝大将汉学和中国语学讲座改组成中国哲学讲座、中国史学讲座、中国文学讲座,在此之前的中国史学一直被纳入汉文学科或汉学科。

白鸟库吉于1904年任教于东帝大文科大学汉学科史学科时担任中国语学第三讲座教授,讲授中国史和东洋史。1905年,市村瓒次郎升任东帝大汉学科的史学科教授,与白鸟库吉一道担任中国语学第三讲座教授,讲授中国史和东洋史。这就是日本东洋史学界普遍认为东帝大东洋史学的基础是由白鸟库吉和市村瓒次郎两人共同打下的缘由,两人由此共同于1910年创设了东京帝国大学文科大学史学科东洋史学专修科(一般简称"东洋史学科")。市村瓒次郎与白鸟库吉当年在东帝大文科大学皆就读于汉文学科,均师从重野安绎治中国史学,只不过市村更多受到当时日本汉学传统中的清代考据学实证方法影响。

日本汉学,日语汉字写为"漢学"。它与日本传统的儒学不同。一般认为日本汉学兴起于江户时代,它是针对当时几乎同时兴盛的洋学(兰学)和日本的国学而兴起的名词,作为中国传入日本的学问总称。日本汉学主要是通过阅读和研习中国古典汉籍来达到学习和掌握中国古典文化和艺术的目的,故以能阅读汉文古籍和流畅书写汉文以及创作汉文诗词为要,学问上完全吸收中国清代学者的治学方法。那珂通世早年撰著的中国通史(四卷),全用汉文写成,而非日文,后来我的导师和田清将其汉文版中国通史(四卷)翻译成日文,于1939年出版。

以上事实从一侧面表明,重野安绎、久米邦武、星野恒、林泰辅、那珂通世、坪井九马三、吉田东伍和后学白鸟库吉、市村瓒次郎及其弟子箭内亘、津田左右吉、今西龙、松井等、池内宏、羽田亨、清水泰次、桥本增吉、加藤繁、重松俊章、石田干之助、和田清等人,皆精通汉语,能读能写能听能说,只不过各人汉语水平不同而已。例如我的导师和田清教授以及我所接触过的文学部教授池内宏、加藤繁、原田淑人等人,虽然就中国史学古籍经典而言,他们没有我读的多,但对古汉语和中文古代文献的理解,对单个领域的研究能力和水平,这些日本东洋史学家与中国学者没有差异。记得有一次我参加由加藤繁教授主持的加藤繁讲习会定期的学术研讨会,学友矢沢利彦在研讨会上曾问加藤繁教授道:

> 先生,我们的中学校就开始讲授汉文,我从中学就开始学习汉文,研究汉文古籍也已有四五年,总感觉到阅读过的汉文古籍远不如黄君(指我黄现璠)多,中文终归是中国人的母语,这是否意味着日本学者的中国史研究水平难以超越中国学者?

加藤繁教授听后回答道：

> 矢沢君，现在你不能与黄君比，黄君现在没有教师资证，否则，凭他的史学水平已经可以在本大学文学部当讲师开课授业。但这不意味着今后你的中国史研究水平不能与黄君比肩。就常识而言，矢沢君似乎言之有理，但就学问研究而言，如果一位日本人真正进入东洋史学的深处，汉文对日本人和中国人来说不是任何障碍，日本学者同样能达到中国学者的学问高度，而且在某些领域还能超越，如今我们在满、蒙、鲜史领域的研究成果已超越中国和朝鲜学者，即为其例。

参加研讨会的十余位日本同学听后似乎都得到很大鼓励。我当时心想，这么多日本东洋史学者穷其毕生精力研究中国文化和中国史，只能说明中国文化的博大精深和历史的古老厚重，作为一名中国留学生，我当然感到很自豪；同时亦受到激励，心生中国学者不能落后于人的强烈志望。

据我了解，东帝大文学部东洋史学专修科或文学部大学院东洋史学研究科的早期毕业生，一般都到过中国留学、游学或到中国、朝鲜半岛从事过学术调查，这似乎成为文学部早期的一个传统。形成这种传统的原因有多方面：一是由于东帝大文学部东洋史学在日本向来属于冷门学科，从这一专业毕业的大学生或大学院生不多，相对而言，容易获得日本文部省的留学公费资助或一些财团资助的学术调查经费；二是东洋史学的毕业生大多数未来的就业方向主要是在学校当老师或在研究机构当研究员，若想获得较好的大学教职或研究员待遇，必须出国留学，这点与当时中国的大学类似；三是东洋史学的专攻生，大多数都精通汉文，故留学中国一般成为他们的首选。当然，自大正时代当日本人留学中国成为可能并逐步普及后，不能说东帝大文学部东洋史学专修科和研究科毕业的所有学生都到过中国留学、游学或从事学术调查，至少东帝大文学部毕业而后来成为日本东洋史学研究的许多名家，都到过中国深造。这不仅在东洋史学领域，而且在文学部的中国哲学、中国文学的专攻领域同样如此，例如东帝大文学部史学科早期毕业的东洋史学家白鸟库吉、箭内亘、津田左右吉、松井等、池内宏等人，曾作为满洲及朝鲜历史地理调查部（简称“历史地理调查部”）的负责人和调查员，均在中国东北和朝鲜半岛从事过历史地理调查。1914 年，满铁调查部下属的满洲及朝鲜历史地理调查部被取消后，历史地理调查部的工作由东京帝国大学文科大学接管，开始由其向外派遣

人员从事历史地理调查工作，而这些被派遣到中国和朝鲜半岛从事历史地理调查或考古的人员，绝大多数都是专门从事东洋史学或考古的研究者。白鸟库吉的学生今西龙曾于1922年留学北京两年；石田干之助早期曾在中国调查和收集文献数年；我的导师和田清曾于1924年游学欧美和中国两年；三上次男曾留学中国两年。东帝大文科大学汉文学科专攻中国哲学的服部宇之吉，曾于1900年留学中国不满一年，继而转赴德国游学两年。狩野直喜的情况与服部宇之吉类同，只不过他在中国游学的时间长些。东帝大文科大学汉文学科专攻东洋史的桑原骘藏曾于1907年留学中国两年；同一学科专攻中国文学的盐谷温，1906年曾赴德国留学四年，1910年从欧洲留学归国后又来中国留学，投身著名经学家叶德辉门下，学习元曲。东帝大文科大学汉学科专攻中国哲学的宇野哲人，曾于1906年留学中国两年，继而转赴德国游学两年；同一学科专攻中国文学的铃木虎雄，曾于1916年留学中国两年，1929年又在德国游学半年。东帝大文学部文学科专攻中国文学的仓石武四郎，曾于1928年留学中国两年。

京都帝国大学文学部专攻汉学和东洋史学的毕业生更是如此，而且似乎成了一种不成文的惯例，例如京都帝国大学文学部毕业的小岛祐马，曾先后赴法国和中国留学；同校同部文学科专攻中国文学的吉川幸次郎，曾于1928年留学中国三年。

早期从东帝大汉文学科或汉学科毕业后到海外留学的日本留学生，来中国是为了学习中国历史、哲学、文学、艺术；去英法两国是为了能够阅读敦煌文献；去德国是为了研究德国汉学和欧洲语言学，白鸟库吉、服部宇之吉、羽田亨、宇野哲人、和田清等人，莫不如此。这些人留学中国时，绝大多数是日本文部省公派的海外留学生，而且都是中国各名牌大学的旁听生。寡闻所及，他们当中几乎没有一位是考入中国各大学的本科生或研究院的研究生。相比之下，同一时期留学日本的中国留学生，绝大多数都是考入日本各大学的本科生或大学院生。然而，中国公派留日学生归国后大多走上了学而优则仕的仕途，到大学终身任教的留日学生相对较少。而当时日本文部省公派海外的日本留学生，仅就东洋史学领域而言，几乎没有人在国外（包括中国和欧美）拿到过文凭或学位，但这些人回国后绝大多数都到大学终身任教，这对日本在汉学和东洋史学方面的教学质量保证和提高显然有极大助益，以至于日本在这方面的研究人才辈出，学术成果累累，学说薪尽火传，历久不衰。这是我在日留学通过研究东洋史学所了解到的一些情况以及所看到的当时中日两国留学生归国后呈现出的一些不同现象，从而引起了我的深思，进而领悟到留学国外，学习知识更为重要，拿学位相对次要，而混文凭则不可取。

十、研究法和史学观

我在东洋史学研究科学习期间，日本东洋史学创始人那珂通世以及白鸟库吉、市村瓒次郎和东帝大教授池内宏、加藤繁、和田清、原田淑人等人的著作是必读书。同时，我曾在池内宏、加藤繁、和田清、原田淑人等人的讲座听过课。从他们的著作以及讲座中可以领会到，不仅日本汉学在治学方法上完全吸收中国清代学者的治学方法，而且明治后期从日本传统汉学和中国史学分离出来的东洋史学的研究方法，同样带有浓厚的中国清代学者治学方法的痕迹，特别是清代学者崔述（号东壁，1740—1816）的疑古思想，可说对日本东洋史学家产生过重大影响。崔述生前的著作由其门人陈履和汇刻为《东壁遗书》，其中以《考信录》32 卷最令学者注目。《考信录》中对于先秦之书除《诗》《书》《易》外，几乎都存怀疑。崔述的著作及其疑古思想虽然具有重要的学术价值，但无裨于科举，因而在中国被淹没了近百年，反而流入日本后马上引起了日本学术界的重视。在日本最早将《东壁遗书》校点复刊介绍给日本学术界的学者，便是日本东洋史学创始人那珂通世。1903 年出版的那珂通世校点的《崔东壁先生遗书》四册，一般被公认为崔述疑古思想广泛流布日本之始。而那珂通世早年撰著的中国通史（四卷），全用汉文写成，又被看作日本近代历史学中根据汉学实证研究中国史到达顶点的标志。日本近代国史的开拓者重野安绎，其实证主义史学的主要特点表现为他强烈主张将中国清代考据学派（即乾嘉学派）当作日本实证史学研究方法的典范。那珂、重野的学生白鸟库吉，其东洋史学的研究方法显然深受西洋考据学派兰克实证主义史学的重要影响，正如我的导师和田清曾对其师白鸟先生的学术特点概括的那样：

> 白鸟博士研究法的特色，总说一句，在于西洋方法的采用。从来日本学者多半免不了受汉学的影响，多半不能摆脱中国式思想方法的重压。但白鸟博士却能运用西洋最近的科学方法，以全然崭新的眼光为旧问题求新解释……博采地理学、语言学、宗教学、民俗学等知识，去解决满蒙的历史地理人种民族以及语言风俗思想文化等各种大问题。大体而言，以西洋之法治东洋之史，或者说使东洋史转向近代化、实证化、科学化，白鸟信为日本第一人，亦可谓东亚第一人矣。

尽管如此，我精读白鸟先生的著作后得出这样的认识：白鸟先生的疑古主义史学

观,可以说同样受到崔述疑古思想的一些影响,原因在于日本东洋史学的主要研究对象是中国史,东洋史学家们日常研习的文本都是汉文古籍。由此可见日本东洋史学的基础学力和史料运用皆以汉学及其汉文献作为基本支撑,因而从中受到中国清代史学方法的熏陶,似乎自在情理之中。白鸟先生向来认为史学具有道德修身的功能,主张人格修养必须依赖史学,这种认识显然源于中国儒学的影响,以至于他晚年回归儒学,充分肯定儒学在日本的价值,这从一侧面反映出他受惠于中国清代学者"六经皆史"思想和疑古思潮而难以割舍的日本汉学情结。

我在大学院学习期间,池内宏教授和加藤繁教授皆问我是不是顾颉刚先生的学生,我回答说他不直接教我,只是听过他的一些公开演讲,得益不少,算是他的私淑弟子。解放前,日本学者,特别是东帝大、京帝大和其他帝大等名牌大学教授,对吾师陈垣先生和顾颉刚先生推崇备至。他们为什么景仰吾师陈垣先生?这是由于陈垣先生的考据学造诣非同凡响,且能推陈出新;他们为什么景仰顾颉刚先生?这是由于顾颉刚先生敢于反抗我国传统圣道的陈旧思想,标榜疑古,主张研究历史必须实事求是,将清代疑古学者崔述的《考信录》发扬光大。而日本学者对于《考信录》,则是五体投地的信服。事实上,就中国现代学术而言,我一直认为吾师钱玄同先生属疑古导师,堪称中国现代兴起的疑古思潮或疑古派的精神领袖,只不过在中日学者的一般认识中,曾留学日本早稻田大学的吾师钱玄同先生是中国现代的思想家和语言文字学大家,而非历史学大家。因此,日本东洋史学家将顾颉刚先生视为中国史学界疑古派创始人而对之予以崇敬,有其合理之处。

我在北师大九年学习中,吾师陈垣、钱玄同、邓之诚等教授皆在课堂上讲授过崔述的疑古思想,陈垣先生还曾指出过崔述在《考信录》中的一些考证小误。因而我对崔述的疑古思想早就有所了解,对其考证方法略知一二,当然不会再在日本东帝大大学院浪费时间学习这些,更多精力主要用于探索日本东洋史学家的西洋实证研究方法和史学理念,在这方面收益良多。

通过阅读那珂通世所撰《那珂东洋小史》(1903)、《那珂东洋略史》(1903)和译述的《成吉思汗实录》(1907)等著作,可以一窥其运用西洋近代实证方法治东洋史的一些研究法及其在满语、蒙古语方面的精深造诣。通过阅读白鸟库吉所撰《檀君考》《朝鲜古传说考》《契丹女真西夏文字考》《蒙古民族的起源》《西域史新研究》《东胡民族考》《可汗及可敦名号考》《戎狄对汉民族之影响》《突厥阙特勤碑铭考》《日本古语与朝鲜语之比较》《匈奴及东胡诸族语言考》《朝鲜语与乌拉尔—阿尔泰语之比较研究》《粟特国考》等论文，可以一见其疑古主义、史料批判以及追求普遍性真理等方面具有兰克学派特征的史学观以及将语言文字比较导入历史研究以解明历史真实事象的研究法。通过阅读市村瓒次郎撰《东洋史要》（两册，1897）、《东洋史统》（两册，1929—1930）、《孟子讲话》（1936）等著作，可以习得他严格遵守日本传统汉学长期坚持的文本主义或文献主义的史学研究方法。再读他以日本文学和西洋文学为题材而用汉文写的诗以及将大量中文古典诗译为日语的作品，可知其汉学素养非同一般，方法上与日本传统儒学研究法并无二致。

池内宏教授虽不是我的导师，但他时任东帝大文学部部长兼大学院研究科科长，他的著作成为东洋史学研究者的必读书，他的讲座自然要去听。池内宏教授的祖父池内大学，是日本江户时代后期的著名儒学者，精通汉诗和中国书法，曾任日本皇室久迩宫朝彦亲王的侍读。池内宏的家学渊源出自日本汉学，他自幼深受中国古典文化的影响，其汉字和汉文书法写得相当好。通过阅读他撰的《文禄庆长之役》正编、别编和《元寇新研究》等著作以及听他的朝鲜史讲座，可以领会其运用语言学治东洋史的独特研究法及其朝鲜语修得的造诣。池内宏教授深受其师白鸟库吉对中国尧舜禹置疑史观的影响，师生两人共同撼动了日本儒学“法先王”的基本观念，成功地破坏了日本汉学家历来以尧舜禹作为中国文明核心而信奉的道德宗教权威形象，使得儒教成为可以由外而内看待且能加以批判的对象，不再是原来日本汉学中不可置疑不可分割的修身内涵，由此造就了东洋史学作为近代学问的成立和兴盛。

加藤繁教授虽不是我的直接指导导师，但他是东帝大文学部东洋史学资深的讲座教习。1936 年春我进入大学院学习的同年，加藤繁升为教授，他的著作同样是东洋史学研究者的必读书。由于他的热情邀请，我不仅经常去听他的讲座，还时常被邀参加“加藤繁ゼミナール”，即加藤繁讲习会，参与研讨中国唐宋经济史，故我一直将他视为我在大学院学习时的导师之一。通过阅读加藤繁教授所撰关于中国古田制研究的著作和《唐宋时期金银之研究》（两卷，1925—1926）等，以及听他的东洋史学讲座，可以窥见加藤繁教授崇尚 19 世纪西方历史学派的史学思想。他的史学观具有历史主义和经验主义的显著特征，他采用广泛搜集史实的研究方法，埋头专注于对经济史料的整理分析，在他的著作中充满丰富的史料，由此确立了日本近代研究中国经济史的基本史料学方法。加藤繁教授对中国唐宋经济史和中国社会史的研究与北师大吾师陶希圣教授的

相关研究比较而言，两者先后不同，研究方法各有特色。加藤繁教授曾对我说过："中国现代社会经济史研究首屈一指的学者，只有陶希圣君。"而在日本，加藤繁教授被日本东洋史学界尊奉为日本近代研究中国经济史的第一人（即最高权威）和中国社会史研究的奠基人。

图 20　与导师加藤繁、和田清等人合影于东帝大校内（前排从左到右：加藤繁、和田清、黄现璠、松田寿男；后排从左到右：榎一雄、田坂兴道、岸边成雄、三上次男、矢沢利彦）

我的导师和田清教授虽然比加藤繁教授的年龄小十岁，但他在东帝大文学部升任教授则比加藤繁教授早三年。他的成名作是 1917 年出版的《内蒙古诸部落的起源》（1917）。从其著作及其东洋史学讲座中可知，和田清教授对蒙古和满洲民族历史及其地理的专门研究兴趣，最初始于其师箭内亘、池内宏的开导。同时又受到前辈校友原田淑人的《明代的蒙古》（1908）和汉学家中岛竦的《蒙古通志》（1916）的启发和鼓励，特别是原田淑人的毕业论文《明代的蒙古》，直接催生了和田清毕业论文《明初的蒙古经略》的诞生。和田清教授的成名作《内蒙古诸部落的起源》，便是在其毕业论文之外加上另三篇论文汇集而成的杰作。而在语言学上，和田清教授在大学院学习时曾得到白鸟库吉的专门指导，这为他后来致力收集满蒙史料和成为这一领域的专家奠定了深厚的语言学基础。他将语言学导入东洋史研究以及贯彻文本主义或文献主义的研究方法，充分体现出白鸟库吉和市村瓒次郎共同开创的东帝大文学部东洋史学科经久不衰的一些学术传统。可以这样说，当时日本的这些东洋史学家带给我的最大学术影响，便是将语言学导入历史研究以及重视实地调查收集史料的研究和治学方法。我后来在中国少数民族史研究方面除本身自幼会讲壮话外，又苦学瑶话、侗话以及重视实地调查收集史料的治史法，无疑源自和田清等东帝大诸师治史法的影响和启发。

和田清教授当时在大学院开设有“和田清ゼミナール”，即和田清讲习会，每周星期一和星期四下午定期在和田清研究室举行，虽然名义上称和田清讲习会，实为和田清教授与其学生一道进行的师生学术研讨会，研讨主题主要针对中国元明清史、满蒙史、历代食货志等方面，一般以汉文古籍为研讨原典，一个研讨主题确立后讨论数次或十余次即告一段落。参加研讨会的和田清讲习会成员既有大学院生，又有学部生，还有个别讲师、副教授和以往的本科毕业生，皆为和田清教授的学生。我记得经常参加研讨会的日本学友有松田寿男、榎一雄、三上次男、田坂兴道、岸辺成雄、矢沢利彦、前田直典，他们当中亦有个别人是加藤繁讲习会成员，而中国留学生只有我一人，原因在于当时北大、北师大在文学部大学院就学的大学院生中，只有我一人专攻东洋史。

每次研讨会举行前，和田清导师先确定一个研讨主题，例如《明史·志第五十三·食货一》，告知下次研讨会开展《食货一》的讲习，让学生事前准备。研讨会开始后，由参与学生各自分段对汉文原典《食货一》篇一字一句地阅读，然后逐字逐句翻译为日文，继而解释段落大意。和田清导师在学生的解释中发现有误，会马上叫停，由他讲读和分析，予以纠正。学生对和田清导师的讲读存在不明和置疑之处，可以当场提出，然后与会者各抒己见，直陈看法，进行讨论，有时论争相当激烈。这种师生一道共同讨论学术问题的形式，我在北师大的九年学习中已经屡见不鲜，而且时常亲身经历，不足为奇，但北师大的师生相互论学，就我个人体验而言，大多是我与老师私下个别的讨论，而非公开的众人讨论，即非日本学者的这种和田清讲习会的众人参与的公开形式。私下个别的讨论中，老师可以凭记忆泛泛而谈，对于一些具体问题无必要深究，即便出现个别错误也只有私下讨论的师生双方心知肚明，不存在任何有损为师尊严的问题。而和田清讲习会这种大家参与的公开讨论会则有所不同。首先，日本东洋史学的基础学力和史料运用皆以汉学及其汉文献作为基本支撑。其次，白鸟库吉→和田清一路的日本东洋史学的史观和研究方法大多以德国兰克学派为基，这就要求研究者必须基本具备这方面的语言学能力。就我所见，和田清导师能看懂用古汉语、英文、德文、满文、蒙古

文撰写的学术论著，他对汉语文言文的理解已与中国历史学者无异，由此可见其语言学功力。这种功力在池内宏、加藤繁、原田淑漱人等东帝大教授的身上同样可见，他们的共同老师白鸟库吉精通七八种外文，算是其中楷模。日本东洋史学者拥有的这种语言学能力，在以白鸟库吉为代表的日本东洋史学者撰著的学术论著中都有不同程度的反映，而非徒有虚名。

由于和田清导师对文言文阅读理解能力的卓越，因而他在和田清讲习会上对《明史·志第五十三·食货一》所做的数月讲习中，我几乎未发现他对这篇文献的字句理解和日文翻译有错误。这就是在研讨会上面对学生的疑问或提问，和田清导师总能解惑释疑应付自如，应答如流，让学生们十分佩服。

日本东洋史学家崇尚文本主义或文献主义，忠实于阅读原典，这是科学的治学态度。强调基础语学的扎实，重视对原典的正确理解，把握概念的明确与逻辑思维的清晰，可以说是东帝大文学部东洋史学科的教育传统之一，我亦深受影响。东帝大老师一般只要求参与讲习会的学生读懂和正确理解汉文原典即可，这是对学生进行阅读汉文和史学文献的语学、史学的双向基础训练，以便为今后独立的深入研究打下基础。至于原典中一些记载的错误，东帝大教授通常在讲习会上不作考证纠误之类的考据学讲读，他们认为这是有志研究者今后独立研究的深奥学术问题，有待于研究者自己深入探索发现。

在研讨会上，最初我很少发言，日语口语表达能力进步后，和田清导师就叫我代替他成了研讨会上解释汉文原典的讲读者，特别是我对《元史》中一些有关蒙古族早期史记载的解释和认识发言，时常得到与会者的首肯和赞许。偶尔加藤繁、和田清教授不拘师生辈分俗体，还私下虚心向我请教一些汉文原典中的个别字、句的正确解读，算是师生互帮互学。他们这种不耻下问虚怀若谷的好学精神，给我印象深刻和影响甚大。在研讨会上，和田清导师还曾以德国历史学家兰克撰著的德文版 *Weltgeschichte*（中文译名《世界历史》）第一卷为原典，在研讨会上讲读了一个月，迫使我不得不去苦研德语。由于当时德文语学力的不足，对兰克原著的理解，我只能借助英文版和日文版的相关译著，时任东帝大文学部西洋史第一讲座教授的今井登志喜所著的《历史学研究法》，对我助益甚多。该书中对兰克提倡的史料批判历史研究法有着详细介绍和全面解读，使我从该书的阅读中能够了解到兰克史学的核心内容。我以为兰克认识的史料，比同时期中国清代学者的认识明显更为宽泛。然而，兰克倡导的史料批判考据史学，相比较于早于兰克的中国清代乾嘉学派的考据学而言，两者在理念和研究方法上并不存在本质差异，只不过兰克史学的视野更为广阔以及思维、概念、定义更为严谨科学而已。

除此之外，和田清导师建议我抽时间多读一些翻译成日文版或英文版的西方语言学、史学、民族学名著，多了解一些近代西方史学的民族、文明和科学史观及其研究方法。在他的推荐下，我相继阅读了法国语言学家米切尔·布雷尔的《语义学》、艾伯特·卡洛依的《语义学》、美国语言学家古斯塔夫·斯特恩的《语义和语义变化》、美国民族学家摩尔根的《古代社会》和《史前史时代》，英国文明史家亚当·弗格森的《文明社会史》、爱德华·泰勒的《人类早期历史研究》、约翰·拉鲍克爵士的《文明的起源与人的原始状态》等大量西方名家著作。

和田清、加藤繁两位教授对参加讲习会的学生要求较严，表现在研读汉文原典时，他们都会要求学生尽可能用中文发言，只是对一些深奥问题难以用中文表达时，可以用日语发言，这对促进东洋史学专攻者的中文语学能力进步帮助甚大。据时任京都帝国大学文学部的学友仓石武四郎副教授后来对我说："在京帝大文学部的吉川幸次郎研究室，以被称为中国人自豪的吉川副教授，曾一度要求加入吉川讲习会的日本学生必须身穿中国长袍马褂参加讲习会，旨在让学生亲身体验中国国民的礼仪文化（国民政府于1929年公布的《服制条例中》正式将蓝长袍、黑马褂列为国民礼服），而且学生在讲习会上发言必须说中文，从而促使学生更好地掌握中文及其理解中国文学和文化。"吉川幸次郎于1928年在北京大学留学时，曾是吾师钱玄同的学生，专攻中国音韵学。

就一般状况而言，日本近代东洋学者，大多是孔子的信徒，尊崇中国儒教的礼仪规范，他们当面对于中国学者和中国留学生大多能礼贤下士，知人待士，彬彬有礼。仅就我当时接触过的东洋史学家白鸟库吉、市村瓒次郎、有高岩、津田左右吉、池内宏、加藤繁、原田淑人、和田清、内藤湖南、狩野直喜、羽田亨等人而言，在他们与我的谈话中，听到的是众口交赞之言，评功摆好之词，例如白鸟库吉、市村瓒次郎、和田清等人皆不约而同地对我当面评价过王国维和吾师陈垣、王桐龄等人的学术成就，日本皇师（天皇的老师）白鸟库吉便当面对我称赞过中国帝师（皇帝的老师）王国维先生为中国近代史学第一人，认为他开创的运用历史文献和考古史料研究历史的方法为亚洲史学史无前例的新研究法。他们都称峄山师为日本通，誉为"中国东洋史学研究第一人"。为什么当时日本东洋史学界的泰山北斗白鸟库吉、市村瓒次郎对峄山师给予如此高评价，一方面是因为峄山师曾是他们的学生，二方面是源于峄山师的谦虚好学精神。1919年峄山师被

教育部派往日本东京帝国大学文学部大学院（即研究院）留学前，曾在日本留学过近10年，1912年归国后长期在北京高师、北京法专、中国大学、明德大学讲授中国史和东洋史近十年，而且长期担任北京高师史地部主任，还有专著《东洋史》问世。1919年峄山师到东帝大文学部大学院留学后，在文学部曾听过白鸟库吉教授讲授的东洋史概说、塞外民族文化史；市村瓒次郎教授讲授的中国历代思潮概说、史籍讲读；箭内亘教授讲授的宋金交涉史；池内宏教授讲授的朝鲜史，算是这些东帝大教授的学生。这些教授用日语讲课时，峄山师以中文做笔记，一字不漏全部记下；这些教授长篇阐发议论时，峄山师以数句日语简明扼要地予以了概括，日本教授和同学听后赞不绝口。课后，一些峄山师当年的同窗并已在文学部任教的讲师和副教授听说后纷纷向峄山师请教教学方法；同学们则纷纷改口称呼峄山师为王先生，而不再叫王君，峄山师听后笑而不语。他认为这些教授所讲的这些内容，大多不出他讲授和撰著的《东洋史》范围，而且日本东洋史学家们日常研习的文本都是汉文古籍，对古汉语的熟练运用从而将其语言思维用于教学中以达到高度的概括能力，这点不是日常用日语思维的日本教学者经过学习和修炼而能够习得的教学本领。峄山师意识到这是文化背景和语言表现不同使然，难以言传，故只能笑而不答。我早年师从峄山师习中国史和东洋史，自认为对东洋史还是略知一二。留日后我虽然研究的是日本东洋史，但事实上，当时日本的东洋史内容绝大部分都是中国史，实与中国史名异实同。峄山师深得两者教学之个中滋味，加之他对我向来青眼相看，一直赞同我事教为业的志向，故而在北师大、东帝大都能对我口传心授教学相长经验，面授因材施教的秘诀，使我习得教亦多术的教学原理。他当时还告诫我说："就东洋史而言，日本教授的课堂授业法没有必要专门学习，黄君应该多学习他们的治学细致入微的严谨态度和学术研究法。"这或许是1919年和1934年峄山师两次到日本游学时相继被日本东京高师和东京文理科大学邀请去当东洋史讲师而他加以固辞的原因之一。不要忘了，1919年峄山师已满41岁，1936年峄山师已满58岁，当时已是北师大资深教授，他不仅经常到东帝大图书馆看书和查阅资料，而且偶尔还与我一道出现在池内宏和加藤繁教授的讲座上听课，到1936年9月他结束此次近两年的日本教育考察而返回北师大继续任教。峄山师这种向来"敦兮其若朴，旷兮其若谷"且能至老依然如故的笃实好学谦让未遑的态度，实对我影响至大至深。

我在大学院学习一年后的1937年5月，开始着手为自己拟定的《中国东北民族史考察》博士论文收集资料时，初步构想是摆脱满文和蒙文的文献史料束缚局限和日本东洋史学家的思维导向，而以中文古籍为基，扩大原论文《东北之历史考察》的整个思路和论点，运用中国传统考据学和西方实证史学相结合的研究方法，对中国东北各民族史加以全面叙述和论证，深入探讨其来龙去脉，以成一篇完整的博士论文的同时，又可以满足东洋史学研究课题的要求。我的导师和田清教授，终究是一位治学严谨的学者，对我拟定的博士论文的研究题目，未加干涉，予以赞同，并加以热心指导。他还热心地将一些满文、蒙文史料翻译成日文，供我参考和使用。

总而言之，东帝大文学部教授池内宏、加藤繁、和田清、原田淑人等人尽管热心向我灌输他们的史观，但对我的自主史观从不横加干涉，体现出东帝大文学部东洋史学研究长期崇尚文献主义和学术自由独立的优良传统。至于在授教解惑方面，东帝大诸师，皆有北师大峄山、文如、援庵诸业师的风范，给我印象甚深，影响甚大。

十一、访贤交友

1935 年秋我抵达东京不久，就去拜访了时任东京文理科大学教授的有高岩、中村久四郎（即中山久四郎）两位先生。有高岩先生任东京高等师范学校教授期间曾发表过《元代农民之生活》《元代奴隶考》两篇论文，1932 年春我曾将其译为中文后发表在《社会杂志》上，1934 年初又将其汇总成《元代农民之生活——附奴隶考》一书，由蓓蕾学社出版。1933 年我在《进展月刊》第二卷第二期上发表的《由历史上观察岭南之水路交通》一文，便是由节译中村久四郎发表在《东洋学报》第十卷第二号上的论文《广东适胡及连络广东长安之水路舟运交通》后经改名而来。

图 21 《元代农民之生活》（2015 年重印版）

这一时期，我曾与有高岩、中村久四郎教授有书信往来，算是通信学友。

1929 年东京高等师范学校的专攻科升格为东京文理科大学，简称“东京文理大”，东京高等师范学校成为东京文理大的附属学校。当时的东京文理大就坐落在小石川区大塚洼町，与我的租住地小石川区同在一个区，两地相距不远。我到东京文理大文理学部有高岩研究室、中村久四郎研究室分别去拜会有高岩、中村久四郎两位教授时，他们

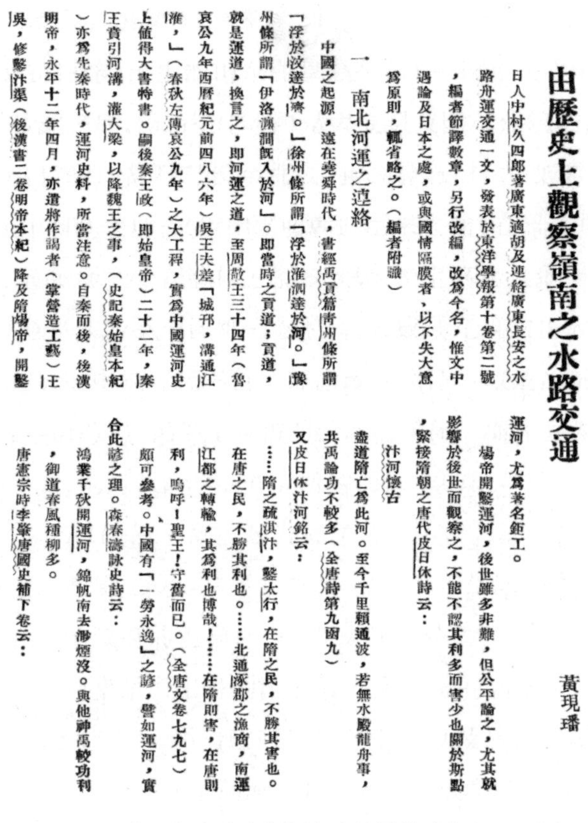

進展月刊 第二卷 第二期 五四

由歷史上觀察嶺南之水路交通

黃現璠

日人中村久四郎著廣東適胡及連絡廣東長安之水路舟運交通一文，發表於東洋學報第十卷第二號，編者節譯數章，另行改編，改爲今名，惟文中遇論及日本之處，或與國情隔膜者，以不失大意爲原則，輒省略之。（編者附識）

一 南北河運之連絡

中國之起源，遠在堯舜時代，書經禹貢篇青州條所謂「浮於汶達於濟。」徐州條所謂「浮於淮泗達於河。」豫州條所謂「伊洛瀍澗既入於河」。即當時之貢道；貢道，就是運道，換言之，即河運之道，至周敬王三十四年（魯哀公九年西曆紀元前四八六年）吳王夫差「城邗，溝通江淮，」（春秋左傳哀公九年）之大工程，實爲中國運河史上值得大書特書。嗣後秦王政（即始皇帝）二十二年，秦王賁引河溝，灌大梁，以降魏王之事，（史記秦始皇本紀）亦爲先秦時代，運河史料，所當注意。自秦而後，後漢明帝，永平十二年四月，亦遣將作謁者（掌營造工藝）王吳，修鑿汴渠（後漢書二卷明帝本紀）降及隋煬帝，開鑿運河，尤爲著名鉅工。

煬帝開鑿運河，後世雖多非難，但公平論之，尤其就影響於後世而觀察之，不能不認其利多而害少也關於斯點，緊接隋朝之唐代皮日休詩云：

汴河懷古

盡道隋亡爲此河。至今千里賴通波，若無水殿龍舟事，共禹論功不較多（全唐詩第九函九）

又皮日休汴河銘云：

……隋之疏淇汴，鑿太行，在隋之民，不勝其害也。在唐之民，不勝其利也。……北通涿郡之漁商，南運江都之轉輸，其爲利也博哉！……在隋則害，在唐則利，嗚呼！聖王！守舊而已。（全唐文卷七九七）

頗可參考。中國有「一勞永逸」之諺，譬如運河，實合此諺之理。森春濤詠史詩云：

鴻業千秋開運河，錦帆南去渺煙沒。與他神禹較功利，御道春風種柳多。

唐憲宗時李肇唐國史補下卷云：

图 22　在北师大读书期间发表的译编论文（1933 年）

接待较为热情，还在大学旁的日本料理店请我吃了一顿饭。交谈中，两位教授关心地问了一些我来日留学的打算，我便如实相告，计划投考东京帝国大学文学部大学院。他们听后说了一些鼓励的话，同时亲切地说道：“黄君倘若未能如愿考入东帝大，可以投考我们文理大，欢迎来我们这里攻读博士学位。”我听后说了一些感谢的话，当场表示会慎重考虑。事后我了解到，当时东京文理大只有一个学部，即文理学部，内设教育学科、哲学科、史学科、文学科、数学科、化学科、生物学科、地理和地质学科，还设有一些选科和研究科，在研究科可以攻读博士学位。有高岩先生早年就读于京都帝国大学文科大学史学科，师从内藤湖南、桑原骘蔵、狩野直喜等人专攻东洋史学，1934 年被授予文学博士，曾撰有《满蒙史讲话》（1932）、《古代儒家的法律观》（1934）、《元代婚姻的相关法律研究》（1935）等大量东洋史学论文；而中村久四郎早年毕业于东京帝国大学文科大学史学科，师从重野安绎、星野恒等人习史，1925 年被授予文学博士，曾著有《东洋史讲座》第 1 卷（1929）、《历史及历史教育》（1930）、《读史广记》（1933）、《史学及东洋史研究》(1934)、《日本文化与儒教》(1935)等书,可见两位教授在日本东洋史研究方面卓有成就,时为日本东洋史学界公认的名家。然而,相比之下,东京文理大的规模和名望实与东帝大有较大差距,故我最终还是选择了投考东帝大文学部大学院。1936年我考入大学院后,同年3月和10月,商务印书馆相继出版了我撰著的《唐代社会概略》《宋代太学生救国运动》两书。我收到书后又两次到东京文理大拜会有高岩、中村久四郎两位先生,一方面是赠书给他们,另一方面是向他们通报我考入东帝大文学部大学院及其学习的一些情况。有高岩先生不仅热情接待了我,他还热心地建议我将书寄给他的母校京都帝国大学的老师内藤湖南、狩野直喜、羽田亨等人,以建立学术联系,扩大在日本的学术交流。我接受了有高岩先生的良好建议,分别将两书邮寄给了这些东洋史学家。内藤湖南先生收到书后写了一封回信给我,说了一些感谢的客气话,同时邀请我有时间务必到京帝大一游。后来我应邀到京都旅游数天,拿着有高岩教授、和田清导师的介绍信专程去京帝大文学部拜访了内藤湖南、狩野直喜、羽田亨、仓石武四郎等人。仓石君曾是吾师和田清、钱玄同、陈垣等人的学生。他早年毕业于东帝大文学部文学科专业,1928年获得文部省奖学金到北京游学两年多,经常拜访北师大吾师钱玄同、陈垣、高步瀛、黎锦熙、孙人和等人。按仓石君所言,他游学北京期间,有一段时间曾住在孙人和先生家中,成为北师大未交学费的"偷听生"。原因是他当时是北京大学的旁听生,又想听钱玄同、孙人和等老师的课,而当时北师大没有旁听制度。加之孙人和先生时任中国大学教授,同时兼任北平师范大学讲师,并在北大兼教。而且,本来他是到北大去听吾师钱玄同在北大开设的中国音韵沿革这门课,但他的住地孙人和家离北师大近。为此,为图方便,他经常混进教室听钱玄同、孙人和老师的课。这是事前得到钱、孙两师同意或默许的。仓石君留学北京期间,还经常拜访吾师陈垣先生,而且在北大十分热心旁听陈垣先生的授课。据他说,1930年夏他游学结束离京返回日本时,陈垣先生为他热心学习汉语和中国文学的极大热忱所感动,在他离别北京之际还专门派人到车站赠书相送。我在北师大读书期间,曾在吾师钱玄同、孙人和的课堂上见过他,只是脸熟,并无交往。此次与他见面,他一直用中文与我交谈,双方一见如故,谈话颇为投机。他回忆起早年在东帝大文学部听和田清讲授中国史的情景,谈起留学期间北师大陈垣、钱玄同、孙人和诸师对他的热情关怀和学问指导,感激之情溢于言表。随后,他在离京都帝国大学不远的日本料理店请我吃了一顿饭。由于我与仓石君专攻不同,京都一别,此后就没有继续与他建立学术联系。

虽然京都一游顺道拜访内藤湖南等东洋史学名家后我并未与这些名家直接建立学术通信，但后来与他们的弟子建立了学术联系，特别是内藤湖南先生的弟子宫崎市定。1945年日本战败投降后，当时我任广西大学史学教授，接到宫崎君的来信，信中大意说：战前收到和田清与同事仓石武四郎两教授代为转交的《唐代社会概略》《宋代太学生之救国运动》两书和附带解释，阅后心无芥蒂，且受益良多，希望双方能够建立学术联系和交流。我亦回信表示乐于交往。解放后，宫崎君通过当时日本长期派驻上海商贸会社的一位他过去的学生给我来信，谈论一些学术问题，我亦回信直抒己见，对京大内藤流史学习惯基于文学思维及新闻笔法的治史法颇有微词，对其史学论著亦不乏攻瑕指失或旁指曲谕之语，交浅言深，露胆披诚，意在增进双方抱朴含真的君子之交之谊。这种非公开化学术通信一直断断续续至改革开放后。1972年中日邦交正常化后，特别是1978年改革开放后，我与东帝大文学部同师学友榎一雄、岸辺成雄等一些日本学友的学术通信始公开化，他们应我之请，不仅托人带给我一些研究中需要的外文书籍，而且还帮我查了大量研究中需要查询的日文和英文史料文献，皆为我的学术研究助了一臂之力。我们这种中日学友的长期交往，冲破国界以及民族和政治环境阻隔，实可谓当代中日学术交流史上的一段佳话。正如五六十年代，我与越南河内师范大学陈文甲教授通过学术通信和会面进行学术交流时，《桂林日报》当时曾以“中越学者学术交流情深意长的一段友谊佳话”为题加以报道。只不过前者受制于当时的形势而进行非公开化交流，而后者公开化进行，两者在交流形式上不同而已。晚年榎一雄君还来信约请我到日本讲学和重访故地，只可惜我已是风烛残年，时日不多，加之诸事繁忙，时间弥足珍贵，确实抽不出时间前往日本讲学访友，只能以鱼雁传情，聊表谢意。凭实而论，京大内藤、桑原流东洋史学虽然成果迭出，但其治史法实与吾师和田清、加藤繁等东大流东洋史学有所差异，前者立言阔论高谈，立旨标新立异，立论大而空泛，立证天马行空，急于构建史学认识新体系，必然难免欲速不达的治史弊端，易犯“以论代史”的治史大忌。加之其考证大都浅尝辄止，论证过多袭用中国古人之说以及高自位置睥视指使的治史态度，常受到吾师王桐龄、和田清、加藤繁以及学友榎一雄、田坂兴道等人的攻瑕索垢。受其影响，我亦未能例外，例如1933年我在《师大月刊》第五期上发表的长篇论文《最近三十年中等学校中国历史教科书之调查及批评》中，就曾指出了宫崎君的导师桑原骘藏所著《东洋史要》四卷中的一些缺陷，特别强调该书不适合用作中国中学的历史教科书，直截了当地说道：

然上古史，尚插以神话，文化材料，多付阙如；且重要史事，亦多遗漏，实非完善之作。不过在当时教科书中，称为善本，名贤同声推重，学生相竞拜读，几至人手一册，可知国人历史知识，在日人之下，由来已久。呜呼！亡国非一道，救国亦多端，吾国史学家，其知猛醒焉未？

而对宫崎君的世界古代史观，我以为并不具备世界普通适用性。他将世界古代史的发展路径概括为：氏族制度→城市国家→领土国家→大帝国这样几种演变形态或阶段。这种认识针对西方古代史而言或许见解独到，但具体到中国古代史而言，又另当别论。因为城建成后是实施部落联盟制还是城邦制，则因国情不同而存在差异。日本学者所言的“城市国家”，大多指称西方古代所谓的“城邦国家”，只不过日本学者习惯于将英文“city-states”（城邦国家）译为“都市国家”（即城市国家）而中国学者通常译为“城邦国家”而已，这从19世纪末以来的日本学者对西方古代史的译著和用词中班班可考。

城与城市的概念不同，古之城者，本义指城墙，即军事防御建筑物。古之城市不仅要具备城之盛民和保卫功能，还要具备市之集市贸易经济功能。“城”虽然与“城市”只有一字之差，但两者含义有区别，形成先后有异，从宗教、行政和军事的中心之城过渡到以工商业经济为中心的城市，还有一个发展过程。而且，从政治制度方面看，古希腊的城邦国家大多实行民主制度，而中国自夏代确立“家天下”后，长期推行的是封建专制制度。更何况商代城国之人民与西方古代城邦国家的自由公民还存在众多差异，并非可以等同视之。因此，且不论我主张的夏代氏国，即便商代之城国，同样尚不能称为城市国家。

在东京留学期间，我曾多次陪同和田清导师去拜访他的老师白鸟库吉、市村瓒次郎两位先生，请教一些学术问题。1910年9月，白鸟库吉和市村瓒次郎共同创立东京帝国大学文科大学史学科东洋史学专修科后，两人在东帝大长期从事东洋史学的教学和研究工作，培养了一大批东洋史学者，贡献卓然。特别是长期作为日本东洋史学疑古派始祖的白鸟库吉先生，一生治学勤奋，著述丰硕，内容涉及西洋、东亚、西域。他的研究领域包括历史、民俗、神话、传说、语言、宗教、民族等方面，学术成果富有创见性，成为后学追随的典范，从而为东洋史学建立了坚实的学术基础。1924年日本东洋文库成立时，白鸟库吉担任东洋文库理事和研究部部长。1925年白鸟先生从东帝大文学部退休

后，仍任东帝大名誉教授。1934年，白鸟库吉创建日本民族学会（1942年伴随着民族研究所的成立而改称为“日本民族学协会”），他任首届理事长，从而使得日本民族学与柳田国男主宰的日本民俗学彻底分道扬镳，成为日本民族学、社会人类学或文化人类学研究的中心。1935年，日本民族学会开始发刊学会刊物《民族学研究》，由此加快了日本对海外民族研究的步伐，特别是满鲜民族和满蒙民族的历史、社会、政治、经济和文化研究的步伐得到提速。

白鸟先生对我所谈大多为中国古史和民族学问题，同时向我推荐了一些东洋史学必读书。他还送我数册《民族学研究》会刊，嘱我深入阅读和研究。通过深入研究，我对日本东洋史学者针对“满鲜民族”和“满蒙民族”展开热心研究的实态以及经世致用目的逐步有了一定的认识，而且从中亦对日本近代学者的一些人种观或民族观有了一些了解。

在当时的日本学者当中，较早使用“汉民族”一词的人当属东洋史学家津田左右吉和汉语学家后藤朝太郎。津田左右吉作为日本近代东洋史学领域中独树一帜的文化批判主义的重要学者，早在1901年出版的《新撰东洋史》中开篇即论太古之汉民族。接着，昭和时代初期在日本学界有“中国通”盛称的汉语学家后藤朝太郎在其著作中论述了中国民族与中国语之关系以及汉民族、南方汉民族、北方民族等问题。我在大学院学习期间，津田左右吉时常来吾师和田清教授研究室拜访。而且，我曾陪同和田清教授常到早稻田大学回访他的这位同门师兄，得以有机会向津田左右吉教授请教和与之探讨一些东洋史学问题。从我与津田教授的数次谈话以及阅读他的论著中可知，他对上古汉民族的研究，基本上继承着白鸟库吉的方法论和疑古思想，对中国古代文献大多立足于科学批判的立场，认同白鸟库吉主张的“尧舜禹抹杀论”。

对于白鸟库吉及其东帝大诸师拥有的一些人种观、东亚民族史观，我一直持否定态度，这如同我对先贤梁任公、章太炎及吾师王桐龄、萧一山的民族史观同样持否定态度一样，皆认为他们的民族思想受到传统思想制约而存在时代局限，缺乏民族平等观念。

近代日本学者的民族观，概而言之，最初表现为将“人种”或“种族”等同于“民族”的思维和认识。这在当时日本学术界各分野皆有不同程度的反映。日本学者将“人种”或“种族”等同于“民族”的认识，无疑源自近代欧美学者论著的影响。不可否认的是我在日留学期间所接受到的白鸟库吉及其门生弟子的批判史学教育，对我后来治史有着莫大的启发和影响。如果说白鸟、津田流的批判史学中核是以德国兰克学派理论为基的史料批判为其特征，那么，我的批判史学中核则是以美国鲁滨逊新史学派理论为基的史观批判为其特征，表现出尽可能远离政治、门户、宗派的一种超现实批判史学特质。这是我的批判史学与白鸟、津田流的批判史学的相异之处。

相比之下，市村瓒次郎先生一生以日本传统儒学和汉学方法研究中国史，更为忠实于原典，属继承日本传统儒学和汉学的代表学者之一。明治十九年(1887)5月，市村瓒次郎与西村茂树、内藤耻叟、关根正直、小中村义象等人一道，发起成立东洋学会，西村茂树被选为会长；同年12月，又创刊《东洋学会杂志》，反对过于偏重洋学的风潮，主张以儒学为根本和实行道德立国，促使儒教重新回到日本国教位置；同时号召日本东洋学者进行学术改良，吸收西方哲学入儒，共同创造出有别于中国儒教的日本混合儒教。明治四十一年(1908)，市村瓒次郎又参与创立孔子教会，宣讲论语；明治四十三年(1910)，他相继参与创立东亚学术研究会、汉文学会，发行研究会的机关刊物《汉学》月刊(后改名《东亚研究》)，宣称儒教是一种最公平、最稳健的思想，强调振兴儒教时必须将儒教中的革命论以及家族道德论加以排除，克服中国儒教有失纯正性的弊端，以创造出符合日本政府于1890年颁布的《教育敕语》宗旨的日本式儒教。大正七年(1918)，市村瓒次郎还与嘉纳治五郎、林泰铺、服部宇之吉、宇野哲人等人一道创立斯文会，他成为特别会员，出任该会研究部部长，掌理学术研究、学资补给、学生养成等事项，并与研究部部员宇野哲人、饭岛忠夫、前原三郎等人一道，积极举办儒教讲座，开办儒教讲习会，协助该会编集部长林泰铺及其部员中村久四郎、山口察常等人公开发行《斯文月刊》和《论语》(平版、袖珍版)，广泛地向社会宣扬斯文会的理念和主张。同时配合该会祭典部长嘉纳治五郎及其部员三宅米吉、细田谦藏等人，举行盛大孔祭仪式，号召国民尊崇孔子，竭力向社会传播孔子的忠君思想。这一切都是围绕着《教育敕语》宗旨展开的尊儒崇孔的社会活动。

明治维新后，日本思想界、学术界和教育界一方面表现出对西洋思想和理论如饥似渴地吸收，二方面又体现出对传统儒学忠君忠义思想与封建专制制度的依依不舍和狂热迷恋，以致在日本近代国民新道德体系的重建过程中，进化论的西学与传统封建的糟粕共存共荣。由此不仅造就了日本的西化民族主义的恶性膨胀，同时使得日本传统武士道忠君忠义的精神得到大力张扬。西化的民族主义与儒教的封建专制主义融为一体孕育而出的便是皇道至高无上的王道主义和皇国主义。这种日本近代的皇国主义实与

西方的国家主义同符合契，而日本的国家主义最终发展到极端形式——超国家主义。超国家主义在德国、意大利表现形式为法西斯主义，在日本表现形式为军国主义。因而，日本近代以来逐步走上军国主义道路，实与西化的民族主义和东化的封建专制主义的大力宣扬有着内在的密切联系。为此，我在日本留学期间，曾查阅大量的史料，草成过一篇《日本近代学者的民族观探析》的长论文，深入剖析过日本近代学者对近代西方民族术语的译介、认识及其民族主义，旨在分析和揭示近代日本西化后的民族主义与重新东化后的王道主义、皇国主义和军国主义的内在联系。

当然，我们很难从白鸟库吉、市村瓒次郎等人的学术调查和研究成果中判定其东洋史观对日本近代的皇国国策和帝国殖民政策到底产生了多少直接的影响，但其部分论著呈现出的一定功利性或经世致用性则不可否认。从市村瓒次郎教授在东帝大文学部曾讲过的课程：中国两汉史、南北朝史、宋史、元明史、中国史概说、中国思想史、清朝建国史、中国学艺史等以及他的著作和他对我的谈话等方面看，他无疑属一位崇尚中国文化的历史学家。市村瓒次郎对我所谈多为东洋史的研究方法，特别强调重视文献研究的原则，同时告诫我注重吸收近代西洋科学的实证史学方法。

除此之外，我还拜访过服部宇之吉、后藤朝太郎等先生。服部宇之吉先生早年毕业于东京帝国大学文科大学（即文学部）哲学科，后相继到中国、德国留学，归国后任东帝大文科大学教授、中国京师大学堂师范馆正教习。他曾任东帝大文学部部长，专长以西洋哲学方法治中国哲学。他是日本大正、昭和初期兴起的日本孔子教创始人之一。后藤朝太郎先生当时与我同住在小石川区，虽然不在同一町，但其住地离我所在的白山御殿不是很远。我在北师大读书时，曾读过后藤先生所撰的一些有关中国文字和风俗的论著。他被视为日本昭和初期“中国通”的第一人，系孔子的忠实信徒。1930 年他曾在《斯文》期刊上发表《作为文化目标的孔子庙》一文，文中呼吁日本政府除祭祀神道教的伊势神宫与明治神宫外，还应该建造祭孔的圣庙，让日本国民在日常生活中能够祭祀孔子，让日本全国二百万崇孔者能够在日常祭祀中深入体得孔子教义。日本的斯文学会、斯文会和《斯文》期刊中的“斯文”，皆取自孔子《论语·子罕篇》中所言：“子畏于匡。曰：‘文王既没，文不在兹乎。天之将丧斯文也，后死者不得与于斯文也。天之未丧斯文也。匡人其如予何？’”上记学会和期刊大力宣扬孔子教义，无非是希望借由与国家皇道的各种理念的结合来确保儒教的势力，以建设日本的孔子教。

中国近代以来，维新变法领袖康有为竭力倡导尊孔，在康有为看来，孔子实为中国教主，从而尊孔子为万世教主。他的孔子论基本内核是“素王—教主”论，重在重新给孔子和儒学以政治性和宗教性定位，旨在建立中国孔子教。日本斯文学会中的儒学家和汉学家吸收其观点后，对孔子教是宗教还是德教曾展开过学术争论，大多主张孔子教是宗教，唯有服部宇之吉教授等少数学者主张孔子教是德教，特别是1917年服部先生的名著《孔子及孔子教》的问世，标志着日本服部流的孔子教的兴起。服部先生于书中明确表示：他所提出的孔子教既与康有为的孔子教同名异质，又与日本一些学者主张孔子教是宗教的观点相异。他认为孔子之教虽然涵盖了宗教的信念，但孔子教义的中核为哲学的、伦理的和政治的，而非宗教的，从而将中国的儒学定义为“儒教”，而将日本的儒教定义为“孔子教”。这与吾师宇野哲人教授认为孔子教的内核全在道德与政治而实非宗教信念和仪式的认识同符合契，又与后藤朝太郎对我所谈的孔子观具有同质性。由此表明宇野哲人、后藤朝太郎等一大批斯文会会员都成了日本服部流的孔子教主张的响应者。

大正时代的1918年，以东亚学术研究会为主并将此前从斯文学会分化而出的研经会、孔子教会、孔子祭典会和汉文学会合并后，成立财团法人斯文会，取代了明治时期的斯文学会。作为斯文会教化部长的服部宇之吉，时与部员忙川盐谷温、松本洪、诸桥辙次等人一道，开始了对日本社会大力宣讲他的日本孔子教主张，服部坚信唯有孔子学说最为适合又适用于日本君臣之道。由此使得此前斯文学会中部分学者关于孔子教是宗教的主张逐步销声匿迹，取而代之的是服部流的孔子教主张大行于世。如果说此前的斯文学会会员中村正直、根本通明、小中村清矩、三岛中洲等人在宫内省御用邸开办的斯文黉等讲习会面对的是宫廷贵族和官僚讲授《诗》《书》《礼》《乐》《易》等孔子学说，那么，大正、昭和初期斯文会相继举办的汉文普及讲座、夏期儿童修养会、儒教普及讲座等一系列讲习会、讲演会和讲座，则主要针对日本儿童和市民宣讲孔子教义，向其全面灌输孔子教是德教的主张及其德教思想。斯文会特别会员服部宇之吉便在这些讲座上讲授过《孟子》，市村瓒次郎讲授过《论语》，吾师宇野哲人讲授过《孔夫子圣德》。斯文会名誉会员白鸟库吉、内藤湖南、藤田丰八、狩野直喜等人以及赞助会员后藤朝太郎等一大批斯文会会员则相继在《斯文》期刊中发表文章，宣扬孔子教是德教、王道的主张，呼吁政府建造祭孔圣庙，号召社会各阶层，特别是教育界广泛开展祭孔典礼。由于斯文会会员以东帝大文学部教授为主，同时囊括了日本关东地区大部分高等院校的汉学者或东洋学者，甚至包括关西地区的内藤湖南、西村天囚、狩野直喜、桑原骘藏等一批东洋学者，故而在日本全国学术界、教育界的影响力非同凡响，以至于斯文会对改革政府教育政策提出的《中学校国语汉文科教学时间延长建议书》《常用汉字表、汉语整理案并反对假名改定案》《青年学校教科增设汉文之倡议文》等一系列建言，得到政府的重视。特别是斯文会复兴孔祭的强烈呼声，在大正时代得到日本旧制许多藩校及中等学校的积极响应，当时日本各县市许多中等学校相继在政府教育委员会的主导下举行孔祭。而小学、中学教员大多为斯文会会员的学生或门生，更是积极响应斯文会呼吁和政府的教育政策，自发创作的《孔子颂德之歌》在小学、中学广为传唱，以致大规模化的汤岛圣堂孔祭大典应时而生。这就不难理解我在相继拜会服部宇之吉、后藤朝太郎两位先生时，他们异口同声地建议我去汤岛圣堂祭拜孔子，见识一下日本人是如何尊崇这位中国至圣先师的。

在服部、后藤二氏对我的谈话中，他们都盛赞《论语》中的德教学说，尊奉《论语》为东方圣经，断言《论语》在德教和实用性等方面高于基督教的西方《圣经》，主张将《论语》立为融合东西方的世界《圣经》，让全世界人民都接受孔子的德教学说，由此呈现出日本近代孔子教倡导者们的思想狂热。这就可以理解为何服部先生热心倡导日本式孔子教以及特别重视宣扬孔子政论中的王道思想在1931年九一八事变后变质为皇道思想的思维缘由。他期望以日本式孔子教来重建日本、亚洲以及世界的再生之梦最终破灭，而造成这种美梦必然破灭的原因主要在于：他宣扬的孔子教，只是摄取了孔孟之道中的忠君忠孝忠义的德教哲学和思想，进而随心所欲地从中提炼发展为皇道思想，而对孔子学说中最为本质的“仁者爱人”的“仁义”德教中核似乎完全视若无睹或置之不理。

从后藤先生对我的谈话中可知，他认为，孔子学说中的国家观念、王权思想、家族理念、献身精神所蕴含的政论和德教，实与日本的《教育敕语》贯穿的皇国论和德育有着异曲同工的契合之处。他认为，由于中国近代兴起的新文化运动已经扬弃儒教和孔孟之道，故而将中国文化的精华儒教改造成为日本文化的孔子教从而使孔子魂归化日本的时机已经成熟。他主张强化当前日本国民忠君爱国心的最佳方法就是教化日本全国民众对孔子产生崇高信仰，而这种教化的直接途径便是建造孔子庙，让日本新生的孔教与传统的神道一道兴隆，将孔子庙或孔子神宫与祭祀日本神道教的伊势神宫、明治神宫等同视之，让日本国民在日常生活中能够祭祀孔子，直接感受和习得日本孔教的教化与教义。显而易见，后藤先生的这种认识与服部先生对我谈话中特别强调日本文化只需要孔教和神道而必须排除外来其他教的主张同符合契，斯文会中大部分学者的认识亦与此类同。

在明治维新后西学以及脱亚入欧思潮浸润列岛的时代背景下，儒教为何还能够在日本大正、昭和初期逐渐得到复兴，关键在于明治维新西洋文化传入后，日本的制度、物质文化以及国民的新知识新技能虽然有了较大改善和进步，但精神文化受到忽视，德育教化逐步淡化。为加强国民的德教，《教育敕语》和孔教相继应时而生，进而尊儒崇孔之声响彻列岛。由于《教育敕语》在教育界向学生灌输的德行是以崇敬天皇为最高准则，借助儒教或孔教的教义不过是为这一最高道德修行准则服务而已。故而《教育敕语》与孔教的联姻以及孔教与神道的结合，可以说都是为日本国民视天皇为天神从而对其无限尊敬和誓死效忠这一道德修行服务的道具而已，武士道精神就是这种"修行"走火入魔的最高表现形态。这就不难理解为何日本近代兴起的西洋思潮、东洋思潮和日本思潮最终都不约而同地将日本帝国推向了皇道和军国主义的侵略扩张道路。美国民族学家鲁思·本尼迪克特于《菊与刀》一书中将其归结为日本人的矛盾性格及其文化的双重性，我以为言之有理，分析透彻，概括准确，只不过她于书中对日本人矛盾性格中的偏执狂热性有欠心理分析以及对其文化双重性缺乏历史阐述，从而呈现出一些美中不足。我在日本留学期间起草的《日本近代学者的民族观探析》一文曾针对这方面从一侧面加以论述，该论文稿也算是我留学期间拜访上言日本各位名家和拜读他们论著后收获的一点心得体会，我计划抽时间加以修改补充后对外公开发表，以让世人了解日本近代学者的一些民族观的内涵外延。

十二、东京生活

我在东京和大学院的留学生活，主要时间用于看书、学习、研究、写作，逢年过节或大学放假之时，就去访贤、交友、观光、旅游。

当时从东帝大正门进入大学校园后直走不远处，耸立着一座具有西洋古典风格的建筑物，建筑立柱饰有古典希腊风格的雕刻，一层走廊具有哥特式建筑风格，这就是东帝大本部校园内著名的法文 1 号馆，于 1935 年完成并开始使用，设计者为内田祥三。

当时的文学部办公事务处、学生教室、教授研究室均设在馆内。和田清研究室亦在馆内，有两间房，里外两间均地铺叠席，各约有八畳，里间是和田清教授的书房，外间是接待室。和田清讲习会定期举办的学术研讨会一般都在外间举行，与会者盘腿围坐在一起，针对议题大家你一言我一语地相继发言，颇有秩序，气氛良好。加藤繁研究室在和田清研究室隔壁，两者室内布局相同。说到交友，当时在和田清研究室共处的日本学友中，相对而言，我与大学院生榎一雄、前田直典等人的学术讨论颇为投机，相互交往较为密切。而在加藤繁研究室交往多一些的只有矢沢利彦。

图 23　东帝大综合图书馆

研讨会结束后，和田清或加藤繁教授偶尔会带我们学生到大学食堂聚餐，由他们请客，以此来促进师生之间的亲密关系。东帝大内有四个食堂，以第二食堂最大，同时可容纳四五百人，由时任日本建筑学会会长的东帝大教授内田祥三设计，1934 年完成并投入使用。作为东帝大标志性建筑物的大讲堂，通称“安田讲堂”，同样由内田祥三与弟子岸田日出刀共同设计完成。当时的东帝大毕业典礼和学位授予仪式，通常都在安田讲堂举行。

我每天从早到晚都在东帝大综合图书馆看书，或听讲座，或参加导师的讲习会，因而中、晚餐大多在食堂用餐，晚餐后始返回租赁屋，枕籍经史。我在大学食堂吃饭大多在第二食堂，进入第二食堂后，左右两边为售票处，左边售饭菜票，右边售点心票，左右的中间就是用票领取点心处。该处两旁与售票处之间各有一通道，穿过通道进入食堂大饭厅，饭厅设有条形饭桌和椅子，饭桌上放有刀叉筷子。饭厅最里面为售饭处，左边售和食，右边售洋食。食者持票领取饭食时，每人发一个铜盘，按价格不同配给不同菜肴。第二食堂伙食分为和食与洋食两种，前者即日本料理，后者即西餐，没有中华料理的中餐。和食一般都是定食，即按日本人日常生活食物定额配给的菜饭，各种荤菜素菜定量配给，饭不定量，不够可以自行添加。和食的定食又有两种不同价格，一种定价一角五分，配菜简单少些；一种定价二角五分，配菜丰富多些。洋食除有定食之外，还有咖喱饭、肉炒饭。吃完饭后，将空铜盘拿至洗具处即可。日本人向来重秩序，有知识有文化的大学生更是如此，第二食堂一次用餐达四五百人，大家排队秩序井然，公众场合下绝无人大声喧哗，更无插队现象。第一、三、四食堂皆比第二食堂小，而且只有定价一角五分的定食和食与洋食，没有定价二角五分的定食。

我偶尔为了换换口味，亦在离东帝大正门不远处的佐藤弁当屋买一份弁当作为中餐，一饭一菜的弁当价格三角，一饭多菜的弁当有五角至八角的不同种类。

日本的弁当是指使用饭盒子盛装饭菜等各种食物以便于携带的餐食，一般有家庭自制弁当和商贩弁当两类。日语汉字“弁当”的旧体字为“辨當”，语出自中国南宋时代的俗语“便当”，原义指方便、简便、便利。一般认为，日本的弁当源起于平安时代的顿食。顿食又称“糒”或“干し飯”，即干粮。而顿食或糒皆为中国古代膳食之一。中国南宋人赵彦卫撰《云麓漫钞・卷六》记：“凡贺正生辰来回程，御筵顿食等每次用二万贯，共四万贯，他州亦不减此。”句中“顿食”指每顿饭食。东汉史学家班固著《汉书・李陵传》记：“令军士持二升糒。”句中“糒”指干糒，即《资治通鉴・唐纪》所谓“食干糒”。干糒即干饭、干粮，古代大多作为旅行或行军用的膳食。这种中国古代糒与平安时代日本人以方便携带的餐食“おにぎり”（一种外面包裹有紫菜以免米饭黏手而方便食用的日式饭团）为主的糒在功能上大同小异，皆属一顿饭食或干饭、干粮，只是用料或制作方法不同而已。当南宋时代的俗语“便当”传入日本后，由于便当、便道、辨道等中文汉字的“便”与“辨”同音，在日文汉字中被视为同义，进而中文俗语“便当”演变成了日语汉字的“辨當”，继而“辨當”又演化成“弁当”。一般认为，“弁当”两字最早出现于镰仓时代。而弁当作为一种盒装食器，即弁当箱，最早出现在安土桃山时代。由此推测，弁当作为一种方便携带的盒装餐食，或许最早出现在镰仓时代，最初并非用弁当箱当作盒装，而有可能是用日本传统的盒装食器破笼，即一种用日本扁柏制成圆形或正方形的板状折叠单层食器笼，或用重箱，即一种用木板制成正方形或六角形的多层或多格食器盒。到安土桃山时代，漆器弁当箱（圆形和正方形木盒，内成格子状）问世后，它始作为弁当的专用食器盒。

从日本传统的顿食或糒一类供旅行或行军用的干饭、干粮演变而来的弁当，虽然名称不同，但大体上盒装餐食内容长期未有改变。江户时代随着弁当饮食文化的兴盛，当时最负盛名的腰弁当，实与此前的糒并无区别，两者皆为外面包裹有紫菜以免米饭黏手而方便食用的日式饭团，日语称为“おにぎり”，均作为旅行者或观光者外出用餐的干饭、干粮，都属冷饭。只不过以往的糒是用木板制成的破笼作为干饭盒装器，而腰弁当是用竹片编制成的竹笼作为饭团盒装器；前者提在手上，后者可以挂在腰间，故称腰弁当。破笼和竹笼皆为一次性用品。江户时代后期兴隆于世的幕内弁当，即一种白饭与数种菜组配而成的弁当，一般供观看日本戏剧或相扑的观众作为盒装餐食，盛餐的盒装少数使用类同破笼结构的一次性经木折箱，大多数则使用能够收回的重箱。日本的重箱源于中国古代的食笼，只不过中国食笼传入日本后日本人不叫食笼，而叫重箱。早于重箱出现的破笼，同样是日本人对中国古代食笼加以改造后使之省料简便的盒装食器。

日本家庭自制弁当的历史早于商贩弁当。家庭自制弁当最初源自贵族家庭，作为日本工薪阶层携带上班用作午餐的家庭自制弁当的普及于世，当在明治维新之后。商贩弁当的流行于世，当在江户时代后期。明治时代初期出现的“駅弁”，即在各火车站和火车上出售的弁当，可说大力地促进了日本商贩弁当的发展。我当初从神户乘富士号快速列车前往东京以及后来乘坐火车外出旅行时，作为旅行中餐便在火车上食用过这种“駅弁”。当时火车上出售的“駅弁”有三种，一为球形或三角形日式饭团，通常两个，售价二角；二为寿司饭，售价五角至八角；三为幕内弁当，售价六角至九角，这类弁当一般配有米饭、海鲜肉类和梅干一类的腌菜。配菜不同，售价有异，最常见的主要配菜有鲔鱼、鲑鱼、炸虾。而火车站内或站台上的弁当店出售的弁当，大致不超出这三种。

日本的早晨很少看见有户外晨练运动者，然而日本人并无睡懒觉的习惯，一般都早起早睡，加之日本外出工作的妇女不多，家庭主妇们一般都在早晨五六点起床，然后忙碌起来，为全家老少做早餐，为外出工作的丈夫或正在上学的子女做弁当，一年四季乐此不疲。当时日本的许多小学和中学并无食堂。于是，每天我去东帝大的路上，便可看见匆匆行路的上班族一只胳膊夹着公文包，另一只手提着弁当包袱；上学的中小学生们同样一只手拿着书包，一只手提着弁当包袱这种具有和风特征的街景。我甚至能经常看见我的导师和田清、加藤繁等教授手拿弁当包袱来到大学，中午在研究室食用家庭自制弁当。这或许不是为了节省，而是家庭自制弁当显然比大学食堂的饭菜更合口味。

由此反映出日本弁当饮食文化的普及。

日本人喜吃米饭，一日三餐都离不开米饭，吃麦饭和面包者较少。我早餐通常只吃面包，喝不起牛奶，只能喝白开水解渴。日本人通常食用的米饭来自粳稻米和籼稻米，而粳稻和籼稻均是从中国古代传入日本。这类米黏性强，米粒短圆，蛋白质含量较高，口味好。日本人煮饭时不多添水，不去汤，米的营养不易流失，饭香又富有营养。同时冷却后饭味不易消失，适合用作弁当的冷式日式饭团或配饭。食用这类日本米饭，不管冷饭还是热饭，均较为耐饿。

在日本军国主义盛行于世的当时，中国留学生在日本学习、生活、参观、旅游，难免会与日本一些下层平民接触，自然会碰到一些不愉快的事，诸如日本人态度上的盛气凌人，语言上的嘲讽，大多来自政治家、军人、下层平民的声音。对此，我基本上采取充耳不闻、视而不见、尽量少与下层平民接触交谈的生活态度，通常只在大学内与大学生、大学院生和老师来往或在图书馆看书和查阅资料，以免一些社会嘈杂之声烦心，影响我的学习和研究兴致。总体而言，我对日本的武士道精神以及军国主义那种小人得志的狼子野心极端反感和厌恶，当时留日的中国留学生的感受大体如此。尽管如此，这一切并不会阻碍我与日本老师和学友的私人交往，并不会有损我对和田清、加藤繁诸导师当年热心授教解惑的感激之情，不会有损于岸辺成雄、榎一雄对我的学术研究予以长期支持帮助而心存的没齿难忘之情。这种感恩情愫，大体上与我尊敬的留日前辈鲁迅先生所表达的内容类同，只不过鲁迅先生更为重视文学上的细节描述和表达，我则粗枝大叶地概言东京生活而侧重于日本民俗生活的观察和细节叙谈而已。

十三、参观日本孔庙

一个中国留学生到了异国他乡，首先熟悉的地方便是其住所周边的环境，这几乎是一个身处异乡者生活的本能和好奇心驱使的必然经历，我亦没有例外。我在东京小石川区白山御殿町一〇九番地滕田方的下宿屋安身后，初期就开始了熟悉住居周边地区环境的四处游览参观，幸好我阅写日文无问题，亦懂日语基本日常会话，抵日后与日本人的简单交谈沟通没有困难；加之我的专业是研究历史，故对一些名胜古迹的历史渊源尤感兴趣，自认为在自述或口述中多谈一些日本民俗事象和古迹的来龙去脉或许比一些同辈留日学生热衷畅谈那些不务正业乱七八糟的东京政治活动或社会活动要有意义得多。

我的住地白山御殿町周边有一些观光名所，仅在白山一带就有各种寺院和神社二十余所，其中的名所有日莲宗的延寿院、净心寺、莲华寺、本念寺、妙传寺、莲久寺、大乘寺；天台宗的圆乘寺、龙泉寺；真宗大谷派的念速寺、安闲寺、新福寺、寂圆寺；曹洞宗的喜运寺、妙清寺；净土宗的法传寺、大云寺、岩净院、净土寺、心光寺；临济宗妙心寺派的是照院；临济宗圆觉寺派的龙云院。日本的日莲宗、真宗大谷派属日本佛教主要宗派之一；天台宗、净土宗均为汉传佛教十宗之一；曹洞宗是禅宗的五个主要流派之一；临济宗是禅宗南宗五个主要流派之一。由此可见中国汉传佛教对日本的影响。除此之外，还有日本神教的白山神社、浅间神社。当地的白山神社、白山公园、小石川植物园都是留学生必去的观光之处。

作为日本最大孔庙的汤岛圣堂，位于本乡区，而本乡区为我的租住地小石川区的邻区。在服部宇之吉、后藤朝太郎两位先生的建议下，我去参观过汤岛圣堂。

汤岛圣堂坐落在本乡区汤岛一丁目，从御茶之水出站后经过横跨神田川的圣桥往右走，便可看见一片植被茂盛的森林地，汤岛圣堂就坐落在这片森林地中。圣桥为拱形桥，建成于 1891 年，关东大地震中损毁后于 1927 年重建为钢筋混凝土的拱形桥。当时的东京府东京市对外公募桥名，因神田川两岸当时坐落着汤岛圣堂和尼古拉堂（正式名称为“东京复活大圣堂”，为日本正教会总部），故而横跨神田川两岸的这座拱形桥最终被命名为“圣桥”。由此象征着神田川两岸的这一带为圣地，过桥即是踏上了朝圣之路。当然，我当时到汤岛圣堂去参观，只是作为旅游参观者，而非孔子教的信徒和朝圣者。从汤岛圣堂向北面走约 1.5 公里，便是我留学的东京帝国大学本乡校部。

汤岛圣堂的前身为江户初期朱子学派儒学者林罗山创建的孔庙。江户初期朱子学林派创始人林罗山（又名林道春），曾作为幕府德川家的德川家康、德川秀忠、德川家光、德川家纲四代将军的侍讲名高一时，正因江户幕府（即德川幕府）对林罗山的重用，使得日本儒学者在社会上的地位大幅提高，林罗山成为德川家光、德川家纲、德川纲吉三代将军治世时期名重一时的大学头（即大学阀）和朱子学领袖。宽永七年（1630），江户幕府三代将军德川家光将江户上野忍冈（即后来的上野公园）的土地赐予林罗山。宽永九年（1632），林罗山在江户上野忍冈开办私塾，培养了一大批儒学者，为促进日本朱子学的发展和儒学的官学化贡献巨大。同年，他还得到尾张藩初代藩主德川义直的资助，相继在上野忍冈建设了文库和孔庙，将孔庙命名为先圣殿（又称“忍冈圣堂”），供奉孔子与四哲像（颜子、曾子、子思、孟子）。宽永十年（1633）2 月 10 日，在尾张藩藩主的主导下，忍冈圣堂举行了祭祀孔子的释奠简略典礼。

延宝八年(1680)，新上任的江户幕府第五代将军德川纲吉因崇尚儒学，数次造访忍冈圣堂。元禄元年(1688)2月在忍冈圣堂举行释奠前，纲吉又将释奠使用的祭品赠送给主持释奠仪式的献官、林罗山的孙子林凤冈。同时，为了进一步宣扬孔子学说和扩大释奠仪式，纲吉提出建设由幕府主导的新圣堂，以取代尾张藩势力主导的忍冈圣堂。于是，元禄四年(1691)2月，在本乡区汤岛一丁目的森林地新建的孔庙得以竣工。为符合中国孔庙惯例，纲吉亲笔手书匾额，将孔庙正殿命名为大成殿，又将大成殿及附属建筑改称为"圣堂"。又因上野忍冈南端的天然不忍池(天然湖)在江户时代之前由海面看上去像一座岛，传说昔时的不忍池湖水与海水相通，故而称为汤岛乡。这就是圣堂又被后人称为汤岛圣堂的缘起，从中反映出忍冈圣堂与汤岛圣堂的历史渊源。

当今本乡区的汤岛地名是源于上野忍冈的汤岛乡还是源于汤岛圣堂，世有多说。由于不忍池之名出自往昔上野台地与本乡台地之间的"忍ヶ丘"这一地名，我以为汤岛作为地名归根结底有可能出自上野的汤岛乡，原因在于汤岛圣堂的汤岛之谓终究源起于汤岛乡。元禄四年(1691)2月7日，纲吉将忍冈圣堂的孔子神位迁入大成殿，这就是忍冈圣堂与汤岛圣堂前后继承的历史关系。同月11日，幕府主导的释奠在新圣堂举行，纲吉亲率幕府的老中(幕府的最高官职)和近臣参加，并在释奠后亲自主持惯例的经书讲读；同时向圣堂提供1000石，作为祭祀经费；甚至为了使圣堂免于火灾，纲吉还设置了防火员一职，专门负责圣堂的消防事务。翌年，纲吉又亲自参加圣堂的释奠，并在释奠后的经书讲读上亲自讲读《论语・学而篇》。虽然从此之后纲吉再未亲自参加过一年一度的圣堂释奠和讲读，但他仍然号召诸大名(日本各大地域的领主)积极参拜汤岛圣堂，热心参加春季或秋季举行的释奠仪式，由此使得日本重视儒学的风潮浸润列岛。可以说汤岛圣堂的建成，标志着自第一代将军德川家康起用林罗山开始到第五代将军德川纲吉的江户幕府实施以朱子学为中心的一系列儒学国策达到了高潮，以致汤岛圣堂迄今为止一直是日本规模最大最有名的孔庙也就顺理成章。

宝永六年一月十日(1709年2月19日)，江户幕府第五代将军德川纲吉因患麻疹病逝后，虽然汤岛圣堂及释奠在后来历代幕府将军治世期间时有沉浮兴衰，但最终还是得到了扩大。宽政二年五月二十四日(1790年7月6日)江户幕府老中松平定信在宽政改革中出于统制学问的目的而颁布"宽政异学之禁"政令后，幕府开始重视实学，朱子学一时衰落，汤岛圣堂的功能被重新检讨。随着宽政九年(1797)幕府制定的"圣堂学规"逐步完善，汤岛圣堂的林家私塾不再属于林家，改为幕府官立的昌平坂学问所

（正式名称为“学问所”，日语又称“昌平黉”）。

“昌平”一名，取自孔子出生的山东曲阜昌平村（一说昌平乡），作为地名的“昌平坂”便由此而来。从此之后，汤岛圣堂不再是大成殿及附属建筑的总称，而是仅指大成殿。宽政十一年年（1799），幕府对长年荒废的大成殿进行大改建，将原来的占地面积从12000坪扩大至16000余坪；又以中国明朝遗臣朱之瑜（在日本取号“舜水”，故日文一般称“朱舜水”，东京大学农学部内立有“朱舜水先生終焉之地”纪念石碑）当年为水户藩主德川光圀所绘的水户孔庙图纸为参照，将大成殿建筑物扩大了2.5倍，将过去由朱、绿、蓝、朱漆等构成的中式传统彩色全部涂改为黑漆。改造后的大成殿一直延续至大正时代。明治四年（1871），汤岛圣堂被明治政府关闭。而作为教育和研究机关的昌平坂学问所，即昌平黉，则与西洋学的开成所和西医学的医学所并立，庆应四年六月二十九日（1868年8月17日）昌平黉被改为官立昌平学校。从此之后，昌平学校在明治政府的管理下，发生了性质之变。昌平学校成立后，不再是原来作为儒学或汉学教育中心机构的昌平黉，在明治政府的主导下，一变成为日本皇学（日本国学和神道）的教育中心机构，以致学校内原皇学所出身的国学派与昌平黉的儒学派产生对立。明治二年七月八日（1869年8月15日），明治政府将昌平学校以及从江户幕府设置的兰学机构天文方继承而来的蕃书调所→洋书调所→开成所→开成学校和从江户幕府设置的医学机构种痘所继承而来的医学所→医学校等三校统合起来，设立大学校，以此作为国立教育行政官厅。明治政府原来构想是将旧昌平学校当作国立教育机关的中心，同时兼有统辖全国学校行政的官厅职能。为此，明治政府于明治二年十二月十七日（1870年1月18日）将大学校改称为“大学”，定昌平学校为大学本校（校址在昌平黉原址），作为国立教育机关的中枢；位于大学本校南边的开成学校（校址在开成所原址）改称为“大学南校”；位于大学本校东边的医学校（校址在医学所原址）改称为“大学东校”。如此一来，由于昌平学校的中枢地位，造成了国学派和洋学派的极大不满，三派之间的学校主导权争夺日趋激烈。斗争的结果是重视实学的洋学（西洋科学、兵学、医学）逐步占据优势，以致大学本校被迫休校；明治三年七月十二日（1870年8月8日）又被关闭，而洋学系的大学南校和大学东校各自独立。随着明治四年七月十八日（1871年9月2日）明治政府的最高国立教育行政官厅文部省的设立，原来作为国家教育行政官厅的大学自行废止，大学南校发生了由南校→开成学校→东京开成学校的名称过渡演变；大学东校发生了由东校→东京医学校的名称过渡演变。1877年（明治十年）4月12日，东京开成学校和东京医学校合并成立日本第一所国立大学东京大学，后改名为东京帝国大学，即我留学的大学。尽管昌平学校此前已被废止,其组织机构已与新成立的东京大学没有直接关联,而且旧幕府时代以来昌平黉传授的儒学、汉学开始断绝,但是,日本学者一般仍将昌平坂学问所看作东京大学成立系谱中的源流之一。原来开成所系洋学、医学所系西医学、昌平黉系儒学、皇学所系国学为东京大学最早设立的法、医、文、理的四学部所继承。一般认为日本高等教育中昌平黉流的儒学、汉学教育以及皇学所系的国学教育的复归是在东京大学文学部设置和汉文学科和古典讲习科之后。而儒学、汉学教育在东京大学的复兴,当首推明治时代的东大文学部第一代教授中村正直、根本通明、三岛中洲、川田甕江、重野安绎等人;第二、三代教授市村瓒次郎、服部宇之吉、宇野哲人、盐谷温等人则在大正时代和昭和初期,以东大和斯文会为阵地,将儒学和孔子教推向了社会。

昌平学校被关闭后,在原址相继设立了国立师范学校,包括高等师范学校(后改名东京高等师范学校)和女子师范学校(后改名东京女子师范学校)。因此,昌平坂学问所原址被视为日本学校教育发祥地。而在汤岛圣堂及其周边的占地内,相继设有文部省、国立博物馆等机构。后来随着文部省迁移到"霞ヶ関",国立博物馆迁移到上野公园内,东京高等师范学校及其附属学校和东京女子师范学校及其附属学校迁移到我的租住区小石川区的大塚一带,由原址向外扩展,逐步发展成为以明治大学为中心的神田学生街和古书店街,而神田古书店街是我们中国留学生经常光顾之地。汤岛圣堂原占地内的昌平坂学问所原址,在东京女子师范学校迁出后,1930 年 12 月东京高等齿科医学校迁入。

1922 年(大正十一年)3 月 7 日,汤岛圣堂用地被日本政府指定为国家历史遗迹,属于文部省管辖的国有财产。1923 年 9 月 1 日发生的关东大地震造成汤岛圣堂除入德门和水屋以外的所有建筑物被烧毁。随后,时任东帝大文学部教授的服部宇之吉组织圣堂复兴期成会,大力呼吁政府和社会各界重建汤岛圣堂。随后由斯文会负责重建,由东京帝国大学教授伊东忠太负责设计,由日本建筑公司大林组施工的钢筋混凝土结构汤岛圣堂于 1935 年(昭和十年)竣工。

新落成的汤岛圣堂仿照宽政年代的建筑式样,但比宽政十一年扩建时的规模略小,占地面积为 13000 多平方米。正门为仰高门,"仰高"取自《论语·子罕篇》的"仰之弥高",以表示对孔子学问和道德的崇高敬仰之意。仰高门门旁所立的汤岛圣堂石碑的题字,即为服部宇之吉教授亲笔挥毫写就。进入仰高门后,古木参天,其中一棵由日本林学博士白沟保美于 1915 年从中国山东省曲阜孔墓旁取来的"孔子树"尤为引人注

图 24　汤岛圣堂内的大成殿

目。穿过仰高门向右拐，拾级而上，进入入德门。“入德”两字出自南宋著名的儒学家朱熹撰《大学章句·序》中“大学，孔氏之遗书，而初学入德之门也。”入德门建于宝永元年（1704），为木造的平房，屋顶呈三角形，系汤岛圣堂在关东大地震发生火灾后幸免于火而保存下来的建筑物之一。经过入德门直走上石阶，进入杏德门。“杏坛”是指在山东省曲阜的孔子讲授堂的遗址，相传孔子在讲学问的讲坛周围种着杏树，因此得名。杏德门两侧植杏树数株。穿过杏德门，对面就是大成殿。由此反映出新落成的汤岛圣堂又为之一变，它已不是宽政时代大成殿的专称，而成为大成殿及附属建筑的总称。

大成殿外横六柱夹五门，侧七柱，大殿内外均髹黑漆，正门檐下悬挂金字匾额，以赭红地鎏金楷书题“大成殿”三竖字，斗拱内雕饰云纹，灰瓦单檐歇山顶，屋檐葺铜瓦当，正脊左右两端饰青铜喷水鸱尾、龙头鱼尾，双角双足，四条垂脊末端分别饰有四个辟邪灵兽嘲风。由正门进入大成殿，只见殿正中高台带门的漆龛内供奉着至圣先师孔子铜像，左面略低的高台漆龛中供有“宗圣曾子之位”和“亚圣孟子之位”，右面略低的高台漆龛中供有“复圣颜子之位”和“述圣子思之位”。通常在星期六、星期天和节假日可入内参观。

1907 年，在大成殿举行明治维新以来首次释奠仪式。日文的“釈奠”便是中文的“孔子祭”之义。日本平安时代的释奠皆用儒教传统仪式，一般由斋戒、陈设、馈享、讲读、飨宴五部分构成。以后虽然在仪式内容上有所变革简化，但一直沿用儒教传统仪式释奠的形式未变。斯文会成立后,始将传统释奠改用神教仪式,同时不再使用释奠一词,而以"孔子祭"名称取而代之,将每年4月第四个星期日定为"孔子祭"日,旨在强调日本式孔子教与中国儒教的不同。斯文会每年都会在汤岛圣堂举行数十次讲座,主要由日本各大学文科教授和儒学或汉学家讲授《论语》《孟子》《周易》《史记》《三国志》等,听众大多是青年学生、公司职员和一般庶民。

汤岛圣堂还是每年东京中考和高考时许多学生和家长来此求签期望金榜题名的许愿地。由此表明汤岛圣堂不但是一座日本历史古迹,而且还是中国儒学在日本得以持续传播的重要圣地之一。

正因参观汤岛圣堂给我带来了一些心灵感悟和思考,加之我在留日期间阅读了大量有关日本文化和历史的日文书籍,做了许多读书笔记,由此促使我回国后开始撰著《日本吸收中国文化史稿》,并以此开课授业,在大学讲授日本汉化史。这些都是我参观汤岛圣堂后得到的一点心灵触动与收获。

十四、上野赏樱

当时东京的上野公园、芝公园、浅草公园等,皆是留学生常去游玩的名所之地,特别是上野公园内的帝国图书馆,是我常去查资料之处。

上野公园内的动物园虽比北京动物园开园早,但饲养和展示的动物没有北京动物园多。1936年夏在上野动物园发生的"黑豹逃走事件"曾轰动一时,与同年发生的"阿部定事件""二二六事件"同被称为"昭和十一年三大事件"。

上野公园的日文全名为"上野恩赐公园",位于东京下谷区上野,系日本第一座公园,历史起源颇早。江户时代(又称德川时代),江户幕府(又称德川幕府)的德川家康、秀忠、家光三代将军曾先后归信汉传佛教十宗之一的净土宗、天台宗,以至于江户初期的日本天台宗僧正天海成为初代将军德川家康的爱僧。天正十八年八月一日(1590年8月30日),来自骏河国国府的骏府(后改称静冈,即今静冈市葵区)大纳言德川家康因被移封关东而进入武藏国江户(今东京),正式入住江户城。传说家康入居江户城经过江户增上寺前的道路时,曾与增上寺第十二代主持人源誉存应上人(慈昌)碰面,随后两人结成师檀关系,增上寺遂成为德川家的祈祷寺和菩提寺。后来伴随着江户城(今东京皇宫)的扩建,庆长三年(1598),家康将增上寺迁至现在地芝区。庆长五年

(1600)，在“关原之战”取得胜利的德川家康逐步成为日本诸大名的霸主。庆长八年(1603)，他被后阳成天皇封为征夷大将军，同年在武藏国江户的江户城中设立幕府（统称江户幕府或德川幕府），正式拉开德川家族统治江户时代的序幕。

当时的江户城，既是德川家的居住城，又是江户幕府开幕后的幕府政厅所在地。德川家康的近僧天海发愿在江户兴建天台宗寺院。家康的三子、第二代征夷大将军德川秀忠得知天海的发愿后，于元和八年（1622）将当时伊势津藩主藤堂高虎、弘前藩主津轻信枚、越后村上藩主堀直寄三大名拥有的位于在当今上野公园内的宅院地收归公有，赠予天海，作为建寺用地。宽永二年（1625），第三代征夷大将军德川家光治世时，在今上野公园内的东京国立博物馆用地上建成寺本坊。因当年年号为宽永，故取名宽永寺，家光委任天海为宽永寺初代贯主（佛教寺院住持）。从江户城上看，宽永寺位于丑寅（东北）方位，相当于阴阳道上的鬼门，风水吉利。而当时平安京（京都）天台宗的廷历寺所在的比睿山，同样位于平安京的丑寅（东北）方位。为此，家光参照比睿山被视为镇守西部都城鬼门的风水说，将宽永寺视为东部的比睿山，将宽永寺所在山取名为东睿山，视宽永寺为镇守江户城鬼门的护佑寺。然而，西部的京都人一般将廷历寺习称为比睿山，而在东部的东京人则很少将宽永寺习称为东睿山，而是习惯称为宽永寺。

宽永寺建成之初并未成为德川家的菩提寺，最初只是祈祷寺。第二代将军德川秀忠死后葬于净土宗的增上寺，增上寺始成为德川家的菩提寺（一种归依寺的信仰和收纳先祖牌位的佛教寺院）。第三代将军德川家光归依天台宗后，曾留下遗言，死后在天台宗的宽永寺举行葬仪，遗体移入日光的家康庙。随后第四代将军德川家纲、第五代将军德川纲吉死后之庙相继建立在上野的宽永寺，宽永寺随之与增上寺一道，成为德川家的菩提寺。由此造成了增上寺的异议，为调和两寺的平衡关系，第三代将军德川家光死后之庙建立在“芝”的增上寺。从此之后，德川幕府的历代将军死后的墓所在宽永寺和增上寺交替营造成为一种惯例，这种状况一直持续到幕末。以至于德川幕府历代15位将军中有6位（家纲、纲吉、吉宗、家治、家齐、家定）的墓所建在宽永寺。

随后，宽永四年（1627），幕府将军在今上野公园内陆续建起了法华堂、常行堂、多宝塔、轮藏、东照宫等；宽永八年（1631），清水观音堂、五重塔等相继建成；元禄十一年(1698)，第五代将军德川纲吉治世时，又建成宽永寺的中心正殿根本中堂，宽永寺的伽蓝（寺院建筑群）由此初成规模，只可惜这些伽蓝在幕末庆应四年（1868）“上野战争”中大部分被烧失。

宽永寺建成后，门前町（一般特指在日本寺庙、神社等宗教建筑周边形成的市街）得以开辟，并逐步随着宽永寺的重视而繁荣起来。从此之后，宽永寺附近一带开始以上野地名广为庶民熟知。

关于上野地名的起源，世有多说，一说平安时代的公卿和文人小野篁在上野国（位于今群马县）任职结束后归京（京都）途中，江户的当地官员在今上野公园内的地面上建立了招待馆，小野篁在此住了一段时间。由于小野篁的反抗精神强烈，故时有"野相公、野宰相"异名和"野狂"别称，江户当地人便将小野篁住过的招待馆称为"上野殿"，这一带始称"上野"。日本战国时代的《小田原众所领役帐》中已有"江户上野"的记载，时属北条领地。二说江户时代的伊势津藩主藤堂高虎原在今上野公园内拥有的宅院地形与他在伊贺上野城（位于今三重县）的地形极为相似，故将江户的宅院地命名为"上野"。此说已被江户时代后期记有江户各町详细起源的《东都名所图会》（即《江户名所图会》）否定。不管怎样，作为地名的上野广为人知，应在宽永二年（1625）第三代将军德川家光建成宽永寺之后。而位于武藏野台地分脉的上野台地先端的上野山地名称谓起源，则有可能始于江户时代。

幕末的"上野战争"中因宽永寺的主要伽蓝被烧失，这一带成为废墟。1870 年，这一带废墟被明治政府预定作为医学校和医院的建设用地，委托在日荷兰医师博杜恩（Anthonius Franciscus Bauduin）前往考察，博杜恩前往考察后认为此地不适合建医学校，便向明治政府提出在此地建设公园。明治六年（1873）5 月，明治政府的太政官布告，指定此地为东京府公园；1876 年 5 月，公园建设完成，当月正式开园。因此，博杜恩一般被称为上野公园之父。此地在明治维新后归属国有，属日本皇室用地。大正十三年（1924）由大正天皇通过宫内省下赐予东京市管理，故名"恩赐"，上野恩赐公园之名由此而来，一般通称"上野公园"。

上野公园内上野山的樱花颇负盛名，早在江户时代，上野公园便已成为日本赏樱名所之一。宽永寺建成后，酷爱樱花的宽永寺贯主天海高僧，通过第三代德川家光之力将日本最有名的奈良县吉野山的野生种樱花移植到上野，种入上野忍冈（今公园内西乡隆盛像和清水观音堂附近）的宽永寺属地内，一般认为这是上野公园植樱之始。同时，家光又在元轮门（今上野公园内帝室博物馆所在地）内植松；在宽松院（今上野公园内）植枫，上野便逐步成为樱、松、枫的繁殖观赏地。上野最初所植之樱，有吉野、淡墨、八重、山樱等系列品种的野生樱。江户后期，由野生种淡墨樱（又名江户彼岸樱、立彼岸樱、东彼岸樱、婆彼岸樱等）系的小松乙女樱与大岛樱杂交而成的染井吉野樱（俗称日本樱花、东京樱花）在江户的驹込染井村（今日本东京都丰岛区驹込）经园艺师人工培育成功。染井吉野樱这种园艺品种在明治时代后广为传种，成为日本樱花中最为普及的人工育成品种。

日本樱大致可分为野生种和园艺品种两类，作为园艺品种的染井吉野樱的起源，世有“染井村人工育成说”和“伊豆半岛自然发生说”。不管两说谁对谁错，这一品种诞生之初并无种名和拉丁学名，1900 年，日本博物学家、东京帝室博物馆天产部职员藤野寄命通过对上野公园内的樱花品种调查，发现园内存在与奈良县吉野山移植而来野生种山樱（ヤマザクラ）不同的品种，为了避免两品种混同，他便在同年的《日本园艺》杂志上发表文章，将上野公园内的这一不同品种以人工育成地染井村与日本山樱名地吉野山合成取名为“染井吉野”，这一品种名由此诞生。1901 年，东京帝国大学附属小石川植物园第一任园长松村任三又为染井吉野樱加上了“Cerasus×yedoensis”的拉丁文学名。染井吉野樱是一种高度 10—15 米的落叶树，先开花后生叶，关东地区的花期大约在三月下旬至四月中旬，开花后花蕾和花萼呈深红色，花朵的五枚花瓣刚绽放时是淡红色，而在完全绽放时会逐渐转成近于白色。染井吉野樱与淡墨樱系樱花具有同一特点，花朵盛开时簇簇相拥，完全覆盖了树体。同时，它又拥有大岛樱花瓣与众不同的超大特点。

1937 年 4 月初，我与日本学友榎一雄、三上次男等人一道，来到上野公园赏樱。我们乘东京地铁从浅草站至上野站，上野站比往日拥挤得多，大多数人都是来上野公园赏樱的。据三上君介绍说，每年来此的赏樱者可达百万之众。出站后我们缓步走上离站口不远的上野山，进入上野公园。公园没有围墙，以山为园界；公园没有大门或正门，自然不收门票，游人可以自由出入。

当我们走在公园内的主道上，观赏着道路两边盛开的樱花，只见一朵樱花有独特的绽放美，一树樱花有簇簇的烂漫美，花儿们仿佛就是一群群可爱的娃娃，争先恐后地放开笑脸，不时纷落，翩翩起舞，让游人们尽情来观赏自己的艳丽风采。美不胜收的樱花，成为每年上野公园上演春色的主角。作为主角的樱花与作为配角的在道上漫步的众多游人以及树荫下铺着垫席围坐成群又一边喝酒一边交谈的共宴人们一道，营造出踏春赏樱的热闹气氛。上空樱花漫天，暗香弥散，花瓣不时飘逸飞扬，掉落在树荫下观客的头上和聚餐席上，供人欣赏落花的凄美之色。聚餐宴席上酒香扑鼻，清香四溢，两香浸润心田，心境两融，难免会唤起赏花人的一些人生思索。从日本阴阳道看，樱之阴与赏樱宴会之阳，构成阴阳之调和，具有大和民族信仰的神道和谐美。故踏春赏樱离不开树下之宴，两者构成阴阳和谐美，缺一不可，这是日本神道组成部分之一的阴阳道所强调的阴阳和谐美中不可或缺的人生哲理之一。

赏樱在日语中写作“花見”，系日本独有的传统民俗风习。由于樱花一齐开放甚是艳丽，日本人以此喻为人的生命灿烂的象征；而樱花开放期一般不足两周，一齐凋谢，花落满地，余美犹存，又被喻为人的生命短暂然则可贵凄美的象征。在短暂的人生中尽情寻欢作乐畅饮赏樱酒（日语写作“花見酒”），以享受灿烂美好的人生时光，最终勇敢地迎接生命终结的凄然美，这就是日本人古来迷恋赏樱的人生美学思维，亦为日本人崇尚将人的个体生命与大自然万物生命融为一体的人生哲学观念之一。日本美学崇尚哀美和凄美的思想，或许源于樱花红颜薄命的自然生命启迪。这种踏春赏樱的人生感悟，似乎只有在小石川植物园和上野公园赏樱方能体得，原因在于来此两地赏樱的游人相对而言较为平心静气。上野公园的赏樱地虽无小石川植物园的那般幽雅，但不失为有序平和；漫步在赏樱道上的游人虽然拥挤，但秩序井然，观樱的主道上没有素人踊及其舞踊行列；树下成群结队的聚会野餐者绝无生火热食热酒的现象，亦难得一见大声喧哗嬉闹者和酒醉装疯者。这与我曾去过的东京飞鸟山、隅田川堤和小金井玉川上水两岸的赏樱地喧嚣杂沓、艺人踊者随处可见的景象迥异其趣。

我们离开赏樱主道走上位于上野山最高处的清水观音堂，站在堂外凉台观景处，映入眼帘的风光又是另一番景象：花是四季的传达者，日本的春天始于樱花开放，上野公园近千株有四十余个不同品种的樱花盛开后，遍及公园内的杜鹃花、小月季花竞相绽放，争奇斗艳，共同渲染出公园的春色芳华，吟唱着上野之春的风物诗，春山如笑。而山坡下的天然不忍池那一池绿油油的青色荷叶静静躺在水中的画面与观樱道上络绎不绝的热闹游人漫步的动态，尽收眼底，又是一幅静与动形成鲜明对比的踏春景观。站在清水观音堂的观景台，遥想当年宽永寺伽蓝的辉煌，如今只有清水观音堂、旧宽永寺五重塔等少量建物遗存，不免生成历史沧桑战火无情的感慨。清代诗人黄遵宪当年出使日本时写下的那首《不忍池晚游诗》，顿时涌上我心头：

百千万树樱花红，一十二时僧楼钟。
白头乌哭屋梁月，此是侯门彼佛宫。

樱花(サクラ)自受日本平安时代的国风文化影响以来,一直是日本花的代名词,尽管它未成为正式的日本国花,但一直受到国花的待遇和礼赞。上野公园当初建园时,只是旨在建成一个以宽永寺遗存建物、天然池与园内樱花为中心的游赏公园,随着后来博物馆、动物园、美术馆在园内的相继兴建,上野公园又成为一个富有文化气息的公园。显而易见,上野公园不仅是一个历史之园、樱花之园,它还是一个文化之园、艺术之园。

我在东京留学两年余,参观游览过的东京及其周边名胜古迹众多,耳闻目睹到日本平民的生活习俗不胜枚举,口述中无意一一细说,计划今后抽时间专门以"东瀛留学观察记"为话题再予以详述。

十五、回国

1937 年七七事变爆发后,中国在日留学生先后归国。8 月,广西省政府每月按时汇来的贷学金已不再汇来,我只能以平时省下的一些钱维持基本生活,无钱买船票回国。到了 10 月底,已是囊空如洗,只能听天由命。幸而到了 11 月初,广西省政府汇款到中国驻日本大使馆留日学生监督处,指定发给桂籍留学生每人一百日元作回国路费,并命令所有桂籍留学生一律回国。我从监督处领到路费后,回家收拾行李,准备买船票归国。当时我已拟就博士论文提纲,原计划在大学院继续研究一年半,完成和提交博士论文。回国前,我到大学院向导师和田清以及文学部部长池内宏告知我自动退学回国的决定,和田清教授劝阻我道:"黄君还有半年便有资格提交博士论文,是否能坚持到明年提交博士论文后再回国,生活上有困难我们可以为您向上申请奖学金解决。"池内宏部长的劝阻更为直截了当,说:"黄君不要回去了,中国人这么多,少您一个无关紧要,还是在日本继续完成博士学位论文吧。您在大学院近两年的学习中都能按期提交研究报告,我可以向外务省推荐您为'特选留学生',获得一年补助金。提交博士论文后您还可以继续留在日本工作,倘若不能在大学教书,我可以推荐您到文学部下辖的'史料编纂所'工作,您在北师大研究所曾任过编纂员,一定能胜任这一工作,还望黄君能慎重考虑一下我的意见。"当时听到池内宏教授的一番好意挽留,或许是好学天性使然,我确有一些心动。但是,综合各方面的因素,我经过再三考虑,最终决定还是放弃攻读博士学位,返回广西,以兑现当初对省政府贷学金的承诺。

临行前,我又到大学院向和田清、池内宏、加藤繁等教授辞行,同时表示了对他们愿意帮助我在大学院完成博士学位论文的善意的谢意，三位教授对我放弃学业回国的决定都表示惋惜。向老师们告别回家后，我开始收拾行李。第二天上午我到东帝大图书馆还完所借图书和查阅了一些资料，下午回来后与房东结清房租，第三天（大致记得当天是 1937 年 11 月 10 日，星期三，即距我的生日 11 月 13 日还有三天）上午，我便带上行李前往东京站，从东京站乘电车抵达神奈川县横滨市的横滨站，随后赶往横滨港购到翌日定期开往香港的船票。翌日早上，我从横滨港客运码头上了开往香港的客轮，先乘客轮至香港，然后再从香港乘客轮至梧州。我在香港购买开往梧州的船票后，身上只剩余四角钱。平时香港到梧州的客轮只需一天航程，不料我乘坐的客轮因为战事却走了两天。第一天，我在船上支给茶钱两角，买了二角面包，应付了一天伙食；第二天已身无分文，只能挨饿一天；第三天上午，客轮抵达梧州港，挑行李的运夫说我的行李过重，要加倍收钱。行李中主要是书籍、学习笔记和在日留学时收集的一些文献史料，我舍不得扔弃，无奈身无分文，只得请求挑夫先带我到旅店再说。挑夫挑着行李将我带到一家旅店后，我向旅店老板说明情况后，老板为我垫付了挑行李费，还同意以行李作抵押，先给我提供伙食和住宿，待我筹到钱后再支付。由于过于饥饿，我在旅店狼吞虎咽地饱吃了一顿。饭后我速赶去梧州驻军指挥部，向出面接待的军官说明我是留日归国留学生，并出示了我的东帝大大学院学生证，表明此次回国是为了参加抗战，但已无钱返回桂林，希望能借钱若干，回桂后一定会如数寄来归还云云。这位军官十分大方，当场慷慨解囊，从身上掏出桂币三十余元递给我，说道："我只有这点钱，不知够不够，黄先生拿去用，不必再归还了。"我说了一些感谢话后拿着钱赶到旅店，向老板刘来福支付他垫付的挑行李费、饭钱和当夜宿费，他分文未收，并对我说："黄先生乃热血爱国的知识青年，国难之时能回国参加抗战，难能可贵，我不收您分文，亦算是自己对抗日做一份贡献。"我道谢后便于第二天起程乘船溯桂江北上，沿途过昭平、阳朔，历经近二十天、换船数次，终于同年 12 月下旬返回桂林。

返回桂林后我与刘来福先生仍保持着通信联系，相互问安，从中得知：抗战期间，梧州被轰炸，刘来福先生的旅店被毁，他被迫举家逃难，辗转他处。抗战胜利后，我已是广西大学教授，刘来福先生举家来桂林投靠我，我帮助他在桂林东门东旭路一带开了一家小旅店，他取店名为"黄来福"，以纪念我俩在国难中结下的友谊。从此之后，我俩结交一生，直到他于 1975 年病逝，这是后话。

第五部分

一、广西大学任教

1937年12月下旬，我抵达桂林稍事休息后，立即赶往广西省政府报到，听候工作分配。我在桂林候差半月余，因无合适工作，身上又无钱再在桂林候差，加之我从1926年离开家乡扶南县（今扶绥县）后至今已有近12年未回家，于是我给省政府教育厅留下联系地址，然后返回家乡渠思村暂住候差。

1938年2月上旬，接到省政府教育厅公函，分派我到广西省立南宁高中任教员。随后，我拿着公函到南宁高中向周天爵校长报到，从此开始了在广西的教育生涯。

当时南宁高中的正式校名是广西省立南宁高级中学，一般简称“南宁高中”。其前身最早是由维新人士余镜清于光绪二十三年（1897）在南宁旧仓西街乌龙寺内创办的乌龙寺讲堂。光绪三十二年三月十日（1906年4月3日），因讲堂学生逐步增多，规模变大，私学已无力支撑，便由南宁府接办，乌龙寺讲堂改名南宁府中学堂，由时任南宁知府的杜庆元兼任堂长；1912年更名南宁府中学校；1914年更名南宁中学堂；1917年更名广西省立第一中学校，当时只有初中部，1923年改行新学制；1927年添招高中生，增设高中部；1928年6月，省一中（包括初中部和高中部）从仓西街乌龙寺迁往南宁城郊高庙坡（今南宁二中校址）的新建校舍。1929年，由于派系混战，教育经费被挪用于军政，全国师范被裁撤，我早年就读的广西省立第三初级师范学校（简称“三师”）亦被裁撤停办。同年，省一中高中部奉命从高庙坡迁往北帝庙原三师校址（今南宁五中校址），与三师合并，三师停办时剩下的六个班奉命划拨入省一中高中部，时称广西省立第一中学校高级部，省一中高级部有了普通班和师范班之分。1931年8月，省一中高级部、初级部分别设立为广西省立第一高级中学（简称“一高”）、广西省立第一初级中学。1934年，一高又更名为广西省立南宁高级中学（简称“南宁高中”），校址仍在原三师旧址。1932年夏我于北师大历史系本科毕业不久，广西省教育厅曾发来电报催我速回广西，到省立一高担任历史教师，被我拒绝。当年我在三师读书四年，今天又在三师校址上新设的南宁高中，似乎冥冥之中自有天意，而我又是最不信命运的人，可以说自己一生都在与命运抗衡。

实话实说，当时我对省教育厅安排我到南宁高中当教师的差事颇为不满，自认为自己在北京师范大学求学九年（预科两年、本科四年、研究院三年），又到日本最高学府留学两年，求学期间曾编、著、译过五本史学著作并先后出版，加上发表了不少史学论文，公表论著近150万字，这种苦学苦读苦记苦写的学术成果，即便当时的一些大学教授都望尘莫及，由此感到省教育厅对我的安排是大材小用。但是，因家境一贫如洗，我不工作便无活路，无奈之下，同年3月我只好奉命到南宁高中任教，在师范班讲授历史课。在南宁高中任教期间，我先后分别向北师大导师陈垣和广西大学（一般简称“西大”，下同）校长白鹏飞去信一封。陈垣当时任辅仁大学校长，本不想给陈垣师增添麻烦，只是对省教育厅的草率安排过于不满，被迫出此下策。信中我向陈垣师介绍了自己的近况，提出想到辅仁大学任教或回母校北师大工作的愿望，陈垣师接到我的信后马上回信一封，叫我迅速离职北上，要么到辅仁大学工作，做他的助手；要么推荐我到中央研究院历史语言研究所任助理研究员，由我选择。与此同时，留日前辈、广西大学校长白鹏飞接到我的信后，仅过两周便将广西大学任教聘书寄给了我。我是在1938年8月中旬收到白校长的聘书，聘任我为广西大学讲师，我马上回信应允。不料8月下旬又接到陈垣师的来信催促，权衡再三，一方面考虑到我当初与广西省政府的贷学金之约定，二方面考虑到白鹏飞校长求贤若渴的盛情厚望，三方面主要还是考虑到我在读书时向生父立下的“学成后为广西民族文化教育事业鞠躬尽瘁死而后已”的宏愿不可违背。于是，我便写信将实情告诉陈垣师，谢绝了陈垣师的一片深情厚谊，于1938年9月广西大学新学期开学之际，踏进了广西大学校门，开始了我在广西大学文法学院文史地专修科的教学生活。

我到广西大学报到的第一天是9月29日，事前我已写信函告知白校长，当时他兼任广西大学文法学院院长和文史地专修科主任。我报到的当天，白校长亲自在专修科办公室门口迎接，令我始料不及。原因在于文法学院刚从桂林李子园迁来良丰西林公园不久，白校长诸事繁忙，还能如此礼贤下士，令我感动不已，至今难忘。随后他叫早我一年进入广西大学文法学院任讲师的东京帝大校友张先辰陪同我参观了广西大学校园，这是我与张先辰先生认识之始，以后我俩挚交终身，引为知己。

当时的广西大学校舍地处桂林市郊雁山良丰西林公园内，风景迷人，景色秀丽。抗战爆发后，广西大学打破以往单招两广学生的局面，开始面向全国招生，加上各战区源源不断转来的借读生、转学生以及随之而来的全国学术界、教育界名士的不断加入，使得广西大学名高一时。无论是在师资力量、教学设备、图书收藏等方面，还是在学校管理、教学质量、学术研究、科研成果等方面，集文法院、理工院、农学院三个学院和一个经济植物研究所于一体的综合性大学，广西大学实可与当时的国内名牌大学比肩。加之广西大学第一任校长马君武先生在教育界久负盛名，享有“北蔡（蔡元培）南马（马君武）”盛誉，因而我能进入广西大学任教，深感荣幸。

同年10月3日，广西大学文法学院开学当天，白校长叫我到校长办公室谈话，关心地问我授课准备情况，我如实相告，自己在北师大专攻中国通史，四年大学本科期间一边上课，一边在北京平中中学、一山中学讲授历史、国文课三年，本科毕业当年曾与同窗刘镛合著出版过一部近百万字的大著《中国通史纲要》（上、中、下册），因此在广西大学讲授中国通史课绝无问题，来广西大学报到前已经备课，讲课教稿还未写完，尚需一个月时间便可开课。白校长听完后以征求意见的口气问道，我是聘您来当讲师的，既然您不能马上开课，是否能先委屈一下，以助教身份到校图书馆一边工作，一边备课。我回答说：“没有意见，一切听从白校长安排。”随后，白校长便安排我在校图书馆一边搞资料工作，一边备课。同年11月，我以讲师身份正式开始授课，主讲中国通史。

初入广西大学，由于熟人不多，时常来往的同事只有文法学院的丘辰、张先辰、张映南等数人，因而我的精力全用在教学上，这段时间未写任何学术论著。

二、白鹏飞校长二三事

1927年，时任广西省政府主席黄绍竑主政广西，以八桂子弟负笈在外求学于京、沪、汉、粤等地各大学多有不便，同时为本省培育人才着想，乃筹设省立广西大学，邀请桂籍在外名士马君武博士回桂一道筹办，正式成立广西大学筹备委员会，黄绍竑任筹委会委员长。1928年，省立广西大学在梧州蝴蝶山宣告成立，省政府聘马君武博士为首任校长，盘珠祁任副校长，白鹏飞任校务长。1936年6月，广西省政府改组广西大学的组织体制，校长由时任广西省政府主席黄旭初兼任，废除副校长制，改设秘书长，在南宁设立校本部。同年10月，校本部及文法学院随广西省政府从南宁迁往桂林市郊，以良丰西林公园为校址。1937年2月，黄旭初校长辞职，由白鹏飞继任。与此同时，校本部及文法学院奉命从良丰西林公园迁入桂林市区乐群路的李子园。1938年9月,校本部及文法学院又从桂林市区李子园迁回市郊良丰西林公园。

我进广西大学任教时,广西大学尚属省立,隶属广西省当局,地方色彩较浓,尽管如此,在白校长的主持下,教学上基本不受干扰。白校长对教师向来十分尊重和关心,这是他长年从事教育工作的一贯处事为人作风,我早在北京读书时已有耳闻。特别是他作为教育界、文化界一代名士,处处为维护学校教师和学生利益而与政府当局抗争的一身正气,早已名声在外,令教育界人士赞不绝口,且对我影响较大。今人说到广西大学的创建,似乎大多只提首任校长马君武博士,这无可厚非,但对黄绍竑的筹建之功,首任校务长白鹏飞的贡献之业,历史评价不多,这就有失公允了。我以为在广西大学筹建和建校方面,黄绍竑、白鹏飞两位先生同样贡献甚大。这不是因为解放后我与黄绍竑先生成为知交,亦不是因为白鹏飞先生对我有聘用之恩,而是当年作为省政府主席的黄绍竑为了培养本省人才曾为筹建广西大学确实尽心尽力,而白鹏飞校长的教育理念和作为一代名士的学者人格魅力,实对广西大学师生员工产生过潜移默化的影响。这并非我个人的看法,而是在广西大学任教期间我偶尔与丘辰、张先辰、张映南、赵佩莹等亲密同事一道议论时政,畅谈时贤时大家一致的共识。

白鹏飞校长曾在日本留学十一年,留学期间曾有一段时间与北师大吾师王桐龄(号"峄山")同住在东京本乡区千驮木町七十二番地黑川作次家。我在留学东京期间,当时正在日本考察教育的峄山师便对我细说过他当年留日时的一些情况,他回忆道:

> 1903年我被公派日本留学,十年间除在东京一高高级寄宿舍住了两年外,其余八年一直与学友三人合租一栋房,我拿着使馆监督处每月供给的公费四十二日元,与室友共雇一位日本老妈做饭,学习之余我还有不少余钱与学友四处旅游,过着日本人中等水平的生活。归国后的1919年我又被教育部派来日本东京帝国大学大学院(即研究院)留学,此时的生活已是今非昔比。我租住着黑川作次家中的一间小屋,同寓黑川家的还有东帝大留学生郭跻仑和高工留学生李蔼忱,随后相继租住入黑川作次家中的中国留学生有广西桂林人白鹏飞;江西新喻人李为涟;贵州毕节人杨君慈、杨希慈兄弟;河北冀县(今冀州市)人李濂钵。黑川作次先生是一位木匠头,专做包工活,出入其家者大多是工人,还有一些委托加工者。过去我所租住的一栋房,有一优雅小庭院,读书累了可在小庭院放松,黑川家没有庭院,一进

租住室即是卧室，毫无隙地。加上工人干活的噪声影响，白天在家根本无法看书学习，只能从早到晚泡在东帝大图书馆看书学习。住我隔壁的白鹏飞君同为东帝大学生，与我同样，整天除去听课外，都在东帝大图书馆看书学习，天黑始回租房。他是一位眉清目秀、读书刻苦的留学生，如今已有成就，任北平大学法商学院院长。我与白君当年私谊不错，黄君将来归国后若想找这位桂籍同乡谋职，我可以写信引荐。

尽管我归国后投书白鹏飞校长谋职时，并未提及当年与他同租一处的峄山师，但事后我对白校长曾谈及过此事，白校长对此事仍记忆犹新，称赞峄山师为教育界先贤楷模。后来我将进入广西大学任教一事以及白校长夸赞峄山师一事写信告诉了峄山师，峄山师回信表示恭贺并加以勉励，同时于信中告诉我说，他已写信给白校长，明确对白校长只聘我为讲师表示了不满。白校长回信告诉他说："黄君（指我）安心在广西大学任教一段时间，今后以教授相聘不过就是指日可待之事。"正因师辈当年这种身在异乡同居一处建立的深情厚谊，故白校长一直将我视为他的留学晚辈学生。

白鹏飞先生留日归国后，1931 年九一八事变爆发，他成为一位坚定的抗战分子，爱国主义正气贯通京城。1936 年 1 月 27 日（一说 28 日），白鹏飞先生即与马叙伦、许德珩等人发起成立北平文化界抗日救国会（马叙伦为主席，白鹏飞为副主席），积极宣传民主和抗日救国。1937 年七七事变后，广西大学生开始积极投入到抗日救亡运动中。同年 12 月，国民党第四集团军电饬广西大学文法学院组建广西大学战时服务团开赴前线；1938 年 1 月 11 日，广西大学战时服务团乘载 13 辆汽车分赴柳州和广东钦州一带进行抗日宣传活动。广西大学战时服务团组织了歌咏、话剧、艺宣等小分队，先在合浦县演出话剧、歌咏，进行街头宣传，然后分散到北海、钦州、东兴一带，访问渔民和前线战士，进行抗日救国宣传，历时两个多月，于 3 月 15 日方返校上课。白校长于 1938 年 2 月执掌广西大学后，更是充满热情地以实际行动为文化救亡运动推波助澜。在白校长的支持鼓励下，当时在文法学院任教的李达、熊得三等思想进步教授多次在校内各学生团体间开展演讲，对学生进行爱国主义教育，使得广西大学的抗日救亡运动十分活跃，更多的广西大学生，再也不满足于终日坐在教室里编写街头墙报以及上街宣传抗日的活动。同年 10 月，我入广西大学不久，便耳闻目睹了不少广西大学生积极投入到抗日救亡运动中。我在文史地专修科任教后的学生叶振汉，在校学习时即先后被选为学生自治会主席、世界语学会主席和福建同乡会主席，当时他既是学生抗日救亡运动的积极分子之一，又是文法学院优秀学生之一。由于他经常到我家请教问题，师生来往甚密，令我印象深刻，因而至今忆起，我仍然记得他热情活泼充满生气的音容笑貌。

1938 年 11 月底，广西当局组建第三届广西学生军，以学生来发动群众，支援前线正规军作战，保卫大西南。叶振汉对我说，当时报名参加学生军的广西大学生便有数百人之众，被录取者达近百名之多。此后，文法学院还有一些学生相继奔赴延安等抗日前线，成为抗日英勇战士。当中部分学生离开广西大学奔赴抗日前线时，曾将一些学习书籍交给我代为保管，到抗战胜利后都未回来或来信索取，可能都已成为抗日烈士。广西大学生积极参与抗日救亡的热情和活动，实与白校长的民主治校作风以及在推动和引导广西大学生积极参与爱国救亡运动所起到的号召作用密不可分。

记得是 1938 年桂林八路军办事处刚设立（11 月下旬设立）不久的 12 月初，在白校长的支持下，广西大学教授千家驹邀请八路军参谋长叶剑英到校礼堂演讲，白校长号召全校师生员工前往听讲，他坐在主席台上聆听的神情令我至今难忘。同年 12 月 17 日，白校长又亲自出面请他在日本东京帝国大学留学时结识的学友郭沫若先生来良丰广西大学校内演讲，听讲的师生蜂拥而至，挤满礼堂，我也赶去听讲。郭沫若先生当时任国民政府军事委员会政治部第三厅厅长，他讲演的题目是《战时教育》。我大致记得郭先生于讲演中对时局进行了分析，号召学生以笔代枪积极参与全民抗日救亡运动。讲演完后，郭先生还参加了师生座谈会，回答了学生提出的一些有关抗战的问题。座谈会后，白校长招待郭沫若先生吃饭，特邀请李达、千家驹、焦菊隐等若干人以及我和张先辰等日本东京帝国大学留学的晚辈作陪。我在日本留学时已认识郭沫若先生，郭先生是我的日本老师原田淑人的密友，经原田师引荐，我在日本留学时曾多次登门拜会郭先生，相互探讨中国古代史问题，互受切磋之益。饭席间，白校长对我们后辈说过的几句话令我至今记忆犹新，他说："我们都是留日学生，今逢国家危难，民族危亡，国家兴亡，匹夫有责，我们应该一马当先加入抗日救亡运动，以笔代枪，唤醒民众共同抗日救国。"12 月 28 日，白校长又邀请刚成立不久的在华日本人反战同盟西南支部（12 月 25 日鹿地亘在桂林郊外南岗庙发起成立）负责人，日本小说家鹿地亘和巴金、盛成来广西大学演讲，宣传抗日救亡。由此充分表明了白校长旗帜鲜明的抗日救亡立场，体现出他在国家危亡时所具有的崇高爱国主义思想。这从他于 1939 年 5 月 5 日的《救亡日报》第三版（纪念五四特辑）上发表的《青年运动之杀虫剂》一文中同样可窥一貌。他于文中号召青年“发扬五四精神……精诚团结，以完成抗战建国的大业”。白校长拥有的这种深厚爱国主义情操，对我辈后学影响甚大，因而1941年5月《国防周报》在桂林创刊并邀请我和焦菊隐、欧阳予倩、萨孟武、雷沛鸿等人以及吾师陶希圣出任编撰委员时，我当即应允。随后我便在《国防周报》上开辟了汉族对外抗战史专栏，相继发表了《明代剿倭之广西女将》（第二卷第四期）、《汉族对外抗战史》（第四卷第七、九期）、《汉武为争汉族之生存而战》（第四卷第八期）、《五胡乱华与北方民众之抗战》（第五卷第二、四、五期）等系列文章，以笔代枪，口诛笔伐日寇侵略者。同时从史料上展开论证，作出了中华各族人民团结起来一致对外抗战必将获得最终胜利的预断。这些成果皆得益于抗战期间广西大学师生抗日热情高昂不息的风气影响。而这种风气的形成，显然与七七事变后执掌广西大学的白校长以身作则热心参与和支持抗日救亡运动的一言一行关系密切。正因如此，1939年8月广西大学由省立改为国立后，由于白校长执掌文法学院期间学生们的社会活动十分活跃，名声在外，被教育部勒令“停止招生，逐年结束”。继而广西省政府又颁布了“学生参加校外活动法令”，开始严格限制包括广西大学在内的广西各高等、中等学校的学生校外活动。

1939年8月，白鹏飞先生卸任广西大学校长一职后，相继担任广西省政府顾问、国民政府监察院监察委员等职，长住桂林，我时常去看望他。1948年，白鹏飞先生病逝于桂林。虽然我未曾直接受教于白鹏飞先生，但对他一直执弟子之礼，他的长子白璧曾是我在广西大学任教时直接教过的学生，我的长子甘金山又是白璧在桂林一中任教时的学生，可见我家与白家有世交之谊。

三、拒高事件

初入广西大学时，我参与的社会活动相对较少，一门心思全用在教学上，只想搞好教学从而快点晋升教授。1939年8月22日，广西大学由省立改为国立，白鹏飞校长卸任，改由马君武先生任校长。马君武校长是留日老前辈，借着这层关系，我经常去拜访他，执弟子之礼，他每次接待都十分客气，还送给我两本他的译作。同年11月，经友人介绍，我与当时在桂林实验小学教书的刘丽华女士结婚。随后，我爱人调来广西大学附小任教。此后我们夫妻养育的大女、二女、三子都在广西大学附小和附中求学，我们一家从此便与广西大学结下了长达近半个世纪的难解之缘。

1940年8月1日，马君武校长病逝，由教务长李运华代理校务，他聘我为广西大学副教授，据李代校长说，马君武病逝前已有聘我为副教授之意，只是聘期未到他便与世长辞了，李代校长只是遵嘱办理而已。8月28日，行政院任命雷沛鸿先生为校长。

1941年8月15日，行政院训令：雷校长另有任用，广西大学校长遗缺由高阳继赴。当时在广西大学校长的人选上，桂系与国民党中央C.C派存在分歧。桂系期望选一位桂籍人士继任，以便操控。而国民党中央C.C派以广西大学已是国立大学为由，主张应由中央教育部选定校长。当我得知国民党中央C.C派委任高阳来广西大学任校长的消息后，立刻怒火中烧，原因有三：

一是我曾听白鹏飞校长说过一件事，他在暨南大学任校长期间，一次在进步学生集会上，白校长发表了支持学生反对军人主政的讲话，被特务学生掏出手枪威胁，大喊："滚下去，滚下去！"白校长被迫离职。随后教育部马上委派何炳松去接任校长。何炳松上任后，带了一批C.C派特务去当职员及教授。所谓C.C派，即"Central Club"（中央俱乐部）的英文缩写，是由陈氏兄弟陈果夫和陈立夫领导的一个政治派系，其势力主要分布在国民党中央党务部门尤其是组织部、中统局、地方各级党部和教育系统。在教育系统中以大学为盛，特别是在C.C派头目陈立夫任教育部部长期间，热心推行以党义治校的"党化教育"，强化国民党对高等院校的控制。我担心国民党中央C.C派委任的高阳来广西大学上任时会重蹈何炳松的覆辙，我一个无党无派无职无权的副教授很可能会因此失业。

二是听说高阳被委任广西大学校长前曾在江苏教育学院任院长，治校作风十分独断专横。

三是早在1939年8月广西大学由省立改为国立后，即为国民党中央蒋系势力开始插手广西大学、渗透广西大学从而达到控制广西大学的目的提供了便利条件，以致直属中央教育部C.C派控制的三青团广西大学分团势力逐步扩大。这些特务学生严密监视师生的政治动向，搞得学生人心惶惶、读书不安。对此我时有所闻，因而对C.C派分子一直十分反感。

本来我只热心教书，一向无党无派，向来不关心广西大学行政事务。但是，我的学生、时任广西大学生自治会主席的叶振汉，两次登门来找我，希望我能带头发起呼吁学生抵制高阳上任的运动。当时正值暑假期间，叶振汉对我说，学校没有任何党派团体关心此事，一些教授则事不关己高高挂起。为此，学生自治会准备发起一场学生运动，拒绝高阳进入校门。得知这种情况后，壮族人天生好打抱不平的性格促使我热血沸腾，我便叫叶振汉召集一些学生干部来家里商谈，建议他们成立拒高运动委员会，广泛联络在校师生，发起全校拒高运动。同时，我又联络了张映南、张先辰、陈杰等思想进步教师四处展开拒高宣传活动。

1941 年 8 月 18 日上午，高阳乘车来广西大学上任，我和张映南、张先辰、陈杰等教师率领拒高运动委员会组织的大批学生将高阳乘坐的汽车阻拦在校门外，不准进校，双方相持近一个小时，最后高阳丢下一句“你们这些学阀不会有好下场”，便坐车离去，随后他向国民党省党部控告我“鼓动学潮，系共党分子”。得知这一情况后，我知道即便不被他解聘广西大学教职，我在广西大学的日子也不会好过了，遂开始另谋出路，分别写信给当时在中山大学任职的学友罗香林以及我的私淑弟子张寿祺，告知近况，同时表明了离开广西大学到中大任教的愿望。罗友、张生立即向中山大学校长张云推荐了我。张云校长得知后说：“人才难求，黄现璠在广西大学是副教授，我们中大以教授相聘。”随后便发来了教授聘书。同年 9 月 7 日，高阳在大批武装宪兵的护送下强行进入广西大学。拒高运动委员会又组织学生集会反对高阳上任，同时采取开学后不注册、不上课等抵制措施，依然无济于事。

我于 9 月 16 日离开广西大学前往广州中山大学师范学院报到，“拒高运动”随后也宣告失败。在高阳的支持下，从此广西大学校内的三青团成员更为甚嚣尘上，空前活跃，广西学运进入低潮。我的学生叶振汉自然难免受害，于这次拒高事件中被开除学籍，我得知后便通过熟人介绍他到广西中山纪念学校任教。后因他有进步言论，再受迫害，被迫返回福建。1947 年他回到厦门，加入中国共产党，任厦门工委负责人。1953 年秋，他被爱国华侨陈嘉庚看中，调任集美中学校长，卓有成效地把集美中学办成了全省首屈一指的重点中学。这些都是叶振汉于 1955 年 2 月 16 日来信告诉我的情况。

受拒高事件影响，我的妻子刘丽华也被解聘了她在广西大学附小的教职。同年 9 月，我离开广西大学前往广州中山大学师范学院任史学教授。年底，我写信给刚到桂林不久的林砺儒先生告知妻子失业，请他帮忙解决工作，他便将我妻子安排进了刚成立不久的广西省立师范专科学校（1942 年升格为广西省立桂林师范学院）图书馆当管理员。

言至此，想起吾妻跟着我一生所受苦难和委屈，心中油然生出对平凡而又伟大的爱妻人品的深深敬意。吾妻刘丽华，祖籍贵州省黄平县，祖父辈为黄平县望族。她于 1912 年1 月 15 日生于广西桂林，乃名门之后，其父刘菊生早年在广西任县长，1913 年 6

月赴广东任广东连平县县长。在任时结识当时广东军政巨头龙济光(两广巡阅使),深获赏识,提升为龙部陆军医院院长。吾妻早年入私塾,继入小学、职业中学、教忠师范学校读书,1937 年返回桂林,进入桂林实验小学当教员,从此走上了教书育人的道路。1939 年 3 月,经人介绍,我认识了刘丽华女士,双方经过半年多的接触,我深为她的贤淑品德和端庄美貌吸引,便迫不及待地向她求婚,获她同意,我们便在广西大学举行了结婚仪式。婚后随着抗战时局的动荡,妻子刘丽华跟着我逃难榕江,以后的岁月中又随我一道度过内战时期;1957 年后还陪我熬过"反右"受难的二十余年艰苦岁月,特别是"文革"十年中吾妻陪我过着担惊受怕的日子,她始终无怨无悔,一直不离不弃。我们夫妻共同养育有八个子女,其中吾妻与我共同生育有六个子女(三男三女)。吾妻热心教育事业,从事小学教育近四十年,到 1972 年年满 60 岁从教师岗位退休。吾妻与我同甘共苦相濡以沫四十余年,她在外教书育人,在内相夫教子,一生默默奉献于教育事业和家庭,在我心中她永远都是一位伟大的女性,一位慈祥和蔼的教师,一位大爱贤惠的妻子,一位教子有方的孩儿母亲。

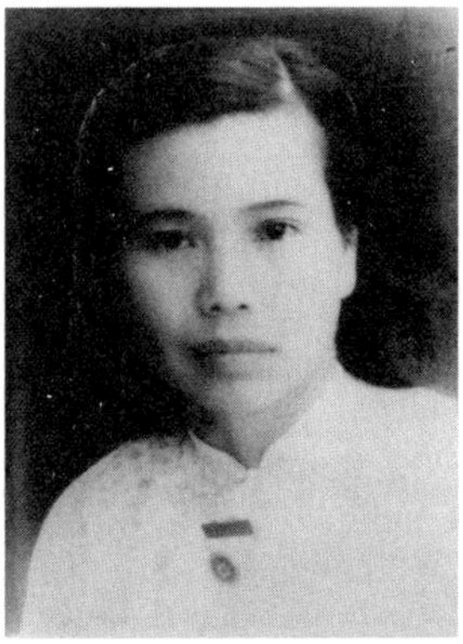
图 25　夫人刘丽华女士

四、师友林砺儒

我在北师大预科学习阶段,公共必修科目教育中有一门"教育概论"为必修课,由林砺儒教授讲授。林砺儒先生是我在北师大最先认识而且日后还有来往的教授之一。林先生早年曾公费留学日本,就读于东京高等师范学校,受过近代新教育理念的影响。因此,他的师范教育思想深深烙有新教育的时代印记。林先生留学归国后,长期任教于国立北京高等师范学校(1923 年改名北京师范大学),主讲教育课程。1922 年兼任北高师附属中学主任(即校长),推行中小学"六三三"学制,功不可没。林先生在北师大讲授《教育概论》的内容,我已忘记,但对他的师范教育观,我还能记得一二:一是他的师范教育专业论,二是他的师范教育独立论,给我留下较为深刻的印象。本科期间,林先生讲授教学法,我仍是热心听课的学生之一。他讲的这两门课,我都修得了学分,取得了好成绩。由此,给林先生留下了良好印象。加之我在北师大求学九年期间,喜欢登门向老师请教学问,记得预科第二年,我第一个登门请教的老师便是林先生,由此结下了师生之缘。当时北师大有一种好风气,关系较为密切的师生大多私底下互相称兄道弟,例如北师大教授林砺儒、陈垣给我的来信中的抬头都称我为“现璠仁弟”;钱玄同称我为“黄兄”;陶希圣、萧一山称我为“黄先生”;王桐龄、邓之诚教授称我为“黄君”或“黄生”。同门学弟谭其骧、陈述、方国瑜、柴德赓给我的信中都称我为“黄老大哥”或“黄大哥”,绝无“黄教授”或“黄先生”的抬头称谓。反过来,我在校碰见林砺儒、陶希圣、萧一山等教授或在通信中,都是习惯称他们为“先生”,以示己为弟子或门生以及互为学友的亲切,假如与同学们一样都叫“老师”,反而将师生关系疏远了,这就是后来我与林砺儒一道共事一直称他为“先生”而非称“老师”的缘由。特别是林先生曾留学日本,他知道日本社会人称“先生”的广泛敬意,实与国内叫“老师”的含义有所差异。

1931 年,林先生离开北师大,应中山大学之聘,赴广州中山大学任教授兼教务长,讲授师范教育、教学法等课。1941 年 10 月,林先生应他的学生、时任广西教育研究所所长的曾作忠之聘,抵桂林任广西教育研究所导师。1942 年 4 月,广西省政府决定将广西师专升格,改名为广西省立桂林师范学院,翌年又升格为国立桂林师范学院,曾作忠任院长,聘请林先生为教授兼教务长。由于桂林师范学院刚建立,迫切需要师资,林砺儒便发挥他在教育界的影响力,动员一些名师来桂林师范学院任教。

林先生任桂林师范学院教务长后,给我来信一封,劝我回桂任教,大意说了两点:一是桂林师范学院聘我为史地系教授,同时聘我为桂林师范学院附设师范研究所研究员,由此我可领到双份薪俸,解决家庭负担重的问题。二是回桂任教可与家人团聚。我当即回信同意,并说明我在中山大学的聘书于同年 8 月到期后返桂。同年 9 月,我便返回桂林任教,在此与林先生共事一年多。

时任桂林师范学院院长的曾作忠博士,桂林人,家境清贫,1921 年毕业于北京高等师范学校(北京师范大学前身),系林先生的学生,亦为我的前辈校友。1957 年曾作忠与我同命运,被错划为“右派分子”。

当时在桂林师范学院,我们师生三人一道共事,往来密切,相处甚欢。当时林先生住在桂林六合路原江苏省立教育学院旧址,即桂林师范学院本院,我一家最初亦住在这里。六合路位于桂林著名风景区七星公园的后门,与公园隔着一条小溪。林先生有晚饭后散步的习惯,我亦经常陪同他一道进入七星公园内散步,边走边谈桂林名胜古迹、抗战前途。有一次我们议论到“师范生的公费问题”,我对林先生说:“拜读过先生过去写的一些文章，先生一方面强调师范教育维系国家前途和民族命运的重要性，另一方面又强调提高师范教员待遇对保障师范教育质量的重要性，这两点主张我都非常赞同。但是，先生以过去一些中等师范学校校长贪污学生膳费为由而反对师范生公费，难免偏颇之论，我就不能苟同了。”我又对林先生说：“我在三师四年享受过四年公费生待遇，1923 年北师大更名前的北京高等师范学校的学生都是公费的，学校既免学费，又免膳费、宿费、书本费，促使学生安心学习。倘若不是公费，像我这样的贫苦人很难有机会上学读书，很难有出头之日，更别说今日成为大学教授。林先生家境殷实，当年又是公费到东京高等师范学校留学，先生的‘师范生公费反对观’是否受到日本师范教育模式的影响?”林先生回答说：“我的‘师范生公费反对观’是在二三十年代提出，现在反省一下，确有片面之处，黄先生持有异议，可以撰文公开批驳。我向来主张学术观点自由，且欢迎学生批评老师。”由此可见林先生的虚怀若谷，晚生实感铭肺腑。当时同校的一些教授习惯敬称林先生为“林老”，似乎只有曾作忠院长和我称他为“先生”。林先生平时不苟言笑，表情严肃，一些学生有点怕他。然而，了解林先生的人都知道，他是一位处事为人较为温和的谦谦君子。我一直认为，林先生是中国现代师范教育的重要开拓者之一，为中国现代师范教育作出过重要贡献，厥功甚伟。

当时梁漱溟先生亦在桂林师范学院附近的穿山无锡国学专科学校教书，有一段时间住在广西教育研究所内，我与他不时晤面，畅谈国事，受益良多。梁漱溟先生一向奔走国事，但不愿做官，甘心在教育界工作，比起那些学既不优而又日以争权猎官为事者，高尚许多，给了我在人格道德修养方面潜移默化的影响。在桂期间的梁先生亦与林先生来往密切，被曾院长和林先生请来桂林师范学院演讲过。

当时桂林师范学院的师生宿舍在六合路原江苏省立教育学院旧址，即桂林师范学院本院，而教室则借用东灵街（位于今七星公园花桥东面）2 号原广西教育研究所的房子。广西教育研究所于 1940 年夏筹备成立，1941 年曾作忠出任所长。1942 年 4 月，广西师专升格为桂林师范学院后，广西教育研究所一度改为桂林师范学院附设师范研究所。1943 年 1 月底，撤销桂林师范学院附设师范研究所，恢复成立广西教育研究所，所址在桂林普陀山脚元须岩前（今七星公园内），雷沛鸿出任所长，延聘原有研究人员。林先生当时兼任广西教育研究所导师，我则兼任特约研究导师。林先生在桂林师范学院期间，依然保持着北师大的优良传统，即教师无论兼职多少或职位高低，都必须兼课，故他除了掌管教务工作外，还亲自讲授教育、伦理学、教育哲学等诸门课程。从六合路到东灵街有几里路，林先生不论刮风下雨，严冬酷暑，每天都坚持到校上课。桂林的冬天，北风呼啸，寒风湿冷浸骨，宿舍和教室都没有防寒设备，有时我陪同他一道去学校上课或去研究所，看见寒冬腊月林先生步行几里路去校上课，实有伤身体，我便向曾院长提议，为林先生找一处离上课更近一点的房子。曾院长接受了这一建议，并于 1943 年春，指令学校后勤部门，在七星岩北侧凤凰溪畔（今七星公园内）为林先生修建了一间竹舍，林先生自题名为"栖梧居"，取自杜甫《秋兴八首》中"其八"的诗句"香稻啄余鹦鹉粒，碧梧栖老凤凰枝"。他在自己住所门前还写了一副对联："读书幸未成君子，学圃犹堪作小人。"以表明自己不满国民党反动派插手校内事务的心绪。

1944 年 5 月，日寇南侵，桂境危及，桂林师范学院奉命转移，避难榕江，林先生带领桂林师范学院职工逃难，与我们共患难。抵达榕江后，我因故离开桂林师范学院，转回广西大学任教，未再与林先生共事。后来再见到林先生，已是 1945 年抗日战争胜利后之事。

抗战胜利后，1946 年初，广西大学和桂林师范学院相继迁回桂林，我常去桂林师范学院看望林先生。同年底，因林先生思想进步，时常参与反对国民党右派的进步活动，抨击国民党的独裁政治和对科学文化事业的摧残，受到国民党右派的恐吓，被迫辞职离开桂林，前往广东任教。临行前，曾作忠设宴招待他，算是送别，当时请了我和陈竺同等若干同事作陪。席间，林先生大骂国民党独裁政治的话语至今仍在我的耳边回响。

解放后，林先生被任命为中央人民政府教育部中等教育司司长，1950 年兼任北京师范大学校长，1952 年任中央人民政府教育部副部长。他任北师大校长期间，曾给我来信一封，问我是否有意到北师大任教。我以立志毕生献给广西教育事业为由，不愿外出谋生为托，谢绝林先生的好意，并回信告诉他，解放后所有教职人员都要填表交代历史，还要附加证明人，我在桂林师范学院教书期间的"证明人"填写的是"林砺儒"，特告林先生知悉。1954 年我当选为第一届全国人大代表，林先生亦当选，我赴北京出席一届全国人大历次会议时，常与林先生见面。当时一届全国人大每次会议结束后，教育部按惯例都要举行全国教育界人大代表座谈会，座谈时事。林先生身为教育部副部长，亦是座谈会主持人之一。会后，他多次邀我到他家做客，双方交谈甚欢。1958 年我被错划为"右派分子"之后，为避免影响他人，我便断绝了与过去的师友和学友的所有联系，亦断绝了与林先生的联系。后听说林先生病逝，追忆往昔师生情，回想逃难同事谊，不胜感慨！师表之范，口述略叙，以彰存史。

五、避难榕江

1944年5月,日寇南侵,进犯湘桂,6月长沙沦陷,接着衡阳被围,桂林形势危急。同年6月中旬,国民党桂林市府正式颁布第一次疏散令。与此同时,桂林师范学院奉中央教育部令迁移,曾作忠院长决定由林砺儒教务长先率领桂林师范学院职工先行疏散到柳州选择校址,曾院长则留桂带领员工抢运图书仪器。当时桂林师范学院成立了疏散委员会,我是委员之一,协助林砺儒先生展开疏散工作。6月27日,我与家人随国立桂林师范学院教师员工和部分学生一道从桂林六合路的桂林师范学院本院出发,坐车到火车站乘上开往柳州的火车。抵达柳州后,借宿于柳州中学。8月,日寇攻陷衡阳,进逼桂境,柳州亦开始疏散。林先生主持召开桂林师范学院疏散委员会会议,请委员们和教师、家属代表一道商议桂林师范学院下一步疏散方向,一些人主张远避入黔桂边境的大山中;一些人主张直接疏散到贵州境内;林先生主张按原定计划,疏散到柳州三江县(今三江侗族自治县)丹洲乡,我和大多数委员都同意先疏散到丹洲乡。8月中旬,桂林师范学院职员学生分两批乘轮船向柳州融县长安乡(今属融安县)进发,9月初全部抵达,分散住在各街公所和天后宫内。随后,林先生派总务长到距长安乡约四十华里的丹洲视察院址,桂林师范学院职员学生便留住长安等待消息。我看见当时年近花甲的林先生和我们一道长途跋涉疏散,还要操心不停,担心他身体吃不消,便劝他注意休息。他十分乐观地回答说:“逃难亦是一种人生经历,这次能与教师员工们一道共患难是我人生中的一次宝贵经历,我不觉得累,精神还好,黄先生不必担心。”

10月初,曾作忠院长与最后留守桂林的员工完成抢运图书仪器后,亦赶到长安与先行的师生会合。于是,桂林师范学院全体人员分批坐船向丹洲进发。

丹洲原为三江县的古县城所在地,已有400多年的历史,是一个四面环水的水上之洲,洲状似鳌鱼,摆尾抬头,大有欲跃升天之势,绿水缠腰,天堑为水,屏障为山。洲上青山环立,北有苍茂山脉,南来珠玉群峰,东腾飞马九龙,西傍山挂岭,百年古榕树随处可见,空气清新,安逸恬静,是一个学习和教学的好地方。抵达丹洲一切安顿后,10月10日的双十节,桂林师范学院正式在三江县丹洲的原广西省立柳庆师范学校旧址校舍开始上课。虽然这些旧校舍由古刹破庙改建而来,破旧不堪,但面积宽大,战时逃难阶段只能因陋就简,教室里挂一块小黑板,桂林师范学院发给学生每人一张矮凳和一方块木板,用于听课和写字,矮凳和木板由学生自行保管,上完课时带走,教室内只留下一块挂墙小黑板，这就是抗战时期桂林师范学院教学的景象。学生们见年近花甲的林教务长老当益壮，精神焕发地为同学们讲课，学习兴趣亦十分浓厚，琅琅读书声回荡在破旧的校舍，回响在远离战火的丹洲一片世外桃源中，让人感到别有一番情趣。当时，我除了讲述《中国通史》外，还结合战时教育需要，向学生讲解岳飞的《满江红》和文天祥的《正气歌》，教学生唱《苏武牧羊曲》，以培养学生的爱国民族气节。

当时上课的除了一些随院疏散的学生外，还有一些各地赶来投考的新生和各县保送而赶来长安、丹洲经过复试合格的新生。

11 月上旬，日军攻陷柳州的消息从桂林师范学院驻扎在长安的办事处传来，大量逃难的人群经长安过丹洲，长安、丹洲危在旦夕。曾院长召开疏散委员会紧急会议，决定重新组织疏散，沿融江北上，过三江县老堡口寻江（古宜河）河口，西行经梅林，再沿都柳江到贵州三合。同时商定：原则上教授眷属、年老和患病教师坐船，行李除公文及教师所有之物外，学生每人可以交 30 斤由船运输，超过部分则自行背负。11 月中旬，桂林师范学院分头找了十几条木船，当天称好行李，让年老和患病教师们以及桂林师范学院眷属上船沿融江北上，疏散到梅林。我当时叫妻子刘丽华带着刚出生不久的儿子甘金山和四岁的女儿黄文斐坐船随行，我则带着大女儿黄小玲与学生们一道步行。第二天，我带着大女儿和林先生以及一些师生分成三个大队，再在队内分成若干组，开始步行向梅林出发。

梅林在三江县西部，三面与贵州省毗邻。我们这支疏散队伍一路沿着崎岖山路行走，井然有序，大家克服久未涉水登山的困难，一鼓作气翻越六孟高山，没有一人掉队，第一天抵达丹洲六孟村，打前站的学生已安排好住宿，在此住了一夜。第二天又走一天，抵达三江老堡乡，住宿一夜。第三天抵达三江洋溪乡，住宿一夜。一路上，途经一些山村时，当地人误认为我们这支疏散队伍是散兵游勇，惊相逃避，空室清野，以致我们购不到粮食，一路上吃不上一顿饱饭实为常有之事。在流亡途中，每遇高山横亘在前，一些体弱学生毫不畏惧，相互扶持着勇攀而过。而对我这种在山里长大的傒人子而言，攀爬高山峻岭如履平地，自然不在话下，只是未成年的大女儿跟着我一路跋山涉水，风餐露宿，艰辛逃难，吃了不少苦，受了不少罪，但她从未叫苦哭过一声，勇敢坚强地伴我走完了半个多月徒步逃难的艰险历程。第四天向富禄乡出发，这一天行路最为艰苦，盖因进入富禄境内后，该地属典型的山区地貌，平均海拔在 700 米以上，峻岭还被暮云遮盖。当日行路之艰，一言难尽，桂林师范学院教职员工学生可谓尝尽国破家亡被迫逃难的徒步艰苦，由此让我对日本鬼子愤慨不已，当时吟诗控诉曰：

日行百里流亡路，翻山越岭逃难艰。
谁使同胞遭罪受？毁我山河鬼日寇。

疏散途中，林先生照顾老教授、家属、病号坐船，自己始终坚持与学生一道徒步行走，同甘共苦，备尝战乱颠沛流离生活的艰辛，他一直处之泰然，毫无怨言，为学生们树立了为人师表的风范。抵达富禄乡后，桂林师范学院教职员工学生集中住在当地中心小学。在此住了几天，一是为了休息，恢复连日行走山路消耗的体力，二是坐船疏散的桂林师范学院人员需在富禄乡换船。过了几天，原留在丹洲处理转移事宜的曾院长和几位职员，也赶到了富禄与我们会合。

富禄乡位于三江县西部，坐落在融江河畔，是从三江通往贵州的水路必经要地。为此，当时许多逃难人都流落到了富禄乡。我在这里收养了一名因逃难失去父母的年幼孤女，为她起名黄冬萍，后来将她抚养成人，送她上学读书，一直视同己出。11 月上旬，日军攻占桂林后，一部向桂林西北的融县长安乡等地进行扫荡，使得融江这条水路开始紧张起来，桂林退出的城防部队突出重围后经永福县百寿乡过融县长安乡沿融江水路来到富禄乡，富禄狭小的街道上挤满了难民、军队兵士和学生。曾院长和林先生等人决定马上出发，向贵州境内撤离。11 月底（27 日）雇够船只，准备出发。28 日，桂林师范学院原来乘船的教师员工和家属，继续坐船驶向三江梅林乡，我将收养孤女交与妻子刘丽华坐船同行，我仍带着大女儿和原来走路的一行学生继续徒步向北前往梅林，林先生亦与我们一道步行。第二天抵达梅林，休息一天。30 日，我们与桂林退出的守城部队同行，经过土匪出没屡有抢劫的山地，进入贵州省境，抵达贵州从江县丙妹乡弄歹村。12 月 1 日住下江乡，2 日宿停洞乡，3 日到达贵州省东南部的榕江县城。

至此为止，在桂林师范学院师生员工五个月的逃难过程中，林先生身为教务长，办事颇为老练，有条理有步骤，遇事沉着应付，不操切，亦不放松，且一直坚持与学生们并肩步行，令我佩服不已。曾院长组织有方，谋划有策，且为了处理好公共财产而一直走在最后，其为公无私的敬业精神受到学生们的交口称赞。桂林师范学院教师员工和学生们团结奋斗，互相帮助，克服重重困难抵达终点的互助互爱事迹，更是层出不穷，我是亲眼所见，感动不已，吟诗曰：

行囊在背手牵手，齐向高山出发走。
众志成城越岭过，万重险峰甩身后。
桂师流亡国难秋，离乡背井何足忧。
待到中军灭寇日，阔步返家众高歌。

当时因避难而相继迁入贵州境内的大专院校计有国立浙江大学、上海大厦大学、陆军大学、杭州私立之江大学、私立湘雅医学院、唐山工学院等，国立广西大学亦在12月3日避难到榕江。当时桂林师范学院决定疏散到贵州中部的平越，计划借用交通大学贵州分校在平越的校址复课，而从榕江县到平越的路程还有近250公里。由于我一家拖儿带女人口多，而且我的子女大多年幼，实已疲劳不堪无力再走。为防止年幼孩儿路途中生病命丧逃难路，同时为避免拖累大家，我便向林先生说明了家庭困难的事由，告知他决定辞去桂林师范学院教职，转回到停留在榕江县的广西大学任教。林先生听后深表理解，同意了我的辞职。随后，师生依依惜别。4日，我找到当时负责整个广西大学疏散工作的旧日同事和知交，时任广西大学总务长又暂时负责校务的张先辰，告知他不愿再随桂林师范学院远走平越以及希望重回广西大学的心愿后，他马上邀我回广西大学任教，我便于5日带领家属与广西大学逃难于此的教职员工合流。张先辰先生尽心尽责完成广西大学迁校疏散工作后，亦在广西大学复课前应四川大学之聘，赴四川任教。

榕江昔称古州，清置古州厅。民国二年(1913)9月废厅改县时，因古州之州与古州县二字并列，实有行政隶属关系不清之嫌，翌年1月遂以古州榕树历来繁多以及地处都柳江、寨蒿河、平永河三江汇聚之地的榕树和江水等特征改名“榕江县”，时隶黔东道。民国十二年(1923)，直隶于省，为省辖一等县。抗战期间隶属贵州省政府第八行政督察区(区署驻独山)。榕江县城时称古州，位于都柳江畔，处在贵州高原向广西丘陵过渡的边缘地带，地处贵阳与桂林的中点上，夹在境内雷公山和月亮山之间。贵州境内有乌蒙山、大娄山、苗岭山、武陵山四大山脉，山地和丘陵占全省面积的90%以上，古时陆路交通极其落后。清雍正年间，为输入军粮及食盐，古州开埠，一举成为黔、桂水上交通枢纽和沿线物资集散地。

自古州开埠后，来自广州的客商将盐巴、布匹经都柳江运往贵州，同时，把贵州的木材贩卖到两广地区。两地商人一来一往，使得都柳江上货船川流不息，作为水运枢纽地的古州城逐步繁荣起来，正如清代《古州厅志》所记，古州城“岗峦四绕，三江萦环，襟带楚粤，为黔省东南门户，苗疆第一要区”。最盛时拥有商贸码头七个，日泊货船500多只，大小商号近千家，会馆八家，繁华一时。

民国二十三年(1934)春，黔桂公路在黔桂交界处麻尾隆重举行了全线通车典礼。黔桂公路通车后，都柳江航道逐步衰败，因码头兴盛的榕江随之失去了对外的枢纽地位，特别是1944年黔桂铁路柳州至都匀段461公里勉强通车后，榕江沦为经贸的边远地区，因交通问题而被逐渐边缘化。

1944年秋，日军攻陷桂林、柳州后，继而分出一部兵力沿黔桂铁路直逼贵州境内。11月底，日寇进入黔境独山，烧杀掳抢，无恶不作；12月2日，日寇攻入独山县城；3日又占黔境荔波县城。同日，我们避难抵达榕江县城，时闻日寇一部已从独山县进军占据三都县的三合乡，正向榕江县城逼近，距县城只有140华里，为此造成榕江县城人心惶惶。5日，我已带领家属与广西大学避难于此的教职员工会合；6日晚，榕江县府下令疏散；7日上午有飞机临城，广西大学校方以为是日军袭城，遂决定再迁黔北，广西大学教职员工和学生马上动身起程，往北走，当日夜抵达车寨，分别住入村公所和车寨鼓楼，宿一晚；8日抵达忠诚乡忠诚寨(今忠诚村)。10日，获悉日寇从独山县退走，广西大学便于11日返回榕江县城，18日开始战时教学上课。教室主要借用县城的国立贵州师范、榕江中学的原有教室，同时将两湖会馆、贵州会馆、江西会馆、养济院、演武厅礼堂等馆堂院庙的一些房间和大殿用木板改扩或隔成简陋的教室，甚至还有租用民房的堂屋作临时教室的现象，而广西大学教职员工皆租赁民房居住。我执教的广西大学法商学院文史地专修科的上课教室设在南门下河街上的两湖会馆，我们一家租住在离会馆不远的一处民房。我每周按时到会馆讲课，课堂上除讲授普通规定课程《中国通史》外，我亦结合战时教育需要，着重对学生讲解明代抗倭史事，以激励学生的爱国热情。

榕江是苗疆。除了平时讲课外，1945年4月，我在广西大学组织黔南边民考察团，带领学生到榕江县南边的大有乡(后称计划乡)一带考察当地苗族人的教育现状及其生活习俗，以让学生现场了解当地苗族人的生活现状。当然，我主张和身体力行的这种现场教育或体验教育，似乎有违当时国民党政府倡导“战时教育需作平时看”的教育方针。我并不反对时贤在“战时教育论”或“抗战教育论”中提出的“平时教育”“国防教育”和“国难教育”的一些主张，只是反对将学生长期封闭在教室中死读书和读死书，主张辅以一些活泼生动的“体验教育”，以让学生认识和了解书本知识与现实状况存在的一些差距，让学生明白“历史记载并不等于历史事实”的史学真理。

从我跟随桂林师范学院和广西大学在避难期间从事将近一年的“战时教学”中的所见所闻所思所感，自认为战时教育与“平时教育”并不矛盾，当时桂林师范学院和广西大学的战时教育便说明了这一点。孤陋寡闻所及，在桂林师范学院和广西大学的“战时教育”中，文、史、法、政、经、理、农各学科系教学授业皆未取消“平时教育”的普通课程，只是文史类的平时普通课程中一些教员结合抗战现实讲授了爱国主义文化和历史知识，既着眼于教育之本，又未忽视战时爱国主义教育的重要意义。对于当时一些时贤将“抗战教育视为建国教育”以及将“战时教育与平时教育视为对立”的教育观，我都难以苟同。

图 26　抗战时期的战时任教地——榕江县城下河街两湖会馆

事实上，我一直认为，当时的桂林师范学院和广西大学避难进入边区榕江，并不完全是一种灾难。虽然当地教育设施简陋，教职员工生活艰苦，学生学习生活诸多不便，人心不安，这些都难免影响到一些教学和学习质量，但避难和战时教育的困难无疑锤炼了师生们团结友爱互帮互助的精神以及格外珍惜战火中难得的受教育机会，以至于学生学习异常认真，勃然奋励；教师教学热情洋溢，开拓进取，各种经济调查和社会民族民俗考察的田野活动竞相展开，学生能够参加和亲自体验这些田野考察活动，直接受到现场教育或体验教育，习得田野考察的实学实用知识。不仅如此，广西大学避难迁入边区榕江，科学知识和实用技术的讲座相继开办，既提高了边民对知识重要性的认识，又满足了当地人民群众的一些知识需求。例如农学系汪振儒教授在五榕山榕树脚下每周一次对外开讲的《农业科学知识讲座》，即主要针对当地人传播农业科学知识；经济学系张人价教授应榕江商会之请，每周一次在财神庙主讲的《经贸基础知识讲座》，主要面向当地工商界人士传播西洋商贸科学知识；我应榕江教育文化界之邀，每周一次在北门外文昌宫开讲的《榕江乡士史讲座》，主要面向当地教育人士，这些皆属现场教育或实用教育的另一种形式，是广西大学避难迁入榕江后对当地作出的一些贡献，亦为战时环境逼迫我们必须应付的新问题。而带领学生实地考察，则是战时环境提供给我们教师和学生的良机。在实地考察中学生习得的全新知识，绝非教材课本中所能习得，学生们能在现场学习和体验教育的亲身实践活动中去看清边区所面临的众多问题，从而引发思考，诉诸文字，针砭时弊，促使官府解决一些现实问题。

榕江地处边远山区，加上战时物资奇缺，难免通货膨胀，广西大学教职员工收入微薄，生活极其艰苦，大多节衣缩食，维持着最低生活水平。一些子女较多的教师时常依靠变卖衣物首饰来补充生活费用，我们家亦不能例外。由于家中子女多，又大多年幼，爱妻刘丽华只好变卖随身带来的所有首饰，加上我的微薄收入，尚不足以养家糊口，我们夫妻有时只能一日吃一餐，仅为着孩子们能填饱肚子，不致影响其身体发育。尽管如此，四岁的女儿黄文斐还是因为营养不良，落下了视力不良的眼疾。

1945 年 8 月 10 日晚，我在租赁房中听闻街上燃放鞭炮，出门一看，见广西大学一些师生员工游行至中河街，叫来一位学生一问，得知日本政府向中、美、英、苏等国发出乞降照会，听后十分兴奋。正当大家高兴欢庆之时，不料次日天灾降临。8 月 11 日，倾盆大雨肆虐县城，连续下了两昼夜。8 月 13 日深夜至 14 日凌晨，山洪暴发，水流如注；14 日上午八时左右，洪峰涌到，灌入榕江县城内，很快形成一片汪洋，城里城外，尽成泽地，溶江遭受了百年未遇的大水灾。县城住民从梦中惊醒起来时已被洪水包围，仓皇水里逃生，择高而处。我带着三个女儿，吾妻刘丽华抱着出生不久的儿子，全家六口人慌忙逃到县城外的山坡顶上避难，私用行李及书籍手稿皆来不及搬出，被洪水浸吞。14 日，我们在山坡顶上避难一昼夜，亦有一些奋勇自救的师生员工和扶老携弱的难民陪伴同处一天，大家皆挨饿一天。饥肠辘辘之余，耳边还不时传来一些避难于屋脊与榕树顶上的灾民发出救命的呼唤声。饥饿与恐怖交结一起，让人深深感受到人类在大自然灾害面前是多么的软弱无力。古贤讲“人定胜天”，本意指人心安定从而孕育出的凝聚力及其强大力量能够超越自然界，即“人定兮胜天”，而非“人兮定胜天”，体现出“人定”“人和”的人的因素比天命重要的朴素唯物主义思想。引申又指百姓安居乐业或臣民安分守己的天下大事大于天或重于天，后人将“人定”曲解为“人力”，误以为人力能够战胜自然，期望凭借人力及其科学力量战胜天灾。

15日早上，洪水退去，我们一家返回县城，只见整个城内已是一片败壁颓垣，满地泥泞。后来从报上报道获知，此次山洪暴发，造成都柳江至榕江县城一带地区水患，沿江乡村，大多陆沉，道路全毁，只能舟行。

此次黔东南各县水灾，实为数十年所未有，榕江一县因山洪暴发造成的死亡者就达一千二百余人，损失惨重。造成这种特大山洪暴发的原因，时有多说，一说因难民集中避难于黔东南都柳江沿县乡区，需盖临时木房及开垦自救，砍伐沿江山木过多，造成水土流失严重，以致河流淤塞，河床抬高，泄洪断面缩小，影响下游泄洪，倾盆大雨来临时宣泄不及，水位壅高而成山洪暴发的水灾。二说前年秋收太差，粮食匮乏，山区边民只能以树皮草根野菜充饥，造成沿江山林多毁，以致水土流失。不管是人祸还是天灾，事后国民党县府未采取及时必要的救灾措施从而造成过多灾民不幸死亡和大量的物质被毁，则是有目共睹的事实。

返回县城后，吾妻肩背儿子，带着女儿从租赁房的泥浆中捞出几床被褥和部分书籍到河边清洗，然后一一拿回家门外晾干，由四岁的二女儿坐在家门口看守着仅存的这点家产。当时所谓“家”，就是几块木板歪斜搭起来的棚子，以此作为临时住房。我赶到设在四川会馆的校办了解情况，获知因广西大学师生员工灾后大多无处安身，吃住处于极端困难的状态，为此，广西大学决定离开榕江，前往融县。随后，广西大学校办在15日贴出布告，告示广西大学“教职员每人发旅费一万元，学生每人八千元，以自行离榕为原则，至广西融县集合”。同时明确规定：“旅费限于二十四日前领出……凡已领款者，则作已离榕论，学校概不负责。”

当时由于山路大多已被洪水冲坏和损毁，难以步行离开榕江，只有乘船沿都柳江而下。由于榕江船少人多，船价陡涨，我的儿女尚年幼，为了找到一只能避风挡雨的有篷船，以免子女在长途乘船途中受到风寒，我一家直到8月下旬始找到一只有篷船，得以离开榕江南下。船行途中，不时可见灾后漂浮于江面上的浮肿尸体，顺流而下，惨不忍睹。船经从江县，入广西三江县寻江（古宜河）口，进入柳江干流融江；继从寻江（古宜河）河口沿融江经三江县顺利抵达融县（今融水苗族自治县）。

同年9月,广西大学师生员工陆续在融县集合,各自安顿后,因一时无法复课,我又到融县苗区进行学术考察。

六、边区教育考察

民国时期我到黔桂边区去考察苗族人的教育和社会生活状况,计有三次。第一次在1943年7—8月,带领中山大学学生到义宁、龙胜、三江等县;第二次在1945年4月,带领广西大学学生到贵州榕江大有乡一带;第三次在1945年9月,我带领助手到广西融县。三次考察,由于经费及时间有限,难以广泛仔细深入地了解到苗民社会生活的全部状况,但考察中所见所闻所感所惑,使我对苗民社会生活有了深切的体会与认识。毋庸置疑,深入山区实地调查及体验生活,比起在大学课堂上讲授摩尔根的《古代社会》有趣和生动得多。

1942年我在中山大学任教期间,曾向上申请考察资金。1943年考察资金批下时,我虽然已经离开中大返回桂林任教,但为了完成考察任务,中大仍要求我负责组织一次学术考察。于是,1943年7月,我在桂林组织黔桂边区考察团,担任团长,团员主要是我原任教的中山大学师范学院的学生10余人。记得我在中山大学师范学院任史学教授(1941年)时结交的旧友杨成志教授当时曾推荐他的得意门生梁钊韬、张寿祺给我,希望能加入到这次考察团。我在中大教书时,梁钊韬经常来听我讲课,而张寿祺是我的私淑弟子,师生关系甚密,但因当时经费有限,人员安排已满,故梁张二生未能加入成行。

从桂林出发前,我去找恩公、时任广西省府主席的黄旭初,请求省府发一纸公文到我们预定去的义宁、龙胜、三江等县,以便当地官府予以配合和支持。黄旭初主席回答说:"这好办。"随后,省府下了文,大意说:"省府委派桂林师范学院教授黄现璠率团到义宁、龙胜、三江各县考察教育事宜,饬令各县府予以协助。"

我为何将此次考察主题定为边区教育,一方面是想考察一下边民的教育现状;二方面是想了解一下国民政府制定的"战时教育"国策在边区的落实现状,以便发现问题,向省府反映,引起省府对这两方面教育现状的关心和重视。

1937年七七事变后,国民党政府先后颁布了《总动员时督导教育工作办法纲领》《战时各级教育实施方案纲要》《中国国民党抗日救国纲领》等教育法令,对战时教育作了规定，要求“战争发生时，全国各地各级学校及其他文化机关，务力持镇静，以就地维持课务为原则”，无论是学制、课程、学校秩序还是教育经费，都应以平时为原则，“以维持正常教学为主旨”，强调“战时须作平时看”的“平时教育”方针。为了使小学教育得以维持，国民政府实行新县制，同时将义务教育与民众教育合流，推行国民教育制度，以让基层的国民学校得以普及、发展和完善。这种愿望无可非议，但具体的制度、方针、政策一旦到了基层，往往会弄得面目全非。我们这次考察中的所见所闻，即证明了这一点。

7月下旬，我们从桂林出发，先抵达义宁县的宛田（今临桂区——本书整理者），视察了义宁县立国民中学。据了解，该中学成立于民国二十九年（1940），原是由义宁、龙胜两县联办的义宁龙胜联立国民中学，民国三十一年（1942）停办，改由义宁县独办，始称现名。据该校张校长介绍，自30年代起，义宁国民基础教育逐步兴盛，各乡大多建立有中心小学，一些村庄建立了初级小学，但这些小学由于战乱频发，时兴时衰，而入学子弟大多是富人乡绅子女，一般穷人子弟入学者较少。随后我们由宛田北上龙胜，先到镇南乡龙脊一带考察壮村，然后到金结乡的双结村考察。结束后于8月28日抵达龙胜县城，由县府教育委员会出面接待。第二天，听取该委李主任介绍当地教育情况，记得他大意说：民国十九年（1930），龙胜县开始推行义务教育，成立教育委员会，将全县划分为五个学区。民国二十四年（1935），龙胜县推行国民基础教育，在苗、瑶、侗族地区设立特殊基础学校，每乡设中心国民基础学校一所，每村（街）设国民学校一所。民国二十八年（1939），龙胜县已有中心国民基础学校15所，国民学校144所，这些皆属小学教育。第三天，我们在李主任的陪同下，视察了县城所在龙胜县立国民中学。名为“国民中学”，实为小学。当时正值暑假，学校空无一人。据该校阳守敬教师向我们介绍，该校建于1942年，有两个班，学制两年。我们所见两个教室内虽然挂有黑板，设有桌椅，但不够宽敞明亮。9月1日，我们开始自由考察，到了一些乡村看见的国民学校现状就大不一样了。我们先到大同乡，视察了马骆村的国民学校；继而北上泗水乡，相继视察了泗水、沂潭、黄坪、岩底等村的国民学校，皆为小学，当地当时无一所官办中学。各校空无一人，乡村长皆说是放暑假之故，不过各校给我们的印象令人吃惊，如教室里无黑板、无桌椅，狭陋不堪，实叫人难以相信他们是真正在办学办教育。据介绍，当地村民平时偶尔上课，亦不过是短期之事。反而是泗水村人周植林在村中自家炮楼开办的书院，办得颇有成效。书院开设中学语文、数学课，相当于民办中学性质。学董周植林以高薪聘请当地乡贤名士任教，学费较高，穷人无力承担，入学者多为富家弟子。我们再往北走，进入马堤乡，视察了马堤、牛头、崇林等村的国民学校，情况与泗水乡大同小异。据马堤乡王福贵乡长介绍，当地虽为龙胜县苗、瑶、壮人主要聚居区之一，但各乡村中的国民学校没有一位苗民上学，只有屈指可数的瑶人、壮人入学。

9 月中旬，我们抵达正威乡的一些村庄考察，当地中心学校或国民学校的状况，亦与泗水乡、马堤乡大同小异。然后我们从正威乡牙寨出发向西进入三江县（今三江侗族自治县）地界，步行两日抵达三江县城所在地古宜，县府派专人接待。随后我们视察了县城古宜国民小学、国民中学，所见教室以及教育状况与义宁、龙胜大同小异。据陪同我们视察的县府教育负责人郭清仁介绍，三江县因地处边区，交通不便，文化和教育向来落后。民国十六年（1927），县府为了培养小学师资，开始在当时县府所在地的丹洲创办师范讲习所，陆续培训了一些小学师资人才。继而先后在丹洲、古宜、富禄、林溪创办小学，各地只有一所。民国二十二年（1933），三江县治所从丹洲迁至古宜。民国二十四年（1935），师范讲习所改为简易师范，时有简易班和边师班两班。这些学生毕业后，大多被分配到各乡村国民学校任教。当时全县设 32 个乡，每乡相继设立了一所国民基础学校（小学）。到了 1942 年，各村亦先后设立一所小学。民国二十六年（1937），县师范改为三江国民中学。县城古宜国民小学、国民中学的入学子弟全是官商富家乡绅子女，无一贫民子女，更无苗、瑶、壮人子女。

9 月 25 日，我们出发北上到距县城不远的八豆乡（又名巴豆乡，即今八江乡），抵达八豆乡的第二天，到该乡几马村考察，这是一个苗族村寨。几马村的国民学校设在寨中鼓楼里面，一间教室，无桌椅，无黑板，室壁上贴有学生名单三十九人，但我们抵达时，未见一名学生上课，校中空无一物，学生若来也恐无处可坐。据村长介绍，校长为外村人，不常在校，平时只是为收束脩（即学费，下同）而来，有学生则教，无则归去，从不去劝告学生接受教育。当地苗民生活困难，需要小孩帮工看牛，亦乐于如此，以致所谓教育有名无实。然而，为何还设教室一间？追根究底实为应付官府。苗民出钱，教员获利，县府又得普及国民教育颇有建树虚名，一举三得，何乐不为，而于教育，毫无补益，我当时对此感触甚多。

28 日，我们由几马村出发去另一苗寨，路经高亚村，我们入该村国民学校休息食粥，只见该校桌椅甚少，满桌灰尘，无一学生人影，根本不能称作一个教育机构。我问其负责人，为何如此景象？答曰：“放假。”再问为何只有数张桌椅？负责人面色惊慌，无以为对，在我一再追问下，他被迫承认前日接到县里公文，文记“黄（现璠）团长率队考察县内各校，责令慎重应付”云云。当地因恐虚设国民学校一事败露，受到上峰惩处，故有我们所见之虚设桌椅。后到各处考察，所见之国民学校景象，大同小异，多亦如此。有些地方，甚至不做官样文章，连空有虚名的国民学校亦无，以示他们抵抗官府、拒绝教育的实态。我们无权责之，只能开导劝告几句。

据介绍，三江县曾设有一所国民学校，专为苗民子弟开一特别班，要求苗民选送学生上学。高武村有一家之女，被指定送去读书，她不愿，父母亦不愿让她上学，但官命难违，无力反抗，结果她为抗拒上学，自杀身亡。此事是我们住在高武村时，该村村长亲口对我言之。为何会如此？关键还是贫困所致，使得读书学费成为边区苗民的极大生活负担和精神压力，无奈之下，只能以死抗争。边区教育现状，于此可见一斑。

苗民因生活困难所迫不愿上学，无疑是造成其教育落后的自身内在原因之一，而官府没有切实贯彻国民教育制度和政策，则是造成其教育落后的外在原因之一。按照国民政府推行的国民教育制度和战时教育方针，为了使县乡村小学教育得以维持，当时国民政府实施“管教卫合一”“政教合一”和“三位一体”的新县制教育制度，即将乡一级的乡长、中心小学校长、壮丁队长定为一人担任；将村保一级的村长保长、国民学校校长、壮丁队长定为一人担任；同时，小学教师分掌乡镇保的经济、文化、卫生、警卫等项建设事业，以小学为中心实行自治。然而，在我前后三次前往黔桂边区考察教育现状的过程中，均不见新县制教育制度得到任何落实的蛛丝马迹。

关于边区的这些教育现状及其存在的问题，此次我考察回来后，当面向三江县长和省府黄（旭初）主席作了汇报和反映，提请省府注意。当然，我在考察义宁、龙胜、三江教育现状的同时，亦对这三县境内的苗、瑶、壮等少数民族的历史、社会、风俗、文化进行了调查。根据当时的调查笔记和收集到的一些资料，事后我整理成《桂北苗瑶调查资料》一本，于此口述时我就不深叙细谈了。

第二次我们到贵州榕江大有乡考察，所见印象，大同小异。我们到九秋寨，见当地学校（此地不称国民学校）有三间课堂，破旧倾斜，杂草丛生，几张桌椅乱置于室中，满屋尘埃，入门侧旁的板壁上写有“教育亡矣”四个大字！这或许是哪位心有余而力不足的教师留下的悲叹。我身临此境，目睹此状此语，心中隐隐作痛，一种难以表述的悲伤之情，黯然而生，不禁热泪盈眶。

我们在黔桂苗区曾多次向苗民们问及同一个问题：为什么不愿送子女上学？得到

三个答复:第一,生活太苦,缴不起学费,无力供子女上学。第二,纵有经济宽裕,有钱供子女上学的家庭,由于一旦农忙,或遇青黄不接之时,需要小孩守家或做家务、看牛等,子女断断续续上学,没有什么作用。第三,教师全是外族人,大都为钱而来,很少有教师去认真开导、教育学生,上课所定时期也不根据当地农事季节,平日来时有学生则教,无学生则走,到月终或年底只管白收束脩。

据我们考察所闻,在以上三个答复中以第一、二种现象较为普遍。因为人必须在食衣住等基本生活问题得以解决后,才能谈到上学读书问题。当苗民农忙或不能举火之时,哪有心情催子女上学。加之官府对边民的文化教育极不重视,只做官样文章,且又不因地制宜,若不改革,其边区教育实难以收效,正如上言"教育亡矣"。

苗区因读书人太少,所以稍知"之乎者也"或小学毕业生,可谓凤毛麟角。而号称圣人者,更是寥寥无几。就是会说汉话者,已属难得,自号"华儿"。我们在榕江八开乡、大有乡十余村调查时,发现会说汉话者不及百分之五。九秋寨葛贵义甲长亦未受过教育,只因他会说汉话而被选为甲长,但葛甲长不识字,迫不得已,还得请一位能读书识字的外族人做他的书记。此类现象,在我们考察所经之处,屡见不鲜,例如加五寨甲长辛玉良,请韦某当书记;加宜村保长蒙顺祥,请其私塾老师梁某当书记;九秋村保长王和先,请杨某当书记。

在黔南苗区,极少数于小学或中学毕业的苗人,多被视为饱读诗书的圣人,位极权重,例如榕江县有一苗人石某,系小学毕业生,曾当县参议会议长、县党部书记长,一身兼数职,堂哉皇哉。

苗区因教育文化水平落后,古传的一些习俗得以保留。时至今日,有些苗民村寨,尚存有类似古代结绳记事的方式,他们平日借贷或买卖用一种竹契作合约,将长五六寸的小竹筒,刻成几个圆圈大环,或中圆圈的小环。每一大环,表示十元白银,例如买卖数为三十三元,即刻三大环三小环,然后把小竹筒剖成两半,买卖双方,各执一半,以为契约凭据,到赎还时,以之对合。道光《广南府志·卷二·风俗》载"苗猓杂居……刻木为契",在此得到旁证。我在加五寨族长辛古信家中,得此种竹契一个,引为奇遇。清代《古州杂记》记,古州"苗人素不识字,无文券……惟锯一木刻,各执其半,以为符信"。《古州厅志·卷二》龙绍俭撰《古州午日》诗中亦曰:"不须符券信堪征,太古遗风此结绳。"信然。

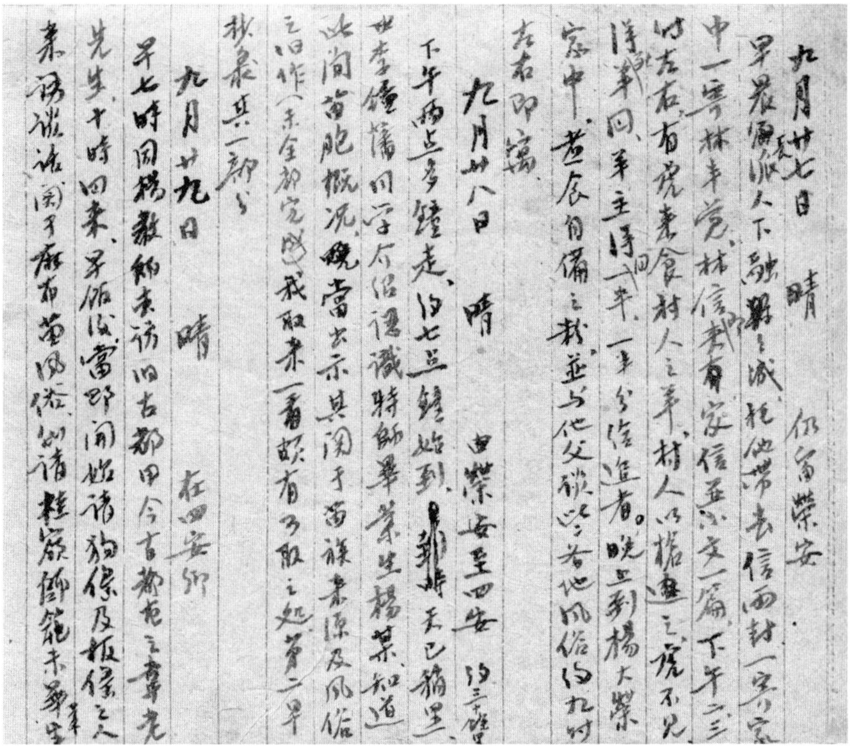

图 27　1945 年 9 月赴融县对当地苗族和瑶族进行调查采访笔记

苗民因读书和识字甚少，多无学名，只有乳名，所谓老大老二老三老四等称呼，到处皆是。小时乳名若叫阿丢，老时因苗民敬称老人为“古”，所以叫“古丢”。榕江大有乡加五寨族长名叫辛古信，加宜寨族长名叫辛古丢，九秋寨族长名叫王古长，即此之故。族长皆为村寨中德高望重的长老，因而名字中皆带“古”字。苗区有些地方有学名者，乃受汉化影响后之事。我因第二次考察得此印象，故第三次到广西融县苗区考察时特别留意此事，特对该县数村苗人姓名作了如下统计：

荣安乡洋槛村，系一自然村，全村共一百零八户(只计户主)，计以“老”名者六十三人，占半数以上，以书名者二十五人，女性以“氏”名者十八人，以“公”名者二人，同名“贯老朝”者有四人，年龄有两岁、四十八九岁不等；“贯老三”亦有四人，年龄小者三岁，长者七十二岁；“董老三”三人，贯公难、董老五、马老三各二人，虽有些不同一甲，但同在一村。

安陲乡吉漫村，亦系自然村，全村共一百十四户，以“老”名者八十七人，占绝大多数，女性以“氏”名者十六人，以书名者十二人。同名者梁老福七人，梁老岩四人，梁老求、梁老富、梁老声、梁老土各三人，马老声、凤老富、梁老同、梁老才、梁老隆各二人，年龄不等，其中名字特别者，有梁老忙、梁老汉、马老很、凤老痛、凤老生等称呼。

安陲乡乌吉村，全村共一百三十三户，以“老”名者九十三人，占绝大多数，女性以“氏”名者二十七人，以书名者十三人，其中同名者：云老龙、云老四、董老二各四人，云老全六人，贾老二、云老二、云老五、韦老三各三人，董老四、董老芳、云老崖、云老本、云老旺、云老富、云老里、云老声、杨老今、韦老本各二人，年龄亦大小有异，及户主非户主之别。

此外，荣安乡高基村全村共六十九户。以“老”名者四十五人，亦占绝大多数，女性以“氏”名者四人，以学名及公名者各五人。其中同名者较多，唯特别者有一位四十一岁男性，名梁老四，其子四岁亦名梁老四，一家中有同姓同名者，确令人不可思议。为此，称呼时张冠李戴，时有发生，造成一些生活困惑和现实问题。广西以前清丈田亩派人到苗区调查时，因所派人员不知苗人多同姓名，常将不同二人之田归并合一，造成二粮归一之事屡见不鲜，这些应该是做苗区基层工作者必须注意之事。例如，荣安乡棣村第四甲潘老三，同村第二甲亦有同名之潘老三。民国二十二年，政府于纳粮单上写潘老三一人，村公所令交第二甲潘老三，后来第四甲潘老三因无纳粮单，略查，始知二粮归一。为此，村长潘秀祥到县府对照丈田亩图表，始将两人上纳之粮分开，并将第二甲潘老三改名为潘花三（因其女名花三，故以女名命之，父从女名），以免名同生弊。

清丈田亩人员，时常糊涂到将甲村与乙村同姓名者作为一人，因而发生许多麻烦事，如荣安乡棣村潘文福，与同乡白竹村大东江屯潘文福同名，民国三十二年纳粮，县府将大东江屯潘文福应纳之粮，统归为棣村潘文福完纳，唯棣村潘文福，自知无如此田亩粮数，知是县府将大东江屯潘文福错误并入，乃去查田亩簿记表，果然不错。后来两人按田亩数共纳，今尚未分。到纳粮时，约定同时共纳，唯每到纳期，棣村潘文福颇有责任感，常先到乡公所，而大东江屯潘文福时常到期不去，逼得棣村潘文福三番两次到大东江屯请求同往，始能完成纳粮之事。错在官府，小民不敢惊动官府请求更改，只好年年忍受仆仆风尘。又如安陲乡吉尘村第一甲梁老富，与第五甲梁老富同名，粮单亦归一人。后来公议二人均分，但第一甲梁老富田少不肯，第五甲梁老富亦不愿多出，至今纠纷未决。此外同乡吉漫村梁老得与四溪村梁老得同名，两村约距三四十里，现尚共纳一粮单。再四溪村梁老牛与暖平村梁老牛同名，两村相距三四十里，亦共纳一粮单；吉漫村第一甲梁老隆与第二甲梁老隆同名，纳粮情形亦同。

当地苗民因受教育不多，文化知识水平低，多以乳名行“老”字称，因而同名同姓者较多，以致到处发生二粮归一之弊。我们调查归来后，曾向县府当局反映这类情况，呼吁县府对于苗区教育，尤为注意此类状况，给予特别施教，帮助更改，以免流弊。否则，纵然实施国民基础教育，于此点也无助益，所谓政府实施的齐民编户政策，亦易化为形式。

七、大有乡苗民生活和民俗调查

1945年4月，我正在榕江避难，任教于战时的广西大学。借此难得身处边区的机会，征得广西大学校长李运华的同意，领到少量经费，我便在广西大学组织黔南边民考察团，担任团长，带领广西大学生十余人到榕江大有乡一带苗区考察。

清嘉庆年间编纂的《古州杂记》载：“古州为百蛮地，自古不通声教。”光绪年间编纂的《古州厅志·地理志》亦记：“古州禹贡荆梁之域，盖三苗所宅……古州有里外之分，自宋至元明，建砦设州设长官司皆外古州也，里古州历代均外化外生苗。”光绪年间时有“苗寨通共五百二十六寨，计二万一千一百八十二户”。“古州之苗，有硐家水家猺家黑苗、熟苗、生苗各种，其自清江来者，乃其旧其山居者，曰山苗曰高坡苗；近河者曰硐苗，中有土司者为熟苗；无管束者为生苗；衣服皆尚黑，故曰黑苗”。民国三十二年（1943）李绍良纂《民国榕江县乡土教材》又记榕江“全境山岭，均为苗岭南支”。由此可见古州苗民在此居住的历史悠久，古书称榕江为苗疆，实非虚语。当地苗区分布广阔，苗支繁盛，人口众多。榕江县大有乡一带，与荔波、从江两县交界，属一个与世隔绝和汉化少染的贫困山区，生活在这一带的少数民族有苗、壮、侗、水、瑶等，其中以苗民（红苗、黑苗）为主，其他少数民族人数极少，语言与苗民不通。

我们于4月5日从县城坐船出发，由县城苗民吴明义做向导，沿都柳江西行，船至八开乡江边口停，下船后徒步南行，翻山越岭，沿途经八开乡的亚类、九华山等苗民村寨进入大有乡的摆柳、加五、加宜、加里、九秋、九牛。此次一路考察苗区，除了解当地国民基础教育现状外，着重是调查苗民的生活、社会组织和民风习俗。调查目的有二：一是开展现场教育，一方面让学生于实践中习得人类学调查方法和实用知识，另一方面让学生走出教室，深入边区，体验生活，亲身感受边民生活的实态，获得社会实践知识；二是为我的少数民族历史文化研究搜集第一手史料。

图 28　榕江县大有乡摆拉苗寨

一路考察行程中，因交通不便，行路之苦，实不堪言。我们首站到亚类寨，它位于海拔两千余米的八开乡最高山九华山的半山腰上，这里居住着苗族、水族，住民不过百户，以苗民为多。亚类寨没有学校，绝大多数苗人、水族人不会说官话，只有甲长辛怀仁会说一点。据他介绍，因地理条件较差，交通极为不便，寨人依然过着靠山吃山的传统生活，除依靠传统的打猎和农种养畜业维持生活外，还采集山上名贵药材下山出售或换取盐巴。我们从亚类寨前住同样处于九华山半山腰上的九华山寨，所见情况类同。九华山寨处于八开乡与大有乡的交界处，寨中住着十余户苗民，寨中没有学校，没有一人会写汉字，只有甲长蒙古宝会说一些官话，其生活方式与亚类寨苗民无异。我们于 6 日抵达九华山寨，当夜分别住在甲长蒙古宝和族长蒙古得家中，翌日出发下山，向东南方向的摆柳寨进发。

由于我在事前已经熟读《古州杂记》《古州厅志》《苗疆闻见录》等史料，知道黔东南这一带山里地形极为复杂，加上遮天蔽日的原始森林，缭绕浓雾的山丘，人行山中，极易迷路，当地苗族猎人亦不能例外，时常迷失方向。正如《古州厅志》所记，古州“孔明塘，城南七十里，为生苗蕨莱坪要路，其山高十余里，上平坦，螺峦列如八阵。有泉水泻出，数里皆成沮洳。又有奇树环根，各生质干，虽土人有迷其途径者。相传系孔明驻兵所”。民国版《从江县概况》亦记孔明山“山势辽阔，冈峦起伏，形如八阵，大雾弥漫，天然玄妙，旅客商人经常迷其途”。文中“其山”，后人称为“孔明山”，又设孔明寨。当然，“孔明山”是汉语叫法，苗话叫为“务振”（意即“古森雾山”）。从九华山寨出发下山前，苗人向导吴明义对我说进入摆柳的山路复杂，建议我请求寨中族长专派一位当地向导陪同。在我的请求下，族长蒙古得委派了一位熟知山路的中年猎户给我们当向导，带领我们到摆柳寨。

摆柳寨坐落在孔明山脉西边的山腰上，虽然山路没有像厅志中描绘的孔明山主峰道路那样复杂得难辨方向，但一路鸟道羊肠，翻过一座岭又是一座岭，行路艰难，则是事实。幸而一路上有美景可看，只见山坡上一排排的杉木，山腰间一层层的梯田，翡翠似的清澈水潭或山间一股股瀑布，不时映入眼帘，这是苗区山地最迷人的景色。沿着这被叠叠层层绿色围绕的山腰小路，我们终于 7 日下午平安无事抵达山腰上的摆柳寨（今属八开公社），受到甲长杨得富的接待。摆柳寨住民全是苗人，有一百余户，是一个大寨，我们在此住了三天，采访了寨中一些老人，笔录了一些口述史料。同时，我还在此专门为学生上了一堂现场教育课，以美国人类学家博厄斯著《原始人之心智》为教材，简介了其文化相对主义学说，让学生了解博厄斯主张每一种族都具有某一身体类型、语言和文化的特定组合特征以及人种与文化没有密切联系等方面的文化相对论，以增强他们对异文化的理解和对异民族的同情心。我还向学生现场提问，问及现场调查的心得体会，学生们一一作了回答。

11 日上午，我们起程经摆雍、加五、加宜、加里，沿途一路遇寨停留、住宿、采访和收集史料，直至 23 日抵达九秋村。

九秋村由加里、九秋、九牛三个寨组成，共有百余户，其中加里寨有 28 户，九秋寨有 63 户，九牛寨有 17 户，村保长名叫王和先。九秋寨位于加里寨与九牛寨之间，系九秋村公所所在地，甲长名叫葛贵义，族长名叫王古长。我们在此住了一周，一为恢复身心疲劳，二为采访和收集资料。其间在村公所内我又为学生上了一堂现场教育课，依然讲授博厄斯的文化相对主义学说。课后学生们踊跃发言，纷纷表示从这种将理论与现实结合起来的现场教育课或体验教育课中收获颇多，进一步加深了对异文化的了解，加深了对文化相对主义学说的理解。

5月1日出发，我们到高董、加两、加去、高雅等村寨一路停留、调查采访。5月13日回到八开乡渡口，然后乘船返回榕江县城。此次调查收获甚丰，对黔南苗区住居、生产、生活、民俗、社会组织、教育现状等方面有了一个初步了解。

黔南苗区大有乡一带气候温和，春色迷人，我们在苗寨每天早上起来，便可看见一片云雾，浮雾蔽日，霞光难以透射到山间层层梯田，弥漫的云雾与腰带梯田构成自然和谐水彩画，美不胜收。举目远眺，可见峰顶上云缭雾绕，形如玉带，景色奇丽。10点过后，山间云雾全消，层层梯田的曲线美尽收眼底，尤以大有乡加宜村岩寨的梯田最有特色，它依山而建，层层叠叠，错落有致，连绵成片，加上田间宁静的苗家吊脚楼点缀其间，构成一幅自然与人文景观交织而成的画卷，美不可言，令我诗兴勃发，当即赋诗一首赞曰：

一岭一岭上苗寨，山路逶迤绕云间。
雾气缭绕笼春色，腰带梯田朦胧见。
农舍吊楼坡上显，勤劳苗民神功现。
手持铁锄刻土垅，诗情画意入眼帘。

大有乡苗寨所在之地，多在崇山峻岭之巅，凭空据险，聚族结寨。该乡大寨有二百余户，中寨百余户，小寨数十户。由于山路崎岖，羊肠曲折，时有险峻，外人前往，很难辨识出寨门径。加之平常寨门紧闭，门内多有守卫，遇有可疑之人，不许通过。苗民天性朴实善良，待客热情，凡遇到有会说苗话的苗胞向导带路的客人光临寨门，大多会热情迎客接待，对此我们曾有亲身体验。

由于大有乡苗寨大多处在高寒山区，山高坡陡，住宅建筑的平整和地基开挖极不容易，加上山区天气阴雨多变，潮湿多雾，砖屋底层地气很重，不宜起居。因而当地苗民住宅，大多依山建筑，就地取材修筑民居，用山林木料构筑通风性能良好的干爽木楼于斜坡上，通常是房屋后半部分建于倾斜度较大的山坡上，前半部分以木柱支撑，形成吊脚柱，故称吊脚楼。从远处看苗民吊脚楼，似同宫殿亭阁，甚是壮观。苗族的建筑文化可以追溯到上古时代，历史悠久。这种别具一格的苗寨吊脚楼，为苗族民居的主要式样，实属干栏式建筑在山地条件下富有特色的创造，从中反映出苗民的聪明才智。

大有乡山区苗寨吊脚楼建有两层或三层，以两层为多，通常第一层堆放杂物或作牲口圈，第二层住人，第三层较矮，用于放粮食和悬挂烟叶。墙面以竹编糊泥而成，屋顶以厚草盖之。第二层住居内部一般不加间隔，少数经济宽裕的家庭在室内隔有一两间卧室。卧室内没有卧床、卧被、卧枕，人睡在地板上；大多数普通家庭不设专门卧室，只在灶边设几个木制的粗矮坐具。住屋中央置一个三脚铁制的火灶，灶上挂有一个较大的竹筛，供干燥谷物等用。因取用山林木材方便，故一年四季火炉燃烧不息，每日用以煮饭；春季用以驱湿；夏季用以吸烟；秋季用以烤食；冬季用以取暖。因住宅窗户少，以致室内一年四季烟气弥漫，烟灰时飞。当地苗寨几乎每家都有长桶鼓，置于进门左侧，一方面作坐月拍击助兴取乐之用，二方面作遇强盗拍击报警之用。

大有乡一带苗区，据我们考察所见所及，山寨苗民夏天晚上没有蚊帐，亦没有被褥卧具，皆穿衣席地而卧。苗民接待我们时，自然不懂得亦顾不了我们“男女授受不亲”那一套礼节，安排我们与他们一道夜卧于室内木地板上，我们只能入乡随俗。幸而大家每天行走山路，十分疲惫，躺下后马上就能入眠，没有出现不习惯而难以入睡的现象。因没有被褥卧具和蚊帐，苗居室内冬天只能加大炉火，家人围卧于火盆旁取暖入睡。因没有蚊帐和采取驱虫措施，夏天转热时，疟疾成为这一带苗区十分流行的病患。一旦患病，因贫困无法就医，只好请鬼驱病，是谓“送鬼”。

大有乡位于榕江县西南部，地处月亮山腹地，全乡 99% 为山地，耕地紧张。为此，这一带的苗民大多在陡峭的山坡上开垦耕地，形成梯田。因梯田环山而成，面积狭窄，形似一根根玉带缠绕在山上，当地人俗称为“腰带田”或“腰带梯田”。大有乡苗民的生产方式为传统的男耕女织，生活手段主要依赖于农业，纺织作为家庭副业，尚未存在独立的手工业，虽然加宜、加里等一些寨有铁匠，但只有订货时有活可做。苗民使用的农耕工具十分缺乏和落后。大有乡第六保的杨书记向我们介绍说：“加早二十户只有两家有牛，加宜六十多户只有五分之二有牛，九秋六十多户只有百分之一有牛。”可见人力耕田居多，耕耙多为木制，所谓刀耕火种、赶山吃饭的原始耕作方法，在这里并未绝迹。许多贫苦苗民无一寸土地，只得靠帮工及挖掘高山野生植物维生，一年中未沾颗粒米饭的苗民，时有所闻，不足为奇。

在我们考察的大有乡一带苗区里，似乎地主、佃农与半自耕农这些经济学中的名词难以通用。这一带苗区，土地固然分配不均，但最严重的还是人多地少，土地过于缺乏，不够分配，且土地贫瘠。例如我们重点考察的九秋寨，位于大山脚下，农田离寨较远，除了少量农田在寨口外，大部分农田都在大山背后，必须翻越大山去耕作，平常不挑东西时约走一个小时便可到达耕地,秋收时挑谷回寨一般须走两小时。而且农田土壤多为沙土,不适合农作物的生长,水稻种下后易得稻热病,造成庄稼减产或颗粒无收。九秋寨水稻一般在清明时节播种,10 多公里外的加宜寨以及 30 多公里外的加两寨大多在清明节后播种。然而,九秋寨水稻的收割时间总比加宜、加两寨晚一个多月,且产量较低,原因是九秋寨一带的气候和农地不太适合农作物的生长。由于农地缺乏充裕的阳光以及肥料,当地种植的番薯基本没有甜味。加宜村的加宜寨农地土壤虽然好些,但苗民生活同样贫困艰难,该寨居住着 68 户人家,加宜村蒙顺祥保长算是其中最富的一家,他拥有八十多亩梯田,雇工耕种,一年收入还不够支出,生活入不敷出,捉襟见肘。蒙保长对我说,"去年,他家里还吃了三个月的稀饭",由此可想而知寨中其他苗胞的生活。大多数苗民在高坡上耕种一点腰带田(梯田)或一点山地,除此之外,就到山坡上采掘一些野生植物的根及杉木籽、茶油籽等野生果物,作为辅助食粮,维持日常生活。而我们此次考察的亚类、九华山、摆柳、加去等被挂在半山腰上的村寨,山高坡陡,居住地分散,可耕农田更少,而且远离水源,其生活艰辛之态盖可想见。正因如此,我们考察期间凡受苗胞盛情款待所食之饭,一律坚持付钱,职是之故。

大有乡苗民大多种植糯米,种秈米者不多。一般以糯米煮饭,食用时习惯将糯米饭搓成饭团,送入口中,寡见所及,很少有用碗筷食饭者,一些保长、甲长家亦不例外。如果进山或到田间劳作,通常将饭团放入竹匣中,肩背而去,饿时取饭团食用,渴则掬山涧水饮之。苗民家中一般没有盛水的水缸和水桶,只有木制水勺,渴时提勺而饮,招待客人亦如是,罕见茶壶茶杯。苗民因常年活动于山区,登山陟岭,健步如飞,擅长攀岩走壁,大多身体强健,虽然长年累月饮用天然生水,但极少患病。我们在大有乡考察一个多月,全喝生水,未喝过一杯开水,全团中无一人生病,全在于我和我的学生团员,均是农家贫穷子弟,似乎已经习惯了饮用生水。

油盐之类日常生活食品,在苗区里似乎成了珍贵的奢侈品,极难享用。据加宜村蒙保长介绍说:"一年中平均每户使用不到半斤盐,何以如此?皆因苗民们的生产物在市集物与物的交换过程中让外族人过度剥削竭尽。"以物换物的交换盛行于市集,加宜村半月一次的市集诞生不足一年,苗胞们在市集上交换一些日用必需品,如盐、猪肉、牛肉、鸡鸭、烟草、香纸等,从事小贩生意的多为外族人。在以物换物的交换过程中,吃亏者总是不擅生意之道的苗民,这是当地普遍存在的剥削现象。抗战数年,大后方高利贷日益猖獗,土地亦日趋集中于大地主手中,从而加重了该地苗民的负担,苗民生活更加苦不堪言。据闻,自1941年后,苗区剩余生产物被民国政府征收一空,苗民们自然没有资本去购买土地及从事高利贷活动,只好深受其害。特别是接近汉人居住地的苗民,所受高利贷的剥削,可谓罄竹难书。平时普通利率是百分之一百至百分之一百五十,到五六月青黄不接的季节,利率更高。若借五六升的米,到收获时连本带利须还米一石,一石米等于二斗二升至二斗四升,其利率高达百分之三百,可谓骇人听闻。

大有乡苗民的经济生活,经常处在饥饿与半饥饿的状态中。古州土瘠民贫,苗民终岁勤劳,寒无重衣,夜无卧具,食不饱暖,哪有剩余产品拿去集市交换,故加宜十天一次的圩期,榕江六天一次的圩期,其圩市的热闹程度远远不及其他地方,可见当地物物交换经济并不发达。大有乡一带的苗民贫富不悬殊,一般在遇有紧急意外事变时,同胞之间可靠借贷渡过难关。抗战前,他们的借贷是以破竹为凭,即在竹筒口刻有大小缺口,大缺口代表十元,小的代表一元,如六十五元,就刻大缺口六个及小缺口五个。借贷双方各在亲友面前言借贷年限、款数、利息,然后刻口破竹,各执一半,今后还款时,以之对合。据告,这种信用贷款在当时的苗族中颇有信用,较为普及。

由于大有乡苗民居住分散,大都是以独立的家庭经济为主体,生产力极低,生活水平不高,经济落后。所以,抗战前币值变动不大时,一般靠近交通线的乡村中流行的金钱会或别的经济互助组织,在苗区似乎都不存在。

由于历史原因,苗族长期受官府的迫害和歧视,为了团结起来一致对外,一种十分紧密的传统宗族关系于生活中自然形成,族有财产的共同享用以及经济上的义务互助,是这种强固宗族观念的具体表现。每逢生老病死、婚丧、盖屋,或遭受天灾人祸等,一家人的力量不能担负之事,全寨人不分贫穷老弱,都要助一臂之力,有钱出钱,有力出力。同时,与此相适应的道德观念也随之形成,反映在雇佣关系中。雇主对雇工的食衣住及称谓等方面都予以善待,两者之间,只有辈分之分,而无贫富等级区别。上述所谓经济学中的地主、佃农等名词在我们考察的苗区寨内难以适用,即此之故。

边区苗民在数十年前或更早年代的行政组织,在我们考察所知范围内,已难以查究。现在,他们已没有什么王侯、酋长、寨主和土司等之类的统治者,不过在清朝以前,苗族人还是有他们自己的组织及领导。元代统治者在古州曾置八方军民总管府、乐敦洞长官司、八方洞蛮夷长官司以及明代设古州蛮夷长官司等机构都是用来防范苗乱的。明永乐五年及十三年,古州等处,洞蛮叛乱,还要出兵征讨,从军招谕,可见元明两代的政治权力,仍未能深入古州苗区。及至清朝雍正七年及十三年,苗民起义,贵州巡抚张广泗统率大军进剿，迫使苗人降服。此后，清朝统治者在古州设辖区，置千总一人，左右补千总各一人，土千把总三人，土舍四人，管理苗区。然而，苗族内部，自有本族头人管理一切。道光三年《威远厅志·卷三·户口》附载云贵总督尹、巡抚何上报《遵旨稽查流民的酌议章程具奏》云："安平厅(时属开化府)境，旧有黔、粤苗民，移居岩箐，因散在沿边烟瘴之区，仿照边夷不编保甲，仍设头人，分别管束……"奏中"旧有黔、粤苗民，移居岩箐"指的就是清代以前从贵州、广东一带迁去的苗族。由此可见，古州苗民虽无行政组织，但有自己的头人管束族人。清代之前虽在古州苗区已设有土司，也不过是皇帝和官吏们设在苗区的外族土官，这种土司制度随着清朝的灭亡而废止。

民国时期，苗区的下层行政机构是乡保甲制度。抗战后，乡保甲在苗区推行日盛。在苗区征兵征土征粮等事，由于乡保甲制度的实施皆可顺利实行，而不会遭遇任何反抗。执行这些公务职责的保甲长由上面委派。古州山区在经济上由于土瘠民贫，贫富悬殊不大，政治上尚无等级区别，所以稍有些文化知识、有点田地、在族中具备一定影响的人，都有可能被委派为保甲长。当然，保甲长一定是族中人，不会是外族人。保长一年有几担谷和一点微薄的办公费，这些报酬由寨民负担。寨内行政，调解纠纷，办理公益则由保长全权处理，一人说了算，他无须召集什么保民大会倾听民意。保长遇有难决之事，则请诸甲长会商，甲长大多是唯命是从，所谓甲长联席会议不过形同虚设。

另外，有一点需要特别说明。关于农事、节日乃至婚丧的指导与择日，通常由一位苗区中德高望重的长老或寨老主持。在侗人散居的下都江寨，壮瑶散居的亚拓寨，离八开不远的水家寨，因为接近交通线，受到汉化影响的关系，没有这种情形。而在八开乡、大有乡苗民集中地，如摆柳、加五、加宜、加里、九秋和苗族传统深厚的第二水家寨与接近麻布苗区的红苗，都有这种风习。这些寨区的苗民都接受加五、加宜的两位长老指导，包括各村寨中的保甲长都不能例外。他俩被称为"大伯"，懂得以家传的方法计算日子。清明开秧节的"开上前"(首先播秧之意)，挖蛮粑的"挖上前"(首先挖蕨菜根之意，蕨菜根粗制后叫蛮粑，可供苗民数月的粮食)，四月十六日的栽秧节，五月初五的粽粑节，七月十日的尝社节，十月底的过年，三年一次的退火秧(寒食节)，十三年一次的牯脏等节日，都是由"大伯"告诉苗民。苗民如遇婚丧择日或病入膏肓时，一般必须请尚鬼信巫的"大伯"。"大伯"是苗区开天辟地的家族成员之一，苗民们都十分尊敬他。"大伯"死后的位置由同家族的同辈男子接替，可以说是"兄终弟及"制的世袭。"大伯"并无什么权力，除上述职能外，"大伯"实际上还是一种公益组织的代表，管理着节日聚餐用的族有财物(包括供交换用的公共财物)。有人以苗区“兄终弟及”制及“公田”残存来证明苗人仍处于原始公社社会,这不过是未深入苗区作实际考察而得出的空论。

我率团在榕江大有乡考察一个多月,采访苗胞众多,笔录到的口述资料较为丰富,调查结束后曾拟就长篇调查报告《榕江大有乡边民社会概况》,报送广西大学、榕江县府、贵州省府。报告中着重谈及大有乡苗区社会历史概况,包括其历史、地理环境、文化、语言、宗教、经济、生活、住居、社会组织、军事、民风习俗、服饰、节日等方面的众多情况。

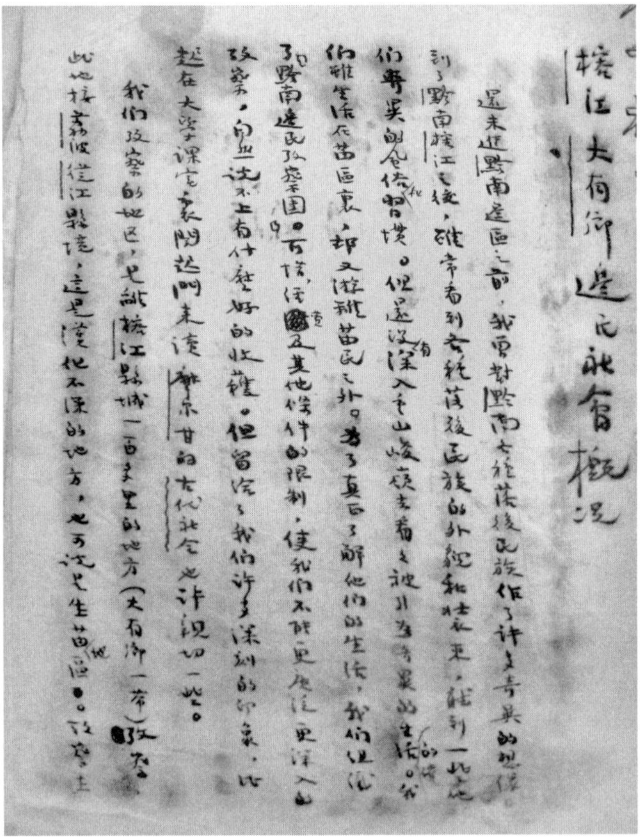
榕江大有鄉邊民社會概況

图 29 《榕江大有乡边民社会概况》稿

1945 年 8 月,广西大学因日寇投降和榕江水灾,决定先转移到融县,再作返桂打算。9 月,广西大学师生员工陆续在融县集合,各自安顿后,因一时无法复课,我又到融县荣安、四安、安陲三乡（今属融水苗族自治县）等少数民族村寨进行学术田野调查考察。此次考察虽然仅有一周时间，但得到当地一些桂岭师范毕业生帮助记录乡士口述史料，收获甚丰。当地长老又提供了一些原始资料供我抄录，这些史料内容涉及苗族、壮族、侗族、瑶族，极其珍贵又丰富。关于这些，我于口述中无意一一细说，有时间我将以《少数民族调查与研究》为主题予以详述。

八、加入农工党和参加进步活动

中国农工民主党的前身叫中华民族解放行动委员会，1940 年春，中华民族解放行动委员会广西大学支部成立，丘辰被选为支部主任，潘祖武为组织委员，衷至纯为宣传委员，杨溪如、雷瀚为民运委员。由于当时的广西大学支部还是个秘密组织，这些组织领导情况我是一无所知的，丘辰教授以后才告诉我。我入广西大学后最早主动接近我的同事便是同在文法学院（1941 年 8 月改为法商学院）教书的丘辰先生，他比我早进广西大学三年。广西大学支部筹备成立前的 1939 年冬的一天，丘辰副教授到我家里找我商谈，邀我加入他们的组织，出任学运委员。当我得知这是一个政党性质的团体，便以自己一贯遵循无党无派的处事原则回绝了丘辰的邀请。尽管如此，我与丘辰一直保持着良好的同事关系。1941 年 5 月的一天，丘辰副教授又到我家来找我商谈此事，告诉我中华民族解放行动委员会广西大学支部已经成立，还是希望我加入这一组织，我仍以同样理由加以了回绝。

1944 年底，我随国立桂林师范学院师生员工一道避难至榕江后，转到广西大学任教。这时丘辰也随广西大学避难至榕江。同年 12 月 8 日夜，丘辰又来我家谈及加入中华民族解放行动委员会广西大学支部一事。我与爱人慎重商量后，考虑到丘辰教授三顾茅庐，实在是盛情难却，加上在政见上我与丘辰教授较为接近，双方交谈颇为投机，我便同意加入中华民族解放行动委员会广西大学支部，成为这个组织的秘密成员之一。由于当时支部成员分散撤离，组织活动只能停止。不久，丘辰教授又离开了广西大学，以致我加入这个组织后没有参加过一次组织活动。到 1950 年 1 月，桂林军管会将丘辰重新安排回广西大学任教授，他于 1 月 7 日将党内同志召集到家中介绍大家认识时，我才第一次与广西大学各位党内同志欢聚一堂。1 月 9 日，广西大学正式成立中国农工民主党广西大学支部（1947 年 2 月，中华民族解放行动委员会在上海召开第四次全国干部会议，正式将党名改称为“中国农工民主党”），杨溪如当选为支部主委，成员有丘辰、黄现璠、梁精华、杭维翰、余克缙等若干人。不久，我便发展和介绍广西大学农学院院长孙仲逸教授加入了农工民主党。1953 年，广西大学撤销建制，中国农工民主党广西大学支部随之不复存在，到 1958 年恢复广西大学建制后，中国农工民主党广西大学支部始重建。这时，我已经不在广西大学任教。

在榕江任教于广西大学期间，1945 年 4 月初，我带领广西大学生组成黔桂边民考察团到榕江大有乡一带考察，深入当地苗区进行社会调查。参加调查的广西大学生对当地少数民族生活极端困苦的现状十分同情，考察结束返回校后立即在校园墙报上发表了同情少数民族的漫画，马上招来国民党榕江县党部的严厉警告。我听说此事后愤愤不平。同年 5 月 19 日，广西大学生自治会邀请我在榕江县党部大礼堂作公开演讲，我在演讲会上不顾个人安危，当场痛斥国民党榕江当局推行的民族压迫政策，历数贵州官府迫害少数民族的罪行，县党部负责人听我言辞过激，两次上台欲阻止我继续讲下去，我置之不理，推开他照讲不误。事后听说县党部负责人与县府官员召开联席会议，意欲将我逮捕，后考虑到抗战时期逮捕思想进步教授影响不好，加之县长不敢承担逮捕后果，只得作罢。

1945 年 4 月 24 日，毛泽东在中国共产党第七次全国代表大会上作了《论联合政府》的政治报告，总结了抗日战争的历史经验和抗日解放区建设经验，全面阐述了新民主主义革命理论和国家学说，从而表明了中共在抗日胜利前主张胜利后建立联合政府的方针。这一报告公开发表后，很快引起了社会各阶层的强烈反响。5 月 25 日，广西大学生自治会在榕江两湖会馆举行大会，参加大会的广西大学师生 400 多人，会上一致通过拥护成立联合政府的《广西大学全体学生民主宣言》，这一宣言要求成立举国一致的民主政府，建立联合统帅部，男女平等，言论结社自由等。时任广西大学校长的李云华得知后，为讨好官府当局，拟就了一份反对组织联合政府的宣言，他事前不征得我同意，竟然将我列名为这份反对宣言的发起人之一，反对宣言稿已经印出，正在全校征求其他同事签名。骆君啸教授首先张贴启事，否认反对组织联合政府宣言；我继而张贴启事，声明自己不但不反对，反而支持建立联合政府的主张，所谓签名纯属他人冒签，同时号召广西大学同事共同抵制在这份反对宣言上签名。骆君啸教授和我的行动，最终得到了广西大学其他同事的一致响应，纷纷拒绝签名，使得反对宣言不能发出，避免了它一旦发出后在学生中和社会上造成的恶劣影响。

1945年8月，抗战胜利后，广西大学计划返桂。9月，广西大学从榕江抵达融县（今融水苗族自治县）；11月，广西大学从融县迁至柳州鹧鸪江，暂栖于国民党第十六集团军妇孺工读学校内。1946年1月1日，广西大学新学年在柳州鹧鸪江开学。当时的鹧鸪江校舍十分简陋，生活条件极差，绝非办学长久之地，桂林校址又在战争中被破坏，广西大学成立之初时的梧州校舍还比较完好，于是在广西大学兴起了一场轰轰烈烈的“返梧运动”。当时部分学生和教师主张迁梧，我和部分教师则主张重建桂林校舍而迁桂。中央教育部和省政府当局综合各方意见权衡利弊，最终同意修复桂林校舍，将广西大学迁回桂林。1946年3月，新任广西大学校长陈剑修走马上任后，于4月3日领导成立了迁校委员会，负责筹划广西大学由柳州鹧鸪江迁返桂林诸事宜，由陈剑修任主任委员，总务长白玉衡任副主任委员，我和张映南、汤躁等人任委员，下设总务、财务、运输、修建、服务、警卫六个组。由于我负责修建组，便于同年4月带领家属返回了桂林，开始领导修缮和扩建校本部和良丰广西大学旧校舍的工作。1946年5月，广西大学“返梧运动”仍在继续，此前从柳州鹧鸪江迁往梧州的广西大学部分师生仍停留在梧州。为此，陈剑修校长派我和王觐、汪振儒、郑建宣、裘献尊、林伦彦、吴求胜、王朝伟等教授一道赴梧州展开劝导活动。5月26日，我们乘车出发抵梧，当时《申报》对我等一行赴梧之事专门进行了报道（见同月《申报》第24523号第5版），可见“返梧运动”在舆论界的影响。我们抵梧后随即分头对学生善加劝导，并保证不处分返梧学生，最终劝告成功，停留在梧州的广西大学生陆续全部返回桂林复课。我在负责领导修缮组的修建工作中以及赴梧劝告学生回桂的活动中，付出的心血和精力以及经历的诸多艰辛，一言难尽。陈校长看在眼里，乐在心头，喜不自禁地对人说我是他的左膀右臂，当面向我许愿他走后定向教育部力荐我出任广西大学校长。不料三年后他匆忙离开广西大学后，并未兑现诺言，为此他一直心存不安。他于1951年3月26日曾给我来信一封，大意说“当初许愿力荐黄兄出任广西大学校长一事，因时局变化以及校内人士屡有反映，疑兄为地下共产党员，故未敢举荐。至今想来，未能兑现当初承诺，失信和有负于黄兄，心里不安，望兄谅解”云云。此事我从未当真，于此笑为余谈。

1946年6月，广西大学由柳州鹧鸪江迁回桂林，将校本部设在将军桥（即将原来的中央无线电器材厂改为校址）校址，同时安排法商以及理工学院二、三、四年级学生及统计专修科一年级学生在校本部学习，将校分部设在良丰广西大学旧校址，安排农学院及其他各院一年级和先修班学生在分部学习。7月初，广西大学生陆续返回桂林复课。

同年 11 月,广西大学附小重建,我爱人刘丽华又进入广西大学附小任教,至 1954 年 9 月广西大学附小撤销建制,在广西大学附小教书断断续续达 12 年。

1947 年 6 月,广西大学师生举行了反饥饿、反内战的"六二"大游行,在学生的邀请下,我亦参加了这次游行活动。不料,大游行后的 7 月 8 日凌晨,国民党军警 200 多人突然包围学校,抓走了七名广西大学农学院师生,关押在桂林虞山庙里,听说还用吊打、电击、灌辣椒水等手段逼供。广西大学生自治会闻讯后立即开始了积极的营救活动,学治会曾两次派人到我家,请求发表支持营救意见,我便发表了谴责军警无法无天随便扣人的谈话,同时声明要求当局马上放人,否则,我将率领学生上街游行。随后,学治会即将我的谈话内容发表在油印报上和校内墙报上,引起了学生一定的反响。学生的营救活动最终获得胜利,迫使当局于 1948 年 4 月 30 日释放了被捕学生。

九、领导护校与迎接解放

1949 年 4 月,由于解放军的节节胜利,新桂系惶惶不可终日,广西学潮迭起,陈剑修校长深感蒋家王朝日薄西山,难以继任,离心已定,便趁国民党中央政府调任他为国家考试委员之机,匆匆离校,而新任校长盘珠祁尚在家乡广西容县休养,没能马上赴任,学校不能一日无主,于是,教授会商定先成立一个广西大学临时校务维持委员会,以维持校务。会上一致推举张映南任主任委员,选举我和张先辰、赵佩莹、冯介、孙仲逸、张人价、郑建宣、陈泰楷、苏康甲等人为委员。考虑到社会动荡不安,学校师生人命和财产的保护至关重要,与此同时,还成立了一个由 11 人组成的广西大学防护委员会,我是委员之一。1949 年 6 月 2 日,盘珠祁到校上任后,广西大学临时校务维持委员会相应失效。6 月 3 日夜,盘珠祁校长到我家商谈学校人事安排事宜,希望我能出任广西大学三大处(教务处、训导处、总务处)之一的训导长。由于训导长的主要职责是指导考查学生品行仪容,汇办学生品行考绩,执行奖惩事项等,在大学内多由国民党骨干兼任,例如 1939 年 9 月的广西大学第一任训导长张清涟,便是由陈立夫手谕派来的,以后数任多为国民党骨干。考虑到当时学潮迭起,训导处的工作极难顺利开展,加上我爱人极力反对我出任此职,我便以不能胜任为由谢绝了盘校长。不料,5 日和 7 日,盘校长又两次叫我到校长办公室商谈任职一事,第一次大意说"据我了解,你与学生自治会关系不错,在学生中有一定威望,学生们都期望你出任此职"云云。第二次大意说:"你不答应，我就无法宣布任命名单，校务工作便无法正常开展。”鉴于盘校长如此盛情厚爱，我便答应了出任训导长一职。

1949年寒假过后，广西大学逐步进入多事之秋。同年3月27日，广西大学教授因生活所迫宣布全体无限期罢教；28日，广西大学生为声援教授罢教又宣布无限期罢课；30日，爆发了广西大学师生包围桂林中央银行索取欠款的一场大规模生存斗争，结果大获全胜，广西大学教职工的薪饷和学生公费3500万元全部索回；4月，又爆发了广西大学师生抗议国民党南京政府对请愿学生大屠杀的游行示威活动；4月底，广西大学师生参加向李宗仁代总统请愿借粮的活动接踵而至；6月，又有大批白崇禧突击总队进占广西大学校区之举，使得学校无法如期开学。为此，我这个训导长走马上任伊始，几乎没有什么训导学生的工作可做，大部分精力和时间都花费在护校事宜上。最初的护校工作还属隐蔽性，即夜晚派出学生轮值守护，到了10月下旬，护校活动开始公开化。10月20日，盘校长主持召开校务会议，会上通过成立临时校务辅助委员会，它的职权是辅助校长处理本校一切重要事务，同时选举了张映南、张先辰、黄现璠、赵佩莹、冯介、孙仲逸、张人价、郑建宣、陈泰楷、袁煜、苏康甲等11人为委员。10月23日，盘校长主持召开临时校务辅助委员会第二次会议，会上决定成立广西大学护校安全委员会，推举我和郑建宣、陈泰楷、郑显通、汤会盛、王子平、唐肇华等七人为委员，选举我为主任委员，全权负责办理本校部防护事宜。10月24日，盘校长以时局变化为由，离校他往。离行前，我与张映南、孙仲逸、张先辰等人去送他，他再三嘱咐我一定要管好护校工作。盘校长走后，学校行政领导归临时校务辅助委员会主持，委员们公推法商学院院长张映南、农学院院长孙仲逸、理工学院院长郑建宣轮流担任临时校务辅助委员会主持人。10月27日，广西大学护校安全委员会正式宣布成立，除原来的七人委员外，广西大学教授会和学生自治会推选三名代表，讲师会、助教会、职员会、工警会、福利会各选二名代表参加，推举我和陈泰楷轮流主持广西大学护校安全委员会（以下简称“护校会”）日常工作。

护校会成立后，主要做了以下几项工作：

（一）增强武装防卫力量。经我们申请，校方拨给护校会一笔护校经费。我们将这笔经费下拨了一部分给校警班，用于增加武装保卫人员和购买枪支。校警班原有10多人和10多条破旧步枪，这次买来一批新步枪、子弹和手榴弹以及三支手枪，将校警班人员增加到20余人，分成六个班，每班三人，轮流巡守校内机房、重要器材设备。由于当时校内形势复杂，我担心学生中的国民党和三青团顽固分子对我这位一贯思想左倾的训导长暗下毒手，特从校警班借来一支手枪护身，到 12 月桂林市军管会进校后我才将枪上缴。

（二）构筑护校铁丝网。1949 年 9 月开始，桂系白崇禧的部队陆续进驻广西大学的士兵越来越多，相继占据了校本部大礼堂、体育场、第一食堂、女生宿舍、土木馆、法商学院大部分教室。这些士兵在校内四处乱窜，粗口调戏女生，不时与学生发生口角。为此，为了避免学生与士兵发生纠纷，护校会以兵荒马乱、严防盗窃、歹徒乘虚而入之名，号召全校师生行动起来，共同参与构筑护校铁丝网工程。我亲自出面，领着校警班班长徐本善和福利会主席刘志明外出购来大批铁丝网，原定计划五天完成，结果自动来参加构筑护校铁丝网工程的师生员工达近 300 人，使得工程提前两天完成。同时，原来校区四周的铁丝网也得到了加固，重点地段外层网还安装成了电网，网前挖有战壕。外、中、内三道防线虽不能说是固若金汤，但即便是正规军的散兵游勇从这些重点防卫地带在不借助于炮火炸弹的情况下企图越雷池一步似乎只能望洋兴叹。学生们还自主地对学校的七个出入大门和进出通道架设了联络通信电话，以便随时通报情况。

（三）发动全校师生积极参与护校运动。由于护校工作涉及广西大学广大师生的自身利益，因而护校会发出号召后，大多数在校师生员工踊跃报名，积极投入到了护校活动中，参加护校值班巡逻。我们安排部分老教授、老职工白天在中心区值班巡逻，青年教师和员工则被安排在晚上以及学校周边地带值班巡逻，我和陈泰楷则坐镇护校会办公室整天轮流值守，听取情况汇报，到各区巡视检查。这种全校师生参与的护校活动开始于 11 月初桂林解放前夕，到同月底解放军进校。这段时间我几乎每天工作到深夜才能回家，晚上还要经常在护校会办公室与陈泰楷轮换值夜，万分辛苦自不待言。但是，经常能听到同事和学生的夸赞，乐在其中，身心疲惫自然一扫而光。

1949 年 11 月 21 日晚上 9 点左右，校警班班长徐本善派人来护校会报告说，下属第三武装巡逻组在校本部东门拦阻了一辆装有炸药的车辆，疑为企图从事破坏。我得知情况后立即联络陈泰楷商谈，我们俩人都一致认为应予以扣押，便命徐本善赶到现场将车辆和车上一名汽车司机、一名押车军官押进校区扣留。同时迅速下令：对校区周边外层电网全部送电，校警进入战斗准备，以防散兵游勇窜入校内。当夜，我与陈泰楷一同睡在护校会办公室，以便及时处理应急情况。22 日上午 10 点起，桂林市区传来阵阵枪炮声，我们断定解放军开始攻打市区，便命令武装校警全员出动，把守校区各出入口和边缘重点地段,以防被打散的官兵逃窜进入校区。我们坚信,当时依凭学校的电网、战壕和武装力量对付小股散兵败将还是能应付的。22 日下午 14 时 30 分,人民解放军解放了桂林。对于这一情况,我们当时一无所知。下午枪声逐渐稀疏后,我原来准备派一名学生到市区探听情况,陈泰楷提醒说,市区正在激战,现在虽然停止了枪声,但外面情况不明,还是静待为好。

当日夜幕降临后,护校会派出数名武装校警到校外线东大门警戒,我和陈泰楷以及数名护校会代表镇守在通往东大门的第二道铁丝网出口通道旁。约在晚上 10 点,东大门警卫郑龙匆忙赶来传讯说,人民解放军来了,同时递给我一封上面写有 376 团政治处的介绍信,我记得内容大意是:"人民解放军已经解放桂林,现派 376 团二营三连前来联系,接管广西大学。"看完信后我便与陈泰楷商谈,一旁的护校会代表蓝建超与陈泰楷比较熟,他急不可待地邀请陈泰楷一道前往,我一听便不假思索地说:"我也去,我有枪,有事不怕。"事实上,我当时身上的确带着一把手枪,而且当夜已将子弹推上了膛。于是,我和陈泰楷、蓝建超以及数名武装校警一同前往东大门探听虚实。临行前,我特意交代留守在二道铁丝网出口的校警林树仁等三人说:"马上调集武装校警增强二道铁丝网出口通道守卫,以防不测,听到枪声后立即严阵以待,做好战斗准备,一定要守住道口,以为校内师生转移和撤离争取时间。"随后,我们一行近十人向东大门快步走去,我与陈泰楷、蓝建超三人走在最前面,临近东大门岗哨亭时,由于大门紧闭,灯光十分昏暗,我们都从未见过解放军是啥模样,大家心情十分紧张,我右手紧握藏在口袋里的手枪,警惕地望着门外黑压压的一大群人,心想万一发生情况,我便马上朝天鸣枪,发出信号。这时,蓝建超大胆地抢先走近校门准备与门外的对方对话,只见对方一位联络员上前几步开口先说:"同志,我们是人民解放军,奉命前来进驻学校……"蓝建超回问道:"为何深夜开进学校?"对方答道:"我们深夜赶来,为的是防止国民党散兵趁夜窜入学校,危害学生安全。"我边听边和陈泰楷商量,从对方说话口气上判断,对方不是坏人,便叫随行人员上前开门。东大门打开后,眼见一队解放军整齐地进入校园,部分解放军留在校门外警戒。看见这支队伍的军容军纪,我们初步断定,这支队伍绝非国民党残兵败将,陈泰楷便主动上前将解放军领入到土木馆休息,我和蓝建超仍守在东大门内,一边与解放军交谈,一边静观事态发展,约至 11 点,校区内传来"热烈欢迎人民解放军进校"的广播声,我们悬着的半信半疑的心终于定下来,认定这支进校部队是人民解放军,我便返回校内安排接待解放军的事宜,当晚一夜未睡,一直忙到天明。

桂林解放后的第四天，即 1949 年 11 月 26 日，广西大学法商学院院长张映南主持召开临时校务辅助委员会第八次会议，会上一致议决：各院系二、三、四年级学生自 12 月1 日起注册，8 日上课；而一年级新生自 12 月 8 日起注册，15 日上课。同时，临时校务辅助委员会发布了开学通告，通知散居各地的广西大学师生员工在规定期限返校工作和上课。为了主持学校开学上课事宜，12 月 5 日，通过校内教授会等各会民主协商，决定将临时校务辅助委员会改组为广西大学临时校务委员会，选举张映南任主任委员，张先辰为副主任委员，我和孙仲逸、郑建宣等 10 余人被选为委员。12 月 16 日，中国人民解放军桂林市军事管制委员会派出正式代表梁唐晋、袁似瑶等进校接管；28 日，军管会任命 23 人组成广西大学校务委员会，我为委员之一，同时军管会又任命我为中文系主任。广西大学人写广西大学校史大多将老友冯振记为解放后的广西大学第一任中文系主任，实为误识。事实上，解放后广西大学首任中文系主任，是我黄现璠。随便问一下当时到广西大学中文系报到的晚辈学者蓝少成等人以及查一下档案便可知之。这不是掠人之美，而是实事求是。但我任广西大学中文系主任时间不长，没有冯振兄任期长贡献大，这亦是客观事实。

第六部分

一、赴京进修和参加示威活动

1949年12月广西大学复课后，我首次担任辩证唯物论和历史唯物论新课程。广西大学为了让我能够更好地讲授这门课程，选送我到华北人民革命大学（简称“华北革大”或“革大”）政治研究院进修。1950年春，我从桂林起程到北京进入华北革大政治研究院进修学习，学期原定半年，但我因家事提前一个月结业。

自1949年1月底北平和平解放后，建立新中国为期不远，鉴于新中国成立后迫切需要建设新中国的大量革命干部与建设人才，必须培养一批干部和知识分子队伍，便在当时划分的各大行政区相继成立了华北人民革命大学、华东人民革命大学、西北人民革命大学、西南人民革命大学等几所革命大学。这些革命大学设立的宗旨是“培养新民主主义新中国所需要的军事、政治、经济、文化及群众工作各方面干部”，“为了培养国家建设人才，给有志于为人民服务的新旧知识分子以学习和工作的机会……以迅速有效的方法，团结、改造广大知识分子，使之迅速成为国家建设的有用人才”，目的在于“统一对旧公务人员和知识分子进行有计划、有步骤、有方法的改造教育”。因此，凡是政府部门准备任用或重用的各级党政干部、青年学生和旧知识分子，一般都要先到人民革命大学接受马列主义思想学习和教育。华北人民革命大学是中共华北局于1949年2月成立的一所大学，于同年3月25日正式开学。

1950年4月，我乘火车抵京后，又乘校方的汽车到了坐落在北京市辖西北近郊十六区（后改为海淀区）万寿山湖畔西苑的华北人民革命大学。此处原是满族八旗军的大校场，建于清朝。清末因清廷为了防备袁世凯的北洋新军，遂建立了御用新式部队禁卫军，并在西苑一带为禁卫军造了兵营，此后这里一直用作军营。抗战时期日寇进驻此地之前，西苑曾是二十九军的驻地之一。北平沦陷后，日本人用作兵营，同时用作关押中国抗日战士和无辜平民的集中营。抗战胜利后，国民政府将西苑集中营改建成兵营，俗称西苑兵营。1949年1月底北平和平解放后，中共接收兵营作为华北人民革命大学的校址。

我一到革大，大门顶上高悬的“华北人民革命大学”七个醒目大字便映入眼帘，车进校门后行驶约一公里，才看见校门卫。过门卫向西转入一条马路行约一公里半，只见路两旁各有四排营房，两排一组，共二十余栋，均是兵营式的两层灰色筒子楼。每栋楼一层南北各有两个大门，两端通风的长走廊串联着若干个单房。华北革大有三个部，大学西边自然形成四个校区，沿路南边靠西一组即西南区，为一部，是一个主要负责培养中共地方党政干部的党校。西南区后面是商店、照相馆、澡堂和学生食堂。沿路南边靠东一组即东南区，与其对面马路的沿路北边靠东一组即东北区一道组成三部，即政治研究院，是负责接纳民主党派人士和高级知识分子进修和学习的政治研究部。三部校区内有政治研究院教学室、学员宿舍、校展览室。沿路北边靠西一组即西北区，为华北革大校部和二部。二部是负责改造旧政府人员以及训练青年的学部。二部校区内有校部办公楼、图书馆、礼堂、露天操场、二部学员宿舍。学校东边一片大荒地，供学员、校职工干部日常交流、休息之用。

当时在西北区校部办公楼南面大门的门楣上，高挂着“革命熔炉”的牌匾，大门左边挂着“华北人民革命大学”的木牌，右边挂着“华北人民革命大学党委”的木牌，成为华北革大的一处风景，学员毕业都在这里留影纪念。当时华北革大校长是刘澜涛，胡锡奎任副校长，侯维煜任教育长，魏震任政治研究院院长，崔仲远任副院长。

我到革大报到后，被编入政治研究院三班六组，入住东南区政治研究院大楼后面的一栋筒子楼二楼。由于政治研究院学员大多数是中青年高级知识分子、民主党派人士、归国留学生、国民党高级官员和起义人员，住宿和伙食相对于二部的学部学员而言，受到一定优待。对政治研究院学员的其他方面照顾还有早晚都供应热水，经常检查身体，年老体弱者还配有专职勤务员，可以不参加抬土、挖沟、种菜等重体力劳动。校区内有一个光秃秃的大操场，平时作为露天上大课和领导干部作报告的场地，亦为年轻学员们日常打球和跳秧歌舞的娱乐场所。东边马路边遗有几个消火栓，上面铸着的“北洋政府制”几个大字隐约可见。在这种兵营式校园内接受政治学习，散步时总能看见“北洋政府制造”的消火栓还遗留在路边，可想而知来自四面八方形形色色的学员们五味杂陈的心情。我是少数民族学员，又是已过天命之年的大学资深教授和民主党派人士，还是广西大学保送的带工资进修的进步知识分子，入学前已在广西大学开课讲授辩证唯物论和历史唯物论，加之家庭出身贫雇农，这样的多重身份让我在校内生活中受到的一些优待自不待言,几乎没有任何精神、学习和生活上的压力,政治上亦没有受歧视和受压迫之感,学习上的热情更是与生俱来,十分饱满,故而我在校学习和生活两方面一直保持着旺盛精力,心情十分愉快。记得当时政治研究院的同期学员中有中共一大代表包惠僧和著名作家沈从文等一批文艺界名人,还有我在北师大研究所读书时的师友黎锦熙和学友孙海波等一些大学教授。

同年4月15我到华北革大报到后,学校当天发给我一套灰色棉布制服和一些学习用品。报到后不久,记得是我开始听课的第二天,即4月27日(星期四),当天下午学校举行了隆重的开学典礼,数千人穿着统一的灰色棉布制服在校东侧的大操场集中参加开学典礼大会,由胡锡奎副校长主持大会,刘澜涛校长作了开学典礼讲话,继而是中央统战部副部长徐冰、教育长侯维煜和政治研究院副院长崔仲远等领导同志讲话,最后是二部和政治研究院学员代表发言。革大开学后,当时政治研究院学员必须经过历史交代、学习、批评与自我批评、总结五个步骤。历史交代就是学员入学后首先必须写一份自述或自传,陈述个人的历史,说明进入华北革大学习的动机。我入学后便写了一份自传,如实叙述了我家道贫寒一生艰苦的贫雇农身世,早年入赘蒙受欺凌和后来上学读书的万般艰辛概况以及在国内外大学读书十几年和参加工作后积极参加进步活动的简历,结尾强调:“余入革大之动机,非常简单纯洁,即学习马列主义,以便将来全心全意为人民服务。”

学习分为听课和小组讨论两方面,学习课程又有大课和小课之分。大课通常在露天操场上讲授,学员们自带一个马扎(校方配发给学员的一种可折叠小凳子,供学员听课、听报告和日常学习讨论用)坐着听。革大政研院的所有学员几乎每天都会统一在露天大操场听数小时的大课或领导的报告。我记得大课课程主要有社会发展史、马列主义哲学、政治经济学、中国近代革命史等,小课课程主要有人生观、劳动创造世界、历史唯物论目的与方法、爱国主义与国际责任等。政研院学员当时几乎人手一册校方发的《大众哲学》,作为马克思主义哲学原理的基础课本和必读书。校方还经常请一些中共领导和革命干部来校作报告,讲授中国革命基本问题、中国共产党和共青团的建党建团史、当前各种政策等。同时,院方还发给我们学员一些学习参考资料,如《联共(布)党史简明教程》《论辩证唯物主义与历史唯物主义》《马克思主义与达尔文主义》《个人和人民大众在历史上的作用》等,供学员自修。

革大政研院授课不以开学典礼为始,而是学员随时报到随时分班进入学习阶段。

因此，我到革大政研院听的第一门课，便是开学典礼前一天（4 月 26）开讲的人生观，授业主旨是让学员们树立全心全意为人民服务的人生观。该课程学员学习和讨论持续三周。接着继续学习第二门课，讲授的是劳动创造世界，授业主旨是让学员们树立劳动创造人类、劳动人民是创造历史的主人等唯物主义世界观，学员学习和讨论持续两周。在课堂上，一些学员和教员展开了激烈的辩论。课后，学员们在所属小组上对讲课老师和听课学员的双方态度也进行了热烈讨论。这种现象反映出革大政研院学习和讨论的民主气氛。在学习上，我自认为可入好学员之列，在思想改造上，自认为既算不上是先进分子，也算不上是落后分子，算是中间分子吧。

革大政研院讲授的有关马克思理论的一些大课和小课，对我而言，学习起来较为轻松，原因在于早年在北师大学习期间，我就研究过马克思主义的历史唯物论，曾与同学一道共同发起成立过以弘扬历史唯物主义为宗旨的历史科学研究会。当时又常与师友陶希圣教授讨论社会史和历史唯物论，1950 年初还完成《殷代社会史》书稿一部。我对马克思主义经济学和历史唯物观的认同和接受，始于北师大读书时期，而对马克思辩证唯物主义的深化理解，始于东京留学时期。1949 年前，我相继撰成《旧民主主义革命史稿》两卷。这些都是我能在同年 12 月广西大学复课后新开辩证唯物论和历史唯物论课程的必要条件。

在教学中，教员通常积极引导学员进行学习讨论。学员一人拿一个马扎，坐在操场听完大课回来后进行分组讨论，即各自在所属小组针对听课内容展开辩论；而上小课时则可在课堂上发言和讨论。学习讨论中，一些学员针对讲小课的教员讲解不清及其观点阐述不明而经常提出异议，而且意见还是比较尖锐。

7 月上旬至中旬，校方响应此前中共中央发出的《关于在全党和全军开展整风运动的指示》，号召学员针对校部、院部各级领导和班组干部是否存在骄傲自满情绪、官僚主义和命令主义作风等方面的问题展开批评，一些学员针对校领导干部存在的一些官僚主义作风提出了中肯的批评，批评当中不乏言辞过激之语，校领导干部均能虚心听取，对于实际存在的问题还能当众诚恳检讨，作出自我批评。

在革大，除了课程学习，校方还时常安排学员参加一些社会活动。革大开学典礼举行几天后的 5 月 1 日，时逢五一国际劳动节，校方邀请政研院一些学员参加当天在天安门广场举行的五一国际劳动节庆祝大会，我亦在被邀之列。当天早上六点起床吃完早餐后，参加庆祝大会的政研院学员代表百余人，准时于七时在校部露天操场集合，随后出发,步行十余分钟至清华园,然后从清华园乘火车至西直门。当天下着小雨,时下时停。学员们冒雨从西直门步行到天安门广场,汇入到首都二十多万参加劳动节庆祝集会的群众洪流中,时已近中午。庆祝大会于下午五点结束后,集会各路群众开始离场,分别列队通过天安门广场,接受中央领导的检阅。活动结束后沿原路返回学校时,几近晚上十点。

时值朝鲜战争爆发,美军介入后,抗美援朝时势讨论成为我们学员的热点讨论问题之一。记得当年《人民日报》曾刊有华北革大政治研究院原留美学员的一篇文章,题名是《华北革大政治研究院原留美学生愿献出一切力量与民族敌人搏斗》,实际上就是一份向侵朝美帝国主义发出的战斗檄文,文章声言:“我们要献出我们的一切力量,为粉碎中华民族的死敌——美帝国主义的侵略而斗争到底!”这可以说代表了当年政研院全体学员的共同心声。

除此之外,革大政研院并非仅有日常学习和讨论如此循环往复索然无味的单调生活,还有打扑克、下象棋等门类的文体生活,丰富多彩;平时年轻学员在操场上喜跳秧歌舞,热闹场面展现出革大校园的欢乐气氛。周末通常都举行舞会,年轻学员蜂拥而至,翩翩起舞。学员还能经常看到《王贵与李香香》《白毛女》等新歌剧的演出以及一些电影和纪录片。可以说革大政研院的校园学习生活,到处充满着生动活泼的景象。

1950 年 7 月 31 日至 8 月 13 日,革大政研院放暑假两星期,我又进城去拜访王桐龄(号峄山)、陈垣(字援庵)、邓之诚(字文如)诸师以及在京工作的王重民、陈述、王钟翰、刘镛等昔日学友。峄山师尽管一如既往地生活俭朴,但师生一别多年难得一见,他亦高兴地拿出酒肉招待。师生对饮畅所欲言,谈学术,话往事,其乐融融。虽说岁月催人老,吾师们都已年高六七十岁,晚生我亦有五十余岁,但老去的是容颜,不老的是记忆。记得当时我向峄山师汇报在华北革大学习情况时,他曾开玩笑地对我说:“黄生向来夙兴昧旦,好学不止的精神可敬可赞,在大学学习十几年,进了三个研究院,过去在学术研究院深造历史,如今在政治研究院学习政治,结业后入仕飞黄腾达指日可待。”我听出了峄山师的弦外之音,知道他向来视仕途为道之末流,故而向他解释道:“治史济世和以教育为职是我的终生信念,我不会忘记老师教诲,不会放弃教职而入仕做官。”正是因为我早年就有了这种人生志向,因而便有了我一生只参与国务活动而不参与政务领导工作的人生实践。援庵师时任大学校长,他每次都是一如既往慷慨大方地拿出好菜招待我,同时鼓励我在政治研究院好好学习,早日闻道。文如师是典型的旧派学士，在民国时期就对胡适的新派学者表示过不满，对我在政治研究院的学习也不感兴趣，只是叮嘱我道："切勿误入仕途，坚持治史教书育人正道。"同时，借革大放假难得的空闲时间，我亦去看望北师大同门学友、当时兼任北京图书馆副馆长的王重民兄。在他的帮助下，我得以在北京图书馆手抄了一些用于历史研究的珍贵古籍文献资料。

1950年9月下旬，因我已经完成规定学习课程，加之我的妻子怀胎十月，小女儿快要出生，我必须赶回桂林。为此，征得校方同意，我结束了在华北革大政治研究院的进修学习。结业时，校方发给我一纸毕业证书，上面写有"黄现璠，系广西扶南县人，现年五十一岁，在本校政治研究院第二期第三班修业期满成绩合格准予毕业，此证"等字，同时盖有华北人民革命大学的公章和校长刘澜涛的私章。

在华北革大政治研究院进修期间，我与刘澜涛校长有过几次接触，感受到他对知识分子十分尊重。学习毕业近30年后，1980年8月，我作为特邀代表，赴京出席全国政协第五届第三次会议，会上被增补为第五届全国政协委员。当时我正在桂林筹办漓江业余大学，因地方教育部门思想不够解放而遇到重重阻力，无奈之下，借着此次参加全国政协会议之际，我在会上找到时任全国政协副主席的刘澜涛，拿出当年的华北革大学生校徽，告知他我曾是华北革大政研院学员以及当下筹办漓江业余大学遇到的一些阻力，为此请求刘澜涛副主席写一个指示，以让地方教育部门多行方便。刘澜涛副主席听后回答说："我记得您，革大政治研究院的教授学员，办学是件好事。"当场他就写了一个便条，上书"黄现璠教授筹办漓江业余大学，是一件利国利民的好事，希望有关部门大力支持"几句话，回桂后我将这一便条交给漓江业余大学办事人员去疏通地方教育部门，这张便条发挥了关键作用，结果如愿以偿，漓江业余大学得以开学。为此，我曾专门写了一封信给刘澜涛副主席，表示感谢，他亦复信予以鼓励。

1950年9月下旬，我回到桂林，返回广西大学任教。同年10月中旬，校方便任命我为广西大学图书馆馆长，领导嘱我担起广西大学新"三大长"（教务长、总务长、图书馆馆长）之一的重任。我在解放前就曾担任过广西大学旧"三大长"（教务长、训导长、总务长，广西大学在解放前没有图书馆馆长一职，只有图书馆主任，而解放后则取消了训导处和训导长一职，所以广西大学同事们对广西大学新旧"三大长"的叫法前后有异）之一的训导长。我于华北革大进修回来后从原任的中文系主任调任图书馆馆长，行政职位上是升级还是降级，对此满不在乎，但对广西大学的这一任命，我是欣然接受，原因在于我向来对图书馆情有独钟，早年我在北师大和东帝大求学时，大部分时间都在学校图书馆度过。在北师大求学九年期间,因看书痴迷,两次被管理员误锁在图书馆过夜,这种经历至今难忘。1938 年我进入广西大学任教后,广西大学图书馆是我待的时间最多的地方,图书馆所藏史籍古书我几乎大部分都借阅过。说到看书,顺便言及一件我自己引以为荣的往事。1941 年 9 月,我因在广西大学参与发动“拒高运动”,遭到广西大学校长高阳的报复,被迫离开广西大学,同年应聘到广东的中山大学任教授。而师友陈寅恪先生恰好在 1941 年夏应广西大学之聘,来到广西大学任教。陈寅恪先生在广西大学图书馆所借文史书籍的卡片上几乎每本都见“黄现璠”之名,他未借之书的卡片上亦有许多记有“黄现璠”之名,顿感万分惊奇,便向当时的广西大学图书馆主任[1]鲁忠翔问道:“黄现璠何许人,从借阅登记本上看,我借阅过的书他借过,我未借阅过的书,他都借阅过,广西大学竟有与我同样如此嗜读好学的同道中人,看来我辈不可妄自尊大!我想拜会一下此人。”鲁主任告诉他:“黄现璠先生已到中山大学任教授,不在广西大学。”抗战胜利后的 1946 年,当时我已返回广西大学任教,鲁忠翔主任专门告诉了我此事,并告知陈寅恪先生想见我。恰好此时,昔日学友容庚先生南下桂林看我,同时转达了文如、一山、援庵诸师对我的关心和问候,我亦马上写信各一封向诸师报平安,同时在给援庵夫子的信中告诉了他的密友陈寅恪先生在广西大学借书甚感惊讶一事。当时并无妄附时贤以抬声名之意,只是向援庵夫子表明学生谨记师嘱教诲,在北师大受教时深感夫子治学精神,念兹在兹,实未敢一时稍懈,违背师教。援庵夫子很快回信一封,对我大加赞誉和鼓励。1955 年 3 月上旬,我应邀到任教过的广东中山大学历史系作学术报告,报告完后的第二天,我在时任中山大学历史系教授的张寿祺(我的学生)、何竹淇(我的北师大同门学友)两位先生的陪同下顺道拜访当时在中山大学任教的陈寅恪教授。一见面我刚报上名号,他便说:“久闻大名,如雷贯耳,黄先生看书比我还多。”我回答说:“不敢当,前辈见笑!晚辈岂敢攀比前贤。”顺便提及这些,旨在表明我与书结下的不解之缘,一直对书情有独钟,不仅生平嗜好藏书,而且以私人藏书位居民国时期的广西学人前茅引以为荣。我向来爱护图书如同爱护文物。我曾在广西大学图书馆和广西师范学院图书馆担任过多年馆长,在任期间,我的主要精力放在采购图书以扩充馆藏图书的量上,同时对借阅方法进行了适当改进,以利图书借阅流通便利快速。为了培养我的儿女爱护图书的良好习惯和喜爱看书的生活情趣,我经常将图书馆外借而受到破损的图

---

① 本书整理者按:解放前的广西大学图书馆负责人皆称主任,1949 年底军管会接管广西大学后始称馆长。黄现璠于 1950 年担任广西大学图书馆首任馆长。

书拿回家中，手把手地教我的儿女们修补。修补图书馆的图书，几乎成了我的儿女们成长过程中的家庭必修课和学习之余的日常工作。我的这种爱书情结，实滋生于早年追月夜读的嗜学如命浓情爱缘以及北师大苦读苦作九年中与图书馆朝夕相处所结下的浓厚书缘。我一直认为，书有生命，书之生命价值与人之生命价值息息相关，爱书护书，应该如同爱惜生命；而养成爱看书读书的良好生活习惯，必然会对实现自我人生价值大有裨益。将好书当作良师益友，一定会开卷有益，读有所获，认识到书亦有好坏优劣之分，善恶之别。读书当然多多益善，但又不能误入书呆子之途而成为两脚书橱。宋真宗皇帝赵恒曾御笔亲作《励学篇》：

富家不用买良田，书中自有千钟粟。安居不用架高楼，书中自有黄金屋。娶妻莫恨无良媒，书中自有颜如玉。出门莫恨无人随，书中车马多如簇。男儿欲遂平生志，五经勤向窗前读。

短短篇章，言简意赅，传布天下，迷醉士人，几近千年。虽然这种读书观存在一定的时代局限，读书只为考取功名，入仕便能荣华富贵抱得美人归的封建读书观可谓糟粕，不可沿袭，但《励学篇》倡导全民读书的社会风气，可以借鉴，取为今用。

言归正题。1950 年发生了美帝国主义重新武装日本的阴谋，激怒了全国各少数民族人民。1951 年 1 月下旬，我作为壮族代表，应邀赴北京参加爱国示威游行大会。1 月 30 日参加了回、蒙、藏、维吾尔、苗、彝、壮等 10 多个民族约 6500 人参加的抗美援朝反对美帝国主义武装日本爱国示威游行大会。为了发挥各少数民族人民的爱国精神，团结与组织各族人民的爱国行动，会上决议成立北京市少数民族保卫世界和平反对美国侵略委员会，选举了回族、蒙古族、藏族、维吾尔族、苗族、壮族等少数民族代表共 35 人为委员。我作为壮族代表当选为委员之一。大会一致通过向中国人民志愿军、朝鲜人民军的致敬电和《北京市少数民族抗美援朝反对美帝国主义武装日本联合宣言》。会后我还参加了下午三时举行的万人上街示威游行活动。各族人民一边游行，一边同时用不同的民族语言高呼口号："反对美帝国主义武装日本！"游行示威队伍所过之处，受到沿途群众热烈的欢迎，声势浩大。这是解放后我首次参加的大规模少数民族爱国的社会活动。

1951 年 1 月广西大学放寒假，校方利用寒假将留校师生员工共 600 余人组成土改参观团，我被任命为土改参观团团长，带团从 1 月 20 日至 2 月 24 日分别到了兴安、灵川县参观土改。

二、参加中央民族访问团工作

（一）走进龙胜

解放后，党和政府确立了各民族一律平等、共同繁荣的政策，中华各民族之间一律平等、相互团结、互助合作的新型民族关系初步形成，公开站在少数民族立场上讲话和展开论述方成为可能，我便积极投入到了少数民族社会活动和历史调查研究中。解放初期，党中央和人民政府为贯彻《共同纲领》中的民族平等团结政策，先后派出中央民族访问团和工作组对全国各少数民族进行了亲切慰问和民族成分识别工作。民族成分识别工作最初萌芽于解放初期由党中央相继派出的中央民族访问团所领导开展的全国大范围的各少数民族慰问兼调查活动。我有幸参加了中央民族访问团中南访问团广西分团的访问和调查工作。

1951 年 6 月，由政务院文教委员会、财经委员会、政法委员会及民族事务委员会等部门抽调干部组成了中央民族访问团中南访问团，李德全任团长，费孝通、曹孟君、马杰、熊寿祺任副团长。同月 20 日，中央人民政府派出赴中南各少数民族地区访问的中央民族访问团中南访问团一行 70 余人从北京出发，李德全团长因公缓行（后赴广东兼任广东分团团长），由副团长费孝通代理团长。中南访问团出发后分成三个分团，即广西分团（第一分团）、广东分团（第二分团，包括慰问海南岛，由马杰负责）、湖南分团（第三分团，由曹孟君、熊寿祺负责），费孝通兼任广西分团团长。7 月初，费孝通率领的广西分团一行 20 余人抵达南宁；7 月 4 日，广西省人民政府在南宁举行了欢迎大会；7 月 8 日，南宁市人民政府亦组织了有壮、瑶、苗、侗、回等 200 多名各族代表参加的欢迎大会，对中央访问团的到来表示了热烈的欢迎。广西分团在南宁停留期间，在广西省人民政府的大力支持下，大量地方人员被吸收加入到了访问团的工作，中央民族访问团广西分团一行从原来的 20 余人增加到百余人（一说 160 余人，一说 193 人），分别设立了文工队、医疗队、电影放映队。我和陈岸、刘介、苗延秀（侗族）等人最初被邀请担当中央访问团顾问，稍后为协助中央人民政府切实搞好民族访问团的慰问和调查工作，以利广西分团工作的顺利开展，中央人民政府又任命广西民政厅副厅长陈岸和我担任广西分团副团长，任命刘介任广西联络组副组长（组长杨成志）。

这次参加访问团工作是我与费孝通结识之始。由于费孝通是研究社会学的，我是研究历史学的，皆为学界人士，他比我年少11岁，属晚一辈学者，相互称呼（包括通信）时以学界习以为常的称兄道弟为礼。在深入广西各少数民族地区进行慰问的过程中，我与费孝通先生无话不谈，颇为投机。当然，在专业学养和民族问题认识上，我与费孝通先生略有不同，他是人类学功能学派创始人之一马林诺夫斯基的嫡传弟子，而我是人类学博厄斯学派创始人博厄斯的私淑弟子；他以西方社会学与人类学相结合的方法研究社会和民族，理论上的先天条件得天独厚，因而成就更多反映在理论领域。而我以历史学与民族学相结合的方法研究民族，以通晓日语、英语、壮话、侗话、瑶话的优势，将研究重点放在民族史、民族文化和人类学田野调查方面，成果更多体现在民族史和田野调查领域。尽管双方看问题的视角不同，见解和观点难免稍有差异，但相互本着求同存异的友好态度，一直能长期保持联系和友谊，成为挚交知友，而且还是"反右运动"的难友。他每次到广西必来桂林看我，戏言"桂林山水可以不看，现璠老大哥则不能不见"。我每到北京开会同样必去看他，探讨民族问题，互受切磋之益。

当时中央民族访问团的主要任务和活动是：对少数民族的上层人物或各界代表人物进行个别访问；根据不同地区、不同民族的具体情况，召开各种座谈会、各民族代表会或民族联谊会；召开群众大会，传达中央人民政府对各兄弟民族的深切关怀，宣传《共同纲领》的民族政策，协助具备条件的少数民族地区建立自治区或自治县。我参加的广西分团还为广西一些少数民族地区举办了民族干部短期培训班。

与此同时，中共广西省委、广西省人民政府、广西军区和一些专区亦组织了访问团、文工团、电影队，携带大量慰问物质，配合中央民族访问团到各少数民族地区开展慰问活动。

7月13日，中央民族访问团广西分团一行百余人从南宁出发，14日晚上7点抵达桂林。当晚，桂林市人民政府领导召开了欢迎会。访问团在桂林停留三天，召开了民族慰问大会。17日，访问团坐车抵达义宁县宛田（1951年8月15日，撤销义宁县，宛田区庙坪片九个行政村划归龙胜县，其余地区并入灵川县），召开了民族慰问大会，发放了慰问品；18日，访问团一行从宛田步行向龙胜县的和平乡进发，途经庙坪时，我们访问团领导成员接见了黄顺球、黄维金、黄仁贵、黄义雄等七位瑶族老人，同时又派人专程到庙坪各村瑶胞聚居地，对瑶民进行慰问，向他们宣传民族政策，赠送纪念章、布匹和药品等。当日下午，访问团抵达龙胜南区镇南乡的区人民政府所在地官衙(1953 年镇南改称和平，取各族人民和睦相处之意，即今和平公社)。访问团进入龙胜南区地界时，沿途受到数千名身穿少数民族盛装的群众夹道欢迎，唢呐齐奏，铁炮齐放，欢迎仪式十分隆重，访问团在官衙亦发放了慰问品；19 日上午访问团从官衙步行出发，抵达丁岭界的白水村时，迎来了热烈的欢迎群众，从白水村到县城一路五十里，沿途都有各族人民吹唢呐、放铁炮，夹道欢迎，访问团就在这样的热闹欢迎气氛中于当日下午进入龙胜县城日新街。

龙胜位于广西东北部，地处越城岭山脉西南麓的湘桂边陲，古称桑江。20 日，访问团在县政府召开了龙胜各族人民代表座谈会，参加座谈会的有当地盘瑶、茶山瑶、花蓝瑶、山子瑶、坳瑶、苗族、侗族、壮族、汉族、毛南族、土家族、白族的代表。当地政府各级领导陈基义(侗族)、林志远(壮族)、黄钰(瑶族)、宾赐福、杨瑞清(苗族)等人皆出席了座谈会。稍后与我一道当选为第一届全国人大代表的陈基义同志，便是我在这次座谈会上初次相识的。座谈会由中共龙胜县委书记孙善佑主持，费孝通团长首先发言，他代表中央人民政府向出席座谈会的各位少数民族代表传达了中央人民政府对少数民族人民的关怀，简单明了地解释了《共同纲领》中的民族平等团结政策，勉励各族人民加强团结，共同建设一个繁荣的龙胜。接着是陈岸讲话，他代表省人民政府对龙胜各族人民进行了亲切的慰问。然后我作了简短扼要的发言，大意是号召各位代表畅所欲言，多谈一些各民族情况和生活现状，让访问团了解真实情况，以便向中央人民政府和省政府汇报，利于及时解决。苗延秀亦作了发言。当地政府各级领导紧随其后作了发言，主要是汇报当地民族分布、人口结构、文化教育和生活现状。随后各族人民代表纷纷作了发言，提出了一些迫切愿望。会后，费孝通团长代表中央人民政府当场向各位代表赠送了礼品，以示慰问。

21 日，访问团在县城召开慰问大会，大会由陈基义主持，费孝通团长在会上作了发言，发言内容大意是向各族人民代表转达党中央对各族人民的问候和关怀，宣讲党中央的民族政策等。会上，费孝通团长代表中央人民政府向龙胜各族人民赠送了年画、布匹、毛巾、食盐等一批慰问礼品，各族人民代表亦回赠了民族服装和土特产等礼品给访问团。慰问大会结束后，访问团分组到泗水、江底、马堤、芙蓉、里市、东升、布弄、中洞、太平塘、龙坪、平等、庖田、盘胖、宝赠、地灵、瓢里、三门、大罗等地进行慰问、演戏和放电影，同时向当地各族人民赠送粮食、棉布、食盐、西药和日用品等慰问礼物。访问团还根据当地各族人民代表的愿望，雷厉风行地协助当地政府举办了民族训练班，组织基层人民代表学习党和政府制定的民族方针和政策，为当地培养了一批少数民族基层干部。访问团同时又将各族人民代表提出民族区域自治的热切愿望迅速向中央和广西省人民政府作了反映。7 月 30 日，龙胜县人民政府向广西省人民政府和桂林专员公署呈文，文称："经中央访问团的协助，拟于 8 月 16 日召开各民族各界第一届第二次人民代表会议……决定成立县一级的民族区域自治政府（名称已由中央访问团请示中央人民政府政务院决定）。会议中成立民族区域自治筹备委员会进行筹备工作，代表会议选举县长、副县长、政务委员，通过自治政府组织条例，正式成立民族区域自治政府。请予批准，并派员抵县指导，候复。"中央和地方人民政府批准后，龙胜县人民政府与各族人民代表开始了充分酝酿和积极筹备民族区域自治的工作。

访问团在帮助具备条件的少数民族地区建设基层政权自治区或自治县以及开办民族训练班的同时，还派人深入龙胜各区、乡、村寨进行访贫问苦，广泛开展民族政策宣传以及社会历史、文化教育、民风习俗、财政经济状况的调查工作。当时龙胜县分为东、西、南、北四个区。访问团和联络组着重调查了龙胜县文化教育、深租退押和灾荒情况，同时深入到龙胜县坳头苗族聚居地、南区龙脊十三寨壮族聚居地和东区伟江乡一带，广泛调查了当地苗、壮、瑶等少数民族的历史沿革，各自然村、寨、屯的人口分布，阶级成分构成、文化教育、风俗习惯等方面的历史与现状，重点对当地苗、壮、瑶等少数民族生产方式、经济收入、剥削情况、生活状况等作了专项调查，收集到了大量史料，由联络组负责撰写出这方面的调查报告。

据我在解放前对龙胜县的田野调查，以及此次参加中央民族访问团对龙胜各族人民的调查了解，从中可知，龙胜县历史上，境内无山不瑶，无林不苗，无垌不侗，无水不壮的生活居住特点，可谓生动地概括了当地各少数民族的分布状况。由于历代政府对龙胜各少数民族实施政治压迫和经济剥削，加之当地经济生产条件差，造成龙胜县解放初期粮荒情况十分严重，各族人民生活困难重重。为此，访问团专门对龙胜灾荒情况做了专项调查，同时迅速向中央和省人民政府作了反映。中央考虑到龙胜各族人民生活的现实困难，很快增加了拨粮救灾数量。1951 年中央和广西省人民政府在当年的一年内相继向龙胜发放了救济米 55 万公斤，贷出农贷粮 7 万公斤。党中央和人民政府的热心关怀和雪中送炭般的体贴，让当地各族人民深受感动，盘瑶代表金宝珠亲口对我说："共产党来了既送粮又送我上学堂，这是历史上从未有过的事，衷心感谢共产党，让我们盘瑶人民翻身过上了温饱生活。”壮族代表黄玉贵同样对我说：“人民政府好，派访问团来关心我们，培养我们，我们一定不会忘记人民政府的恩情。”由此可见中央民族访问团的到来，在各族人民中产生了相当广泛的影响，在传达党和国家对少数民族同胞的深切关怀，宣传《共同纲领》中的民族政策，贯彻党和国家的民族平等团结政策，密切党和人民政府与各族人民的鱼水关系，强化少数民族对国家民族政策的充分信任等方面，皆起到了重要作用。

访问团联络组在龙胜南区龙脊村壮族十三寨调查时，搜集到当地自 1920 年至 1933 年的头人名单及其相关制度的一些重要史料。所谓头人制度，包括议团定时开会、临时开会、民主议事、头人权责、乡规禁约等方面事宜的制定，维护村寨的社会秩序和调解村民纠纷，维护和掌管村寨的公共财产，组织公益建设，组织集体性的祭祀活动，主持村寨的头人会、长老会、寨民会，决定村寨的重大事情和组织寨人抵御外侮，代表村寨利益谈判、打官司、接待上官、贵客等。龙脊村十三寨的乡规禁约为当地成年男女民主参与充分议事讨论后的结果。乡约一旦制定，多用汉文写于木牌上，立于各寨路口，晓谕寨民不得违反，否则按照乡约严惩不贷。龙脊村壮族十三寨，寨寨有议众头人（即寨老），少者一人，多者三人。各寨头人再推举出若干人组成议团，是十三寨的大头人组织，为十三寨最高权力机构，选举出大头人（即大寨老），管各寨的头人。龙脊村十三寨由于特殊的地理位置，历史上属“三不管”地带。民国时期，官府虽将龙脊村分为上、中、下三甲，推行村甲制度，但龙脊村的甲长必须由议众头人任命，听命于议众头人，可见龙脊村十三寨的议众、议团乡村基层组织自成系统，行使着基层组织行政、经济、自卫和法律的职能，与官方无关。

访问团和联络组的一些成员认为壮族乡规、乡约、禁约等用汉文写成，应该是从汉文化吸收而来，特别是龙脊村十三寨的乡规禁约。我当时对中国历史上出现的这些乡约没有深入研究，只是 1934 年 10 月北京师范大学成立教育研究会，黎锦熙教授任教育研究会导师，特邀我的同窗好友王兰荫任干事，邀我任助理干事，一道从事教育研究。当时王兰荫即开始了中国乡约与民众教育的研究，发表过《明代之乡约与民众教育》一文，开了 20 世纪中国乡约制度研究的先河。我读后印象极深，对这方面的历史知识开始略有了解。随着这方面的知识逐步积累，现在想来，壮族乡约虽用汉文写成，但不一定是吸收汉文化的必然结果，或许正好相反。

乡约是邻里乡人互相劝勉共同遵守，以相互协助救济为目的的一种制度。通过乡民受约、自约和互约来保障乡土社会成员的共同生活和共同进步是一个理想。回顾乡规禁约理想的历史起源,最早可以追溯到周代。《周礼·地官·族师》曰:“五家为比,十家为联,五人为伍,十人为联,四闾为族,八闾为联。使之相保、相受,刑罚庆赏相及、相共,以受邦职,以役国事,以相葬埋。”中国最早的乡里自治制度成文,有可能是北宋学者吕大钧、吕大临等几兄弟于北宋神宗熙宁九年(1076)制定的《吕氏乡约》。这个乡约的四大宗旨是使邻里乡人能德业相劝、过失相规、礼俗相交、患难相恤,这四大宗旨即乡约的四大项内容。《吕氏乡约》在关中推行没有多久,北宋被金人所灭,《吕氏乡约》昙花一现,很快被人遗忘。南宋后,朱熹重新发现了这个乡约,据此编写了《增损吕氏乡约》,再度使《吕氏乡约》声名鹊起。到了明代,朝廷大力提倡和推广乡约,《南赣乡约》应运而生,影响最广。明嘉靖年间,朝廷推广王阳明之法。“嘉靖间,部檄天下,举行乡约,大抵增损王文成公之教。”《南赣乡约》与《吕氏乡约》相比,两者的重要差异在于:王阳明于1518年颁布的《南赣乡约》为民众自发的乡村组织自治制度,《吕氏乡约》是政府督促的乡村组织自治制度,具有官治传统的属性。明代发展的一套以乡约、保甲、社学、社仓为整体性的乡治系统,到了清代被弃而不用。所以,王兰荫曾对我说,清代乡治不是明代乡治的发扬光大,而是对《吕氏乡约》的异化继承。现代最早写出乡约制度专著的杨开道先生甚至在他的《中国乡约制度》一书中写道:假使没有清兵入关和农民起义,“假以时日,整个乡治或者可以立定基础,成为中国民治张本”。清代的乡治是分割的,破坏了乡治的整体性。乡约由礼部管辖,单纯用来司教化,以宣讲圣谕为主。保甲、社仓由户部管理,专门用来缉盗安民,社学专门用来教养,社仓专门用来救济,各制度分开,而把明末已经发展完全的一套乡治体系打乱肢解了,乡约成了宣讲圣谕的讲政,只是一套定期的政治教育而已。

从上述可见,明清以来汉人和满人推行的乡治和制定的乡约,大多明文化,不少带有官主官治传统,即按照封建礼义的道德规范,对民众进行教育和约束。这与广西少数民族地区,特别是壮族地区历来流行的乡治乡约明显有别,主要表现在:壮族历史上的聚集地大多为穷乡僻壤的山区,历来为古代社会封建制或郡县或土司制鞭长莫及的山村壮寨,古来自发地形成了一套诸如都老制或村老制或寨老制或头人制的传统社会组织,它们的职能作用与前述龙脊村十三寨头人制度大同小异。寨老一类的头人首要职责是制定和监督执行维护村寨秩序的乡规民约,即习惯法,以维持村寨生产和生活的正常进行。这些习惯法经过寨老提出和村寨全体成员的讨论,拟成条文,一般以口头流传方式做到家喻户晓,只是近代以来,一些地方的乡规民约写于木牌或刻碑公布,形成文字晓示村民。由此使我联想到民国时期我到融县考察苗族社会的一些所见所闻，当地苗人头老举行埋岸会议制定乡规民约时，大多以口头方式告知各户，同样大都以口头传唱或口头文学方式流传下来，而非以木牌或刻碑文字。这些乡规民约内容十分广泛，几乎涵盖行政制度、权利义务、生产劳动、婚姻嫁娶、伦理规范、宗教祭祀等，皆反映出当地苗族人民传统的原始法制思想、社会组织形式和民主政治精神，完全与历代官府无关，更无丝毫汉文化的影响。正如苗民口头传说那样：远古时代苗民已组成部落，那时已有头老制度，此即古老苗歌所唱"千般有头，万般有主"。苗民认为，苗族社会最初没有规约，部落无所适从，社会生产极不安定。为此，头老们想出一个方法——埋岸会议，民主议定规约，从此苗民部落有约可依，奖罚分明。这与壮族自原始部落社会成立以来长期流行沿用的头人制或寨老制及其制定的乡规民约同符合契。否则，历来处于天高皇帝远的穷乡僻壤山区的少数民族何以维持长年自我封闭自我循环的社会秩序。民国时期龙脊村壮族十三寨的头人制度及其乡规禁约、融县大苗山的头老制度及其埋岸乡约、大瑶山的石牌制度及其石牌律，完全有可能是少数民族历史上传统"习惯法"的延续和反映，只不过到了近代，少数地区用汉文书写成文，写于木牌或刻碑公布，大多数地区仍沿用口头传播旧习而已。即便大瑶山的石牌制度，最初在石牌上同样是不刻字的，头人口头议定规约后当众宣布，瑶民口口相传，同时立一石牌，各人只在这石牌打上印记或由头人砍几个缺口，表示誓守勿渝规约的决心，可见瑶族石牌的最早形式属象形石牌。古壮人往往将乡规民约与壮民教育的道德经《传扬歌》融为一体，这就是明末清初凡是在《传扬歌》流行传唱的桂西壮族地区皆不同程度地有着都老制或村老制或寨老制或头人制存在的原因，显然这不是历史的巧合。

壮族乡规民约习惯法多由头人或寨老等人采取民主形式制定以及监督执行，人人必须遵守。如发生矛盾和争执，大多由头人或寨老调解，极少为矛盾和争执对簿公堂。遇事靠头人或寨老按传统乡规民约习惯法解决。在判理争执的过程中，一般不收礼金，双方备酒席招待即可。对事实难以查清的疑案，往往采用神判方式，即双方在头人或寨老的主持下，对天、对神起誓，烧香，赌咒，给被怀疑者施加精神压力，讲出是否作案的事实。按乡规民约习惯法处理纠纷、案件时，除批评教育、写悔过书、罚款等以外，还有体罚、劳役、革籍、处死等。这是我近年来对当时在龙脊村十三寨调查壮族头人及其头人制度的一些思索和认识。

（二）三江慰问

1951年7月底，访问团一行从龙胜县向三江县进发，一路慰问。8月2日，访问团一行抵达三江县城古宜(今古宜镇),受到县城各族人民手舞小彩旗的夹道欢迎。我于1943年7—8月曾率黔桂边区考察团来过龙胜、三江一带调查,访问团成员刘介先生解放前曾任过三江县县长,因而我俩对这一带少数民族还是略有了解的,县内主要聚居有侗、壮、苗、瑶、汉等民族。如同在龙胜县一样,8月3日,访问团首先在县人民政府召开了三江各族人民代表座谈会,参加座谈会的有当地侗族、苗族、壮族、汉族、瑶族代表。座谈会由县委书记何俊主持,费孝通团长首先发言,他代表中央人民政府向出席座谈会的各位少数民族代表传达了中央人民政府对少数民族人民的关怀和慰问,粗略讲解了《共同纲领》的民族问题要点,宣传民族政策;接着陈岸和我都相继作了简短发言,继而广泛听取了当地各乡领导和各族人民代表的意见。座谈会结束时,按惯例由费孝通团长代表中央人民政府当场向各位代表赠送了礼品,以示慰问。8月4日,访问团在县城体育场召开慰问大会,大会由县长周春鸣主持,费孝通团长在大会上向各族人民传达中央人民政府的关怀和慰问,当他讲到按照《共同纲领》三江县可以实行民族区域自治时,与会群众一片欢呼,响起热烈的掌声。会上,费孝通团长代表中央人民政府向三江县各族人民赠送了一批慰问礼品,计有毛泽东纪念章千余枚、毛泽东肖像数百套;锦旗三面;毛巾百余打;食盐66000余斤;柴刀近百把。三面红缎锦旗长2米,宽1米,其中一面绣有毛泽东的题词:“中华人民共和国各民族团结起来!”一面绣有周恩来题词:“中华人民共和国境内各民族一律平等、团结、互助,反对帝国主义和人民公敌,实行少数民族的区域自治和人民自卫,尊重民族宗教信仰和风俗习惯,发展民族经济文化,使中华人民共和国成为各民族友爱合作的大家庭!”一面绣有朱德题词:“全国各民族亲密团结起来,为建设民主、和平、统一、繁荣、富强的新中国而奋斗!”大会结束后,访问团带来的文工队紧接着为与会群众表演了文艺慰问节目。当天晚上,访问团带来的电影队在体育场为县民播放电影,以示慰问。慰问电影中有一部国庆一周年庆祝活动的纪录片,当三江人民在纪录影片中看到三江侗族代表莫虚光向毛主席献礼的镜头时,边指边喊,欢呼雀跃。他们第一次看电影便看到侗族代表莫虚光①的镜头,深感光荣,欣喜若狂。

---

① 本书整理者按:莫虚光曾任三江民变武装之一莫部的司令员,1949年3月参与领导三江民众暴动,同年4月攻占三江县城,成立“湘桂边人民解放军”,任司令员,因而解放初期的当地侗族群众都习惯称他为莫司令。这一称谓后逐渐为一些亲朋好友习用。1950年莫虚光作为中南区兄弟民族国庆参观团成员到首都参加中华人民共和国成立一周年盛典,受到隆重的礼遇。毛泽东主席、朱德总司令、刘少奇副主席、周恩来总理等中央领导同志亲切接见了他。朱德亲笔为他题词道:“侗民族代表莫虚光先生:各民族团结起来,为建设新中国而奋斗!”李济深、张澜两位副主席和郭沫若、沈雁冰都欣然为他泼墨题词。(参见莫虚光撰《侗族通览》,序,广西民族出版社,1995年;又见《民族论坛》1995年第3期。)

言及此，顺便谈一下知交莫虚光。1952年12月广西桂西壮族自治区成立时，莫虚光和我一道当选为自治区人民政府委员会委员；1956年3月，桂西壮族自治区改为桂西壮族自治州，他任副州长，我续任州委员。解放后我在南宁出席会议时，时常与莫虚光晤面，为了我早年学的侗话不至于生疏，我亦时常用侗话与他交谈，互相称兄道弟。1957年鸣放期间，5月14日我在南宁出席中共省委统战部主持召开的民主党派人士座谈会。会毕，莫虚光邀请我到他家做客，当时在座的还有桂西壮族自治州政协覃辉副秘书长和潘伯秀委员等若干人。同年9月初"反右运动"期间，在广西省第一届人民代表大会第五次会议上，我向与会代表刚作完《对于我反动罪行的检讨》，紧接着作检讨的便是莫虚光。1958年，他与我一道同被错划为"右派分子"。1978年中共十一届三中全会后我俩的"右派"冤案获得彻底平反。1981年春我到南宁出席自治区政协会议时遇见莫虚光。会后，他邀我到他家一叙，席间共同回忆起当年的一些往事，说起我俩于22年后又在当年同一检讨地点一道出席区政协会议，相互都发出人生无常、世事难料的感慨。这是余话，言归正题。

1951年8月5日，访问团应邀到县城的三江中学与师生们举行联欢，费孝通团长在联欢会上作了一次生动的民族政策宣讲报告，获得师生一阵阵掌声；三江县副县长杨文贵（苗族）和我先后在会上亦作了简短发言。杨文贵同志后来与我一道先后担任桂西壮族自治区人民政府委员会委员、广西省人民委员会委员，一同当选为第一届全国人大代表兼人大民委委员。他还担任过大苗山苗族自治区（后改称大苗山苗族自治县，即今融水苗族自治县）第一任区长、县长、桂西壮族自治州副州长等职，开会时我俩时常见面，交谈甚欢。加之我在广西最初从事少数民族田野调查的对象，便是苗族。1945年9月我曾到融县荣安、四安、安陲三乡（今属融水苗族自治县）调查过当地苗族教育、社会、历史，因而我对苗族人有着特别的亲切感，对大苗山的苗族略知一二。有关大苗山苗族的教育发展、经济建设等问题，就是我与出身于大苗山的苗族人杨文贵时常探讨的话题。杨文贵同志十分谦虚好学，开会休息时间，他还时常忙里偷闲向我请教古文，学习古汉语；我亦向他学习苗语，互帮互学，互执弟子礼，互有一见如故之感。

联欢会后，三江侗族人、时任三江县人民政府文教科科长的秦振武来访问团住地看我，他是国立桂林师范学院于1944年秋避难三江县时在当地招收的学生，虽在桂林师范学院国文系读书，但经常来听我的授业，彼此建立了师生之谊。我们师生多年未见面，此次重逢，双方讲侗话，交谈甚欢。1952年11月，他当选为新成立的三江侗族自治区(县级)人民政府首任区长。1955年,他出任广西民委副主任后,一直对我的民族田野调查和研究工作鼎力相助。改革开放后,我俩一道当选为第五届全国政协委员,同赴北京开会,亦算是师生知交。如果说莫虚光先生属三江侗族上层人物中的代表,那么秦振武先生则是三江侗族文化人中的翘楚。

随后,访问团离开三江县城古宜,到县属各乡村寨进行慰问,先到侗族集中聚居地程阳、林溪;继而翻山越岭到马胖;然后下八江;接着翻越乌狼坡—青鹅岭山脉主峰三把岔,进入独峒;再沿苗江河一路慰问到苗族集中聚居地的同乐;又下良口,上洋溪,经勇伟,抵富禄。访问团一路跋山涉水近半月,不辞辛劳地将中央人民政府对边区人民的慰问尽可能带到家家户户。为此,访问团沿途慰问时,都会派出团员到各乡所辖村寨进行访问,而且主要到穷乡僻壤的侗、苗、壮、瑶村寨。例如到三江北部高寒山区的程阳乡(今属林溪乡程阳村)时,访问团便派出成员到该乡所辖的八个自然侗寨进行了慰问,发放了慰问品。

访问团所到之处,访贫问苦,召开各种大、小座谈会,宣传党和政府的民族政策,关心当地民生,赠送各种慰问品给当地人民,同时还为各族人民演出文艺节目和放电影,由此得到了当地各族人民的热烈欢迎和热情招待。在林溪,当地侗族人民热情好客,用百家宴的传统形式招待访问团;在马胖(今属八江乡马胖村)、八江、独峒等乡,访问团抵达时,当地侗、苗、壮、瑶各族人民都穿着民族盛装,列队夹道欢迎。在同乐乡,当地各族人民听说访问团即将抵达,数千人穿上民族盛装,急忙从二三十里外的高洋、八吉、高岜、归美、良冲、归亚、净代、高培、岑甲赶到同乐街列队等待。当访问团进入同乐街时,各族人民吹着芦笙,敲着锣鼓,欢呼声一浪高过一浪,令人感动,至今忆起,我依然难以忘怀。后来莫虚光、秦振武等人对我说,此次访问团在三江县走乡串寨的一路慰问过程中,沿途出来欢迎访问团的三江各族人民达到了近六万人,占当时三江县总人口的三分之一。由此可见访问团把政府对各族人民的关怀和慰问品送到了千家万户,从而深受各族人民的欢迎。三江热情好客的少数民族人民,还请访问团成员到家中做客,献上特产孟江茶油、禾花鲤招待。访问团到富禄乡时,富禄业余剧团专门为访问团演出了侗族戏。

访问团到三江良口乡时,派出联络组成员,着重调查了三江的木材生产历史和经济现状,由联络组写出了这方面的专题调查报告。同时,访问团还专门召开三江木材工商联座谈会,协助当地政府重点解决三江木材生产遗留下的历史经济问题和现实纠纷。

通过访问团在三江县的一系列慰问活动，不仅体现了民族间平等友好、团结和睦的精神，还给三江的干部群众上了一次生动的民族政策的教育课，这为1952年12月3日全国最早的三江侗族自治区（后改为三江侗族自治县）的成立打下了良好的基础。

随后，访问团由三江进入融县，在县城长安镇（今属融安县）召开了各族人民代表座谈会，宣传民族政策。随后派人深入大苗山区访问苗寨、侗乡、壮村、瑶家，宣传民族政策，调查了解各民族的政治、经济、文化状况，同时赠送了医药、布匹、粮食、食盐等慰问物资。中央访问团的民族政策宣传和民族慰问工作，可说有力促进了翌年11月26日由融安、罗城、三江等县各划出一部分合并组成的大苗山苗族自治区（今融水苗族自治县）的成立。

8月12日，访问团到达柳州。随后在柳州专署相继召开了三江民族情况汇报会、回民座谈会以及柳州工商各界人士座谈会。14日上午，陈岸在专署主持召开了三江民族情况汇报会，我亦参加了会议。

14日进行的回民座谈会分组进行，当日下午三点，我在柳州清真寺主持召开了柳州回民座谈会第二组（即清真寺值年委员组）座谈会。参加座谈会的回民代表，主要是此前不久在柳州清真寺成立的回民会（全称民主回民联合会筹备委员会）的主任、副主任和委员们以及其他回民代表，计有陈朝江主任，马翼、李成文副主任，白健中、白崇峰、白云波、马洁芬、马汇昌等委员，以及马正贵、张金甫、王沛仪、张文群、陈朝明等人。翌年底与我一道当选为广西省第二届各界人民代表会议第一次会议提案审查委员会下辖民族事务组成员的回族人马正贵，便是在此次座谈会上初次相识的。

当时柳州的回民会委员，由回民群众选举产生，具有一定的民意代表性。马翼副主任介绍了柳州回民的人口规模、职业、生活来源、经济和就学方面的概况，我仔细聆听并做了详细笔记。与会者在会上反映了一些回族宗教信仰受到误解和限制等方面的问题，请求访问团向中央反映，期望得到及时解决。

15日上午，陈岸在柳州市主持召开柳州工商各界人士座谈会，我亦参加了会议。随后中央民族访问团广西分团分成若干支队分赴桂西、桂东各少数民族地区慰问。费孝通此前已被邀请去龙胜出席龙胜各族各界人民第一次代表会议。8月16日，根据广西省人民政府的通知精神召开了龙胜各族各界人民第一次代表会议，中央民族访问团领导费孝通以及桂林专署领导吴腾芳、李景仙等列席会议指导。会议为期四天，相继通过《龙胜自治区人民政府暂行组织条例》《各族各界人民代表会议暂行组织条例》《龙胜自治区第一届各族各界人民代表会议常务委员会组织条例》等章程。19日进行选举，选出了以陈基义(侗族)为区长，林志远(壮族)、黄钰(瑶族)、杨瑞清(苗族)为副区长的龙胜各族联合自治区(县级)人民政府领导班子成员，吴仲林等23人当选为区政府委员，孙善佑等35人当选为龙胜各族各界人民代表大会常务委员会(主任孙善佑)委员，龙胜各族联合自治区人民政府正式宣告成立，它是中南地区最早成立的县级民族自治区。8月20日，在县城足球场举行庆祝龙胜各族联合自治区人民政府成立大会，到会各族干部和群众有八千多人，兴安、灵川、灌阳、桂林和三江、大苗山等县、市亦派代表到会祝贺。

随后，费孝通又赶到南宁，率领访问团部分成员西行抵达百色专区。26日，访问团一行80余人在费孝通团长的率领下抵达百色县，开始对百色专区各族人民进行慰问。随后访问团分成若干慰问队，分别到田林、隆林等县慰问当地各族人民，展开民族调查，发放慰问品。8月30日至9月12日，费孝通率领访问团一行十余人在隆林县(今隆林各族自治县)的德峨、长发等地慰问和调查，随后写了一份《西隆苗区民族情况调查报告》。中央访问团广西分团还派出分队深入到上思县的十万大山，慰问当地少数民族，赠送慰问品。

与此同时，8月17日，我和陈岸、金晓邨(朝鲜族)等同志一道率领访问团部分成员前往桂东的荔浦县金秀瑶民自治区对大瑶山各族人民进行慰问和考察。

(三)深入金秀

金秀大瑶山地处广西中部的崇山峻岭之中，北望荔浦，南襟平南，东连蒙山，西与柳州遥遥相望，境内居住着盘瑶、花蓝瑶、山子瑶、坳瑶、茶山瑶等五个瑶族支系，是中国瑶族支系最多的县份和瑶族主要聚居县之一。因大瑶山主体部分在金秀境内，故又叫金秀大瑶山。

民国初年，大瑶山沿袭清制，瑶山内部分设金秀、罗香、滴水、六巷等四个瑶团，由瑶族石牌头任团总，名义上虽纳入国民党政府的统治之下，实际上还是化外之地，为大瑶山石牌制所统治。石牌是金秀大瑶山特有的一种传统社会组织，它根据结成村寨的数量多寡而有大小等级之分，等级形式从小到大，一般以沿小河流域的自然村组成石牌团。大瑶山的石牌制是当地村与村之间为了解决各村之间发生的纠纷，为了维护当地社会秩序和生产秩序的正常，为了保护瑶民的财产，为了团结一致抵抗来犯之敌而结成的一种延续了数百年的联盟政治制度，既有瑶族世代因袭下来的原始公社制度的特征，又带有封建政治制度的印迹。石牌制在金秀大瑶山数百年来对内维护治安、保障群众利益，对外御敌等维持内部秩序方面长期发挥着重要作用。每个石牌根据全村人民参加的石牌大会共同议定石牌律——供大家共同遵守的村规民约。同时选出一位头人为石牌头，由他代表村民执行石牌律。金秀石牌律历史上长期都是口口相传的，只是近代以来金秀瑶族上层人士接受汉文后始以汉文字形式抄写在纸上、木板上或镌刻在石碑上。民国时期的金秀大瑶山区共结成了36个石牌组织，最后结成总石牌，设在金秀，解放前以金秀六拉村的茶山瑶人陶进达为总石牌头。

1926年，新桂系确立了在广西的统治之后，打着“开化”的旗号，以“办教育”的美名开始逐步把势力伸入大瑶山，美其名为“开化瑶山”。1932年，国民党广西省政府制定了《苗瑶民户编制通则》。根据这一《通则》，大瑶山区的十八山被划分为三个乡，采用与汉族地区十进位编制不同的五进位的编制方法，即以五户为一甲，五甲为一村，五村为一乡，五乡为一区。虽然在表面上废除了石牌制，收买石牌头为村甲长，推行村甲制，但实际上石牌制依然发生着作用，与村甲制共存，两者结合起来由瑶族石牌头人统治着大瑶山。

解放后，1951年2月，人民解放军对大瑶山区土匪会剿取得全面胜利，大瑶山获得解放，行政区划分属三个专区（平乐、梧州、柳州）六个县（修仁、荔浦、蒙山、平南、桂平、象县）12个乡。同时相继在大瑶山设立了蒙山县岭祖瑶民自治区、修仁县金秀瑶民自治区（均为乡级民族自治区）。随后，大瑶山瑶族人民迫切要求人民政府能按照瑶族习俗制定新的法规，治理大瑶山。为此，同年3月26日，象县东北乡（后为金秀瑶族自治县长垌乡）人民政府召开乡各族人民代表会议，经过各族代表协商，运用瑶族传统的石牌律形式，订立了平等生产公约八条。同年7月16日至18日，修仁县金秀瑶民自治区人民政府召开第一届各族各界人民代表会议，148名代表出席了会议，共同议定了平等生产的公约十条。这些公约形式上类似于历史上的大瑶山传统的石牌律，但内容已发生了实质性变化，具有了人民政府主导的新社会各民族一律平等的特色，表现在历史上长期处于山主地位的茶山瑶自愿放弃对荒山的一系列特权。公约立足于“开荒自由，谁种谁收”的平等生产原则，允许盘瑶、山子瑶等各族开荒，不收租；上山打鸟捕兽不收租；各族均可在森林里种植香菇、香草、茶叶等土特产品，谁种谁收；河流以行政村为单位分段管辖，捞鱼垂钓自由等。由此从根本上解决了金秀瑶族历史上长期存在的内部经济矛盾，有力地促进了瑶族内部以及金秀大瑶山各族人民的民族平等和团结。这为同年8月中央访问团抵达金秀瑶民自治区慰问期间筹备召开的大瑶山各族代表会议通过的《大瑶山团结公约》奠定了基础。

金秀瑶民自治区于1951年2月由修仁县的永宁乡和崇义乡合并成立，成立时归修仁县管辖。同年8月1日修仁县撤销并入荔浦县，金秀瑶民自治区归属荔浦县。为此，原修仁县副县长梁华新，亦陪同访问团一道深入金秀慰问。后来与我一道任桂西壮族自治区人民政府委员会委员以及一同当选为第一届全国人大代表的梁华新（象县壮族），便是此时初次相识的，从此结为知交。

解放初期，金秀瑶民自治区境内无公路，只有山路，由金秀至周边各县全靠步行。我们访问团一行三十余人乘车抵达大瑶山境内荔浦县七建乡时下车开始步行，在当地干部张杰同志的陪同下，向金秀进发。8月20日，当访问团接近金秀瑶民自治区永宁、崇义两乡交界一带的大桥（地名）时，附近永宁乡六段村以及崇义乡六定村所辖数寨的瑶族同胞扶老携幼倾寨出动，身着民族盛装，早已在此等候。当欢迎群众远远看见访问团成员高举的醒目标志的红旗时，便开始击鼓鸣锣。访问团抵达时，欢迎的人群欢呼雀跃，铁铳、唢呐齐鸣。欢迎队伍中第一位迎上来与访问团领导握手的是六段村村长苏扶主。随后，在苏村长的陪同下，访问团一行进入六段瑶寨，受到当地瑶胞们的热情款待，家家户户都捧出当地特产瑶家茶，热情招待访问团成员；瑶胞无论男女老幼，都纷纷亲热地拉着访问团成员们的手进屋休息，然后端出瑶族地道美味的酒肴和米饭争先恐后地招待我们。访问团在此宣传民族政策的同时，亦向瑶胞们发放了食盐、粮食、布匹、针线等慰问品。六段瑶寨的瑶民为茶山瑶，以苏姓为主。寨民赖以生存的农作物主要是茶叶、水稻、玉米。茶山围着寨子四周，水稻田则分布在周围各条山冲间，皆属高寒山冲田，因而稻谷、玉米产量不高。寨子依山傍水，三面环山，一条狭长的巷道穿寨而过，全长两百余米，五十多户瑶胞分居于巷道两侧，两侧民居傍依着连绵起伏的青山。据六段村石牌头人苏扶义（村长苏扶主的大伯）介绍，六段村瑶民在此落户建寨最早可以追溯到清道光年间。六段瑶寨民居以每户都建有吊脚楼而富有瑶族特色。访向团成员在此休息一夜，21日早晨出发，向20公里外的金秀前行，苏村长热情地将访问团送到下一个村寨。在当地群众如此热情洋溢地一寨接过一寨、一村送过一村的迎送下，访问团经过长二村不久，便于当日下午抵达金秀。当访问团抵达距离金秀村还有三里路的山林时，当地区、乡、村的一些领导、干部和瑶族群众早已在此等候多时，欢迎现场锣鼓震天，唢呐齐奏，鸟枪、铁铳齐鸣，瑶族群众以瑶族最隆重、最盛大的礼仪迎接访问团，并一路载歌载舞欢天喜地陪送访问团进入金秀瑶民自治区人民政府所在地金秀村。当晚，访问团文工队演出文艺节目，电影队放电影，慰问瑶族群众。演出结束后，我和陈岸、金晓邨三位广西分团领导亦向瑶族群众发放了食盐、粮食、布匹、针线等慰问品，同时我向当地领导覃纪祯、金宝生等人亲手赠送了绣有毛泽东题词的锦旗一面，以示中央人民政府的关怀。

22 日下午，金秀瑶民自治区区长覃纪祯在金秀主持召开了大瑶山各族代表座谈会，大瑶山区的茶山瑶、盘瑶、花蓝瑶、山子瑶、坳瑶代表出席了座谈会。座谈会上，访问团首先听取了副区长金宝生（金秀瑶族人，1954 年他与我一道当选为第一届全国人大代表，从此结为知交）对当地经济、民族等方面的情况汇报。接着陈岸发言，宣讲民族政策，号召各族人民团结；继而是我发言，号召与会代表们畅所欲言；接着与会的盘瑶代表赵如福、山子瑶代表黄玉球等人先后发言，异口同声地强烈要求开荒自由，谁种谁收，不再向山主茶山瑶交纳地租。会上，茶山瑶代表陶玄天（时任金秀瑶民自治区永宁乡六拉村村长）亦作了发言，大意是强烈呼吁茶山瑶山主和各瑶族头人放弃在瑶山的特权，平等对待瑶族群众以及壮、汉族人民，主张各民族平等相待，紧密团结，共同发展。他的发言代表了瑶族群众的普遍心声，得到与会代表的热烈掌声。访问团了解到当地各民族存在的一些历史遗留问题后，深感解决当地长期存在的经济纠纷是解决民族矛盾从而搞好民族团结的关键；而解决瑶族间经济纠纷的关键，就是必须在瑶区迅速贯彻执行中央人民政府制定的中华各民族一律平等以及新中国人人平等的方针和政策，消除历史上封建势力遗留下的上层阶级特权。身为茶山瑶革命干部的副区长金宝生对此认识最深，他多次在大众场合对我们访问团领导反映道：金秀过山瑶（主要指盘瑶、山子瑶）山丁长期深受山主的压迫和剥削，不消除山主和头人的封建特权，过山瑶永无翻身的日子，无法享受到新社会人民当家做主的新生活。当时广西省人民政府借访问团慰问大瑶山少数民族之机，发出了一个通知，决定于同年 8 月 25 日在金秀召开全大瑶山各族人民代表会议，会期五天。访问团按照通知精神，于 23 日开始指导筹备召开大瑶山区各族各界代表大会。会议召开之前，先由平乐、梧州、柳州三个专区分别所辖的荔浦、象县、蒙山、桂平、平南等五县内瑶区基层按民族人数民主选出各族各界与会代表，达 246 人。代表大会会场设在金秀瑶民自治区人民政府办公处大门口，搭有临时会棚。

25 日上午，大瑶山各族人民代表会议开幕。会议由金秀瑶民自治区区长覃纪祯主持。陈岸首先在会上作了关于民族团结工作的重要讲话。继而我在会上作了发言，记得大意是解释中央人民政府颁布的一些民族政策和方针，呼吁当地一些瑶族上层头人认清形势，放弃特权，让各族人民经济生产处于平等地位，以利于各民族团结，共同发展。同时提议订立《大瑶山平等公约》。接着，金晓邨在会上发言，着重谈了中央访问团访问少数民族地区的重大意义。梁华新亦在会上介绍了金秀瑶民自治区此前部分乡、村采用瑶族传统的石牌律形式订立公约的经过和收到的成效，同时倡议订立《大瑶山团结公约》。随后，茶山瑶代表陶玄天、盘瑶代表赵如福、山子瑶代表黄玉球、花蓝瑶代表侯守才、坳瑶代表陶全福等人相继在代表大会上发言。26 日，各族代表通过充分酝酿和协商讨论，达成共识：响应访问团的号召和建议，选出各族代表 11 人组成大瑶山各族人民团结公约起草委员会，在访问团的指导下，根据各族代表的意见，着手拟出团结公约草案。27 日，拟成大瑶山团结公约草案六条，交大会分组讨论。经过大会全体代表的反复讨论、协商、修改后，于 28 日下午在大会上正式通过，并决定以瑶族传统的石牌律形式，即习惯法形式刻在石碑上，于翌日举行隆重的树碑仪式，加强宣传。29 日，当地领导动员附近各山村瑶寨人民前来参加大会闭幕式，以隆重庆祝《大瑶山团结公约》的订立，庆贺金秀大瑶山各族人民大团结的新生。当天到会者有三千多人，瑶胞们穿着民族节日盛装，营造出金秀各族人民大喜的气氛。上午九点，当陈岸宣布大瑶山各族人民代表会议圆满结束胜利闭幕后，覃纪祯区长紧接着宣布树碑仪式开始，只见各族代表站立在刻有《大瑶山团结公约》的石碑前，石碑前放一长方桌，上置数碗酒；一人上前左手持鸡，右手持刀，刀光一闪，鸡头落地，鸡血入碗；然后各族代表端起碗来共饮鸡血酒，以示遵守不渝；接着相互敬酒，以示共同欢庆瑶族大团结的新生。树碑仪式结束后，金宝生副区长宣布庆祝大会开始，顿时数百响铁铳和鸟枪齐鸣，拉开了庆祝的序幕；接着锣鼓震天，唢呐齐奏，当地瑶族传统长鼓舞、陶鼓舞热烈奔放，呈现出隆重庆祝的欢乐热闹气象。

事后，覃纪祯区长对我说，公约中规定瑶民可以自由开荒、谁种谁收的消息传开后，金秀盘瑶、山子瑶欢欣鼓舞，纷纷在家准备锄头、镰刀，表示出要多开荒种植茶、桐、杉等树来发展经济的强烈愿望。金宝生副区长亦对我说，《大瑶山团结公约》的制定解决了金秀瑶区数百年来的民族矛盾，金秀各族人民的长年愿望得到了实现。

从《大瑶山团结公约》订立的传统形式上看，显然承续着金秀瑶族自古以来特有的习惯法（石牌律）传统。作为具有浓厚民主色彩的金秀瑶族社会组织形式的石牌制，在瑶族社会沿袭了数百年,对瑶族社会和经济发展产生过重大作用和影响。历史上的金秀瑶族石牌律大多以保障瑶族生命财产为主旨,曾对金秀瑶族社会生产的发展和社会秩序的安定发挥过极为重要的积极作用。尽管金秀瑶族石牌制在1942年后被国民党封建统治的保甲制所取替,然而,石牌精神一直渗透在瑶族传统文化及其生产活动和社会秩序中,一直未从瑶族传统文化中消失,金秀瑶民一直自觉地以石牌律(村规民约)制约着自己的公共行为,遵规守法(习惯法和成文法)。金秀瑶族特有的这种传统石牌精神文化,无疑是金秀《大瑶山团结公约》得以顺利订立的基础,亦为改革开放后金秀瑶区各乡、村瑶民相继以传统石牌律形式订立村规民约用以安定社会秩序和促进社会主义精神文明建设的基础。

从《大瑶山团结公约》订立的内容上看,六条公约完全涉及经济生产。现将当时我抄录的《大瑶山团结公约》全文列之如下,然后再谈一点当时的个人认识。

《大瑶山团结公约》全文:

我大瑶山各族各阶层人民,自解放后,在中国共产党、毛主席领导教育下,大家认识到,过去各族及民族内部不团结的原因,是国民党反动派和少数坏瑶头挑拨离间所造成。因此,今后大家必须互相谅解,不计旧怨,共同在中国共产党、毛主席、人民政府领导下,亲密团结,并订立团结公约六条,共同遵守不渝。

(一)长毛瑶为表示团结,愿意放弃过去各种特权,将以前号有公私荒地,给原住瑶区各族自由开垦种植,谁种谁收,长毛瑶和汉人不再收租,过去种树还山者不退,未还者不还。

(二)荒山地权归开荒者所有,但荒芜一年以上,准由别人开垦。杉树山砍后,如隔一年不修种,则该山地可自由开垦,谁种谁收。水田荒芜五年以内者,经别人开垦后,三年不收租;荒芜五年以上者,可自由开垦,谁种谁收。

(三)老山原有杉树、香菇、香草、竹、木等特产,仍归原主所有,不应偷取损害;但无长毛瑶培植特产之野生竹木地区,可自由培植香菇、香草。

(四)经各乡各村划定界之水源、水坝、祖坟、牛场不准垦殖;防旱防水之树木,不准砍伐;凡放火烧山,事先各村约定日期,做好火路,防止烧毁森林。

(五)除鸟盆附近外,山上可自由打鸟。各地河流,准自由钓鱼,放网,但如放麸闹鱼,应互相通知邻村集股作份,不作份者,只能在界外捡鱼。

（六）瑶族内部，原有水田的租佃关系可由双方协定，但不得超过主一佃二租额。除地主富农外，有力自耕者，可收回自耕，但不得换佃。

以上公约，如有违犯或纠纷，由各族各阶层人民选出代表成立各级协商委员会调处，并会同各级政府按情节轻重处理。凡住在我大瑶山人民，均须遵守。各乡各村可依本地情况另订具体公约，但不得与本约相违背。本公约修改权，属于大瑶山各族各界代表会议。

大瑶山各族代表会议订立

公元1951年8月28日

从以上公约内容上看，显然继承了金秀瑶族石牌律历来以保障瑶族生命财产为主的传统，1953年继而订立的《大瑶山团结公约补充规定》的内容，同样主要涉及经济生产和租佃关系。所不同的是《大瑶山团结公约》及《补充规定》以保障金秀大瑶山各族和各瑶族支系的生产权益为主，而非过去的村规民约大多仅以保障一族、一支系、一村一寨的瑶族生命财产为主。由此呈现出《大瑶山团结公约》的制定，促使瑶族各支系人民具有了生产平等的权益。只有各族人民的经济权益平等，方能共同发展生产；只有中华各族人民的政治权益平等，各族人民方能翻身做主。没有民族平等，民族团结如同无源之水或无本之木，不过是一句空洞的政治宣传口号而已。就解放初期金秀的现实情况而言，瑶民们没有过高的政治觉悟，一句民族团结的政治号召打动不了他们，只有赋予他们关乎其生存和发展的平等权益从而带来的生产开荒自由，方能解决遗留矛盾，由此促进民族团结。解放初期一些地方出现的民族工作失误，关键一点就是过多强调民族团结而忽视了民族平等。民族宣传工作中强调民族团结，高歌民族团结，这无可非议。问题在于：不在具体落实国家制定的民族平等方针和政策基础上而空谈民族团结，无疑易使民族团结流于政治宣传口号的空洞形式。民族事务工作中的民族团结与民族平等是表里统一的关系，缺一不可，但民族平等是落实民族团结的前提条件或根本要素，否则，就是本末倒置。这是我对民族思想的一贯认识和主张。我当时认为，金秀各族人民拥有了生产的平等权益，便能获得经济的平等，由此方能解放生产力、改善生产关系，进而促进民族团结。公约消除了山主和头人的政治和经济特权，使得长毛瑶（大瑶山历史上的茶山瑶、花蓝瑶、坳瑶因男女皆留发结髻而又被统称为长毛瑶）和汉人山主放弃经济特权，让过山瑶山丁立于平等地位，从而激发出他们发展经济生产的极大热情，由此解决了金秀瑶区过去因经济矛盾引起的民族矛盾。解放生产力和改善生产关系是解决民族不平等带来的经济矛盾的前提，民族平等造就各民族的团结及其和谐共处，而非恰恰相反，这就是我当时在大瑶山各族人民代表会议上提议订立《大瑶山平等公约》的思想认识。这一倡议实际上与《大瑶山团结公约》内容所体现出的民族平等实质同符合契。但是，当时我立于民族平等民族观，缺乏高度的政治意识。因此，当梁华新同志从政治的高度意识倡议订定《大瑶山团结公约》时获得了与会代表们的大多数赞同后，我亦未固执己见，而是坦然赞同，自认为公约呈现的名实不符现象实属细枝末节，关键是公约的订立能够解决金秀瑶区迫在眉睫的现实问题，皆大欢喜，这是要点。

代表大会结束后，梁华新同志仍暂时留在金秀做指导工作，我和陈岸、金晓郁率领访问团成员在张杰同志的陪同下翻山越岭，步行返回柳州。

（四）百色调查

1951 年 9 月上旬，访问团从柳州出发，经南宁进入百色专署的平果、田东、东兰等县进行慰问和调查。在田东，访问团在县人民政府所在地平马镇召开了各民族代表座谈会；在东兰，访问团在东兰县城和东兰第五区（中和区），先后召开各族人民代表座谈会和瑶胞座谈会，同时走村串户，访贫问苦，赠送慰问品和发放救济品。记得当时访问团代表政府发放给东兰各民族人民救济大米达六十余万公斤，食盐达八百余公斤。我在东兰第五区（韦拔群烈士的家乡），还特意登门专访了韦拔群烈士的妹妹和弟媳、革命前辈韦武月、韦武丁、黄美伦等人，笔录了她们口述韦拔群烈士的革命事迹回忆，由此萌生了撰写壮族革命英雄韦拔群事迹以昭后人的念头。加之稍后我又有了与革命前辈张云逸、韦国清、谢扶民、黄松坚、黄举平、覃应机、黄一平、陆秀轩、黄荣、赵世同等同志经常在一起开会的机会以及结识了韦拔群烈士闹革命时实施镇压的广西省主席黄绍竑，这便有了我于 1957 年 3 月完成的主要描述壮族现代革命英雄韦拔群烈士事迹的《右江苏维埃政权之建立》（油印本）一册和现已完成的《韦拔群评传》初稿三卷。这些皆为我参加中央民族访问团工作期间进行调查和以后多次深入右江少数民族地区展开调查，以及对张云逸、韦国清、谢扶民、黄松坚、黄举平、覃应机、黄一平、陆秀轩、黄荣、赵世同等同志独家访谈的成果。

9 月 26 日，中央民族访问团中南访问团广西分团中北京来的访问团成员返回北京，只有参加访问团的广西部分成员仍在继续进行慰问和调查工作。10 月初，访问团进入宜山专署，相继到了该专署所辖都安、宜山、罗城、天河（后并入罗城县）、环江等县对各族人民进行慰问和调查，访贫问苦，发送慰问品，倾听民意。访问团在宜山专署听到一些民族村寨长期存在历史上遗留下的民族纠纷问题，这引起了访问团的高度重视，迅速协同当地政府一道处理，及时解决了久拖不决的问题，避免了民族矛盾的激化。例如在宜山县，位于县西部第九区（第九区即龙头区，后从中分出一部设立第十二区，即三只羊区，1953 年成为宜山县三只羊瑶族自治区。1955 年 6 月划归都安瑶族自治县，称三只羊区）的八达村，系苗族聚居地。当访问团来到宜山县第九区慰问时，八达村苗人派代表龙秀珠、龙文仁、吴金庭、石仁汉等人来到区政府面见访问团，陈述八达村与相邻吉隆村历史上存在的一些经济纠纷问题，希望访问团和县、区领导出面调解。访问团听完苗民陈情后，在县、区领导的陪同下很快来到八达村和相邻的吉隆村，挨家逐户走访，了解具体情况，从中得知，八达村的苗族与吉隆村壮族，为了一口果垒鱼塘、一条长沟和坡业岭的归属问题，双方争执了几十年。访问团得知情况后，对两村苗族和壮族做了深入细致的说服工作，宣传政府的民族平等和民族团结政策，发动八达村与吉隆村的苗、壮两族人民制定了《八达吉隆两村爱国团结公约》。公约规定："果垒大塘及坡业岭两处从 1951 年起属于八达村全体群众管理。吉隆八达两村群众，不得互相谩骂、讥笑、仇视。大平沟区两旁田地的业主，不得横断围鱼，拉窿旱沟原横鱼塘，属原主所有。今后双方群众任何人不得放药毒鱼，以免灭掉鱼种。我们两村群众保证永远亲密团结，互助友爱，搞好生产。两村群众如有违犯上述公约，以破坏团结论罪。"这一公约的制定，同样是以苗壮双方协商解决经济纠纷为前提，而非以民族团结的口号为前提。否则，倘若当地苗壮两民族早已团结，便不会存在经济纠纷和不团结的问题，便无必须再订定《团结公约》。可见双方为了解决经济纠纷而协商共立公约，是双方民族开始团结的象征和起点。

《八达吉隆两村爱国团结公约》订立后，当地苗族和壮族群众两千余人会集在八达村的弄侯坪，举行了气氛热烈的民族团结大会，会场中央高挂"八达吉隆两村群众团结大会"横额，两旁书写大红对联，上联是"恨当初封建统治压迫为鱼塘为荒山贫下中农百般痛苦"，下联为"喜今日斗倒地主恶霸为祖国为家乡兄弟民族永久团结"。会上，八达村苗人女代表龙秀珠，吉隆村壮人男代表卢永赖分别讲话。会后，两村僮、苗群众分别将《团结公约》全文十二条书写于村中心的墙壁上，并宰肥猪一头，抬出大坛米酒，邀请访问团和县、区领导人聚餐，共庆民族团结。自此以后，两村苗壮民族消除了历史上的隔阂和积怨，亲密无间，团结往来，互相通婚，昔日的冤家成为亲家，这是访问团在广西慰问各族人民三个多月期间妥善处理民族纠纷的范例。在环江县,境内少数民族长期受到歧视,民族间的往来几乎处于封闭状态,造成彼此之间存在一些隔阂。位于环江县北部的第七区(为才区,后分别设立东兴公社和龙岩公社)和第八区(驯乐区),属该县苗族、瑶族的主要聚居地之一。解放初期,曾有一些人吹起一股欲把苗、瑶同胞赶走的歪风,当地政府知道后,积极开展了强化民族团结工作。访问团来到环江后,深入到第七、八两区了解情况,随后在这两区相继召开了各族人民代表座谈会和各族人民群众慰问大会,宣传党的民族政策,强调民族团结的重要性;同时赠送慰问品,还赠送了一面毛泽东题字"中华人民共和国各民族团结起来!"的锦旗,受到当地群众的欢迎,逐步消除了民族间的矛盾,清除了不利于民族团结的这股歪风。

中央民族访问团中南访问团广西分团代表中央人民政府和广西省人民政府深入山区对广西各族人民进行慰问的同时,还作了不少考察工作和专项调查。通过对广西壮、瑶、苗等民族的来源和变迁的重点考察,许多客观事实证明壮族是广西土著人,瑶族、苗族则来自两湖江西等地。以至于访问团工作结束后不久,根据壮族群众的迫切愿望和自报情况,政府尊重群众意愿,同时依据访问团调查整理出的众多报告中的科学结论,将广西过去自称为壮人、侬人、土人、沙人、锐人、俍人、僚人、越人等的壮族支系,统一归并在历史上的"壮族"总名之中。这可说是解放后开展的民族成分识别工作之始,中央民族访问团这种个别调查的方法后来成为全国少数民族成分识别的主要手段。由此可见中央民族访问团广西分团作出的历史贡献,不容忽视。按照中央民族访问团团长李德全于1951年11月16日在政务院第111次政务会议上作的《中央民族访问团访问中南地区少数民族的总结报告》(经同次会议批准)中所言,当时"中南区少数民族人口,据初步估计约有八百万到九百万……壮族约六百万人,主要聚居在广西左右江流域"。这六百万壮族人,便是当时壮族人民愿意归并的民族意识的体现以及自我民族认同的结果。

访问团在访问期间和访问结束不久,由中央民族访问团广西分团领导的广西联络组,经过广泛深入调查后相继写出了《广西少数民族历史资料提要》《广西龙胜县文化教育情况》《广西龙胜县东区概况》《广西龙胜县坳头苗族调查》《广西龙胜县伟江乡洋湾村调查》《龙胜县南区龙脊村壮族社会调查》《广西大瑶山一般情况》《关于金秀瑶区的初步调查报告》《广西三江县第八区(林溪)民族概况》《三江县第六区民族概况》《广西三江木材问题调查报告》《防城三区少数民族情况》《防城县偏人情况调查》《防城县第三区峒中乡民族概况》《防城二区巫头、万尾、山心越南族概况》《防城县山人（瑶族）民族情况》《东兴市情况介绍》《江平越南族情况及教堂活动》《广西东兰县第五区（中和区）民族概况》《广西东兰县西山区民族情况》《广西田东县民族概况》《广西平果县民族概况》《十万大山南屏乡瑶族调查》等近30份调查报告，可说是广西解放后首次广范围的少数民族社会历史调查的成果。这些报告真实地记载了广西少数民族地区解放初期的实际情况，既为中央人民政府制定民族政策提供了重要的依据，又为广西民族研究奠定了重要的基础。

1954年，我和费孝通先生一道当选为第一届全国人大代表和民族委员会委员，开会时谈起当年中央民族访问团派出的四个访问团所写出的众多调查报告，一致认为这些资料十分珍贵重要，有必要抽调专人整理公开出版，以供全国民族研究学者广泛用于研究。同年9月28日第一届全国人大第一次会议结束后，全国人大民族委员会召开了第一次会议。会上，我和费孝通分别向刘格平主任和谢扶民副主任提出了由民委调人负责整理公开出版这批调查报告的建议，但不知何故，未见下文。以致今天查用起来十分不便，大多难以找寻，现在想来依然视为美中不足的一件憾事。

三、参与民族成分识别工作

（一）民族确认与民族成分识别

由于历史原因，我国许多少数民族及其支系的民族成分难以确定。解放后，中央人民政府为了改变我国少数民族及其支系的民族成分不明以及族称混乱的历史状况，有利于落实国家制定的一系列民族平等政策和方针，切实保障少数民族的平等权利，自1953年起，由中央及地方民族事务机关组织的科研调查队伍，在各省陆续展开了少数民族成分调查识别工作。近读一些专家学者论述解放初期有关民族确认与民族成分识别工作的文章，文中只谈所谓的民族识别，大多不提民族确认，这种认识有失客观。而所谓“民族识别”的提法，本身就有问题，有违客观事实。我曾参加过解放初期广西的一些少数民族调查和民族成分识别工作，我不认为广西历史上的各民族，是经过我们这些人当年进行所谓民族识别后再经中央人民政府确认的民族。这是因为中国56个民族，包括广西各民族，其民族名称（族称）及其族体早已存在于历史中，并非通过解放初期的所谓民族识别后，他们始成为一个民族和重新拥有了新民族名称或新族称，只不过中央人民政府对56个民族的确认，并非在同一时期，而是存在一个逐步确认的过程。现口述解放初期我曾参与的广西民族成分识别工作的一些经历和若干认识如下。

我所说的民族确认，是指解放后中央人民政府对中国各民族政治平等地位和合法权益的明确承认和合法认定；我所说的民族成分识别，是指解放后在政府主导下长期开展的对我国少数民族各民族成分进行的识别。

解放初期在政府主导下开展的民族成分识别工作，是一项重要的民族科研工作，亦为广西民族事务中的重中之重，而在当时广西民族成分调查识别工作中的第一阶段（约1951年7月至1952年底），没有民族成分或民族成分识别的提法，只有民族确认的事实以及政府主导下对广西历史上各民族支系进行民族成分调查和归并工作的展开实情。到了第二阶段（约1953年秋至1957年春），广西只有民族成分的提法以及调查民族成分和识别民族成分的民族工作展开，并无所谓民族识别的提法和工作开展。例如1953年8月17日，广西省民委制定的《调查民族成分工作计划方案》，只谈针对广西民族成分展开调查的工作计划方案。广西省民委为了能够卓有成效地具体实施这一计划方案，还专门成立了省民委研究室，邀请了广西一些专家学者参加研究室工作，我亦在被邀之列。当时我们这些研究室研究员的主要工作，就是制定民族成分调查的实施纲要（包括调查内容、方法、步骤），然后领导调查组深入广西一些民族地区开展民族成分调查和识别工作。1953年9月29日，中共广西省委统战部部长赵卓云在民族工作干部会议上所作的《关于一年来推行民族区域自治、培养民族干部及民族地区普选试点工作总结的报告》中，同样言及民族成分问题的调查识别，而非民族识别的调查问题。广西省人民政府副主席兼桂西壮族自治区人民政府主席覃应机于1953年10月10日在广西省第三次民族工作会议（10月5日至13日）上所作的《广西省第三次民族工作会议总结报告》中明确强调："民族成分未确定的，各地需要组织力量去调查摸清后报告省委并报中央以便肯定下来……"1954年3月10日，广西省民委印发的《识别民族成分调查参考提纲》，便是我与省民委研究室的其他专家学者共同讨论制定的成果。随后，各调查组深入广西各地展开的调查和识别，主要工作就是对广西一些地区的少数民族的民族成分加以调查识别和归并，而非进行民族识别。因此，1957年春广西第二阶段的民族成分识别工作基本结束后，同年4月17日，广西省人委发出《广西省人民委员会关于我省民族成分问题的通知》（〔57〕会族字第4号），明确言及的是广西省民族成分识别工作的成果和少数有待于进一步调查研究的少数民族的民族成分，只字未提民族识别。

所谓民族识别的提法，最早可能见于1954年8月25日由中共云南省委边疆工作委员会编印的《云南省民族识别研究第一阶段工作初步总结》，继而是1955年由云南省民族事务委员会研究室印发的《云南民族识别参考资料》。从两书内容看，当时云南的所谓民族识别工作，不过是对历史上已经存在的一些民族支系或民族名称等进行了民族成分的调查和归并。例如《云南民族识别参考资料》一书中的一些识别小结说，永胜的"'倮'、'水田'、'支里'、'子彝'、'黎明'五单位，都是'彝族'的支系，都不能成为单一民族"（22页）。新平县的"'腊鲁'、'咪哩'、'密岔'、'蒙化'都不是单一民族，都是彝族的支系"（35页），即为佐证。当时云南开展的所谓民族识别工作，并未重新识别出一个或创造出一个历史未曾有的新民族名称（即族称），更谈不上识别出一个新民族。

事实上，在当时广西民族成分调查识别工作中的第一阶段（1951年7月至1952年底），不仅没有民族成分或民族成分识别的提法，而且亦无对已经确认的单一民族壮、瑶、侗等少数民族的识别，只有对这些历史上的单一民族的支系展开了民族成分识别和归并。例如壮族，1951年7月中央民族访问团广西分团代表中央人民政府和广西省人民政府深入山区对广西各族人民进行慰问的同时，还作了不少考察工作和专项调查。访问团工作结束后不久，根据壮族群众的迫切愿望和要求，即将过去称呼为壮人、侬人、土人、沙人、锐人、俍人、僚人等壮族支系统一并入历史上早已存在的壮族这一单一民族中，统称壮族。这可说是解放后全国开展的民族成分识别工作之始。当时归并后的壮族总人口约600万人，这是中央民族访问团中南访问团团长李德全于1951年11月16日在政务院第111次政务会议上所作的《中央民族访问团访问中南地区少数民族的总结报告》中言及的壮族称谓和人口数字。

再如1956年2月，通过民族成分识别工作后，报经政府有关部门认定，最终经中华人民共和国民族事务委员会确认，广西的仫佬、毛南被确定为单独民族。仫佬、毛南这两个民族或民族名称在历史上早已存在，只是在历史不同时期出现的族称不同而已。这从1981年国家民委作为参加全国少数民族社会历史调查纪念而寄赠给我的《中国少数民族》（人民出版社，1981年5月初版，我曾参与对此书的部分初稿审阅）一书中班班可考。当时我们只是对居住在广西罗城县及其附近宜山、柳城、都安、忻城等县的不同地区但同讲仫佬话以及风俗相同的历史上的仫佬人的民族成分加以调查和识别，具体而言只是对当地的仫佬人的不同支系进行了识别，并未重新识别出或创造出一个新民族仫佬族和一个新民族名称仫佬。对毛难人的民族成分识别同样如此。

世界上任何一个民族都存在支系，在民族平等原则下，民族支系之间并无主次之分，彼此之间平等。接下来我就建国后我在多次组织领导的广西少数民族调查和参与的一些民族成分调查识别工作中所了解到的一些壮族支系的自称和他称概况作若干概说。

（二）壮族支系调查识别

1.壮族支系自称和他称

壮族是广西的土著民族，这是1951年中央民族访问团在广西访问结束后提交的调查报告中的共识和结论。建国初期我参加的对壮人、侬人、土人、沙人、锐人、俍人、僚人、偏人进行的调查识别，是对广西部分壮族支系的少数民族成分进行的调查识别，而非进行壮族识别。一般而言，一个民族必然包括几个支系，每一个支系都是一个民族的组成部分。在平等原则下，各支系之间一律平等，一个民族与其民族支系并不存在主从的隶属关系。一个民族中的一个支系的族称之所以能成为这个单一民族的共同名称，这是由于历史因素造成，而非人为认定，例如壮族，壮族在历史上的名称从先秦周代以来相继有濮、西瓯、骆越、乌浒、俚人、僚人、撞人等。作为族称的“壮”始见于宋代，时人写为“撞”“獞”。宋人范成大《桂海虞衡志》记“庆远、南丹溪洞之民呼为獞”；朱辅于《溪蛮丛笑》中说南方溪洞少数民族“有五：曰苗、曰猺、曰獠、曰獞、曰犵狫”，即为佐证。可以这样说，宋代后，“撞”从历史上的若干混称中脱离出来，成为单一的民族名称。宋代以来，汉文中带有污蔑性的“撞”或“獞”作为单一民族的他称，在汉籍中的出现逐步增多；元代同样如此，大都称“獞”或“撞”；由于壮族人民是广西土著，过去广西的人口，壮人必占绝大多数，远的且不必说，仅以明朝而论，明代汉籍中对“獞猺”的频繁并举，又使“獞人”广为世人所知。例如《明史·广西土司一》记：“广西猺、獞居多，盘万岭之中，当三江之险，六十三山倚为巢穴，三十六源踞其腹心，其散布于桂林、柳州、庆远、平乐诸郡县者，所在蔓衍。而田州、泗城之属，尤称强悍。种类滋繁，莫可枚举。蛮势之众，与滇为埒。”明嘉靖丁亥年（1527）巡按广西御史冯彬曾说，广西一省“狼人半之，猺獞三之，居民二之，以区区二分之民介蛮夷之中，事难猝举”（《大明世宗肃皇帝实录》卷三百十二）。清初汪森辑《粤西丛载》卷二十六亦有相同记载。文中“狼人”即俍人，经建国后的民族成分识别确定为壮族支系之一；“獞”即壮族；“居民”指居住在州府县的城中人民，即指汉人。由此可见当时的广西壮族人的人数依然占多数。清代汉籍中对“獞”或“撞”的记载，已可普遍见于广西各地的县志、府志、州志中；而在民国时期的汉文官方史料和学者著作中，“獞”作为族称，即“獞族”连称，已是随处可见，例如学友刘介先生于1934年撰《岭表纪蛮》中说：“獞人散播于广西全省及广东之肇庆、高州、廉州、连州、新会、四会、遂溪等处，其人数在广西为最多。合广西所有蛮族而统计之，獞族实居十分之七以上。盖其族与侬、獠、狼、狑各族之言语俗尚，大部分并有同源异派的性质，故凡侬、獠、狼、狑诸族，汉人对之，亦将呼之为獞。”（同书第11页）文中虽然使用带有污蔑性的犬字偏旁“獞、獠、狼、狑”等字，这非刘介个人之过，而是清民两代学者难免的大民族主义甚嚣尘上的时代局限。正是出于对历史上汉文古籍和著作中屡见不鲜的这种对少数民族的民族名称带有污蔑性指称的反感和抵制，我在民国三十二年（1943）夏组织黔桂边区考察团赴义宁、龙胜、三江考察时所记录的《桂北苗傜调查资料》中，将过去犬字偏旁的“獞”“獠”“狼”“狑”一律改写为单人偏旁的僮、僚、俍、伶，亦在稍后于民国《广西日报》上发表的文章中坚持这种写法，自认为对消除历史上根深蒂固的民族歧视做了一件前无先例后启来者的有意义笔伐之事。建国后为了避免人们误将“僮”读音为“童”以及赋予“僮族”茁壮成长的寓意，1965年在周恩来总理的提议下，将“僮族”改写为“壮族”。“壮族”自宋代以来作为民族名称一直未变，撞、獞、僮、壮的相同发音亦未变，只是名称的汉字有了变更而已。建国后通过政府主导的民族成分识别工作，并没有识别出历史上不存在的“僮族”或一个新民族名称“僮族”，只是改变了“僮族”支系的民族成分不明以及族称混乱的历史状况，由此使得历史上的“僮族”这个民族主体壮大了，其支系结构基本明确了。

不管怎样，由上述可见，壮族作为一个单一民族的名称，几乎是历史上延续下来的一个约定俗成的民族名称，既为建国前后的壮族和他族人民共同认同，又是中央人民政府于《共同纲领》中予以确认和加以立法保护的少数民族之一。

为何以壮族支系中的壮人作为单一民族壮族的总称，而没有以壮族支系中的土人、俍人、僚人、侬人、越人……中的任何一个支系族称作为单一民族壮族的总称，主要因素有三：一是经“撞”“獞”（或“獞族”）族称演变而来的“僮族”或“壮族”作为一个具有悠久历史的民族称谓，广为世人熟知；二是壮人既是历史上的他称，又是本民族的自称（即“布壮”，汉语意即“壮人”）；三是从建国初期中央民族访问团对壮族支系的调查中可知，建国初期的“僮人”不仅在广西分布最广，而且人口最多。正是基于这些因素，建国初期,政府为了尊重广西历史上自称土人、俍人、僚人、侬人、越人……众多壮族支系群众主动要求归并于“僮族”的迫切意愿,通过对这些壮族支系的初步调查和识别工作,将这些壮族支系并入历史上的单一民族并经中央人民政府已经确认的“僮族”中。僮族的族称,是历史上从“撞”“獞”至民国时期的“獞族”或“僮族”延续下来,建国初期僮族作为僮族各支系的统一族称,是国家民族平等政策具体落实和民族成分识别工作的成果。

由于壮族历史上生存的特定地理环境以及在社会历史长河中传承和延续下来的特定社会文化习俗产生的特殊因素,造就了壮族内部一些不同的方言或土语,形成了不同的支系及其自称。建国初期作为壮族支系的土人、俍人、僚人、侬人、越人……广大群众主动要求并入壮族,统一在壮族这一总名族称中,并非就意味着这些壮族支系已经寿终正寝,它们依然以稍有差异的语言、习俗和自称等方面的特点以及不同支系的形态至今存续于世。同时,这种归并并非意味着在壮族各支系中的壮人与土人、僚人、侬人、沙人、锐人……存在着主与次的区别。在平等原则下,壮族各支系一律平等,没有主体和支系的区别。换言之,在壮族各支系中,并不存在主与从或主与次的隶属关系,这如同汉族支系之间的平等关系一样。

就目前已经公开的官方文件、报道和学者的调查资料和研究成果来看,我认为建国后最早开展的民族成分识别工作,始于中央民族访问团中南访问团广西分团于 1951 年 7 月在广西进行慰问期间同时开展的少数民族考察工作和专项调查工作。广西分团领导下的联络组经过广泛深入调查后撰写了《广西少数民族历史资料提要》等近 30 份调查报告,这些调查报告在访问结束后由中共广西省委统战部交付广西日报社铅印成册,供相关方面内部参考。这些调查报告皆非个人独立调查和撰写的成果,而是专家学者集体调查和撰写的结晶,其中不乏几位学者合撰的报告,其中《广西少数民族历史资料提要》,便是由我和学友杨成志、刘介等人利用联络组的调查资料合作撰述完成的。我负责《广西少数民族历史资料提要》中的壮族部分,刘介负责瑶族部分,杨成志负责苗族和其他民族。仅就这些调查报告中涉及的壮族而言,在《广西少数民族历史资料提要》中,我利用联络组的调查所集资料和自己身为壮族人和历史学者而对壮族历史、文化和分布的初步了解,着重阐述了历史上壮族的名称演变、支系、族姓、分布和历史活动等方面的状况,具体陈述了通过调查了解到的当时壮族分布和人口数。另如《广西龙胜县文化教育情况》《广西龙胜县东区概况》《龙胜县南区龙脊村壮族社会调查》三份调查报告，我亦参与了撰写，主要是对联络组调查得到的资料中一些不足部分追加了我在1943年7月对龙胜县文化教育和壮族社会状况调查资料的补充。而在《广西东兰县第五区（中和区）民族概况》《广西东兰县西山区民族情况》两份调查报告中，所依据的主要调查资料，则是我与访问团和联络组成员共同收集的。这些报告的主要调查对象是壮族。访问团对防城县偏人情况的调查，同样是专门针对壮族社会历史的调查。

在1951年10月中央民族访问团中南访问团广西分团在广西访问工作结束后提交的所有调查报告中，凡涉及壮族的一律写为“僮族”。这里必须强调说明一点，这些调查报告中言及的“僮、苗、瑶、彝”等民族，并非是由中央民族访问团请示中央人民政府后再由政府确认的民族名称或族称，中央人民政府早在《共同纲领》和建国后一系列官方文件和报刊中就已经确认，而非通过访问团的民族成分识别工作后再由中央人民政府确认的新民族或重新确定的民族名称，这是当时访问团领导和专家学者的共识，亦为中共广西省委、省人民政府和省民委领导的共识。

接下来，就建国初期我们对壮族支系的壮人、侬人、土人、沙人、锐人、佷人、僚人等少数民族成分进行民族成分调查识别的具体工作做一个大概的介绍，重点谈自称和他称。于此首先说明一下民族支系。有关民族支系，过去主要参照语言学家的语言系属分类来确定。按照理论上的语言系属分类，由大到小通常有四个层次：首先是语系，语系之下是语族（又细分为亚语族），语族之下是语言支系（简称语支，又细分为亚语支），语支之下是具体语言。实际上，语言的分支往往比这更为复杂。民族支系只是参照语言学家的语言系属分类来确定，而非完全依据语言学上的语言系属分类来确定，因为语言仅仅是民族支系的一个特征或成分之一，不能等同于民族支系。确定一个民族支系，必须从构成民族支系的名称、历史、语言、地域、风俗、信仰等因素（即本质成分）加以综合考虑。而在少数民族成分的调查识别工作中，首要工作就是对少数民族支系历史上的名称（包括自称和他称）展开调查。

有关壮族历史上的名称或他称，我在上述中已概而言之，无意细说，于此着重讲述一下壮族支系的自称和他称。从我在1943年、1945年以及1951年至1957年对广西的少数民族的多次社会历史调查以及参与的民族成分调查识别工作中的所闻所见所获所识，加上昔日北师大同门学友、云南大学方国喻教授以及广东学友、岭南大学岑家梧教授在我请求下于建国初期寄赠给我的一些有关云南和广东的壮族资料，从中可知，壮族支系自称和他称，略有以下数十种：

在广西的桂东地区，壮族支系自称主要有：

（1）布壮（即壮人，含有土著人、本地人等意，他称壮人、土人等，分布于桂平、蒙山、钟山、苍梧、玉林、陆川、容县、岑溪、德保诸县的少数乡村）。

（2）布土或濮土或濮多（即土人，含有土著人、本地人等意，他称土人、俍人、僚人、土族等，主要指讲土话的壮族人，分布于藤县、钟山、容县、贺县、平南诸县的少数乡村）。

在广西的桂南地区，上思县壮族人大多自称魂拖（或浑妥，即土人），少数自称文松、文班（或文板，意即乡村人）；防城、钦州、东兴一带壮族大多自称布偏（即偏人，他称偏族、高栏族），少数自称文班；灵山县壮族人大多自称布土，少数自称布衣。

在广西的桂西、桂中地区，即当时桂西壮族自治区所辖的大部分地区，壮族自称繁多，大致有：

（1）布壮（同上，分布于百色、德保、那坡、靖西、天峨、东兰、都安、环江、忻城、柳江、柳城、来宾、象州、宾阳、邕宁、大新、隆安、横县、贵县、融水、融安、罗城、宜山、三江诸县）。

（2）布土或濮土或濮多（同上，分布于乐业、田东、田阳、平果、百色、天等、德保、那坡、靖西、崇左、扶绥、宁明、龙州、大新、邕宁诸县）。

（3）布僚（“僚”在古今壮话中皆发“劳”或“佬”音，而非发“liáo”音。布僚即僚人，他称僚族、土人、土族人，以百色、田阳等县壮话为标准音，主要分布在右江流域诸县）。

（4）布衣（指讲俗称古越话、俍话、土话的壮族人，他称壮人、俍人、土人，以南丹、宜州、都安等县壮话为特色，布衣分布于百色、田林、田阳、西林、那坡、隆林、德保、乐业、河池、东兰、天峨、环江、凌云、南丹、都安、上林、忻城、柳江、柳城、象州、来宾、宜山、三江、金秀诸县，主要集中在红水河流域）。

（5）布侬或濮侬或濮崬（即侬人，侬或崬在壮话中指山林或丛莽，布侬或濮崬意指山林人，他称侬族人、侬音人、龙降人、天保人、甲州人、傲人，指讲俗称侬话的壮族人，以靖西、龙州等县壮话为代表，分布于崇左、龙州、大新、天等、德保、靖西、那坡、百色、田林、凤山、天峨、东兰、都安、凌云、武鸣、马山、上林、平果、扶绥诸县，主要集中在左右江流域）。

（6）布沙（即沙人、俍人，指讲俗称俍话和仲话的壮族人，他称俍话人、种家或仲家、夷子或羿子、土人，明清时代主要分布在广西左右江和红水河流域以及云南的广南、广西、曲靖、临安、开化等五府，后来大多融入布壮、布衣、布土、布僚、布侬等支系中，现在仍有少量自称布沙的壮族支系生活在云南文山壮族苗族自治州以及开远县等少数村寨，广西壮族自治区内现已无自称布沙的壮族支系）。

（7）布岱（即岱人，指讲俗称土话的壮族人，他称土人，分布于龙州、凭祥、大新诸县）。

（8）布曼或布板（或布班，或文班，或文曼，或根班，即曼人、板人。曼在壮话中指村落或乡村，布曼意即乡村人，指讲俗称乡下土话的壮族人。布曼分布于大新、马山、河池、东兰、都安、环江、凌云、乐业、武鸣、上林、平果诸县；布板分布于天峨、巴马、百色、田东、田阳、马山、上林、武鸣诸县；文班分布于武鸣县一些乡村；文曼主要分布在河池县的一些乡村；根班主要分布在宁明县城周边的一些乡村）。

（9）布那（即那人，“那”在壮话中指田，布那意指种田人，分布于武鸣、平果、田林诸县）。

（10）布陇或布弄（即陇人或弄人，壮话中“陇”指山谷，“弄”指山间、山里；布陇意指山谷人，布弄意指山里人，分布于都安、平果、宁明诸县）。

（11）布雅（即雅人，分布于南丹县一些乡村。据一些旧县志记载：广西桂东、桂北地区贺县、荔浦、永福、灵川、临桂、龙胜一些自称布壮、布也的壮族人，在族谱中自称祖先来自明代庆远府南丹一带）。

（12）布锐（即锐人、沙人，分布于天峨、南丹、天等、田林、那坡诸县）。

（13）布秧或布央、根秧（即秧人或央人、根人，布秧或布央分布于上林、百色、凌云、乐业、那坡诸县，根秧分布于德保、靖西、那坡、天等等县）。

（14）布隆安（他称隆安、隆安人，主要分布在那坡、靖西两县的一些乡村）。

（15）布敏或濮敏或濮闵（即敏人或闵人，指讲敏话的壮族人，主要分布在那坡、德保、环江等县的一些乡村）。

（16）濮越（即越人，主要分布在田林县）。

在广西的桂北地区，壮族自称主要有：

（1）布壮（同上，分布于平乐、恭城、荔浦、阳朔、永福、龙胜、临桂、兴安诸县）。

（2）布衣（同上，分布于龙胜县少数乡村）。

（3）布也（意指耙人，即耙田人，分布于龙胜龙脊一带的乡村）。

除此之外，广西壮族支系尚有布江或濮江（即江人，分布于横县、平果、德保、巴马等县的少数乡村)、布丝(即丝人,分布于马山县少数乡村)、濮诺(即诺人,分布于都安县七百弄山区)、埃们(即们人,分布于上林县少数乡村)、艾混(即混人,分布于融水县少数乡村)、布哥(即哥人,分布于天峨县下老区的一些乡村)、布宗(即宗人,分布于宜山县洛东乡)等。

上列各壮族支系除自称布沙的一支外,绝大多数至今仍广泛分布在广西壮族自治区境内。

云南的壮族支系自称主要有:

(1)布壮(同上,分布于广南、富宁、马关诸县)。

(2)布雅侬或布越侬(即沙人,他称沙族、土族等,分布于广南、文山、富宁、邱北、蒙自、罗平、泸西、师宗、思茅、勐腊诸县,主要集中在云南文山壮族苗族自治州内)。

(3)布侬(同上,分布于文山、广南、富宁、邱北、砚山、麻栗坡、马关、西畴、师宗、蒙自、开远诸县)。

(4)布傣或陡傣(他称土人、土族,指讲土话的壮族人,分布于文山、马关、西畴、砚山、元阳诸县)

(5)布僚(同上,分布于富宁、广南、麻栗坡诸县)。

(6)布土(同上,分布于蒙自、开远诸县)。

而在云南东南部的一些州县,还有自称布沙(即沙人,主要分布在富宁、广南、开远等县少数村寨)、布锐(即沙人,主要分布在屏边县少数村寨)、布雅(即沙人,主要分布在元阳县少数村寨)、布光(即光人,主要分布在师宗县一些乡村)、傣门(主要分布在蒙自、开远、个旧等县少数村寨)、傣德(主要分布在元阳、金平等县少数村寨)、布吕(即吕人,主要分布在宣威、会泽等县少数村寨)、布雄(即雄人,主要分布在富宁、马关、广南等县少数村寨)、陆安(主要分布在富宁县的一些村寨)等壮族支系。建国后云南的这些壮族支系,至今仍广泛分布在文山壮族苗族自治州、红河哈尼族彝族自治州境内。

广东的壮族支系自称主要有布壮、布土两种(主要分布在广东连山壮族瑶族自治县的南部加田、上帅、小三江、福堂、永丰诸乡,连山壮话和连山土话为其主要语言)。

一些壮族支系的他称,如侬族、偏族、僚族、土族、沙族、陇族等,建国前并不存在,兴起于建国后一些少数民族群众自报的民族名称。建国前似乎只有"獞族"或"僮族"(即壮族)的他称存在于民国时期的一些府县志和学者论著中。而僮人、侬人、土人、沙人、锐人、俍人、僚人、偏人、陇人等,大多数情况下,既是壮族支系的自称,又是其他民族对这些壮族支系的他称。而另外的一些他称，如乡里人、仲家、山里人、黑衣等，则源于壮族人的生活、劳动、服饰等方面的特点。学友费孝通先生于1952年发表的文章中说：

> 广西有一种人自称为土人，或本地人，分布很广，除了东南角靠近广东的十多县外，没有一个县没有土人。从桂林到南宁的铁路以西，土人在乡村中占主要地位，百色专区境内，土人占人口总数百分之八十左右。以广西全省说，约有六百万土人，占全省人口三分之一。他们说土话。土话是广西通行的语言之一，在西部是民间的主要语言。会说土话的并不只土人，许多被称为客人的外来汉人也学会了这种话。土话又称僮语，依语言学的分类，和汉语同属汉藏语系，但并不属于同一语族。僮语是黔台语族，台语支中的一个分支，这是说僮语并不是汉语的一个方言。(《新建设》1952年第一期)

文中对建国初期广西壮族的分布、人口以及认为“僮语并不是汉语的一个方言”等方面的认识符合实情，认为土人(布土或濮土)是自称完全正确，土人亦包括有土著人、本地人的词义，由此表明当时的广西土人在自觉认同的归属感方面已经具有了一定的民族共同心理素质或民族意识。当然，建国初期广西约有600万讲土话的壮族人，并非都是自称的土人或本地人，并非都讲土话。在约600万壮族人中，既有讲土话而自称布土、濮土或濮多的壮族支系，又有讲侬话、狼话、敏话……而自称布侬、布沙、布敏等壮族支系。这从众多调查资料上班班可考，亦从我上例的壮族各支系的自称和他称的叙述中可资佐证。不管怎样，这些土话、侬话、狼话、敏话……都属壮语方言，当时在广西讲壮语的壮族人口已有约600万人，这与前述中央民族访问团李德全团长在1951年11月的总结报告中言及的数字一致。

壮族支系的自称主要以壮语方言稍有不同和地区差异而形成了一些发音上的区别。还有一些以其特征不同而异，如布那、布陇、布曼等。虽然各地壮族支系的自称存在差异，但大多离不开“布”“濮”“文”这个总称。“布”“濮”“文”在壮话中均是汉文“人”的意思。因壮话中存在一些倒装语，布壮、布土或濮土等皆为壮语倒装句，译成汉语即指壮人、土人。土人，即土生土长的人，含有土著人、本地人等意，这是与客人、外来人相对而言的。当然，仅以语言存在的细微差异或自称来划分一个民族的支系，并非科学严谨。例如，在那坡县，按当地壮语方言细分，县境内壮族支系自称有布壮、布侬、布衣、布敏、布锐、布秧(或布央)、布峒、布傲(或布欧)、布省(或布生)、布决、布拥、布岸、布炸州、布隆安(或杜叔)等十余种。在靖西县,当地壮语方言虽然以讲属于南部壮语方言的靖西土话(俗称仰话)为主,但同时在县城西北存在少数讲侬、锐、省、宗、隆安、左州、府(德保)等壮语方言而自成壮族支系的自称。为此,我们在对一个民族支系进行识别和归类时,除语言外,还需结合自称、地域分布、风俗、历史等方面特点加以综合考虑。

从以上壮族支系分布情况看,可以说在建国初期的广西境内各县都有壮人,建国前的民国时期同样如此。据民国《广西年鉴》第一、二、三回(分别于 1933 年、1935 年、1948 年出版)所记:“本省民族有汉、獞、傜、猫、狪、狑、猓猓诸族。汉族而外,以獞族最多,分布于左右两江流域,柳江、邕江、抚河一部分及西北、西南等县……”按《广西年鉴》统计,民国时期广西省的 98 个县中 81 个县有壮族居住,占总县数的82.7%。这与壮族在广西历史上的分布情况相符,从我在 1957 年 4 月 19 日于《广西日报》上发表的《壮族在广西的历史分布情况》一文中可资佐证,亦从 1953 全国第一次人口普查的广西人口统计资料中各县壮族人口数据上可资旁证(可参看拙著《广西壮族简史》第 7—10 页)。

2.桂北诸县

自 1938 年我进入广西大学任教后,就一直生活在桂林市。解放前后,我曾利用大学暑假多次到过今桂林专区所辖的永福、百寿、荔浦、平乐、龙胜、灌阳、资源、灵川、临桂、全县、阳朔、义宁、兴安、恭城等县进行少数民族田野调查和工作视察,可说对桂北诸县的壮族略知一二,于此讲一下这些县的壮族支系大概情况。

从乾隆五年(1740)黄海修、蒋若渊纂《兴安县志》卷五“傜獞”所记中可知:清代桂北的永福、阳朔、修仁(1951 年 8 月撤修仁县,其原辖地大部分归属荔浦县,设修仁区)、荔浦等县,壮人颇多。永福县西北部的百寿县(1952 年 8 月 5 日,根据桂林行政专员公署的通知,百寿县与永福县合并,沿用永福县名),清代仍是“(城)郭十里外,俱獞夷”(《天下郡国利病书》卷一百〇六《永宁州·风俗》)。百寿县南边,地颇平坦,夷延百数十里,多为壮人所居(光绪乙酉年联丰纂《永宁州志》卷六)。从《永宁州志》所记中可知,百寿县内壮族来源有两支:一支在元明两代由湖南靖州经柳州怀远(今属河池市宜州区——本书整理者)迁来,旧时称为北壮;另一支在明代隆庆年间由南丹、东兰一带迁来,旧时称为南壮。永福县居民亦有“民三獞七”(《粤西丛载》卷二十四)之称,县内壮族亦分两支:一支在明孝宗弘治年间由河池、南丹迁来,主要居住在罗锦乡的江月、林村一带,旧时称北壮;另一支在明代正统年间由贵州黎平及广西的庆远府(时辖河池州、那地州、南丹州、东兰州)迁来,主要居住在毛洞(今属桃城)、边山、石城、银洞一带,旧时称为南壮,亦称为良壮。当然,明代年间迁来的壮族,并非当地土著壮族。明王朝统治者对少数民族实行民族歧视压迫政策,当时将古田地区的少数民族村寨划分为恶村、善村,对善村强迫人民赋税,服徭役;对恶村则用安抚手段,笼络少数民族上层分子采用"以夷制夷"的政策,调集狼兵防守。百寿县的北壮,永福县的南壮,即良壮,便是当时从外调集来防守的狼兵之一。明宗景泰间,古田县凤凰村(今永福县永安乡凤凰村)壮人韦朝威不堪忍受统治者的残酷剥削和压迫,领导当地壮族人民发动了古田壮族农民起义。韦朝威战死后,其子韦银豹继承父志,与黄朝猛、覃万贤等人领导义军继续战斗,从明景泰年间至隆庆五年(1571)坚持斗争达百年之久,相继攻占了义宁、雒容、永福、临桂、灵川、阳朔等县部分地区,推翻了这些地方的封建统治,建立了农民政权,废除了官府和地主豪绅强加在农民身上的繁重赋役和苛捐杂税,沉重地打击了明王朝封建统治阶级。起义期间的明弘治五年(1492),两广总督闵珪率湖广、广东、广西官兵47000多人,兵分四路对古田发动大规模征剿。永福县的北壮,便是其中征调的官军之一。而百寿县的南壮,则是古田壮族农民起义后期被征调来参加镇压起义的官军之一。明隆庆四年(1570)11月至次年正月,汉土官兵十四万,镇压古田起义,韦银豹及其孙韦扶壮等被捕,解赴京城凌迟处死。镇压中官军大肆屠杀,壮民被劫66村,倾家百户,被杀7466人,被俘男子1330人,被掠牛马365头。仅在古田一县,全县原有万余户,四万余丁口,被官军屠杀后仅存千余户,三千余人,古田县土著壮族人几近灭绝。为此,明隆庆五年(1571),官府将古田县改为直隶州,称永宁,辖永福、义宁二县。战后官府对北壮、南壮官军中一些有功者封官晋爵,允许他们定居古田之富禄、常安、桐木等地,并将这三地设为三镇,实行土司制。

古田壮族农民起义失败后,由于百寿、永福、义宁一带的桂北土著壮族人被大量屠杀,人口大减。随着外族移民的相继涌入,特别是湘赣等地及临桂、全州、兴安汉民接踵而来,汉人大增,当地土著壮族人口日益锐减,到了1949年解放前夕,百寿、永福两县的壮族人口仅剩约1万人。按1954年国家统计局公布的1953年第一次全国人口普查统计数据,永福县壮族人口尚有8845人。建国初的百寿县壮族,主要分布在城厢区的江岩村;三皇区的三皇、洞田、荣村、桐木等村;龙江区的丹江、龙隐、上维、保安、驿马、西河、龙山等村；古底区的喇塔村。永福县壮族，主要分布在桃城区的大苏村；罗锦区的上笑、江月、林村、星草、尚水等村；堡里区的堡里、三多、波塘、罗田、拉木等村；广福区的矮岭、龙桥、上寨等村。两县壮族支系的自称，皆为布壮，即壮人、本地人。据我调查，解放初期的两县壮族，少部分为当地土著壮族的后裔，大多姓黄；大部分则为明代外来北壮和南壮的后裔，大多姓莫、韦、罗。据《永宁州志》记载，明隆庆年间官军大征后，导致当地人烟寥落，而东兰、南丹、河池土兵留戍者，其后大昌，日益繁多，其中黄、莫、韦、罗为壮族四大姓。据学友蒙起鹏先生于 1949 年 6 月编纂的《广西通志稿》（广西通志馆油印本）记载："莫氏之族，其系不一，最盛为河池、南丹一支，明末迁来。韦氏之族，其系不一，最盛为东兰一支，明末迁来。罗氏之族，其系不一，最盛为东兰、河池一支，明末迁来。"这与我在建国初期调查了解到的情况基本吻合。当年韦银豹起义后自称"莫一大王"，而壮族的《莫一大王》传说，长期广泛流传于河池、南丹、宜山、柳城等壮族聚居地；加上我在百寿、永福两县听到的壮话，实与稍后我在东兰、南丹听到的壮话大同小异，两地都属壮语北部方言桂北次方言（河池、南丹、天峨、东兰、巴马、融水、罗城、环江、永福、融安、三江、龙胜）；再结合一些史籍记载和两地壮族大姓相同等方面情况看，可以推断，百寿、永福两县的部分壮族支系，实与河池、东兰、南丹、宜山一带自称布壮的壮族支系一脉相承。

荔浦县古时居民绝大多数为壮人，汉人瑶人极少。按民国三年顾英明修、曹骏纂《荔浦县志》所记，明代荔浦县的居民绝大多数是土著壮族，当时县治共 300 村，壮人占 270 余村。清嘉庆十年（1805），荔浦县置坊郭、永苏、通津、成亨、青香等五里，辖 453 村，壮人主要聚居在成亨里、通津里。二里共有 301 个村，其中只有 23 个村住有外族人，其余 278 个村全是壮族村寨，为纯壮人村，几乎没有外族人杂居。明初洪武元年（1368），荔浦县治尚有四乡，领八都，辖十八里。到了永乐九年（1411），因连年兵乱，十八里仅剩五里，人口大量流失。至明末万历年间，县境内几近岁岁构兵，起义迭出。当地壮、瑶人民因反抗明王朝的残酷统治，屡遭官兵屠杀，余下的当地土著壮人纷纷外逃。明正德十三年（1518），境内大旱，瘟疫流行，荔浦县居民死亡过半。以致到了明嘉靖元年（1522），荔浦县内居民仅存 300 户，4429 人。明隆庆六年（1572）秋，巡抚郭应聘、制使殷正茂、大将军李锡统兵 6 万进军府江沿岸围剿义军，至万历元年正月，共屠杀荔浦、修仁、永安等地起义军 5000 余人。明万历十二年（1584），总督吴文华调兵 26000 人至荔浦县镇压义军，杀义军千人，俘壮、瑶男女千余人，抢占田地万亩。因历史上的屠杀、外逃、瘟疫，导致当地土著壮人所剩无几。

解放前的荔浦县壮族，大多是明末从外乡迁入的壮人后裔，大致有四支：一是明万历年间官府从庆远招募当地壮族人至荔浦垦复荒田的壮人后裔，主要聚居在下北乡的同善村（包括敢笔、木岩、大围、横木、潘厂等自然村、屯、寨），肇庆村的地狮自然村；有北乡万安村的高段自然村，同福村（包括胜德隘、古闷、山岔、广度等自然村、屯、寨），永福村（包括东寨、六宅、大庙、白燕山等自然村、屯、寨），两江街（包括老街、新街），龙坪街，同兴村的官相自然村，有韦、罗两大姓，自称布壮。二是在明嘉靖至万历年间由广西庆远府征调到荔浦县征剿起义军之后屯田于当地的壮族人后裔，主要聚居在镇东乡的栗木街；安东乡的兴坪街，绝大多数姓黄。这一支中的谭姓、廖姓壮族人，则是在清乾隆年间从阳朔、平乐和鹿寨等县迁居而来，皆自称布壮。三是明末清初从广东、江西因战乱逃荒而来的外乡人后裔，主要定居在下百乡的长安村（包括交椅、三月屯、石碧、古奔、岭头山等自然村、屯、寨），有北乡永平村的大成、小成等自然村，他们大多数在语言、生活习俗方面已经完全与当地土著壮族同化，甚至老一辈人在解放初期已经不会说汉语，完全壮化，故自称布壮，以何姓为主。四是明末清初从广东南雄和江西、湖南逃难来到荔浦定居的外乡人后裔，主要定居在镇东乡兴民村的思贡自然村，安东乡安民村的上苏自然村，定西乡茶香街的茶香自然村、文德村（包括龙窝、石狗、六桥、刘家、金窥、板波、五福、石碟等自然村、屯、寨），知义村的过村、平社自然村，仁化村的屯留自然村，福善村的甲板自然村，利民村的下龙屯，镇北乡的大塘街和富登村，以莫、潘两姓居多。第四支与第三支同样，皆为汉人壮化后的壮族人。

除此之外，解放后的荔浦县壮族，又增两支：一是 1953 年 3 月从蒙山县的第六区（即杜莫区）划入荔浦县第十二区的壮族；二是 1951 年 8 月撤修仁县后其辖地大部分归属荔浦县修仁区内的壮族。

荔浦县第十二区的壮族，又分为两股：一是明末清初从广东南雄和江西、湖南逃难到永安州（古时相继称蒙山县、永安州，民国改为永安县，后复称蒙山县）的外乡人后裔，建国初主要聚居在蒙山县杜莫乡的金鸡、杜莫、上龙、樟村、榕垌等行政村，以潘、莫两姓居多，大多是汉人壮化后的壮族后裔。二是明嘉靖至万历年间由广西庆远府征调到永安州征剿起义军之后屯田于当地的壮族人后裔，主要聚居在杜莫乡，皆姓黄。杜莫乡还有谭姓、廖姓壮族人，他们是在清乾隆年间从阳朔、平乐和鹿寨等县迁居永安州杜莫乡的。

修仁区的壮族，为旧时修仁县的壮族，而旧时“修仁南北东西四乡，民壮杂居。民皆异地之人，寄籍年久遂成土著”（清嘉庆十年清柱等修纂《平乐府志》卷三十二《风土部·风俗》）。可见修仁区的壮族，一部分为当地土著，一部分为迁入汉人“寄籍年久遂成土著”的壮化后壮人，皆自称布壮。

民国时期，广西官方资料称少数民族为原种，民国二十二年（1933）出版的《广西年鉴》解释说：“原种，即猺、猫、獞诸原始民族之总称。至其来自何时，所居多少面积尚待详查。然杂居既久，与汉人同化者有之。”事实上，民国时期就广西少数民族广泛分布的乡村而言，少数民族同化为汉族的相对较少，而少数民族聚居地的汉人因“寄籍年久遂成土著”而同化为少数民族的相对较多，这从史料上班班可考。

北邻荔浦县的蒙山县，古时瑶民、壮人颇多，汉人较少，全县“凡五里，曰龙回者，瑶壮居之十之七，为民者，吴村、张村、三里寨、杜莫寨四村而已”，曾有“百姓居三、猺獞居七”（清嘉庆十年清柱等修纂《平乐府志》卷三十二《风土部·风俗》）之记。当地世居土著壮族，因明代时奋起反抗封建王朝统治而惨遭杀戮、逐赶，一部分迁避于深山野岭中，一部方被迫流移他乡，由此造成永安州当时以土著壮人和世居瑶民为主体民族的人口锐减，田园荒芜，以致“洪武乙丑邑民户损过半，革县治为古眉巡检司”。直到清雍正七年（1729）改土归流后，永安人口才有所增长。特别是在乾隆、嘉庆、道光年间，由于大量广东、湖南等地汉人纷纷涌入，落地生根，人口大增，从而改变了永安州民族成分的比例，形成了以汉族为主体的民族人口分布。建国初期的蒙山县壮族，主要分布在北区所辖的杜莫、新圩两乡。1952 年 9 月，增设杜莫区，称第六区。翌年 3 月，杜莫区除长坪外，全部划入荔浦县，称第十二区。如此一来，蒙山县的壮族人仅剩下聚居在新圩乡的三千余人，皆为蒙山县土著壮人的后裔，自称布壮，即壮人、土著人、本地人，长期生活在县西北部四面环山的新圩乡丘陵山区。

西连荔浦县的平乐县，与蒙山县情况类似。平乐县“周属百粤地”（百粤即百越），“猺獞为土著最久之民族”，“獞即旧越人”（清光绪十年全文炳修、伍嘉猷等纂《平乐县志》卷一，民国二十六年黄旭初监修、张智林纂《平乐县志》卷二）。明代桂北府江（漓江流经灵川县、桂林市、阳朔县至平乐县与荔浦河汇合称桂江，亦称府江）沿岸，多为瑶民壮人聚居地，“府江者，粤中孔道。江之两岸，峰峦幽翳，猺獞居之”（《万历实录》卷166）。“府江上连漓水，下达苍梧，为广西咽喉江道，绵延五百余里。两岸诸猺獞，依凭险阻，时时出没。”（明万历二十七年刊刻《广西通志》卷三十三“府江”条）而明代广西府江农民起义，从明初洪武九年（1376）开始，直到明末万历二十六年（1598）最后失败，历时二百余年之久。这一时期，起义军时起时伏，此起彼伏，高潮迭起，可说是明代广西规模较大、持续时间较长、影响较深的农民起义之一。当时起义的发起者和参与者，大多是府江两岸的瑶民壮人，因而每次起义失败后，都会惨遭屠杀，受害最深的自然是府江两岸的瑶民壮人。这一时期平乐县的瑶民壮人起义者，同样没有例外。他们因不堪忍受土地被不断掠夺和官府食盐封锁政策以及苛捐杂税，奋起反抗，屡遭明王朝的残酷镇压和官兵屠杀。例如明永乐二十二年（1424）十二月丙寅，浔州、平乐二府瑶、壮人民起义，遭广西总兵镇远侯顾兴祖镇压，捕杀义军 1900 余众。明成化元年（1465），大藤峡瑶族首领侯大苟率民起义，平乐、修仁、荔浦、永安州等地瑶、壮人民纷纷响应，加入义军，遭两广都御史韩雍以永顺、保靖及左江 16 万士兵围剿，捕杀义军 8000 余众。明万历二十六年（1598），荔浦壮族韦扶仲、桐亮瑶盘花婆、横溪瑶唐则婆等率众起义，攻陷龙塘营、平西下坡、下土司城等，官府调兵六万多分路围剿，残杀义军 2000 余人。历史上官军不断的屠杀，导致当地土著壮族人口锐减。尽管如此，康熙末年，平乐县内的壮人瑶民所居村寨，依然多于汉人所居村庄。据清康熙五十五年（1716）平乐县知县黄大成修纂的《平乐县志》记载，当时平乐县六里（东乡里、津平里、下厢里、乐山里、安乐里、上厢里）共有自然村 300 个，其中瑶民聚居村有 71 个，壮人聚居村有 104 个，汉人聚居村有 125 个，瑶壮村寨共 175 个，占全县总村数的 58.3%。然而，过了 168 年后，到清光绪十年（1884），平乐县从六里并为五里（上厢里、津平里、下厢里、乐山里、安乐里），共有自然村 815 个，瑶壮村寨不变，仍为 175 个，其余皆为汉人聚居村（光绪十年全文炳修、伍嘉猷等纂《平乐县志》卷一）。由此可见，清雍、乾、嘉、道、咸同诸朝汉人移入和繁衍之盛。再过 53 年，到了民国二十六年（1937），在平乐全县 24 个乡镇中，只剩下上盆乡民治村的牛角园自然村，元坛乡的六冲村、白旦村，仁里乡黄家榨村的金峡自然村，大扒乡的黄龙村、四冲村、广运村、塘冲村，同安乡的平山洞村，珠螺乡的蓝洞村、白蔑村，古营乡的上启善村、下启善村、莲塘村共 14 个瑶壮村寨。其中纯壮人村只剩古营乡的上启善村（约 300 人）、下启善村（约 400 人）、莲塘村（约 400 人），壮瑶人口共约 1100 人（民国二十六年黄旭初监修、张智林纂《平乐县志》卷二）。为何当地壮瑶人口减少如此之快？民国二十六年版《平乐县志》释其原因为："查本邑猺獞两族户口本不止此数，但因与汉族同化已久者自忘其为猺族獞族，外人亦难于分辨。"事实并非如此，据我实地调查，当地壮人瑶民因长期遭受民族压迫和歧视而被迫隐瞒了自己的民族成分，部分甚至放弃了自己的本民族语言，是其人口锐减的根本原因。据1952年平乐县上报给省民委的民族概况资料显示，当时全县只剩壮族2973人，瑶族4281人。旧志记当地壮人于明代由古田县经富川县花山西乡诸村和河池金城江迁入平乐。据长滩区仁里乡湖塘村王姓壮族族谱所记，其祖先于明成化十二年（1476）从庆远府思恩县南丹洲净江洞上焚村迁来平乐。因王姓壮族族谱所记漏洞不少，不可全信。据我实地调查，建国初期平乐县内日常生活仍讲壮话的壮族人，当时主要聚居在位于县境边缘源头区古营乡的启善、莲塘、回龙等村的半山区中，自称布壮，声称是本地土著壮族后裔，当地汉人称其为壮人，瑶民称其为本地人。

东邻平乐县、恭城县，南邻荔浦县，西界永福县、临桂县，北与桂林市接壤的阳朔县，民国时全县人口"獞族占十分之二"（民国二十三年张岳灵修、黎启勋等纂《阳朔县志》卷一），其中少部分为当地土著，大部分是在宋代后由周边州县陆续迁入。新中国成立初期的阳朔县壮人集中聚居在第五区（金宝区）和第六区（高田区）诸乡各村，自称布壮。

阳朔县东邻的恭城县，"周为百粤之地"（百粤即百越），"獞即旧越人，旧传有獠獞、有伶獞，今诸獞无分别，语音相类……如南坪、东寨一带，周家湾、东寨、西寨、小东寨等数十余獞村。周、黄、陈、石数姓，皆聚族而居"（光绪十五年陆履中等纂《恭城县志》卷四"猺獞"条），各立头目，以相约束。县内壮族来源，据民国二十六年版《恭城县志》所记，明洪武元年（1368），梁朝天等人在恭城西乡八角岩起兵反明，官府采取"以夷制夷"政策，由庆远府调集韦、陈、周、石等二十三姓之壮族兵士（药弩手300人，由莫祥才统带）和外省汉人官军500人前来镇压。镇压后这些从庆远府所属州县调来的壮人，留下定居恭城。事实上这只是恭城县西乡壮族支系之小部分。汉元鼎六年（前111），设苍梧郡，下辖临贺、富川、荔浦三县，恭城时属富川县。据清光绪十六年（1890）重修刊本《富川县志》卷之一、卷之十二"猺獞"记，"富川古百粤地"（百粤即百越），"獞即旧越人，来自古田（今永宁州），散居于花山西乡诸村，俗与瑶同"。当时的古田壮村，有"黄姜、大营、老婆湾、瓦窑、鹅鸾、长村、鳌岭"，村中壮人是明代生员周真义招募壮族士兵驻留此地的后裔，有黄、姜、韦、莫、覃等姓。当时的花山壮村，有十六都所属的"花山、鹿啇、中啇、茅段、上平埠、下平埠、大湾、滩头、版观、版丹、三叉、白冒、周家脑、白石脚、周家仔、四里、长溪、鹿角、桥头、长源、大竹"，"诸巢在县极西之区界平、恭两邑，旧志所谓十五巢也，散处大山之内，春日茶笋出焉"。而唐武德四年（621），原茶城县改名恭城县后,恭城县以恭城河为界,全境划为东、西、北三个乡。花山主体分布在恭城县境,小部分在钟山县、富川县及湖南省江永县。花山与都庞岭为东西向的龙虎谷地所分隔,谷地中的龙虎关为恭城与湖南省江永县的交通要道。因此,光绪十六年富川县属十六都的花山壮村诸寨,到了民国二十六年(1937),大多归属第五区(原西乡区)的西江、朝川两乡。由此可见,恭城县的壮族有三支:一支来自古田,“所居依山,而水田畴甚腴”;一支来自明代庆远府,为有功者;一支系当地土著,人数最多,散居于西乡花山之中。在1928年恭城县的全县人口131088人中,尚有壮族3915人。

建国初期的恭城县壮族主要聚居在第一区(原城厢区)城厢镇周边一些村寨;第二区陶庄乡的一些村寨;第三区(原莲花区)莲花、东寨、周家、坪岭等乡的一些村寨;第四区(原嘉会区)狮子乡的一些村寨;第五区西岭、新安等乡的一些村寨;第六区(原栗木区)上宅、上枧等乡的一些村寨,有黄、韦、莫、覃诸姓,自称布壮,当地汉人称其为壮人,瑶民称其为本地人。当地瑶人因支系不一,自称有勉、龙岩(他称盘瑶)、育棉(他称过山瑶)、木哟、炳多优(他称平地瑶);还有一些是由清乾隆封赠湖南永明的清溪瑶、古调瑶、勾蓝瑶、扶灵瑶迁入该县的瑶民,他称均为四大民瑶。当地汉人自称民人、厂上人,他称客家人。据我调查了解,由于解放前桂北地区的少数民族长期受到民族压迫和歧视,地位卑下,不能入学和做官,不少人被迫隐讳和更改民族与姓氏,恭城县内的少数民族亦不能例外,一些靠近镇乡又会说官话和瑶话的瑶民,自称民人者不乏其数,一些壮人同样如此,尤以韦姓壮人居多。

桂北义宁县(1951年7月撤义宁县,其地分别划入临桂县和灵川县),据清道光元年(1821)谢沄修《义宁县志》“都里”条所记,当时义宁县尚有“獞里九村:龙寨村、大塘口、古落村、江口村、峯境村、台沙村、茅山村、岭门村、减劳隘”。“獞里,先系庆远府狑人,元至正间招来把隘,给田耕种,后收民田编为十排”。1943年,我到义宁县调查时,通过了解,这些纯壮人的聚居村,依然存在,只是一些村名稍有变更而已。义宁县接近灵川县的焦岭隘和闪岭隘的北部,长期都是瑶壮杂居之区。据民国三十七年《广西年鉴》记载,“义宁县瑶壮共1326户,5798人”。至于临桂县的壮人,其来源一为旧志说在明宗景泰间,二说隆庆四年(1570)11月至次年正月,汉土官兵十四万镇压古田起义。当中汉土官兵中就有从东兰、南丹等地调集而来的壮族土兵参与会剿古田起义军。事后,官府将起义者的田地划给调集来的壮兵耕种,这些壮兵的一部分从此在临桂定居。事实上,临桂县壮人并非自此始,早在明永乐年间,该县已有壮人聚居,正如明代人解缙所作《桂林大墟》诗云："大墟（圩）江上芦田寺，百尺清潭万竹围，柳店积薪晨级后，獞（壮）人□叶裹盐归。"当时大圩一带的壮人，即为当地土著壮人。建国初期，临桂县壮族散居于三区（两江）、四区（渡头）、十一区（南边山）的一些山区乡村。三区茶洞乡山区的壮人，自称布壮，当地汉人称其为壮人。

灵川县的壮人，亦与临桂大同小异。据解放前我在灵川县西江乡蓝田调查时抄录的一份当地壮人《韦氏始祖历史录》所记，韦姓始祖韦万教、韦公佑原籍广西庆远府南丹州思恩县金兰乡，明洪武年间奉调镇守容县，明成化四年（1468）调守灵川县境蓝田马鞍隘，镇压红苗反抗斗争，后定居于灵川县西北甘泉乡下辖六都七里（今九屋、青狮潭、蓝田等乡境域）和七都三里（今公平乡以及义宁县五通、宛田部分境域，1951 年 8 月，原义宁县所属的五通、仁和、宛田区并入灵川县。1954 年 6 月，灵川县并入临桂县。1961 年 6 月，临桂、灵川分治）一带。清康熙五十六年（1717）又被官府强制调去镇压壮人廖三为首的义军，而后籍居蓝田至今。这种说法与民国十八年（1929）李繁滋纂《灵川县志》卷四"种族"条所记稍有不同，该县志记：

> 獞族明末由庆远南丹土州奉调到灵剿平红苗，给予田山，使分居六、七两都，把守各隘。其人多韦姓。康熙二十年，廖蛮作乱，肆扰西江三十余年……五十六年，劫杀龙头寨韦姓獞八十余人。知县楼俨练各堡丁进剿。及贼平，楼俨以籍没廖三产于兴隆寨，添蓝田堡，使曾出力者充当堡兵，耕而守焉。按《通志》，灵州七都多獞……自明世成、弘、隆、万间屡滋事，则灵川有獞，不自明末奉调始矣。

志中明确说明：灵川县壮人在明永乐年间已经世居此地。这些壮人完全有可能与明代人解缙诗中所言大圩壮人一样，皆为当地土著壮人。否则，解放前一些府志、县志、通志和史籍所记的历史上桂北地区"周为百粤之地""獞即旧越人"，根本无从谈起。按照 1947 年版的《广西统计年报》所记，当时灵川县尚有壮族 210 人。建国初期的灵川县壮人，主要散居在五区（九屋）、七区（公平）、八区（五通）、九区（仁合）、十区（宛田，原灵川县八区、九区、十区三个区今属临桂县）的一些乡村，以五区（九屋）的蓝田乡，七区（公平）的流峰乡和九区（仁合）的黄沙乡等山区最为集中，有韦、陈、梁、侯等姓，自称布壮。

桂林以北之兴安县、六峒、融江、川江、富江诸处，古亦瑶壮杂处（清乾隆五年蒋若渊纂《兴安县志》卷五“猺獞”条）。建国初期，兴安县壮族散居于西安区、高源区、城关区的一些乡村，人数不多，共有数百，自称布壮。

东临兴安县、资源县和南接灵川县、临桂县的龙胜县，原属义宁县地，清乾隆六年（1741），在桑江司管辖的义宁县西北部置龙胜理苗分府，亦称龙胜厅，直属桂林府。民国元年（1912），龙胜厅改为龙胜县，1951 年 8 月 19 日，龙胜实行民族区域自治，改称龙胜各族联合自治区（县级）。县境内可谓无山不瑶，无林不苗，无垌不侗，无水不壮。当地壮族姓氏有贲、廖、梁、潘、谭、范、陆、韦、侯、覃、黄、蒙等近二十姓，其中贲、廖、梁、潘、谭、范等为大姓，来源不一。1943 年 8 月中旬，我率领黔桂边区考察团进入龙胜县镇南乡龙脊和金结乡双结一带的壮人聚居地考察，我曾在镇南乡龙脊村壮族村老廖生民（时年 81 岁）家中抄录了一份《廖姓族谱》，所记摘要如下：

亘古昔祖原籍山东泰安县，出世东昌府长街巷口人氏。宋神宗二年二月初八日，迁入粤西省庆远府南丹州河池县金兰乡，历有数十代。后因横猫大乱，明景泰元年自祖避回，兄弟三人，长广源、行次广德、广道行三。离地行敌，大房广源入全州武营，弩箭经年；次房广德迁灵川廖家塘廖家店，开店置业生理；三房广道往兴安富江洞明塘大巷口，安家耕耘基业……明代万历年间自灵川迁居龙脊。

在金结乡双结村考察时，承蒙村中族老贲偏璋（时年 76 岁）热情接待，邀请我在他家住两日，他拿出《贲姓族谱》给我抄录，所记摘要如下：

盖吾祖系广西庆远府南丹州大老村人氏也。由唐末移居平乐府荔浦县。时为盗蜂起，避乱山中，栖身无地，只得逃难于桂林府义宁县南区华岩坪，以谋生活之计。乃云普天之下，莫非王土，犹如植物，随地可生，藉地经营，渐为落叶。斯时也，任意谋上，则中多创作，创则必成，谨兹产业，频添株秸寸累，家道始后兴隆，朔后生齿日繁，分支愈众。原吾始祖两人，长聪堡，次聪才……盖吾祖聪堡、聪才之履历，亦如拿破仑、华盛顿之无比。时在洪武初年，争朝争野，天下乱之，扰然未定，称为九乱一治之世，加之狼烟四起，土匪频临，有县会陈宪主闻二公刚勇冠群，令吾二公为把关隘口，授以拒盗捕匪之责，附以兵丁千人，而为清盗之职。当是时也，吾二公之将略堪垮，不愧于人世，如是者贼众闻风远遁，灭踪消声，地方保得小康，稍为安墙,其履历如此……吾祖亦有当代绝品之逸士也,因政府之酬劳无,自只得将各处荒山野岭,赠为旌表之仪,任其开垦犁耕,永远作为己有,不赋田税,不纳官粮,名其田称曰堡田,名其处称曰隘岭,则土名昭著,界限分明……山场概归聪才公为管理,外姓不得侵谋,即此机会,则不难臻于富强之诚矣。于是,即命前祥公移居义宁上北区大草河旁居住,以保守其山场。奈因山广人稀,管业不力,吾族渐渐日衰,汉族渐迭兴盛,将场作高官山,将堡田作为义顷,大权旁落,遗泽无存。此诚势孤力寡之秋,甘为俘虏……盖吾贲姓,自庆远府迁徙桂林以来,已有历年,未经隶棣,时在乾隆壬午年归清籍贯。吾祖不惜脂膏,集文银四十两,归于文庙,作为历代考试之额,庶箴出番土,升云霞,攀龙鳞,附凤翼,开贲姓。过数年倖迮之门,幸喜长岭头有烈公,在乾隆甲申年游泮,乃为肇破天荒……

而我稍后在大同乡抄录的日新村贲新业族老(时年79岁)家藏的《贲姓族谱》,则与此稍有不同,该族谱记贲姓原籍河南省,到广西后先住经庆远,接着相继迁居河池、南丹、临桂,然后于明嘉靖七年(1528)迁入龙胜,先居瓢里汛瓢里底塘拉拢,后迁居日新。

稍后我在正威乡平岭村孟塘寨考察时,寨老梁华盛拿出《梁姓家谱》给我抄录,该家谱记梁姓一支为:瓢里汛瓢里底塘孟塘寨梁华强,龙胜司直属龙胜底塘都坪、勒黄两村梁华殿、梁善能支,于清乾隆九年(1744)从临桂两江迁来居上述各地。而正威乡牙寨梁华新家藏的《姓氏迁徙》则记为:梁姓公壬支原籍庆远府南丹,于明正统二年(1437)迁入龙胜,先居瓢里汛思陇塘,后移居瓢里底塘牙寨。

从《贲姓族谱》中所言"拿破仑、华盛顿"以及"政府"用词中可以断言,该家谱系晚清至民国初期所撰。贲氏族源所述只是当地壮人贲氏家族的迁居史,不能视为当地土著壮人的原始定居史。《廖姓族谱》说其祖籍源自山东泰安县,几近伪说。广西壮族上层人在明清两代伪造家谱、族谱的事例不少,我早年在家乡扶南县以及后来在武鸣县就曾见过一些这类家谱或族谱,谱中大多说自己的祖籍源自山东,然而怎么来的?为何又迁来地瘠民贫的广西边远山区生活?这些疑问在家谱或族谱中皆无明确交代和叙述,无稽可考。概而言之,当时壮族的上层人喜于自编家谱或族谱,乡绅模仿跟风,无非就是想证明自己祖上是汉人,自己也是汉人,而不是当地土人,以免受到官府官吏歧视迫害,从而自我营造一个良好的生存环境和人生前景。所以一些自编家谱或族谱的伪说情有可原,可以理解,但不可全信。只有一些不作任何历史考证又不列出相关古文书的官方通志、府志、州志、厅志、县志利用这一点加以采用，以证明其似是而非的事实。这类自编家谱或族谱，可以视为古文书，但任何严谨的历史学者和民族史学者，绝不会将无稽可考的一些家谱或族谱记载的“族源”当作可以信赖的历史资料和证据，原因在于我们只要对这类家谱或族谱的一些所谓“族源”进行科学严谨的历史考证，其错误百出或前后矛盾之处便会一目了然。

稍后我们在龙胜泗水乡泗水村调查时，当地壮族长老蒙得生（时年83岁）告诉我说：“据我所知，龙胜壮人中，谭姓多在大同乡，贲姓多在金结乡，蒙姓多在泗水乡，梁姓多在正威乡、大同乡，潘姓多在金结乡、山门乡，廖姓多在镇南乡，其他姓我不清楚，龙胜壮人姓氏除这些外，尚有十余种，人数较多者尚有黄、陆、韦、覃、吴、陈等姓，大多是当地土人。我们泗水乡的蒙姓壮人，仅就我这一族而言，族中老人代代相传都说是在龙胜土生土长的土人，听说泗水乡黄坪村的蒙姓壮族人是晚清时期从义宁县迁来的。”当年比我晚一届考入北师大历史系的广西籍同门学友雷震，亦出生在龙胜厅广南司广南塘，在龙胜长大成人。他后来对我谈及当地壮人时，同样认为龙胜为古百越地，当地壮族多为旧越人，系土著后裔。

明代官府在镇压桂北地区爆发的古田农民起义时，曾征调桂西土兵（主要是庆远府属河池、南丹、东兰一带的狼兵，即俍兵）前来一道参与镇压。起义失败后，朝廷便将征调来的狼兵屯地为兵，分守要隘，又设土巡检以管束之。清道光二十六年（1846）周诚之纂《龙胜厅志》所记当时把守龙胜厅一些要隘的狼兵，要么从桂西调来，要么是明代屯兵桂北的狼兵后代。正如明代万历年间时人所纂的《广西通志》卷二十三“耕兵”所记：

> 广右猺獞出没，耕夫释耒，一有征发，辄籍狼兵。事平之后，复藉狼兵为守，统以土官，仍以其地畀之……土酋授田各以其等为差，兵多者千计，受田万余，兵少者百计，受田千余，而皆耕兵矣。

从此之后，这些从桂西地区迁移至桂北的壮族土兵及其家属等移民，便成为桂北明清社会的组成部分。桂北地区的一些壮人家谱或族谱中所记传说其始祖源于桂西，大多与此有关。假设龙胜金结乡的壮人贲偏璋的《贲姓族谱》记载的“始祖传说”非虚语，也属个例，不能作为当地土著壮人原始定居史的史据。这种情形如同在我的家乡广西新宁州渠旧渠思村，过去村上只有黄、甘两姓，皆为壮人。我原姓甘，后改姓黄。村上黄姓壮人是当地土著人，甘姓壮人是唐宋时期从桂西田州迁居来的。因此，不能以村上甘姓壮人的迁居史来否定村上原住民黄姓壮人的定居史。

1951 年 8 月，中央民族访问团中南访问团广西分团在龙胜慰问和调查时，访问团联络组青年成员王辅仁在龙脊村搜集到该地壮族叙述民族来历的一首酒歌，他将酒歌中的当地壮族自称以汉语译为“布叶伊”，并用汉语拼音标示为“Pu Yiei”。这种认识还可一商。就我在龙胜龙脊多次听到当地壮族人自称的壮话发音，用汉字译音标示时应该是单音节的“也”，汉语拼音应该为“Ye”，而非“Yiei”，而“叶伊”的汉语促读正是“也”。汉语促读类似于壮语北部方言的不送气塞音，龙胜壮语恰好属于壮语北部方言桂北次方言之一，发此音时是不送气的“也”（龙脊壮语的“也”意即汉语的“耙”，而非“也”）。龙脊壮族人的自称应是“布也”（汉语拼音“Pu Ye”，用汉语语序将壮话倒装语“布也”译为汉文即“耙人”——壮话意指用耙来耙田的人），而非“布叶伊”。访问团个别成员当时认为：“广西自称‘布越伊’的人，在这地区已有很长的历史，是当地的土著民族。”说其为广西的土著民族，符合历史事实，广西自称布越伊的壮族支系，就是自称布衣或濮越的壮族支系，这与云南自称布越依或布雅依的壮族支系，同为一支系。

另外，北京来的访问团成员返京后，将龙脊壮族所谓自称布叶伊的情况向一些专家学者作了报告，寻求解答其义，陈梦家先生于信中回答认为：“承告广西壮族自称为‘Yiei’，以为是‘于越’的对音……”进而又从汉文译音的“于越”中去寻求壮族的族源。专家们还从语音上去解释壮话汉译“布叶伊”的含义。这类认识皆属今人依汉字求其壮话义的误识。历史学上这样解释历史，就是吾师陈垣常说的乡曲之士所为，我称之为乡曲历史学；语言学上这样解释词义，则已不是乡曲语言学，实属向壁虚造。壮族各支系无论是自称还是他称，其标示法皆使用汉字，而非古壮字，因而可以套用与壮话发音相近的众多汉字，例如布也可以标示成“布叶”“咘野”“布爷”；布越伊可以标示成“步越伊”“咘月衣”“佈阅依”等。有些壮话发音用汉字表示时有壮话义，如“布”“濮”“文”等，其壮话义皆指人。“布”与“濮”在壮话中发音非常接近，只是壮语方言的地域差异使得两者用汉字对译时出现了用字区别。为什么壮族自称中习惯用“布”“咘”“濮”“衣”“锐”等字，而不用“步”“佈”“普”“以”“月”“阅”等，一方面是习惯成自然，二方面是“布”“濮”“越”“锐”等字与汉文古籍中记载的壮族历史、文化和民俗有一定关联。而有些壮话发音用汉字表示时从汉字字面上看并无壮话义，大多为使用最为接近壮话发音的汉字。考察壮族各支系名称和族源时，必须从壮族各支系的南北方言和地区方言中的地域语言特点、族源的来龙去脉及其历史、文化、习俗等方面加以综合分析论证，而不能从壮话发音的汉译音的汉字字面上去片面推断强解。换言之，用汉字在各历史时期或汉语各方言的音来对译接近壮话的发音时，不能按照汉译音套用的汉字字面义去解释壮语义。因而会说壮话，了解壮语的音义和方言差异，是研究壮语、壮族支系和壮族的前提条件，这点毋庸置疑。否则，就会像苏联民族学家阿巴耶夫在其著《语言史与民族史》中指出的那样："研究民族起源与历史而不考虑到语言，那就等于在森林里闭着眼睛寻找道路。"（《民族问题译丛》1957 年第 12 期）

按照 1947 年版的《广西统计年报》所记，当时龙胜县的壮族人口为 16961 人。据我解放前后两次对龙胜县的调查及其所见所闻所记所录，从中可知，解放前后的龙胜县壮族，主要聚居在南区的镇南、金结、都云、大同等乡的大部分村寨，以当地人称的"龙脊十三寨"最为集中。还有一部分散居于东区泗水、江底等乡和西区共和、三门两乡的一些村寨，其中部分乡村是壮汉或壮苗或壮瑶苗人混居，部分是全村都是壮族人的纯壮村，如南区镇南乡的龙脊、大柳、金江、平安、白石等村，金结乡的双结村，都云乡的平野、崇楼等村，大同乡的勒江等村，都是纯壮村。当地壮族支系自称有布也和布衣两种，以前者居多。当地瑶族称其为"嘎憧"（意为壮客）；苗族称其为"沱嘎"（意为壮家人）；侗族称其为"嘎冗"（意为壮客）；汉族称其为壮人、本地人。解放后通过民族成分识别，1953 年龙胜各族联合自治区第一次人口普查后的当地壮族人口为 19137 人。

3.桂西北诸县

从建国初期桂北龙胜县大部分壮人自称布也的壮族支系看，据其族谱记载，大多声称其始祖源自明代庆远府的南丹。这种说法尚有一些官方文献可引为佐证，具有一定的真实可信性。为此，我们若将桂西南丹县一些壮族乡村自称布雅的壮族支系与之比较，从中可以推断两地的壮族支系有可能是壮族同一支系的不同分支。

由上述龙胜大部分壮人自称的布也这一壮族支系去追根溯源，从我于 1951 年 9 月率领中央访问团部分成员到桂西北东兰、凤山诸县的慰问调查以及 1952 年 3 月我带领助手前往东兰、南丹、天峨诸县开展的民族成分识别调查工作中可知，南丹县的壮族，从古到今，一直都是该地区的主体民族，壮族人口长期位居该县人口之首。而且从古代到近代，壮族土酋统治该地区长达九百余年，例如该地区壮族中的莫氏宗族，从宋开宝七年（974）的第一代土司莫洪曣至清光绪三十一年（1905）的最后一任土司莫泌，共世袭

52任南丹土司，历时931年，是全国土司中世袭时间最长的其中之一。还有一说认为南丹莫氏宗族统治该地区并非由当地壮族土酋莫洪𭟎于宋代开宝七年纳土归宋而建南丹州开始，而是上可追溯到唐王朝在该地区设置羁縻州的时代，有近千年的历史。正因如此，该县至今留下了许多与古越人语相同的壮语地名。

建国初期南丹县壮族主要分布在县内车河、小场、罗富、芒场、六寨等五个区，其中以罗富、芒场、六寨三个区内的乡村最为集中。这三个区的壮族支系自称布雅，即本地人、土著人。民国时期的南丹称外来的汉族人为客人。当地壮人姓氏主要有莫、罗、韦、黄、龙、黎、陆、何等。在前面我曾谈及的古田、百寿、永福、荔浦、平乐、灵川、阳朔、义宁、临桂、龙胜等县的旧志和族谱中，曾提到这些地方的部分壮族是在明代从庆远府南丹州迁去的，这完全有可能，《庆远府志》《广西通志》《明实录》等古籍中多处记载明代频繁征调南丹土兵或俍兵外出协助镇压起义以及南丹土官率领官兵奉命屡屡外出征战累建大功的史事，亦可作为佐证。广东连山县的部分壮族，亦有其祖先源自广西庆远府南丹州之说。我曾为此请教过南丹罗富区罗新光副区长（罗富区吾隘乡都牙村壮族人，时年45岁），问及龙胜县龙脊部分自称布也的壮族人，声称自己的祖辈来自南丹，南丹自称布雅的壮族人是否与其有族源关系。他对我解释说："我们的村人一直自称布雅，而我的一位远亲住在天峨县四区三堡乡甲板村的同姓远房亲戚的聚居地，当地自称布也。我们都是同族人，语言相通，风俗习惯完全相同，只是个别词发音稍有不同，这可能是生活地域不同形成的语言差异。"罗副区长的这番话给了我一定的启发。接着我到与南丹毗邻的天峨县月里乡调查。月里乡在民国时期原属南丹县，1951年月里乡下辖的一些村寨划归天峨县，1953年，原南丹县属月里乡所有村寨全部划归天峨县（1955年应月里区广大群众要求，天峨县将月里区八个乡划回南丹县管辖）。

当时天峨县的壮族人口，解放前后同样居全县各族人口的首位，在县内各区乡皆有分布，其中以一区的百定、罗宜、下老、党隘、海州、治安、向阳、桂花诸乡；二区（更新区）的上福、泽亭、斌亭诸乡；四区的牙林、拉马、三堡诸乡较为集中。三区只有板么乡少数村寨有壮人，自称布岽（意即山林人），这与板么乡地貌上处于峰丛地貌山林区的特点关系密切。月里乡壮人自称布雅，称汉人为布滚，这与同为壮语北部方言桂北次方言的东兰县和龙胜县壮语称汉人为布滚的称呼一样。壮语布滚，意指客人、官人、外来人。当地汉人则称壮人为本地人。一区各乡和二区更新一带的壮人，大多自称布衣，少数自称布曼，唯有一区百定乡所辖百定、百西、巴王、归里、上牙、腊翁、腊立、纳良、罗里、祥旺等十屯268户共1213壮人，全部自称布哥；四区牙林、拉马、三堡诸乡的壮人，部分自称布也，部分自称布衣。该县壮族以韦、王、黄、罗为四大姓。而在月里乡的壮族，只有陈、岑两大姓。

天峨县历史上遗留下许多带有“板”“纳”“腊”等字的地名。汉字“板”在天峨县壮话中意指村，而汉字“么”在天峨县壮话中有新义，“板么”即是新村的意思（“板么”为壮语倒装，按汉语语序表示即为新村）。广西历史上，不仅在天峨县遗留有众多带有根据壮话发音而写为汉字“板”的地名，亦在桂西各县同样遗留有大量带有根据壮话发音而写为汉字“板”或“班”的地名。这些壮语发音的地名，实与古越人语一脉相通，可说是古越人语的遗产。虽然汉字“板”或“班”的壮话义在桂西各县稍有不同，但总离不开村、山等义。而汉语中的“岜”字，是借用古壮字“岜”，汉语壮语皆意指山。古壮字（又称方块壮字、土俗字，产生于唐代）“岜”在造字时，主要是根据古壮人的聚居村寨大多位于山里、山中、山上、山脚这一地理特点而借用了古壮语中意指村寨的“板”的发音，同时借用汉字“山”和“巴”来组成古壮字“岜”。“岜”虽意指山，但在桂西壮乡一些山区，“岜”与其他字合成词组时，除通常用作山名外，还用作乡村、山村等地名。因此，在桂西壮乡一些山区，历史上不同时期虽然使用的汉字不同，但指涉的是同一地名或村名或山名。例如民国十六年（1927）那地州改土归流后，原所辖岜暮哨并入河池县，1932年岜暮哨改归南丹县；1934年置天峨县时岜暮哨又划归天峨县。原那地州的岜暮哨，成为新置天峨县桥头乡下辖的板么村。“岜暮”即“板么”，两者在天峨县壮话中声、义均完全相同，只是汉语对译这一壮话相同地名时在不同时期使用了不同的汉字。因为“板”与“岜”在壮语中义近同一，只是地区不同而发音稍异，两字的壮语意思在桂西壮乡一些山区则完全同一。天峨县不少带有“纳”“腊”等汉字的乡村名，同样与古越人语一脉相通，例如二区的八腊乡，“腊”指田，“八腊”在天峨壮话中是田上面的意思；而“纳么”在天峨壮话中是新田的意思。这是因为“腊”“纳”与古壮话的“那”发音一致，而且壮话意思完全相同，均指田，只不过用汉字对译标示时所用汉字不同而已。因此，古壮字所造“𨛁”字，便是由上为“那”下为“田”两字组合而成，意指田或稻田。壮族先民是以稻作维系生存的民族，远在蛮荒时代便在八桂这片古老神奇的土地上繁衍生息，以吃苦耐劳克勤克俭安身立命。他们开垦稻田，种植水稻，将稻田称为“那”，长年累月日出而作，日落而息，寒耕暑耘，拓那而活，种那而食，凭那而居，赖那而穿，颂那而欢，唱那而乐，以那的自然形态和归属来命名村落、地名，由此造就了壮族先民犁那的勤以立身精神、靠那的顺其自然生活方式、造那的聪明才智以及爱那的民族性格，孕育了具有悠久历史的壮族那文化。尽管那的自然形态在历史长河中已经变化多端，但在八桂壮乡，至今依然保留着许多古那的地名，遗留下众多有关那的稻作文物和民俗，当今壮语中依然普遍称田为那，一代代薪火相传下古老那民独居一格的农艺和风骨，成为壮族先民遗传给那子民最珍贵的文化遗产。

借题发挥顺便谈了这些，无非是想告诉族人，一个地方的地名、村名、山名和族称实与当地的语言史和文化史有一定关联，不能因为一些历史学和民族学的大老粗或地方官员门外汉一时心血来潮而随意加以更改。而且借用汉字对译标示时，必须选字慎重，不可过于随心所欲，更不可选用带贬义的汉字。例如在建国初期天峨、河池、都安等一些县上报给广西省民委的民族情况资料中，便有当地壮人自称布蛮、文蛮的汉字写法。我到这些县调查时，特别注意这一情况，经过了解，始知布蛮就是指布曼，文蛮就是指文曼。“蛮”与“曼”在汉字中虽然同音不同调，但用壮话发音时，近于同音同调。用汉字对译壮话发音时，特别是涉及地名或族称时，用汉字写为“曼”，可以用壮话义加以解释，即在壮话中，曼指乡村，乡下，布曼和文曼，即曼人，意为乡村人、乡下人，相对城镇人而言。而用汉字布蛮，在壮话中则无解。“曼”“慢”“蔓”“蛮”等在汉字中皆为同音字，只是声调不同，为何不用其他字而专用带有贬义的“蛮”字来对译壮话发音，从中反映出报告撰写者要么是对壮语一无所知，要么就是有意贬之。“蛮”字在壮语中无解，而在汉语中指粗野、凶恶等义，皆带有贬义，所谓野蛮、刁蛮、蛮横、蛮人是也。布蛮既不是他称，更不可能是壮族支系的一个自称，世界上没有任何一个民族会自称蛮人的。所谓当地壮人自称布蛮在壮语中无解，用汉语对译就是蛮人的意思，这与壮人自称布曼的壮语正解的乡村人、乡下人之义毫不沾边。这种恶意乱用汉字对译壮语的现象不仅出现在天峨、都安等一些县，在建国初期的广西各县少数民族地区上报的一些民族情况报告中几乎普遍可见。我在这次调查结束后写给广西省民委的情况报告中，针对这种恶意贬称壮族的用字现象予以专门说明，提请省民委领导多加注意。我的报告上呈后，效果立竿见影，省民委随后很快下发了一个通知，提请各县注意地名、族称一类用词不当的情况，并加以更正、改变，予以消除。此后，这类现象始得以逐步减少，但并未绝迹。事实上，早在此前的 1951 年 5 月 16 日，政务院便公布了《中央人民政府政务院关于处理带有歧视或侮辱少数民族性质的称谓、地名、碑碣、匾联的指示》，明确提出对于历史上遗留下来的加于少数民族的称谓及有关少数民族的地名、碑碣、匾联等，如带有歧视或侮辱少数民族意思者，应分别予以禁止、更改、封存或收管。只是当时广西一些地方基层领导出于官僚作风和抵制态度未加以严格执行而已。这种抵制态度便表现为少数地区的外来干部既不愿学当地少数民族语言，还要强制当地少数民族不能说自己的民族语言。为此，1954 年我当选为全国人大代表后，曾在 1955 年 7 月出席第一届全国人大第二次会议时，我专门向大会呈交了一个提案，被大会秘书处列入“提案第一百七十四号”，具体内容如下所示：

提案人：黄现璠

案由：《拟请人民政府明令纠正对于少数民族历史上侮辱称呼或诬蔑词句，俾民族政策、民族平等之基本精神得以彻底实现案》

理由：自中华人民共和国成立后，少数民族得到……各级人民政府之关怀爱护，实行民族政策、民族自治，政治、经济、文化诸方面已经相当地发展，生活不断改善。少数民族认为中华人民共和国确是各民族友爱团结快乐之大家庭，没有什么不平等之感。惟因历史上，少数民族受了数千年反动统治之压迫和一般人之歧视，所以现今学校历史课本和人们之习惯用语，尚有不少的侮辱称呼和诬蔑词句，如在小学历史课本中不断发现“胡”“蛮”“夷”“戎”等称呼，而东汉之“羌人叛乱”，西晋之“五胡乱华”等词句，今尚为历史教员的一般用语。这是与政府实行民族政策、民族平等之基本精神不符合的。为求民族政策、民族平等之基本精神得以彻底实现，拟请政府明令予以纠正。

办法：由高等教育部召集国内历史专家和少数民族中对于历史有研究之人，共同研究商讨，拟定统一的和正确的名称或名词。

（《中华人民共和国第一届全国人民代表大会第二次会议提案》，卷二，第一届全国人民代表大会第二次会议秘书处，1955 年）

会后高教部给我的提案答复大意是：高教部已经专门为此下达文件，明令各级政府教育部门和教育机构，对于带有歧视或侮辱少数民族意思的教科书用词和教员用语，应予以注意、更改、修正和禁止。

言归正题。西隔打狗河（“打狗”系壮语，译为汉语意指弯河）与南丹县相望的环江县，县内壮族人口长期居全县各族人口的首位，例如 1953 年全国第一次人口普查时，该县总人口 154527 人，其中壮族 131952 人，汉族 3534 人，其余为其他少数民族人口。1964 年全国第二次人口普查时，该县总人口 154169 人，其中壮族 126331 人，汉族 5460 人，其余为其他少数民族人口。壮族在该县八个区都有分布，一区（城管区）的壮族自称布曼或布满，即乡村人，被视为讲曼话的本地土著人。其他各区壮族大多自称布壮、布衣，少数自称布敏。

北邻南丹、天峨两县的东兰县，当地壮族人口同样在解放前后居全县各族人口的首位，并分布于县内各区乡村，凡有河流、水源的田垌以及生产、交通便利的岸场，都有壮族居住。从历史上有史料记载该县的韦姓壮族土酋韦景岱于宋皇祐五年（1053）因协剿有功而被委任为兰州安抚司算起，直到清雍正八年（1730）“改土归流”止，东兰长期为当地韦姓壮族土司统治，几近千年（加上此前无史料记载的韦姓宗族土酋统治时期）。建国初期的东兰县壮人有近五十个姓，以韦姓最多，次为黄、王、覃、陈、谭、牙、陆、吴、华、班等。韦姓壮人遍及全县 10 个区（包括 1951 年撤销万冈县后划归东兰的定马、西山、凤凰等三个区），248 个小乡（当时将村改称乡）。黄、陈两姓壮族人主要聚居在一区（县城）的屯长乡、四区（三石）、五区（中和）；覃姓壮族人多在三区（大同）、四区（三石）、十区（长乐）；牙姓壮族人多在二区（隘洞）、四区（三石）、六区（大畴）；陆、吴两姓壮族人多在五区（中和）、四区（三石）；华、班两姓壮族人多在六区（大畴）西北部的边境地区。该县壮族支系部分自称布壮，部分自称布衣，部分自称布侬，部分自称布曼，如在中和区的那烈乡，该乡在 1956 年 10 月将原区名（五区）改用地名（中和）称谓时由原那烈村改称为那烈乡而来，当时全乡有 306 户共 1557 人，其中壮族为 267 户共 1349 人。该乡壮人自称布曼，汉语意即乡人、乡村人。壮人称当地瑶人为布尤，这与同属壮语北部方言桂北次方言的龙胜县壮人以及柳江次方言（广西来宾、柳江、宜州、柳城、忻城〈北部〉）的宜山县洛东乡壮人对瑶人的叫法一样，意指在山上的瑶人。壮人称当地汉人为布滚（一些地方的壮语发音又近“濮捆”，实与“布滚”为发声送气和不送气的区别，两者壮语义相同），意即官人、外来人。

建国初期我曾两次到东兰县从事慰问和调查工作，采访过韦拔群烈士生前的诸多部下，六区（大畴）出生的革命老干部牙美元曾对我说：“我们六区板隆乡的一些壮族人中部分老一辈旧称布沙，因为讲俍话，外人叫为沙人、俍人、俍话人，但语言、习俗与现在自称布衣的东兰壮族人完全相同，他们亦姓牙，如今都被归入壮族。板隆乡有一种壮族传统民间舞蹈，壮话旧称打谷沙，今称特榔，外族人称为沙舞、俍舞、战舞、舂榔舞，俗称为棒舞或木棒舞，很有地方特色。据我们板隆乡老人的口口相传，这种民间舞蹈是由本地土著沙人过去喜爱强身习武的风俗演变而来，始于唐宋时期。”

壮族歌仙刘三姐的故乡宜山县，当地壮族人口亦长期居全县总人口之首。以建国后为例，据1953年全国第一次人口普查统计，全县人口总数312236人，其中壮族223977人，占人口总数的71.73%；1964年全国第二次人口普查统计，全县人口总数296195人，其中壮族220360人，占人口总数的74.4%。县内壮族分布于各区乡村，部分自称布壮，部分自称布衣，唯有县东南部石山区的洛东乡壮族支系自称布宗。该乡壮族人称汉人为布滚，这与同属壮语北部方言天峨县的月里乡、东兰县和龙胜县壮人对汉人的叫法一样。壮语“滚”译为汉语有客、官、官族、外来人等意，布滚意指讲官话的客人、外来人等。该乡壮族人称当地仫佬人为布谨，意指仫佬人；称苗人为文苗，意指苗人；称瑶人为文尤，这与龙胜县壮人对瑶人的叫法一样，意指在山上的瑶人。

就我在解放前后对广西各县壮语方言的一点了解以及对调查中听到的各县壮话细微差异所作的分析，可以断言，壮语的“布”与“濮”和“文”同义，皆指人；自称布土与自称濮土或濮多同一支系；自称布衣或布侬、布越伊或布越侬、布雅侬或布雅衣、布雅、濮越、布也的支系，可以归并为同一支系。一些壮语专家将这些自称当作布衣这个大支系中的分支系，这种语言学上的细分化，不失为一种科学分类。而自称布曼与自称布板或布班或文班或根班同一支系；自称布雅与自称布也同一支系。

再从壮族支系中自称布壮、布衣、布土、布侬、布雅、濮越等聚居地的地名和他们长期习惯居住干栏等方面的特点看，几乎都与古越人生活聚居地的地名及其生活习俗完全相同，因而这些壮人、土人、侬人、越人等壮族支系，实与古越人关系密切，正如清人顾炎武于《天下郡国利病书》中所说：“蛮越之众，自此逾岭而居溪洞，分猺、獞二种，猺乃荆蛮，獞则旧越人也。”建国初期广西历史上的壮人、土人、侬人、僚人、俍人、锐人、沙人等壮族支系的广大人民群众主动要求归入历史上的壮族总称名下，对于我们这些在壮乡土生土长会讲地道壮话又知晓历史的壮族人而言，当然认为顺理成章。

正因如此，通过以上实地调查和分析，通过对一些历史上的壮族支系的名称（自称和他称）、历史、分布、姓氏的初步了解，1951年11月，在广西历史上的壮人、土人、侬人、僚人、俍人、锐人、沙人等壮族支系的广大群众迫切要求下，中共广西省委和广西省人民政府，尊重群众意愿，同时基于中央民族访问团中南访问团广西分团提交的各项民族概况调查报告，对访问团专家建议将广西的壮人、土人、侬人、僚人、俍人、锐人、沙人等壮族支系并入壮族的科学识别加以最初认定，上报后不久便得到中央人民政府的批复同意。换言之，民族是历史上形成的，我们没有能力去人造一个新民族，人造出一个壮族，中央民族访问团和中央人民政府亦如是。中央民族访问团提交的调查报告，只是为识别历史上的壮族支系并将这些支系统一在历史上的壮族总称名下提供了客观的科学调查资料和依据，以作为人民政府决策确认的重要参考。因此，对于建国后的民族成分识别工作而言，我们这些参与者只是满怀热情尽心尽力地做了一些学术上有重大意义的开创性工作，事实上我们在广西并未识别出一个历史上不存在的民族。广西最初的民族成分识别工作，主要以政府已经确认的历史上的单一民族壮族、瑶族、苗族等为对象，对这些民族的支系进行识别和归并工作，这以始于1951年夏中央民族访问团中南访问团广西分团广泛开展的慰问兼调查识别工作为代表。

当然，任何开创性工作最初都难免会出现失误，例如在当时中央民族访问团中南访问团广西分团对壮族支系的调查识别和归并工作中，曾误将一些县的苗族和瑶族支系归入壮族。这有一些客观原因，主要还是历史上遗留下来的民族隔阂造成，如在上述的南丹、天峨、东兰等县，历史上长期都是壮族土酋称霸一方，壮族土官统管一切，加上当地壮族人口一直位居各县之首，至今仍占各县总人口85%以上，因而解放前的这三县壮人自然地位高于他族人。历史上的当地汉人、瑶人、苗人通常不敢得罪壮人，特别是不敢得罪处于统治地位的莫、韦、罗、黄等大姓壮族土酋和权贵。历史上这三县的壮人、汉人与瑶人、苗人长期不通婚，这是因为三县瑶人和苗人受压迫、剥削、受到歧视最严重，地位最低。为此，当地瑶人广为流传着这样一句话"铜不粘铁，瑶不粘客"，苗人亦流传这样一句话"鸡不跟鸭，苗不跟汉"。句中之"客"，指旧时三县的汉人(一些汉人自称客边)，即他称的客人、客家、外来人，这是在解放前的桂西地区壮、瑶、苗人对汉人最为普遍的他称。在建国初期的民族成分识别工作中，由于是汉人掌权，广西一些县的少数苗族和瑶族支系，大多会讲壮话，为了避免受到汉人歧视，宁愿放弃原来的民族成分，自动上报为壮族，加上最初的民族成分识别工作不够深入细致，以致误将少数苗人和瑶人并入壮族。同时，还存在着误将一些地区的侗族和仫佬人归属壮族以及将一些仡佬支系归属苗族等错误现象。

4.桂西南诸县

为了弄清桂北壮族支系与桂西北南丹、东兰诸县的历史渊源，便有了1952年3月我到南丹、天峨、东兰诸县的调查。为了纠正中央民族访问团的初步考察难免的资料收集不全不确造成的个别失误，又有了1952年8月我借广西大学放暑假之际返回家乡扶绥县从事的实地调查。随后我还相继到了崇左、大新、镇都(今天等县)、德保、靖西等桂西南诸县调查了解当地壮族支系的情况。现将这些县的壮族支系概况略谈如下。

扶绥县是我的家乡，古为骆越地，唐代之前为西原蛮地，唐之后数百年间长期成为黄橙峒(又称黄峒或黄洞)土酋实际统治的地区(光绪四年《新宁州志》)。明清两代，除原扶南县部分地属郡县外，其余均为土著壮族溪峒，实际统治权仍长期操纵在当地黄姓壮族土司土官的手中。骆越人、西原土著、黄橙峒民，均为壮族先民，壮族为扶绥土著民族已为不刊之论，这不仅为汉文古籍和当今的考古史料所证实，且从扶绥传统民居多为干栏以及以古壮字命名的地名众多等方面的特点得到旁证。可以这样说：扶绥县在历史上数千年来都是黄姓壮族人的天下，以至于扶绥县壮族人口长期居于全县之首，建国初期的壮族人口仍占全县总人口的90%以上，以黄、甘、吴、陆等为壮族大姓。1951年7月，扶南、同正、绥渌三县合并为扶绥县后，全县划为十个区，即一区(龙头)、二区(大塘)、三区(渠黎)、四区(渠旧)、五区(柳桥)、六区(东门)、七区(山圩)、八区(昌平)、九区(中东)、十区(那隆)。十个区共142个小乡，包括895个自然村屯。壮族人分布在十个区中的七百多个自然村屯中，绝大多数自称濮侬，即侬人；少数自称濮土，即土人。当时少数聚居在十区(那隆，后划属崇左县)那隆乡那光村一带的农姓壮人，则自称布侬，即侬人。

北与扶绥县毗邻的上思县，壮族人口长期居该县总人口之首，以1954年底的该县人口调查统计为例，是年该县总人口为95579人，其中壮族人口为91685人，瑶族人口为2767人，余下为其他民族人口。道光十五年(1835)刻本《上思州志》“蛮俗条”记该县：“狼獠蜒各分种类。州地界极边，为类九伙。”表明当时州内的土著壮人分布较广，支系不一。建国初期同样如此，除在县内西南部高寒山区(属第七区)集中聚居的瑶族人外，该县另六个区共14个大乡的壮族人口，皆占各区各乡总人口的95%以上，大多自称魂掩或浑妥，即土人。这些土人当中一部分是土著壮人，一部分为移居汉人“寄籍年久遂成土著”的土著化或壮化的壮人。一些聚居在山区乡村的壮人，自称文松，他称壮人；而聚居在县东南部高山地区的第四区那荡乡一带的壮人，自称文板或文班，即板人、乡村人、本地人。

东与扶绥县毗连的崇左县，情况类似扶绥。崇左县古为骆越地，唐代之前为西原蛮地。唐宋明三代，在今崇左县辖地内分别设置羁縻左州、恩城土州、崇善县、江州、罗白土县，除恩城土州为侬峒土酋、土官统治外，其余皆为黄峒土酋、土官的势力范围。这些羁縻地区于民国后归为崇善县、左县。1951 年 4 月，崇善县与左县合并，称崇左县。壮族同样是崇左县的土著民族，这从该县绝大部分至今保留的村名都以壮语命名的事实中可窥一斑。该地区历史上长期是黄姓壮族土酋和侬姓壮族土酋统治的势力范围。壮族人口一直居全县人口之首，建国初期依然占全县总人口的 90%以上，分布于全县各乡，以黄、农、刘、韦、甘、陆等为壮族大姓。黄姓是该县的第一大姓，黄姓壮族人大多数是历史上黄峒土著人的后裔，分布在全县的六个区，自称濮土，即土人。该县农姓壮族人大多数是历史上侬峒土著人的后裔。历史上的部分侬姓壮族人，因侬智高反宋起义失败后遭到官府迫害，被迫改名换姓，将侬姓去掉单人旁改为农姓。该县农姓壮人集中分布在三区左州乡、五区板利乡、六区新和乡的一些村寨，自称濮侬，即侬人。

紧靠崇左县西北的大新县，历史上的情况与扶绥、崇左两县大同小异，在宋代以前，当地土著壮人同样长期未受汉族统治阶级的统治，自成部落政治体系，一直为侬姓壮族土酋统治的地区。正如康熙三十三年(1694)刻本《养利州志》所记："养利州，古百粤，号历阳，为西原农岗地……自晋以来，彝僚居之，唐为羁縻，隶邕州。"宋代后相继设置的安平、太平、万承、恩城、全茗、茗盈、下雷、养利八个土州，长期由当地壮族土酋担任土官，并代代世袭。清末民初这八个土司陆续改土归流后，除全茗、茗盈两州划归龙茗县外，其他六州分别划归养利、雷平、万承等三县。1951 年 9 月，养利万承联合县与雷平县合并为大新县，县城设在原养利县的桃城街。街上居民多为汉人，而在第一区(桃城)所辖的桃城、宝新、北三、宝贤、万礼、大岭、德立、先力、新振九个乡中，只有县城周边，即桃城附近的耸峒、那岭、维新等村有汉人居住，其余乡村中的村民 98%以上都是壮人。不仅在第一区，建国以来大新县的壮族人口一直居全县之首，占全县总人口的 95%以上，分布于县内十个区的 84 个乡中。县内群众在日常家庭谈话、亲友来往、市场交易、各种集会中，皆以讲壮语为主。清代后迁来的汉人入乡随俗，他们大多数在语言、生活习俗方面已经完全与当地土著壮族同化，可谓"寄籍年久遂成土著"。而从乡村迁到县街上市集居住的壮人，虽然仍说壮话，但亦必须懂得汉语。一般而论，在乡村以讲壮话为主，在县城街上则壮话和汉语两种语言通行。该县壮族以农、赵两姓最早，以农、赵、黄、凌为大姓。县内壮人有布壮、布土、布侬、布岱、布曼等不同自称，即土人、土著人、本地人，大多数系广西土著人的后裔。一些街上居住的汉族居民叫土人为点马(即土狗的意思)，壮人则反唇相讥叫汉人为客马(即客狗的意思)。这些带有相互歧视之意的称呼，都是过去大民族主义统治下壮汉民族关系恶劣的表现之一。随着解放后政府开展的民族平等政策宣传工作的深入，这种歧视现象逐步得到了改善。县境内原养利、雷平、安平等地壮人，认为恩城壮人（第五区壮人）说话的声音类似低音而称恩城壮人为卡咩，意即低音人或地声人；而恩城壮人认为养利壮人（第一区壮人）说话的声音类似高音而称养利壮人为布雷，意即高音人或天声人。这些习惯称呼相沿已久，不带任何侮辱义。

当地农姓壮人，主要分布在原雷平县所辖地区，相当于今大新县的第六区（榄圩）、第七区（太平）、第八区（宝圩）、第九区（堪圩）、第十区（下雷）所辖乡村。农姓壮族人口，约占这些区壮族总人口的三分之一，自称布侬，即侬人，他称侬族、侬音等。

南界大新县的镇都县（后改称天等县），于1951年9月由镇向、龙茗两县合并而来。而原龙茗县所辖区域，主要就是龙英土州以及大新县历史上的全茗土州、茗盈土州等三个土州的行政区域，相当于今镇都县第四区（龙茗）和第六区的行政区域。镇都县如同桂西各县的情况一样，当地壮族人口长期位居全县之首，建国初期占到全县总人口的98%。《徐霞客游记》载："盖向武无城，而官民俱茅舍，惟州宅厅事及后堂用瓦。土人俱架竹为阁，下畜牛猪。"建国初期的镇都县乡村人依然如此，大多居住干栏，此为其土著人之证。

据我调查，当时的镇都县只有壮、汉、瑶三个民族。壮族遍及全县各区乡村寨；汉族主要聚居在街圩上；瑶族人数很少，集中居住在第八区（向都）的汉洞、定明、乐久、平尧等乡的一些村寨，其来源据民国二十一年（1932）广西省政府编印的《广西民族视察报告汇编》记载，向都"有瑶民约160人，散居于第一区之下丘村、陇息村、汤盖村等地，与土人相投，并无族类不同之仇视，此系奉仪属之瑶民乡来"。清光绪十八年（1892）《镇安府志》亦记："向武土州瑶人稻田无几，种水芋山薯佐食。男子草鞋竹篮，妇女短衣长裙，元旦互携酒肉到亲邻歌饮数日始止，冬月焚山畲谓之火种。"可见当地瑶民与壮人关系融洽和睦。

镇都县农姓，全是本地土著壮族后裔，自称布侬，即侬人、本地人、土著人，绝大多数居住在第四区（龙茗）和第六区的乡村，极少数住在街上，例如在第六区的全茗街上，有一百二十多住户，共有十二个姓，分别为许、李、陈、黄、农、梁、黎、赵、曾、廖、潘、零等，其中许姓六十多户，李姓十多户，黄姓十三户，农姓十二户，陈姓五户，梁姓十多户，赵姓三户，黎、曾、零、潘等姓各一户；许姓自称为随狄青来的土官后代，李姓自称来自湖南，陈、曾、梁、廖诸姓自称来自广东，皆为汉人，农姓自称是本地土著后裔。在街上一百二十多户中，许、李两姓有七十户，农姓只有十多户，形成鲜明对比。而在第四区的茗盈街上，汉族户数所占比例更为悬殊。在街上六十户多居民中，李姓占二十多户，廖姓占二十多户，苏姓占八户，何姓占四户，陈、袁二姓各占一户；李姓自称为随狄青来的土官土目后代，袁、廖、苏三姓自称来自广东南海，黄姓自称来自大新，而本地壮人之农姓，在茗盈街只有一户，自称是本地土著后裔。镇都县的语言，以壮话为主，街圩集市上的汉族居民虽讲官话或白话，但流行说壮话。否则，语言不通，生意难成。民国后来到当地落户的外来汉人，为了适应当地生活环境，习惯学习讲壮话，久而久之，习以为常。

而在第一区（添等）、第二区（都康）、第三区（驮堪）、第五区（福隆）、第七区（镇结）、第八区（向都）、第九区（上映）、第十一区（都结）等区乡村中居住的壮人，大多自称布土，有黄、王、罗、韦、赵、陆、覃等姓。

镇都县壮族的姓名文化，颇有特色，类似于我的家乡扶绥县。我在前面已说过，在晚清时期的新宁州，一般表示男性的壮话叫“瓮”，表示女性叫“媪”，而在镇都县，当地壮族男性、女性的土名前一般都冠以“依”“蝶”，“依”意即男性，“蝶”意即女性。如果一位男性的土名（即乳名、小名）取名为“文”，其称呼就是“依文”。老远喊一声“依文”，旁人不见其面便知这位被叫作“依文”的人必是男性，而非女性。

德保县东连镇都、田东两县，西界靖西县，南接靖西、镇都两县，北与田阳、百色两县毗邻。1951 年 8 月由敬德、天保两县合并而成德保县。清乾隆二十一年（1756）镇安知府傅埅继纂《镇安府志》记天保县“廓十里外，俱獞夷”，说明当时天保县城附近皆为本地土著壮族聚居地。清代以前，天保县城有一条坡獞街，“坡獞”为“濮獞”的同音异词，即指壮族支系自称的濮壮，街上居住着本地壮族，他们虽讲壮话，实与今人俗称的德保话大同小异。在县西部第九区（渠洋）的一些乡村，有一些讲俗称府话的壮族人。由于第九区的大部分乡村后来划归靖西县，德保县原讲府话的壮族人随之归入靖西县，以致如今在德保县已不存在讲府话的壮族人，只有在靖西县还存在一些讲府话的壮族人。

建国初期德保县各个区乡村寨分布最为普遍的土著壮人，旧时自称濮沙，讲俗称的俍话，即沙人、俍人，如今自称濮土，即壮人、越人、本地人、土著人。古越人迷信“鸡卜”，而在清代、民国年间，桂西壮乡土著人除夕同样盛行“用鸡卜定来岁之丰凶”的习俗，天保县亦不例外，“除夕烹饪，裹大粽，可四五升米有实，以豚肩、鸡鸭者祭祖辞岁，用鸡卜定来年之丰凶”（《镇安府志》）。加上德保县山区乡村普遍可见的干栏住居以及遗存的大量古越语地名，由此可以推定，长期占据全县总人口97%以上的当地人民，实为土著壮族的后裔。德保县的壮族支系较为多样，壮语地方方言丰富。德保、靖西、那坡以及天等和大新两县西部的壮语，均属壮语南部方言德靖次方言之一，但在德保县境内又有南部地区的南壮与北部地区的北壮方言之分，两者的区别是南壮方言发音送气，北壮方言发音不送气。当地人将县内南部地区的南壮方言俗称为俍话、敏话、衣话，而将县内北部地区的北壮方言俗称为侬话。

建国初期的德保县，除了自称濮壮、濮土的两支系外，还有自称濮衣、濮敏、濮锐、布侬等壮族支系。第一区（东关）下辖东关乡的排模村、都安乡的少数村屯以及第二区（马隘）马隘乡的少数村屯等县城周边一带的壮族人，自称濮衣，即越人、壮人，讲俗称的壮语衣话。在第九区（渠洋）、第十区（魁圩），还有一些讲锐话的壮族人，旧时部分自称布沙，部分自称布锐，他称仲家。后来这两个区的大部分乡村划归靖西县，德保县原讲锐话的壮族人随之归入靖西县，以致如今在德保县，已不存在讲锐话的壮族人，只有在靖西县还存在一些讲锐话的壮族人。在第十区（魁圩）扶平乡的侬安、中立等村屯，还有一些讲敏话的壮族人，自称濮敏，即敏人、山陇人（因地处峰林谷地）、本地人，这些壮族支系都讲德保南部壮语。

除此之外，尚有一支讲德保北部壮语的壮族人说侬话，分布在第六区（足荣）的足荣、陇坛、隆桑、谷留、龙串、大吉、示洪等乡；第八区（多敬）的多敬乡以及第十一区（东凌）的东凌、朴圩、忠那、达模、甘平等乡的一些村寨，自称布侬，即侬人，他称侬话人、侬音人。自称布侬的壮族人中，以农、陆两姓者最多。

东北紧靠德保县的靖西县，地处中越边境，是御侮卫国之边关，边境线长达150余公里，南与越南社会主义共和国高平省山水相连，东与天等县、大新县接壤，东北紧靠德保县，北与百色专署和云南省富宁县交界，西与那坡县毗邻，是中国典型的壮族人聚居地，壮族人口长期占据全县总人口的99%以上。建国初期靖西县壮族人分布在县城及其各区乡，以黄、农、赵、李、韦、覃、岑、曾、邓、潘等姓为多。全县各族人民日常交流以讲壮族土话（即俗称的仰话）为主。除此之外，建国初期该县还有少部分讲仲、侬、省、锐、府、左州、隆安等壮语地方方言的壮族人。

仲，即俗称俍话或仲话（又俗称为宗话、种话、从话、春话）的壮族人，旧时自称布沙，即沙人、俍人，他称仲家或种家，民国后部分自称布土，主要聚居在该县第八区（南坡）、第九区（安德）、第十区（龙临）等区中的一些乡村。

讲侬话的壮族人，分散住在全县各区乡，以侬、农两姓为多，自称布侬，他称侬族。

讲省话的壮族人，自称布省，他称土人、土族，集中居住在第八区（南坡）的定金乡、第九区（安德）的三合乡以及第十二区（武平）的一些村寨。

讲锐话的壮族人，旧时部分自称布沙、部分自称布锐，即沙人、锐人，他称仲家或种家，集中居住在第十区（龙临）。1959年，因靖西县兴建邕蒙水库的需要，德保县西部原第九区（渠洋）时为渠洋公社下辖的渠洋、新邦、渠雷、怀书、雅力、珍榜、聚尧、新和、由利、折腰、凌和、怀渠、康和、新力等14个大队，以及原第十区（魁圩）时为魁圩公社辖的魁圩、大贡、扶赖、骞动、巴甫、多安、大面、德周、那多、驮林、大相等11个大队，共25个大队242个自然屯划归靖西县管辖。因此，德保县原讲锐话的壮族人随之归入靖西县，以致如今在德保县，已不存在讲锐话的壮族人，反而是在靖西县讲锐话的壮族人由此增加了。

建国初期的靖西县讲府话的壮族人不多，1959年由于德保县渠洋公社划归靖西县后，渠洋公社讲府话的壮族人随之划入靖西县，由此增加了靖西县讲府话的壮族人口，而在德保县如今已不存在讲府话的壮族人。

讲左州话的壮族人，是明末清初从太平府属左州（今崇左市北部）迁入靖西县的移民，自称濮土，他称左州人，集中居住在第九区（安德）、第十区（龙临）和第十二区（武平）的一些村寨。

讲隆安话的壮族人，是清代从南宁府属隆安县迁入靖西的移民，自称布隆安（亦自称杜叔），他称隆安、隆安人，集中居住在第九区（安德）、第十区（龙临）、第十一区（大甲）和第十二区（武平）的一些乡村。

在民国时期的靖西县，讲仰话的土人，大多数并不知道自己所说的土话或仰话是壮语，自认为是说土话的汉族，只有讲仲、侬、省、锐、左州、隆安等话的人，被视为土著的少数民族。1951年，为配合中央民族访问团广西分团的调查工作，广西省人民政府于同年9月派出专家前往德保、靖西、那坡等县调查。通过调查，确认靖西人所说的土话或仰话，实与德保、那坡、大新、天等等邻县的土话（即壮语）完全相通，互可交流，而且讲仰话的土人的生活习俗与壮族大同小异，由此作为壮族支系之一而被识别并入壮族。

5.上甲人、那隆人

桂西的扶绥、崇左、大新、镇都（1951年9月由镇向、龙茗县合并成立镇都县，1957年改称天等县）、靖西、德保、靖西、那坡等县在唐宋两代长期是侬峒、黄峒壮族部落的活动中心。自宋皇祐五年(1053)侬峒壮族首领侬智高反宋起义失败后,由于侬峒义兵受到统治阶级的残酷追杀,侬峒族人又受到黄峒部落人的排挤,被迫隐姓埋名或改名换姓,或改侬为农,或易姓为赵,散居各处,正如清人王锡祺编纂的《小方壶斋舆地丛钞》中说:“侬人,广南侬智高遗种,散八里。”由于侬峒后裔中部分侬姓改为农姓后,分散住在上列各县的边远山区或边境山区,由此使得建国后对这些地区部分侬峒后裔的农姓壮族人的识别工作复杂化,我曾在当时对广西民族成分调查识别的具体工作中,碰到过一些问题,现略谈一下。

大新县第八区(宝圩)的上思、板价、板禄三乡的上甲人,都是当地壮族土著的后裔,正如民国三十五年(1946)油印本《雷平县志》所记,本县“土著民族为宋代以前土人之后裔,多居于村陇,尤以上房乡各村及宝圩乡上甲五村为最”。上甲五村为大新县成立后所设第八区的上思、板价、板禄三乡下辖的板价、板禄、那排、板统、上思五个村。宝圩人习惯将这五村人称为上甲人,又贬称为上甲佬。上甲人以农姓为主,以黄、覃两姓为次,这三姓都是土著的后裔。其他还有梁、王、陈等姓,都是清代后迁入的外来人,皆土著化。以上甲人农姓为例,当地农姓族人有关自己的族源传说有多种:一说来自山东白马县,二说来自云贵,三说来自越南,四说是侬智高的官兵后代因祖辈当年受官府追杀而避难于此地。我在 1952 年 8 月和 1956 年 11 月两次到宝圩一带调查,特别是后一次,我曾率领广西少数民族社会历史调查组专门到大新县调查当地壮族土司制度及民俗、遗迹,设立宝圩小组,重点调查了上甲五村。随后我将各小组的调查报告汇编成《广西省大新县壮族调查资料》一书,以广西少数民族社会历史调查组名义印出刊行。据我对大新上甲人的了解,其族源传说中的一、二、三说无可稽考,皆不可信。传说来自越南,这是当地农姓群众知识贫乏形成的误传。对广西侬人、岱人历史稍有研究的学者大多知道,广西侬人、岱人系壮族的两个支系,历史上越南的侬族、岱侬族大多来自广西,其中部分侬族来自云南,而非相反。四说是侬智高的官兵后代,因祖辈当年受官府追杀而避难于此地。这种传说似乎在一些汉文古籍上能找到一点旁证,但官府对侬人义兵的追杀受到一定地域范围限制,不可能追到各县边远山区的深山老林中。我个人认为:原雷平县农姓壮人都是侬峒直系后裔,只因当年侬智高起义失败后侬峒族人受到官府迫害,被迫改姓农而已。上甲原称上化,上化系宋代安平土州所属“八化”(东化、南化、西化、北化、上化、中化、归化、食化)之一,而安平土州在宋代之前就是侬峒部落人的世居地之一,正如宋人范成大于《桂海虞衡志》中说,广西“羁縻州洞,隶邕州左右江者为多。旧有四道，侬氏谓安平（即安平土州，今大新县境内）、武勒（今崇左县、扶绥县所辖部分区乡）、忠浪、七源四州，皆侬姓。又有四道：黄氏谓安德、归乐、露城、田州，皆黄姓……今黄姓尚多，而侬姓绝少。智高乱后，侬氏善良，许从国姓。今多姓赵氏，有举洞纯一姓者……”事实上，侬智高的母亲阿侬是武勒州人（北宋广南西路邕州左江道羁縻武勒州原治所在蕾州，即建国初期的扶绥县渠黎区蕾州乡，1955 年 1 月 7 日，渠黎区驮目、蕾州两乡下辖村屯划归崇左县后，今为崇左县雷州乡。故原武勒州所辖区域，大致在今崇左县与扶绥县交界一带的地区），侬智高之父侬全福曾任傥犹州知州。侬全福在世时，武勒州、万涯州（又作“万崖州”，今大新县境内）、傥犹州、安德州（今靖西县安德镇）、广源州（今越南高平），都是侬峒部落势力和统治疆域。侬智高的生父侬全福曾被宋王朝授予傥犹州的知州，系北宋时期广西广源州势力最大的壮族首领。当时的傥犹州，一说在今靖西县东部，一说在今大新县西部下雷。因大新县西部与靖西县东部相连，我认为两县相连的这片区域，应是当时傥犹州的辖地。侬智高曾任广源州知州，而旧隶邕管羁縻的广源州，当时所属范围东至形州（广西大新县东北），南至七源州（越南谅山七溪），西至思琅州（越南高平下琅），北至特磨洞（今云南省广南、富宁等县一带），约有 6 万平方公里，成为统领各个小州的大州。侬智高反宋起义被镇压后不久，宋王朝与越南李朝又爆发了宋越熙宁战争。战争结束后，1079 年，当时并非战败的宋神宗赵顼以荒远、瘴疠为由，以广源州偏远难守，竟将广源州赐予交趾（越南），这一大片资源丰富的中国领土就这样让宋神宗赵顼白白送给了越南。关于这点，我后来在拙著《侬智高》一书中多有论及，于此就不多谈了。

今大新县境内的原安平、下雷、太平、养利等土州，宋代都是西原侬峒地。由此可见，今扶绥、大新两县内，历史上曾是侬峒族人的世居地之一，今大新县境内的第六至第十区的大量农姓壮人，就是当年侬峒土著的后裔，只不过是因为侬智高起义失败而遭受官府迫害被迫改姓“农”而已。正如上举民国版《雷平县志》所记本县“土著民族为宋代以前土人之后裔”。1949 年版《广西通志稿》亦载：“养利县：赵为大姓，胡、谢、高、钟、阮等族次之……”“雷平县：农氏最大，占全县人口三分之一，为本县土人。”然而，上甲人以自己的服饰、节日、语言与周边壮人不同为由，固执地认为自己是苗族，而非壮族。1952 年 8 月我在大新县第八区（宝圩）调查时，当地正在搞土改工作。第八区土改工作队队长黄善德对我说：“上甲人一直都认为自己是苗族，民国年间的《雷平县志》也说他们是苗裔，实行苗制。所以解放前宝圩街人贬称上甲人为‘上甲佬’、‘黑猫’（苗）。上甲五村人，长期受到官府迫害，屡被强迫易服改装，造成上甲人心存戒备，极少外出，对外面世界缺乏了解。我们眼下尚不能进入上甲开展土改工作，还需进行更多的说服动员，以待时机成熟。”据民国三十五年(1946)油印本《雷平县志》所记：“宋皇祐间，苗裔侬智高僭号南方时，发难于边地广源州，开府于邕州永宁郡。待其败日，仍窜过本县。是则本县非其老家，而必为其广源州之隣封，本县之治地，前同为苗治而无疑。”将广西侬人视为苗裔，将雷平县上甲治地，视为前同苗治，完全就是官府别有用心有意加害而故意为之，无非是想让人联想到民国时期黔桂频发的所谓苗乱。志中所谓雷平县绝非侬智高的老家，这有点武断。这是因为侬智高出生在傥犹州，古之傥犹州与今之大新县西部与靖西县东部密切相关。况且，今大新县农姓壮族，并非侬智高义兵的后代，而是侬峒土著部落的后裔，实与苗裔毫无关系。

再说上甲人农姓服饰，实与汉文古籍描述的古壮人服饰较为一致，例如上甲的板价乡人，历史上年轻女性习惯穿短衣系长裙，上衣短而狭，袖长约六寸，衫长约一尺，仅长及腰间与裙头相接，纽路从颈口往右边腋下开，袖边、颈边和底边有花边。老妇人于四季多穿黑色或深蓝色的上衣，中年妇女于夏冬两季多着白色。裙子式样简单，似扇形的大布，都是用黑色土布缝制。裙头褶皱，两边连长带，系裙时由前面围向后面，将左边裙底角插入右腰间，将右边裙底角插入左腰间，将裙头的长围绕回前面缠结。从式样和穿着方法来看，当地村人的女装与现代城市中妇女穿着的裙子截然不同。建国初期板价乡妇女的服装与过去没有多大变化，只是衣边少纺上花，其他方面都无改变。民国二十一年，国民党政府的村长和警兵曾拿着剪刀到宝圩的圩场上将赶圩的少数民族妇女裙子剪开，禁止穿裙子，强迫改装，结果并未收到效果。历史上当地的男性乡人，上衣是大袖无领，用黑色土布缝制而成的小衿衣服。板价乡农姓的服饰特点，并非板价乡农姓所独有，在四十多年前的宝圩乡村以及堪圩、芦山、那岸、岩庄等乡壮民，同样穿戴着相同的服饰，可见解放前与解放后板价乡人的服饰就是过去安平土州壮族人的服饰文化的遗传，实与汉文古籍描述古壮人服饰的短衣黑褶裙特点具有一致性。

上甲人的壮族节日较有特点，以壮族传统的三月三大节为例，农历三月初三，各地壮人都祭祖拜坟，只有大新县第八区(宝圩)的上思、板价、板禄三乡的上甲人祭祖拜坟节日互有参差不同，过节内容亦大有差异，例如三美屯是三月初三，板价屯是三月十三，板东屯是三月十四，上思屯是三月十七，那排屯是三月二十六。六月，板价乡某些村屯于插秧完毕后，过礼田节，准备“三生”到田边去祭田神，求田神保佑丰收，当日亦请亲友来欢饮，但人数比三月三节少。板价和板统两屯则改在七月初七日举行，亦是一年中大节之一，第八区（宝圩）的岩应乡亦有此俗例。上甲板价乡板价屯族老农福生（时年73岁）曾对我说："上甲人的服饰、节日和语言与周边壮人不同，我们是苗族。"这是因为上甲人居于山区，交通不便，很少外出，不了解外界情况导致的误识。再就语言而论，上甲壮话中少数词语的发音，确与当地其他农姓、赵姓、黄姓壮人稍有不同，亦与我们扶绥壮话存在一些差异，但基本上不影响我用扶绥壮话与上甲人交流。因我不会说苗语，为此，1956年11月我率领广西少数民族社会历史调查组到大新县调查时，曾专门带了一位生活在大新县的名叫罗桂生的苗族人陪同我到上甲板价村考察，请他用苗语与村人交流，却根本无法沟通。由此我可以断言：上甲人应是当地依峒土著后裔，肯定是壮族，而非苗族。这亦是我在1952年9月调查结束后写给省民委的报告中以及1957年3月我在编撰的《广西省大新县壮族调查资料》一书中言及上甲地区的乡人村民时均称其为壮民的缘由。由于建国初期的民族成分识别本着尊重"群众意愿"的方针和"名从主人"的原则，因此，上甲人自称自报和要求承认为苗族，加之我和其他人的一些调查结论有欠说服力，政府只能暂时认定他们为苗族支系，并入苗族。到今年（1981），经过广西壮族自治区民委通过此前组织的调查，下发了《广西壮族自治区民族事务委员会关于大新县宝圩等三个公社群众族别问题的通知》（桂族函字〔1981〕12号文件），认为此前认定的上甲苗族失误，确认和更正为壮族。建国后扶绥县第十区（那隆）拾义、发明、伏廖、屯村等边远山区乡村的村民，同样存在类似情况。

扶绥县第十区（那隆），1949年12月为同正县那隆区，1951年归属扶绥县第十区（即那隆区）。1953年4月24日，扶绥县第十区的那隆、那新、那院、黎乡、岜黄、渌荫、光豆、那练、夏润、仁里，拾义、合芦、发明、王姜共14个乡143个自然村划归大新县；同时第十区的伏廖、那模、那立、博群等四乡29个自然村划归崇左县。1959年1月大新县又将那隆区的那隆、那豆、仁惕三乡划归崇左县。

那隆区位于广西大明山西南侧，东邻扶绥县第九区（中东），南连崇左县第三区（左州）的左州乡和第四区（驮卢）的驮卢镇，西与大新县第三区（昌明）的昌明乡及第四区（福隆）的福隆乡接壤，关联到扶绥、崇左、大新三县。那隆乡境内东北部为广西大明山和小明山的山脉所盘亘，最高峰海拔1071米，六瑶、农骑山等海拔亦在600米以上，属少地多山的典型山区乡。当时聚居在扶绥县第十区（那隆）拾义、发明、伏廖、屯村等边远山区乡村的村民，自称自报为瑶族，否认自己是壮族，其理由是他们认为自己说的是瑶语，而非壮语。1952 年 8 月我在扶绥县第四区（渠旧，我的家乡）实地调查结束后，北上进入第十区（那隆）的伏廖、屯村一带调查，两村村民与我说着同样的扶绥家乡壮话，却坚定认为自己是瑶族。当我用瑶话的优勉土语与村民交谈时，他们完全听不懂。对此我百思不解，亦无意强人所难予以说服，只不过此次调查结束返桂后，我在写给省民委的报告中，对此现象作了专门说明。政府当时亦尊重“群众意愿”，本着“名从主人”的原则，便认定他们为瑶族。但这并不意味着悬而未决的问题已经得到解决。1979 年 8 月，我的“右派”冤案平反昭雪后，想起当年遗留下的这一问题，我便给时任广西壮族自治区民委副主任的赵乐群（壮族，我过去担任桂西壮族自治区人民政府委员会委员时与他相识）写了一封信，建议省民委派人前去调查。赵副主任很快给我回信一封，告知省民委十分重视我的建议，正在讨论和着手安排。随后，同年 9 月初，广西壮族自治区民委、南宁地区民族事务委员会，曾派人到崇左县发明村、屯村等地调查，经过慎重而科学的具体识别，确认该地群众为壮族成分。这是 1981 年 2 月下旬我赴南宁出席广西壮族自治区政协第四届第三次全体会议（21—28 日）时，赵乐群副主任当面亲口告诉我的。

6.偏人

建国初期的广西桂东地区防城县的偏人，同样不是一开始便被视为壮族支系而划归入壮族的。1951 年 9 月中央民族访问团中南访问团广西分团联络组撰写的《防城县偏人情况调查》开头说：“据说偏人的祖宗在四五百年前，由广西十人处搬来定居的，广东人说他们是讲偏的，也可能是住在广东极偏西的缘故，遂称偏人，他们的主要风俗习惯和语言等，都与广西的壮族、土人相似。”文中记“广东人说他们是讲偏的”，即指讲偏话的人，但据此汉字“偏”义去推测得出“可能是住在广东极偏西的缘故，遂称偏人”的认识，则是明显有误，实属一些民族学者不懂壮语而习惯用对译汉字的字面义去解释壮语或壮族自称，难免会产生“以汉套壮”的误识。汉字“偏”在汉语中词义众多，但没有一个与壮语发音为“偏”的词义相同。壮话发音为“偏”的壮语意思，是指用于旱田的大耙。明清时代壮族人耙田用的耙，一般分大小两种，专用于耙旱田的大耙，有十一个木齿，壮话叫这种十一齿大耙为“偏”；专用于耙水田的八齿小耙，壮话叫“巴”（或爸、把）。壮族传统上用的这种十一个木齿大耙，大多由各家庭自制，少数因没有木料而到圩上购买。木料质量好的耙，一般可用三年左右。民国时期一些经济相对发达的壮乡地区，只有少数壮族人能用上铁造齿耙。桂西、桂东的壮族人大多习惯将用于旱地的十一个木齿大耙叫“偏”，只是由于壮语地区的一些语音差异而发音或音调略有不同而已。例如在我的家乡扶绥县以及周边的崇左、隆安、宁明、龙州、凭祥、上思、钦州等县以及大新和天等两县东部地区，即语言上大致相当于壮语南部方言的邕南次方言和左江次方言地区，用于旱地耙田的十一齿木制大耙在壮话中叫“偏”或“片”；用于水田耙田的八齿木制耙在壮话中叫“巴”（或爸、把）；用于耙翻肥料的四齿耙叫“洗列”；犁叫“它”（清代之前已使用，通常用质料坚硬的宪木做成，一般人不能制作，只能到圩场上购入专业农艺师制作的“它”。属于壮语北部方言桂北次方言的龙胜龙脊壮话则称犁为“机”，称锄头为“刮”，称斧头为“负线”，称镰刀为“敛”，同样称八齿木制耙为“巴”或“爸”。同属桂北次方言的南丹县拉易一带的壮族对这些农具的叫法大同小异）；锹叫“做”；尖刀叫“丘”（壮族人传统上用丘去割草和切菜，民国之后一般家庭用丘，已从过去的尖头刀改为平头刀，同样称“丘”）；锄头叫“拚”（壮族人用“拚”，大多只用于农田除草，民国十年后一般农家开始普遍使用）；镰刀叫“暸”（壮族人用“暸”，有锯齿口，清代时已开始用于割禾稻、麦等农作物）；小铁刀叫“踢”（“踢”是壮族历史上传统农人最古老的农用工具之一，过去用来割谷穗，一根一根地割，建国后壮乡农家一般只用来割红薯藤，或在选留谷种时使用）；斧头叫“父”，一些地方亦叫“宽”；柴刀叫“矿”；打谷机叫“枷扣”（用几根竹木架成，四周围席子，在田中随收随打。壮族人用“枷扣”，使用较晚，一般在民国之后）；舂米用的臼（石臼和木臼）叫“逐”；一些地方将舂米用的木臼叫“砻”；舂米用的舂杵叫“沙”（历史上一些地方的壮族农家没有藏米的方法，为避免误吃到米虫，每天煮饭前必须舂米。因此，壮族人所用之“沙”，历史悠久）；一些地方的壮族人舂米时用木制脚踏具，壮话叫这种脚踏具为“六卡”；一些地方的壮族人舂米时所用石锤，壮话叫这种石锤具为“鎚”；还有少数地方的壮族人舂米时用水辗具，壮话叫这种水辗具为“水昂”。而在桂北和桂西北等北部方言地区，这些壮语农具的叫法因地区语言差异而发音略有不同，例如在龙胜县龙脊一带，耙在壮话中叫“也”，这与当地壮族人自称“布也”中的“也”在壮话中发音相同，两者只是音调不同，前者是平调，后者是降调。音调虽不同，但发音相同，两者壮话义亦相同，均指“耙”（壮语中这种一音两义或多义的现象在广西各壮乡村寨的方言中普遍存在）。布也，即耙人，意即用耙来耙旱地的人，泛指耙田人。1951 年 8 月中央民族访问团中南访问团广西分团在龙胜慰问和调查时，访问团联络组青年成员王辅仁在龙脊村搜集到该地壮族叙述民族来历的一首酒歌，他将酒歌中用汉语拼音对译的“Pu Yiei”释为耙人，解为用耙来耕地的人。这种解释不够严谨，因为在汉语中，耙田或耙地、耕田或耕地、犁田或犁地是词义略有区别的不同农业术语，所用农具亦不相同，叫法各异，而在壮语中同样如此。因此，龙胜龙脊壮族支系自称的布也，意指用耙来耙旱地的人，而非用耙来耕地的人或用耙来耙田的人，因为田分旱田和水田两种，壮话中意指用耙来耙水田的人一般叫为濮把或布巴，而非布也或布偏。特别是在广西壮族普遍聚居的山区农田，壮族传统上使用的木制农用大耙，根本不能用于耕田或耕地以及犁田或犁地，只能用于碎土平土的耙田或耙地。当然，就种田和农业耕作性质而言，耙田人或耙地人与耕田人或耕地人以及犁田人或犁地人具有同质性，都属农民，都是种田人，三者只是使用的农具和种田方式不同而已。因此，就其属性而言，防城县的布偏和龙胜县的布也，在壮话中均可以泛指耙田人，即种田人，种田人当然包括用耙来耙旱地的人和用耙来耙水田的人。

图 30　清代人笔下的灵山壮人

防城县古属钦州，南宋人周去非于《岭外代答》中说：“钦民有五种，一曰土人，自昔骆越种类也。”清道光十四年(1834)朱椿年修《钦州志》亦有类似记载，表明当地今之壮族人，大多是古代骆越土著人的后裔。清光绪十四年(1888)十二月防城县成立，民国沿袭之。建国后至 1951 年 2 月，防城县属广东省，1951 年 3 月至 1955 年 6 月划归广西省，1955 年 7 月至 1965 年 7 月复归广东省，1965 年 8 月再划归广西壮族自治区。正因这种行政区划归属的不断变化，使得防城县壮族支系偏人的识别变得相对复杂化。1955 年春，我曾到扶绥、上思、防城、宁明、龙州、大新、德保、靖西等县进行实地调查，从我当时在防城县的调查笔记中可知，该县壮族支系有二：

一支自称布偏(古称布楼,钦州土人被并入壮族之前并不知道自己讲的是壮语,自认为所讲的是楼话,他称楼语),他称偏人、偏族、偏族人、楼人、土人、土著人,大部分聚居在十万大山区中的第五区(那良)的那垌、北仑等乡,以及第十一区(滩散)的峒中、板八、堂龙、板蒙、滩散等乡,以农、闭、黄、韦、马等壮姓为多;少部分散居在第四区(江平)的一些乡村以及第十区(东兴)的松柏乡。这些散居的偏人,因地理环境大多建有高脚屋,他称高栏房。因其地理住居特征又被当地汉人他称为高栏人、高栏族,而他称的楼语,同样是从这种看似像楼的高脚屋或高栏房衍生而来。所谓高栏,建筑形式上与壮族传统的干栏完全相同,只是由于当地地理环境因素使得栽柱架屋的干栏所用脚柱比普通干栏所用脚柱高,故名"高栏",属壮族传统的干栏建筑形式之一。明清两代的汉文古籍有许多关于壮族支系侬人、沙人的楼居记载,这些侬人、沙人的楼居,就是壮族先民古僚人的干栏住居遗传下来的典型形态。

一支自称文板,主要聚居在第一区(冲仑)、第六区(那梭)、第八区(滩营)等腹地乡村,自认为自己的祖先是在东汉初期的建武十六年(40)随伏波将军马援来平定交趾叛乱而留守此地的汉人,故他称马留人。这些汉人与当地的土著人(偏人)通过通婚、社交等方式逐步壮化,"寄籍年久遂成土著",成为被壮化后的壮人,日常生活中皆说壮语,故自称文板(壮语的"文板"在汉语中意指村人或乡村人)。当地偏人与文板都说壮话,两者只是在一些过节内容和形式方面有所差异以及居住的地理环境有所不同。

中央民族访问团中南访问团广西分团联络组于1951年11月撰写的《防城三区少数民族情况》中所说的"三区"(即原西区),是指防城县1951年春至1952年7月的行政区划,1952年8月后,防城县行政区划已有所变更,从原来的七个区扩展为十一个区。1955年春我前往调查时,原来"三区"所辖之乡除那良划出单独成立第五区外,其他大部分乡归为第十一区。按照访问团联络组于1951年11月撰写的《防城县偏人情况调查》《防城三区少数民族情况》《防城县第三区峒中乡民族概况》等三份调查报告中的人口统计数,从中可知,当时防城县三区共有偏人5916人(一说6001人,一说6075人),散布在十万大山区的六个乡内,其中又以峒中、板八、堂龙、板蒙四个乡最为集中。各乡偏人人口数为:峒中1815人,板八1580人,堂龙1160人,板蒙990人,北仑352人,滩散19人。

当年我从上思县翻越十万山进入防城县北仑、堂龙、板八等乡实地调查时,曾登门亲访过第十一区板八乡那把村壮族长老韦义明(时年78岁)和峒中乡板莫村的壮族长老韦昌盛(时年83岁)等若干乡贤父老,他们都对我说:“这一带的偏人祖先有一部分原居住在崇左、扶绥、大新、宁明、龙州、上思等地,约在宋元两代相继迁入钦州西南一带,即今防城县,因远离州城,又地处边境山区,故被钦州外族人长期贬称为‘偏佬’。历史上我们的祖辈都讲楼语,语言和习俗与周边上思、宁明等县的土著壮族人相同,但与县内其他区的壮族人稍有不同,特别是在节日方面。”这些说法有一些旁证可据,反映在我用家乡扶绥壮话与当地偏人交谈时,双方完全能够沟通交流。由此表明当地偏人,历史上有可能部分来自十万山脉连绵的宁明、上思、扶绥等县的壮族。但是,从当地一些地名仍保留着众多古越语地名等方面看,当地壮族并非都是在七八百年前从外县迁入,必有一部分是本地土著壮族,特别是在西南的板八、峒中等山区乡村。在清雍正年间,钦州西南古森峒地方,包括十万山中部,十万山东边沿东北至西南走向从第七区的扶隆乡到第十一区的峒中乡,广阔五六十里,皆被称为“三不要地”(道光《钦州志》),即广东不要、广西不要、越南不要,可见其恶劣的生存环境,而只有远古的壮族先民能够适应这种恶劣的生存环境,后来者不可能迁入到这种恶劣的生存环境中去重新开拓和开始新生活,这是不言自明的道理。当地一些村名用词,亦有一些意思上与壮语偏话相近,例如第十一区那巴乡那巴村(原为三区第六村的那巴屯)的那巴和板八乡那把村的“那把”,皆为古越语,两者在扶绥县以及大新县东部地区(清代太平土州一带),均指巴田或把田,意即用木制八齿把来耙的水田,表明当地水田丰富,这与我当时在该县所见所闻同符合契。例如第五区(那良)的那良镇一带,因雨量充沛,土地肥沃,农业生产条件良好,良田较多,故壮语叫为“那良”,译为汉语即指良田。再如第七区的那勤乡,地处十万山南麓,相传古时有一贫苦农民(古骆越土著人,壮族先民)在此地披星戴月,勤劳耕作,开垦出很多田地,故被当地古骆越人称为“那勤”,相沿至今。今之壮语所叫的“那勤”,译为汉语即指勤劳者的田。防城县带“那”“板”的乡村名,几乎遍及该县的十一个区中,例如我到过的该县第十一区的板八乡,古称八庄水,属古森峒,地处“三不要地”境内。光绪十七年(1891),当地土著人认为雨水丰富的“八庄”是汉人习用的庄名或乡名,便更改回原来的土著人习用乡名“板八”。板八用汉语当然无解,但用壮语解释则是八个村庄的意思,板八乡即指八个村庄组成的乡。事实上,这不仅在防城县,在广西桂中、桂西地区以及云南文山和广东连山等壮族聚居地,至今仍保留着以“那”(或腊、拉、纳、喇等)、“板”(或班、扳、坂、盘、泮、番等)、“弄”(或拢、隆、咙、陇、砻、泷等)、“岜”等开头的地名、村名,用壮语大多可解其意,而用汉语解释,要么是无解,要么就是从汉字面上去任意发挥的胡解,大多不合原意或本义。至今这些地名依旧,山河犹在,古村还是壮名村,村人大多仍是壮家人。

从防城县偏人聚居的地理环境、气候特点和乡村地名等方面综合看,我的认识和结论是:防城县的偏人,在壮话中可以泛指耙田人,即种田人,它包括用耙来耙旱地的人和用耙来耙水田的人。尽管当地偏人的语言、自称、习俗、部分节日和聚居地的一些地名、村名,都带有明显的壮族人特征,但当地偏人在建国初期并不承认自己是壮族,他们自报自认为是偏族,请求政府确认为单独民族,以至于 1952 年 10 月 10 日在滩散成立了十万山偏族瑶族联合自治区(即第十一区),时辖峒中、板八、滩散、那巴、板蒙、板兴、板典、江口、堂龙、大细坑等 10 个乡。为何如此? 究其原因,一方面是历史上当地偏人长期受到外族和壮族支系文班的歧视,以致对周边讲壮语的文班人产生了反感;二方面是现实生活中,当地偏人与文板人的节日确有不同,故被误认为他称的偏族与壮族不是同一民族。不管怎样,我此次调查结束后,便将了解到的防城县的偏人情况写了一个专题报告,上报给了广西省民委,结论是偏人在历史、语言、习俗等方面,显然属壮族支系之一。而后来对偏族的最终识别结果,正是如此。我的报告上报不久后的同年初夏,即 1955 年 7 月,防城县复归广东省管辖,广西省只能放弃对防城县偏人的民族成分识别工作。后来广西省民委副主任梁华新(广西象州县壮族)、黄举平(广西东兰县壮族),皆异口同声地告诉我说:当时广西省民委将此前中央民族访问团中南访问团广西分团联络组撰写的《防城县偏人情况调查》《防城三区少数民族情况》《防城县第三区峒中乡民族概况》等三份调查报告以及我写的《防城县偏人的专题报告》转送广东省民族事务委员会后,对于 1957 年 3 月十万山壮族瑶族自治县的成立起到了一定的民族成分识别的调查资料参考作用。1957 年 3 月 26 日,国务院全体会议第 43 次会议通过《国务院关于设置十万山壮族瑶族自治县和钦北壮族自治县的决定》,决定将防城县划分为防城县和十万山壮族瑶族自治县(〔57〕秘字第 59 号文)。同年 5 月 23 日,广东省人民委员会按照国务院会议的决定,发出《广东省人民委员会关于设置十万山壮族瑶族自治县和钦北壮族自治县的通知》,明确规定了前者的行政区域为原属防城县十万山偏族瑶族自治区辖的 10 个乡,江平区 9 个乡(镇),那良区 13 个乡(镇),东兴区 9 个乡(镇),那梭区的大桥、平丰、光明、稔稳 4 个乡以及大菉区的扶隆、那果 2 个乡,自治县共 47 个乡(镇)(〔57〕粤民社字第 445 号文),总人口达 83350 人。由此表明原来的十万山偏族瑶族联合自治区已被变更扩大为十万山壮族瑶族自治县,偏族已被纠正为壮族,这意味着原十万山偏族瑶族联合自治区所属的偏族1049户共6269人(包括高栏人)全部实事求是地更正为壮族的民族成分,偏人的民族成分识别工作就此结束。而当时的钦北壮族自治县,则以原属防城县的大直区18个乡(镇),大菉区的太平乡,滩营区的7个乡以及原属钦县的大寺区15个乡(镇),长滩区14个乡,黄屋屯区11个乡,贵台区10个乡,小董区8个乡共计84个乡(镇)为行政区划。(见《中华人民共和国国务院公报》1957第13号)

由此表明,建国初期的广西民族成分识别工作,既体现出深入山区实地调查的艰苦性,又体现出参与识别的民族学者和工作者必须了解历史、懂得语言和调查重点、富有调查经验的学术性。同时,在充分尊重"群众意愿"和贯彻"名从主人"的原则和基础上,还必须实事求是。为此,政府当时对于民族成分的认定,通常都是综合各方面因素去客观地慎重决断,而非仅仅从"群众意愿"和"名从主人"的片面因素加以认定,具有相对的客观真实性和决策科学性。

7.蔗园人

在建国初期的民族成分识别工作中,广西与云南的蔗园人的归并有所不同。按照1954年8月25日由中共云南省委边疆工作委员会编印的《云南省民族识别研究第一阶段工作初步总结》所记,蔗园族(富宁县)"是广西迁到富宁县讲粤语方言的人。'蔗园'族人口在富宁不到一千人,语言属于汉语的粤语方言,因为种甘蔗为生,解放后报称'蔗园'族,一切社会文化也都与汉族无异,当然不能构成为单一民族"。"'蔗园'自称'wan jin'(园人)或'tsi vin'(粤语蔗园)……富宁少数民族多称他们'粤西人'"。"富宁'蔗园'族原是广西迁来的汉人,二区皈朝'蔗园'族就是由桂林迁来的,最早的已有八代,至今与广西老家仍有往来。二区板仑有自称'pu hoŋ'(布红)的,因为种菜园甘蔗,也报称'蔗园'族,其实'布红'与'侬安'相近,都是桂西迁来的壮族,与'蔗园'族有别……'蔗园'族就是汉族,不能成为单一民族。经证明是汉族后,他们也同意不自成为另一个民族"。按照调查专家认定蔗园人就是汉族的这种总结意见,云南地方政府依照通常做法,应该将蔗园人并入汉族。然而,实际情况并非如此。由于蔗园人从广西迁入富宁定居已有150多年历史,"长期和壮族各支系人民共处,经济和文化交流很密切,因此,1958年建州时,他们又自愿归入壮族,地县党委已正式把他们归入壮族支系"(《云南民族识别综合调查报告》,云南民族识别综合调查组编,1960年)。换言之,1958年4月1日经国务院批准建立云南省文山壮族苗族自治州(时辖文山、砚山、丘北、广南、富宁、西畴、马关、麻栗坡八县)时,当时富宁县皈朝公社和洞坡公社自称150年前从广西宣化县(邕宁县)迁来的1033名蔗园人,不愿归入汉族,主动要求并入壮族。当地政府部门尊重群众意愿,将其并入壮族,视为云南壮族自称布侬、布雅侬支系的一个分支。因此,在云南省革命委员会边疆组于1972年11月编印的《云南少数民族别称谓简介》和1973年3月编印的《云南省少数民族分布情况》等资料以及1977年6月由云南人民出版社出版的《云南各族古代史略》一书中,皆将蔗园或蔗园人视为壮族自称布侬、布雅侬支系的他称之一。

广西的情况与云南不同,广西的蔗园人,在民国县志中有一些记载,例如民国二十二年(1933)杨北岑等编纂的沿印本《同正县志》卷七"种族"记,该县"另有一种人(俗称蔗园人),多系宣化县属之桥板村来徭耕者,散居各处,自成村落,其男女面貌、服装则均与汉人无异,惟妇女好束腰带,繐垂于前。此种人勤于农功,凡所住地以糖蔗为出产大宗,花生、豆、苎麻次之"。同正县今属我的家乡扶绥县一部,上记表明同正县俗称的蔗园人,来自宣化县。资料显示,建国初期广西百色县那毕、永乐、四塘三个区的蔗园人,在族谱或家谱中自称祖辈是康熙年间逐步从南宁郊区移居百色。建国初期的广西百色县与云南富宁县的蔗园人有一些相同之处,一为两地蔗园人语言相通,二为皆以种蔗为主业,三为两地蔗园人当中同样都有一些讲壮话又自称布红或濮洪的壮族人。《云南省民族识别研究第一阶段工作初步总结》中的富宁天保、黑衣、隆安三族识别小结说:"'隆安'族中有一部分自称'布红'(pu hog)。其他少数民族多按'侬安'、'布红'的不同自称称之,只汉族统称两者为'隆安'……'天保'、'黑衣'、'隆安'三族,原非云南土著,都是近代新从广西迁徙而来,最远的有七八代之久,也有新近在解放前后迁来的……其中自称'侬安'的系从南宁和桂林迁来,约四五代之久,自称'布红'的从南宁附近迁来。"文中所言的"侬安"只能说是当地少数民族对自称"布隆安"的壮族支系的称呼,如同当地汉族统称侬安、布红两者为隆安一样,侬安不是当地自称布隆安的壮族支系自称。他称的侬安即他称的隆安,指来自南宁府属隆安县的壮族支系。

位于云南省东南部的富宁县,东部和北部分别与广西百色右江、西林、田林、那坡、靖西五县(区)毗邻。而南宁郊区或南宁附近,正是宣化县(即今邕宁县)一带。由此表明,富宁县和百色县的部分蔗园人,包括其中部分自称布红或濮洪又讲壮话的壮族人,有可能都是在清代早期至中期从宣化县一带先迁往百色,然后又从百色迁住富宁县。当然,他们当中亦有可能部分从宣化县直接迁徙到富宁县,而非经过在百色县暂居的时期。不管怎样，他们都非当地原住土著民，都是从外县迁入的，这就与布红或濮洪的壮话意吻合了。布红或濮洪在壮语中皆指被赶来的人，这意味着富宁县和百色县自称布红或濮洪的壮族支系都是被赶来的外人，他们的祖籍地均在宣化县一带，当无疑义。宣化县即邕宁县，东晋大兴元年(318)始建晋兴县；隋文帝开皇十八年(598)晋兴县改名宣化县；民国元年(1912)7月撤宣化县，并入南宁府；民国二年(1913)撤南宁府，改名为南宁县；民国三年(1914)南宁县改名为邕宁县，隶属南宁道。按民国二十六年(1937)莫炳奎纂修的排印本《邕宁县志·卷四十·社会志一》所记，邕地“民族有四，汉回土獞是也……土族与獞族别，而言语与獞族同。此族盖秦汉间遗民，称为地主，最占势力……土话最古，盖秦汉间土著之民所留遗也……土话派别尤多，在宋已然，宋乐史《太平寰宇记》记邕州‘提、也、俚、僚’，有四色语，各别译而后通也。案：提语无考；俚即黎人，县中所无；也原注音已，今县东南土话半属之；僚语当即今獞话，县东、南、西各乡多有……惟其为骆越遗民，秦汉古音，于今未堕”。南宁简称邕，古称邕州，表明古邕州一带的土著无疑为壮族先民，建国后该县自称布壮、布土、布僚的壮族支系，皆为该县秦汉间土著骆越的遗民，依然“讲也”(或“讲曳”，即讲土话，当地土话又称下南话)和“讲壮”(即讲壮话)。当地也话属邕宁南部壮语方言，壮话属邕宁北部壮语方言，由此与壮语南北方言对应。文中所谓“俚即黎人，县中所无”，当属误识。广西的古代俚人后来大多融入壮族，明清时代的广西俚人，即僚人，广西僚语从古越语而来，今属壮语支系方言之一。

上举民国版《邕宁县志》并未记载当时的邕宁县有蔗园人，只记有汉族，谓汉族则操邕之平话。广西平话在不同的地区有不同称呼，如蔗园话、百姓话、土拐话、四排话等，由此说明民国时期的邕宁县操平话的汉族完全有可能就是讲蔗园话的蔗园人，他们当中部分移居隆安、同正、崇左(三县部分讲平话的人都自称祖籍宣化县)和云南富宁县。建国初期，广西似乎只有百色县那毕、永乐、四塘三个区的蔗园人自报为蔗园族，不承认为汉族。后来经过桂西壮族自治区民族工作队与百色专署联合进行的专项民族成分识别调查，确认百色县蔗园人自报的蔗园族不能成为单独民族。虽然从其生活习俗等方面看，百色县的蔗园人与平果县部分从邕州迁来讲平话的蔗园人的生活习俗大多已经壮化的情况具有相同性，但从其所讲的蔗园话看，依然属汉语方言粤语的分支。政府相关部门由此认定：百色县的蔗园人是汉族支系，并入汉族。而宁明县的部分蔗园人，则是自报为汉族的。宁明县的蔗园人，以种蔗种菜为业，又称菜园人，同样讲平话，自称清道光年间从邕州宣化县迁来，保有聚族而居、自成村落和不与他族人通婚的特性，建国初期大多聚居在县内第七区（海渊区）的海渊乡、蔗园乡的一些村屯，少数分布在第八区（板棍区）的一些乡村。

除此之外，民国三十一年何景熙、罗增麟修纂的油印本《凌云县志·风俗》又记："……此外尚有少数獞侬之属，或称蔗园老。"文中所言"蔗园老"，便是对蔗园人的贬称，视其为"獞侬之属"。凌云县古为百越蛮地，同县志"方言"条记："县内居民分别为土著、客籍、獞猺三种族，各族方言互异。""土著"条记："獠……未开前原始之民族，因受汉族压迫，逐渐退聚县属各区山间细别居。"该县"土著"即僚人，讲土话，今已作为壮族支系并入壮族；"客籍"指客人、外来人，即汉人；"獞猺"即指今壮族、瑶族；"獞侬"指今作为壮族支系的壮人、侬人，统称壮族，蔗园人被列入壮族之中。民国二十五年（1936）岑伯伦、岑启沃修纂的油印本《乐业县志》载："全县有汉土苗猺等民族，汉族占全人数约为百分之四十六七，土族占全人数百分之五十，苗族占全人数百分之二，猺族占全人数百分之一。"文中讲土话的"土族"即指今壮族，志中未提蔗园人。再看凌云、乐业两县的历史沿革，宋代在县西南置泗城洲；清顺治十五年（1658）升泗城洲为泗城土府，清雍正五年（1727）改土归流设流官，乾隆五年（1740）置凌云县，属泗城府，府、县治同在泗城；民国二年（1913）撤销泗城府，保留凌云县，民国二十四年（1935）一月，从凌云县分出乐业团区，成立乐业县。建国后，凌云县与乐业县于 1951 年 8 月合并，称凌乐县，县政府设在城厢（泗城）。泗城壮族最早的支系为僚人，即古越人后裔，实与西邻田林县自称濮越（越人）的土著壮族同一祖先。泗城岑氏土司系明清两代百色地方势力规模最大的壮族土司，泗城壮族文化中的"七十二府"巫，亦名响一方。建国初期的凌乐县有自称布土、布侬、布衣、布曼、布秧等不同的壮族支系，来源各不相同。自称布土的壮族支系当中，部分为当地土著僚人后裔，部分为迁入汉人"寄籍年久遂成土著"的壮化后壮人。布土在凌乐县分布最广，各区乡皆有，均讲土话（壮语）。自称布侬的壮族支系，大部分来自百色，小部分来自田林，部分讲侬话，部分讲土话。在该县来自百色自称布侬的壮族支系中，便有部分讲土话的蔗园人，光绪年间由百色下田里一带迁入。自称布衣的壮族支系，主要从贵州望谟、罗甸一带迁入，讲土话。自称布曼的壮族支系，来自平果县。自称布秧的壮族支系，来自仅隔红水河相望的贵州罗甸一带。布曼和布秧均讲山区乡下土话。

凌乐县瑶人和汉人称当地壮人为本地人；瑶人和壮人均称当地汉人为客人；壮人则

称当地背陇瑶（又称背篓瑶、红头瑶、赶山瑶，即布努瑶）为布曲，称当地蓝靛瑶（原称山子瑶）为布訇（意指山林人）。

由于凌乐县为广西典型的山区，山区的石山、土山面积约各占一半，当地山区少数民族相对而言文化教育较为落后，加之当地少数民族众多，大都是在清、民两代迁入的，不知道自己属于什么民族，由此一方面出现了仅根据其语言较难识别其民族成分的情况，另一方面又出现了一些自报民族成分混乱和将错就错的情况，主要发生在民国初期从贵州望谟、罗甸一带迁入的布依族和清乾隆年间从贵州望谟、罗甸一带迁入的自报为木引瑶的少数民族中。就布依族（一些学者和史料中将壮族支系中自称的布衣写为布依，为了与作为单一民族的布依族加以区别，我在自撰《壮族通史》等一些文稿中，一律写为布衣）而言，布依语属汉藏语系壮侗语族壮傣语支，实与壮语有密切的亲属关系。广西壮语北部方言和贵州黔南布依族苗族自治州所辖望谟、册亨、安龙、独山、平塘等县以及兴义地区的布依语基本相同。流经云南曲靖县和贵州望谟县的南盘江南岸的壮族与北岸的布依族语言相通，习俗相同，贵州与广西交界的红水河南岸（凌乐县）的壮族与北岸（望谟县、罗甸布依族自治县）的布依族同样如此。可以说，历史上南盘江和红水河南北两岸的壮族与布依族人民有着密切的血亲和姻亲关系。这就使得建国后对红水河南岸凌乐县的布依族民族成分的识别有了一定难度。就建国后当地自报的木引瑶而言，1951 年 12 月，中央民族访问团中南访问团广西分团联络组由我的学友刘介先生带队曾到凌乐县泗城以及第六区辖同乐（乐业）、武称等乡进行过调查；1955 年，桂西壮族自治区民族工作队曾与凌乐县人民政府民政科联合对该县进行过民族普查工作，根据相关调查资料显示，木引瑶实为当地苗族的一些群众自报的族称，古籍文献记载的瑶族及其支系族称中，从来没有木引瑶这个名称。当地自报木引瑶的群众，主要聚居在凌乐县第十二区（幼平）的百中乡和第十三区（雅长）的花岩乡、过尤乡，均处于土石山混合的山区。当地群众自称蒙，大多承认祖辈是从贵州紫云、望谟、罗甸一带迁入的苗人，最早迁入的约在清乾隆年间，最晚迁入的约在民国初年。建国初期，花岩乡政府指派下辖的纳巴村王文光和过桃村杨志华两位青年到南宁学习，入学时需要填表，两人不知道自己所属的民族，便去问领导，领导问："你们讲什么话？"王文光回答说："别人说我们讲的是苗话。"领导听后回答说："那你们就填苗族。"王文光、杨文华两位青年学习结束回村后，就对村人宣传是苗族。花岩乡过桃村寨老杨光林听到后，将侄儿杨志华叫来批评了一番，说："历史上苗人都被政府视为'苗乱'，历来受到官府迫害和歧视，我们不能叫苗族。瑶人老祖是盘古，好名声传外，不受别人欺负，我们应该称瑶族，你们应该对村人宣传是瑶族。”从此之后，王文光、杨文华两位青年便改口对村人宣传是瑶族。1955年政府民族工作队对当地进行民族普查时，花岩乡群众在杨光林、王文光、杨文华等人的带动下，以祖籍从贵州罗甸木引乡一带迁来为由，均自报为木引瑶，百中乡的苗人亦跟随之，以致民国时期乐业县仅有的苗族，在建国后的凌乐县全部改成了自报为木引瑶的瑶族。这些木引瑶群众日常说的语言，与贵州罗甸木引乡的苗语相通，两地群众的风俗习惯亦相同，而木引瑶群众在自称、语言、生活风俗、服饰等方面，均与凌乐县的瑶族不同。但是，因为当时自报木引瑶的群众不足一千人，人数不多，加之他们强烈要求政府承认为木引瑶，当地政府只得尊重群众意愿，认可了当地群众自报的木引瑶族称，这是建国后广西民族成分识别工作中罕见的将错就错的特殊事例。

相对而言，对凌乐县壮族支系的民族成分识别及其归并工作较为顺利。建国初期，凌乐县讲土话、侬话等壮话的群众，都自愿要求并入壮族，政府尊重群众意愿，在1952年12月桂西壮族自治区成立时，将他们都并入了壮族，其中包括当地讲土话的极少数蔗园人。

由此可见，广西蔗园人，在建国初期的民族成分识别工作中，并入汉族抑或是壮族，主要视其语言而定，而非像云南富宁县那样统一并入壮族，亦非不顾客观实情而统一并入汉族。

于此言及蔗园人时，顺便谈了一些相关县的壮族支系以及凌乐县的民族成分识别问题，无非是想表明民族成分识别工作的复杂性，不同地区的政府相关部门认定工作存在的差异性。这一切都难免造成在少数地区对极少数群众的民族成分的认定结果偏离客观事实。

8.沙人

历史上的沙人，在广西和云南均有分布，这在明代以来的文献中都有记载。

明景泰年间刻本《云南图经志书》卷之三“广西府”载：“郡中……有曰沙蛮者，戴竹籜笠，坐鼓墩。”同书“广南府”“富州”所记当地侬人饮食习俗与沙人相同。明景泰七年成书的《寰宇通志》内记“云南承宣布政使司·广南府”的侬人以及明天顺五年成书的《大明一统志》内记“云南布政司·广南府”的侬人、沙人皆与《云南图经志书》相同。

明人周季凤纂修的《云南志》卷七记广南府郡《志》：“地多侬人、沙人，习俗俭约，男女皆事犁锄，服短衣长裙，构楼而居……”

明人谢肇淛撰《滇略》卷九“夷略”载:“广南之夷曰侬人、沙人,男女同事犁锄,构楼而居,男服青衣曳地,贱者掩胫,妇人绾发跣足……”

明万历年间李元阳修《云南通志》卷四记广南府“侬人、沙人,男女同事犁锄,构楼而居……”

明正德《云南志》卷七记广西府“沙人善治田”。

明代天启年间刘文征撰《滇志》卷之三十“土司官氏”载,临安府“教化三部长官司土官荞乍……部夷曰马喇、曰沙人、曰猡、曰侬人、曰野蒲、曰喇记”,“王弄山长官司土官……所部侬人、猡猡、牳鸡、獛剌、沙人、阿成,凡七种”。云南民族学家尤中在自著《中国西南的古代民族》一书中认为,明代以后的古籍中所记载的云南广南府、开化府境内的喇记(又写作喇奚)、剌僰(又名拉鸡)、那机以及侬人、沙人、土僚,都是壮族先民僚人的一部分,后来因前者与后者长期杂居在同一区域内,最终那机以及腊兔皆融入侬人而放弃了族名,但却遗存下有迹可循的地名。他还认为,腊兔其服饰与喇奚相近,且双方名称前一字之“腊”与“喇”是同声字,加上腊兔和那机非常相近,故而“腊兔是近代文山地区壮族中的一部分”(同书第467—471页)。这些认识十分正确。文中汉字标示的“喇记”“拉鸡”“那机”,事实上以今天壮语习惯借用的汉字标示,可以统一写为“那吉”,壮话意即吉田,那吉作为族称译为汉语即种吉田的人;而“腊兔”同样可以写为“那土”,壮话意即土人的田,那土作为族称译为汉语即土著种田人。这与我在前面讲述的防城县的古越语地名那良、那勤是同一种壮语解释法,只不过是壮语对地名与族称的解释稍有不同而已。这亦是我在前面多次强调,涉及壮语地名、族称用汉字标示时,一些可以从字面意思上理解和解释其义,一些则不能,必须从壮语中去理解和解释其义。明清时代的著述家不懂土语或僚语或楼语或侬话或俍话等,因而习惯借用汉字标示其发音指涉的事物,难免所用汉字出现形形色色的差异,这无可非议,但今人借用汉字标示壮语发音,则不可不慎。

明人刘文征于自撰《滇志》卷之三十“土司官氏”又记:

今莲花滩之外即交夷,而临安无南面之虞者,诸甸为之蔽也。惟是流官惮瘴,久不履其地,诸酋不袭而自冠带,且始相犄角,而渐相临危,遂日寻干戈。数十年来,广南沙、侬以征戍,窃据其地。

同卷“种人”载：

沙人，习俗多同侬人，慓劲过之。在广南者属于珑氏，在富州者属于李氏、沈氏……罗平州亦有沙人，器用木，昏(婚)丧以牛为礼。

同书记侬人云：

侬人，其种在广南。习俗大略与僰夷同。其酋为侬智高裔，部夷亦因号侬……王弄山、教化三部亦有之，盖广南之流也。

清雍正七年由鄂尔泰等监修的《云南通志》卷二十四“种人附”所记侬人、沙人以及清嘉庆十五年刊本《滇南杂志》卷二十三“种人(上)”所记侬人、沙人与明人刘文征撰《滇志》完全相同，不过是将文中“昏丧以牛为礼”改为“婚丧以牛为礼”而已。刘文征撰《滇志》卷四《粤西路考》又记：

陇希南至新哨，侬、普二氏分疆之所……疆理隶弥勒州，以汉官久不至，侬氏斥境至此……宝月关公署南经可王寨至西洋江五亭，有崇山峙江岸，江之浅者可揭而涉，为广南、富州界。广南之夷曰侬人，富州之夷曰沙人，气类相同，而沙视侬为劲。

由此表明不仅在侬、普二氏分疆之地有沙人、侬人，亦在普氏隶地有沙人、侬人。

明人顾炎武于《肇域志·云南志》载，广南府(时辖富州)“侬人、沙人，男女同事犁锄，构楼为居”。广西府(时辖师宗、弥勒、维摩三州)“郡为东南陲要害，其地东临水下沙夷……沙夷尤称犷悍”，“广南守为侬智高之后，其地多毒善瘴，流官不敢入，亦不得入”。

《明实录》载，广西府“正统五年十一月乙卯……‘近得按察司佥事陈璇奏：维摩、阿迷、弥勒三州土獠、沙人，写妖书，张旗帜，招集人马作耗扰边……云南师宗州贼金郎剌、金福、阿牟等伪称皇、称后、称总兵，诱聚州民及猡猡、白头蛮、侬人、沙人数千为乱’”(《明实录·英宗实录·卷七十三》)。临安府“万历三十年五月己巳……云南沙、侬攻杀土司，逼近临安郡县……沙、侬二种，与思佗等九司错趾而居，其人固智高之余孽，其地盖广陵之绝徼也”(《明实录·神宗实录·卷三百七十二》)。

明代文献所记云南沙人大多分布在广南府、广西府、临安府以及曲靖府的罗平州等地，而且大多将侬人、沙人并举，认为沙人习俗多同侬人，清代文献记载亦如此，并从中显示出清代沙人似乎分布更为广泛，从广南到远至西南方向的普洱府都有沙人。

清初顾祖禹撰《读史方舆纪要》对广西府如此载：

土知府旧昂姓，今土照磨。属夷有黑爨、僰夷、土獠、沙蛮、猡猡五种杂居。《筑城记》：广西东临水下沙夷……沙夷尤称犷狎，旧为矣邦生纳下村土官掌之，成化十四年以后，属于流官。……《志》曰：诸山为屏，八甸为堑，弹压乌、沙、土獠诸蛮，是郡之大势也。

清道光《云南通志》卷一八五引《清职贡图》记：

沙人，岁输粮赋，散处广南、广西、曲靖、临安、开化等五府。其居多在高山深箐，名曰掌房……其风俗多同侬人，而慓劲过之。

同通志又转引《伯麟图说》记：

沙人，多艺，能于悬崖千丈间伐老杉，量材成器。又能作沙釜、竹匙以易粟。广西州及他郡皆有之。

云南广南府，古为化外之地，宋时名特磨道，侬智高裔据此，元立广南宣抚司，明为广南府，领富州，清代辖宝宁县和富州。民国后废府，宝宁县改为广南县，富州改为富县（后改为富宁县），建国后广南县、富宁县均属文山壮族苗族自治州。据道光《广南府志》卷二记载：

广南路有白黑沙人……沙人习性与侬人同，而悍劲过之。

黑沙人，散处溪河。

白沙人，散居四乡……衣服尚白色，惟土富州有此。

清光绪三十一年林则徐等修《广南府志》卷二“风俗”所记沙人、侬人，亦与《广南府志》相同。

广西府辖师宗州（今为曲靖专区所辖师宗县），亦有白沙人、黑沙人之分。康熙《师宗州志》卷之上载：

上七嘈沙彝，白沙彝种也，惟黑耳为黑沙彝，性皆犷悍……近州者为上，无姓氏。百户其最长也，以光为氏，把事其次者也，以抱为氏……黑耳嘈在州城之东南一百二十里，黑沙彝也，最犷悍……依水而居，种稻颇饶……通志云沙人习俗多同侬人。

下六嘈沙彝，曰阿宁乡宜常、补罗、六桂、锅底、者旦，先年属维摩州，康熙八年裁维摩，乃隶师宗焉，地近粤西广南，暑湿蛮人更悍，名白沙人……地多产稻，兵革与黑沙人同。

文中之“彝”，不是指彝族之“彝”，而是与汉字“夷”义同，沙彝指沙夷，即同文中的沙人。同州志卷之下“土司考附种人”亦记：

沙人有黑白二种，所居架木为楼……雄比、恕雄、沙完、龟缺等村寨有之……侬人齿黑面黄，男女服饰亦似沙人。

据乾隆四年刻本《广西府志》卷之二十一“土司”记，本府有沙人、摆衣、侬人等十种；师宗州有僰人、白沙、黑沙、侬人等七种；邱北州（今邱北县）有“架衣、沙人、土僚、侬人、扑喇”。广西府所辖弥勒州（今为红河哈尼族彝族自治州所辖弥勒县），沙人被称为种家，如乾隆四年刻本《弥勒州志》卷之二十一“土司附种人”记：

种家，一作仲家，即沙人也。性明直，出入佩刀，善弓弩，好猎亦善耕种，男穿青蓝两截衣……诸夷中惟扑喇、沙人二种性犷悍。

曲靖府所辖的罗平州（今罗平县），沙人又称仲家，据康熙三十年《罗平州志》卷二“种人”记：

沙人，以以为姓，习尚多类侬人，近水楼居……晏客设铜鼓取乐。

清康熙五十七年刻本《罗平州志》卷之二“风俗志”记：

沙人，一号仲家，习俗同侬人，喜楼居，务耕织。

开化府系清康熙六年（1667）以教化、王弄山、安南三长官司地新置的府。清雍正八年（1730）裁开化通判，设文山县，属开化府，辖区为开化府所设开化、永平、安南、王弄、东安、乐龙、逢春、江那八里。据乾隆《开化府志》卷九“种人”所记，清代早期开化府内居住着侬人、土僚、沙人等近十五种，而“沙人，习尚同侬人”。清道光《开化府志》所记亦与此同。清人余庆长撰《金厂行记》载：“江外金厂民族，约分猺人、阿尼、苗人、扑拉、里苏卜、摆夷、火山人、老乌、沙人、汉人、广人、土老等，其性质习惯，多尚古朴。”（载《小方壶斋舆地丛钞》第八帙第一册）金厂当时位于开化府的东南部，即今马关县境东南部，属于山区。

临安府（治地在今建水县）辖建水州（今建水县）、蒙自县、阿迷州（今开远市）、石屏州（今石屏县）、宁州（今华宁县）、通海县、习峨县（今峨山县）、河西县（今峨山县境）以及纳楼茶甸长官司（今建水县南部）、亏容甸长官司（今红河县东南）、左能寨长官司、思陀甸长官司（今红河县西南）、落恐甸长官司（今红河县西南）。这些州县和各长官司辖地内均有沙人居住，例如清嘉庆四年刻本《临安府志·土司三》记，境内“沙人性狡悍，居深箐有水处，善捕鱼，削竹伐木以为器用”。清雍正九年刻本《建水州志》卷之二“种人”记，当时州内种人有“猓猡、摆夷、窝泥、拇鸡、扑喇、沙人、土獠、侬人、白人”。清康熙《蒙自县志》卷之三“土官”记：“沙人……多居山谷。”乾隆五十六年抄本《蒙自县志》卷之五“土司”所记与此同。同县志又记：“侬人，亦作龙人。县初无此种，因纳更土司龙姓者兄弟相争，约侬人为助，后龙氏寝衰，侬人遂育种于蒙邑，其俗与沙人相似。”清宣统年间刊本《续蒙自县志》卷之五“彝俗”所记与此完全相同。清康熙十二年刊本《阿迷州志》卷之十一则认为：“沙人习俗大约与僰人同，刀枪器械，寝处不离。”清人范

图31　民国初期时人笔下的云南元江侬人

承勋修《云南通史》卷二十七"种人"则将沙人的"刀盾枪甲，寝处不离"记为侬人习俗。同书所记沙人，则与明人刘文征撰《滇志》所记沙人内容相同。

除此之外，滇南元江府以及澄江府的路南州（今路南县），亦有沙人，据康熙《元江府志》卷之二载：

> 沙人，习俗多同侬人，慓劲过人。惟元江境内止在惠远、定南二里。地产老杉，生悬崖千丈间，伐之多无全材。器用木……强梁称胜，诸夷畏服。

清代甚至远在滇西南端的普洱府（今普洱专区）所辖思茅厅（今思茅县）、他郎厅（今墨江县）以及车里宣慰使司的版纳勐龙（今为西双版纳傣族自治区景洪县勐龙区），亦有沙人聚居，如清道光《普洱府志》卷十八载：

> 沙人，思茅有之，习俗多类广西侬人，性情强猛……男子常佩镖弩，妇女亦纺织，以耕种渔猎为业。

清道光《他郎厅志》记：

沙人，性强悍。

《清高宗实录》卷七百六十二载：

大学士管云总督杨应琚奏外域猛勇头目召斋……乾隆二十八年，莽匪扰入猛笼土司时，召斋等中途截杀，旋夺回猛勇地方，今愿内附，实出至诚。又有猛竜沙人头目叭护猛呈称：我所管地方约二千余里，并所管沙人暨犷高共七十余寨，计一千余户，概请内附……叭护猛等原籍内地广南夷民，流落外夷居住。现闻大兵攻克整欠，慕化来归。边外夷人种类甚多，一种之中又有数种，惟沙人止系一种。幅员广阔，若准归附，可与整欠、孟艮犄角相倚，直与南掌老挝接境，且沙人武勇，边方得此，尤资防范……沙人向系雄长一方……猛竜沙人头目叭护猛等率众来归，实可收沿边控制之效。

由上可见，清代的云南沙人分布较广，在今文山壮族苗族自治州、红河哈尼族彝族自治州各县以及曲靖专区的师宗县，玉溪专区的华宁、通海、元江等县，昆明市属的路南县，甚至远在中缅边境的勐龙，当时都有沙人聚居。民国时期的沙人在云南的分布情况与清代大同小异，例如民国十一年黄元直修《元江县志稿》卷二十“种族志”记，沙人“习俗多同侬人，在元江厅惠远、定南二里。《清职贡图》沙人，安南土酋沙氏之裔，明初隶广南、广西府”。而民国二十一年版《罗平县志》卷四“诸夷”所记沙人，则与上列康熙五十七年刻本《罗平州志》所记内容完全相同。

广西的沙人在明清两代的史料记载中鲜见于册，似乎只有雍正年间桂林知府钱元昌编撰的《粤西诸蛮图记》以及金鉷修《广西通志》（简称《金志》）卷九十二《诸蛮》中提及粤西少数民族分支中列有狰人，前记谓：

粤西山谷奥险阻绝，厥类尤繁，派别分支则曰猺、曰獞、曰狼、曰狑、曰犽、曰侬、曰狪……曰狰、曰蛋、曰土人、曰隆人、曰阳山人，合其类则十分之，则獞居四，猺居三，狼居二，余仅得一焉。

图 32　民国初期时人笔下的云南元江沙人

后志谓：

岭表接壤荆、楚、溪峒聚落，悉为南蛮，其种非一，曰猺、曰獞、曰獠、曰狼、曰狑、曰犽、曰侬、曰狪……曰猀、曰狸、曰蛋，皆性习犷野、罔知礼教。

同通志卷九十三对猀人有少量记述。清嘉庆年间谢启昆修《广西通志》（简称《谢志》）卷二百七十九《诸蛮二》所记猀人，完全依据《金志》，志谓：

猀……傍河沙岸，作蓬而栖，猎鱼虾……善探地气以知水源，水将暴涨，则预陡去。

清嘉庆年间成书的《龙州纪略》亦载：

粤西蛮种不一，曰狑、曰狪、曰蜒、曰猺、曰獞、曰狼、曰獠、曰山子、曰犽、曰侬、曰猀、曰狸、曰犵……合其类而分之，大率獞四、猺三、狼二，余仅得一。

通志中将沙人与其他族类相提并论，认为沙人是苗族别种，学友杨成志教授在早年所撰《云南民族调查报告》中亦有类似认识，认为沙人与青苗是“疏地异名的同一族”。学友刘介先生在1934年初版的自著《岭表纪蛮》中曾言及沙族，认为：“猀族，亦獞类也，俗同侬人……吾桂西西隆、西林及滇省之富州一带皆有之。”（同书第24页）而在同书“诸言”中又说：“如狲、狚、猓、猡之属于苗族，侬、獠、俍、狑、狆、狭人、㺟人之属于獞族。”虽然他在书中对沙人属壮族抑或属苗族的认识尚处于模棱两可，但在1951年7月他任中央民族访问团广西分团联络组副组长期间，曾带领部分组员到百色、凌乐（原凌云县、乐业县，建国初期合并为凌乐县，后又分为凌云、乐业两县）、田林、西林、隆林（原西隆）等县调查。从他事后起草的调查报告中可知：建国初期的隆林县（1951年8月西林县的岩界、那劳、龙潭、西平、古障、马蚌、八达等7个区并入西隆县，西隆县改为隆林县）全县12个区中都有壮族聚居，壮族是当地土著民族，讲土语，“土语即为獞话，此种言语几占全省三分之一甚，滇、黔过境多操此语”（民国二十七年黄旭初修《田西县志》铅印本“种族之组成”）。而西隆县“土人语实与邕江一带之‘獞语’同”（民国二十二年广西民政厅秘书处刊印《广西西隆县苗冲纪闻》）。县境内的彝、苗、汉等其他民族都是在宋代后的不同时期从外地迁入。当地壮族自称有布侬、布侬、布那、布曼等，而在清嘉庆三年的《西隆州志》增补本中，则将当地壮人统称为仲家。历史上的当地岑氏土官则将西隆州的壮族先民统称为仲侬人。

隆林县当时自称布侬、布侬、布那的壮族人，主要聚居在扁牙、隆或、者保、革步、岩界五个区，部分散居于那劳、八达、古障、龙潭（那左）、西平、马蚌等区；德峨区是苗族的聚居区，似乎没有壮族人。而自称布曼的壮族人，主要分布在者保、革步等山区的一些乡村。在自称布侬、布侬、布那的壮族人分布的一些乡村，均有自称布沙的分支，如扁牙区扁牙乡壮族老人黄玉便对联络组说：“西隆境内历史上的沙人分布较广，老一辈人旧称布沙、布秧，外人叫他们为种家、俍人、秧老。现在隆林县的土人已经没有了这些旧称，大多自称布衣、布侬、布那，分布在县内各区。自称虽然不同，但语言相通，习俗相近。”当时隆林县的壮族以黄、韦、岑、王、赵、班、吴、李、钱、孙等姓为古为著，其中赵姓壮族人中就有不少自称布侬。

西林县与隆林县同样，地处桂、滇、黔三省（区）结合部，东与田林县相接，北邻隆林县，西北连贵州省兴义专区，隔江相望，西南与云南省罗平、师宗、邱北、广南、富宁等县接壤。据清代《广南府志》记载，这九个县或地区正是古代由以僚、濮为主的部落组成的古句町国的势力范围或统治区域。而在西林西北部高原山区，广泛分布着自称布侬、布衣的两支壮族，他们织土布、穿土布、讲土语，以岑、吴、韦、黄、陆等为大姓，其中岑、吴、黄三大姓的壮族人大多自称是古句町国人的后裔。在自称布衣的吴姓壮族人中，一些村寨老人，如那岩寨老人吴敏生便对联络组说："我的曾祖一辈旧称布沙，外人叫他们为沙人、榔人、土人。现在依然这样叫，但已经没有了布沙的旧称，现在一般自称布衣，外人叫我们为沙人、土人，我们世代都讲土话，过去俗称俍话，祖辈相传我们是句町国的后裔。"

在田林县自称濮越、凌云县自称布壮、乐业县自称布土的壮族支系中，同样存在以上诸县老一辈壮族人旧称布沙的情况。根据这些调查，刘介先生事后对我断言：在今天(1952)的百色专署所辖百色、隆林、田林、西林、田阳、田东、平果、德保、靖西、那坡、凌乐、凤山、东兰、万岗等县，在明清时代分布着自称布沙的壮族人，讲土话。广西百色的沙人与毗邻的云南广南、富宁一带历史上的沙人应该有族源关联。我认为刘介先生的这一论断言之有理，云南一些地区的调查资料亦可为之佐证。

事实上，正是由于广西历史上的沙人的习俗与土人、僚人类同，以致逐渐被其同化，放弃了旧时的自称布沙，而有了新的自称布壮或布土或布衣等，但他称的俍人、俍话人依然存在，其族遗留下的一些地名、传统习俗和民间文艺，依然传承至今。云南学友尤中于自著《中国西南的古代民族》中谈及的"腊兔寨""拉鸡寨"遗址(同书第467—471页)，即从一侧面说明了这一点。而广西东兰县板隆乡壮族留传至今的壮族民间舞蹈春榔舞，即为当地旧时沙人或俍人遗传下来的一种传统民间文艺。而东兰至今大量考古发掘遗存的古代铜鼓，同样是古代骆越→僚→俍(沙)一路传承下来的壮族文化遗产。

由于广西沙人的壮族支系逐步融入布壮、布土、布僚、布衣、布锐等支系中，建国后，广西桂西一些县的少数沙人被识别及并入壮族后，现已无自称布沙的支系。云南的情况与广西稍有不同，从中共云南省委边疆工作委员会编印于1954年8月25日的《云南省民族识别研究第一阶段工作初步总结》、云南省革命委员会边疆组于1972年11月编印的《云南少数民族族别称谓简介》、1973年3月编印的《云南省少数民族分布情况》、1977年6月由云南人民出版社出版的《云南各族古代史略》，以及1979年10月由云南民族学院民族研究所印发的《云南民族识别综合调查报告》等史料中可以看到，在1977年云南壮族836672人当中，有自称布侬、布依、布雅依、布傣、傣门、傣德、布雄、陆安等壮族支系。其中布侬，他称天保、甲州、龙音、龙江、东兰、龙、本地、傲人、黎族，分布在文山州；布依、布雅依，他称沙人、仲家、蔗园、仕族、麻秧，分布在广南、富宁、邱北、砚山、蒙自、罗平、泸西、禄劝、师宗等县；布傣，他称土族、土老、摆衣，分布在马关、西畴、文山、砚山等县；傣门，他称土老，分布在蒙自、开远、个旧等县；傣德，他称土老，分布在元阳、金平等县。布雄，他称黑衣，分布在富宁、马关、广南等县；陆安，他称侬安或隆安，分布在富宁。除此之外，云南尚有如下几支壮族支系的分支：

A.布傣支系中的洋分支，自称洋，分布在当时富宁县的谷拉人民公社和龙万两管理区，人口1039人（1958年之前），经济生活和文化方面与自称布雄的壮族支系相同，语言上属自称布傣的壮族支系的分支。洋人自认为与自称布傣和自称布雄的壮族支系相同，自愿要求归入壮族。

B.布雅依支系中的秧分支，自称布哈，分布在当时广南县的普奄管理区，人口234人（1958年之前）。因秧人祖辈传说来自广西柳州地区的弄墨、弄秧一带，同一杂居地的壮族人因此称秧人为布秧。秧人服饰与沙人相同，世代与壮族支系的侬族和沙族通婚，语言上讲壮语方言的侬话或沙话。1958年4月文山壮族苗族自治州建立时，地委根据秧人的群众意愿，已将其并入壮族。

C.布衣支系中布沙分支的水人，分布在云南罗平、彝良、师宗、富源等县，人口1955人（1958年之前），被视为沙人或仲家的分支。

D.布衣支系中布沙分支的水户，分布在云南罗平、彝良等县，人口2055人（1958年之前），被视为沙人的分支。

E.布衣支系中布沙分支的青人，分布在云南鹤庆、邓川等县，人口161人（1958年之前），自称布衣，他称仲家子，据传由贵州郎岱一带迁入。青人的语言、风俗习惯、宗教信仰，既与贵州的布依族相同，又与云南自称布衣的壮族支系相同，语音上更为接近壮族支系布衣分支中的沙话方言。

F.1958年4月文山壮族苗族自治州建立之前或建立时，文山专区或地委已决定并入壮族的拉基人（居住在马关县，人口300人）、土司人（分布在文山州，人口134人）、本地人（分布在文山州，人口7人）。

上述情况与我近年来了解到的情况稍有一些差异。从云南学友马曜、尤中两位先生近年寄赠给我的一些调查资料以及他们自著的《云南二十几个少数民族的源和流》《云南各族古代史略》《中国西南的古代民族》等论著中可知，建国后至今，云南不仅在自称布依、布雅依的壮族支系中依然存在着沙人的分支系，例如在勐腊县（原名易武县）的沙人村、那着村，今天依然聚居着自称布衣而他称沙人的壮族支系，而且，在屏边县少数村寨，今天依然聚居着自称布锐而他称沙人的壮族支系。甚至在富宁、广南、开远等地区，今天还聚居着自称布沙的壮族支系。这些自称布锐、布沙的壮族支系，是否都应该归入云南自称布依、布雅依的壮族支系而作为分支系，尚有研究探讨的余地。布沙即沙人，可见沙人既是自称，又是他称，云南的一些相关调查资料中，大多将沙人视为他称，这是由于历史上自称布沙的人逐步融入自称布壮、布土、布依、布衣、布锐、布雅依的壮族支系，布沙的自称在历史古籍中又无记载，以致其大部分自然消失，而被其他的壮族支系自称取而代之，但沙人的他称长期存续于世，表明在如今的沙人中，必有部分就是历史古籍记载的狲人后裔。

再从明清以来的文献中关于沙人由来的记载看，大致有如下两说：

一说沙人是"安南土酋沙氏之裔"，例如清乾隆年间刊行的《皇清职贡图》卷七认为："沙人，安南土酋沙氏之裔。明初隶广南、广西府，屡不靖，沐氏讨平之。后土官沙定洲据会城，为李定国所擒。"

民国《元江县志稿》沿袭此说。这种"土酋沙氏由来说"，最早出自《元史·忽辛传》，传载："广南酋沙奴素强悍……"民国二十三年稿本《广南县志》所载亦与此同，谓"广南酋沙奴梗化……"后人由此认定："沙奴与侬七贵等侬氏贵族皆共同居住在广南西路（今广南、富宁），但却各有部落，分别统治同一民族中的两个不同部分，自宋朝以来即如此。侬氏贵族统治下的部民称'侬人'，则沙奴统治下的部民自然称'沙人'。"（尤中著《中国西南的古代民族》，第447页）这种说法还可一商。民国二十一年（1932）《马关县志》卷二《风俗志·夷族琐记》载："侬人系出獞人，来自邕州……沙人，本侬人之变种，明末，其酋长沙定洲骁悍雄杰，率属叛乱，其部谓之沙人。衣装剪裁，另为格式，以示区别，此沙人之由来也。一说该族多居河滨，男妇老稚每于沙滩乘凉，初生小儿以之卧沙上则无疾易养，故称为沙人云。查其语言、风俗与侬人无异，不同处惟裙不加摺，以情判之，则前之说较为近似。"由此又有了沙人的"沙滩由来"的二说。

在我看来，这两说都是依据汉字义而望文生义的误说，理由有如下几点：

首先，土酋沙氏是官称，沙人是族称，前者为用汉字表示的他称，后者为用汉字表示的自称，即布沙。我们不能从一个民族支系的族称或自称沙的汉译字面上去牵强附会到官称或他称的沙氏。明清两代以来官方文献对广西、云南有关少数民族的记载不约而同地呈现出这样一个特点，即对少数民族的族称大多都是根据其语言的发音而以接近的汉字标示的，而且这种汉译用字并非固定或统一不变。例如布衣的"衣"又写成"依"；仲家的"仲"又写成"种"；侬安的"侬"又写成"隆"；黎族的"黎"又写成"俚"，凡此种种，不一而足。至于一族多名的族称现象，更是屡见不鲜，例如云南的“羿子，一名沙兔”（清道光《云南通志》引《伯麟图说》），“沙兔，一名仲家”（清乾隆《镇雄州志》卷五），“种家，一作仲家，即沙人”（清康熙《广西府志》卷十一）。“其实，‘羿子’这一名称，已见于唐朝时期的记录，写作‘夷子’。‘羿’、‘夷’是同音字，先后译写不同而已”（尤中著《中国西南的古代民族》，第456页）。根据壮语发音汉译的他称所用的汉字可以运用同音字而随意套用，即沙人可以写成莎人、刹人、砂人、杉人等。假设我们将明清两朝文献中记载的沙人用杉人取而代之，那么，将杉人视为“沙氏的后裔”之说，便完全不能成立。我的这一假设是有文献史料依据为证而从理据上能够成立的。换言之，沙奴、沙氏、沙源、沙定州既有可能是古代沙人的后裔，又有可能与壮族支系之一的沙人没有任何关系。根据明清文献史料记载，广西、云南两省当时没有任何地方的沙人自称是沙氏或沙酋后裔。相比之下，侬人或农人大多自称是侬酋或侬智高的后裔，正所谓“其酋为侬智高裔，部夷亦因号侬”。

其次，作为族称的自称布沙，即沙人，既是自称又是他称。沙人并非姓沙，上举他郎厅的猛竜沙人头目名叫叭护猛就证明了这一点。清初广西府师宗州的沙人则“无姓氏。百户其最长也，以光为氏，把事其次者也，以抱为氏”。而曲靖府罗平州的“沙人，以‘以’为姓”。除此之外，作为壮族支系的沙人，当然还有其他诸多姓，如黄、韦、覃、农、陆、莫等。广南酋沙奴以及安南土酋沙源、沙定洲姓沙，这无疑问，但没有任何史料证明他们及其治下的部落人就是历史上自称布沙的壮族支系。这如同历史上自称布壮的壮族支系并非姓壮，自称布衣的壮族支系并非姓衣，自称布土的壮族支系并非姓土，自称布僚的壮族支系并非姓僚，自称布偏的壮族支系并非姓偏，他称的狼人并非姓狼……的情况相同。史籍载：“狼人姓韦者亦众，可知狼、獞同类。”（清雍正《广西通志》卷九十三《诸蛮篇》）自称布侬的壮族支系族人并非全都姓侬或农，换言之，“侬人自称曰侬，散居思恩及田州等处”（《皇清职贡图》卷四），这并不意味着自称布侬的壮族支系族人全都姓侬或农，尚有黄、韦、吴等姓。前说壮族支系自称布侬或濮侬或濮岽中的侬或岽，在壮话中指山林或丛莽，布侬或濮岽意指山林人，并非专指侬或农或龙姓的壮族人。由此表明，壮族支系的自称中没有一个是出自汉文姓氏的。汉文古籍记载中对壮族先民的他称，如獞、狼、沙、土等，都具有一个共同点，即均与其族的民族性格、生活习俗、居住环境等方面相关，而无一与其族人的姓氏相关。布沙是壮族自称，自然应该从壮话发音为沙的壮语意思去追溯这一自称的由来和起源，而不应该从汉译的沙人中的汉字沙的字面意思上去望文生义牵强附会到沙氏，更不应该从汉字姓氏去寻找壮族自称布沙的由来。否则，必然易于陷入一些民族学者不懂壮语而习惯运用汉译音的汉字的字面义去解释壮语或壮族自称，难免易犯的“以汉套壮”误识。民国《马关县志》中将沙人与沙滩附会而得出“故称为沙人”的认识，同样属这一类性质的误识。沙人、侬人都源于历史上的僚人，这几乎为大多数学者所认同，因此，布沙绝非明代“沙氏后裔”，这如同布侬绝非都是宋代“侬氏后裔”的情况一样，布沙、布侬等壮族自称的由来，与姓氏毫无关系。

再次，明清两朝文献中言及“沙人”“沙夷”“沙蛮”“沙兔”时，绝大多数都没有将其与酋沙奴、土酋沙氏等相提并论，只有《皇清职贡图》卷七的所谓沙人，即“安南土酋沙氏之裔”的无根无据无论证的武断推测，后人不察，竞相袭用。事实上这种推测完全不能成立。假设沙人姓沙，系沙酋部落人或“安南土酋沙氏之裔”，但在元代已有广南酋沙奴，沙人已经存在。因此，沙人不可能是明末出现的安南土酋沙氏的后裔。由此可见，将壮族支系自称的布沙与元明时代出现的官称沙酋同日而语，显然难以自圆其说。我们应该从壮族支系自称布沙的壮语沙义去解释，方能得到符合本义或实义的正确结论，这是不言自明的学理。

建国初期，我曾相继到过桂西历史上的太平府、田州府、思恩府、镇安府和庆远府，桂中历史上的南宁府以及桂南历史上的思明府、钦州府等所辖的一些地区，即如今的东兰、南丹、天峨、扶绥、上思、防城、宁明、崇左、大新、镇都（今天等县）、德保、靖西等县，进行学术实地调查。前面我已讲过，在我的家乡扶绥县以及周边的崇左、隆安、宁明、龙州、凭祥、上思、钦州等县以及大新和天等两县东部地区，即语言上大致相当于壮语南部方言的邕南次方言和左江次方言的地区，用于旱地耙田的十一齿木制大耙在壮话中叫“偏”；用于水田耙田的八齿木制耙在壮话中叫“巴”（或爸、把）……舂米用的臼壮话叫“逐”；舂米用的舂杵壮话叫“沙”。事实上，在镇都（今天等县）、德保、靖西、东兰等县的一些壮乡村寨，过去同样是将舂米用的舂杵叫为“沙”。这不是我个人调查的一己之见，在我于 1956 年至 1957 年春率领广西少数民族社会历史调查组壮族分组到桂西龙津（今龙州县）、崇左、大新、镇都、德保等县调查时调查组同样得到这样的调查结果，这在我于调查结束后根据各小组的调查报告编成的《广西省大新县壮族调查资料》中，对原太平府安平土州（即今大新县太平区）一带的壮族人农用各种生产、生活工具的壮话叫法均进行了具体列示和简单说明。

从我多次到桂西地区各县调查所了解到的情况看，广西明清时代的沙人、俍人、种家或仲家，均来自壮话的“沙”，具体说明如下：

壮话将舂杵叫“沙”。舂，是指将东西放在石臼或钵里捣从而使其破碎或去皮壳，即舂米、舂药之“舂”。“杵，舂杵也。”（《说文》）“断木为杵，掘地为臼。”（《易·系辞》传）“杵”通常指舂米或捶衣用的木棒。舂杵在壮话中就叫“沙”，通常指舂米用、河边洗衣捶衣用以及渔民系在船舷上敲击用以驱鱼入网的木棒。壮族历史上一些地方的壮族农家没有藏米的方法，为避免误吃到米虫，每天煮饭前必须舂米，这是其一。其二是壮族历史上一些壮族支系长期住在山区，一些则依水而居，山区、水边潮湿，稻谷相对容易保存，而舂成的米易于发霉，壮乡山民同样是习惯于煮饭前舂米。70年代末我到桂西壮乡一些革命老山区进行实地调查，当地壮族人依然保存着这种煮饭前舂米的生活习惯。史册载“沙人……居深箐有水处，善捕鱼，削竹伐木以为器用”，“沙人……以耕种渔猎为业”。壮话的“沙”又指沙人渔民系在船舷上敲击以驱鱼入网的桹（同榔，即木棒）。史册记“沙人……依水而居”，因而沙人洗衣时自然习惯到河边或山涧边捶衣，所用捶衣木棒在壮话中同样叫“沙”，即榔棒（用木材坚硬致密的榔榆制成的舂米杵或木棒）。在云南分布于罗平、彝良、师宗、富源等县有一支自称布衣的壮族支系，因居住在河畔而为周边少数民族称之为“水”，汉族则称其为水仲家，后来在云南的民族成分识别工作中，依据其自称、杂居地和本族群众意愿，被视为自称布衣的壮族支系中的沙人或仲家分支的一支而并入壮族。

壮族先民所用之“沙”，历史十分悠久，用途广泛，不仅日常生活中习用，平常还作为驱兽防身用具。历史上壮族支系自称的布沙的壮话意就是指日常生活中习用“沙”（汉字义即舂杵、舂榔、榔棒、木棒）和榔（汉字义即舂米槽）的沙人或榔人，即俗称的桹人或狼人（今改为同音汉字的俍人，榔、桹、狼、俍皆为同音汉字）和他称的种家或仲家（即舂家）。

“仲”与“舂”在壮话发音上如同壮族支系自称的“布”与“濮”，前为不送气音，后为送气音。汉译壮话时他称的仲家可以读为或写为舂家，只是汉文古籍习用他称的仲家或种家而鲜见舂家的写法而已。这便是上举汉文古籍记“仲家”之所以有“种家，一作仲家，即沙人也”“沙人，一号仲家”“沙兔，一名仲家”等他称的由来。个别州志，如雍正《师宗州志》卷下《土司考·附种人》记：“仲家，服饰似沙人。”将沙人与仲家当作不同的种族加以记载，但从其所记仲家的习俗以及他志所记的沙人或仲家的“好楼居”“男女皆事犁锄”“服短衣长裙”“性刚直”“慓劲过之”“习俗俭约”的特点看，沙人即仲家或春家。他称的仲家（春家）又是俗称的榔，意指日常生活中习用舂（即杵舂，壮话叫“沙”——实心木棍或木棒）和榔（即舂米木槽，壮话叫榔）来舂米或水边洗衣或敲击船舷驱鱼入网的沙人或榔人（即汉文古籍习见的带有贬义的“狼人”。一些学者认为官书和古籍记载的“狼人”“狼民”没有污蔑的贬义，但从其与带有反犬旁的“獞”“猺”等歧视词相提并论等方面看，其污蔑歧视性一目了然）。

图33　清代人笔下的广西岑溪俍人

在广西历史上的一些州县，旧时自称布沙的壮族支系，即指过去讲仲话的仲家，仲话又俗称宗话、中话、从话、舂话。广西明清时代他称的沙人，既是讲狼话而他称的狼人或俍人，又是讲仲话而他称的仲家，三者在大多数情况下是同一种族或支系。榔、根、狼三字同音，实为汉字的同音异写。他称的狼人，即榔人。因“狼”字如同獞、猺、猫、狆、狑、犽、獠、狪等汉字一样，用狗爪旁，用于少数民族称谓明显带有歧视义，故而在当今中华各民族一律平等的原则下，官方文件和学术论著中，皆改为读音相同的单人旁的俍、僮、伶、伢、僚、侗或去掉狗爪旁的壮、瑶、苗、沙等汉字。因此，我在此口述自传中录音时反复告诫记录整理成文的家人，整理成文时文中除少数引文及其个别地方的文意需要外，务必使用俍、僮、伶、伢、僚、侗、瑶、苗、沙等不带歧视义的汉字。

在我国正史及地方志中，有许多关于俍人、俍民、俍兵、俍田的记载，较早的见于明天顺八年(1464)四月国子监生封澄的奏折中，他说："广西大藤峡、渌水、横石等山，藤县太平等乡，猺獞啸聚掳掠，甚为民害，乞选良将，多调官兵、狼兵攻灭之。"(《宪宗成化实录》卷四)俍人、俍民、俍兵最活跃的时期是从明嘉靖中期至清初两百多年间。这一时期，他们约占广西总人口的一半以上，左右江及红水河流域是他们主要的聚居区，除集中在上列的太平府、田州府、思恩府、镇安府、庆远府境内外，还散布在广西各州府，列之如下：

明嘉靖丁亥年(1527)巡按广西御史冯彬曾说，广西一省"狼人半之，猺獞三之，居民二之，以区区二分之民介蛮夷之中，事难猝举"(《大明世宗肃皇帝实录》卷三百十二)。《粤西偶记》："俚人者，粤西诸郡，处处有之。"可见明代俍即是从上古时代延续下来的骆越→乌浒→俚僚的后裔，俍即古骆越、乌浒、俚僚的后继族称。

清雍正年间金鉷修《广西通志·诸蛮》载"太平土州分三街、七甲，皆土狼也"，"安平土州，西接交趾，旧为莫夷蚕食，今存者四十四村，皆狼人"，"万承土州，地僻土饶，狼人僇力田作"，"茗盈土州与全茗土州，相距二里许，皆狼人"，"龙英土州所部有二峒、四季、二皈及陆地等村，皆狼人，设狼目统焉"，"思城土州，治有两厢，亦狼人"，"上映土州多狼"，"上下石土州与上石西州相距不数里，户皆狼人"，"结安土州亦狼人"，"崇善三厢十屯六十三村，土、狼杂处"，"思州土州有猺、狼、侬三种"，"都结土州猺、狼杂处"，"平南县乌路里民、猺、狼杂处，归正里猺、狼杂处"。

清嘉庆年间谢启昆修《广西通志·诸蛮二》所记"狼"人，除引用金鉷修《广西通志》外，尚引用了诸多县志、府志、州志。《谢志》载："永康狼，俗与左、养利相似，妇女挟粟、布赴圩市贸迁，男人襁负而随……"此记载说明当时的壮族妇女是背着谷粟到圩市上去出售或进行物物交换，而非像今天这样挑着舂后的米去圩市出售，反映出当时广西一些地方的俍人或沙人习惯保存谷粟和以其作为交易品的习俗。"佶伦狼人，耕山……""结安狼人，种山而食……""都结狼，朴驯畏法。""思州狼人，婚以踏青为媒，葬以歌舞而返。""崇善狼人，居栏房……""左州狼，椎髻蛮音……田者谓之田丁，征调则为土兵。""养利狼，屋皆两层，上居下牧，支石作灶……""直隶郁林州狼，俗近瑶而不为患。州东北四十里抵大容山，皆狼居焉。""博白狼人，善用铜炮。""兴业狼，在兴德乡二、三图，耕山采樵，夜然松薪代烛。""罗城郡那等四堡皆狼……""上映狼人，种山猎兽……服役输赋，谓之熟狼。""泗城府狼，与瑶错居……""迁江狼人，与猺獞杂居……"

“雒容狼人，与僮、伶杂居……”

俍人因征调作战或戍边守隘而被称为俍兵，这在史籍中同样有不少记载，如：“嘉靖三十四年(1555)七月，于时倭方盘踞柘林、川沙洼，其众且二万余。吴、会民兵脆弱，无可制御。臣乃奏调田州、东兰、那地、南丹、归顺等狼兵五千名。”(《明世宗嘉靖实录》卷424)“……以其出自土司，故曰土兵；以其有头目，故曰目兵；又以其多狼人，亦曰狼兵。”(崇祯年间谢君惠修《梧州府志》卷十二)“那地狼人……耕田而食，征调则为狼兵，明沈希义用以破贼。”(谢启昆修《广西通志·诸蛮二》)“贵县狼人，明代以防御蛮贼来贵，授田使居，与民杂处……”(同前)“陆川狼人，明初来自宾州，使充戍卒，授田耕守，别置狼籍，设狼目统之。”(同前)“直隶鬱林州狼……明正德间苦流寇，募充戍兵，其后授田编户，谓之熟狼。”(同前)“狼民原系土州队卒，调居山口，且耕且守……惟勇悍乐来耕桑。”(清康熙《古今图书集成·职方典》卷1438)“东兰、那地、南丹、归顺狼兵，能以少击众。”(明魏浚《峤南琐记》卷下)“狼兵鸷悍，天下称最……”(明邝露《赤雅》狼兵条)学友罗香林教授认为：“俍兵以俍人得名。”(《俍兵俍田考》)这种认识正确，反过来又可以说广西俍人以俍兵的骁勇善战名闻遐迩和名垂史册。但同时由此又让人产生了误解，误以为俍人(汉文古籍写为狼人)因作战具有残、野、暴的狼性而得名。又有“其人性良，故名狼”(《桂平县志》卷三十一)，“饕餮血食，腥秽狼藉，因以狼名”(清乾隆《柳州县志》卷二)，“猎山而食，卧惟藉草，狼藉居室中，是名狼也”(《兴业县志·风俗篇》)等诸说，皆属望文生义、以汉套壮的短见误识。对于少数民族及其支系的自称，倘若从汉字意义上去解释，东猜西揣，只会不着边际，难得真义，必须从壮语的含义去穷源溯流，方能获得真知灼见。史籍他称的狼人，即俍人或榔人，因日常生活中习用沙(即舂杵)和榔(即舂米槽)而得名他称的狼人、仲家和沙人，皆与僚人一脉相承。明代以前分布在广西左右江溪洞的僚人，便将有势力者称为郎火(见于《桂海虞衡志》《岭外代答》《炎徽纪闻》)。汉文郎火又可写成榔火或狼火，即乡村狼人中有势力者。随着一些狼火势力的逐步扩大，父终子继，成为土官，狼在汉文古籍中似乎又成为壮族中的土官、官人、酋长、头人的代名词。所谓汉文古籍记载的“狼人”“狼民”“狼兵”，便成了汉人用壮族人对有势力的狼火(土官、酋长、头人)的称呼来称呼其众人，类似于人们过去习惯用汉族历史上的国号“汉”“唐”来称呼其众人为汉人、唐人的情况。这或许是在汉文古籍记载明代广西史事中习惯将狼人或狼民当作土官统治下的人民，将狼兵当作土官统治下的兵丁，将狼目当作替土官办事的头目或官人，将狼田当作土官所占有的山地的缘由。再如宋代后相继设置的安平、太平、万承、恩城、全茗、茗盈、下雷、养利八个土州,长期由当地壮族土酋担任土官,并代代世袭。在下雷土州(今属大新县),每屯设一屯长,汉文称为郎首,意指郎人中的首领,壮语自称布郎。汉文和壮语中之郎,皆可写成榔或狼。不管怎样,郎火或郎首出自榔人或狼人(沙人)。换言之,沙人中有势力者或头领,称郎火或郎首,自称布郎,所属族人自称布沙。而榔人或狼人属自称布沙的壮族支系,这一支系属壮族先民古僚人的一支,当无疑义。

"(广西)狼兵鸷悍,天下称最。""两广土人,有号狼家军者,骄捷健鸷,勇于战斗,涉险履危,如行平地,蛮贼素所畏惧。"(明人于谦著《忠肃集》卷九)"广西狼兵于今海内为尤悍……"(明人胡宗宪著《筹海图编》卷十一《狼兵》)晚清广西的俍人后裔壮族山地兵因勇敢善战而令法国殖民侵略者闻风丧胆的特质,完全就是祖辈俍人遗传下来的民族特性。正因如此,广西明清两代以俍人族称和俍兵英勇名噪一时,广为世人所知。相比之下,俍人别称的沙人、种家在广西则鲜见于史籍记载,不为世人熟知。而广西的狼人鸷悍或勇悍与前述云南沙人犷悍或武勇的天生性情完全相同;云南沙人善治田、善耕种、地多产稻、种稻颇饶的特点,又与广西的狼人僇力田作和乐来耕桑的特点相合;云南沙人、侬人善征戍的事实,又与广西的俍兵屡被官府调去南征北战或戍边守隘的历史事实吻合。再从沙人与俍人共有的干栏住居、鸡卜信仰、不落夫家习俗、善歌善舞的民间文艺以及语言相同和姓氏以韦、黄俱多等特点看,两者又与壮人同符合契。正如谢启昆修《广西通志·诸蛮二》所记:"永宁狼人,明隆庆初募那地、南丹狼人征古田,事平,给田使耕,俗与獞同……"可以这样说,俍人就是沙人,就是壮族的一个支系,他们都是壮族先民骆越人→乌浒人→俚僚人一路异名同族的后裔,云南的土僚相提并论以及广西的土俍同日而语,又从一侧面证明了这一点。这就可以理解为何在明清时期乃至近现代,汉文史料中均无自称布榔或布狼或布俍以及布种或布仲的壮族支系的记载,只有自称的猀人或沙人的壮族支系的记载,盖因沙人就是榔人或种家,而榔人就是狼人或俍人,只不过明清时代的官志或文人习用带有歧视少数民族的狗爪旁的汉字作为所谓"蛮夷"的族名族称,以致官志中无榔人或桹人的记载,只有同音汉字狼人及其狼兵的记录。

随着历史的发展,汉人逐步认识到,广西的俍人、沙人、壮人、土人实为同一族人,即史籍所记的"土狼獞同类"。因此,清中期后,汉文史籍记载的广西俍人逐渐减少,俍人由明代原占广西总人口的一半减少到仅占广西少数民族总人口的十分之二,而壮人则大幅增加，例如清中期嘉庆年间成书的《龙州纪略》载："粤西蛮种不一……大率獞四、猺三、狼二，余仅得一。"晚清至民国时期，汉文史籍上更多出现的是壮人或壮族的记载，仍被称为狼人者已是寥寥无几，而被称为沙人者更是难得一见。当然，这并非意味着广西自称布沙的壮族支系已经完全名存实亡，建国初期的广西兴业县（后归入玉林县）第四区（山心区）的白藤、牛口两村，约三四百户，讲壮话。村民不知自己所讲的是壮话，自称讲沙话，他称为狼话人。这些村民就是讲沙话的俍人（即沙人），经过民族成分识别后被归并入壮族。由此表明，作为玉林地区历史上骆越人→乌浒人→俚僚人后裔的土著俍人，大多数已经融入该地区历史上骆越人→乌浒人→俚僚人后裔的土著"土人"这一壮族支系中。而建国初期的兴业县（1952 年 8 月撤销兴业县，原兴业县所辖四个区划归鬱林县）和鬱林县（后更名玉林县）境内自称布土的壮族支系人口，依然广泛分布在兴业县第三区（城隍区）、第四区（山心区）以及鬱林县第一区古定镇，第四区新桥乡、沙田乡，第五区的樟木乡，第九区的大平山乡，第十二区高峰乡、沙塘乡等区乡的一些村寨，尤以兴业县第四区（山心区）的壮族人口居多。

如果说明清时代的广西以俍人和俍兵的英勇名响一方，那么，在云南，则以侬人和侬氏贵称名显于世。而"沙人习俗多同侬人……在广西者属于珑氏"，即被视为侬智高后裔侬氏的部落人。换言之，即沙人在云南历史上常被视为广西自称布侬这一壮族支系的分支，两者皆为壮族先民骆越人→乌浒人→俚僚人的后裔，他们的语言、习俗、文化、住居相同。明清时代的云南沙人，一部分来自广西省，一部分出自云南省的广南、广西两府，而云南广南、广西两府的沙人、侬人，大多来自广西省，这从史籍记载上斑斑可考，民国《马关县志》说"侬人系出獞人，来自邕州"，即为一证，同县志又说"沙人，本侬人之变种"，表明云南沙人并非完全都是侬人的后裔，现代云南的沙人大多被归入自称布衣、布雅依壮族支系，即为其证。

建国后主要分布在云南文山壮族苗族自治州的自称布侬的壮族支系，他称天保、甲州、龙音、龙江、东兰、龙、本地、傲人、黎族等（《云南少数民族族别称谓简介》，云南省革命委员会边疆组 1972 年 11 月编印）。由此表明，文山壮族苗族自治州内历史上自称布侬的部分壮族人来自毗邻的广西省天保县（今德保县一部）以及东兰县。这些自称布侬的壮族人当中，必然包括一些自称布沙的天保和东兰壮族人。《云南少数民族族别称谓简介》中将沙人仅仅作为自称布侬的壮族支系，这与事实有出入。这从我在上面已经讲过如今在云南省富宁、广南、开远等地区依然聚居着自称布沙的壮族支系以及在屏边县少数村寨依然聚居着自称布锐而他称沙人的壮族支系的事实中可资佐证。根据汉文古籍所记,从中可以看到,云南古代侬人、沙人、土人,三者都具有沿水边聚寨而居以及以水稻种植为主的共同特性。再从建国后的云南一些有关少数民族调查资料上看,虽然云南现代的侬人与沙人所讲的壮语方言不同,云南侬人与广西隆安、天保、黑衣壮人一样,讲壮语南部方言,云南沙人则讲壮语北部方言,但是两者在语法结构上和词汇上基本一致。云南一些民族学家经过深入调查和长年研究后认为,在云南广南、富宁聚居的沙人,可以说占云南全部沙人的绝大部分,他们自称布越依,其方言属壮语北部方言的桂边次方言(包括广西田林、隆林、西林、乐业、凌云、凤山以及云南的富宁和广南自称布越依或布雅依的壮族方言)。云南当地集中聚居在广南、砚山两县的广南县侬人,则称沙人为布雅依;砚山县文西乡的侬人,则称沙人为布傣。文山壮族苗族自治州内的瑶、苗、彝族人称沙人为雅依(雅依不是壮族支系的自称,雅依的壮族支系自称为布雅依)。大多数聚居在广南和少部分聚居在砚山的沙人,称当地侬人为布傣;文山州内东接富宁县,西邻马关县,北靠广南县、西畴县的麻栗坡县的沙人,将当地黑衣壮人同样称为布傣。由此表明:云南文山地区的沙人和侬人来源不同,应该与广西历史上自称布衣、布雅、布侬、濮越的壮族支系有族源关系。另一些云南民族学家又认为,长期以来,云南布越依或布雅依壮族支系包括沙人、土人、麻秧等,通常简称沙;布侬壮族支系包括侬人、天保、隆安、甲州、土人(即布傣、沙人或种家)、麻秧等,通常简称侬。布越依语或布雅依语属于壮语北部方言,实与广西武鸣、南宁一带的壮语相通,布侬语属于壮语南部方言,实与广西龙州、靖西一带的壮语相通,这些认识皆言之有据。1954年8月25日,由中共云南省委边疆工作委员会编印的《云南省民族识别研究第一阶段工作初步总结》中亦持有相同认识,认为云南的"'沙'族不能成为单一的民族,只是壮族的一个支系……沙语属于壮傣语支中的壮语北部方言……'沙'族自称'布雅依',与桂西壮族自治区部分壮族自称相同。'沙'族经济文化和社会生活也与壮族相似……由于地区相连,语言互通,经济联系,'沙'族与桂西壮族往来是密切的","'土'族(富宁县)不能成为单一的民族,是'沙'族的一部分,属于壮族的支系","'侬'族不能成为单一的民族,只是壮族的支系……'沙'、'侬'两族经济生活、社会文化、宗教信仰等都大体相同,它们和桂西壮族十分接近","'天保'、'黑衣'、'隆安'三族都不能自成为单一的民族,他们都是壮族……大部分分布在富宁县,也都是近代从广西各县逐渐迁徙定居下来的……三族因为老家在广西,与壮族往来密切,具有很强烈的共同心理状态"。土佬族

(布傣)"是壮族的一个支系……以上'沙'、'土'、'侬'、'天保'、'黑衣'、'隆安'、'土佬'各单位,都已经过科学的分析研究,在语言、区域、经济与社会文化所表现的心理状态各特征上都是很明显的属于壮族系统"。

因此,我认为,在云南自称布侬的壮族支系中他称天保(指旧时天保县,今属广西德保县一部)的分支,便有可能源于旧时天保县自称濮沙的壮族支系,这或许是造成旧时云南一些县志将沙人当作侬人变种的原因之一。当然,除此之外,侬人和沙人(沙人,一号仲家,习俗同侬人)还有"喜楼居,务耕织"等方面相同特点的原因。而云南自称布越侬或布雅侬的壮族支系,实与广西壮语北部方言桂边次方言区(包括广西田林、隆林、西林、乐业、凌云、凤山以及云南的富宁和广南自称布越侬或布雅侬的壮族方言)和桂北次方言区(包括河池、南丹、天峨、东兰、巴马、融水、罗城、环江、永福、融安、三江、龙胜的壮族方言)自称布衣、布雅、濮越、布也的属同一支系。云南壮族支系自称的布雅侬是汉语根据壮语发音的音译词,事实上我认为更为接近壮语发音的正确汉译词应该是布雅,而非布雅侬;而布越伊应该是布越或濮越,这如同广西龙胜龙脊壮族支系自称的所谓布叶伊就是布也而非布叶伊的实际情况一样。

再从沙人的生活技能和民间文艺看,"(云南)沙人,多艺,能于悬崖千丈间伐老杉,量材成器。又能作沙釜、竹匙以易粟。""沙人……能作沙釜、竹匙以易粟。""沙人……器用木。""沙人……削竹伐木以为器用。"而广西大新、德保、田阳、东兰等县的俍人(即沙人或种家)历史上习惯用沙(即舂杵)和榔舂粟成米。云南"沙人……晏客设铜鼓取乐"。这与建国初期依然流行于东兰县三区(大同)、四区(三石)一些乡村主要与娱乐关系密切的传统壮族铜鼓舞的表演形式类同。而建国初期依然流行于东兰县一区(县城)、六区(大畴)一些乡村的传统壮族舂榔舞,旧时壮语称为打谷沙,他称沙舞、俍兵舞、战舞、舂榔舞,俗称木棒舞,则完全是古沙人留传下来的宝贵艺术遗产。汉字谷沙的"谷"在壮话中意指做或制,而非汉文的稻谷义;"沙"在壮话中意指舂杵,"谷沙"直译为汉文的意思就是做舂榔或制舂榔,壮话的打谷沙,直译为汉文的意思就是敲击木制舂榔,旧时他称沙舞,即如今他称的舂榔舞。

一般认为,少数民族的舂米舞(别称杵舞、舂棒舞)直接脱胎于舂米劳动,是古代人们用杵舂米时留下的劳动娱乐形式,后来逐渐发展成独立的艺术表演形式。如今在中国台湾的阿里山以北日月潭周边的少数民族地区,高山族的杵舞(别称杵歌、杵乐、杵音)依然流行,已经演变发展成融歌舞乐为一体的表演性歌舞艺术。杵舞使用的"杵",

长四至七尺，最长的可达两米，用木头制成，每根杵自成一音，因其长短粗细不同，有不同音高，以杵击石，发出叮咚乐音。杵舞时，人数可多可少，少则三人，多则十几人，舞蹈者通常为女性，妇女头戴鲜花，身着美丽的民族服装，每人手持一杵，相互配合，敲击出美妙的旋律，边敲奏边歌舞。她们时而整齐地集体舂击；时而交错舂击；忽而后退，忽而聚拢；或以足踏地，或左右摇动；歌声委婉，舞姿健美，杵音清越，令人赏心悦目的杵舞与令人心旷神怡的杵歌融为一体，富有极高的艺术魅力。

壮族历史上的舂米舞，直接脱胎于舂米劳动，最初来源于壮族日常生活中习惯每天舂米的先民生活习俗，起源于古骆越人、西瓯人，历史悠久，后来逐步演变为劳动娱乐形式，而且从中演变出打谷沙（沙舞、舂榔舞、木棒舞）、打谷榔（他称舂堂舞、打榔舞或打砻舞或经砻舞、舂米舞、舂棒舞）、打虏烈（扁担舞）等形式。其中，前两种长期保有着古老舂米舞的用杵形式，而打虏烈已改用扁担。而且，建国初期只有从打谷沙（沙舞）演化而来的打谷榔，即东兰的壮族舂榔舞，依然保有着古老舂米舞的舞蹈者为男性的形式。唐代云南广南的打舂堂（舂堂舞）已演变为如今舞蹈者为男女混合的形式；从唐宋时期流传至今的“打谷榔”（他称打榔舞或打砻舞或经砻舞），如今舞蹈者已以女性为主，这从建国后依然流行于天等、平果、田阳、百色、大新等县的打砻舞以及流行于宁明县的经砻舞可窥一斑；流行于德保县的舂米舞的舞蹈者同样以女性为主；从宋代流行至今的都安、马山、河池等县的扁担舞的舞蹈者，如今已完全是女性。

壮族先民最初用“沙”（舂杵）舂米时所用的“榔”（即舂米槽，汉文称为舂米臼，为舂米器具，用石头或木头制成，中间凹下）为石槽，十分沉重，而最初用“沙”（舂米棒）粗长笨重，日常舂米时有益于健身，表现在搬动石槽可以强身健体，舞动木棒可以练习武术。所以，传统的打谷沙（沙舞、舂榔舞、木棒舞）的舞蹈者继承了壮族先民古骆越人、西瓯人的舂米舞传统，只有男性，没有女性。在古来强身习武风俗浓厚的东兰县，建国初期该县一区（县城）和六区（大畴）一些乡村流传至今的舂榔舞，依然保存着舂米舞→打谷沙（沙舞）的舞蹈者通常为男性的古老习俗。

随着日常劳动和生活娱乐的需要，舂米石槽和粗长木棒笨重不易搬动和舞动，壮族先民便将舂米石槽改为长形木槽或木垫板，改用轻木棒和扁担打击木槽或木垫板，壮族古老的舂米舞就这样逐步演变成了打谷榔、打虏烈。这种演化时期有可能始于唐代，唐人刘恂在《岭表录异》中记：

广南有舂堂，以浑木刳为槽，一槽两边约十杵，男女间立，以舂稻粮，敲磕槽弦，皆有偏拍。槽声若鼓，闻于数里，虽思妇之巧弄秋砧，不能比其浏亮也。

宋人周去非在《岭外代答》释“舂堂”为：

取禾舂于槽中，其声如僧寺之木鱼，女伴以意，运杵成韵，名曰舂堂，每旦及昃则舂堂之声，四闻可听。

由此可知，舂堂意指妇女舂米时有节律而动听的乐音，妇女们自觉或不自觉地伴随着这种乐音踏脚起舞，久而久之便成为娱乐形式的舞蹈动作，继而演变为富有内容表现形式和节奏感的舞乐结合的表演形式，作为壮族民间艺术的舂堂舞由此而生。舂堂舞在壮话中叫打谷榔，如今在壮乡一些地区他称为舂榔舞、打砻舞或经砻舞、舂米舞，俗称舂棒舞。汉字砻在壮话中叫榔。砻在汉文中又叫砻谷，俗称推米。明末清初的科学家宋应星于《天工开物》中说：“凡稻去壳用砻。”砻指去掉稻壳的农具，形状略像磨，多以竹、泥制成。汉文的砻谷在壮话中叫谷榔。壮话所叫的榔，意指舂米木槽，而非意指汉文的舂榔（一种实心木棍或木棒，在壮话中叫沙）。由于壮话的榔在去掉稻壳的功能上类似于汉文的砻，故在桂西壮乡一些地方，壮话借用汉字汉音汉义直接就将舂米用的木臼叫为砻。壮话谷榔即指做槽或制槽；打谷榔则指敲击木制的木槽或木垫板；而打谷人无论是使用沙还是使用榔，皆为历史上日常生活中习用沙（舂杵或舂榔，即木棒）和榔（舂米石槽或木槽）的沙人或榔人，只是汉文古籍习惯将榔人记为狼人而已。而明代的东兰狼人或狼兵名闻遐迩，常被官府征调用于异地南征北战，史籍关此言之凿凿，确可信据。云南沙人、侬人善征戍，东兰沙人或榔人同样善征戍。虽然建国后在云南文山州自称布侬的壮族支系中他称为东兰的人口只剩下四人（1958年之前），但他们的祖辈来自广西东兰县则是无可置疑的事实。由此我断言历史上云南文山一带自称布侬的支系中部分来自广西东兰县，当非揣骨听声的臆测。

东兰人传统的打谷沙，直译为汉文的意思就是敲击木制舂榔，旧时他称沙舞、俍兵舞、战舞、舂榔舞，即如今他称的舂榔舞，俗称木棒舞，完全有可能出自当地自称布沙的沙人。

壮族传统用榔，最初用石槽，后来大多改用粗大坚实的龙眼木、榨木等整段坚硬原木刳凿制成，外形为一长方形敞口木槽，一般槽长200厘米，宽40厘米，高35厘米，槽壁厚6厘米，槽口朝上，槽下两端支有木制或铁制脚架。高档榔的榔体做工精致，榔槽壁外侧还绘以各种花卉和图案纹饰。由于用木杵（舂杵，即木棒）在槽（榔）内舂谷脱粒时会发出有节奏的咚咚声音，妇女们自觉或不自觉地伴声起舞，久而久之便成为舞蹈动作，以榔作为舞蹈的配乐，由此产生了打谷榔，汉文称为舂堂舞、打砻舞或经砻舞。壮族人打谷榔时，表演者使用竹制击棒敲击竹筒或使用木制击棒打击榔，每根击棒长150厘米，外形与汉人用乐杵有些相似，两端较粗，中间手握部分较细。表演者通常少则四人，多则十二人（男女各半，不分老少），分立榔的两侧，每人手执一根击棒，撞击槽底、内壁，或敲击槽边、外壁，打法有拖打、冲打、点打、撩打及对打等。发音响亮、铿锵有力，虽无固定音高，但由于敲击榔体部位的不同，在音高和音色上会有一定的变化。奏者还以棒互击，或交替击棒、击槽、击地，节奏清晰、明快，由此充分表现出壮族榔声独有的节奏变化上的特色以及特殊的音响效果。表演者以榔声为节奏翩翩起舞，边击边舞，乐舞结合。随着表演者以棒击榔的力度和幅度变化，舞步会随之出现并步、小八字步、踏步和点步等变化，舞姿豪放粗犷。旧时还以打击竹筒来强化声音和节奏，如今大多以敲锣鼓来强化节奏，同时渲染热闹欢腾的气氛。打谷榔就这样逐步演变成了如今壮族传统民间乐舞结合的娱乐和表演形式。

每逢旧历新年，壮乡村民喜以打谷榔为娱乐，认为当年打谷榔举行了，当年就可大丰收，因而打谷榔成为壮族百姓长期喜闻乐见的一种节庆习俗舞蹈，广为流传。明代封建统治者，实行民族压迫政策，严禁广西少数民族开展本民族的民间文艺活动，壮族打谷榔和打虏烈被迫停止了一段时期，由此造成桂西左右江流域壮乡许多地区诸如此类的民间传统舞蹈艺术相继失传，清代后一些壮乡地区始逐步恢复。建国初期依然流行于天等、平果、田阳、百色、大新等县的打砻舞，流行于宁明县的经砻舞，流行于德保县的舂米舞，流行于都安、马山、河池等县的壮族扁担舞，可以说基本上保持了古代舂堂的特点。因嘹亮的槽声预示着壮家的丰收和兴旺，故壮族谚语云："正月舂堂闹哄哄，今年到处禾黍丰。"

唐宋时期，改用扁担代替木棒的一些地区的壮族先民则将打谷榔易名为打虏烈，俗称扁担舞。虏烈在壮话中意指打扁担之声。马山县壮族扁担舞便源于打谷榔。扁担舞兴起之初，最初的形式是围着木臼敲打舂米槽娱乐，后来演变为用竹扁担敲打板凳。舞蹈者一边打，一边唱。据传加入唱歌的形式始于宋人陆起。古代的歌词已失传，至今仍流行于都安（旧时与东兰接壤）、马山（北隔红水河与都安瑶族自治县相望）、河池（西南与东兰接壤）的壮族扁担舞所唱歌词，已是新编的。如今的扁担舞是一边舞蹈，一边歌唱，轻歌曼舞。内容一般分为四节，用壮话说，一为“分假”（即汉语的插秧意）；二为“分水”（即车水上田意）；三为“法（此字正确写法是提手旁+法）厚”（即汉语的收割打谷意）；四为“敦厚”（即汉语的拿谷舂米意），显然是以艺术形式将农民从种谷到舂米的过程表演出来。建国初期的壮族扁担舞的舞蹈者，绝大部分是妇女，表演时人数不限，但必为双数，以四、六、八、十人不定。打法多式多样，步调一致，行走灵活，协调自然，节奏明快紧凑，动作刚劲有力，表现出打谷、车水、插秧、舂米、纳布、赶牛下地等动作过程，内容丰富，计有插秧、车水、收割、打谷、点春水、碰碰欢、虏列表、虏列谷、虏列分水、虏列分阜、庆丰收等，还可组成打春堂、全家乐、大团圆等完整的表演套路。打虏烈就这样逐步演变成了如今壮族传统民间歌舞结合的娱乐和表演形式。

而打谷沙（沙舞、舂榔舞）则与打谷榔的乐舞艺术和打虏烈的歌舞艺术有所不同。东兰传统的壮族舂榔舞，历史悠久，这与沙人传统上习惯制作和使用木质、竹质的沙器关系密切。壮族的打谷沙，换言之，东兰传统的壮族舂榔舞，起源于何时，没有文字记载，只有当地壮族老人的口口相传，传说打谷沙来源于古老的舂米舞，起源于唐宋时期。东兰壮族先民最初打谷沙时所用的舂米臼为石臼（石榔），最初用沙（舂杵）粗长笨重，日常舂米时有益于健身，舞动木棒又可习武。所以，打谷沙（沙舞、舂榔舞、木棒舞）的舞蹈者只有男性，没有女性，继承了壮族先民古骆越人、西瓯人的舂米舞传统。在古来强身习武风俗浓厚的东兰县，建国初期该县一区（县城）和六区（大畴）一些乡村流传至今的舂榔舞，依然保存着舂米舞→打谷沙（沙舞）的舞蹈者通常为男性的古老习俗。

因沙人用沙（舂米木棒）撞击榔（舂米槽）或以沙互击发出的棒音或榔音时而低沉，时而响亮，具有威慑力，逐步成为明代名声远播的东兰俍兵作战前习惯手舞足蹈相互拍打兵器和铜鼓以振士气的战舞或俍兵舞。这与前面说的唐代壮族先民黄家洞人战前铜鼓擂得震天响，喊杀声响彻云霄以及一同拍打着身挎箭袋以振士气扬军威的做法完全是同一路数。唐代广西黄家军的主要活动地域，实与明清两代广西俍家军的主要活动地域大同小异。我是甘姓俍人后代，亦算是黄姓黄家洞人后裔，少时有关黄家军和俍人、俍兵的传说故事听过很多。童年时我曾在家乡新宁州熙良团（今扶绥县渠旧区）的咘沙歌坡观看过本地自称咘沙（即布沙）的沙人跳的咘沙舞，几乎与 1955 年 1 月和 1956 年 12 月我在桂西壮族自治区（州）举办的第一、第二届民间文艺观摩大会上看到的东兰壮族舂榔舞大同小异。只可惜解放初期的我的家乡扶绥县第四区(渠旧)的咘沙歌坡虽然依旧热闹非凡,但只有歌圩依然如故,沙舞则已经绝迹。相比之下,东兰壮族舂榔舞历久不衰,一直大放光彩。

因舂米用石榔(石槽)沉重,加之舂米所用沙(舂杵,即实心木棒)结实粗长笨重,时常搬动石槽和挥舞大木棒可以健身习武,寓兵于农的沙人或俍人无战事时,便将搬动舂米石槽和使用重长木棒拍打石槽当作强身习武的方法。后来以木榔(木臼,即木槽)代替石臼(石槽),打谷沙(沙舞)亦逐步演变成了如今的打谷榔,东兰壮话叫特榔,他称舂榔舞,这种演化据传始于晚清时期。

东兰壮族舂榔舞到建国初期,表演者都是男性,而且只打不跳,这是它与其他打谷榔的不同之处。早期表演者皆为青壮年男子,少则三四人,多则八人。每人手持一根坚硬实心长木棒,围着一块垫板,先击板而后击棒,以长短木棒头尾相击,发出不同节奏的音响,分有两人对打、三人互打、众人交打等打法,配有铜鼓伴奏。击打节奏的改换与终止,均由指挥人呼喊口令。改革开放后,东兰舂榔舞略有改变,表演者为男女混合,无论老少皆可参加,少则三四人,多则八人。每人手持一根 8 尺的长棒(俗称公棒)或 4 尺的短棒(俗称母棒),围着一块长约 3 米和宽 50 厘米的形如狭木舟的木槽(倒置在地,底部朝上),先击木槽后击棒,打法与旧法相同,同时配有皮鼓、铜鼓或锣钹伴奏,增添棒击音响浑厚的雄壮效果,富有浓烈的生活气息。东兰县革命老干部牙美元对我说:解放初期每年农历新年,舂榔舞都会在板隆乡的一些村庄表演数昼夜。从中无疑可以看到东兰沙人或俍人昔日劳动娱乐的一些民间文艺风采。

旧时沙人或俍人善歌善舞,这从我的家乡扶绥县渠旧区驰名全县的咘沙歌坡亦可见一斑。扶绥县渠旧区在我出生时为新宁州熙良团,下辖 21 个村,其中包括咘沙村和我的出生地渠思村。前说旧时渠思村土人(壮族人)只有黄、甘两姓,黄姓为本村土著人,甘姓是外来的,村人皆自称布侬,汉文通常统称为土人、獞等。咘沙村位于渠旧街东南面,距渠旧街约 6 里,民国时期初期绝大多数村民是土人,其中一些壮人系明末清初迁入的俍人后裔。1952 年 8 月,我借广西大学放暑假之际返回家乡扶绥县四区(渠旧)从事实地调查时,曾到我在青少年时代常去参加咘沙歌坡的咘沙村调查,该村村长甘明义对我说:“咘沙村因村边有一口含沙的清泉井而得村名。”但我拜会村上族老甘昌光(时年 81 岁)时,他却有另一种说法:“听老一辈族人说,咘沙村的村人旧时自称咘沙,外人称其为沙人。旧时村名不叫咘沙村,清代初期因咘沙歌坡兴盛后,始改名叫咘沙村。咘沙歌坡原来不仅有唱加，还有打逐表演。”前说在桂西壮乡的一些地方，当地壮话又将舂米用的臼（石臼和木臼）叫逐，打逐是旧时渠旧一带的壮话叫法，译为汉文即指打谷榔，旧称咘沙舞。甘昌光族老所说与我童年时代，即晚清时期在咘沙歌坡见过的唱加和打逐情况相吻合。现在咘沙舞已经失传，咘沙村西面土山坡（俗称歌坡岭，能容纳两三万人）每年定期举办的咘沙歌坡（即歌圩，咘沙歌坡属日歌圩，即在野外聚众唱山歌）只遗传下唱加（即唱家）和唱思（唱加和唱思均指唱山歌，两者只是词调不同，唱法有异）。

综上所述，广西历史上一些州县旧时自称的布沙，即沙人，他称为仲家或种家、仲侬人、狼人，系壮族先民骆越人→乌浒人→俚僚人的后裔之一，属壮族支系之一。正因如此，建国初期广西省人民政府尊重广大壮族人民的意愿，将广西历史上的壮人、土人、侬人、越人、僚人、俍人、锐人、沙人等支系统一并入壮族，并上报中央，得到了中央人民政府的批复同意。云南的布沙归属情况同广西一样。但是，广西历史上的沙人于建国初期被并入壮族后，自称布沙的壮族支系从此融入其他壮族支系，这一支系已不复存在，而云南的沙人于建国初期被并入壮族后，自称布沙的壮族支系至今依然存在，只不过因其融入壮族其他支系而造成人口逐年略有减少而已。

（三）方策和内容

从方法和对策上看，建国初期广西开展的民族成分识别工作，主要采取了以下几种方策：

一是加强民族平等宣传从而端正思想认识。在建国初期的广西的民族成分的调查和识别工作中，当时不仅仅是调查和识别的学术工作开展，同时还伴随着民族宣传工作的深入开展。由于广西少数民族教育向来落后，在少数民族人民当中，许多人都不识汉字，都不会说汉语（西南官话或普通话）。加之历代封建专制统治阶级长期对少数民族推行民族压迫政策，使得广西一些少数民族群众不知道自己是何种民族，只知道本族的传统自称和他称，不知道自己说的话属于何种民族语言。一些人怕遭歧视，根本不敢承认自己是少数民族，自认为是汉族。建国后，随着中央政府制定的各民族一律平等的方针政策的深入宣传落实，一些自报民族成分的族群，自以为是单独民族，为了实现民族区域自治，个别支系不愿并入壮族，但这只是个别现象，属极少数情况，绝大多数壮族人民并非如此。建国初期，广西历史上的侬人、俍人、僚人以及桂西地区的大多数土人，在中央民族平等和区域自治等一系列政策大力宣传的影响下，民族意识觉悟和民族认同自豪感迅速提高，自愿主动要求并入壮族。政府有关部门依据中央访问团的调查报告和科学结论，基于广西历史上的壮人、侬人、俍人、僚人、土人等具有共同的语言和文化的科学标准，尊重群众意愿，将这些壮族支系归并入历史上的单一民族又经中央人民政府确认的壮族中。至 1952 年底，仅聚居在广西西部和中部地区的壮族人数，便已达525.7 万人。我是桂西地区扶绥县的土人，亦是历史上的俍人后裔，还是历史和民族学者，自然知道历史上汉籍记载的广西壮人、侬人、俍人、僚人、土人等，绝大多数都是历史上的壮族支系，只不过广西各地壮族支系的自称或他称不同而已。建国初期对壮族一些支系的识别和归并，语言亲属关系、族称和生活习俗的调查是认定的一个关键或客观标准，同时，壮人、侬人、俍人、僚人、土人等的分布地域、经济、社会组织和文化特征，亦是壮族支系认定与归并的重要依据，这在中央访问团的调查报告中都有不同程度的反映。客观历史事实表明，历史上的壮族具有共同的语言、共同的地域、共同的经济生活、共同的文化，但对桂北、桂西地区的少数土人而言，一些通过调查识别可以肯定为壮族的土人，并不承认自己是少数民族，误认为自己是说壮话的汉人（这些人当中只有极少数人会说属于汉语方言的桂林官话或西南官话，大部分人都不会说和听不懂桂林官话，更别提普通话）。即便在 1956 年底我率领广西少数民族社会历史调查组到大新县调查时，当时县境内个别乡村的土人，依然认为自己是说壮话的汉人，不是少数民族，不愿并入少数民族。然而，这种现象并不普遍，只存在于个别乡村和极少数人中。我们当然不能以点概面或以偏概全地认为极少数土人自称是说壮话的汉人，就应该尊重“群众意愿”和按照“名从主人”的原则并入汉族。甚至以此为由夸大其词地误认为广西土人都自称是说壮话的汉人，都应该并入汉族，或以此为由误认为广西壮族缺乏单一民族的特点，已被汉族同化，属汉族支系，不能成为一个单一民族。这种误识，在1953 年我国少数民族地区的民族成分调查识别工作普遍开展后，在个别学者的文章中开始出现，但很快就销声匿迹。盖因这种误识，实为一些大民族主义者在少数民族事务上习惯越俎代庖的典型表现，既与历史上作为单一民族又在建国后被中共中央早已确认的民族平等政策背道而驰，亦为广西绝大多数土人嗤之以鼻，自然不会得到有识之士和中央人民政府的支持。况且，土人只是自称布土的壮族的一个主要支系，而非指整个壮族。正因存在极少数自称是说壮话的汉人的现象以及壮族个别支系在一段时期内自认为自己是单独的民族（例如偏人）等方面诸多暂时不明的问题，这就需要科学的调查识别和深入的宣传说明工作结为一体，双管齐下，以使广大人民群众了解自己的民族成分，增强民族意识和民族自豪感。为此，广西在1951年7月第一阶段的民族成分调查识别工作开展之后，逐步加强了国家民族平等政策的宣传工作，以便使广大人民群众从思想上端正民族认识。1951年，在《广西省人民政府关于少数民族工作的指示》中就明确强调："在一切少数民族居住的区域，都要实行平等互助、友爱团结的民族政策……"1951年10月广西省民族事务委员会成立；同月下旬，广西省第一次民族工作会议在南宁召开，会议发出了在全省广泛开展国家民族平等政策宣传和教育工作的指示，会上决定成立广西民族工作队，由省民委建政科科长苗延秀（侗族，原名伍延秀）兼任工作队队长。随后，民族工作队各分队广泛深入少数民族乡村，积极开展国家民族政策的宣传以及协助地方建立民族区域自治的建政和成立工作，极大地让各基层少数民族群众端正了民族认识，增强了民族自豪感。

1951年11月12日至22日，中南军政委员会第四次全体会议在武汉召开。会议期间（21日），作出《关于开展少数民族工作的决议》。《决议》重申中华各民族不分大小，一律平等，同时要求中南行政区所辖各省开展少数民族工作，广泛宣传党中央的民族平等政策，全面贯彻实施中央人民政府制定的各项民族方针和政策，加强民族平等和民族团结教育。为此，中共广西省委和省政府，根据《决议》精神和要求，于同年11月29日，召开了广西少数民族干部会议，会上号召广西少数民族干部加深理解国家制定的一系列民族方针和政策，端正民族认识，同时积极地深入基层乡村，开展民族平等和民族团结的宣传和教育。同年12月1日，中共广西省委又召开了首次全省民族工作干部会议，会议确定1952年广西少数民族工作的总任务是广泛发动少数民族群众搞好民族区域自治，成立民族民主联合政府。通过这些干部会议，广西少数民族干部的思想觉悟和民族认识普遍得到提高。在他们下到基层的广泛宣传和带动下，广西许多少数民族地区的基层干部和广大群众普遍受到了中华各民族一律平等的宣传教育。由于端正了民族认识，增强了民族认同感，一些过去害怕受到歧视而不敢承认自己是少数民族的群众开始敢于承认自己的民族成分。例如在武鸣县，当地土著壮族历史上有自称布土、布壮、布侬、布板（班）、文板（班）、布曼、布那等支系，过去由于害怕受到民族歧视，武鸣县的壮族人凡填表上报时大多自填为汉族，他们反而将当地汉族人称为卜壮（布壮，即壮人）。经过当地领导干部的宣传教育，武鸣县绝大多数人民群众端正了民族认识，有数十万过去认为自己是汉族的土人、壮人、村上人主动要求将民族成分改正为壮族，以至于到了1953年第一次全国人口普查时，武鸣县壮族人口达到266095人，占全县总人口的 89.5%。与此同时，广西其他少数民族地区一些为了得到照顾或为了实行民族区域自治而上报民族成分时申告为瑶族、苗族、侗族的群众，亦主动要求将乱报或错报的民族成分改正过来。除此之外，还有个别地区是历史上遗留下来的问题，如上思县。民国四年(1915)编印的《上思县志》载："本地语言恒操土音，与思恩、宣化、庆远、太平、龙州、归顺等处各土音略相似。"同时，民国时期的广西政府长期认为，土音即土语，系汉语方言之一，故将上思县的土人视为汉族分支，一直称为汉族。建国后上思县数万土人出于民族认同的自觉意识和归属感，强烈要求更改为壮族，广西省人民政府派人对上思县大部分自称魂妥(即土人)以及少数自称文松、文板(即壮人、乡村人)的群众进行了专项民族成分调查识别，确认这些讲土话和壮话的土人、壮人、乡村人均为壮族人。1952 年 12 月桂西壮族自治区成立时，上思县土人全部并入壮族。1954 年 12 月上思县进行人口调查统计后确定，该县总人口为 95579 人，其中壮族人口为 91685 人，瑶族人口为 2767 人，余下为其他民族人口。这些加强民族平等宣传从而端正了民族认识的成果，可以说是建国初期中央民族访问团、广西省民族工作队深入基层广泛宣传国家民族政策的结晶，亦为广西少数民族干部会议精神及其干部下到基层开展宣传教育深入人心的结果。从我的亲身参与和体验感受，可以这样说，加强民族平等宣传从而让广大乡村群众端正民族认识，是建国初期广西民族成分识别工作得以顺利开展的首要方策。

二是制定计划方案，开展专项调查。从广西民族成分识别调查工作的阶段上看，第一阶段始于中央民族访问团中南访问团广西分团于 1951 年 7 月在广西进行慰问期间同时开展的少数民族考察和调查工作。广西分团领导下的联络组经过广泛深入调查后撰写了《广西少数民族历史资料提要》等近 30 份调查报告。与此同时，中共广西省委省政府为搞好民族调查工作，大力协助中央民族访问团的调查工作，双方组成联合工作组，开展民族成分调查，亦写出了一些联合调查报告。这些调查工作，通常被视为广西民族成分识别调查工作的开始。这些调查报告随后由中共广西省委统战部交付广西日报社铅印成册，供相关方面内部参考。这些调查报告就是当时广西省人民政府在尊重群众意愿的前提下将广西过去历史上的壮人、土人、侬人、僚人、俍人、锐人、沙人等壮族支系归入历史上的壮族总称名下的依据。但是，由于第一阶段的调查工作受到调查时间、调查人员数、调查范围等方面的条件限制，使得调查报告的初步考察内容存在一定的错误，例如将个别地区极少数的仫佬人、侗人并入壮族，将极少数壮人并入汉族，将极少数仫佬人误称为苗族。为了纠正这些错误以及全面弄清广西的民族情况，从 1953 年秋到 1957 年春，广西再次组织了较为全面系统的民族成分调查识别工作。

当然，1953 年 9 月广西组织的专项性民族成分调查识别工作开展之前，亦有广西民族工作队和桂西壮族自治区民族工作队深入乡村的集体调查和我辈身体力行的个人调查和领导的小组调查。当时为了响应省民族工作会议号召民族工作者"搞好民族工作，积极开展民族调查"的精神，1952 年 3 月 18 日，我带领助手从桂林出发，前往都安、东兰、南丹一带调查。同年夏，我借广西大学放暑假之际，返回家乡扶绥县从事实地调查和史料收集，同时还相继到了吴凌云、吴亚忠父子的家乡渠芦村以及他们当时发动反清起义时的主要活动地扶绥陇罗（今扶绥东罗）、太平府（今崇左）、养利土州（今大新）、思城土州（今崇左）、镇安府（今德保）、归顺州（今靖西）一带调查。1953 年 7 月，我曾组建和领导桂西壮族自治区人民政府文教局历史文物调查工作组，相继深入到桂西壮族自治区辖地的南丹、天峨、河池、罗城、忻城等五个县，先后调查了白裤瑶、背篓瑶、毛南人、苗族、红苗、壮族、水家族、仫佬人等少数民族。三次调查均包括深入乡村宣传国家民族平等政策和进行少数民族的民族成分调查识别等方面的内容。关于这三次调查的具体内容，前面谈及壮族支系时我曾提及若干，后面我将会再作一些补谈。

1952 年 11 月，在《桂西壮族实行区域自治筹备方案》中曾明确指出："我省是一个多民族的地区，有汉、壮、瑶、苗、侗、倮倮、毛难、越南、水家、仫佬、仡佬、俫俫、回、黎、伶等 15 个民族；全省 1900 万人口中，少数民族约占 630 多万，少数民族中，又以壮族人口为最多，约 540 多万。"同年 12 月，中共广西省委发出《中共广西省委关于学习民族政策的通知》，通知明确指出："广西是一个多民族的省份。境内有壮、瑶、苗、侗、毛难、倮倮、回、仫佬、俫俫、仡佬、水家、汉等十几个民族。"1953 年 5 月 17 日由广西省人民政府民族事务委员会撰写的《广西省民族区域自治工作总结报告（初稿）》中说："广西是个多民族的地区，有汉、壮、瑶、苗、侗、彝、毛难、越南、水家、仫佬、仡佬、俫俫、回、黎、伶等 15 民族，据不完整的资料统计，少数民族有 6323443 人，占全省总人口的三分之一；其中壮族 5462193 人；瑶族 463953 人；苗族 189612 人；侗族 163384 人；毛难族 19959 人；回族 9444 人；彝族（倮倮）9428 人；越南族 6712 人；仡佬族 291 人；俫俫族 898 人；水家族 1000 人；仫佬族 1000 人；黎族 400 人；伶族 462 人（尚有数千散居的满、藏民族成分）。"这些都是政府根据各少数民族自报的民族名称所得，其中一些属政府已经确认的单一民族，一些则属政府尚未确认为单独民族的少数民族成分，这就需要对尚未确认为单独民族的少数民族成分进行调查识别。为此，1953 年 8 月 17 日，广西省民委专门制定《调查民族成分工作计划方案》，方案明确指出：我省少数民族据初步调查及自报情况，目前有壮、瑶、苗、侗、毛难、倮倮、回、仫佬、傣、俫俫、仡佬、水家、偏、黎、伶、六甲、胥民、越南等18个民族。其中可分三类：一类是政府已经确认又可以肯定为历史上的单一民族，如壮、瑶、苗、侗、倮倮、回等；一类是虽为少数民族，但因与其他少数民族特征相似相近而有待调查识别其民族成分从而辨别是否能成为单独的少数民族抑或是单一少数民族的一部分（支系），如仫佬、毛难、傣、偏、仡佬、水家、越南等；一类是过去或仅依据初步调查资料，或依据自报民族名称而有待进一步调查识别其民族成分从而辨别是否能成为单独少数民族抑或是汉族的一部分（支系），如俫俫、黎、伶、六甲、胥民等。同年8月23日，广西省民委为了贯彻执行《调查民族成分工作计划方案》，专门在省民委成立了研究室，邀请我和刘介、张景宁等少数民族调查专家参与研究室工作，我们主要负责撰写调查提纲，开展民族研究工作，率领民族成分调查组深入各地区展开民族成分调查和识别工作。我们原计划由省民委、广西民族学院各派四人，会同中南民族学院研究室派出的学员，并请中共广西省委统战部和桂西壮族自治区派干部参加，共同组成民族成分调查组。原拟定调查组分为三个小组，分赴三个少数民族地区，即一为防城地区，调查偏族、越南族（后改称京族），由我带队；二为龙胜、三江地区，调查黎人、伶人、六甲人等，由刘介带队；三为隆林地区，调查仫佬人、倮倮人（即彝族）、俫俫人，由张景宁带队。然而，在随后开展的实际调查工作中，调查组领导和成员略有变化。我因大学教学任务繁忙，虽然没有时间参加实际调查工作，但随后细读过各调查组上呈的调查报告，了解许多情况。根据这些调查情况反映出的一些问题，我又与刘介、张景宁等省民委研究室专家，共同起草、反复研讨和修改，最后拟定具体的《识别民族成分调查参考提纲》，1954年3月10日由广西省民委印发，作为全省各地区广泛展开的少数民族调查工作的参考资料。该参考提纲对民族成分识别的调查提出了详细明确的要求，主要有两点：一是对其历史渊源，即在一定历史范畴下形成的过程进行调查，了解其共同语言、共同地域、共同经济生活和共同文化的特征。同时将这种特征与汉族作比较，区分异同。二是对其现阶段的物质生活和劳动生产的条件及其文化水平展开调查。

对于具体的调查方法，参考提纲亦有详细明确的要求，主要是对调查地区、范围、方式、对象，记录形式和内容，资料收集，就地讨论总结，及时上呈各类资料等方面的一些要求。对于调查地区，首先要求必须在县、区一级了解情况，继而深入与县、区政府所在地接壤的农村或调查原定的中心地带进行实地调查，然后再返回县、区进行补充了解。对于调查范围，要求对调查的每一个项目，都要尽可能广泛展开，注重收集具有广泛性和代表性的资料。对于调查方式，要求详细了解历史和现在的两方面情况，采访方式尽可能广泛周到。对于调查对象，要求以有文化的年高知情者为采访重点，同时注意阶级性以及各阶层有影响的人物看法。对于记录形式和内容，要求分题分目现场记录，而且必须注明采访笔录的对象、年龄、时间、地点，采访笔录必须反复对证，尽可能做到采访资料数字的一致性，以达统一正确。对于资料收集，要求着重收集足以说明其民族成分特征（具有历史、语言、风俗、文化、宗教等方面特征）的资料。对于就地讨论总结，要求调查结束后综合各方面的资料就地进行讨论，求得一致认识，形成共识并作出初步结论。对于及时上呈各类资料，要求调查结束后及时上呈各类资料，这些资料包括收集到的文本、誊写、笔录等资料以及绘图摄影、购得文物和说明、调查总结报告。

参考提纲中，还规定了详细的调查内容，主要有以下诸方面：

1.人口和分布。人口包括总人口数，该民族及其支系的人口数和所占百分比。分布包括总人口数，该民族及其支系的聚居、姓氏、语言分布等。

2.历史来源。有“民族名称”和“民族源流”两大项内容。民族名称包括该民族及其支系传统上的自称和他称及其含义、该民族及其支系对周边其他民族的称谓及其含义。民族源流包括有关该民族及其支系的历史形成渊源、名称演变和主要姓氏的神话、传说、故事、族谱、家牒以及宗祠、石碑、庙宇、族坊等，有关该民族及其支系现在聚居的村名、村史及其迁移史（迁移原因、路线、方式等）以及当地其他民族对该民族及其支系的历史源流、迁移状况等方面的文本记载和看法。

3.语言。包括该民族及其支系使用语言的共同性、统一性和方言性及其日常使用地区、阶层和程度，语言、词汇和语法的特征，该民族及其支系语言与其他民族语言的关系、借词系属，该民族及其支系使用汉语的状况等。

4.风俗习惯。包括饮食、服饰、居住、婚姻、生育、丧葬、禁忌、宗教、节会、文艺等方面。

5.社会状况。包括家庭组织和结构、法治状况、文教卫生和民族干部等方面。

6.经济生活。包括自然条件（地理位置、地形、气候、土壤、资源等）、经济形态（农业、林业、渔业）、耕地（类型、面积和水利状况）、主要经济作物或物产（水稻、玉米、红薯等农作物，棉花、麻类、蚕桑等纺织作物，花生、油菜、芝麻、大豆、向日葵等油料作物，甜菜、甘蔗等榨糖作物，茶叶、咖啡等饮料作物，烟叶等嗜好作物，罗汉果、人参、灵芝等药用作物，以及水果类热带作物）、工商业、畜牧业、养殖业、家庭副业、生产特点（生产工具、耕牛状况、生产技术、劳动分工和习惯、种植季节）、生产现状和收成、农业合作互助形式，道路交通的历史和现状。

7.民族关系。包括该民族及其支系与周边其他民族的历史和现在的关系及其相互之间的认识、态度和互助关系，历史上受压迫、受歧视或压迫、歧视其他民族的文本记载和传说等方面。

8.总结。包括对该民族及其支系的民族成分识别、经济、文教、当地民族政策执行情况等方面的调查认识结论。

以上要求和内容，就是我们拟定的广西民族成分识别调查的规范化内容，亦可视为学术性的调查标准，具有一定的科学性，可谓科学标准。广西的民族成分识别调查工作，大体上是按照这样的科学标准进行的，从而得出的是相对比较科学的结论。这与其他地区在调查工作中将斯大林的民族定义的四个特征当作科学标准的情况有别。

（四）成果

1953 年 9 月，中南民委派出 11 位同志，广西省民委派出 13 位同志，联合组成民族成分调查工作组，在广西省民委的领导下，分成若干小组，对广西一些有待识别民族成分的少数民族支系展开了专项的民族成分识别调查，着重调查了龙胜各族联合自治区的伶人、黎人、苗人，南丹县的水家和隔沟人，罗城县的伀佬人，环江县的毛难人，这次调查持续三个月，至同年 12 月底结束。翌年 2 月到 5 月，广西省民委工作组（全称广西省人民政府民族事务委员会工作组，时由中南民委、广西省民委和桂西壮族自治区三方派出的干部组成）又开展了第二次民族成分识别的专项调查，此次着重调查了桂西壮族自治区所辖平果县的陇人、防城县的越人（后改称京族）和龙津县的傣人。两次调查的成果丰硕，先后上呈了内容充实丰富的 10 份调查报告，省民委陆续将这 10 份调查报告印成 9 册，即《龙胜伶人情况调查》《龙胜黎人情况调查》《龙胜苗族情况调查》《南丹县栏关乡水家隔沟人情况调查》《罗城伀佬人情况调查》《环江毛难人情况调查》《平果县第二区乐尧山区“陇人”情况调查》《防城越族情况调查》《龙津县金龙峒傣人情况调查》，供相关部门作内部参考。这是继 1951 年中央民族访问团访问广西之后，广西组织的两次较为系统的专项民族成分识别调查。1954 年 3 月 10 日广西省民委印发《识别民族成分调查参考提纲》后，桂西壮族自治区民族工作队以及桂西各县民政科等一些地方调查组，按照《识别民族成分调查参考提纲》，又先后组织了数次民族成分识别的专项调查。1956 年 8 月 5 日，我参与筹建的广西少数民族社会历史调查组成立，我亲自拟定《广西少数民族社会历史调查提纲》，随后我带领调查组对桂西各县的壮族社会历史展开了全面调查，其中有一些涉及民族成分识别调查的内容。

凭实而论，广西的第一阶段和第二阶段的民族成分识别存在异同，相同点反映在：

两阶段的调查人员绝大多数都是汉族人，查看一下中央访问团联络组调查人员名单以及中南民委与广西省民委联合工作组的调查人员名单便可一目了然。两阶段中只有我和苗延秀等极少数的广西少数民族成员参与了具体调查以及制订计划方案和参考提纲。这有建国初期广西少数民族文化干部和知识分子缺乏的条件制限，亦有政府追求公正性的目的，从中反映出的调查报告和结论的公正性自不待言。同时，由于这些调查人员绝大多数不会说少数民族语言，调查工作和报告中出现的一些错误亦在所难免，情有可原，无可厚非。两阶段的不同点则表现在重点不同：第一阶段调查识别工作中的重点是针对历史上的单一民族又已被中央人民政府确认的少数民族（如壮族、瑶族、苗族）的民族支系展开调查识别和归并。而第二阶段调查识别工作中的重点是对自报的名称（即少数民族成分）展开调查识别和归并，主要包括两方面：一为已确定为少数民族成分，但是否能成为单独的少数民族抑或是单一少数民族的一部分（支系）；二为是否属少数民族抑或是汉族的一部分（支系）。

正因为两阶段调查识别的侧重点不同，由此呈现出的两阶段的认定成果显出差异，表现在：第一阶段主要是根据调查资料和尊重群众意愿的方针，对广西历史上的单一民族又已被中央人民政府确认的壮、瑶、苗等少数民族的支系进行了大规模的归并，呈现出规模化特征。以壮族为例，政府报告显示：1952 年底第一阶段工作结束时，聚居在广西西部和中部地区的壮族人口已达 525.7 万人，整个广西的壮族人口达 600 余万人。这是当时广大壮族群众主动要求和自觉认同的结果，从中体现出在党和政府的民族平等政策的大力宣传和影响下，当时壮族人民具有的群体民族意识和民族认同自豪感的普遍提升。相比之下，第二阶段的工作带有局部性或个别性以及专项性的特征，涉及的人数非常少。这从 1955 年 3 月印发的内部参考资料《广西省少数民族的基本情况》的统计数字中亦可窥一貌。当时“全省少数民族人口 7413029 人，占全省总人口 19560822 人的 33.1%。计：壮族 6496885 人；瑶族 471244 人；苗族 203547 人；侗族 149869 人；回族 9894 人；倮倮族 4681 人，其他未定族共 76000 人（伭佬、水家、越族、偏、俫俫、仡佬，均系被称，有自己语言〈1954 年根据普选材料统计〉）”。而当时在全省总人口中，已经“享受自治权力的少数民族人口有 6847938 人，占少数民族总人口的92.5%。计：壮族 6012646 人；瑶族 402641 人；苗族 203517 人；侗族 149353 人；回族 353 人；倮倮族 4663 人；俫俫 642 人；仡佬 295 人，未定成分的 73729 人”。事实上，文中“俫俫 642 人”虽然聚居在隆林各族联合自治区的一些区乡中，享受着民族自治的权益，但当时隆林自称布留（壮语称其为布史）而他称俫人、俫俫的群众，一说是壮族支系之一，一说是仡佬支系之一,一说是单独民族,尚未认定民族成分,故应列入未定民族成分的人口中。尽管如此,在广西第二阶段的民族成分识别工作中,未定民族成分的人口在已定民族成分人口中的比例不足10%。而在第二阶段调查识别后已经基本得到确定的实际情况是:一为确定为少数民族,但不是单独的少数民族,而是单一少数民族中的一部分(支系),如傣(即岱)、偏、伶等;二为确定为单独的少数民族,如仫佬、毛难、水家、越南族、仡佬等;三为确定是汉族而不是少数民族,如黎、六甲、胥民等;四为尚有极少数族称,如倮倮,还有待进行调查识别工作。可以这样说,在广西第二阶段的民族成分调查识别和归并工作中,对于一些自报的民族名称或民族成分,依然大多数是属于民族支系的识别,即识别其是其他单一少数民族的一部分抑或是汉族的一部分,并由此进行归并,现将第二阶段民族成分识别的一些成果摘要略谈如下:

1.龙胜各族联合自治区第四区自报的伶族

广西历史的伶人,过去分布在广西近二十个县境中,汉文史册关于伶人多有记载,众说不一,一说伶人是壮人,一说是侗人,一说是瑶人,一说是姆佬人(即仫佬人),一说是伢人(建国后经过识别被并入汉族)。清道光二十六年《龙胜厅志》:“龙胜一名桑江……其人为苗、为猺、为狑、为獞、为狪,错处并居,言语不同,衣服异制。”志中将清代龙胜的伶人看作与苗、瑶、壮、侗言语不同和衣服异制的另外种族。不管怎样,建国初期在广西已经没有史籍记载的伶人,原因何在?清初汪森辑《粤西丛载·卷二十四》:“永福狑人……有蒙姓者,住板塘里蒙岭村,今绝,村为獞据。”而《广西通志·卷二七八》“永福狑人,来自义宁”,“义宁……又有獞里,本柳州狑人,元时应募垦田”,“宜山狑,性习、居处、服食、婚葬,略与獞同”。《义宁县志》“都里”条:“獞里,先系庆远府狑人。”民国二年废庆远府,改置宜山县,属柳江道。由此表明历史上的永福县伶人源出柳州或交界的宜山伶人,而宜山伶人的性习、居处、服食、婚葬略与壮人相同。由此推断,永福伶人并非绝种,村子并非为壮人占据,他们有可能就是当地壮人或融入了当地壮族,只是时代不同而外人对他们的称谓和认识有异而已。建国初期龙胜县同样已经没有史籍记载的伶人,太平乡自报的伶族原来根本就不知道自己是什么种族人。按照1953年10月广西省民族事务委员会印发的《龙胜伶人情况调查》报告所言:“龙胜各族自治区境内,过去也是‘伶人’居住地之一……可是在解放前,据我们了解,龙胜县人民没有听过被称为‘伶人’的人,也不知道他们聚居的地方,伶人之别为一族,是在一九五一年中央访问团来龙胜进行自治区域工作才有的。四区太平乡中寨屯伶人贫农陆云说:‘解放前，一般人都称我们为阳峒人或苗子，我们自己也以为是苗人。解放后，一九五一年访问团来讨论民族团结时，我们才知道自己是伶族。’其他经我们访问过的伶人群众，也是这样表示。又如四代前由临桂县油麻圩移居中寨的汉族唐超说：‘解放前，我们未曾听过他们（指目前聚居在太平塘的伶人）说自己是伶族。解放后，毛主席照顾少数民族，访问团来了，他们才称为伶族。’……解放前，伶人自称‘本地人’，意即首先移居太平塘的人。按太平乡十七寨（屯）有瑶、黎、伶、汉四族居住，他们对伶人的称谓不一而足……以称伶人为‘阳峒人’的最普遍，伶人自己也承认这一点。‘阳峒’是指本县三区伟江一带苗族聚居的地方，伶人的语言与三区布陇苗族大部分相同，所以也跟苗族一样被称为‘阳峒人’。”

图 34　清代贵州怀远伶人（摘自清代金廷标等绘《皇清职供图》）

报告中的这段话说明：太平乡自报的伶族，是由 1951 年访问团个别成员将当地人视为伶族而来，并非意味着他们曾是龙胜历史上曾有的伶人，所以他们自称本地人，而非自称布伶（即伶人）。换言之，当地所谓伶人自报伶族只是道听途说而来的，所谓伶族族称中而自以为自己是伶族人，而非历史上自称伶人（即布伶）。正是由于访问团个别成员的误称伶族，以致伶族在广西建国初期的官方文件中曾被视为一个民族，如 1951 年 11 月 26 日下发的《中共广西省委关于在七种民族杂居的龙胜进行土改的意见》中说：“目前龙胜全县有汉、侗、壮、苗、瑶、黎、伶等七种民族，共 92806 人，其中……壮族占全人口的 20.4%。”文中似乎将伶族视为单独的民族。为此，这就需要对伶人的民族成分加以识别。

龙胜县历史上原属义宁县地，清乾隆六年（1741），在桑江司管辖的义宁县西北部置龙胜理苗分府，亦称龙胜厅，龙胜建制自此始。据清道光元年谢沄修《义宁县志》“都里”条所记，当时义宁县“獞里九村：龙寨村、大塘口、古落村、江口村、峰境村、台沙村、茅山村、岭门村、减劳隘”，“獞里，先系庆远府狑人，元至正间招来把隘，给田耕种，后收民田编为十排”。清道光二十六年《龙胜厅志》明确说：“义宁治西北境上、中、下三寨，皆獞所居……又有獞里，本柳州狑人，元时应募垦田，善劲弩药矢，分守要隘，纳赋复其差，故别置獞里，以其俗亦类獞云。”又说：“一种狑人，即平地瑶。”一说当地伶人先系为庆远府或柳州狑人，伶人聚居地因其风俗与壮人类同，故得名“獞里”；一说当地伶人就是平地瑶。汉文古籍凡记伶人，皆与苗族无涉。道光年间的义宁县行政区划为两乡，即位于县西北部的平安乡（辖第一、二都共六图）和县东南部的归政乡（辖第三都共五图）。原义宁县的平安乡一带包括今龙胜第四区。獞里时属县东南部归政乡所辖第三都第五图，地理位置正处于今龙胜二区（原南区）的龙脊一带，这一带正是龙胜县壮族主要的传统聚居地。由此可以推断，龙胜县历史上一些伶人有可能就是当地壮族支系之一，后来逐步融入壮族，原来的伶人逐步消失于壮族支系的融合中。

再看龙胜瑶族，当地瑶族绝大多数分布在县南部的一、二区和东部的三区江底乡，而四区（原北区）太平乡位于龙胜西北部，县西北部四区所谓的伶人居住在大小南山附近，主要分布在太平、瘪田、永江三乡，以太平乡为多，杂居在太平乡十七寨的瑶人大多为过山瑶（盘瑶支系之一），寡见平地瑶。清代龙胜厅的平地瑶绝大多数居住在南部与义宁县交界的官衙塘（今龙胜南部的一、二区）一带，表明史籍所记的当地另一部分伶人有可能已融入平地瑶。这就是在解放前当地已无伶人以及解放初期“龙胜县人民没有听过被称为‘伶人’的人和不知道他们聚居的地方”的原因之一。1951 中央访问团到龙胜慰问时，随行的访问团联络组到太平乡一带调查时，或许将史籍所记的历史上当地的伶人误以为就是当地的这些阳峒人，故将他们视为所谓讲伶话的伶族，四区自报的所谓伶族由此而生，所有这一切都是谬采误言的结果。事实是建国后龙胜已无伶人，自然也就没有所谓讲伶话的伶族存在。四区自报的所谓伶族，就是当地他称的阳峒人，即苗人。

少数民族及其支系的自称大多有少数民族语言的含义，如布壮、布侬、布沙、布曼等，一些支系族称既是自称，又是他称，较为复杂，如布壮（即壮人）、布侬（即侬人）、布土（即土人）、布沙（即沙人）等。建国初期的龙胜各族联合自治区少数民族的自称和他称，亦反映出这方面的复杂性，略谈如下：

龙胜第四区自报的伶族，自称本地人，该区和周边聚居的汉、黎、瑶、侗、苗等民族对伶人的他称大多是阳峒人，少数是苗子、太平苗、本地人、荒田头人、自己人。当地所谓伶人则称当地汉族人为客人；称瑶族人为客人；称黎族人为沅陵人；称苗族人为阳峒人；称侗族人为侗人、么倒人。

龙胜壮族自称布也，译为汉语意为耙田人；而当地其他民族对壮族的他称，各族不同，汉人称壮族人为本地人；瑶人称壮族人为嘎崇（即壮客）；苗人称壮族人为拖嘎（即壮家人、土著人）；侗人称壮族人为嘎兄（即壮客）。

龙胜苗族自称大多为厄、约当；当地壮、汉、瑶、侗等民族对苗人的他称大多是苗人，少数为阳峒人。

龙胜侗族大多自称金，少数聚居在第五区宝赠、地灵、西腰三乡湘桂交界群山中的侗族自称更，而在他称中，当地壮人称侗人为布金；苗人称侗人为达摩；瑶人称侗人为坦，汉语意均指侗人；汉人称侗族人为侗人。

龙胜盘瑶自称入棉或入勉；红瑶自称尤轮或尤诺；花瑶自称家，汉语意皆指瑶人。盘瑶称红瑶为甲入或甲尤（即客边瑶）；称花瑶为边线人（即八姓瑶）。红瑶则称盘瑶为盘入诺（即盘瑶人）；称花瑶为喝入诺（即花瑶人）。花瑶称盘瑶为匾古入（即盘古人）；称红瑶为红入（即红瑶人）。当地苗人称瑶族人为摩；壮人称瑶族人为布尤，汉语意为在山上的瑶人；汉人则统称瑶族人为瑶人。

不管怎样，就调查结果而言，联合调查组成员通过对当地伶人与苗人在族称、语言、服饰、风俗等方面的实地具体调查和比较研究后，最后一致认定：分布在第四区太平、疱田、永江三乡共89户385人自报的伶族，属当地苗族。我在参与省民委研究室对联合调查组上报的调查报告的讨论中，亦表态赞同报告结论。随后，广西省民委根据联合调查组按照科学标准进行调查后得出的科学结论，将龙胜县第四区自报伶族的所谓伶人共385人全部确认并入苗族，并报上级相关部门备案。

2.龙津县金龙峒自报的傣族和苗族

龙津县（后改名龙州县）于1951年5月1日由龙津、上金两县合并而来，当时下设一、二、三、四、五、六、七个区，其中第六区（逐卜区）时辖逐卜、牌宗、广合、谷阳、三圣、弄岗、板要、金龙、双蒙、民建、武联、光满、侵笔等乡。金龙峒是历史上对建国初期第六区金龙、双蒙、民建、武联、光满、侵笔等六个乡的总称。历史上金龙峒的这六个乡，曾一度属越南高平省下琅县所辖，1887 年正式划归中国，民国时期称为金龙特区，建国后当地干部出于工作方便则习惯将旧称金龙峒的这六个乡俗称为金龙片。

民国时期，由于国民党政府推行了大民族主义和民族歧视的政策，龙津、上金两县内人民大多不敢承认自己是少数民族。因此，建国初期，当时在军队或在地方工作的龙州籍人填写简历表时，大多自填汉族，但历史上的龙津、上金两县（1951 年 5 月龙津、上金两县合并称龙津上金联合县，1953 年 4 月改称龙津县）乡村人绝大多数都自称布侬、布岱、布土。1951 年后经过当地人民政府开展的国家民族平等政策的大力宣传，当地自称布侬、布岱、布土的广大群众纷纷主动自报为壮族。政府有关部门尊重群众意愿，将龙津县内自称布侬、布岱、布土的群众作为壮族支系之一并入壮族。据龙津县人民政府民政科于 1953 年的统计资料显示，当年全县总户数为 28561 户，总人口 130012 人，其中绝大部分是自报的壮族人，只有在县内较大的圩、乡上生活着极少数汉族人。除此之外，在金龙峒还存在着自报为傣族和苗族的部分群众。

1951 年，金龙峒有傣人 1275 户共 6278 人自报为彝族，占全峒 2441 户共 12305 人的 51.02%。据当地傣人干部说，当地自报的彝族这个名称，是 1950 年 10 月龙津县第二初级中学校长梁杰（汉族）上历史课时说出来的，以致龙津县民族工作队农桂清同志于 1951 年 7 月去广州学习时自报的民族成分便是彝族。1952 年底，当地傣人代表马骏骁出席桂西壮族自治区人民代表会议时，会上曾有中央和中南民委工作组的同志对他说：傣人既然自称布傣，可以叫傣族，叫彝族不适当，以免与倮倮之彝族相混，希望他回去金龙峒跟群众研究一下。后来在没有中央民委的正式决定和通知的情况下，马骏骁回到金龙峒后便开始向群众宣传：他们原来自报的彝族不对，应该叫傣族。当地人民政府尊重当地群众意愿，在正式文件上亦普遍称金龙峒群众为傣族。由于当时金龙峒自报的民族成分相对复杂，有傣族、苗族、壮族，而且自报的傣族人口数在全峒总户数和总人口中所占比例较大，这引起了上级相关部门的重视。1952 年 12 月桂西壮族自治区成立后，自治区人民政府曾派干部到金龙峒调查，调查结果上报后，亦未得到最终认定，这就有了 1954 年 4 月省民委领导的工作组前往金龙峒开展的专项民族成分识别工作。上面我所谈的内容，便是参照省民委工作组调查结束后于 1954 年 5 月 22 日上报的《龙津县金龙峒傣人情况调查汇报》中的部分内容。

首先就金龙峒自报的傣族而言，工作组通过广泛和深入的调查后提出了“金龙峒

傣人是否构成单一的少数民族"等方面的几个问题,《调查汇报》结论认为金龙峒傣人:

> 首先从民族的名称、语言、心理素质、文化特点、经济生活和共同地域等特征来看,跟汉族是有差异的,应该算是少数民族。第二,在民族的名称上,金龙峒和越南下琅的傣人、侬人无论自称或被称皆截然不混,界限显然。据目前了解,云南文山县傣族自称布傣,而壮族中还没有发现有布傣的称呼。不同的族名常表示着不同的民族成分……第十,从傣人群众与干部和龙津县负责同志的思想情况来看,傣人群众各阶层和干部都普遍迫切地希望能赶快决定为傣族,建立区域自治。他们一致认为"po taj"是他们自称和被称的一贯叫法,所以从实际译音,还是叫傣族为好。甚至有的群众说,我们是从越南傣人地区来的,那边不也有傣人的称呼吗?现在政府既然叫傣族,希望正式肯定起来。傣人干部说:"由于民族成分未决定,不土改,不普选,不搞区域自治,群众思想混乱,存在一系列问题等待解决,特别是民族之间实际有隔阂,若能区域自治,则一切可迎刃而解。"所以群众总的要求是建立区域自治,并结合土改。龙津县甘副县长最熟悉傣人情况,他对我们作报告说:"县内干部从上到下和六区群众都一致认为傣人为另一少数民族,与壮族不同,如果叫壮族的话,县内干部和群众都不会赞成,这是可以肯定的。"

依据省民委领导的工作组当时上报的《龙津县金龙峒傣人情况调查》长篇调查报告以及附录的《龙津县金龙峒傣人情况调查汇报》等资料,针对金龙峒傣人的情况,省民委研究室的专家们为此进行过多次专门讨论,桂西壮族自治区人民政府相关部门亦组织了一些委员和专家展开过数次专门讨论,我作为省民委邀请的研究室专家和桂西壮族自治区人民政府委员之一,多次参加过相关讨论。当时我在讨论会上的发言和事后提交的书面意见中大致谈了如下几点:

(1)从《情况调查》和附录的《调查汇报》上看,金龙峒的傣人原来并不知道自己属什么民族,地方政府也搞不清楚,后来金龙峒傣人代表听中央和中南民委工作组的同志说是傣族,就误认为自己一定是傣族,由此又误导了地方政府的默认。县政府个别领导并未意识到原来默认的错误,反而加以鼓励,以致有了甘副县长的一席肯定话语。这一切都是以误传误导致的一系列误识。

(2)《调查汇报》显示,金龙峒只有三种不同的称呼,即金龙街上的布客,意指操埃话和白话的汉人,遍布各乡的布傣和杂居各乡的布侬。傣人自称和被称都是布傣,傣人和汉族把从雷平一带来的侬人称为侬雷或布雷,把从科甲一带来的侬人称为侬板卡,皆以来自原地的地名称呼,侬人即为壮族。通过对金龙峒的傣人和侬人的语言比较,两者"从语法构造和基本词汇来看又是基本相同,只有少数词汇的读音不同……越南高平省上琅、下琅一带傣人侬人和金龙峒傣人侬人的语言都是基本相同的……"工作组在对民族支系成分的识别工作中将语言亲属关系的调查当作判别民族支系的关键,这种认识和方法具有科学性,问题在于工作组一些同志对当地所谓的傣人或傣族的误识,集中体现在一个"傣"字,这是由于缺乏了解少数民族语言和中越边境一些民族及其支系分布的复杂性所致。按照金龙峒所谓傣人自称布傣的语言发音,傣与岱发音相同,只是声调不同。所谓傣人自称"po taj"(布傣),用汉语标示时,正确汉字应译写为布岱,而非布傣。傣在壮话中无解,但在古今傣语中,傣有谷仓、犁等义。而在壮话中,岱有种田义,布岱意指种田人。《调查汇报》中说,"云南文山县傣族自称布傣",这一说法是错误的。当时在云南已被确认的傣族,集中聚居在云南南部的西双版纳和德宏地区,即1953年相继成立的西双版纳傣族自治区和德宏傣族景颇族自治区,两地傣族自称有傣雅、傣那、傣绷、傣泐等,而在云南文山县的傣族,自称傣、傣南,均无自称布傣的傣人。云南文山县确实有自称布傣的群众,但当时尚未并入傣族,亦尚未确认为单独的民族,因而不能将金龙峒自称的所谓布傣与云南文山县自称的布傣等同起来,两者相差甚远,没有任何史料显示出两者在历史上和现实中存在联系。而龙津县金龙峒自称的布岱、布侬,在史料上和现场调查中,却是显示出与龙津县东北面相连的大新县自称布岱、布侬的壮族支系有着密切关联。

(3)《调查汇报》显示,金龙峒的干部和群众对单一民族或单独民族的认识是模糊的,对政府的民族成分识别的重要性认识不足,误以为民族成分识别就是为了民族区域自治,误以为一旦被确定为单独民族便可实行民族区域自治,当地的一切问题便可迎刃而解。我认为,政府不能去尊重这种有违历史客观事实的群众意愿,满足一些毫无原则的所谓群众要求。否则,政府的民族成分识别重要工作在个别地区将会流于形式,国家的一些民族政策将会丧失原则性而失信于民。换言之,自报的民族名称或族名,不能作为民族成分识别的唯一依据,因为少数群体的主观意识和愿望实际上有可能存在并不符合人们共同体的整体情况,加之一些群体的主观意识和愿望中含有明显的现实功利性。因此,尊重群众意愿必须要有原则,按照"名从主人"原则必须以尊重客观事实为前提。

(4)将《情况调查》和附录的《调查汇报》展示的金龙峒自称布岱的语言、生活习俗、文化特征等方面的情况与龙津县内绝大多数自称布土、布侬以及毗邻的大新县自称布岱、布侬的壮族支系特点进行比较研究,便可一目了然。金龙峒自称的布岱与布侬之间存在的一些细微和个别差异,几乎与龙津县内自称布土和布侬之间以及大新县自称布岱和布侬之间存在的一些细微和个别差异类同。因此可以说,金龙峒自称的布岱,不能作为单独民族,亦不能作为龙津县和周边县历史上根本不存在的傣族的支系并入傣族,而应该作为单一民族的壮族支系并入壮族。

无论政府相关部门是否采纳了我的书面意见,结果是龙津县金龙峒所谓自称的布傣(实为布岱)群众最终作为壮族支系而被并入壮族。

相比之下,当时云南省文山、马关、西畴、砚山等县一些自称布傣的群众,其民族成分识别情况与广西略有不同。1956年云南省文山壮族苗族自治州酝酿成立之初,文山专署曾派干部来广西桂西壮族自治州取经,他们专程来桂林拜会我,请教一些历史和民族问题,同时向我介绍了文山壮族的一些情况。当我问及云南文山县自称布傣的群众归属问题,他们介绍道(大意):“文山、马关、西畴、砚山等县一些自称布傣的群众,大多自报为壮族,政府尊重群众意愿,按照‘名从主人’的原则,已经确认为壮族支系而并入壮族。”因此,在1977年6月由云南人民出版社出版的《云南各族古代史略》一书附录的“云南少数民族简表”中,云南文山、马关、西畴、砚山等县一些自称的布傣,作为壮族支系之一而被归入壮族一栏(同书第249页)。然而,改革开放后,云南文山州自称布傣的群众归属问题发生了变化。上个月初(指1981年11月——本书整理者),我应邀到云南昆明出席第一届中国西南民族研究学会全国年会,云南学友马曜先生告诉我说(大意):“改革开放后,云南文山自称布傣的部分摆衣群众向上提出要求更改族属问题,希望归入傣族。1979年,中共云南省委开展民族政策执行情况大检查工作,检查组在文山州曾召开部分自称布傣的摆衣干部座谈会,听取要求改正族属的意见。去年5月经省人民政府批准,云南文山自称布傣的部分摆衣群众被重新划入傣族。”由此从一侧面反映出云南文山自称布傣的族群,实与广西桂西一带自称布岱的族群存在一些差异。

接下来,再看金龙峒自报的苗族。据《情况调查》说,金龙峒双蒙乡的“咘双屯、陇琪屯,武联乡陇气、陇叫、陇荷、陇考、陇典、陇盟、弄厨、百旁、逐桧、百哩等屯,光满乡陇峨、板门等屯，侵笔乡谷同、陇万、念连、陇念、板内、咘尧等屯，在一九五四年人口普查前一向都自报壮族，在这次人口调查登记中，都改报苗族。至于改报的原因，据了解是这样的：一九五四年三月二十日龙津县人民政府文教科发了一个通知给县内各小学，提到小学减免公务费的对象，是苗、瑶、傣等族，没有提壮族，因此学校里的壮族学生恐怕得不到减免，于是回家动员家长要求学校修改民族成分，因而在这次人口调查登记中，都自动改报苗族。（据光满乡横乐村小学教师反映）至于聚居在民建乡各屯的苗族……其自报的经过是这样：一九五三年邕宁专署民政科曾派同志到民建乡工作，当时雁井屯一位代表（谭美侦），曾以当地群众服装与壮族不同，住在山陇等情况见告，请求决定为何族。同时龙津二中干事覃宝珍（苗族，合陇村人）从一本画报中，看到画中的苗族与本村群众的服装相同，便自称苗族……”为此，调查工作组对当地苗族展开了深入仔细的调查，结论是“实际上金龙峒的所谓‘苗族’，无论是武联的或民建的都自称‘po-nun’（侬人）或简称‘nun’（侬）……一点也找不出苗族名称的影子”。随后，广西省民委通过对调查工作组于 1954 年 5 月 22 日上报的《情况调查》和附录的《调查汇报》的研究和讨论，将龙津县金龙峒自报的苗族确定为壮族支系而并入壮族。

除以上成果之外，在中南民委和广西省民委联合调查工作组两阶段的调查情况和汇报的报告基础上，广西省政府相关部门还对一些地区自报和要求承认的民族成分进行了明确认定，即龙胜各族联合自治区第三区甘甲乡自报的黎族，确定为汉族；南丹县栏关乡的水家人，确定为水族；南丹县的隔沟人，确定为苗族；平果县第二区乐尧山区和果化镇平原区自称布陇的共 12700 名陇人，要求政府承认为瑶族，最终确定为壮族（《平果县第二区乐尧山区“陇人”情况调查》报告认为，桂西一些县自称布陇的陇人，可以初步推定为黄峒壮族部落后裔之一）；罗城县的伭佬人，确定为单独民族伭佬族；环江县的毛难人，确定为单独民族毛难族，并上报国家民委确认。1956 年 2 月，国家民委正式批准伭佬、毛难为我国历史上的单一民族，并报国务院备案。

就壮族而言，上述成果说明，在建国初期的广西民族成分识别工作中，第一阶段自报壮族而被调查识别和加以并入壮族的壮族支系群众与第二阶并非自报壮族而被调查识别和加以并入壮族的壮族支系群众比较而言，前者占壮族总人口的 95%以上，后者不足 5%。因此，我们不能从这 5%的壮族群众中原来拥有的一些民族认同和归属意识去以点概面孤立地看待建国初期绝大部分壮族人的民族认同和归属意识，这是不言自明的学理。

广西第二阶段的民族成分识别工作于 1957 年春基本结束。针对建国初期的广西民族成分识别工作的成果和有待解决的问题，在广西省人委于 1957 年 4 月 17 日发出的《广西省人民委员会关于我省民族成分问题的通知》（〔57〕会族字第 4 号）中给出了官方的明确答案："我省所有少数民族，经研究后现已确定为单一民族成分的有壮、瑶、苗、侗、仫佬、毛南、回、倮倮、水家、仡佬等 10 个民族，其余如傣、伶、俫俫，其民族名称均未确定，有待于进一步调查研究。今后各部门、各地区凡须对外说明和介绍我省民族情况时，除以上已确定的民族成分外，其余暂不要公开引用。"1958 年 1 月 14 日由广西省民委办公室整理的《广西省民族工作的基本情况》显示：根据 1956 年统计，当年广西的壮族人口为 6865460 人，占广西总人口的 36.48%；瑶族 499837 人，占全国瑶族人口总数的 75%，占广西总人口的 2.66%；苗族 216603 人，占广西总人口的 1.15%；侗族 159526 人，占广西总人口的 0.85%；仫佬族 45283 人，占广西总人口的 0.24%；毛南族 19432 人，占广西总人口的 0.1%；回族 10534 人，占广西总人口的 0.06%；倮倮族（云南称彝族）4998 人，占广西总人口的 0.03%；水家族 1065 人；仡佬族 314 人。《广西省民族工作的基本情况》同时谈到民族成分问题，明确指出："我省少数民族，现已确定民族成分的有壮、瑶、苗、侗、仫姥、毛南、回、倮倮、仡佬、水家等 10 个民族。经过调查，不能作为单一民族但尚待处理的有黎、伶、彝、傣等，尚待调查确定的有俫俫……我们打算根据如下几个原则进行处理：1.对某些不能单独成为单一民族成分的，采取说服教育的方法。2.对某些属于民族之间界限不清的，采取群众路线的办法处理，即召开双方座谈会，进行辨别、辩论。3.对某些利用民族成分问题进行分裂活动的，应进行批判。"

1958 年 1 月 17 日，省民委上呈《广西省民族事务委员会关于在普选中处理某些民族成分问题的意见》，文中明确强调："我省少数民族，经过调查并已正式确定为单一民族成分的，有壮族、瑶族、苗族、侗族、仫佬族、毛南族、回族、倮倮族、水家族、仡佬族等十个民族（外省干部民族成分另外）。已经经过调查和辨别不能作为单一民族而实际是汉族的有黎人（龙胜）、六甲人（三江）、蔗园人（百色地区）、阳山人（河池）、梧州人、保庆人、八都人、九都人（均平乐地区）、高山人（大苗山）等；实际是壮族的有傣人（龙津）、夷人、布依（天峨）；是苗族的有伶人（龙胜）。但这些有的尚未在群众中进行处理。此外，过去提过的俫俫人（隆林）尚未调查确定。"同时，这一《意见》还对普选中填报民族成分提出了具体的处理意见。同年 1 月 30 日，广西壮族自治区筹备委员会《转发〈省民委会关于在普选中处理某些民族成分问题的意见〉》（〔58〕壮筹字第 4 号），明确指示："本会同意省民族事务委员会提出的'关于在普选中处理某些民族成分问题的意见'，现转发给你们，希参照执行。"

这一系列政府的通知、意见，既表明建国以来广西的民族成分识别工作暂时告一段落，同时又表明了广西第一、二阶段的民族成分识别工作取得的成果和遗留下的个别仍有待继续调查识别确定的问题。从广西第一、二阶段的民族成分识别工作内容和成果等方面看，实质上就是对广西少数民族进行归系（支系归并）和统一族称，根本没有进行过所谓民族识别工作，官方文件中只见民族成分的用语，未见民族识别的用词。事实上，从当时云南的民族成分识别工作的成果看，同样如此，例如《云南日报》于 1963 年 8 月 16 日刊载的《云南省少数民族归系和统一族称工作告一段落》的文章中明确说：

> 到目前为止，经与本民族群众、干部和民族上层人士协商同意，并报经中央认可或批准的，有彝族、白族、哈尼族、壮族、傣族、苗族、傈僳族、回族、拉祜族、佤族、纳西族、景颇族、瑶族、藏族、布朗族、阿昌族、怒族、普米族、崩龙族（德昂族的旧称——编者）、独龙族、蒙古族等二十一个少数民族。云南省是一个民族最多的省份，而且各民族的支系也很复杂，民族的自称、他称更为繁多。例如彝族的支系约有二十多个，自称和他称达九十余种；哈尼族、傣族和景颇族的支系在四种以上，自称和他称在十几种以上……直到现在，除了上述二十个少数民族已正式归系和统一族称外，还有约一万二千多人口的少数民族族称，尚需进一步研究确定……现在，云南少数民族自称较多的还有彝族、哈尼族、壮族、佤族、景颇族等。各民族内部尚多按自称习惯称呼；但各民族对外已逐渐使用统一的民族名称。

文章中只提"民族名称"的识别归并和同年普选时按已确定的少数民族统一填写"民族名称"等问题，只字未提"民族识别"。文中所言云南各民族内部支系"尚多按自称习惯称呼但各民族对外已逐渐使用统一的民族名称"的现象，实与广西类同。

不管怎样，随着广西民族成分识别工作的展开，广西许多少数民族群众既明确了自己的民族成分，亦了解到自己作为少数民族一员应该享有的政治权益和法律保障，特别是应该享有的民族平等和民族区域权益，群体民族意识得到普遍大幅提高。这为同一时期中共广西省委和省政府根据《共同纲领》和《民族区域自治实施纲要》的规定而发动广大少数民族群众逐步建立各级民族自治区奠定了良好的基础。

1980年8月，自治区民委组织调查组，对大新县族别未清的三四万人进行了专项民族成分识别调查，最后确定为壮族，并经自治区人民政府批准。这可以说是建国后广西第三阶段民族成分识别工作的开始。随后，1981年6月至7月，自治区民委为配合即将开展的第三次全国人口普查工作，又组织了调查组，对区内18个县民族成分不清的人群展开了识别调查。广西第三阶段的民族成分识别工作，大多属对广西第二阶段民族成分识别工作中遗留的问题进行全面处理，以利第三次全国人口普查工作中的民族成分的正确申报和登记。虽然我未参加广西第三阶段民族成分识别工作，但对一些识别调查情况还是有所耳闻和略知一二的。

四、开展民族调查和参与民族事务工作

1951年10月7日，中央民族访问团中南访问团广西分团的慰问工作全部结束，我便返回了广西大学，一边从事教学，一边从事少数民族田野调查工作和参与民族事务。同年10月中旬，广西省民族事务委员会（简称“广西省民委”）成立；同月下旬，广西省第一次民族工作会议在南宁召开，我作为少数民族调查专家学者之一应邀出席了会议。会上，我作了汇报发言，将此前不久参与的中央民族访问团中南访问团广西分团的访问工作作了介绍，将桂西（广西西部）地区90%以上人口为壮族的历史和现状作了陈述。会后，按照省民委领导的嘱托和要求，我将过去多次田野调查以及此前参加中央民族访问团时从事民族访问工作中获得的有关桂西地区的壮族历史及其分布现状整理成文，呈报省民委和省政府，文中我根据《中国人民政治协商会议共同纲领》中关于民族区域自治的精神以及1951年2月5日政务院发布的《关于民族事务的几项决定》以及同年4月政务院发布的《关于人民民主政权建设工作的指示》中第六条要求，即“各大行政区军政委员会须指导各省、市、行署人民政府认真推行民族区域自治及民族民主联合政府的政策和制度……”“少数民族聚居地区的各级人民政府，应根据当地具体情况，认真推行民族区域自治，适时地建立民族自治机构”，我提出了成立桂西壮族自治区的建议。当时的省民委领导看了我的报告后，还专门叫我到南宁个别谈话，主要是了解桂西地区的壮族历史、文化、民俗和现实生活状况等方面的具体情况，还嘱我写成详细文字上报，以供有关部门讨论时作为参考依据，我又遵嘱写了长篇具体报告呈送省领导，故我一直认为自己是倡议成立“桂西壮族自治区”的建言者之一。

口述至此，我深感有必要着重说明一点，当时在广西的文化教育界，大学历史教授中只有我一人是壮族。同时，相对而言，我还具有几方面的优势：一是会说壮话、瑶话、侗话；二是解放前曾多次带团进行过民族学的田野调查；三是对广西少数民族，特别是对壮、苗、瑶三个民族的历史、文化、语言及其民风习俗有一定了解和研究。因此，在建国初期的广西省政府和省民委的一些主要领导看来，我自然成了他们眼中名副其实的广西少数民族专家之一，特别在涉及壮族的事务中，事实上他们也是长期将我当作这方面专家加以对待和重用的，因而1952年底的广西省第二届各界人民代表会议上我被推举为提案审查委员会下属民族事务组的副组长，组长是中共高级干部谢鹤筹（壮族）。谢鹤筹是我的扶绥同乡，亦是我的三师校友。他是一位有文化有知识有水平的中共高级领导干部，自然对知识分子十分尊重，善于听取别人意见。他曾任中共梧州市委书记、桂西壮族自治区人民政府副主席，省民委副主任，后来他到北京出任国家民委副主任；曾当选为全国人大代表兼民委委员。开会时我俩经常晤面，双方习惯用扶绥家乡壮话交谈，无所不言，互引为相见恨晚的挚友。他对我十分信任，加之政务繁忙，便委托我全权处理民族事务组的民族事务。

1953年8月下旬，省民委为了搞好广西的民族成分识别工作，专门在省民委成立了一个研究室，邀请了一些专家加入研究室工作，我亦在被邀请的专家之列。不管怎样，建国初期，中共广西省委、省政府、省民委和桂西壮族自治区人民政府的一些主要领导，无论是汉族领导还是少数民族领导，对中央人民政府下达的民族方针政策的把握都是较有水平的，执行起来更是雷厉风行，他们只是对少数民族的历史文化和现状了解有限，加之政务繁忙，下乡调研的时间有限，因而省委领导们为了能够更好地执行党中央的民族政策，更好地处理民族事务，大多都是依靠兼听则明的工作作风来了解少数民族民意。客观地说，当时的少数民族民意，即民族意愿，更多体现出少数民族精英的民族意愿。少数民族精英包括干部精英（少数民族的中共高级干部）、知识精英（少数民族的专家学者）、政治精英（少数民族的人民代表和人民政府委员）、社会精英（少数民族的上层人物）。干部精英倾听民声民意，更多是借助于少数民族知识精英、政治精英和社会精英的民情上达与献计献策从而作出决策。

由于当时全国人民代表大会尚未召开，中国人民政治协商会议全体会议代行全国人民代表大会的职权，地方政治协商全体会议亦具有相同职能，地方政府各部门提出的重要政策性文件在呈送政协会议常务委员会协商以前，按照行政运作惯例，一般都先送到政协有关工作组征询意见。有些不需要提到政协常务委员会协商的方针政策,亦时常送到政协委员会有关工作组征询意见。虽然当时广西省尚未成立中国人民政治协商会议广西省政协委员会,亦尚未召开广西省人民代表大会,但在广西省第二届各界人民代表会议上选举产生的广西省第二届各界人民代表会议协商委员会,事实上代行着中国人民政治协商会议地方委员会的职权。虽然民族事务组直属各界人民代表会议的提案审查委员会,但其工作范围则属地方协商委员会的职能。这就是后来全国各地方政协委员会相继成立后,各地方民族或宗教事务组的事务一律纳入地方协商委员会管理的来龙去脉。因此,当时协商委员会民族事务组的任务,侧重于协助政府审议有关民族事务的条令草案,并就民族事务提出建议,反映意见以及宣传、解释相关政策法令。从1952年底开始,民族事务组逐步加强了统一战线工作。加强统一战线工作的主旨,就是协助政府收集和反映人民意见,并研究民族方面的情况和问题,提出建议;加强与民族代表性团体、代表性人士的联系,宣传、解释政府的民族政策;协助人民政府研究政协会议有关民族提案的处理情况等。我作为壮族专家学者,又是人民代表和人民政府委员,还是广西省第二届各界人民代表会议提案审查委员会下属民族事务组副组长,一直尽心尽责地协助政府收集和反映人民意见,热心建言献策,供省政府领导决策,自然受到省政府领导的不断鞭策鼓励。而对于我的建议,虽不能说省人民政府领导都会言听计从,但至少十分重视,大多采纳,则是客观实情。因而在建国初期有关民族成分识别、民族调查、桂西壮族自治区和广西壮族自治区的成立等方面的广西民族事务工作中,我一贯尽力履行着下情上传的工作职责,积极向上建言建议,供省人民政府领导决策参考,自认为对省人民政府领导有关少数民族事务的决策发挥了一些积极作用。

没有调查就没有发言权,没有调查亦没有向上献计献策的依据。当时为了响应省民委会议号召民族工作者"搞好民族工作,积极开展民族调查"的精神,1952年3月18日,我带领助手从桂林出发,前往都安、东兰、南丹一带调查,一方面是深入乡村身体力行地宣传国家民族平等政策,二方面是重点了解这一带瑶族和壮族的历史和现状;三方面是了解和识别当地一些少数民族的民族成分;四方面是收集韦拔群烈士的革命史料。

我对这一带瑶族展开调查的设想,最初可以追溯到结束不久的中央民族访问团工作。1951年9月5日,中央民族访问团广西分团在东兰县第五区(中和区)政府所在地中和圩召开过一次瑶胞座谈会,会议由我主持,邀请到会的有里红、里黑、石土、里那、塞鸾等村瑶族农民代表7人,到会9人。会上,他们异口同声说当地瑶民是本地瑶,这些地方，原是他们祖先所有，后来被汉、壮地主恶霸赶到山上去。他们认为“山瑶”之名是压迫者造出来的，瑶族史上根本没有这个名称。还说：“西山福厚土地较为肥沃，本为背陇瑶民之地，汉族壮族恶霸地主来后要争，为避免流血争斗，双方协议以‘喊山划地’。于是双方派人喊山。当地汉、壮地主使诈，先派人藏在山场中，一喊自然便有人应；瑶人老实本分，无论怎么喊，大山皆无人应，瑶人输了，当地土地就这样被汉、壮地主喊山欺骗夺去。”而我过去到龙胜、三江调查以及前不久跟随中央民族访问团再到龙胜、三江、金秀大瑶山调查时，得到的史料和现场访谈等客观事实表明：当地的瑶族自称来自两湖江西等地。广西一些瑶族保有历史相传的过山榜，称为过山瑶，意即他们不是本地人而是外来的，为何都安、东兰西山、南丹一带的瑶民大多自称土生土长的土著人？为了进一步加深了解，便有了我这次的调查。我先到了都安县六也区春贵村瑶寨调查，当地瑶族长老罗民生（69 岁）对我说：“我们世代居住于此，不是从外地迁来的。”同时，他还对我谈了一些当年韦拔群来这里开展农民运动的革命事迹。接着我又到了东兰的板升区（东兰板升区后归属都安瑶族自治县，今属大化瑶族自治县——本书整理者）瑶寨，当地瑶族长老韦桂荣（64 岁）对我说：“老一代告诉我们，当地瑶民是这里的土著人。”随后，我又深入到南丹大瑶寨调查，当地瑶族长老王老牛（67 岁）对我说：“这里‘先有瑶后有朝’（朝即指汉族壮族的统治者），本来土地皆属瑶民，汉壮恶霸地主进山后发生民族争夺土地之事。为了避免争地，双方协议‘射箭划地’，即谁的箭靶射出去后粘住山岩，这片山地即归谁所有。所有瑶人箭靶素净，用力射出去依然难以粘上石岩，汉壮恶霸地主在箭头箭靶上涂一层糯米浆，射出去后箭粘上石岩，瑶人输了，这里的土地就这样被汉壮恶霸地主投机取巧夺去。我们瑶民从此被当作了外来人。”

我从南丹大瑶寨出来后返回东兰进入西山调查。西山当时属东兰第八区，后属巴马瑶族自治县西山乡，该区主要居民为瑶族人，次为壮族人，再次为汉人（即湖广人）。当地汉人是南明末年抗清将军李定国留下的部下湖广（即湖北湖南）人。他们原为汉人，清统治者以叛逆或汉奸视之，故社会地位比壮族犹低。据中央民族访问团广西分团联络组于 1951 年 11 月撰成的《广西东兰县西山区民族情况》粗略统计，当时的西山各族人口比例为：福厚、同乐、巴那、有水、弄竹、甘长、弄览、坡力、弄林、弄京、年令、弄辉、弄台、锐街、央超、关伯 16 乡村，共 13576 人，瑶族占 46%，壮族占 30%，湖广人占 24%。当地湖广人易乐祥同志的祖父易明广（76 岁）对我说：“南丹、东兰的瑶族自称早于壮汉居住于此。”经过这次调查，我对瑶族有了进一步的了解。同时收集到不少有关韦拔群烈士的革命史料。调查结束后，我将所集史料整理成了一份《关于都安、东兰、南丹三县瑶族和壮族部分情况报告》，呈送给了广西省民委，以供参考。

瑶族历史上所受民族压迫的现象十分深重突出，这是我经过多次调查后所得到的客观事实。以我在东兰县西山和南丹县调查所见所闻为例，即可见一斑。西山地理环境的最大特点为山多地少、山路崎岖。一些峒场甚至要从地面挑土上山，方能勉强种些东西。恶劣的地理自然条件造成西山瑶族人民生活一直极为贫困，耕作普遍落后，产量极低。风调雨顺时，亩产200斤左右；若遇旱涝虫灾，收成无几。据解放前的《东兰县政纪要》记载，东兰一带“素称地瘠民贫，生产尤其落后，人民多以杂粮维持生活，颇少全吃米饭，据察人民的实况，能自给者约百分之二十五，仅达半年粮食者约百分之四十，不达半年粮食者约占百分之三十有奇，堪称小产阶级者则不达百分之五，人民的生计艰苦，于此以足见梗概”。以致民国时期东兰西山一带的瑶民广泛传唱着一首歌谣：“西山高山高如天，生来粥水过终年；要想食饱穿得暖，除非石山变成钱。”土地如此贫瘠，当地人为了生存，自然难免发生一些山下汉人、壮人与山上瑶民争夺土地之事。无论当地瑶民历代相传的“喊山划地”“射箭划地”这些故事真实性如何，西山瑶民长期没有土地却是客观事实。瑶民没有土地，自然就没有生产、生活、生存的基本条件，要活下去，只得向地主山主租地佃种为生。山间瑶族人民因苦于各地豪绅的盘剥，不得不找个山主作保护人。受地主保护，无异于沦为了农奴。这种保护，当地人叫“归庄”。

瑶民对于山主归庄，如同壮人对于土官或地主的归庄、归佃。归庄的生产关系是劳役或实物地租，压迫剥削异常残酷。由于整个峒场皆为山主所有，山丁佃户耕种，须向山主纳租。一般规定平地照产谷二分取一，坡地三分取一，这是正租。此外每户每年又须奉送山主银一元，鸡一只，玉米、火麻、黄豆等物，且要服劳役十五天。若奉送之物无力筹交，改罚劳役三十天。遇着过年过节，山主还要微收柴草。东兰的邑怀洞杨家，土洞尚家，谋隘大峒唐家，仁云洞雀家，皆为著名山主。东兰巴学村山主黄榜元与中和乡黄、陈、韦三姓山主，都各占不少峒场，租给瑶人耕种。这些瑶民每年三月，要赠送竹笋、木耳或其他土特产；九月，又要抬木料给山主做晒谷台和建屋之用。黄、陈、韦三姓山主若有什么工作，随时随地可叫所归瑶族庄民或佃户来做。当地抬轿者多为瑶民。实物而兼力役劳役之征，几乎把瑶民当作牛马使用。有些乡村收租，以峒场计。西山、东山、中山一带的汉壮人地主，占全境山野荒地，瑶族人和湖广人，都须向他们批领来耕，租额产谷十担的地，银租上地三元，中地二元，下地一元。有些且用人口计租，如十口之人人租十元。此外还有官粮,如地租三元须附加公粮一角二角不等。议租时,要备酒肉敬奉地主。瑶民种着山主的土地,租税极为苛刻;还要负担繁重的苛捐杂税和劳役,受到官府和当地土豪恶霸的残酷压榨剥削。所以瑶民痛唱山歌控诉道:“西山高山高入天,瑶家菇菜过终年;要想吃饱穿得暖,除非山主不要钱。”这就是韦拔群领头闹革命后西山瑶民踊跃参加的重要原因之一。至于桂西地区历史上土司时代文化压迫的黑暗,实已不堪回首,这里仅列举一下民国时期的若干事例,便可一目了然。据民国桂岭师范学生蓝海辉说:“东兰四区文伐乡一位汉人地主说他‘绝不准苗瑶人读书,一旦他们读书后即会造反,要让他们世代愚昧下去,我们方有好日子过’。”蓝海辉本人为瑶民,他经过改姓,自我否认为瑶族人,始能读书。他十岁时,父亲假报保总,说其子到万岗凤凰屯的老庚家去上门,改姓韦,得了允许,方到那边去读书三年半,小学毕业,又在东兰中心校读一年半,后转来桂岭师范。当地恶霸地主还不死心,又想以嫁女来引诱他,给他路费,要他休学回家,千方百计中止他读书,最终未果。西山瑶胞罗仁芳,报考国民党办的中和乡小学,考得第一名,后来学校知他是瑶族人,不予录取,他再到万岗县去报考,成绩优良,同样不收。相比之下,为何民国时期金秀大瑶寨的瑶民则被逼读书,因为那是为了满足国民党政府开办特种教育师资训练所所要实施的“化瑶”教育目的,两种教育的性质不同。正因如此,解放初期,东山番瑶几乎没有一个人识字。东兰坡豪乡弄牙村,全村 117 户,居民大多为瑶人,除兰家英一人因外出补锅谋生而与汉壮人有来往始认得自己名字外,当地没有一个人认得自己名字。南丹县瑶族同样如此,据 1955 年 3 月印发的内部参考资料《广西省少数民族的基本情况》和 1957 年 2 月 23 日省民委整理的《广西省少数民族的基本情况》分别显示,当时“南丹县瑶族 10709 人口认字的仅三四个人”,“南丹县白裤瑶有 10709 人,识字的仅三四个人”。广西省民委主任赵卓云于 1955 年 6 月 21 日在《广西省瑶族代表座谈会上的报告》中同样说:“南丹县瑶族有 10779 人,而认得字的只有 14 人。”由此又从一侧面反映出民国时期国民党当局在广西搞的一些化瑶区、化瑶村、同化乡,形同虚设。政治上的化瑶破产,文化上的同化失败,教育上的化瑶收效微不足道,这一切皆意味着国民党当局过去实施的民族同化政策的彻底失败。

解放初期,广西一些少数民族聚居地部分少数民族群众,同样处在教育极其落后的状态,正如 1956 年 5 月由中共广西省委统战部撰写的《广西省少数民族工作情况》中说:“如有 8 万人口的大苗山自治县,读过高中的至今只有一人。三江、大苗山、南丹等县有 5 万瑶族人到今没有一个中学生。大力帮助少数民族地区的文化教育的发展是迫切的严重的任务之一。”

1952 年夏，我借广西大学放暑假之际，返回家乡扶绥县从事实地调查和收集史料，同时还相继到了吴凌云、吴亚忠父子的家乡渠芦村以及他们当时发动反清起义时的主要活动地扶绥陇罗（今扶绥东罗）、太平府（今崇左）、养利土州（今大新）、思城土州（今崇左）、镇安府（今德保）、归顺州（今靖西）一带调查；1955 年春和 1956 年底，我又两次到这些地区进行实地调查，一方面是为了收集忠州（今扶绥）、江州（今崇左）和迁隆峒（今上思）土司遗存的文物史料，二方面是了解和识别当地一些少数民族的民族成分；三方面是为了收集侬智高起义和吴氏父子反清起义的史料。

1952 年 6 月 21 至 25 日，广西省第二次民族工作会议在南宁召开，我应邀出席了会议。8 月 9 日，中央人民政府颁布了《中华人民共和国民族区域自治实施纲要》。同年 9 月，中共广西省民委根据《实施纲要》召开了民族工作干部会议，讨论成立桂西壮族自治区的有关问题，制定筹备工作方案。随后，广西省人民政府第 58 次行政会议很快对筹备工作方案予以适当修正和批准。当筹备工作方案经报请中南军政委员会和中央人民政府政务院批准后，成立了桂西壮族自治区筹备工作委员会，覃应机任筹委主任。同年 10 月 9 日桂西壮族自治区筹备工作委员会召开第一次会议，制定筹备工作计划；11 月 6 日至 10 日，筹委会在南宁市召开筹委会扩大会议，出席会议者共 150 人，其中包括桂西地区壮、汉、瑶、苗、侗、回、仡佬、仫佬等各族代表 121 人，我作为壮族代表之一，应邀出席了这次扩大会议。中央人民政府民族事务委员会副主任委员刘格平，中南军政委员会民族事务委员会主任委员张执一和中央民族视察组组长马杰等作为指导出席了会议，广西省和南宁市各机关干部代表和广西省其他地区少数民族来宾亦出席了会议。刘格平副主任在会上作了报告，指出：壮族人民在成立自治区后，在广西省人民政府领导下，一定能够得到进一步的发展。同时传达了中央人民政府民族事务委员会主任委员李维汉《有关民族政策的若干问题》的报告，最后他对广西省全体干部和人民提出四点希望：第一，汉族干部和人民要帮助壮族人民做好自治区的建设工作；第二，壮族人民要更好地团结汉族人民，并虚心地向汉族人民学习；第三，壮族人民要帮助自治区内其他各少数民族人民；第四，全体干部要加强民族政策的学习，并大力向各族人民进行宣传。会议还听取了中南军政委员会民族事务委员会主任委员张执一关于民族政策的报告；桂西壮族自治区筹备委员会主任覃应机在会上作了关于《桂西壮族实行区域自治筹备工作》的报告；筹备委员会副主任赵卓云在会上作了关于《广西省三年来的民族工作》的报告。这些报告在会上引起了与会代表的热烈讨论，代表们一致认为，为了更好地加强民族团结，发展壮族人民的政治、经济、文化等建设事业，在今日筹备成立桂西壮族自治区，符合中央人民政府的民族方针政策，符合桂西地区800余万人民的普遍愿望和要求。上林县壮族代表黄展才在全体会议上发言说："过去国民党反动派统治时，我们不敢承认自己是壮族，把自己看作讲土话的汉人。这是因为我们壮人在旧社会上没有地位。我们壮族人民能有今天，这不能不叫人感谢我们伟大的领袖毛主席。"田东县壮族女代表黄莲辉发言说："我们田东县人民，为了翻身，为了当家做主人，过去在张云逸主席领导下，不分壮、苗、瑶一块干了多年革命，就是为了实现这个希望。"我的同乡、扶绥县壮族代表郭城发言说："我出生在扶绥县县城，祖祖辈辈都讲土话，过去误认为当地土话是汉族方言之一，长期误以为自己是汉人。解放后经过党和政府的民族方针宣传和教育，特别是扶绥县同乡族人黄现璠教授在此前全省民族工作会议上的汇报发言及其说明，使我终于明白我们这些讲扶绥土话的人就是历史上的壮族人。今天党和政府筹备成立桂西壮族自治区，让我们壮族人与桂西各族人民一道当家做主，这是广西有史以来开天辟地的创举，我衷心拥护，双手赞成。"我亦在7日的全体会议上发言说："广西少数民族历史上深受封建统治阶级的民族压迫和歧视，从未受到平等对待，由此使得广西一些少数民族群众，包括壮人、瑶人、苗人等，都不敢承认或根本不知道自己是少数民族人，误以为广西土人是汉人的分支。此前我在参与广西民族成分识别工作中对此有着较深的认识和体会。今天，成立桂西壮族自治区的工作进入筹备阶段，既是中央人民政府对此前广西民族成分识别工作成果的肯定，又是中共中央贯彻实施一系列民族区域自治和民族平等方针政策在桂西的具体落实，由此表明了人民政府对促进各民族平等发展的坚定不移决心。作为一个了解壮族历史文化和桂西民族现状的壮族学者，我深切感受到今后加强宣传党中央有关民族方针政策的重要性和迫切性，我将义不容辞地竭尽全力支持即将成立的桂西壮族自治区今后开展的民族宣传工作和民族文教事业。"会议最后一天，陈漫远代表省人民政府作了总结发言，强调会后必须进一步做好民族团结工作和加紧进行成立桂西壮族自治区各项筹备工作，以迎接即将召开的桂西各族各界人民代表会议。

会上发言的田东县壮族女代表黄莲辉、扶绥县壮族代表郭城后来和我一道当选为出席第一届全国人民代表大会的广西省代表。而在1954年出席第一届全国人大第一次会议的1226名代表中，少数民族代表177名，其中少数民族女代表只有18名，黄莲辉是其中壮族的唯一女代表，象征着壮族妇女在新中国的翻身得解放，意义重大。

筹委会扩大会议期间，与会代表共同议定了若干主要议题，即桂西壮族自治区行政区划暂定34个县；各族各界人民代表会议的代表产生的原则；大张旗鼓宣传，广泛发动积极参与；着手准备施政纲要、组织条例、各项章程规则草案和文件。

这次筹委会扩大会议结束后，由广西省直机关干部和中央、中南局派来协助筹备工作的干部80余人组成了三个工作团，分赴邕宁、宜山、百色三个专区，主要任务是到三个专区各县进行访问、宣传和发动群众的工作，召开座谈会，协助当地政府召开各县各族各界人民代表大会。1952年11月下旬，三个工作团在桂西、桂中地区30多个县组织选举，经民主协商讨论，选出了出席桂西壮族自治区第一届人民代表会议的代表共785人，我被选为代表之一。12月3日至9日，桂西壮族自治区第一届各族各界人民代表会议在南宁隆重召开，我作为正式代表之一出席了会议。出席这次会议的正式代表共有788人，代表中以自报的民族划分，计有壮族512人，汉族134人，瑶族78人，苗族31人，侗族13人，仫佬族2人，毛南族5人，回族2人，倮倮族5人，水家、越南族、傈傈族、黎族、高山族各1人，未定民族成分1人；以已划定的阶级成分和职业成分划分，计有贫雇农426人，中农74人，富农4人，地主1人，工人23人，小贩及手工业者10人，商人9人，教师24人，知识青年及学生17人，旧军人3人；其他为党、政、军、群众团体代表和特邀代表。会议讨论通过了《桂西壮族自治区人民政府施政纲要》和《桂西壮族自治区人民政府暂行组织条例》。会上选举覃应机为桂西壮族自治区人民政府主席，选举谢鹤筹（壮族）、冯寿天（汉族）为副主席（后增补壮族干部谢扶民、梁华新为副主席），选举壮族谢扶民、梁华新、赵乐群、莫矜、黄现璠、赵世同、黄征、韦必克、廖联原、覃国翰、覃辉、潘伯秀、农聚英（女）、卢范、陈竹林、张××，汉族李殷丹、区镇、余明炎、高仕克、姚冕光、杨烈、霍俊峰、董敬斋、石堂、李××（女），瑶族蓝昌发，苗族杨文贵，侗族莫虚光等29人为人民政府委员会委员；选举谢扶民（壮族）为桂西壮族自治区协商委员会主席，选举覃应机、梁华新、赵乐群、莫矜、黄现璠、赵世同等45人为协商委员会委员。9日，代表大会举行宣誓就职和闭幕式，首先由覃应机主席带领副主席和29名全体委员在大会主席台上宣誓就职，然后由谢鹤筹副主席致闭幕词，宣布桂西僮族自治区第一届各族各界人民代表会议圆满结束胜利闭幕。10日上午，桂西壮族自治区人民政府成立大会在南宁隆重举行，覃应机主席于大会上发布了《桂西壮族自治区人民政府成立宣告》。当时的桂西壮族自治区相当于行署一级，政府机关驻南宁，最初辖宜山、百色、邕宁三个专区34个县，1953年4月23日政务院在下发的关于广西省行政区划调整的批复中，批准桂西壮族自治区区划增加柳城、柳江、融安、石龙、来宾、宾阳、横县七个县，因此桂西壮族自治区总辖41个县（含县级自治区），总面积增加到13.2万平方公里，总人口增加为853.7万余人，其中壮族人口占总人口的62%，有525万余人，汉族占总人口的31%，其他少数民族占7%。

1952年12月17日，我作为特邀代表出席了在南宁召开的广西省第二届各界人民代表会议第一次会议（17—24日），会上选举产生了代表资格审查委员会和提案审查委员会。提案审查委员会下辖财经组（组长廖原，副组长丛振东、莫乃群）、政法组（组长刘锡三，副组长石兆棠）、文教组（组长陈此生，副组长梁唐晋）、民族事务组（组长谢鹤筹，副组长黄现璠，均为壮族），我被推举为民族事务组副组长，组员有莫虚光（侗族）、蓝昌法（瑶族）、赵乐群（壮族）、覃辉（壮族）、刘秀风（回族）、马正贵（回族）、李振民（回族）、马驹誉（回族）、赖慧鹏、陈岸、许务民、侯集云、张赞周、李东平、吴景泰等15人。而在此前1950年10月23日至11月2日召开的广西省第一届各界人民代表会议第一次会议上并无民族事务组，由此表明政府对广西民族事务的逐步重视。这次会议还选举产生了省第二届各界人民代表会议协商委员会，我当选为协商委员会委员之一。24日，广西省第二届各界人民代表会议协商委员会第一次会议在南宁召开，出席委员88人，我作为委员之一出席了会议。会议选举张云逸为协商委员会主席，谢扶民等五人为副主席。

1956年3月2日至6日，桂西壮族自治区第一届人民代表大会第二会议在南宁隆重召开，我作为正式代表之一出席了会议。会议根据国务院《关于将桂西壮族自治区改为桂西壮族自治州的决定》，于5日选举覃应机为桂西壮族自治州州长，李均（汉族）、梁华新（壮族）、赵乐群（壮族）、蓝昌法（瑶族）、杨文贵（苗族）、莫虚光（侗族）为副州长；选举冯寿天、莫矜、赵世同、覃士冕、黄现璠、黄宝山、韦必克、覃辉、覃波、覃展、覃光恒、覃耀庭、覃宝龙、潘伯秀、农聚英（女）、韦庆稳、韦勋猷、赵佩莹、余达佳、甘怀义、王瑞峰、曾学元、蒙家麟、廖钧承、姚冕光、孙朝阳、梁焕文、张克坚、刘洪涛、刘碧清、齐发祥、黎坚等32人为自治州人民委员会委员。3月6日，大会通过《关于拥护国务院决定改变桂西壮族自治区为自治州及百色、宜山两专署改为工作委员会的决议》，宣布桂西壮族自治州人民委员会正式成立。

五、组建广西历史文物调查工作组

1953 年 4 月，我正式接到由中央人民政府政务院总理周恩来亲笔签署的桂西壮族自治区人民政府委员“任命通知书”（政字第 7286 号），由此激发了我投身广西少数民族田野调查和研究的极大热情，深为自己今后能以民族学者和政府民族工作者的双重身份为广西民族发展事业做些力所能及的实际工作而感到欣慰不已，我便雷厉风行地在广西大学开始了组建历史文物调查工作组的工作。

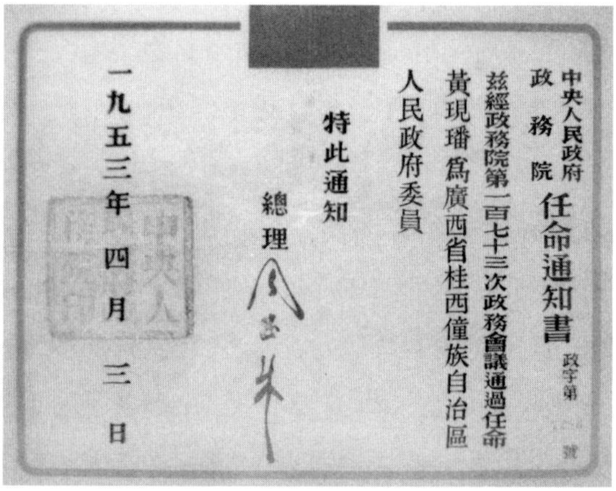

中央人民政府政務院任命通知書 政字第 號

茲經政務院第一百七十三次政務會議通過任命黃現璠爲廣西省桂西僮族自治區人民政府委員

特此通知

總理

一九五三年四月三日

图 35　中央人民政府政务院的任命通知书

桂西壮族自治区成立后，在覃应机主席的卓越领导下，开始着手拟订发展各少数民族经济、文化的具体计划。同时计划派人到各少数民族地区进行重点调查，作为发展各少数民族经济、文化事业的参考和相关政策制定的依据。1953 年 6 月上旬，我到南宁出席桂西壮族自治区人民政府委员会会议时，高仕克秘书长和文教局局长余明炎找我商量，希望由我出面在广西大学组建一支调查队，由我带队负责调查。我听后自然乐而为之，返校后即找杨东莼校长商量，杨校长当场表示大力支持。于是，我抽调了本校热心民族工作的黄国安、沈建尊、谭石浙、王天眷、黄耀坤、李总平、刘永裕、屈治平、王少聊、黄秉荣、韦光前、黎国轴等 12 人组建了历史文物调查工作组，全称“桂西壮族自治区人民政府文教局历史文物调查工作组”，自治区文教局派梁光选同志参加调查组工作。一切准备工作完毕后，7 月 28 日，我带领调查组一行 13 人从桂林出发前往宜山县，停留两日后前往南丹。这一期间，宜山专署民委会龙凤亭（苗族）和南丹县民族工作队黎老隆（瑶族）两位同志，先后加入调查组。抵达南丹后，我派黄国安、王少聊两人到天峨县第二区搜集革命史料，然后带着调查组深入到南丹里湖乡，再将调查组分成三个小组，分别到南丹四区的龟地、纪后、里化等瑶区进行调查工作。工作结束后，三个小组在南丹大瑶寨集中，进行工作总结。总结完后，三个小组又分别深入大瑶寨、二区的牛拦关小瑶寨和八圩进行调查。8 月中旬，黄国安、王少聊结束天峨县调查后返回南丹牛拦关，我将他们组成一个小组，派往七圩乡去调查。整个南丹县的调查工作于 8 月 19 日结束，20 日全员集中于南丹县城。21 日，我带领调查组返回河池金城江；22 日，我又即派谭石浙、王少聊、黄秉荣、韦光前四人到河池下坳瑶区调查当地瑶民生活现状，我则带领调查组返回宜山县；23 日，再派梁光选、沈建尊、李总平、刘永裕、黎国轴等五人前往罗城县调查仫佬人历史、经济、文化和生活状况，我和其他成员留在宜山，进行工作总结。27 日，我又派黄国安、王天眷两人到忻城调查收集农民革命史料。9 月 4 日，各组人员全部回到宜山，集中在宜山专署内进行工作总结。20 日，调查工作全部结束，我带领调查小组大部分成员返回广西大学。整个调查工作历时一个多月，相继深入到桂西壮族自治区辖地的南丹、天峨、河池、罗城、忻城等五个县，先后调查了白裤瑶、背篓瑶、毛南人、苗族、红苗、壮族、水家族、仫佬人等少数民族或支系，对这些地区的少数民族的历史、文化、经济、生活和风俗习惯有了初步了解。调查期间，我还在龙凤亭同志的陪同下忙里抽闲去了一趟天峨县城和东兰县城，主要是采访韦拔群烈士的亲属旧友部下韦武月、黄美伦、韦国英、牙美元等人，收集韦拔群烈士的革命史料。同时，我们在整个调查过程中还一路收购到具有民族特色的服装、乐器（铜鼓）、农具等文物 40 多件，拍有照片 30 多张。这次调查针对性较强，例如对罗城县少数民族，我们主要针对该县仫佬人展开了调查，大致了解到：（一）罗城县仫佬人口分布情况；（二）民族来源；（三）民族斗争史；（四）生产上之一般情况；（五）解放前生产上的禁忌；（六）农产品和土特产；（七）副业；（八）仫佬族地区今年旱灾情况（以大新乡大梧村为例）；（九）目前日常生活各种情况；（十）解放前后的婚姻情况；（十一）丧葬的一般情况；（十二）迷信治病情况；（十三）各种节日情况及转变；（十四）只有民族语言，没有民族的文字及歌剧；（十五）历史上的文化情况；（十六）解放前后的基础教育；（十七）民族艺术及歌剧；（十八）结婚时的唱歌盛会；（十九）农民剧团等方面情况。

调查结束后，我们立即将调查资料分别整理成了《南丹县少数民族情况调查报告》《河池县少数民族情况调查报告》《罗城县少数民族情况调查报告》等三份报告，每份报告最后皆列有“存在问题及改善办法”小节，相继呈送桂西壮族自治区人民政府，以供政府拟订发展各少数民族经济、文化具体计划的参考。

至此为止，我对广西部分少数民族的断断续续调查和研究已有10年，自认为对广西壮族、瑶族、苗族、仫佬族等少数民族历史与文化已经略知一二，我之所以仅仅于解放前发表了数篇调查文章以及解放后写出了数份调查报告而未发表一篇学术论文，主要是基于两方面的原因：一是陈垣、邓之诚、黄现璠我们这一路重视考据的专业历史学者，一贯反对“读书少又好发宏论”（陈垣语）、“看了几本书就动笔作文”（邓之诚语）、“草率行文，忙于推出，沽名钓誉，贻误读者”（黄现璠语）的治史态度、治史路数。对一个问题尚未研究透彻之前不轻易撰写发表学术论文以免贻害后学是我们这一路历史学者治史的传统。我在这里所说的研究透彻，并非等同于研究全面周到而滴水不漏无懈可击，而是必须做到对研究问题所涉及史料的更多占有、阅读和精思独审，以达史观与客观事实的接近和主客两元的尽可能统一。这就是我于30年代最初与师友陶希圣教授私下经常讨论中国历史是否经历过奴隶社会问题以来断断续续思考这一问题40多年，而直到1979年始发表《中国民族历史没有奴隶社会之探讨》长篇论文的原因。二是通过对大量民族学论著的阅读所得到的一些感受以及田野调查所得到的一些经验，我认为历史研究与民族研究有所不同。两者的重要区别在于：历史研究出现的不足和错误易于为后人补缺拾遗和绳愆纠谬，造成的学术研究之外的坏影响相对有限；而民族研究一旦出现史事失误和观点错误，往往易于伤害民族感情，造成破坏民族团结等方面的影响相对持续长久，这源于历史与民族的概念、内涵、资料利用以及研究指导思想不同以致由此引发看问题的立场和得出的结论出现差异，从而易于伤害他人民族感情之故。这就是我不愿轻易动笔撰写民族论文的缘故，同样是近40年来我未公开发表过一篇关于瑶族、苗族、仫佬族等方面研究的学术论文的原因。解放前我到义宁、龙胜、三江、融县调查时曾收集到三份“瑶族过山榜”，后来知友刘介先生又送我贺县、罗城县“瑶族过山榜”各一份，皆为珍贵原始资料。我于“文革”后睹物思友，为纪念“文革”中被迫害致死的刘介先生，据此五份“瑶族过山榜”特意撰写过一篇《广西各县瑶族人口及其过山榜》的论文，论文写成后至今将近10年，修改多次，依然不愿或不敢拿出来公开发表。近年我完成的《试论广东临高县村人的民族成分》论文，因涉及少数民族成分识别问题，写好后考虑再三，我认为一些问题依然有待深入研究，为慎重起见只得束之高阁，职是之故。

1953年10月，广西大学在全国高等院校院系调整中被撤销，我被分配到新建的广西师范学院（桂林王城内）历史科任教授兼院图书馆馆长。同年10月5日至13日，广西省第三次民族工作会议在南宁召开，我应邀出席了会议。

六、筹建广西少数民族社会历史调查组

1954年3月，我到贵县一带进行民族学田野调查，深入黄鼎凤的家乡覃塘（旧称覃塘墟）青云村，了解壮族在贵县的分布和闹革命历史情况以及收集太平天国人物和黄鼎凤反清起义的史料。同年5月，我作为广西文化教育界代表，当选为中国人民对外文化协会理事。8月，我出席了在南宁召开的广西省第一届人民代表大会第一次会议（6—13日）。至此，广西省各界人民代表会议宣告完成了代行省人民代表大会职权的历史使命。会上我当选为广西省第一届人民代表大会代表兼提案审查委员会委员，同时被推选为出席第一届全国人民代表大会的广西省代表之一。9月，我赴北京出席第一届全国人大第一次会议（15—28日），会上又当选为全国人大民族委员会委员。参加会议期间，我结识了张云逸、韦国清等人，了解到不少有关壮族农运领袖韦拔群的光辉事迹。会后，我应邀出席国家教育部主持召开的教育界人大代表座谈会。会上，我就自己所持的“中国历史没有经历过奴隶社会”的史观，与出席座谈会的王亚南教授切磋，深获王先生赞同，由此得到了极大鼓舞。

1955年2月，我出席了在南宁召开的广西省第一届人民代表大会第二次会议（2—6日），会上依据第一届全国人民代表大会第一次会议通过的《中华人民共和国地方各级人民代表大会和地方各级人民委员会组织法》的规定，广西省人民政府委员会改称广西省人民委员会，并于2月6日选举产生广西省第一届人民委员会，我当选为第一届广西省人民委员会委员。同年春，我赴扶绥、崇左、龙州、大新、德保、靖西县进行田野调查，收集土司遗存文物史料以及侬智高起义、吴凌云父子反清起义和陆荣廷的相关史料；同年4月27日，我在南宁出席由覃应机主任主持召开的广西壮族文字问题座谈会（4月27—30日），参与了壮语的基础方言、标准音和文字方案的相关问题讨论。同年7月，我赴京出席全国人大第一届第二次会议（5—30日）；会后出席全国人大民族委员会第二次会议。10月，我出席了在南宁召开的广西省第一届人民代表大会第三次会议（4—9日）。

1956年4月，我相继深入到武鸣、上林、宾阳、贵县、来宾和桂平等县所辖山区乡村进行民族学田野调查，重点了解壮族在这些县的分布和闹革命历史情况，以及收集太平天国人物和李锦贵、黄鼎凤等人反清起义和陆荣廷的相关史料。同年6月，我赴京出席全国人大第一届第三次会议（15—30日）；会后出席全国人大民族委员会第三次会议。此次会上，我受全国人大民委之托，参与组建广西少数民族社会历史调查组工作。

筹建广西少数民族社会历史调查组的设想，最初始于我参加中央民族访问团工作期间。当时，通过一路上慰问和调查的所见所闻所感所惑以及过去多次深入少数民族地区调查的经验，我认为要全面弄清中国各少数民族情况，必须由政府出面组建一个全国性的大规模少数民族社会历史调查团，以作为少数民族成分识别的一个科学依据和中央人民政府制定民族政策方针的参考。于是，便将这一设想与费孝通先生商谈，他表示深有同感。1953年我率领广西历史文物调查工作组深入各县展开调查的过程中，进一步认识到由于人力、物力、时间的受限难免造成调查不够仔细全面之弊，同时深切地意识到加强对丰富多彩的少数民族历史文化进行保护和挖掘展示的迫切性，因而筹建广西少数民族社会历史调查组的愿望更为强烈。1954年9月（15—28日），我到北京出席第一届全国人民代表大会第一次会议，会后出席全国人大民族委员会第一次会议。会上，我即提出成立一个由全国人大民委组织领导的全国性大规模少数民族社会历史调查团的建议，同为民委委员的费孝通、夏康农当场赞成，主持会议的民委主任刘格平曾任中央民族访问团西南访问团团长（副团长费孝通、夏康农），深入到少数民族地区访问过，对我的这一建议当场表示民委将作认真考虑。会后，我写了一个组织调查团的提纲，阐明了筹建调查团可以为政府制定民族政策提供参考依据的现实意义和必要性，送交全国人大民委副主任谢扶民（全国人大广西代表）。同时，我将这份提纲分别呈送给了全国人大常委会委员张云逸、韦国清以及在京民委委员费孝通、夏康农等人，希望他们向上反映，以引起全国人大常委会的重视。1955年2月，我被国务院任命为广西省人民委员会委员时，又将筹建广西少数民族社会历史调查团的建议向省人民委员会和省民委作了反映。同年7月（5—30日），我到北京出席第一届全国人民代表大会第二次会议。由于这次会议成立了提案审查委员会，我将原来建议成立少数民族社会历史调查团的提纲改为成立少数民族社会历史调查组的提案，上报给了提案审查委员会。会后，接着出席全国人大民族委员会第二次会议。会上，我和费孝通、夏康农等教授以及谢扶民、欧百川等人皆作了关于建议成立少数民族社会历史调查组和展开调查的发言。这一建议或许与当时党中央作出的关于“抢救落后”的方针不谋而合。所谓“抢救落后”，就是要求民族工作者到少数民族中去，把少数民族地区社会历史和经济形态的变革过程记录下来，进行整理，以供中央人民政府据以参考和作为制定民族政策的依据，从而变革少数民族中保留的落后经济形态。为此，1955年下半年，全国人大民委即组织和派遣调查组分别到云南德宏傣族景颇族自治州、新疆维吾尔自治区，对景颇族、维吾尔族、哈萨克族的社会情况进行了调查。1956年上半年，又派遣调查组分别到云南、四川，对卡瓦族、傈僳族、彝族、藏族的社会情况进行了调查。在这些调查资料和经验积累的基础上，1956年4月19日，全国人大民委遵照彭真副委员长于3月31日的会议指示，制定了《关于在少数民族地区进行各民族社会历史情况的调查研究工作的初步规划》，拟定筹建云南（费孝通、刘冠英负责，方国瑜参加）、四川（夏康农负责，杨辛、胡庆钧参加）、西北（冯家昇负责，陈永龄参加）、贵州（吴泽霖负责、梁欧第参加）、广东（包括海南岛，岑家梧负责）、广西（黄现璠、莫矜负责）、西藏（西藏工委负责，李有义、李安宅参加）、内蒙古和东北（翁独健负责，秋浦专门负责内蒙古）等地区少数民族社会历史调查组，计划在四至七年内基本弄清楚各少数民族的社会经济结构和阶级情况。这一初步规划名单中，只有我和费孝通、夏康农三人是全国人大民委委员，表明全国人大民委先后派出的调查组以及这一初步规划的出台，或多或少与费孝通、夏康农和我三人的不断呼吁有一定的直接或间接关系。规划名单中的主要负责人和参加人员，大多还是1980年10月成立的第一届中国民族学学会的顾问。①

接到民委这一初步规划文件后，我又立即写了一封信给全国人大民委副主任谢扶民（壮族），建议在全国人大民委统一领导成立的调查组的基础上再分省建组，以便调查工作的深入展开。这一建议主要是基于切实满足当时壮族人民强烈要求建立省一级的壮族自治区以便壮族在祖国大家庭的位置相称这一良好愿望的考虑，希望通过由省人民政府组织的调查组来使调查工作走向纵深，以便得到客观真实的原始资料，从而作为中央人民政府决定建立省一级壮族自治区的参考。谢扶民同志接信后不久即给我回信说，民委有这方面的考虑，即将召开的全国人大一届三次会议可能会作出决定。随后全国人大民委办公室委托中央民族学院研究部专门起草了《社会历史调查参考提纲》，各省区民委进行了修改补充，大批学者积极发表了意见和建议。全国人大民委还组织

① 第一届中国民族学学会的顾问有吴泽霖、黄现璠、李安宅、杨堃、吴文藻、刘咸、杨成志、方国瑜、江应梁、费孝通、李有义——按出生年序排名。

了中国科学院、文化部、中央民族学院、中国人民大学、北京大学、中央音乐学院等高等院校(所)的相关学科的科学研究人员在北京集中培训,做好调查的前期准备工作,成立了少数民族调查研究工作办公室,为调查工作打下了牢固的基础。

1956 年 6 月,我赴京出席全国人大民委主持召开的少数民族社会历史调查专题学术讨论会,会上作了"壮族土著初考"的专题学术报告。会后,接着出席第一届全国人大第三次会议(6 月 15—30 日),继而出席全国人大民族委员会第三次会议(7 月 2—4 日)。会上,民委决定统一成立调查组和逐步分省建组,而分省建组首先从广西开始,拟定由我于会议结束返回广西后协助广西省人委和省民委筹建广西少数民族社会历史调查组。会后,全国人大民委副主任谢扶民找我个别谈话嘱咐说:"少数民族社会历史调查是中央人民政府十分重视的一项重要的民族工作,广西少数民族社会历史调查亦是广西有史以来前所未有的一项重要民族事务,您返回广西在筹建调查组的过程中以及今后领导的调查工作中,如果遇到困难和问题在省内无法解决,可以直接向全国人大民委反映和汇报,以便我们能及时解决。"

口述至此,顺便简介一下旧识谢扶民,他是广西田东壮族人,亦是我的三师校友。他早年跟随广西农民运动领袖韦拔群闹革命,解放后相继担任中共广西省委第二副书记、广西桂西壮族自治区党委书记、全国人大民族委员会副主任和主任等要职,在广西民族事务、国家民族事务上长期处于决策人物的领导地位,发挥过重要作用,对解放以来的国家民族事务作出过重要贡献。他还是《韦拔群》(工人出版社,1959 年)一书的作者。因此,开会见面时,我与他谈论最多的话题就是有关韦拔群的革命事迹和广西民族事务,特别是有关广西少数民族社会历史调查方面的工作,一直都是我俩十分关心和热议的话题,双方时常用壮话交谈,颇为投机。阅读他在 1958 年《民族研究》第一期上发表的《两年来少数民族社会历史调查工作的基本总结》一文,便可知他当时对少数民族社会历史调查工作的重视。他是一位有文化有水平的中共高级干部,待人接物平易近人,对知识分子十分尊重,对我的一些建言或建议,大多给予支持,我与他在同族之间或校友之间或同志之间的友谊,自然日益深固,私交颇好。尽管"反右运动"后,他曾在《民族研究》期刊上撰文点名批判过我,说我和费孝通等人的反动理论再也没有市场——这是他作为全国人大民委领导之一在特殊年代和特殊政治背景下言不由衷的文辞,我完全可以理解,并不影响我对他的一贯看法和好评。他曾私下对我的同乡、国家民委副主任谢鹤筹评价我说:"黄老是壮族历史文化火种的传播者,堪称壮族的普罗米修斯。”对此评价，我问心有愧，实不敢当。

言归正题。1956年7月初，我出席全国人大民族委员会第三次会议后，未参加教育部每次于人大会议结束后按规例举行的高等院校人大代表座谈会，立刻动身返回了广西，开始了调查组的筹建工作。同时，我向时任中共广西省委领导成员之一的副省长覃应机建议：“广西少数民族社会历史调查组的工作展开离不开省政府的大力支持，拟请省委派一位领导担任组长，我只负责全面学术调查工作。”这一建议得到采纳。

1956年8月5日，全国人大民委组织的内蒙古、东北、新疆、广东、广西、四川、云南、贵州、西藏等省区九个少数民族社会历史调查组，开始深入各少数民族地区进行调查。参加这一调查组的有中科院、文化部、中央民院、北京大学等单位的研究工作人员约200人。同日，我参与筹建的广西少数民族社会历史调查组成立，这是当时全国第一个省级少数民族社会历史调查组，由中共广西省委统战部副部长兼省民委副主任莫矜（壮族）担任调查组组长，我担任副组长，实际负责全组学术调查工作。莫矜同志由于政务在身，工作繁忙，嘱我代为主持全组工作。省民委方面又指派副主任梁华新（壮族）分工负责，他亦因民族事务繁忙，无暇顾及，嘱我全权处理。当然，若发生问题和遇到困难，我必须向莫矜、梁华新汇报请示，以得到省统战部和民委的协调及时处理解决，以便调查组工作的顺利开展。

广西少数民族社会历史调查组筹建前后这一时期，广西壮族自治区的成立正处于初步酝酿和讨论阶段。在这种背景下，我于1956年8月出席在南宁召开的广西省第一届人民代表大会第四次会议（15—22日）后，开始加快了广西少数民族社会历史调查组的调查前期准备工作的进程。当时调查组成员一律由我负责选调，主要是抽调区内各教育和科研机构一些热心民族工作的青年参加，他们大多数是我的学生，这就是稍后的“反右运动”中说我“独断专横”，将“广西少数民族社会历史调查组建成独立王国”的莫须有罪名的缘起。准备工作主要以开会方式说明这次调查的意义、作用、主要对象和所要完成的任务，以及对调查组成员进行基本培训，调查内容主要参照全国人大民委统一规定由中央民族学院研究部起草的《社会历史调查参考提纲》进行，我结合广西的实际情况，又增加补充了十几点调查提纲，草成《广西少数民族社会历史调查参考提纲》。最初我拟定将调查组分为壮族和瑶族两个组，我兼任壮族组组长，拟请刘介担任瑶族组组长，上报省民委后，省民委同意我兼任壮族组组长，但未同意刘介担任瑶族组组长，主要还是考虑广西少数民族社会历史调查组必须接受全国人大民委的统一领导，应请全国人大民委派人担当。正在这时，全国人大民委派来广西进行少数民族社会历史调查的成员抵达广西。按照全国人大民委指示，从这些成员当中抽调数人加入到壮族组，数人加入到瑶族组。恰好旧识杨成志教授随队来到广西，我便提议由杨成志教授担任瑶族组组长，得到省民委同意。一切准备就绪后，我便开始领导开展了有史以来广西最大规模的少数民族社会历史调查。

1956年国庆节刚过，我们壮族组一行12人（黄现璠、樊登、李干芬、王昭武、粟冠昌、黄永祯、阮甘壁、黄槐兴、吴如岱、傅继叔、黄团镇、杨德箴）于10月6日从南宁出发，先到崇左县。因组员们大多对于调查工作感到生疏，不知从何下手，故我在该县城将壮族组分成三个小组，指定樊登任第一小组组长，李干芬任第二小组组长，王昭武任第三小组组长，分别带领组员在县城附近的乡村做了两天调查工作。调查结束后我们进行了总结，互相交换认识和经验，获得了一些初步调查方法。然后以我草拟的《广西少数民族社会历史调查组调查提纲》为基，大家进一步拟定了初步的调查规划，计划先在龙津、崇左、大新、镇都、德保等县实地调查两周，以便选定试点。我们于10月10日抵达大新县后，我将壮族组分为四个小组，即大新、龙州、镇都、德保小组，我指定樊登为大新小组组长，与组员王昭武、阮甘壁、黄永祯一道负责在大新县做实地调查；指定我的学生李干芬为龙州小组组长，与组员傅继叔、吴如岱、杨德箴、黄团镇一道到龙州做实地调查；镇都小组指定黄槐兴同志负责，他一人到镇都县（1957年4月改名天等县）做实地调查；德保小组由我负责，带领我的学生粟冠昌到离大新最远的德保县做实地调查。10月12日，我与黄槐兴、粟冠昌从大新乘长途汽车出发，前往镇都县。路上，黄槐兴结识了一位年轻人，两人一路欢谈，到了镇都县下车后，这位年轻人带我们三人到了县人民委员会办公地。一进房，年轻人便对我们说："你们有什么公事吗？请说。"负责当地调查的黄槐兴同志马上回答说："我们想找县长谈一下来此的目的和工作。"年轻人听后回答说："我就是县长，有事请讲。"随后，我向这位姓覃的年轻县长介绍了来此的目的，希望县长给予支持。覃县长听后答应派人协助黄槐兴同志工作，并安排我们三人住下。第二天早晨，我与粟冠昌从镇都出发到德保。由于当时从镇都县到德保县不通汽车，覃县长叫县人委有关部门给我们送来了两匹马，尽管当时我已57岁，而且从无以马代步作长途交通工具的经验，但考虑到调查重任在身，只能不顾一切了。我便与粟冠昌同志各骑一马，向德保县出发。走了一天，于当天晚上到达镇都县上映区（即镇都县第九区），受到区人委的接待，休息一夜。翌日骑马出发，又走了一天，抵达德保县境内的龙光区（即德保县第五区）。我已腰酸背痛，屁股磨脱了一层皮，只得被迫在龙光休息一天，受到区人委的接待。第二天上午，龙光区黄区长受托叫来三位当地乡绅，向我们介绍德保土司情况，从中得知镇安土府（即德保县）自清康熙二年（1663）改土归流为镇安府后，历史过久，已经很难找到土司统治时代的史料。无奈之下，我们在龙光休息一天，翌日清晨绕道镇都县向武区（后改名向都人民公社），经一天长途骑马，抵达向武，此时我的尾椎骨被崎岖山路簸顿出血来，屁股磨脱了一层皮沾着裤子，苦不堪言，区人委找来医生治疗，很快痊愈，于10月19日返回大新县。这期间，广西省民委的同志托人带来话，说顾颉刚先生到达南宁，提出想见我，征求我是否能赴邕一会。考虑到调查任务时间紧，只能作罢。10月27日，龙州、镇都小组陆续返回大新县。在这一阶段的工作中，各小组在各县的调查工作均得到当地党政部门的大力支持，派出干部参加调查工作。同时，这一阶段各小组在调查期间还搜集到许多契约文书，并在大新县人委的大力协助下，我们组织人员拓印了不少碑文。

大家聚集在大新县后相互交流总结经验八九天，11月5日结束总结工作，选定大新县为调查试点。

我们为什么选定大新县为试点呢？根据全国人民代表大会民族委员会发给全国少数民族社会历史调查组的调查提纲，有原始社会、奴隶社会和初期封建社会三种，我们假定土司统治时期的广西壮族社会历史情况属于初期封建社会，所以调查之初期，重点应放在各县过去有土司统治之地区。初步调查之后，我们认为大新县属内过去曾有八个土司；镇都县属内过去亦有八个土司，都适合做试点。德保、上金等县，以土司较少或改流太久，除某些风俗和遗迹外，土司统治之政治压迫、经济剥削等都比不上大新、镇都，不宜作为试点。大新、镇都虽然都可以作为试点，但大新县属土司，具有以下几个条件更为适宜做试点：

第一，大新县属下雷土司，其生产工具比较落后，社会旧有遗俗，保存较多。

第二，大新县属八个土司，除下雷外，太平、安平、恩城三个土司所在地，相距不远；全茗和名盈土司所在地，相互只离二三里；万承、养利土司亦是毗邻。自同年11月5日至1957年1月底，约三个月，调查八个地区，抓紧工作，尚可做完。而镇都八个土司，除结伦、结安等聚在一处外，其余相距甚远，龙茗到上映四五十里；向武到上映六七十里，交通不便，来往费时，三个月时间，恐不能完成。

第三，中共大新县委黄金腾副书记，县人委会梁耐干副县长，对我们的调查工作一直大力支持，他们先后派中共大新县统战部李意鸿部长，县人委会民政科农朝光科长，干部黄远聪、黄克、覃训和医务人员谢梅珍六位同志参加我们调查组的调查工作。镇都县或许没有这样的人力协助条件，故决定以大新为试点。

我将壮族组分为两个小组共三个工作队，分两个阶段分头进行调查工作。第一阶段，自1956年11月5日至12月30日前后，主要搞安平、太平、恩城三个地区的土司调查工作。安平小组细分为两队，第一队指定樊登负责，调查人员有粟冠昌、杨德箴、吴如岱、农朝光、谢梅珍、农焯产等同志，调查以太平区所属的安平乡为重点，进而深入安平乡附近的安民、那岸等乡以及宝圩区所属的堪圩乡和卢山村一带调查，主要了解土司统治中心地区的社会历史情况。第二队指定王昭武负责，调查人员有阮甘壁、黄永祯、黄远聪、傅继叔、农忠卫、覃训等同志，进入中越边界地带的宝圩区所属的宝西、板禄、念典等乡调查，主要了解土司统治势力薄弱而地方势力较强的边境地区的社会历史情况，以此两方面来展现出历史上安平土州的轮廓。太平工作小组由我负责，调查人员有黄槐兴、李干芬、李意鸿、黄团镇等同志。安平小组宝圩工作队结束调查工作后，继而对恩城土司展开调查，仍由王昭武负责，组员有阮甘壁、黄永祯、黄远聪、傅继叔、农再其、陈儒成等同志。第二阶段，自12月30日前后至1957年1月底，搞万承、全茗、茗盈、下雷、养利五个地区的土司调查工作。万承工作小组由樊登任小组长，组员有粟冠昌、杨德箴、吴如岱、农朝光、谢梅珍、农焯产等同志，负责万承土司的调查工作；全茗、茗盈工作小组由李干芬任小组长，组员有黄槐兴、李意鸿、黄团镇等同志，负责全茗、茗盈两州土司的调查工作。两工作小组结束万承、全茗、茗盈调查工作后，继而重组下雷工作小组，小组长为王昭武，组员有阮甘壁、黄团镇、李意鸿、农朝光、梁立、农忠卫、李茂甫、黄远聪、黄克、覃训等同志。下雷工作小组结束调查工作后，又重组养利工作小组，小组长为李意鸿，组员有黄槐兴、李干芬、黄团镇、黄永祯等同志。我在第二阶段主要到各小组和其他地区全盘检查广西少数民族社会历史调查组的调查工作。

为什么在第一阶段工作时间较长而地区较少，第二阶段时间较短而地区反较多呢？这是由于第一阶段第一次展开调查，大家的经验比较缺乏，对于问题的认识，亦比较肤浅，故时间不能不稍长，地点不能不缩小。至第二阶段工作，则彼此都有了一定的工作经验，认识问题亦逐渐提高，自可费时少而铺开面多，能够顺利完成任务。

1957年1月底，大新县调查历时近两个月顺利完成。事后我将各小组整理出的调查资料汇编成《广西省大新县壮族调查资料》一册，以“广西少数民族社会历史调查组”

名义由省民委于1957年2月印刷成册，我在《广西省大新县壮族调查资料》开头特别写了《大新县属土司调查经过》短文一篇，略谈了一下调查经过。

同年5月，我率领壮族分组成员樊登、李干芬、粟冠昌、吴如岱、黄团镇、杨德箴等人，到龙胜各族自治县二区的龙脊乡和金江乡的壮族村寨进行了社会历史调查，走村串户，访谈笔录，收集口述和文献史料，召集当地长老、乡士开座谈会，了解社会历史情况。事后我委托樊登、李干芬等同志整理出《龙胜各族自治县龙脊乡壮族社会历史调查》报告一份。

与此同时，参与壮族组工作的调查人员逐渐增多，除到各县调查时各县、区、乡派出干部参加以及原有的调查人员樊登、李干芬、粟冠昌、黄永祯、阮甘璧、黄槐兴、吴如岱、傅继叔、黄团镇、杨德箴、黄远聪等同志外，黄钰、唐兆民、苏云高、农凯、郝红章、阳光宇、蒋学伟、韦振辉、李维信、陈维刚等同志亦先后加入调查行列，相继分别到了天峨、隆林、南丹、西林、百色、环江等县展开少数民族社会历史调查，调查结束后陆续整理出《天峨县白定乡壮族政治及生活习俗的调查》《隆林各族自治县委乐乡壮族社会生活习俗情况的调查》《南丹县壮族社会历史调查》《南丹县月里乡壮族社会历史调查》《南丹县拉易乡壮族农业及副业生产状况的调查》《环江县龙水乡壮族社会历史调查》等数份报告。

广西少数民族社会历史调查组下属的瑶族组，亦在广西瑶族聚居的一些县展开了广泛深入的调查，事后相继写出了一些较为全面的调查报告。

我当时在桂西和桂北的少数民族聚居地进行社会历史调查的同时，还应一些县、区、乡政府之邀，向当地直属机关干部作民族政策宣传报告或发表演讲。在这些报告或演讲中，发表了一些长期调查中和当全国人大代表、广西省人民委员会委员后频繁下乡深入山区进行调研过程中所见所闻的真实看法，流露出我当时对民族问题的一些认识见解，概而言之，主要包括几个方面：

首先，我认为民族问题的实质，根源于民族不平等。历史上的民族不平等是制造民族矛盾和影响民族团结的罪魁祸首。

其次，在民族区域自治的问题上，我认为，解放后，中央人民政府实施的少数民族地区实行民族区域自治政策，符合我国的国情，它保证了各少数民族在政治上与汉族的平等地位，推动了少数民族地区文化、教育事业以及工农业等各项经济建设的初步发展。

当时，广西少数民族社会历史调查组的主要任务是对广西壮族、瑶族、苗族、仫佬族、毛难族等少数民族展开全面大规模的调查，搜集和积累中国民族问题研究所必需的资料，具体为尽可能收集从原始社会形态到封建社会形态及这些社会形态过渡方法等方面的原始资料。广西少数民族社会历史调查组自1956年8月5日成立后，在我的领导下，通过广泛深入的调查，取得的重要成果概而言之有三项：一是收集到的原始资料颇为丰硕；二是进一步明确了解放前广西壮族、瑶族、苗族、侗族等各少数民族社会的社会性质和形态变化，通过调查整理出了大量的报告，为各个少数民族编写简史和简志打下了重要基础；三是为广西民族研究培养了人才，为广西最早的民族问题专业研究机构——广西民族研究所的成立奠定了基础。这三项重要成果的取得，具有深远意义。

我在全面负责调查组工作期间，利用所集史料，于1956年12月完成初稿《广西壮族史略》，这是周恩来总理鼓励我研究壮族历史的成果。1957年2月，我又应《广西日报》以广西壮族自治区建立一事为题撰文的约请，写了一篇题名《谈壮歌》的文章，稍后又写了一篇题名《壮族在广西的历史分布情况》的文章，两篇文章旨在从史料上论证广西成立壮族自治区的可行性和必要性。同年6月，《广西壮族史略》经我修改以及经广西人民出版社审核后以《广西壮族简史》书名予以了出版。这是中华民族研究史上站在少数民族立场上展开论述的第一部民族简史，我为此引以为自豪。

1958年，全国少数民族社会历史调查工作改由中国科学院民族研究所全面主持，将调查组由原来的9个增加到16个，新设了甘肃、青海、宁夏、辽宁、吉林、黑龙江、湖南、福建8个调查组。不派调查组的省，由各省民族事务委员会负责调查和提供所需的资料。同年8月，中国科学院民族研究所、中央民族学院、中国人民大学、北京大学、北京师范大学的部分师生以及中国科学院历史研究所、经济研究所、文化部等有关单位的干部，分赴16个省区的调查地点工作，调查组的人员最多时达千人以上。广西少数民族社会历史调查组这时亦由中国科学院民族研究所正式接管，全称中国科学院民族研究所广西少数民族社会历史调查组。我的学生李干芬以及学友唐兆民，仍然继续参加中国科学院民族研究所广西少数民族社会历史调查组的工作。尽管同年我因被错划“右派分子”而被迫离开调查组的领导工作，但李干芬、唐兆民等人参与的调查以及参与整理出的调查报告，内部油印成册后他们都托人送给我，例如《广西上思县壮族社会历史调查》《广西上思县思阳乡壮族社会历史调查》《广西上思县那荡乡壮族社会历史调查》《广西武鸣县双桥乡壮族社会历史调查》《西林县那劳区维新乡壮族社会历史调查》《百色县两瑟乡壮族社会历史调查》《环江县城管乡壮族社会历史调查》《宜山县洛东乡壮族社会历史调查》《东兰县那烈乡壮族社会历史调查》《武鸣县邓广乡壮族社会历史调查》《武鸣县江清乡壮族社会历史调查》等,从而使我对广西一些县的壮族社会历史有了相对较为全面的了解。

至1963年,广西少数民族社会历史调查任务基本结束。据调查组于同年撰写的《广西少数民族社会历史调查组七年来工作初步总结》以及同年3月16日《光明日报》刊载的文章《广西少数民族社会历史调查组七年来的调查研究工作》等相关资料显示,广西少数民族社会历史调查组自1956年成立以来,其中的壮族组从原来组员12人发展到20多人。1958年中国科学院民族研究所正式接管广西少数民族社会历史调查组后,整个调查组成员最多时达70余人,组员来自全国四面八方的各行各业,先后到了广西的30多个县的近100个人民公社(乡)以及广东、云南、湖南、贵州等省,先后对壮、瑶、苗、侗、仫佬、毛难、回、水、倮倮(彝)、仡佬等10个少数民族的社会历史进行了调查。在普遍调查的基础上,同时还对其中一些民族历史上的若干问题展开了专题调查,如对壮族的侬智高起兵性质问题、土司制度问题、私庄经济问题,瑶族的石牌制、民族族源、歌谣、风俗习惯等问题做了专题调查。搜集的调查资料达2624万字,包括民间传说、歌谣、碑文、档案(抄、摘、录)以及群众口述的有关政治、经济的笔录资料。依据这些调查资料,陆续编辑了《壮族简史》《壮族简志》《瑶族简史简志合编》《仫佬族简史简志合编》《毛难族简史简志合编》等五本丛书初稿以及《花山崖壁画资料集》一册。

再据1963年5月21日《光明日报》刊载的题名为《全国16个少数民族社会历史调查组经过七年努力搜集了大量原始资料》的文章以及相关资料显示,1963年全国16个省区的少数民族社会历史调查任务基本结束。据不完全统计,七年间,16个少数民族社会历史调查组共写出调查资料340余种;已经整理付印的调查报告、调查资料、档案资料和文献摘录共达268种,达2160万字;拍摄少数民族科学纪录片十多部。此外还搜集了一批少数民族的历史文物。在调查研究的基础上,编写出少数民族的《简史》《简志》和《简史简志合编》初稿达50余本,内部铅印了各民族自治地方概况、各民族简史和简志三套丛书。

1958年2月,我已被错划为全国"极右"分子,实与此后的少数民族社会历史调查的这些后期成果没有丝毫关联,正如当时全国人大民委一位领导在同年民族研究工作科学讨论会总结性发言中所言,从此之后,"费孝通、黄现璠、吴泽霖、林里夫等'右派'分子的反动理论再也没有市场了"。到改革开放后,民族学研究始得到拨乱反正。

不管怎样，当初我挑选参加广西历史文物调查工作组和广西少数民族社会历史调查组的成员，许多人现在已成为广西各大专院校教授和科研机构资深研究员。可见当时全国人大民委组织领导的一系列全国性少数民族社会历史调查，无疑造就了一大批专门研究少数民族和民族问题的机构和学者，意义重大和影响深远已为当今学术界首肯。

七、参与自治区建立讨论

回顾广西民族区域自治的历史，从中可以看到这样一个特点，即50年代的广西所有自治区（包括村级、乡级、区级、县级、州级、省级）的成立，无一例外都是自下而上呈报然后自上而下批复的结果。例如，1951年8月19日成立的广西第一个县级民族自治区——龙胜各族联合自治区（县级），便是在中央民族访问团将龙胜各族人民代表提出民族区域自治的热忱愿望向中央和广西省人民政府呈报的同时，龙胜县人民政府又向广西省人民政府和桂林专员公署呈文上报请予批准，随后相继得到中央和广西省人民政府批复同意而得以成立的。我有幸参与了龙胜各族联合自治区成立的指导工作和成立大会。1951年9月27日成立的广西第一个区级民族自治区——全县东山瑶族自治区，同样是在同年8月初中央民族访问团偕地县工作组深入东山各村宣传党的民族政策时，响应当地瑶族人民代表的迫切愿望而向中央和广西省人民政府建议建立瑶族自治区的。随后经政务院批准，将灌阳县新坪乡、湖南道县白岭乡、零陵县黄腊洞乡划归全县（今广西全州县）东山瑶族自治区，并于9月27日成立了全县东山瑶族自治区（区级）。随后陆续成立的大瑶山瑶族自治区（1952年5月28日，县级）、大苗山苗族自治区（1952年11月26日，县级）、三江侗族自治区（1952年12月3日，县级）、桂西壮族自治区（1952年12月9日，行政公署级）、隆林各族自治区（1953年1月1日，县级）、都安瑶族自治县（1955年12月15日）、巴马瑶族自治县（1956年2月6日）、广西壮族自治区（1958年3月14日，省级）等，无不如此，走的都是相同的过程，即先有自下而上的各族人民代表的愿望和要求的表达或提出，然后是地方各级人民政府的逐级呈文上报，最后是自上而下的中央人民政府的逐级批复同意。例如当时中共广西省委和省人民政府相继发出的《中共广西省委、广西省人民政府关于开展大瑶山区域自治工作的指示》（1951年12月10日）、《广西省人民政府关于“1952年夏秋民族区域自治工作计划”的指示》(1952年5月5日)、《中共广西省委关于少数民族工作的报告》(1952年7月16日),都是按照此前颁布的《共同纲领》中有关民族区域自治的国家民族政策以及尊重广西少数民族的群众意愿和人民代表的强烈要求而作出的指示和向上呈送的报告。这些自下而上代表人民意愿的指示和报告上报后,很快得到自上而下的中共中央批复,同年7月25日中南局就下发了《中南局复广西省委关于少数民族工作及省府联合发布的指示》,同年8月22日中共中央向中南局并广西省委下发了《中共中央关于广西实行区域自治与发动群众问题的批复》,明确指示:“广西省委7月16日,中南局7月25日电悉。基本同意中南局的意见。广西省委在推行民族区域自治时重视发动群众这是对的……实行民族的区域自治,是为了实现少数民族当家作主权利,以利民族隔阂的消除,民族团结的加强,从而逐步为自治区内部的社会改革创造有利条件。”与此同时,1952年8月9日中央人民政府公布了《中华人民共和国民族区域自治实施纲要》(1952年2月22日政务院第125次政务会议通过,1952年8月8日中央人民政府委员会第18次会议批准),明确指出:“本纲要依据中国人民政治协商会议共同纲领第九条、第五十条、第五十一条、第五十二条及第五十三条之规定制定之。”同时制定了具体的实施纲要,这为此后广西相继成立的各级民族区域自治区进一步提供了政策依据和实施方策。从1951年至1958年,广西一些县内相继成立了18个区级民族自治区和260多个乡、村级民族自治区,成立过程同样先是地方政府将群众愿望和要求上报然后再由上级政府讨论研究批复。广西第一个乡级民族自治区是1951年1月在蒙山县成立的岭祖瑶民自治区。当然,建国初期广西一些民族自治区的成立及其伴随而来的民族民主建政工作,离不开上级部门派人指导和协助,例如1952年6月16日,中南局民政部、文化部、教育部、卫生部、贸易部、农村工作部、民委曾抽调28名干部组成广东、广西工作组,分赴两广少数民族地区协助地方政府推行民族民主建政工作。

1954年9月,《中华人民共和国宪法》颁布,明确了民族区域自治的法律地位。根据《中华人民共和国宪法》第五十三条中关于民族自治地方划分为自治区(省级)、自治州(行署级)、自治县(县级)三级的规定,相当于省级(自治区)的新疆维吾尔自治区于1955年10月1日成立。我受到这些政策的鼓励以及新疆维吾尔自治区成立的启发,根据《中华人民共和国宪法》规定以及中央颁布的一系列民族政策和广西壮族的历史和民族分布现状,同时参照此前成立的内蒙古自治区、新疆维吾尔自治区的民族区域状况,在1955年底召开的桂西壮族自治区人民政府会议上,曾提出过建立广西壮族自治区的建议，得到与会者中绝大部分壮族委员的赞同。事实上，会前我曾私下分别找过桂西壮族自治区人民政府主席覃应机和副主席梁华新（时兼任省民委副主任）谈过这一建议，覃、梁两位领导嘱我起草一个提纲，简明扼要地阐明建立广西壮族自治区的的历史依据、政策依据及其必要性，然后呈交桂西壮族自治区人民政府会议讨论。我遵嘱写好后呈交覃主席，他阅后提出了几点修改意见，同时嘱我在人民政府会议上关于此议题讨论时作重点发言。政府会议讨论时在我呈交的提纲基础上进行了补充修改，内容扩充为筹建提议报告，并以桂西壮族自治区人民政府的名义分别呈送给广西省民委、省人民委员会和中共广西省委。正因如此，便有了 1957 年夏"反右运动"开始后《广西日报》铺天盖地批判我的文章中一些人批判说"我到处吹嘘广西壮族自治区的成立是我争取来的"。这样的批判语不是事实。我凭着用历史资料和调查数据撰成的"筹建提纲"又努力通过政府渠道去争取建立广西壮族自治区的壮乡人民的愿望得以实现，这是客观事实，但我从未说过"广西壮族自治区的成立是我争取来的"这样的话。

中共广西省委接到桂西壮族自治区人民政府的筹建提议报告后，经研究和慎重考虑后，指示广西省民委将此筹建提议报告修改完善，并以省民委名义向中央民委上报。1956 年春，中共中央分管民族事务的领导陈毅（时任国务院副总理，分管民族事务）、习仲勋（时任国务院秘书长）、李维汉（时任中共中央统战部部长）、乌兰夫（时任国务院副总理兼中央民族事务委员会主任）等人就建立广西壮族自治区的问题作了讨论研究，一致认为广西省民委报告中提议在桂西壮族自治区的基础上扩大，将广西省建制改变为广西壮族自治区，符合宪法规定和中央民族区域自治政策，有利于广西的民族团结和各族人民的文化、经济共同发展。随后，陈毅副总理向中央提交了建立广西壮族自治区的报告，中共中央批复同意了这一报告。这是中共中央倡议建立广西壮族自治区之始。随后，从 1956 年 5 月开始，中共广西省委和省人民委员会根据中央批复，开始在内部着手提出区划范围方案并展开讨论，正如 1957 年 7 月 5 日在第一届全国人民代表大会第四次会议上国务院副总理兼民族事务委员会主任乌兰夫所作的《关于建立广西壮族自治区和宁夏回族自治区的报告》中明确指出："根据中共中央的倡议，自从去年 5 月以来，广西省和甘肃省的中共党委和人民委员会以及协商机关先后反复地讨论了建立壮族自治区和回族自治区问题。"由此表明中共中央倡议建立广西壮族自治区是在 1956 年 5 月之前，而非后来一些党政领导于报告中和一些报刊所说的 1956 年 10 月。而且，中共广西省委和省人民委员会提出方案及展开讨论，是在 1956 年 5 月以来至 9 月间，而非在1956年10月之后。这里涉及两个问题，一是中共中央倡议，二是区划范围方案。

为什么当时在新疆、广西、宁夏成立自治区的问题上都统一口径一律说“中共中央倡议”，而绝口不提地方人民的意愿、要求、提议和地方政府上呈的报告，这似乎与此前的广西龙胜各族联合自治区、大瑶山瑶族自治区、大苗山苗族自治区、三江侗族自治区、桂西壮族自治区、隆林各族自治区、都安瑶族自治县的成立形式、步骤和程序有所不同。盖缘于省级自治区的建立涉及面较广，牵涉到的问题极其复杂，以“中共中央倡议”显然更为名正言顺，这有利于今后展开广泛的宣传、动员和说服工作，便于排除一切阻力障碍。从中既体现出中共中央领导的高度政治智慧和策略，又反映出他们在制定和实施民族区域自治政策上的言行一致性。尽管如此，这一切并不能否定当时广西省桂西壮族自治区人民政府的筹建提议报告和省民委上呈报告客观存在这一事实。

1955年12月21日国务院全体会议第二十一次会议通过并于同月29日发布《关于更改相当于区的民族自治区的指示》。1956年3月2日，桂西壮族自治区一届人大二次会议在南宁召开，会议根据《中华人民共和国宪法》第五十三条中关于民族自治地方划分为自治区、自治州、自治县三级的规定以及国务院发布的《关于更改相当于区的民族自治区的指示》，议定将桂西壮族自治区更名为桂西壮族自治州。而桂西壮族自治区（州）又与建立广西壮族自治区有着直接关联，这在1956年10月2日中共广西省委九名常委联名向中央统战部递交的《关于建立广西壮族自治区问题的意见》中有明确说明：“（一）广西省的壮族区域自治问题，过去是没有解决好的。虽然建立了桂西壮族自治区，有了区域自治的形式，但实际内容不能相适应，对自治区的机关民族化和财政权等问题，没有妥善地及时地解决，少数民族自治权利没有得到充分发挥，党的民族政策在实际工作中也就贯彻不够。今年改为桂西壮族自治州以后，各方面的意见很多。现在看来，这种情况是不能再维持下去了。中央提出改变这种情况的意见，我们完全拥护。（二）关于如何改变的问题，大家认为中央所提的第一个方案，即合起来建立广西壮族自治区的方案，好处较多。”其中有关机关民族化问题，正是我在桂西壮族自治区人民政府会议上多次主张必须尽快解决的问题。而在1956年5月后广西省人民委员会讨论建立广西壮族自治区的问题时我曾主张：“广西壮族自治区一旦成立，壮族地区的学校、机关、厂矿、银行等领导部门，都要民族化。”至于桂西壮族自治区财政权问题，亦是我在全国人大开会期间向上多次反映的问题，我还当面向周恩来总理反映过桂西壮族自治区由于财政不能自主而处于形式化的问题。从《关于建立广西壮族自治区问题的意见》中可知,1956年10月之前,已经有了建立广西壮族自治区的方案。而且,区划范围方案从1956年5月以来,在中共广西省委和省人民委员会早已进行过反复讨论。这在上言的乌兰夫所作的《关于建立广西壮族自治区和宁夏回族自治区的报告》中已经明确说明。这一期间我曾参加过广西省人民委员会有关区划范围方案的两次讨论,了解实情的乌兰夫同志所言自然实事求是,绝非虚语。

在1956年5月以来中共广西省委和省人民委员会的最初讨论协商中,就区划范围问题曾出现了诸多方案,最终归纳为两个主要方案:一个是把广西全省改建为广西壮族自治区,大家称为合方案;另一个方案是把广西划分为两个部分,即保留广西省的建制,管辖当时广西省的东部地区,另把当时广西省西部以壮族为主的少数民族聚居地区划出来建立壮族自治区,即将当时的桂西壮族自治州扩建为与广西省同等建制的省级壮族自治区,大家称为分方案。

我当时在桂西壮族自治州政府会议和省人民委员会上的发言是极力主张和支持合方案的,这主要基于广西的历史和现状以及今后的发展前途考虑。我的发言要旨是:从历史上看,壮族是广西的土著民族,广西历史可以说是壮族、汉族和境内其他民族共同创造的历史;特别是在近代以来的革命斗争中,广西汉壮两族人民和其他民族人民不分彼此,紧密团结,一道共同奋斗反抗封建专制统治,结成了亲密的友谊。广西汉壮两个民族和其他民族之间这种长期共同劳动创造、共同革命斗争的历史传统,说明合方案符合广西历史发展情况,有利于民族团结,共同发展进步。再从现实状况和发展眼光看,按1953年6月30日全国第一次人口普查统计结果,当时全国的壮族人口有661万人,属中国人口最多的少数民族。在广西的壮族人口有642万人,而聚居在广西西部和中部地区的壮族人口约有526万人,占这个地区总人口的62%。当时比壮族人口少的内蒙古蒙古族和新疆维吾尔族都已经建立了省一级的自治区,西藏自治区筹备委员会已于1956年4月22日成立,宁夏回族已经开始酝酿建立自治区。因此,壮族必须建立一个省一级的自治区,方能同他们在新中国确立的中华民族这个大家庭中的地位相适应。虽然当前广西省的汉人比壮人多,汉人约占总人口的58%,壮人约占37%,其他少数民族约占5%。但居住的面积壮人比汉人的大,壮人聚居地区约占全省面积的60%,汉人聚居地区约占30%,其他少数民族聚居地区约占10%。汉人聚居地区土地较良,就农业发展而言属条件较好的地区,而壮人聚居地区自然资源物产丰富,从工业发展前途说，壮族地区的条件相对比较优越。汉壮合并的合方案，有利于互相合作帮助，各施所长，符合广西各民族人民共同向往进步的愿望以及各民族共同发展的长远利益。

当时在桂西壮族自治州人民政府委员中，绝大多数都赞同合方案。我作为合方案的提案者和委员之一，自然双手赞同合方案。而在中共广西省委和省人委的委员中，普遍趋向赞成分方案，其主要原因还是担心历史上文化、经济、教育历来落后的桂西地区与相对发达的桂东地区一旦合起来，前者会拖累后者，影响后者发展。

当这两个方案上报中共中央后，中央领导从全局出发，经过慎重考虑，认为第一个方案，即合起来建立广西壮族自治区的合方案好处较多。可见在1956年10月之前中共中央已经对第一个方案表示了肯定态度。在1956年10月2日中共广西省委九名常委联名写的《关于建立广西壮族自治区问题的意见》中同样说合方案是中央所提的第一个方案。统一口径有利于紧接其后的公开宣传和说服工作的开展。尽管如此，这种说法并不能否定从1956年5月至9月间中共广西省委和省人民委员会已经提出和多次反复讨论过方案这一客观事实。同时表明：在1956年10月之前，中央不仅只有第一个方案，即合方案，同时还有第二个方案，即分方案。而寡闻寡见所及，未见中共中央于1956年10月之前进行过广西壮族自治区建立方案的酝酿和讨论的官方文件记载，而且当时的中共中央领导不可能会有人提出明显不利于民族团结的分方案。而从我参与的这一时期省人委讨论会上的方案讨论中明确可知，合方案最初产生于广西省桂西壮族自治区人民政府委员会，分方案最初产生于广西省人民委员会。这一切只能说明，在1956年5月以来至9月间中共广西省委和省人民委员会反复讨论的广西壮族自治区建立的问题，主要就是方案问题，亦是我参加的省人民委员会讨论此问题时的主要议题。这从周恩来总理于1957年7月4日向全国一届人大四次会议提交的《关于成立广西壮族自治区的议案》中亦可见端倪。《关于成立广西壮族自治区的议案》中说："根据中共中央的倡议，中共广西省委从1956年10月以来，就开始在各民族和各方面的代表人士和县、市的人民代表大会中进行了广泛的酝酿和讨论……关于壮族自治区的区划范围问题，在广西省讨论的时候，曾经提出两个方案：一个是合的方案，即把广西全省改建为广西壮族自治区的方案；另一个是分的方案，即保留广西省的建制，管辖现在广西省的东部地区，另把广西省西部壮人为主的少数民族聚居地区划出来成立壮族自治区的方案。经过酝酿和讨论之后，大家均表示赞同第一个方案，即以广西全省改建为广西壮族自治区的方案。"1956年10月2日中共广西省委九名常委联名写的《关于建立广西壮族自治区问题的意见》中说“中央所提的第一个方案”，而 1957 年 7 月 4 日的《关于成立广西壮族自治区的议案》中则说“1956 年 10 月以来，就开始在各民族和各方面的代表人士和县、市的人民代表大会中进行了广泛的酝酿和讨论……在广西省讨论的时候，曾经提出两个方案”，这岂不前后矛盾？表现在：1956 年 10 月之前已经存在中央所提的第一个方案，怎么到了 1956 年 10 月以来在广西省讨论的时候又提出了两个方案？然而，事实上并不存在前后矛盾，这关系到知情人和不知情人的理解。周总理了解实情，说话实事求是。因此，作为知情人，我对《关于成立广西壮族自治区的议案》中所言“在广西省讨论的时候，曾经提出两个方案”的理解是指 1956 年 5 月以来至 9 月间广西省的中共党委和人民委员会讨论时曾经提出两个方案，而非指 1956 年 10 月后广西各方面的代表人士和县、市的人民代表大会中有关自治区的区划范围方案的讨论中曾经提出两个方案。原因一是我曾参与过 1956 年 5 月以来至 9 月间广西省人民委员会有关“两个方案”的两次讨论，这是不可否认的事实。而且这一时期的方案提出和讨论仅仅限于中共广西省委和省人民委员会，并未对外，即在广西的协商机关和人民代表会议上并无任何讨论。广西省民委提出建立广西壮族自治区的建议得到中央批准后，当然必须由了解地方情况的中共广西省委和省人民委员会拿出筹建方案，然后加以讨论，最终将方案和意见上报中央。这也就有了 1956 年 10 月之后广西和全国协商机关以及广西县、市的人民代表大会上人民群众讨论方案的相关记载和报道。事实上，自 1956 年 10 月后广西有关建立壮族自治区的区划范围方案的讨论时，并无“两个方案”的提出，已经完全是按照此前中央定调的第一个合方案展开说明和说服工作，以达成党内外各界人士的共识，几无分方案的实质性讨论。这从 1956 年 10 月 2 日中共广西省委九名常委联名写的《关于建立广西壮族自治区问题的意见》中亦可窥一貌，即“在讨论中，我们领导既要心中有数，有重点地说明第一方案的好处，并放手让群众讨论，同时，将其他方案的利弊摆清楚，以便更有利于说明第一个方案的好处”。明确道出在 1956 年 10 月之前已经存在第一个方案，即合方案，并不存在 1956 年 10 月以来“在广西省讨论的时候，曾经提出两个方案”这一事实。而且，《关于建立广西壮族自治区问题的意见》中已经明确指示各级领导说服工作的要旨，即“领导既要心中有数，有重点地说明第一方案的好处，并放手让群众讨论”。这里“放手让群众讨论”的是中央已经定调的第一方案及其好处，即合方案及其好处，而非坏处，更非“两个方案”。

1956 年 9 月 27 日，中共中央副主席、国务院总理周恩来在中共八大期间召集在京参加八大的中共广西省委九名常委谈话，正式传达了中央关于自治区的区划范围方案的意见，明确肯定了第一个方案好处多，即合方案好处多，是对第一个方案的定调表态。10 月 2 日，中共广西省委九名常委向中共中央统战部递交了《关于建立广西壮族自治区问题的意见》。在这一《意见》文末九名常委的签名中，时任中共广西省委常委、副省长兼桂西壮族自治州州长的覃应机第一个签名，而时任中共广西省委第一书记的陈漫远和时任中共广西省省长的韦国清的签名排在较后。由此一方面说明桂西壮族自治州与广西壮族自治区的建立有着直接关联；二方面说明了覃应机州长此前对于桂西壮族自治区人民政府上呈筹建提议报告的积极支持和极力促成态度；三方面体现出覃应机州长敢于承担政治风险的领导担当非同一般。

《关于建立广西壮族自治区问题的意见》中明确指出："要从党内到党外，从上到下，开展讨论和动员工作。在省委扩大会议以后，立即与省级的民主人士进行协商，同时在党内县委以上开会讨论。经过党内县委以上讨论统一思想，即可通过各民族党派、各级人民委员会、政协委员会等各种会议，在党外开展讨论。在讨论中，我们领导既要心中有数，有重点地说明第一方案的好处，并放手让群众讨论，同时，将其他方案的利弊摆清楚，以便更有利于说明第一个方案的好处。使各种不同的意见都可以发表出来，才能针对各种具体的意见和问题，进行解决。必须防止在思想动员和讨论中的简单化的做法，切实做到深入解决思想问题，提高对党的民族区域自治政策的认识。思想动员必须与具体方案相结合。在开展讨论时，必然会提出许多具体问题，需要我们拿出具体理由，来进行解释。如广西汉族占多数，为什么要成立壮族自治区问题，就必须加以具体解释，使干部和群众都认识壮族自治区必须成立的道理。"12 月 3 日，中共中央批复同意中共广西省委九名常委的这一《意见》。由此表明，中共中央于 1956 年 9 月之前，事实上已经确定了此前广西上报方案中的第一个方案，即合方案。接下来就是向党内外展开说明、说服工作，事实上正是如此。1956 年 10 月之后，在党内召开的有关广西壮族自治区成立的讨论会上，主要就是统一领导干部赞成合方案的思想；而在党外讨论会上更多则是解释合方案的好处和说服大家赞成，以取得对合方案拥护和支持的共识。

1956 年 10 月 23 日至 29 日，中共广西省第一届委员会第二次全体（扩大）会议在南宁召开，广西壮族自治区成立方案的问题为这次会议的主要议题之一。出席这次扩大会议的省民委副主任秦振武（我的学生）事后告诉我说：会上对此前提出的各种方案进行了说明，更多强调说明的是合方案的利点，分方案的议论只是走过场，广泛讨论的是自治区名称问题。与此同时，受中共中央委托来到广西指导自治区建立工作的中共中央统战部部长李维汉，在中共广西省委扩大会上和省直机关干部大会上作了关于建立广西壮族自治区的报告，并与各民主党派和各界人士进行了座谈，广泛宣传合方案的好处，以便达成将各方不同意见统一到合方案的共识。同年 12 月初，中共中央统战部部长李维汉来广西检查工作，同时对广西成立壮族自治区进行党外人士说明和宣传工作，同月 7 日召开了广西党外代表人士座谈会，邀请民主党派代表人士 40 余人出席座谈会，我亦在被邀之列。当时我领导着广西少数民族社会历史调查组的学术调查工作，正在大新县太平区从事壮族社会历史调查。接到邀请后我从大新县赶到南宁出席了座谈会。从会上李部长的长篇发言中可知，他在会上主要谈了两个问题：一是广西区域自治问题，二是党派关系问题。广西区域自治问题就是壮族区域自治问题，针对这个问题，李部长在会上首先肯定了壮族应该成立自治区，然后对此前提出的成立壮族自治区的方案进行了说明，主旨是强调合方案的益处。座谈会结束后，我继而在南宁列席了广西省政协一届三次会议，听取了中共广西省委副书记、副省长肖一舟在会上所作的《关于解决广西壮族自治区问题的报告》，会上反复讨论协商了中共广西省委提交的关于成立广西壮族自治区的问题，与会者一致同意中共广西省委的意见——在广西全境建立广西壮族自治区的方案，即合方案。会议结束后，我暂时回到大新县继续进行社会历史调查。1957 年 1 月 12 日，我又到在南宁出席广西省人民委员会第二十三次会议。会上我作了简短发言，大意是我坚决拥护中共广西省委《关于建立广西壮族自治区问题的意见》，双手赞成合方案。出席会议的委员们纷纷表态，拥护支持中共广西省委意见，没有人再提分方案，更无分方案的讨论，会上一致通过了《关于赞同建立广西壮族自治区的决定》。

1957 年 3 月，全国政协邀请广西各界人士 39 人赴京与在京的广西籍全国政协委员以及在北京、上海、广州、武汉、长春等地工作的广西籍人士共 91 人一道参加座谈会（17—26 日），就成立广西壮族自治区问题进行协商讨论。3 月 17 日，全国政协副主席、中共中央统战部部长李维汉就民族区域自治政策问题、建立广西壮族自治区的两个方案问题和应妥善处理的几个问题，作了题为《关于建立壮族自治区问题的一些看法和意见》的重要发言；3 月 26 日，全国政协主席周恩来在座谈会上作了总结发言，公开表明了中共中央的态度。因而在座谈会上，并无实质性的方案协商讨论，更多讨论的是自治区名称问题。从各位与会者的发言中可以知道，虽有个别民主爱国人士主张分方案，对自治区名称问题提出了不同意见,但这种主张并无新见新义,完全是对原有分方案的老调重弹,自然不会引发新的讨论,最多只能算是个别议论。座谈会上绝大多数人发言都赞同合方案,主张把广西全省改建为广西僮族自治区,即将自治区名称定为广西僮族自治区。

1957年2月初,《广西日报》记者采访我,希望我就广西壮族自治区建立一事发表公开谈话和撰写一些相关文章,以供报刊广泛宣传。我对记者说:“成立广西壮族自治区,反映了广西各族人民的意愿,是党中央和人民政府制定的民族区域自治政策深入民心又深得民心的成果。不仅在广西历史上,而且在中华民族历史上都属史无前例的历史大事件。我作为壮族人民的代表,自然是双手拥护。随后,我相继写了《谈壮歌》(《广西日报》1957年2月10)、《壮族在广西的历史分布情况》(《广西日报》1957年4月19日)两篇文章,主旨是介绍壮族传统文艺以及从史料上论证广西建立壮族自治区的可行性和必要性。事实上,后一篇文章的主要内容,正是此前我应覃应机主席之嘱而起草建议成立广西壮族自治区提纲的依据之一,亦是桂西壮族自治区人民政府上呈报告中的建立依据之一。同年3月和5月,中国人民政治协商会议全国委员会就广西壮族自治区的成立问题两次召开了专门的会议进行了充分的协商,最终一致同意合方案和将广西全省改建为广西壮族自治区,即将自治区名称定为广西壮族自治区。4月底,中共广西省第一届代表大会第二次会议在南宁召开,讨论通过了《关于一致拥护中央倡议成立广西壮族自治区的决议》。4月至5月,广西全省五个市和70个县(自治县)先后召开人民代表大会,参加会议的代表共17747人。在这些市、县(自治县)人民代表大会上,经过领导说明和代表们的发言,达成共识,形成一致的意见,各市、县人大均作出了拥护建立广西壮族自治区的决议。5月底,广西省人民委员会派出以副省长陈再励为团长的代表团赴京,向国务院和政协全国委员会汇报广西各族人民对建立广西壮族自治区的共同意愿和酝酿情况。6月7日,国务院第五十一次全体会议召开,会上根据《中华人民共和国宪法》的规定和广西各族人民的意愿,作出了《关于建立广西壮族自治区的决定》。7月4日,国务院总理周恩来向全国一届人大四次会议提交了《关于成立广西壮族自治区的议案》。因这一《议案》中已经明确说明:“国务院全体会议第五十一次会议讨论了这一问题,决定成立广西壮族自治区,撤销广西省建制,并且以原广西省的行政区域为广西壮族自治区的行政区域。关于成立时间和具体筹备事项,在得到全国人民代表大会批准之后,将由广西省人民委员会提出计划,报告国务院批准执行。”故而在全国一届人大四次会议上与会代表们讨论的只有合方案，已无分方案的议论。再从《议案》中的这段话的后几句可知，这种程序，似乎与中共中央于 1956 年 5 月之前批准广西省提出的建立广西壮族自治区的报告后，由中共广西省委和省人民委员会拿出筹建方案，然后加以讨论，最终将方案和意见上报中央，再经中央初步同意的程序完全相同，只是阶段不同，即“筹建方案”与“筹备计划”的不同从而使得批准机关不同而已。

1957 年 7 月 15 日，第一届全国人大第四次会议通过了《关于成立广西壮族自治区的决议》。至此为止，有关成立广西壮族自治区的讨论全部结束。自此之后，从中央到广西地方开始进入成立广西壮族自治区的筹备工作。

八、人大会议发言和提案

我身为桂西壮族自治区（州）人民政府委员、广西省人民委员会委员以及全国人大代表，自认为向来在桂西壮族自治区人民政府会议、省人委会议和人大会议上的发言和提案是积极的，特别在讨论建立广西壮族自治区的政府会议和人大会议上发言踊跃。

1955 年 7 月，我赴北京出席第一届全国人大第二次会议（5—30 日）时，曾向大会呈交了多项提案，均涉及少数民族，其中一项提案被大会秘书处列入“提案第一百六十四号”，具体内容如下所示：

提案人：黄现璠

案由：为稍宽少数民族子弟投考初中或初级师范年龄限制以便造就少数民族人才案

理由：现今政府规定，投考初中学生之年龄（实足年龄）为十二岁至未满十六止。但少数民族地区，一般人上学都较迟，且绝大多数在解放后才能上学。因此高小毕业就有不少人在十六岁至十八九岁，以致限于年龄，不能投考初中，前年桂西壮族自治区宜山专署之投考生中，就发生过这样的事情。本宪法序言“国家在经济建设和文化建设的过程中将照顾各民族的需要，而在社会主义改造的问题上将充分注意各民族发展的特点”之至意，拟请政府对于少数民族子弟投考初中或初级师范年龄限制，予以稍宽，以便培养少数民族人才，提高发展少数民族之文化教育事业。

办法：请教育部研究处理。

（《中华人民共和国第一届全国人民代表大会第二次会议提案》卷一，第一届全国人民代表大会第二次会议秘书处，1955 年）

1956 年 8 月，我赴南宁出席广西省第一届人民代表大会第四次会议（15—22 日），我在 22 日的会议上发言说："有些领导干部主观地认为某些地区壮族和汉族'差不多'，就不去重视民族工作。尤其表现在文化教育事业方面，如壮汉族杂居的鹿寨县某些学校，对壮族子弟入学方面，照顾得不够，以致学校中少数民族学生比例很小；又如广西省民族歌舞团中少数民族团员还不到十分之三。"同时，发言中我还对迟迟不发少数民族教育补助费的教育机构提出了批评意见，最后建议全省干部普遍学习一次民族政策，以便这一政策能更好地得到贯彻。

1957 年 6 月，我赴京出席全国人大一届四次会议（6 月 26 日—7 月 15 日）。7 月 5 日，乌兰夫在全国人大一届四次会议上报告了民族政策的伟大成就。"乌兰夫作报告以后，会议进行大会讨论。今天发言的有郭沫若、黄现璠、陈经畬、张泗洲、赛福鼎、冷遹、吴若安、刘文辉、李赋都、秦仁昌、程士范、许德珩、王祝晨等十三人。"（1957 年 7 月 6 日《人民日报》报道）当天大会讨论，我是紧接在学友郭沫若之后第二个发言的，从中体现出全国人大对少数民族代表的发言及其建议的重视。我的发言以"请看壮族自治地区几年来的巨大变化：粮食由不足变为有余，工业产值增加三十倍"为题，发言中我说：

我对于政府首长各项报告完全同意。对于大会若果通过成立广西壮族自治区，我是壮族代表，更加拥护，衷心感谢！

自 1952 年桂西壮族自治区成立，去年改为州，由于党和政府正确领导，不断的关怀照顾，几年来，取得很大的成绩。全州解放前，粮食一向不能自给，1956 年全州农户 98.8%参加农业合作社，得到增产，1956 年粮食达到 56 亿多斤，比解放前最高年产量增加 30%左右。不但足以自给，且有余粮支援国家社会主义建设。厂矿企业，发展也快。解放前，它们没有几个，解放后到 1956 年底，共有 478 个，比解放初期增加三倍多。1956 年，全州工业总产值达 12554 万元，比解放初期增加 30 倍。其他交通、文教、卫生等事业也取得不少成绩，因而人民生活得到不少的改善，全州人民购买力以人民币计，1953 年为 1992 万元，1954 年为 9500 万元，比上年度增加

476%。1954年以后增加更多。壮族自治州如此,全国各地可想而知……

现在我想就发展桂西生产事业和广西文化教育发表一些意见。

广西面积共21万8000多平方公里,壮、苗、瑶、侗等少数民族住区占70%,汉族占30%(可看大会发拙著《广西壮族简史》插图)。少数民族住区,有一个特点,就是山岭较多,土质较坏,生产力低,生活艰苦。右江革命根据地的巴马东兰一带,流行这样一首民谣:“西山山高高如天,生来粥水过终年,要想食饱穿得暖,除非石山变成钱。”壮族人民生存在这样地理环境,须要特别辛勤劳动和发展各种生产事业,才能克服困难,解决生活。

不过这种地理环境,固有它的坏处,也有它的好处,它的土特产特别多,约有五百多种,产量较大的约有170种,是搞副业很好的自然条件。无奈因许多品种,如天冬花粉、黄青、首乌等,政府虽已收购,价格颇低。隆林地区,一个人一天劳动得不到三角钱。白干参、牛七、山七、五环草等,一般认为有价值,但政府现今尚未收购,没有牌价。我最近到百色专区去视察,不少地区民族贸易局尚没很好地贯彻“不赚不赔、有赚有赔和以赚补赔”的民族贸易政策,土特产得不到应有的重视,不能刺激鼓励农民生产,更谈不到发展。我希望民族贸易方面,对于土特产,合理地给予价格和适当地提高价格,以及适当地尽量地收购。

桂西壮族地区矿藏特别丰富,据几年来勘探,有色金属、黑色金属、稀有金属和非金属矿产分布很广。广西全省铅锌等矿藏,绝大部分都在壮族和其他少数民族地区,最近全省新发现八种矿产,70个有矿地区中就有52个在壮族地区。它们的贮量也很丰富。如煤的贮量,占全省贮量的92%,锰的贮量,占全省贮量的90%。因此,在这个地区,政府应逐步发展工矿事业。同时桂西一带地广人稀,人口密度平均每平方公里50人强,可以利用的土地面积相当地多,是发展经济作物、土特产、畜牧和森林等事业很好的地理条件,如百色隆林等县,就有不少水草丰足的很广大的天然牧场,可以用钱少而收益多。若政府予以重视、投资,把这些旷地和各种矿藏逐步开辟发掘利用起来,不独可以改善壮族和其他少数民族地区的经济状况,即对于祖国社会主义的建设也是有利。

再言广西文化教育事业,几年来由于党的领导,取得不少成绩;特别是壮文创造之成功,是壮族人民破天荒的一件大喜事。但是,一般来说,广西文化教育的发展仍然很迟慢,所以我希望最近能够恢复成立广西大学。1955年全国统一招生,广西考生成绩不好,取录很少,而左右两江红水河的壮族子弟取录更少。原因固非一端，唯中学教师质量较差，大有关系。我几年来，常到以上各地去视察，各中学教师，大学和专科学院毕业或肄业的，一般不及十分之四，多数是高中毕业。崇左中学一位教师对我说："我是旧制中学毕业，原没学过某课程，因无人担任要我教，我备课很苦，收效仍不大。"并且为发展广西各种工矿和其他生产事业必须有各种建设技术人才，而这些人才，广西现在正十分缺乏，亟须培养。过去有些地区，没有大学，最近为培养建设人才，都先后建立起来，广西大学也就该早些恢复。唯近据有关方面消息，"高教部对于恢复广西大学，第二个五年计划内，尚未考虑到"，这样延迟，殊非广西人民的愿望。固然，高教部对于广西教育一向是关心的。可能因经费、教师等问题，故不予以考虑。今有些省份，也没有大学，不单独广西。不过我认为各省情况不同，条件互异，不能相提并论。在文化比较落后和有很多少数民族的地区，成立一个大学，培养他们的子弟，提高他们的文化，用些钱，不能说就产生很大影响，国家没有预算。再若以为教师缺乏，据我了解，广西仅壮族教授讲师，分散在各省教书的就不少，广西大学恢复，他们曾经表示愿意回来。又广西大学恢复，从它培养的对象，理应有一定数量的少数民族教师才能合这个地区教育的实际要求，现今政府若即着手培养，尚未为晚，壮、侗等族子弟有许多足以胜任，只要高教部愿意调用和肯加栽培，事是不难办的。所以我希望广西大学能在最近一两年内恢复，请高教部考虑，考虑，再考虑！

此外，广西科学研究机构，除华南植物研究所广西分所寥寥数人外，各部门的研究机构多未建立起来，今广西三个学院（师范、农学和医学院），科学研究工作开展也不够好，研究经费极其有限或者没有。据广西师院王副院长对我说，近年来，因没有经费，无法开展科学研究工作，望我到北京反映此事。例如广西桂平、贵县一带，是太平天国革命的发祥地，北京有些大学尚派学生去调查，但近在咫尺的广西师院历史系学生，自一九五三年起，年年都造调查预算，因没有钱，始终不得批准去。

总之，我认为边远地区，特别是有不少少数民族居住的地区，文化教育事业和科学研究工作，政府的文化教育领导部门，不但应该注意，而且应该多多注意才对。①

---

① 本书整理者按：黄现璠口述回忆这一发言时只谈了要点，现根据1957年7月6日《人民日报》刊载的该发言内容予以了补充。

我在发言中，对于此次大会讨论有关“广西壮族自治区成立”的议题，作为壮族代表，当然拥护和希望顺利通过，而且参与了相关的一系列重要讨论。从我上述的发言中可知，我对广西的地理、历史、民族分布等方面还是有深入调查和研究的，同时对解放后广西经济的发展成就以及文教事业概况同样有所调查了解。没有调查就没有发言权，我在发言中将调查时发现的问题提出，以引起政府注意。从发言前部分内容上看，我首先列举了解放后在党和政府的正确领导下桂西壮族自治州取得的巨大成就。过去中共广西省委主要领导人以及“反右运动”中一些不明真相的领导干部和群众批判我，说我以人大代表身份到广西各地视察工作时热心寻找地方政府工作的漏洞，总是抹杀政府工作的成绩和解放以来的建设成就，这是罔顾事实的诬蔑之语。前部分发言中的一些内容，正是此前我向桂西壮族自治区人民政府上呈建言成立广西壮族自治区提纲的主旨。再从发言后部分内容上看，发言中我对发展桂西生产事业和广西文化教育提出了一些合理化建议，特别恳请高教部考虑、考虑、再考虑广西大学在最近一两年内恢复事宜。我对广西大学怀有的感情一直十分深厚，原因在于我与广西大学长期有着难解的缘分。解放前后，我曾在广西大学断断续续从事教学工作十三年，我爱人刘丽华曾在广西大学附属小学断断续续从事小学教育工作十二年，我的女儿黄小玲、黄文斐，儿媳李明洁分别是广西大学物理系、数学系、土木工程系的本科毕业生；我的儿女们大多是在广西大学附小和附中读书成长的；我的大女婿自 1958 年后长期在广西大学物理系任教，1978 年改革开放后，他又出任广西大学党委书记兼副校长（后兼任校长——本书整理者）。可以这样说，广西大学养育了我们这一家。这些足够我刻骨铭心，没齿难忘。我们这一家受惠于广西大学诸多，因而我将自己视为广西大学的儿子，盖自有其缘由。这就是 1953 年 10 月广西大学在全国高等院校调整中被撤销前，我曾写信给时任教育部副部长的师友林砺儒，恳望教育部慎重考虑的原因之一；亦为 1954 年我当选为全国第一届人大代表后在人大历次会议上发言呼吁和呈交提案强烈请求恢复广西大学的原因之一。或许在 1957 年 7 月全国人大一届四次会议上我的这次请求高教部考虑、考虑、再考虑在最近一两年内恢复广西大学的强烈呼声引起了中央有关部门的重视，我在这次大会上呈送的“恢复广西大学”提案在会后很快被纳入教育部议事程序，这是师友、时任教育部副部长的林砺儒事后亲口告诉我的。1958 年经国务院批准广西大学恢复重建，我自认这与我在全国人大历次发言中的强烈呼吁有一些直接关系。为此，1980 年我赴京出席全国政协会议期间去拜访过去长期主政广西的老领导、时任全国政协副主席的韦国清同志时，谈及当年的一些往事，他曾当面表扬我说："当年您老在全国人大会议和民委会议上多次强烈呼吁恢复广西大学，功不可没。"尽管1958年广西大学恢复建制后我因同年被划为"右派分子"而无法返回广西大学继续任教，但同年我的两个女儿考取了广西大学，广西大学继续在教育和培养我的子女，由此进而加深了我对广西大学的感情。

全国人大一届四次会议期间的7月6日，全国人大民族委员会举行了扩大会议，参加扩大会议的有民委委员、出席本次人大会议的一些少数民族人民代表和有关单位的列席代表共135人。国务院副总理兼国家民族事务委员会主任乌兰夫，国家民族事务委员会副主任汪峰、刘春出席了会议。会议开始后，全国人大民委主任刘格平首先作了关于全国人大民族委员会的工作报告，接着会议审查了国务院副总理乌兰夫向本次大会所作的关于建立广西壮族自治区和宁夏回族自治区的报告，一致认为，建立广西壮族自治区和宁夏回族自治区，符合中华人民共和国宪法规定，符合中华各族人民的愿望和利益。扩大会议还作出了民族委员会建议人民代表大会批准国务院总理周恩来于此次人大会议上提出的《关于成立广西壮族自治区和宁夏回族自治区议案》的一致决议。会上，各民族委员、人民代表发言踊跃，回族代表马坚第一个发言，我第二个发言，简略向会议作了此前领导广西少数民族社会历史调查组的工作和情况汇报，重复谈了一些前日在全国人大会上的发言要点，最后作了衷心拥护乌兰夫同志在本次大会上所作的关于建立广西壮族自治区和宁夏回族自治区报告的表态。紧接我之后的发言者还有罗常培（满族）、阿沛·阿旺晋美（藏族）、包尔汉（维吾尔族）、罗文才（苗族）、陈永康（布依族）、王国兴（黎族）、刀有良（傣族）、马绍文（东乡族）、帕提汉（哈萨克族）、果基木古（彝族）、裴阿欠（傈僳族）等二十余人。一些委员和人大代表于发言中除表态支持拥护党中央关于建立广西壮族自治区和宁夏回族自治区的英明决定外，还批判了个别人歪曲民族政策和挑拨民族团结的谬论。

除在人大会议积极发言外，我在农工党广西省委和中央委员会上亦发言积极。例如1956年，我赴京出席全国人大一届三次会议（1956年6月15—30日），会后参加7月3—7日中国农工民主党中央委员会在京召开的座谈会，讨论中共中央提出的中国共产党和民主党派长期共存、互相监督的方针。我在会上作了发言，对一些地方行政机关、中共统一战线工作部门和中共党员对民主人士尊重不够的现象提出了批评。诸如此类的会上发言很多，我就没有必要在口述中过多谈及，一一举例。

我在一些会议发言中对一些地方部门领导干部的批评，主要是为了引起政府重视，希望一些部门和领导干部有则改之，无则加勉，旨在促进民族工作和文教事业的进步发展，而非吹毛求疵，专找问题。特别是作为人大代表，我以为少讲成绩，多去基层调查，深入发现问题，大胆地提出来，引起政府相关部门的注意和重视，尽快加以纠正，一方面可以促进政府更好地为人民服务，二方面利于国家的文化、经济、教育、艺术等各项建设事业的发展和进步，这是一位人大代表应该竭尽的监督职责。这就是我在参与国家事务和社会活动的发言中谈成绩相对较少而大多指出问题和提出建议的指导思想所在。

言归正题。1957 年 6 月初，我在此前草成的《广西壮族史略》经我修改以及经广西人民出版社审核后以《广西壮族简史》书名予以了出版。这是中华民族研究史上站在少数民族立场上展开论述的第一部民族简史，我引以为自豪。同年全国人大一届四次会议期间，我将该书带到会议上以及此次人大会议后在青岛召开的全国民族工作座谈会上广为散发，同时专门分别赠送给与会的中共中央领导周恩来总理，统战部李维汉部长，全国人大民委主任刘格平、副主任谢扶民和国家民族事务委员会主任乌兰夫、副主任汪峰、刘春等领导，以及出席人大会议的师友林砺儒、陈垣、郭沫若、费孝通和旧识黄绍竑、陈铭枢、龙云等人。李维汉部长接书后对我说："这本书是广西成立壮族自治区的重要历史依据，黄先生为政府决策做了一件十分有益的事，可喜可贺。"刘格平主任接书后对我说："黄先生在少数民族社会历史调查工作中身先士卒，贡献突出，如今又有调查研究成果问世，可赞可贺！"我听后回答说："尽职尽责为人民服务而已。"

同年 7 月 15 日，第一届全国人大第四次会议通过了《关于成立广西壮族自治区的决议》，并批准了国务院总理周恩来提出的议案，撤销广西省建制，以原广西省的行政区域为广西壮族自治区的行政区域。

第一届全国人大第四次会议结束后，全国人大民族委员会在青岛举行全国民族工作座谈会(7 月 20 日—8 月 6 日)，出席会议的 105 人包括了全国 29 个民族成分。座谈会上检查了全国各省区民族政策执行情况，我在会上汇报了广西省民族政策执行情况。会议期间，毛泽东主席和周恩来总理接见了与会代表。8 月 4 日，周恩来在会上作了《关于我国民族政策的几个问题》的重要讲话。1956 年我以调查所得资料为基础开始撰写壮族历史时曾得到周恩来总理的鼓励，记得那是 1956 年 6 月 28 日，周恩来总理来人大广西代表团驻地看望大家，当省委领导介绍我时，周恩来说："不用介绍，我们多次见过面，我知道，黄先生是一位历史教授，壮族一宝。”同时说道：“壮族是中国少数民族人口最多的一个民族，可是至今还没有一部专门论述壮族历史的专著，您是历史学家，应该义不容辞地承担起这一学术任务。”回桂后我即将过去调查所得资料加以整理，发动十多位助手，完成了《广西壮族简史》一书的编著。这次会上我便将刚出版的《广西壮族简史》一书赠送给了周恩来总理。周总理接书后对我说：“壮族出了个韦拔群，他是人民英雄，中华民族的好儿女。您是历史学家，又是壮族人，可以好好写一下韦拔群。”我回答说：“我一直在收集韦拔群烈士的革命史料，已经完成初稿一卷，进一步加以整理交付出版后再赠送给总理。”

实事求是地说，在广西壮族自治区成立这一重要国事上，倘若没有中共中央领导周恩来、陈毅、习仲勋、李维汉、乌兰夫等人的大力支持和热情关怀；倘若没有中共广西省委和省人委领导韦国清、覃应机、肖一舟、陈再励与中央民委的广西籍领导谢扶民、谢鹤筹等人一道运筹帷幄尽心尽力的促成，自治区成立一事就不可能这么快这么顺利地得到通过和批准。这些领导厥功至伟，彪炳千秋。

1957 年 8 月 23 日至 9 月 4 日，广西省第一届人民代表大会第五次会议在南宁召开，与会代表纷纷发言，一致拥护全国人大《关于成立广西壮族自治区的决议》。会议决定成立广西壮族自治区筹备委员会，选举韦国清（壮族）为主任委员，覃应机（壮族）等五人为副主任委员。我亦被叫去南宁出席了广西省一届人大五次会议，并在会上作了发言，但这次发言已完全不同于以往，我在会上被勒令作了题名《对于我反动罪行的检讨》的发言，被迫向与会的人民代表们“低头认错”。从此之后，我就再无资格、再无机会在人大会议上发言了。只是到了晚年我被增补为全国政协委员后，始能开始转战政协会议的发言舞台，再度畅所欲言。

第七部分

一、社会活动

“文革”十年，既是我一生对政治运动感受最深的十年，也是我人生中最苦难、最屈辱的十年。我作为摘帽“右派分子”，仍被归入地、富、反、坏、右“五类分子”之列，我的子女与我一道被划入“黑五类”，又被时人视为广西知识界、教育界所谓臭名昭著的头号“臭老九”，成了双料“牛鬼蛇神”。因而“文革”中我所遭受过的被人批斗、戴高帽、挂牌游街示众、毒打、关押、多次被红卫兵抄家的屈辱经历，非同一般，一言难尽。

幸而我向来生活态度乐观，加之坚持锻炼的良好身体素质，得以在困难中幸存下来，最终迎来了改革开放新时代的春天，重获新生，特请人写下“老牛不怕夕阳短，毋用扬鞭自奋蹄”的条幅挂于客厅中，用以自勉；自题范仲淹名训“宁鸣而死，不默而生”条幅，张贴于小板面，置于书桌上，作为座右铭，用以自励。

1978 年 7 月 11 日至 8 月 5 日，我已近耄耋之年，依然带领助手赴广西崇左、龙州、凭祥、宁明等地作学术田野调查近一个月，穿行在桂西少数民族地区的群山峻岭和县城大街小巷中，探访古迹，拜会乡民，笔录口述历史，收集文献史料，收获甚丰。记得在宁明县，当地一些教师、干部和我教过的大学生十余人一道陪同我前往宁明花山岩壁画考察，大家相处甚欢。考察结束后，我草成《广西宁明花山壁画与岩洞葬》学术论文一篇。

1979 年 4 月，我应邀赴云南昆明出席由国家民委和中国社科院民研所联合举办的全国民族研究工作规划会议（4 月 25 日—5 月 6 日），这是十一届三中全会后由中国社会科学院主持召开的全国民族研究工作规划盛会，会议就民族研究工作如何为四个现代化服务以及一些理论与学术问题进行了讨论，制订了《全国民族研究工作一九七九年至一九八五年规划》，这一规划分为民族理论与民族政策、世界民族、民族学、民族史、民族语言五大类。我在会议期间上报了四个科研项目，即我原来从事研究的“侬智高”“广西右江革命风暴——韦拔群同志光辉战斗的一生”“汉族的形成”以及计划编著的“广西壮族历史”，皆被列入规划的项目中。申报时，其中的“侬智高”和“韦拔群”两

图 36　1978 年率领助手和当地教师考察宁明花山岩画时留影

个科研项目由我独立承担；而在另外两个科研项目中，其中一个为“汉族的形成”，由我与私淑弟子邓瑞教授（他是我的业师邓之诚之子）合作承担，申报时已经完成初稿。另一个为“广西壮族历史”，由我与私淑弟子、中央民族学院莫俊卿教授合作承担。“广西壮族历史”申报时原定计划是在 1957 年出版的拙著《广西壮族简史》的基础上加以补充史料完成，故而预定完成日期我填为“1980 年”，即以半年时间完成。后来因为我与莫先生两地相隔甚远，进行学术讨论不便，加上我考虑到拙著《广西壮族历史》中考古史料部分有所不足，我便取消了与莫俊卿教授的合作，邀请我的学生、广西壮族自治区博物馆考古研究员黄增庆一道编著。同时，为了讨论方便，我将在南宁区博物馆当研究员的黄增庆借调到自己的工作单位广西师范学院历史系。后来为了加快进度，我又邀请我的学生、师院历史系讲师张一民加入编著，我将原定名《广西壮族历史》改为《壮族通史》。

在昆明开会期间，我被选为铜鼓文化研究会筹备小组召集人；会后，我去走访同门旧友方国瑜教授，相互切磋少数民族史，交谈甚欢。

1979 年 8 月，我的“右派”冤案得以彻底平反昭雪，复任广西师范学院（现广西师范大学——本书整理者）历史系教授。同年12月，我带领助手赴广西田东、田阳、百色、巴马等地调查百色起义和收集韦拔群烈士的史料。随后完成了《右江苏维埃政权之建立》初稿三卷，更名为《韦拔群评传》。虽说这三卷初稿的资料收集最初始于1951年参加中央民族访问团赴东兰慰问和调查期间，然而，事实上我对韦拔群的关注可说最早始于1923年我在广西省立三师读书期间。解放后，由于我与韦拔群烈士生前的领导张云逸和部下韦国清、谢扶民、黄松坚、黄举平、覃应机、陆秀轩、黄荣、赵世同等人经常在一起开会，独家访谈机会颇多。原红七军（政委邓小平）军长张云逸大将多次对我详谈了韦拔群的革命事迹和百色起义经过，还赠送了一些他手书的回忆史料（部分至今尚未发表）；韦国清上将曾对我回忆过他在韦拔群之弟韦菁的引导下如何走上革命道路的经历过程；原红七军二十一师（师长韦拔群）副师长、凤山农民运动领袖之一的黄松坚同志多次对我耐心地解答了不少革命史料记载模糊不清的内容；韦拔群领导闹革命时的中共东兰县委书记黄举平还亲自陪同我重游"列宁岩"（东兰农民运动讲习所旧址）；韦拔群的妹妹韦武月、韦武丁和弟媳黄美伦多次用壮话对我唱起当年的革命山歌；韦拔群当年的手下爱将韦国英、牙美元（他曾带队护送邓小平政委第一次勇渡红水河）对我回忆过韦拔群的治军思想和爱兵如子的事迹；曾被国民党广西省政府视为韦拔群的最高政治顾问的叶一茅老师解放后应邀到桂林我家做客时对我谈了三天三夜韦拔群生前的革命思想和高尚人品；当时负责镇压韦拔群领导的东兰农民运动的广西省主席黄绍竑对我谈过他对韦拔群的敬佩心语，加上我多次深入韦拔群闹革命时的频繁活动地都安、东兰、河池、南丹、天峨、凤山、巴马、田东、田阳、平果等右江地区调查，同时又受到党和国家领导人毛泽东、周恩来、邓小平同志相继对韦拔群烈士高度评价的鼓励，以至于《韦拔群评传》初稿越写越厚，至今已达三卷。

我在百色考察时，当时住在地委招待所，时任中共广西壮族自治区党委第一书记的乔晓光同志正在百色视察工作，他得知我在当地考察，专程到招待所来看望我，获悉我正在为撰著韦拔群烈士生平收集史料，鼓励我早日完成，同时嘱我完稿后务必送他一册。在田阳考察时，中共田阳县委邀请我担任《田阳的今昔》主编工作，我欣然接受。1980年8月，由唐禧执笔、我任主编的《田阳的今昔》县志初稿完成。同年9月，中共田阳县委办公室寄给我油印初稿，我提出修改意见于10月5日寄还县委。

这次考察结束返回桂林的行程中，经过首府南宁，我又专程去拜会旧友黄荣同志，一是祝贺他升任广西壮族自治区人大常委会主任，二是向他采访有关韦拔群烈士的事迹。黄荣同志是东兰西山壮族人，早年曾是韦拔群开办农讲所时的学生，解放后他与我一道当选为全国人大代表、广西省人民委员会委员，开会时经常见面，加之他又是壮族人，双方相处融洽，互引为知己。随后，我又去拜会旧友覃应机同志，一是祝贺他刚刚荣升广西壮族自治区人民政府主席，二是向他申述一些尚未得到平反的“文革”冤假错案，三是向他采访有关韦拔群烈士的事迹。覃应机同志是东兰壮族人，早年曾跟随韦拔群闹革命，解放后他一直都是中共广西省委主要领导成员之一。黄荣、覃应机两位同志长期担任省委领导，一直作风正派，为官清廉，平易近人，对知识分子特别尊重，善于听取意见。特别是覃应机同志，尤为重视广西民族文化教育事业的建设，他曾兼任桂西壮文学校校长、广西民族学院院长、广西壮族自治区民族语言文字工作委员会主任、中国科学院广西分院院长、广西大学校长等职，这些兼职表明他对广西文教事业十分重视。由于这些职务都必须与知识分子打交道，加之覃应机同志对知识人才十分重视，自然会拥有一些能够推心置腹的知识分子朋友。我与覃应机同志相识于 1952 年桂西壮族自治区成立之后，开会时经常见面。覃应机同志长期担任桂西壮族自治区（州）人民政府主席，有关桂西文教事业的建设，他十分尊重我的建议，对我的提议大多予以支持和采纳，因而我对他兼听则明的领导作风向来敬佩。1980 年 3 月，我到南宁开会，又去拜会覃应机同志，和他畅谈国事家事，他对我说：“一位广西老领导有一次开玩笑对我说：‘一些海外媒体认为你长期担任广西人民政府领导，称你为现代壮王，我看你是武王，黄现璠是文王。’”我听后笑而未语，只当笑话一则。覃应机同志长期作为中共的一位高级领导干部，向来抵制封建思想，当然不会以“王”自居、以“王”为荣，但在他的革命生涯中，前半生战绩辉煌，后半生政绩昭然，为政廉明，为人处世宅心仁厚，颇有王者风范，则是实情，不可否认。这位广西老领导对他说的这些话，他自然不会对外说。他对我说这样的话，可见他一直将我视为能够推诚相见的知心朋友。

1980 年 2 月上旬，我到南宁出席中国农工民主党广西壮族自治区第四次代表大会。3 月，我又去南宁出席第一届中国古代铜鼓学术讨论会。8 月，我作为特邀代表，赴北京出席全国政协第五届第三次会议，会上被增补为全国政协委员。后来我利用这一任职，为一些“反右运动”和“文革”中的受害者鸣冤，向中央和地方政府广为申述，协助政府处理遗留的冤假错案，帮助一些人获得了彻底的平反昭雪。由于解放初期我曾长期担任广西省第一届人民代表大会提案审查委员会委员，深知人大和政协提案的重要性，故在担任全国政协委员期间，我曾在全国政协第五届第三、四次会议上，就大学教育机构问题在第44组讨论会上发言说:“机构臃肿,人浮于事,工作效率低,是中国危难大症,已到了病入膏肓的程度,希望中央下决心解决这个问题。”并相继呈交提案:“广西宜有一所重点大学或学院案”(提案第481号)、“招收大学走读生或自费走读生案”(提案第482号)、“请恢复教育部1978年关于把广西师范学院改为广西师范大学的决定案”(提案第913号),力争将我任教的广西师范学院提升为广西师范大学。出席全国政协会议期间,我还在小组座谈会议上发言,希望展开“中国历史没有经历过奴隶社会”的学术讨论,以便纠正现在通用的历史教材中的一些有违历史事实的错误记载,从而使中高等院校学生能够受到正确的历史知识教育。我的发言深获同组委员罗章龙先生赞同,随后双方建立了学术联系,互引为同道。后来我还接受罗章龙先生委托,帮忙整理修改其《周代不是奴隶社会》存稿,为罗氏所撰《中国国民经济史》书稿作序、跋。出席全国政协会议期间,我在京拜会过学界旧友费孝通、梁漱溟、陈述等人以及长年知交李健生夫人。

1980年5月,第一届广西民族研究学会成立,我被推选为学会顾问;同月,又被推选为第二届广西历史学会顾问。同年10月,我被推选为第一届中国民族学学会顾问,同被推选为顾问的有费孝通、吴文藻、吴泽霖、李安宅、杨堃、刘咸、杨成志、方国瑜、江应梁、李有义等人,大多是我的旧识旧交旧友,其中费孝通、吴文藻、吴泽霖等人,还是我的“右派”难友。这意味着当代民族学研究在改革开放拨乱反正后开始逐步脱离以往极左主义民族学的歪门邪道,正在逐步走向实事求是的科学光明大道。同年12月,我赴南宁出席第一届广西民族研究学术讨论会(12—17日)。1981年1月,我赴京出席中国大百科全书编辑筹委会,会上被选为民族编辑委员会委员,专门负责广西民族词条部分的审定工作;2月,赴南宁出席广西壮族自治区政协第四届第三次全体会议(21—28日);3月,应邀赴四川出席第一届“中国悬棺葬学术讨论会”;会后,受宜宾地区教育局之邀,作学术报告;并顺道走访四川大学徐中舒教授,与之切磋少数民族古代社会性质问题,观点相近,互引为同道。同年5月,我赴京出席中国民族关系史研究学术座谈会(25—31日),这次座谈会由我与学友牙含章、谭其骧、白寿彝、翁独健等人共同倡议发起,由中国社会科学院民族研究所和中国民族研究学会联合组织,包括全国有16个民族的130余位代表出席了这次座谈会。会上,来自各地各民族的老、中、青研究人员畅所欲言,各抒己见,针对中国民族史多年来争论的一些重大问题和焦点问题,进行了深入的探讨,研讨重点放在怎样理解历史上的中国和什么是历史上民族关系的主流这两个问题上。经过广泛的讨论,与会代表的看法趋向一致,普遍认为历史上的中国不仅包括中原王朝,而且包括中原王朝以外的由少数民族建立的国家和政权。这次座谈会探明了民族关系史研究中的一些重要问题,在较高的理论层次上取得众多共识,堪谓一次学术研讨收获甚丰的盛会。随后我在京出席中国历史辞典编写会;同年 11 月,我应邀赴云南昆明参加第一届中国西南民族研究学会(3—7 日),这次会议参加者有全国 13 个民族共 120 多位代表。会议广泛交流了学术研究经验,通过了学会章程,产生了第一届理事会,我被聘为第一届中国西南民族研究学会顾问。

图 37　在桂林主持召开“百越民族史研究会”第二届全国年会暨学术讨论会

1979 年 4 月 25 日—5 月 6 日,全国民族研究规划工作会议在云南昆明举行期间,我向大会提议成立百越民族史研究会。大会接受了我的提议,成立了百越民族史研究会筹备组,计划筹备召开学术讨论会和正式成立研究会。随后开始了百越民族史研究会的筹建工作。经过我与梁钊韬、侯方岳、陈国强等人一年多的筹备,第一届百越民族史学术讨论会于 1980 年 6 月 17 日至 24 日在厦门大学举行,会上成立百越民族史研究会,选举产生了第一届理事会,会上推举我的学生梁钊韬教授任理事会会长,我被推选为副会长。后来我又经过一年多的筹备,在我的学生、时任中共桂林市委书记梁成业的大力支持下,我于 1981 年 11 月 16 日至 22 日在桂林主持召开了中国百越民族史研究会第二届全国年会暨学术讨论会。这次年会包括来自国家民委、中科院民研所、国家出版局、中央民院以及浙江、江苏、湖北、湖南、四川、云南、贵州、广东、广西、福建、江西和上海等十二省、自治区、直辖市63所高等院校、研究机关、博物馆、市县志办和出版社的90多名代表（包含汉族、壮族、彝族、侗族、畲族、土家族、蒙古族等七个民族）出席了会议，代表们围绕着百越和百濮的关系这一中心议题展开了广泛热烈的讨论。会议还选举产生了第二届理事会，名誉理事10人，理事39人，推举梁钊韬教授继任中国百越民族史学会会长，我与侯方岳、陈国强、贾青波等五人当选为副会长，蒋炳钊当选为秘书长，张一民、莫俊卿、徐恒彬、陈吕范、唐奇甜当选为副秘书长。参加本次会议的各地代表提交学术论文74篇。第一、第二届百越民族史学术讨论会年会的圆满召开，奠定了百越民族史研究发展的基础。会议结束时，我还邀请中国著名艺术表演家黄婉秋女士为与会代表做了精彩的演出，她美妙动人的歌唱表演，震撼全场，获得了与会代表的交口称赞和热烈掌声。我在桂林筹备和主持召开的中国百越民族史研究会第二届全国年会，是改革开放以来桂林市的首次全国性学术讨论会，为此我深引以为荣。

通过参加一系列的全国性民族研讨会以及与学友费孝通、牙含章、徐中舒和同出于陈垣、邓之诚诸师一门的学友方国瑜、翁独健、白寿彝、谭其骧、陈述等人一道深入讨论民族问题，我对人种、民族、族群等概念以及民族关系等老生常谈问题又有了许多新的思考和认识。重温我在民族学方面近40年来断断续续的民族调查、工作和从事民族研究的主要经历，由此引发出许多思索。归纳而言，我认为，解放前与解放后的中国民族学研究存在本质区别，主要表现在民族平等思想的有无。尽管解放后的民族学研究在一段时期内曾受到“左”倾思潮的干扰，但取得的巨大成果依然有目共睹。由于党和国家制定的民族政策方针十分及时、英明、正确，而且持续稳定，又广泛宣传到基层，深入人心，以致最为动荡的“文革”时期，依然没有发生无法无天的红卫兵拿着剪刀深入到少数民族地区去剪除民族服装的事情，可见解放后人民在国家民族政策方针的影响下民族平等思想和意识的普遍跃升。当然，数千年流传下来的民族不平等思想，要想在解放后的短短几十年中彻底根除，几乎不可能。特别是在知识分子阶层和解放初期的地方各级政府中，大汉族主义思想和作风不时抬头。这就是党和国家领导人一再重申反对大汉族主义的根本原因。回顾历史，我们还应看到这样一些历史事实：中华民族大家庭的团结是历史的主流，历史上的中华民族相互自然融合同样是主流，强迫融合或同化只是封建专制时代的局部现象。

20世纪中国民族学界人士喜欢谈同化或融合。一些学者甚至将同化与融合视为同一,认为同化就是融合,只不过区分为强迫融合与自然融合而已,反映出一些人念念不忘同化的思想,似乎与梁任公先生的“多元混合说”和王桐龄师的“混合体说”以及一些人近年私下对我所谈的“多元一体说”一脉相通。我认为诸如此类的混合体和多元一体论有违历史事实。历史事实表明中华民族是一个完整的结成体或组成体。早在1939年12月,毛泽东同志在《中国革命与中国共产党》一文中,即对中华民族的概念作了科学的阐释,他说:“我们中国现在拥有四亿五千万人口,差不多占了全世界人口的四分之一。在这四亿五千万人口中,十分之九以上为汉人。此外,还有蒙古族人、回族人、藏族人、维吾尔族人、苗族人、彝族人、壮族人、朝鲜族人等,共有数十种少数民族,虽然文化发展的程度不同,但是都已有长久的历史。中国是一个由多数民族结合而成的拥有广大人口的国家。”“中国是一个多民族的国家,中华民族是代表中国境内各民族之总称。”这一阐释表明了当今中华民族是由五十六个民族结合而成或组合而成的结成体或组成体的总称。同时,在中华各民族的认定上,毛泽东的话语又体现出了一位站在全中国人民立场上的无产阶级政党领袖不去区分民族、部族和部落而一律称为民族的民族平等思想。这与解放后中央人民政府制定的一系列民族平等政策具有认识思维逻辑的连贯性,成为革命获得胜利后建立单一制的统一共和国这一决策的主要理论依据。毛泽东同志的这种对中华民族概念的正确认识,既没有将中华民族等同于汉族,又没有将中国人等同于汉人,既照顾到了中华各民族的利益,又满足了多民族的统一国家利益,显然比一些所谓民族学理论家们对中华民族概念的主观胡解更为科学,值得民族学者们深入体会和研究。

我认为:中华民族组成体的五十六个民族,无论今后表面上自然融合到何种程度,绝不会融合消亡到只剩下一个汉族或脱离于实体组成的一个抽象化中华民族,混合体和多元一体论正是试图将中华民族抽象化为脱离实体的单一民族的典型代表。这种愿望不过是大汉族主义者或狭隘大民族主义者的痴心幻想。因为一个古老民族的民族血统、民族意识、民族心理、民族语言、民族感情、民族文化、民族宗教永存于人类历史的民族记忆或种族记忆中,铭刻在人们的心坎里,融于一代代人的基因内,这是任何外来强力皆无法加以抹杀的。而我近年思考得出的“中华民族多体一元论”认识,自认为更符合中华民族历史客观事实,我在近年起草的一篇论文中对此有详细论证。所以,在当今改革开放的新时期,民族学者仍应一如既往地深入学习和体会党和政府确立的各民族一律平等、共同繁荣的政策,坚持反对大汉族主义和地方民族主义,从而把中国民族学研究推向一个新的高潮。

1981 年 11 月 28 日，我赴北京出席中国人民政治协商会议第五届全国委员会第四次会议。

1978 年之后，我虽已年届八旬，但仍精力充沛地频繁奔赴全国各地从事调查，出席学术会议，参与国家事务讨论，自认为晚年的社会活动丰富多彩。广西师院领导看我老骥伏枥，壮心不已，依然忙忙碌碌往来奔走，积极参与各种社会活动，十分关心我，曾劝我退休，在家颐养天年，但被我婉言谢绝，声言自己余下时光不多，还能上讲台为学生上课授业，做退休教授那有违我当初立志一生事教的心愿。先贤梁启超生前曾对门生说："战士死于沙场，学者死于讲坛。"而我晚年则对师院领导说："'战士死于沙场，教授死于讲堂。'我作为在职教授必须工作到死，死后自动离职教授岗位。"师院领导见我决意已定，尊重我的选择，满足了我的心愿。同时为了照顾我，院系领导没有规定我教学授业课程，随我心愿，自由讲课，自定科研项目，同时担负指导一些师生从事学术研究和田野调查的任务。

二、教育理念及创办"业大"

我对于教育问题，历来较为关心。早在北师大读书期间，我曾应黎锦熙教授之邀，担任过北师大教育研究会助理干事，专门从事过师范教育研究，尤为重视历史教育及其教科书对国民教育的重要性，向来反对"党化教育"，这从我在 1933 年 7 月于《师大月刊》发表的《最近三十年中等学校中国历史教科书之调查及批评》长篇学术论文中可见一斑。文中认为："再自国民政府成立，以党治国，历史记载多含党义，故本期所谓新史学，实以石器、党义得名，并非如鲁滨逊之所谓新史学也。""民国十七年至现在（1933 年），即新史学时期，此时期历史教科书，多不记录古代神话及历代战争，而增以石器及党化材料。"事实上，增以"党化材料"，不仅反映在历史教科书中，亦体现在按党义治校的大学管理中以及"党化材料"充斥人文科学和社会科学课本的教学中。前述 1941 年 8 月我在广西大学参与的"拒高事件"即属自己反对"党化教育"的教育理念体现。

后来我回到广西，在大学任教期间，由于广西多民族的地区特点，我对教育问题的关心，着重转向了对广西地方少数民族教育现状的考察，民国时期我对义宁、龙胜、三江、榕江等县的教育考察便为一例。事后我写有《黔桂边区教育散记》一文，发表在《广西日报》桂林版《新教育》专刊(1946年12月29日、1947年1月11日、1月25日连载),文中提请地方政府注意,实施国民基础教育政策不应该流于形式,这样做于国于民都无益。同时,对于国民政府推行的少数民族歧视和同化教育政策,我向来竭力反对,多有揭露,例如我曾在回忆文章中写道:

> 1934年初,国民党广西省政府建立了苗瑶教育委员会。1935年9月,在南宁建立特种教育师资训练所……国民党广西省政府创办这所训练所的目的在于实施同化教育,专门培训苗瑶族教育的师资,以瑶化瑶,这已成为当今学术界共识……当时大瑶山罗香乡的坳瑶人赵云甫、赵杰豪入训练所第一期学习;赵乾兴、赵荣新,赵书范三人入第二期学习。学习结业后,派回瑶山本民族居住地区开展"化瑶"工作。到了1939年,大瑶山边缘地区,如属平南县的罗香,属桂平县的木山,属象县的东南乡、东北乡,属蒙山县的岭祖,皆先后编组乡村,实行村甲制度,算是开化了。唯有大瑶山中心的金秀一带及其以西地区还没有开化……国民党区党部还组织宣传队到各村各乡宣传开化和各项反动要旨。设治局犯下的强制同化罪行累累。他们指使警察拿着剪刀到瑶民家中,强迫瑶族妇女们剪头发改装,取下各种银饰,没收归入私囊。这比1942年贵州榕江地方官府组织中学生到苗族妇女中去实施"剪发改装"更为变本加厉。国民党反动军政人员为达到改造"人种"的目的,违反瑶族风俗习惯强行与瑶女通婚,以金秀、六拉等四村茶山瑶受害最重,被强奸、强婚、强拉者不胜枚举,大多被带出瑶山的妇女,至今下落不明。设治局还把十八至四十五岁的瑶族男女编成成人班强迫学汉语,不入班学汉语者,不是被罚款,就是被视为抗拒开化者而被抓捕扣押,反抗者甚至被处死。广西历史上诸如此类的民族压迫和强迫同化现象十分严重,这是中央民族访问团所到之处听到的最多控诉之一。

解放后,随着国家各民族一律平等的政策实施,我开始致力推动地方民族教育事业的发展,呼吁政府重视教育平等,我认为,由于历史上的民族压迫政策等原因造成了少数民族教育的落后状态,使得少数民族与汉族的教育发展水平出现了差距,少数民族因而在竞争选拔上长期处于不利地位。1950年教育部在颁布的《关于高等学校1950年度暑假招考新生的规定》中规定:"兄弟民族学生考试成绩虽稍差,得从宽录取。"虽然第一次明确了在高考招生中对少数民族考生的降分录取政策,但国家有关少数民族考生的优待政策在各地方的具体贯彻实施过程中情况不一样，而在广西的贯彻执行情况一直存在一些问题。因此，为了更好贯彻政府制定的中华各民族一律平等的政策，基于民族平等和消除差别的政策依据，我曾在人大代表大会发言中指出了问题，例如在1956年8月22日广西省第一届人民代表大会第四次会议上，我在当天会议结束时发言说：“有些领导干部主观地认为某些地区壮族和汉族‘差不多’，就不去重视民族工作。尤其表现在文化教育事业方面，如壮汉族杂居的鹿寨县某些学校，对壮族子弟入学方面，照顾得不够，以致学校中少数民族学生比例很小……”同时，我曾向全国人大提交过“对少数民族高考生录取采取一定照顾政策”的提案，建议政府在高考招生中对少数民族实行降分录取，请求政府在全国各大专院校实行少数民族考生与非少数民族考生不同的录取政策。我的教育理念是教育平等，即少数民族考生应该享有接受高等教育的平等权益，以弥补以往大民族压迫造成的少数民族接受教育机会的缺失。

在推动地方民族教育事业的发展方面，我做了一些推动壮文教育进校的工作。我在1952年担任桂西壮族自治区人民政府委员会的委员一职后，积极参与民族文化教育事业，曾多次向自治区人民政府主席覃应机和文教局局长余明炎等人建议，桂西壮族自治区应该重视壮族文字和词汇语音的调查和研究，成立相关研究和指导委员会、专门工作队以及壮文壮语教育的管理机关和学校，以利壮语的推广和壮语教学的开展，从而促进民族文化教育事业的发展，覃应机主席接受了我的建议。随后，在覃应机主席的领导下，桂西壮族自治区人民政府开展了这方面的工作，1953年春便在自治区成立了桂西民族工作队，开展民族宣传、民族成分识别、壮语调查等方面的工作。1954年7月23日，桂西壮族自治区壮族文字研究指导委员会（后改称“壮文工作委员会”）成立，覃应机任主任委员，余明炎、梁华新、袁家骅、姚冕光等人任副主任委员，我任委员之一。

1955年4月27—30日，广西壮族文字问题座谈会在南宁举行，我应邀出席了会议。会上讨论了壮语的基础方言、标准音和文字方案问题。出席座谈会的袁家骅教授基于此前的调查认为，广西壮语可分为邕南和邕北两大方言，两者虽在语音上有明显区别，但在韵母、声调、字汇和语法结构方面基本一致，这从他在同一时期相继发表的《广西壮语方言分析概况和创制文字的途径》《壮族语文问题》《壮语词法初步研究》等文章中可见一斑。因此，座谈会在讨论壮文拼音文字时，袁家骅教授提出壮文应设计南北两套拼音文字的方案，认为只有制定南北相互汇通的两套文字方案，才能兼顾南北壮语的全面，但遭到与会壮族委员的反对。会上我作了发言，记得大意说：“一个民族搞两套文字不利于民族内部的交往和团结，有碍壮族文化、教育、经济等各项事业的健康发展，实不可取。”苏联顾问谢尔久琴柯先生原来同意袁家骅教授的意见，后来他看了专家们整理的材料以及考虑大家的意见后，转而同意我们壮族委员和代表的意见。会后专家们为壮语制定了一套以拉丁字母为基础、掺杂斯拉夫字母以及自创字母的新文字《壮文方案（草案）》，用以标示壮族特有的发音和音调。这一时期，我未参与壮语的田野调查和《壮文方案（草案）》的具体制定工作，大量最基础的调查研究工作主要由桂西壮文工作队负责。我过去在国立桂林师院任教时的学生韦庆稳（壮族），当时曾带领中国科学院语言研究所专门小组，在广西进行壮语方言调查研究和壮语拉丁化实验教学。1954至1962年，他作为中科院民族语言调查队广西分队负责人，常驻广西达八年之久，在参与制定《壮文方案（草案）》的过程中亦做了大量具体工作，贡献较大。为此，我先后推荐他出任桂西壮族自治区壮族文字研究指导委员会委员、桂西壮族自治州人民委员会委员，均获上级相关部门审查通过和任命。

1955年12月10日，《壮文方案（草案）》对外公布，经过一段时间试行后，1957年11月29日国务院正式颁布《壮文方案（草案）》，同意开始在壮族地区推广使用。

自1955年底《壮文方案（草案）》对外公布后，继而我又向桂西壮族自治区人民政府主席覃应机和文教局局长余明炎建议在桂西成立壮文学校，以便壮文教育的深化及其推广普及。覃主席接受了我的建议。随后，在覃主席和余局长等人的共同努力下，1956年3月19日，桂西壮族自治州壮文学校在武鸣成立（同年3月2日桂西壮族自治区更名为桂西壮族自治州），自治州州长覃应机兼任校长。武鸣壮文学校的任务是培训壮文干部，推行壮文，培养基层推行壮文的工作者，要求达到能读、能讲、能写、能教壮文。第一期学员有1100人，来自自治州在职干部、小学校长、小学教师等不同领域。1958年广西壮族自治区成立后，该校更名为广西壮文学校。

我曾在全国人大会议发言和提案，“建议恢复广西大学，注意发展少数民族居住地区的文教事业”，这是我重视地方高等教育的一点具体行动。反对教条主义的强制灌输教育方式，同样是我的一贯主张。我在“大鸣大放”时期曾说过：“全国高校普遍存在严重的‘三个主义’现象，‘三个主义’即宗派主义、教条主义、假马列主义，尤以教条主义最为害人，广西师院也不例外。”

我的教育理念涵盖中华各民族，而非仅仅限于广西少数民族。尽管如此，我自认为我是20世纪在中国最早关注少数民族教育问题的学者之一。我晚年在全国政协会议上提交的“招收大学走读生或自费走读生案”（提案第482号）、“请恢复教育部1978年关于把广西师范学院改为广西师范大学的决定案”（提案第913号）等提案，则是出于减轻大学生住宿给教育带来极大压力等方面的考虑。如果中国各大学能够招收走读生和自费走读生，那么必能扩大生源，从而使得更多青年学子能够进入大学接受高等教育。而且自费走读生既不住校，又是自费，不仅不会占用大学捉襟见肘的学生宿舍资源，大学从自费走读生交纳的自费中又可得一笔收入，可以弥补国家教育经费的不足，自行添加一些教育设施，改善大学的教育环境，我以为这是利国利民的善策。

至于我早年提倡的现场教育或曰体验教育理念，实非三言两语可以概述，于此我就不深谈了。

基于我的这些教育理念，加上我早年在私塾学习的亲身体会及受到的中国传统私立教育的影响，1979年我的“右派”冤案平反后，便开始萌生出办一所业余大学的念头，以实现我的民办教育理念和理想。随后我找了几个学生帮忙筹备，其中时任桂林一中校长的凌汉民出力最多，他是我在广西大学任教时的得意门生。当时正处于改革开放初期，人们对于私人办学的认识依然十分保守，国家尚未出台有关私立教育或私人办学的相关政策，教育部门无政策依据，不敢批准备案，造成私人办教育的困难和阻力极大。社会上一些不理解的人还骂我们筹备人员“借广开学路之名，行广开财路之实”。殊不知，我倡导的民办教育是公益性事业，其特点是不以营利为目的，即不以追求利润为目的，而是以为国家四化建设培养人才为宗旨。由于“文革”十年动乱，造成众多成年人失去进入大学读书的机会。1977年起，高校招生制度进行改革而恢复全国高校统一考试制度后，应考生绝大多数是应届高中毕业生和知青，许多老三届高中生大多已经参加了工作，失去进入大学接受教育的机会。因此，我筹办业余大学的最初设想，目标特别明确，就是主要针对在职职工的成人教育，晚上开课，属成人教育的“夜大”性质，故我定名为漓江业余大学（简称“漓江业大”或“业大”）。我所理解的成人教育，实属国民教育的一环。当然，改革开放新时期下的国民教育，实与民国政府主导的“国民基础教育”存在本质区别，特别是我筹办的漓江业大，一属私立教育形式，二是针对成人。我认为这对改革开放新时期促进办学体制的改革具有重要意义，不仅可以改变政府包办教育的状况，为教育建立竞争机制，增加教育供给方式的多样性和选择性，而且在一定程度上可以分解地方政府的教育负担，还可以挖掘现有的各种社会教育资源的潜力，同时又能满足社会不同层次的在职成年人对教育的需求，可谓一举多得。故我筹办漓江业大立足于“有教无类”的方针，报名入学者不限年龄，不管性别，主要面向在职从业人员，目的是让其丰富知识、提高技术和专业水平、增长能力，使其在工作岗位上能更好地胜任职责和有助于升职，进而为四化建设作出更多更大的贡献。

首先，我为了争取漓江业余大学尽快得到备案，1980 年 8 月我到北京出席全国政协第五届第三次会议时，曾向有关方面和人员请求帮助。同时，我在会议期间找到时任全国政协副主席的刘澜涛，拿出我当年的华北人民革命大学结业证书，告知他我曾是华北人民革命大学学员以及当下筹办漓江业余大学遇到的一些阻力，为此请求刘澜涛副主席写一个指示，关照地方教育部门多行方便。刘澜涛副主席听后马上写了一张便条，上书“黄现璠教授筹办漓江业余大学，是一件利国利民的好事，希望有关部门大力支持”几个字。当时，我为此事还找了旧友、时任广西壮族自治区人民政府主席的覃应机，请他出面向自治区教育主管部门打招呼，给予备案。覃应机主席对我呈送的请求批准备案报告立即作了批示，指示自治区人民政府副主席罗立斌负责督办，罗副主席又批示自治区教育局领导余明炎（时任局党组书记兼副局长）负责办理。我与余明炎同志早在 1952 年 12 月广西桂西壮族自治区成立后便相识，他长期担任桂西壮族自治区文教局局长，我是人民政府委员，又在高等院校任教授，因而有关文教问题常与他打交道。

1981 年 2 月下旬，我赴南宁出席广西壮族自治区政协第四届第三次全体会议，住在邕州饭店。22 日，余明炎专程来饭店看望我，并告知我：“自治区教育局已经开会研究，同意漓江业余大学申请备案报告。”同时嘱我抽时间派人到自治区教育局办理备案手续。[①] 23 日，我立即写了一封信给我在桂林的学生兼同事张一民讲师，嘱他速来南宁办理相关备案申请手续。张一民来南宁办完申请手续后，漓江业余大学备案便开始进入批复时期，即备案期，只待省教育局最后下文批准。张一民回桂后，马上与凌汉民拿着刘澜涛副主席的批示和自治区教育局备案申请手续抄件，在桂林市文教办办理了相

① 本书整理者按：当时的广西壮族自治区教育局的前身是 1952 年 11 月成立的广西省教育厅。1958 年 3 月，广西省改为广西壮族自治区，省教育厅随之改为广西壮族自治区教育厅。“文化大革命”开始后，1968 年 3 月成立自治区教育厅革命领导小组。1968 年 8 月至 1969 年 11 月，广西壮族自治区革命委员会内设政治工作组，政治工作组下设文教小组，统管全区文化教育工作。1969 年 11 月，根据广西壮族自治区革命委员会的决定，原文教小组分设文化小组、教育小组。1971 年 4 月，广西壮族自治区革命委员会教育小组改为自治区革命委员会教育局。1979 年 12 月，广西壮族自治区革命委员会改为广西壮族自治区人民政府，自治区革命委员会教育局随之改为自治区教育局。1983 年 9 月，自治区教育局改为自治区教育厅。1988 年 6 月，自治区教育厅改为自治区教育委员会，黄现璠的大女婿侯德彭便是自治区教育厅改名为教育委员会后的第一任主任兼党组书记。1998 年 4 月 14 日，广西壮族自治区机构编制委员会在《关于自治区人民政府部分委厅机构调整和更名的通知》（桂编〔1998〕33 号）中明确：“自治区人民政府对应国务院组成部委的部分委厅作相应调整和更名”，“自治区教育委员会更名为自治区教育厅”。

关登记手续。

办学离不开师资、校舍、经费三要素。无论是国家办学还是私人办学,师资是首要条件。为此,我向自己任教的广西师范学院领导请求给予师资支持,得到了学院领导的帮助,同意我可以请在校部分在职教授、副教授和讲师兼职任教于漓江业余大学,由此使得漓江业余大学的教学质量有了保证。

为解决校舍问题,我又去找了自己过去的学生、时任中共桂林市委书记的梁成业。在梁书记的关心下,市教育局同意将位于桂林市解放西路的解西小学的教室借给我们晚上使用,校舍问题得以解决。

为了筹得办学资金,我又聘请曾任第三、四届全国政协委员的张香圃出任漓江业余大学校务委员会主任委员,以谋求桂林市工商联的支持。张香圃先生时任广西壮族自治区工商联第四届执委会副主任,他听后欣然应允,表示将全力支持。

开学前,我们正式成立了漓江业余大学校务委员会,会上推选张香圃任主任委员,推选我和孙明魁(时任广西师院图书馆馆长)任副主任委员,委员有周成慧、黄镜铭、李植彝(时任广西柑橘研究所高级农艺师)、唐禧等人;大家又推选我出任漓江业余大学校长。漓江业余大学下设办公室,由凌汉民任办公室主任,负责日常的教务和总务工作。

1981 年 4 月,漓江业大虽然还处于备案时期,但我们在师资、校舍和办校筹备资金都已准备就绪的情况下,征得桂林市文教办领导的同意,我们便开办具有预习性质的预备班,报名参加预备班的桂林市在职职工十分踊跃,第一期便招收到 90 余名学员。他们经过一段时间的学习,交口称赞漓江业大教学质量高,纷纷要求漓江业大能够扩大教学科目,以便能继续学习。为满足学员们的学习热望,同时为了扩大招生,我们决定扩大开设八个教学科目,拓宽授课分野,以方便学生自由选修,并计划在此试办成功的基础上进而开设具有大专文凭的业余学习班。为此,同年 8 月 27 日,我又给自治区教育局写了一个报告,主要是恳请自治区教育局尽快批准,以解决漓江业大长期处在备案期的尴尬困境,即没有正式官方批准文件或明确批示,我们不能刻用漓江业大公章,而没有公章,一些学生在工作单位便无法报销学费,自然无法安心学习,这是迫切需要解决的现实问题。因而我在报告中恳请自治区教育局尽快予以下文批准或在我的报告上作"可以试办"的明确批示,以便我们可以刻用公章。我向自治区教育局上呈报告的同时,又私下给余明炎同志写了一封信,信中客套话说完之后,我便暗示他:自治区教育局是否存在官僚主义作风,如果有,最好不要用在我的公益教育一事上。否则,我会向自治区人民政府主席覃应机申诉,自治区教育局那位现任局长的官位就有可能不保。余明炎同志接信后很快给我回信一封,解释了一些难处,希望我能谅解。同时告知我自治区教育局党组经过研究,结论是当前没有国家教育部的有关明确政策,仍不宜正式下文批复,只能在我的报告上写明批准同意字句,加盖自治区教育局公章,以作明文批示。我接到余明炎同志私信的第二天,即收到了自治区教育局在我原上呈报告中的明文同意批示。漓江业大有此批示,不但可以刻用公章,而且可以正式开学了。

经过我和学生、筹委会成员凌汉民和张一民以及周成慧、黄镜铭、李植彝、唐禧等人一年多的共同努力争取和筹备,漓江业余大学终于 1981 年 9 月 10 日开始扩大招生,15 日正式开学。

漓江业余大学开学后,我们在试办阶段开设的语文、数学、历史三项教学科目的基础上,又增设了英语、经济等科目和一些专业课程,是为了培养多方面四化建设需要的专业人才。语文专业要求达到与一般师范院校语文专业相同的水平:学生在学习中,能够掌握有关语文的基本理论,掌握古汉语和现代汉语的基本知识,能够阅读一般中国古籍和本专业的有关书刊,具有较好的语文运用能力。数学专业要求达到与一般师范院校数学专业相同的水平:学生在学习中能够运用辩证唯物主义的观点和方法,学习和研究高等数学各门知识和普通数学知识,具有较好的运用这些知识的能力。历史专业要求达到与一般师范院校历史专业相同的水平:学生在学习中能够运用辩证唯物主义和历史唯物主义的观点和方法,运用中国古汉语,学习和研究中国古代史、近代史和现代史以及世界古代史、近代史和现代史,具有较好地运用历史知识的能力。这些都是我在亲手起草的《漓江业余大学报批备案(草案)》和《漓江业余大学办学方针和指南》中明确写下的规章制度。

开学初期,我经常到校找教师和学员谈话、听课,有时还亲自授课。我虽任校长,同时兼课,但我没有拿过一分钱报酬;负责日常繁重事务的办公室主任凌汉民亦没有拿过一分钱报酬,我们都是义务劳动,都是在对公益教育事业尽绵薄之力。我们只向请来的教师支付微薄讲课报酬。这些教师中部分是我工作多年的师院同事和学生,他们晚上到漓江业余大学讲课基本上算是半义务劳动。教师们没有任何怨言,大家都尽心尽责完成教学任务。加上他们长年累月在大学和中学讲课,教学经验丰富,讲授口才极好,因而受到漓江业余大学学生的一致好评。

漓江业余大学今后还计划逐步增设工业会计管理、商业管理、中医、土木建设、新闻、法律等大专培训班。我的目标是争取在有生之年将漓江业余大学办成自治区最好、规模最大的民办业余大学，为国家四化建设培养出更多的人才。

三、宁鸣而死

1979年，我的“右派”冤案平反昭雪前后，我又开始了学术上的“鸣放”，发表了《我国民族历史没有奴隶社会的探讨》一文。这次当然不是继续响应当年党中央号召整风的政治上“大鸣大放”，而是响应1978年十一届三中全会党中央提出“解放思想”的号召而自告奋勇站出来的学术上鸣放，以实践我在改革开放初期倡导的“史界改革”理念，躬身践行我在学术上早就确立的“宁鸣而死，不默而生”的学术信仰，发扬光大我提倡的“右派精神”。

我对中国历史有无奴隶社会这一学术问题的思考，最早始于30年代。1928—1929年，郭沫若先生以恩格斯《家庭、私有制和国家的起源》的研究方法为导向撰成《中国古代社会研究》，他在书中首次主张西周为奴隶社会，从而引起了一场中国古史有无奴隶社会的社会史大论。论战处于高潮期的30年代前半期，我正在北京师范大学研究院师从陈垣、钱玄同读研究生。由于当时北师大陶希圣教授作为新生命派导师积极参与了这场大论战，加之他经常邀请我一道探讨中国封建社会史问题，这种不定期讨论一直持续到1935年9月我赴日本东京帝国大学研究院留学。汇曾师（陶希圣，名汇曾，与我同龄）还多次叫我撰文参与论战，特别是他创办《食货》半月刊后，需要稿件，加之他又是大论战的主角之一。只因我学业和著述繁忙，加上不愿参与这种不讲求史学方法和史料考证的论战，一直未予投稿。但是，由此引发了我对“奴隶”“农奴”“奴婢”“奴仆”“奴隶制度”“奴隶社会”等一系列术语和概念的思考。从当时我与汇曾师的讨论中可知，汇曾师是肯定奴隶社会存在的论者，而在对中国封建社会性质的认识等问题上，汇曾师派与郭沫若派一直分庭抗礼、争论不休。记得1930年郭沫若先生自著《中国古代社会研究》由上海联合书店初次出版时，由于反响较大，我曾托人在上海购来一读，开始对他关于“奴隶”“农奴”和“奴隶社会”的一些主张有了初步了解。我到日本留学后，当时日本东京帝国大学教授原田淑漱人是郭沫若先生在日本学术界的三位密友之一，又是我的老师之一，经原田师热心引荐，我得以结识郭沫若先生，相互时常往来论学，切磋学问，受益良多。

1937年七七事变爆发后，我与郭沫若先后回国。回国后我应留日前辈、时任广西大学校长的白鹏飞之邀，前往广西大学任教。白鹏飞校长是郭沫若先生的好友，抗战期间他曾邀请郭沫若先生来广西大学作报告。白校长每次招待郭先生时，皆邀我作陪，双方交谈甚欢。由于受到师友陶希圣和郭沫若先生的学术观点影响，我于解放前长期持有中国古史"存在奴隶社会发展阶段说"，只是因为思考尚未成熟，研究尚未透彻，一直无意草率撰文公表，参与社会史大论战。1949年12月，我兼任广西大学中文系主任，兼讲"辩证唯物论和历史唯物论"课程一段时间，通过对历史唯物主义的深入研究，开始对郭沫若先生一贯主张的中国历史存在"奴隶社会发展阶段说"产生了怀疑，自己原来的认识和观点逐步动摇。解放初期的50年代，我多次到北京出席全国人大一届各次会议，常与郭沫若先生晤面。基于治史贵在求真求实的原则，1954年9月，我到北京出席全国人大一届一次会议时，便带着疑问拜访了郭沫若先生，试图进行探讨，见面后郭先生对我说："璠弟，我送您一本自著《奴隶制时代》（人民出版社，1954年4月改版），回去后抽时间仔细读读，我主张的中国历史存在'奴隶社会发展阶段说'过去无人驳倒，今后同样不会被人驳倒。"我回桂后不看则罢，仔细读来更是疑问重重，阅后第一想法即是重操旧业，精研马列，进行挑战；继而托思于文，边学边写，陆续有了最初起草于1955年10月3日的一稿《我国古史分期应该重新估定》，修改于1974年5月8日的二稿《我国历史分期必须重新估定》，修改于1976年3月2日的三稿《我国古代史没有经历过奴隶社会》，修改于1977年12月6日的四稿《中国古代史没有奴隶社会初探》和修改于1978年11月30日的五稿《我国古史分期应该重新估定——古代没有奴隶社会》。因我1957年被划为"右派分子"，加之"反右运动"后的学术环境恶化等原因，这些初稿即便拿出来试图发表也无学术期刊敢于刊载。1978年12月党的十一届三中全会召开后，随着学术环境的逐步宽松，我始将旧作拿出来公表。

1979年4月，我应邀参加由国家民委和中国社科院民研所联合在云南省昆明市举办的全国民族工作规划会议，便将旧作《我国古史分期应该重新估定——古代没有奴隶社会》一文油印200份带去会上广为散发，算是初次公表，同时期望到会的一些学术期刊代表能够重视和予以发表，结果失望而归。后又经过学友费孝通、罗章龙等人在京向一些学术期刊推荐以及我的四处投寄，皆无一家学术期刊敢于发表拙文，甚至我所在的学院学报主编阅后亦说"写得很好，但不敢刊载"。后经本学院副院长覃宏裕力荐给本学院学报，声言后果自负，方能在本学报1979年的第二、第三期上予以连载揭刊，题名改为《我国民族历史没有奴隶社会的探讨》。文章主要是针对郭沫若先生所著《奴隶制时代》一书中将古希腊“希洛人”以及将古汉语的“臣”“众”“朋”“庶人”“鬲”等古文字一律解为“奴隶”以及“断言殷周为奴隶社会”的主张而展开置疑和论辩的。

由于改革开放初期学术上的“凡是派”尚受政治上的“凡是派”影响，这篇文章发表刊世之艰辛，一言难尽。而文章发表后，又受到一些风派极左学者非公开化的私下冷嘲热讽和鸣鼓而攻，谴责说我“对马克思主义学说一窍不通，‘右派’问题刚刚平反就马上又开始鸣放狗屁，贩卖反马克思主义的反动史观”。扬言“我的‘右派分子’帽子脱下后应该换顶反革命分子帽子再给我戴在头上，戴到死我就不会鸣冤叫屈了”。这些人无非就是运用极左分子历来擅长恫疑虚喝的政治恐吓手段企图让我闭口藏舌，以显示自己的党性立场十分坚定，阶级斗争觉悟很高以及风派史观的一贯正确，且不容置疑和评判。无论是在政治上还是在学术上，似乎只要我开口见胆，笔诛墨伐，“大鸣大放”，一些风派人物就会坐立不安，试图豁口截舌，施以口诛笔伐，欲置之死地而后快。

我从不想做鹤鸣之士，更无意飞遁鸣高，只是天生不平则鸣的性格，后生“宁鸣而死”的信仰。听到这些恶意中伤的课语讹言，我愤而公开反驳鸣放道：“当今之世，学术上的‘凡是派’尚受政治上的‘凡是派’影响。发现问题不予指出，人云亦云，众口一词一调，以他人之见为己之见，什么都‘自古以来’，张口‘五种生产方式论’，闭口‘五种社会形态说’……作为学者，那您还研究什么？”

至于这些人说我“对马克思主义学说一窍不通”，我听后实在忍俊不禁。殊不知，早在1929年北师大本科二年级时我发表的《女子财产承继权实行后的宗法社会和妇女道德》这篇论文中便对马克思学说加以引用。当1932年12月我在北师大研究所与学友一道发起成立以弘扬历史唯物主义为宗旨的历史科学研究会时，如今这些讽刺挖苦我、又自诩为马列学者的“白卷英雄”，当时都还未出生。当然，不可否认的是我自信对科学化的马克思学说略知一二，但对将马克思学说教条化确实一窍不通；我对马克思学说中内含的唯物辩证论和经济史观，自认为不乏科学理论和真理。前说我对马克思主义唯物史观的认识，如同对鲁滨逊“新史学”“兰克史学”的认识一样，皆视其为具有进化思想的“历史科学”，并在论文中对其学说加以引用，绝非视其不可冒犯或评判。

为了反击这些风派极左学者习惯诽谤迫害和给人戴帽的恶习邪风，随后，我又相继撰写了《实践是检验真理的唯一标准——与侯绍庄等同志商讨中国奴隶社会问题》

(1979年11月14日)、《我国有否奴隶社会之商榷》(1980年3月8日)、《同我国历史学者商榷一个问题——我国有没有奴隶社会》(1980年8月10日)等论文(这三篇论文均未发表——本书整理者)。同时借出席各种学术会议之际,甚至在全国政协会议期间的小组讨论会上,无论会议主题是否与中国历史有无奴隶社会的问题相关,我在会上发言都会谈及这一问题,会上更是逢人便讲中国历史没有奴隶社会,到处"鸣放",竭尽余力向前贤后学"鸣放贩卖"我的所谓"反动史观"。我还不断邀请后学发表文章,与我争鸣辩论,以发扬学术讨论理应百家争鸣的精神。

1981年6月,我应邀赴京出席在北京香山别墅召开的中国历史辞典编纂会议。会上,我与相识40多年的学友谭其骧和陈述谈及中国历史"奴隶社会"有无问题,他们都支持我的主张。会议主持者之一的晚辈校友梁寒冰(时任中国社会科学院历史研究所党组书记兼副所长)读了我带去的《中国历史没有奴隶社会》书稿部分章节后,表示学术上大可争鸣,并鼓励我早日脱稿。会后,我由香山入城住在东交民巷的一家饭店,接着到罗章龙先生家去拜访,罗先生随后又礼尚往来,两次到饭店回访我,并交他的旧稿《关于周代不是奴隶社会》以及相关史料托我帮忙整理(他说事忙无时间整理),并嘱我努力以赴,百折不挠。在这些学友的鼓励下,我的精神大振,鸡鸣而起,奋力撰写,以至于有了1981年10—12月我完成的《中国历史没有奴隶社会》上篇、中篇和下篇。上篇着重论述中国先秦社会形态,由我所在的广西师范学院油印推出公表。中篇(未油印)补述中外"奴"词及其相关术语和制度,以从世界古代史的角度来旁证中国古代社会与世界文明古国的古代社会同样,皆没有经历过奴隶社会。下篇(未油印)主要言及中国少数民族历史没有奴隶社会的问题。

鉴于改革开放初期学术界的"凡是派"言论依然甚嚣尘上,为了避免给学术期刊和出版社编辑们造成麻烦,我干脆不再投稿,将上述部分论著内容分别油印百份后在历史学和民族学界广为散发,再度公开表明自己认为中国历史没有奴隶社会的主张。

我于上述一系列论著中,通过对马恩学说关于奴隶制论述的分析,通过对苏美尔、古巴比伦、古希腊罗马、日耳曼、南斯拉夫、西斯拉夫、东斯拉夫、阿拉伯、印度、日本、朝鲜、越南等一些民族和国家古代史的论述,通过对"亚细亚生产方式"的诠释,通过对希腊、罗马古代社会与东方古代社会的比较研究,通过对苏美尔及古巴比伦楔形文字、古希腊语、拉丁语、印度语和中国古文字"奴""人""众""民""邑""方""夕""庶""鬲""萓""仆""臣""宰""隶"以及奴隶制、农奴制、生产工具、土地私有制、殉葬、家庭、奴隶数量、家庭奴隶、战争俘虏、贡助彻、父权家长制、奴隶社会的剖析，最终得出两点结论：一是中国历史没有奴隶社会；二是世界各国古代历史绝大多数都没有经过奴隶社会，而是从原始社会直接进入封建社会。

我对此问题为何劳力费心精研深究总想探个水落石出？这有两方面的原因：一是解放后到改革开放前，我国历史教材，不论大中小学课本，皆大同小异地把我国历史分为原始资料公社制、奴隶占有制、封建制、资本主义、社会主义。这种“五种形态说”或“五种生产方式说”，已成定式，甚至成为禁区，没有人敢提出异议。在教条主义甚嚣尘上的时期，谁提出异议，谁就会被戴上“反动历史学者”的帽子，甚至被批为反革命分子，遭到无情的批判和迫害。然而，我国古史材料，极其丰富，把马克思恩格斯关于世界历史多线发展的科学化历史辩证唯物主义偷梁换柱为单线发展的教条主义学说，并以欧洲史观为中心，把我国历史的发展与欧洲历史的发展等同起来，我以为期期不可。自称马克思主义信徒的学者，首先应该认同历史唯物主义或辩证唯物主义，而历史唯物主义对任何事物的断定，是从实际出发，不是从定式、公式和条条框框出发。二是我长年在广西师范学院从事高等师范教学，目睹风派史学长期向作为师资人才的师范生传播这样的历史观，有损史家道德。多年以来，我一直认为我国现阶段的历史教材千篇一律采用“五种形态说”，既不符合马克思主义思想和原理，又不符合中国历史的客观实际，应该全面重新修订。

事实上，我主张中华民族历史没有奴隶社会，即汉族历史没有奴隶社会，少数民族历史同样没有奴隶社会的史观，早在 1957 年出版的拙著《广西壮族简史》（广西人民出版社，1957 年 6 月）中已经有所表露。书中我曾说过：“唐以前和唐末宋初，壮族的社会是奴隶社会或封建社会，抑或是氏族部落社会，值得提出研究。依汉族社会发展史，由氏族部落社会，经奴隶社会，进到封建社会。但社会性质的决定，应该根据社会生产力、经济、政治等发展的实际情况而定，不能公式化机械地硬套。唐以前和唐末宋初，认为壮族社会是奴隶社会或封建社会，文献上都没有记载，唯有氏族部落社会尚可由各方面材料加以推断。”为此，在同年的“反右运动”中，我的这一主张被人批判为反动史观，进而上纲上线为思想一贯反动，从而成为划我为“右派分子”的罪证之一。以致当时全国人大民委的一位领导公开撰文宣称，黄现璠的“反动理论再也没有市场了”。1961 年我被摘去“右派分子”帽子，重登讲坛。翌年，我又相继发表了《侬智高起兵反宋是正义的战争》（《广西日报》1962 年 4 月 2 日）和《土司制度在桂西》［《壮瑶族史科学讨论会论文集(壮)》第一集,1962 年 7 月],前文指出:“相买为奴,时代甚古,蓄奴之多,甚至万人数千不等。我们能说战国时吕不韦、嫪毐所处之秦是奴隶社会吗?又能说明代的吴中(江苏)也是奴隶社会吗?”后文又主张:“领主制封建社会之构成,有些在奴隶社会崩溃之后,有些在氏族部落社会的基础上,这要看具体的各个社会历史发展情况而定,不能公式化硬套。马克思的经典著作,对此记载很多,即在《资本主义生产前各形态》一书已一再提及。所以,学术主张,理应百家争鸣,不能随便戴上违反马列主义或不符合社会主义发展规律的高帽。看过马克思著作的,首先应该认同这一点,始好讨论问题。桂西土州县在侬智高起义前,不是奴隶社会,而是氏族部落联盟社会。”文中明确反对将科学化的马克思主义教条化、公式化,公开反对史学界一些“风派”人士肆意给人戴上“反马列主义”“反社会主义”和“反革命分子”政治高帽的一言堂作风,强烈呼吁“学术主张,理应百家争鸣”。然而,多年来,我国史学界同人大多认为中国历史存在奴隶社会,而且视为定论。自 1978 年十一届三中全会后号召人们思想解放,我始敢把揣在心中思索近 40 年的深思熟虑以及 20 多年来对此问题的全面研究成果部分公布于众。一些正直的时贤学友对我此举谓之凤鸣朝阳,谠言嘉论。实不敢当,我不过是骨鲠在喉不吐不快而已。

1979 年,我的文章《我国民族历史没有奴隶社会的探讨》经过诸多曲折得以公开发表后,虽不能说一鸣惊人,但在改革春风的沐浴下,已不再是我过去一手独拍、虽疾无声的曲高和寡状况,不久便得到了一些有识之士的响应,而且逐渐出现了“鼓乐齐鸣”的好景象。首先遥相呼应助我张目的学者是青海师范大学张广志同志,他阅读拙文后不久即给我来信一封,明确表示支持我的史观,要与我一道并肩作战。同时附信寄来一篇题名《略论奴隶制的历史地位》的长篇论文,征求意见,文中明确表明了他的“奴隶社会不是中国历史必经阶段”的主张。我马上回信表示赞同,亦对他的勇气大加赞赏。回信中我还鼓励他说:“孤掌难鸣,众擎易举,我们要呼吁后学,团结起来,共同破除人微言轻的传统陋习,在学术上一道鸣放,在中国历史有无奴隶社会这一学术问题上,彻底推翻以前的位高言重者的错误史观,以还先秦史本来面目,让师范学生们能够接受正确的先秦史学知识教育。”信中笔意的弦外之音,显而易见,我无非是想唤起历史学界董狐直笔的谠言直声,聚集直言正论的力量,从而共同推动助长改革开放之初我首倡的“史界改革”新风气。

在我和张广志同志的文章影响下,1980 年,我的学生黄伟城继而发表长文《试论奴隶社会并非阶级社会首先必经的历史阶段兼论商朝不是奴隶社会》,文中明确主张“殷商不是奴隶社会”。同年,青海师范学院祝中熹同志又发表《对中国古代社会性质的一点浅见》一文;1981 年,纵瑞华同志亦发表《试论历史上最初的国家都不是奴隶制国家》一文,两文一致认为:人类历史上大多数国家,包括中国在内,都没有经历过奴隶制国家的阶段,没有经历过奴隶社会。同年,张雅琴、白津夫发表《亚细亚生产方式问题的症结在哪里?》一文,文中明确主张:亚细亚生产方式是指生产发展到一定历史阶段的几种对抗经济形式,并非指人类历史发展的一般规律。这种“经济形式说”接近我和张广志同志的“经济范畴说”。可以说,在中国、东亚,甚至在世界范围内有关亚细亚生产方式问题讨论的诸说中,以“黄现璠、张广志、张雅琴、白津夫”为代表的独具一格“经济范畴说”于焉成立。

我不仅撰文否定中国历史存在奴隶社会,而且在大学历史教学中亦长年拒绝讲授中国历史存在奴隶社会的伪说,拒绝向以教师作为职业志向的高等师范学院生传播历史伪知识。1953 年 10 月,广西大学在全国高等院校调整中被撤销,我被分配到新建的广西师范学院历史科任教授兼院图书馆馆长。当时的师院历史科只有我一位教授,其他都是副教授和讲师。由于我在解放前讲授过上古史课程,院系领导拟定在历史科开设中国古代史教研室,请我负责规划筹建。我当时向领导提出了两个要求:一是古代史教研室的教学教材必须由我负责召集人编辑;二是古代史教材教学中不写不讲中国历史的奴隶社会问题,只写只讲中国古代原始社会、封建社会。第一个要求主要基于我在大学长年教学期间一直都是我自撰自编教材或教学讲稿而从未使用过官方或公定教材的惯例。这种惯例始于我在大学教学之初,一直沿用至今。即便是 1961 年我的“右派分子”帽子摘掉后我得以重返讲坛开设中国史部名著选读新课程,上课讲授时我同样是使用自编的新教材,而非官方或公定教材。第二个要求完全遵循我向来主张实事求是讲述历史事实的史学讲课原则,意在排除历史授业中的党化教育和教条主义。但在当时的时代环境中,我提出的第二个要求自然难以让院系领导接受,他们不但未同意我的要求,而且在 1953 年 12 月成立的中国古代史教研室中,将我排除在该教研室教员之外;亦在 1954 年寒假后新开的中国古代史课程教学中,将我排除在教学之外,一直阻止我对古代史的教学授业。这种结果不能说院系领导对我有何政治上的个人成见,实为当时高等教育中政治挂帅的大势所趋使然。客观地说,这种结果反而成全了我在大学教学中拒绝传播中国古代史存在奴隶社会的教条主义伪说的心愿,成全了我作为大学教授应有的授业解惑师德师道，不至于在那个“阶级斗争论”长期甚嚣尘上的年代堕落到见风转舵、随人俯仰、与世沉浮的旁门左道。

当年政治上“大鸣大放”时，我就深信真理终究会在我们这一边，如今其信果验。解放思想改革开放后的今天，就我的学术鸣放而言，我同样坚信，不久的将来，真理必然还会在我们这一边。

后　记

每个时代的学术领域，都会出现极少数先行者和落伍者，以及大多数随波逐流者。先父黄现璠无疑属他那个时代的先行者，尤在历史学的口述历史领域表现突出，堪谓中国现代收集口述历史资料的先驱之一。早在20世纪20年代末，他就采访过梁启超、章太炎等先贤；30年代他留学日本时又采访过日本东洋史学大家白鸟库吉、津田左右吉等人；40年代至50年代他多次深入少数民族地区进行民族学田野调查时，还采访过众多乡贤村老寨民。从这一系列的访谈和调查中，他曾笔录收集到大量的口述历史资料，这些资料内容涉及人物、学术、民族、文化等方方面面，当中部分内容在本书中便有一些收录。正因先父早年对收集口述历史资料有着先觉的历史意识，因而他晚年对口述自己一生的历史十分重视，自在情理之中。以过来人的身份谈亲历亲闻亲见历史往事，自述人生波澜起伏的点点滴滴和遭遇的历史事件的大是大非，是先父口述这部自述的要义；而先父与生俱来嗜学如命的天性和不辞劳苦练就的惊人记忆力，又是他能口述这部生平史话的基础。

“黄现璠”这个名词涵盖的平凡与不平凡的生命内容，深刻地向人们诠释了人生苦难与欢乐并存的哲理。《黄现璠自述》流淌出的记忆碎片，组合演绎出一部完整的人生悲喜剧：开场是剧中主角“追月夜读”的台词，伴随着喜怒哀乐的念白，道出其早年荣辱交织的身世；继而是一幕幕悲喜交加的人生沉浮抗争自白，强有力的语言构建出历史与现实的时空对话立体平台，仿如一面镜子，折射出主角刚直不阿的人物独立性格及其生活时代变化无常的社会缩影；落幕则是皆大欢喜的收场道白，舞台主角放声吟诵出自我历经千辛万苦走向人生黄昏而最终能站在夕阳下独自欣赏人生晚霞美丽景象的篇章，其人生舞台剧终章的所有散白、韵白、独白，寓意深刻，旨在表达“老牛不怕夕阳短，毋用扬鞭自奋蹄”(黄现璠晚年的自勉语)的人生励志醒世恒言,传达夕阳无限好,何惧近黄昏的暮年心境。晚年的黄现璠显然是幸福的,沉冤昭雪,儿孙满堂,弟子满门,中外驰名,由此是否意味着黄现璠的人生成功了呢?美国教育家布克·华盛顿在他的名著《超越奴役》中说过一句名言:“成功并不能用一个人达到什么地位来衡量,而是依据他在迈向成功的过程中到底克服了多少困难和障碍。”以此标准来衡量,黄现璠的人生无疑是成功的。

古希腊哲人说“记忆乃智慧之母”,“一切知识不过是记忆而已”,先父《自述》呈现的记忆张力所散发出的智慧之光,可谓耀眼夺目;先父《自述》释放出的知识和精神正能量,堪称巨大。《自述》中有先父对自我“身体史前史”的追忆叙话;有对先祖血统和英雄事迹自豪的遥忆坦露;有对民族文化的幽忆综叙;有身为窭人子的贫穷家世慨忆直言;有少年时代追月夜读艰辛求学历程的忆旧;有对人生大事记的细节记忆描绘;有对业师授教解惑感恩戴德的缅忆礼赞;有在异国他乡留学时观察异国民俗的历史研究和对近代日本东洋史学界诸贤名士的漫忆评论;有多次深入山区进行田野调查的经历识忆回顾;有对身受其害的“反右运动”和“文革”的反思和心得体会的忧忆告白;有其教育理念与实践的省忆自述;有对多文为富和宁鸣而死的人生信念的怀忆表白。概而言之,先父笔下和口述的忆想波澜史话,凝聚着他深厚的“国家兴亡,匹夫有责”“民族盛衰壮士(壮族文士)先务”的历史使命感,充满着他对生于斯、长于斯、行于斯、献于斯、逝于斯的那方水土及其民族文化的真切关怀和真挚爱恋。

口述历史不是口语化的历史叙述,亦非口口相传的历史,从古到今任何历史人物的口述历史,都必须经过笔录者或录音者整理成文,早在 1972 年先父对我们子女开始回忆和口述他的生平史时就强调了这一点,一再告诫我们整理成文时力争避免口语化乡曲笔法和演义式文学加工,嘱咐我们可以在尊重历史事实和保持口述原话“原汁原味”的基础上适当作一些文字润色和配些插图渲染烘托。我们正是遵循先父生前的嘱咐和他平生治史力求实事求是的原则,而将本书最终定名为《黄现璠自述》,而非定名《黄现璠口述自传》,个中原因陈述如下:

记得自 1972 年后,先父开始不定期地向我们断断续续口述自己的生平史,最初我们只是笔录。1980 年,当我们的表姐从香港回桂探亲时,先父专门托她带回一台日产三洋牌四喇叭双卡高级录音机送给我们双胞胎,一供我们学习外语之用,二为他口述回忆自己的历史时录音专用。回想起先父早年对我们细说自己的生父甘新昌悲苦一生时老泪纵横的情景，回想起先父谈及自己早年向学追月夜读甘之如饴时的神态，回想起先父口述回忆自我生平时仿如讲课而口若悬河谈笑风生的音容笑貌，回想起先父面对录音机时而侃侃而谈时而拿起文稿照念的场景，至今历历在目。通过我们对先父当面口述的笔录以及他面对录音机口述的近百卷录音带的整理，相继成文的先父口述历史资料有《我的童年少年时代》《三师读书经历》《北师大求学记》《日本留学往事》《抗战逃难历险记》《广西大学闹学潮始末》《田野调查所见所闻》《我参与的民族成分识别工作》《我所了解的壮族自治区成立背景》《我被划为"右派分子"的前因后果》《筹办漓江业余大学的过程》等，这些都是构成先父这部《自述》内容的主体。同时，本书少部分内容还取自先父生前撰写的"自传"和部分发表过的回忆文章，诸如《民族调查与研究40年的回顾与思考》《风雨同舟十三年》一类以及摄取了先父生前撰述的《日本汉化史稿》书稿（未刊）中的极少部分内容。正因如此，我们认为将本书定名为《黄现璠自述》，或许更为循名责实，符合客观实际。

本书大部分内容来自先父生前对我们的口述，少部分取自先父生前撰述的调查报告、日记和文稿，内容大多为首次公开。我们在整理时做了一些段落调整、文字润色，对部分内容做了一些小节划分处理并附加了一些小标题以及按语和注解，亦对先父口述的基本史事和文稿引文进行了一些查证核实和校正，以尽可能确保本书口述史话和涉及的一些历史事件在时间、地名、人名等方面的准确性，特此说明。同时，整理时我们还对先父生前遗存的部分遗物进行了拍照并在文稿中配附了一些照片，意在能达图文并茂之效，以实现先父生前期愿。

在本书付之梨枣的过程中，得到广西师范大学和出版社领导以及编辑的大力支持，陈吉生教授和南开大学姜胜利教授欣然应请，于百忙中为本书各作一代序，在此谨向他们致以诚恳的谢忱！

略叙先父《自述》的整理过程于此，谨作后记。

甘文杰　甘文豪

2016年11月13日先父黄现璠

117年诞辰之际撰于桂林清宛